복잡한 산재보험급여 함수의 해결쟁점

–산업재해보상보험재심사위원회의 재결사례를 중심으로–

저자 윤현덕

도서출판 대학서림

머리말

발전을 위한 투자는 '생산'이지만, 안전을 위한 투자는 '비용'이라는 사회적 분위기로 인하여 그동안 안전에 대한 문제는 많이 간과되어 왔다. 그러나, 건강한 사회를 위한 기초로써 안전에 대한 인식이 개선되고, 안전에 대한 투자도 점차 늘어나고 있다. 이러한 사회적 분위기와 사업장 안전에 대한 예방조치에도 불구하고, 아직도 곳곳에서 불행한 사고는 끊임없이 발생하고 있다. 사고는 사전에 예방하는 것이 최선이다. 하지만 사고가 발생한 경우 사고를 수습하면서 사고와 관련된 산업재해 문제를 어떻게 처리할 것인가라는 고민이 남을 수밖에 없다. 이러한 입장에서는 산업재해보상보험이라는 현란한 이론적 고찰보다는 현장 사고에 대한 산재인정 여부에 대한 중요한 쟁점은 무엇이고, 이를 어떻게 바라보고 접근할 수 있는가라는 현실적인 문제가 더 시급한 과제일 것이다. 산업재해보상보험재심사위원회 위원장으로서 업무를 수행하면서 이러한 산재문제 해결을 위하여 실질적으로 참고가 될 수 있도록 산재보험 급여별로 그 인정요건과 핵심쟁점을 산업재해보상보험재심사위원회 재결사례를 중심으로 정리할 필요성을 느끼게 되었다. 이 책자는 산업재해보상보험의 이론적 측면보다는 산재보험 급여를 인정할 것인가라는 판단을 위한 실무적 측면에서 도움을 받을 수 있는 책자라고 할 수 있다. 산업재해보상보험재심사위원회에서 결정된 실제 사건을 중심으로 산업재해보상보험법령이 인정하는 보험급여의 종류와 내용, 보험급여 인정요건에 대한 쟁점, 산재인정여부에 있어서 고려해야 할 보험급여간의 관계 등을 소개하였다. 실제 사건에서 산재 보험급여가 지급되어야 할 이유는 무엇이고, 지급되지 아니한 이유가 무엇인지를 쟁점별로 적시하였다. 실제 산재사건을 고민하는 근로자, 사업장의 노무담당자, 이들의 업무를 지원하기 위한 변호사, 공인노무사, 행정사와 실제 사건을 처리하는 산업재해보상보험재심사위원회 및 근로복지공단의 업무담당자에게 산재사건을 보다 편리하게 쟁점별로 분석하여 그 인정여부를 사전에 검토하는 데 있어서 도움이 될 것으로 기대한다. 이 책자의 주요 내용인 산업재해보상보험재심사 사건의 심의과정에서 쟁점과 논리를 정리하는 데 있어서 도움을 주신 산업재해보상보험재심사위원회 김국기 부위원장님, 김남주 부위원장님을 비롯한 산업재해보상보험재심사위원회 위원님들과 김희형 사무국장님, 김인철 과장님, 이용희 과장님, 장만순 과장님, 박미정 과장님, 김열기 과장님, 이창규 과장님, 배진우 과장님, 사무국 직원 여러분들과 고용노동부 주평식 산재보상정책과장님께도 진심으로 감사를 드린다. 또한 책자가 발간될 수 있도록 끝까지 도와주신 도서출판 대학서림 윤진영 회장님과 편

집부 관계자분들께도 머리 숙여 감사를 드립니다. 저자가 산업재해보상보험재심사위원회 위원장으로서 위원 위크숍을 하면서 "근로자인 국민의 어려움을 이해하여야 하지만, 그렇다고 그들의 편의를 위해서 산재제도가 악용되어서도 안 됩니다. 근로복지공단의 업무처리에 있어서 힘든 점도 이해하지만, 그렇다고 그들의 편의대로만 업무를 처리하는 것을 방관해서도 안 됩니다."라고 말했던 적이 있다. 산업재해보상보험재심사위원회는 근로자의 편도 아니고 근로복지공단의 편도 아니다. 경기의 심판처럼 항상 양 당사자에서 어느 정도 떨어져서 산업재해보상보험법령이라는 잣대를 가지고 사실관계에 의거해서 공정하고 객관적인 판단을 해야 한다. 앞으로도 산업재해보상보험재심사위원회는 외부의 이해관계에 휩쓸리지 않고, 공정한 판단을 할 수 있는 기관이 되기를 희망한다.

2020년 8월
저자

차례

I 산업재해보상보험법의 보험급여

1. 개관

근로자가 업무를 수행하는 과정에서 사고 또는 신체적 부담 업무로 부상이나 질병이 발생한 경우, 당해 근로자를 치료하여 신속하게 다시 사업장으로 복귀시키는 것은 근로자뿐만 아니라 사업주 입장에서도 매우 중요하다. 산업재해보상보험법(이하 "산재보험법"이라 한다)에서는 이러한 목적[1]을 달성하기 위하여 근로복지공단(이하 "공단"이라 한다)을 설립[2]하고, 산업재해 보상보험 및 예방기금(이하 "산재기금"이라 한다)을 두도록 하여 여러 가지 지원과 사업[3]을 하고 있다. 산재보험법은 업무상 부상, 질병 또는 장해가 발생한 근로자에 대한 재활과 사회복귀를 촉진하고, 업무상으로 사망한 근로자의 유족을 지원하기 위하여 산재기금을 재원으로 하여 다양한 보험급여[4]를 지급하도록 하고 있다. 산재보험법상 보험급여는 일반적(8개)으로 ① 요양급여, ② 휴업급여, ③ 상병보상연금, ④ 장해급여, ⑤ 간병급여, ⑥ 직업재활급여, ⑦ 유족급여, ⑧ 장의비가 있고, 진폐(6개)와 관련해서는 ① 요양급여, ② 진폐보상연금, ③ 간병급여, ④ 직업재활급여, ⑤ 진폐유족연금, ⑥ 장의비가 있다.

---

1 【산재보험법】 제1조(목적) 이 법은 산업재해보상보험 사업을 시행하여 근로자의 업무상의 재해를 신속하고 공정하게 보상하며, 재해근로자의 재활 및 사회복귀를 촉진하기 위하여 이에 필요한 보험시설을 설치 · 운영하고, 재해 예방과 그 밖에 근로자의 복지 증진을 위한 사업을 시행하여 근로자 보호에 이바지하는 것을 목적으로 한다.

2 【산재보험법】 제10조(근로복지공단의 설립) 고용노동부장관의 위탁을 받아 제1조의 목적을 수행하기 위하여 근로복지공단(이하 "공단"이라 한다)을 설립한다.

3 【산재보험법】 제96조(기금의 용도) ① 기금은 다음 각 호의 용도에 사용한다.
1. 보험급여의 지급 및 반환금의 반환, 2. 차입금 및 이자의 상환, 3. 공단에의 출연,
4. 「산업안전보건법」 제61조의3에 따른 용도, 5. 재해근로자의 복지 증진, 6. 「한국산업안전보건공단법」에 따른 한국산업안전보건공단(이하 "한국산업안전보건공단"이라 한다)에 대한 출연, 7. 보험료징수법 제4조에 따른 업무를 위탁받은 자에의 출연, 8. 그 밖에 보험사업 및 기금의 관리와 운용

4 【산재보험법】 제36조(보험급여의 종류와 산정 기준 등) ① 보험급여의 종류는 다음 각 호와 같다. 다만, 진폐에 따른 보험급여의 종류는 제1호의 요양급여, 제4호의 간병급여, 제7호의 장의비, 제8호의 직업재활급여, 제91조의3에 따른 진폐보상연금 및 제91조의4에 따른 진폐유족연금으로 한다.
1. 요양급여 2. 휴업급여 3. 장해급여 4. 간병급여 5. 유족급여
6. 상병(傷病)보상연금 7. 장의비(葬儀費) 8. 직업재활급여

2. 보험급여의 종류 및 관계

가. 보험급여의 주요 내용[5]

구 분	지급요건	지급수준 및 지급기간
요양급여	산재보험적용사업장 소속 근로자가 업무상의 부상 또는 질병으로 4일 이상 요양이 필요한 경우	부상 또는 질병이 치유될 때까지 산재보험 의료기관에서 요양
휴업급여	요양으로 인하여 취업하지 못한 기간동안 지급	평균임금의 70% 지급 최고보상기준 1일 222,244원의 70% 최저임금(1일 68,720원) 미달 시 최저임금 지급
상병보상연금	2년 이상 요양 중인 자 중 중증요양상태 등급 1~3급 해당자에게 지급	1급(329일분), 2급(291일분), 3급(257일분) 휴업급여 대신 지급
장해급여	치유 후 신체에 장해가 남아있는 산재근로자에게 장해보상연금 또는 일시금 지급	• 연금: 1급(329일분)~7급(138일분) • 일시금: 1급(1,474일분)~14급(55일분) -1~3급: 연금지급(1~4년분 선급금 청구 시 50%만 지급) -4~7급: 연금 또는 일시금 선택(1~2년분 선급금 청구 시 50%만 지급) *선급금의 2% 이자 공제 • 진폐보상연금: '10.11.21.도입. 기초연금(최저임금 365일분의 60%)+진폐장해연금(1~3급 월 11일분, 5~7급 월 6일분, 9~13급 월 2일분)
간병급여	치유 후 의학적으로 상시 또는 수시로 간병이 필요하여 실제로 간병을 받는 자에게 지급	• 상시간병 1일당 41,170원 • 수시간병 1일당 27,450원
직업재활급여	1급~12급 장해급여수급자 또는 요양 중으로서 장해 1급~12급에 해당할 것이 명백한 자 미취업자, 다른 훈련 미해당자	직업훈련비용(정부지원승인훈련 비용준용) 및 훈련수당 직장복귀지원금(30만원~60만원, 월), 직장적응훈련비(45만원, 월) 및 재활운동비(15만원, 월)
유족급여	업무상 사망한 근로자의 유족에게 지급	• 연금: 급여기초년액 (평균임금×365)의 52%~67% • 일시금: 평균임금의 1,300일분 • 진폐유족연금: '11. 11. 21.도입 진폐장해자가 생전에 받던 진폐보상연금 수준과 동일
장의비	업무상 사망에 대하여 실제 장제를 행한 자에게 지급	평균임금의 120일분 *최고 15,867,020원 *최저 11,438,960원

5 2020년 1월 기준

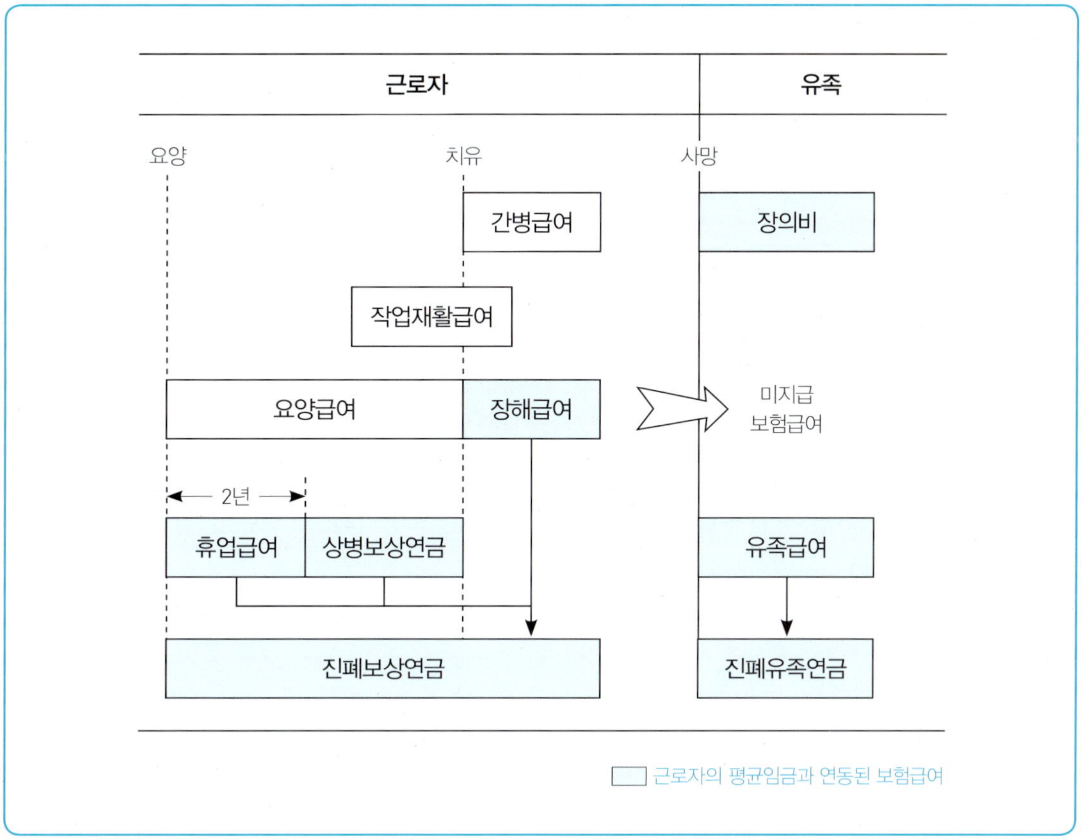

[1-1] 산재보험법 보험급여

나. 수급권자 및 시점을 기준으로 한 분류

산재보험법상 근로자가 수급권자인 보험급여로 요양급여, 휴업급여, 상병보상연금, 장해급여, 간병급여, 직업재활급여, 진폐보상연금이 있고, 근로자가 사망 후 근로자의 유족이 수급권자인 보험급여로는 유족급여, 진폐유족연금, 장의비[6]가 있다. 산재보험법에서 규정한 보험급여의 수급권자가 아닌 자에 대해서는 당해 보험급여를 청구할 법률상 이익을 인정할 수 없다. 다만, 유족은 근로자가 지급받지 못한 보험급여에 대해서는 미지급 보험급여[7]로 이를 청구할 수 있다.

6 유족외 다른 자가 장제를 행하면 그 자에게 지급한다.

7 【산재보험법】 제81조(미지급의 보험급여) ① 보험급여의 수급권자가 사망한 경우에 그 수급권자에게 지급하여야 할 보험급여로서 아직 지급되지 아니한 보험급여가 있으면 그 수급권자의 유족(유족급여의 경우에는 그 유족급여를 받을 수 있는 다른 유족)의 청구에 따라 그 보험급여를 지급한다. ② 제1항의 경우에 그 수급권자가 사망 전에 보험급여를 청구하지 아니하면 같은 항에 따른 유족의 청구에 따라 그 보험급여를 지급한다.

[보험급여의 수급권자 및 지급기간]

	요양 중	요양 종결(치유 후)	비 고
근로자	요양급여, 휴업급여, 상병보상연금	장해급여, 간병급여	
	직업재활급여, 진폐보상연금[8]		
유족		유족급여, 장의비, 진폐유족연금	근로자 사망 후

산재보험법에서 '치유'는 업무상 부상 또는 질병에 대하여 요양이 종료되고, 고정되었다고 보는 시점으로 요양과 장해를 구분하는 매우 중요한 개념이다. 근로자가 수급권자인 보험급여 중 요양 종결(치유)시점을 중심으로 그 전(요양기간 중)까지 받을 수 있는 보험급여로는 요양급여, 휴업급여, 상병보상연금이 있고, 치유 이후에 받을 수 있는 보험급여로는 장해급여, 간병급여가 있으며, 직업재활급여, 진폐보상연금은 요양기간 중 또는 요양 종결(치유) 이후에도 받을 수 있다.

다. 산재보험급여간 관계

산재 보험급여 제도 운영(보험급여의 청구와 이에 대한 지급 결정)을 이해하기 위해서는 서로 관련된 보험급여의 성격을 이해할 필요가 있다.

☞ 요양기간을 전제로 지급되는 보험급여: 요양급여, 휴업급여, 상병보상연금
- 휴업급여 기간+상병보상연금 기간≦요양기간
- 휴업급여 기간∩상병보상연금 기간=0

☞ 요양기간 연장방법: 진료계획, 추가상병, 재요양 등

✚ 요양기간이 전제되는 보험급여

요양급여는 휴업급여(상병보상연금)와 관련이 있다. 업무상 재해를 인정받아 요양이 인정되면 치료를 받게 되고, 치료를 받기 위해서는 취업을 할 수 없기 때문이다. 따라서, 휴업급여 청구기간은 반드시 요양기간에 해당하여야 하고, 요양기간이 아닌 기간에 대해서는 휴업급여를 지급할 수 없다. 다만, 요양기간이라고 하더라도 모든 기간에 휴업급여가 지급되는 것은 아니고 취업요양이 가능한 경우, 즉 상병상태가 취업을 하면서 치료를 받을 수 있을 정

8 【산재보험법시행령】[별표 11의2] 진폐병형과 심폐기능의 정도의 판정기준, 진폐장해등급 기준 및 요양대상 인정기준(제83조의2제1항 관련) 3. 합병증 등에 따른 요양대상 인정기준 나. 진폐의증(0/1)에 활동성 폐결핵이 합병된 경우(법 제36조의 보험급여 중 제1호의 요양급여 및 제4호의 간병급여만 해당한다.)

도로 회복되었다고 인정되는 상태가 된 경우에는 실 통원일에 한하여 휴업급여가 지급되게 된다. 휴업급여를 지급받은 경우 2년이 지나도록 치유가 되지 않고 일정한 요건[9]에 해당하면 휴업급여를 중지하고 상병보상연금이 지급되게 된다. 즉, 동일시점에서 휴업급여와 상병보상연금은 중복 지급될 수 없다. 따라서, 휴업급여를 지급하던 중 근로자의 청구에 의하여 상병보상연금이 결정되어 휴업급여 지급기간과 상병보상연금 기간이 중복되는 경우 그 금액을 조정하여 휴업급여 지급기간과 상병보상연금 지급기간의 중복이 일어나지 않게 조정을 하게 된다. 요양급여, 휴업급여, 상병보상연금은 요양기간에만 지급되고, 요양기간외(치유시점이후)에는 지급될 수 없다. 다만, 치유되었다고 하더라도 추후 상병의 악화 등으로 재요양[10]이 인정되어 다시 요양기간이 되면 그 기간에는 다시 지급될 수 있다. 치유가 되면 상병보상연금도 종료되고, 요양기간도 종료되기 때문에 휴업급여 지급기간과 상병보상연금 지급기간을 합하더라도 요양기간보다 더 장기간 일 수는 없다.

✚ 요양기간의 연장방법

요양기간은 요양급여, 휴업급여, 상병보상연금을 받을 가능성이 있는 기간이기 때문에 근로자의 입장에서는 이러한 보험급여를 지급받기 위하여 요양기간을 늘리는 것이 중요할 수 있다. 요양기간 연장과 관련된 제도로는 진료계획, 추가상병, 재요양 등이 있다. 이러한 제도로 요양기간이 늘어나면 휴업급여를 지급받을 수 있는 기간이 늘어날 가능성이 있으므로 근로자는 요양기간을 늘리기 위해서 이러한 제도를 활용한다. 특히, 그 중 추가상병은 다른 제도와 달리 상병의 범위도 늘어나기 때문에 장해급여 지급(장해등급 결정)에 있어서 추가상병을 인정받는 것이 중요할 수 있다.

☞ 치유 후(요양 종결 후) 지급받을 수 있는 보험급여: 장해급여, 간병급여
☞ 일정한 상병상태 또는 등급과 관련된 보험급여: 상병보상연금, 간병료, 장해급여, 간병급여
☞ 평균임금과 연동되는 보험급여: 휴업급여, 상병보상연금, 장해급여, 유족급여, 진폐보상연금, 진폐유족연금, 장의비

9 【산재보험법】 제66조(상병보상연금) ① 요양급여를 받은 근로자가 요양을 시작한 지 2년이 지난 날 이후에 다음 각 호의 요건 모두에 해당하는 상태가 계속되면 휴업급여 대신 상병보상연금을 그 근로자에게 지급한다.
1. 그 부상이나 질병이 치유되지 아니한 상태일 것
2. 그 부상이나 질병에 따른 중증요양상태의 정도가 대통령령으로 정하는 중증요양상태등급 기준에 해당할 것
3. 요양으로 인하여 취급하지 못하였을 것

10 【산재보험법】 제51조

치유 후(요양 종결 후) 지급되는 보험급여

장해급여와 간병급여는 요양이 종결되고 치유 후에만 지급될 수 있는 보험급여이다. 원칙적으로 요양기간에는 지급될 수 없는 보험급여[11]이다. 장해는 근로능력이 상실되어 완전하지 못한 상태로, 장해가 심한 경우에는 근로능력의 상실을 넘어 일상생활도 어려운 경우가 발생하게 된다. 이러한 경우에는 비록 치유되었다고 하더라도 일상생활을 위한 간병을 지원하기 위해서 간병급여가 지급된다. 따라서, 간병급여를 지급받기 위해서는 일정한 장해등급이 전제가 되므로 간병급여는 장해급여와 연동되어 있다. 즉, 장해등급이 높을수록 간병급여를 받을 가능성이 높다. 간병급여와 용어가 비슷한 간병료가 있다. 비록 용어는 비슷할지라도 간병료[12]와 간병급여는 그 성격이 각각 다르다. 간병료는 요양급여의 한 형태로서 간병료는 요양 중에만 지급될 수 있고, 간병급여는 요양이 종결되고 치유 후에만 지급되게 된다.

보험급여간 관계를 고려한 처분

보험급여는 수급권자 및 시점(요양기간, 치유)을 중심으로 지급할 수 있는 보험급여와 지급할 수 없는 보험급여가 있고, 요양기간 연장방법을 통해서 그 기준점을 변경시킬 수 있다. 그러나, 수급권자의 입장에서는 이러한 보험급여 사이의 관계를 고려하기 보다는 보다 많은 갯수의 보험급여에서 보다 많은 금액의 보험급여액을 인정받기를 원하기 마련이다. 재결사례(2018재결 제929호)에서 보듯이 청구인은 일정 시점에서 진료계획, 재요양, 장해급여 등을 한꺼번에 주장하기도 한다. 이러한 경우 공단은 산재보험급여간의 관계를 보면서 판단하여야 하므로, 청구인이 이미 인정받은 보험급여가 있는지, 그 인정받은 보험급여의 내용은 무엇인지, 청구인으로부터 또 다른 보험급여 청구가 있는지를 전체적으로 고려하여 처분하여야 한다.

2018재결 제929호 재요양 불승인 처분 취소

청구인은 2017. 7. 31.까지 승인상병으로 요양 후, 한편으로는 요양을 연장하여야 한다며 진료계획(2017. 8. 1.~2017. 10. 31.)을 요구하였고, 다른 한편으로는 요양은 종결되고 치유되었다고 주장하면서 장해급여를 청구하는 상반된 주장을 하고 있다.

또한, 청구인은 치유를 주장한 장해급여 청구에 있어서도 장해등급이 결정되자, 이제는 치유되

11 장해급여중 장해연금은 재요양을 하더라도 지급을 중지하지 않도록 하여 예외를 인정하고 있다.

12 【산재보험법】 제40조(요양급여) 제4항 제6호

지 않았다는 상반된 주장을 하는 등 장해등급 결정, 진료계획의 제출, 재요양 관련 청구를 지속적으로 제기하면서 요양이 필요하다는 주장과 요양은 종결되었고 치유되었다는 상반도 주장을 동일 시점에서 하고 있다.

청구인의 어러한 장해급여 청구, 진료계획, 재요양 청구로 인한 여러 산재보험급여 관련 사건이 진행되면서 결론적으로 원처분기관의 장해등급 결정은 취소되어 2017. 7. 31.을 치유일로 볼 수 없게 되었고, 승인상병과 관련된 진료계획(2017. 8. 1.~2017. 10. 31.) 불승인도 취소되었으므로 청구인은 승인상병으로 2017. 7. 31. 요양 후, 다시 요양기간이 인정되게 되었다.

상병상태(등급)와 연관된 보험급여

산재보험법이 인정하는 보험급여 중 상병상태와 같은 등급에 따라 그 급여액이 차등 지급되는 보험급여가 있다. 이러한 보험급여로는 간병료, 상병보상연금, 장해급여, 간병급여 등이 있다. [상병상태에 따른 각 보험급여의 지급기준 예시]에서 보는 바와 같이 상병보상연금과 장해급여의 일부 1등급 기준 및 2등급 기준은 서로 기준자체가 동일하다. 또한, 산재보험법시행규칙 제53조의 규정에 따르면 상병보상연금을 지급하기 위한 중증요양상태등급의 기준에 대한 세부기준은 신체부위별 장해등급 판정에 관한 세부기준을 준용하도록 하면서 중

[상병상태에 따른 각 보험급여의 지급기준 예시]

구분	간병료 (간병필요등급)	상병보상연금 (중증요양 상태)	장해급여 (장해등급)	간병급여	
	요양기간 중 지급		요양기간 종료(치유) 후 지급		
1등급	두 눈의 실명 등으로 급성기 치료를 받고 있어 **다른 사람의 도움 없이는 거동이 전혀 불가능한 사람**	1) 두 눈이 실명된 사람 3) 신경계통의 기능 또는 정신기능에 뚜렷한 장해가 남아 **항상 간병을 받아야 하는 사람** 4) 흉복부 장기의 기능에 뚜렷한 장해가 남아 **항상 간병을 받아야 하는 사람**	1. 두 눈이 실명된 사람 3. 신경계통의 기능 또는 정신기능에 뚜렷한 장해가 남아 **항상 간병을 받아야 하는 사람** 4. 흉복부 장기의 기능에 뚜렷한 장해가 남아 **항상 간병을 받아야 하는 사람**	상시간병급여	1. 신경계통의 기능, 정신기능 또는 흉복부 장기의 기능에 장해등급 제1급에 해당하는 장해가 남아 일상생활에 필요한 동작을 하기 위하여 **항상 다른 사람의 간병이 필요한 사람**
2등급	1등급에 미달하는 경우로서 두 눈의 실명 등으로 일상생활에 필요한 동작을 하기 위하여 **상당부분 다른 사람의 도움이 필요한 사람**	1) 한쪽 눈이 실명되고 다른 쪽 눈의 시력이 0.02 이하로 된 사람 5) 신경계통의 기능 또는 정신기능에 뚜렷한 장해가 남아 **수시로 간병을 받아야 하는 사람** 6) 흉복부 장기의 기능에 뚜렷한 장해가 남아 **수시로 간병을 받아야 하는 사람**	한쪽 눈이 실명되고 다른 쪽 눈의 시력이 0.02 이하로 된 사람 5. 신경계통의 기능 또는 정신기능에 뚜렷한 장해가 남아 **수시로 간병을 받아야 하는 사람** 6. 흉복부 장기의 기능에 뚜렷한 장해가 남아 **수시로 간병을 받아야 하는 사람**	수시간병급여	1. 신경계통의 기능, 정신기능 또는 흉복부 장기의 기능에 장해등급 제2급에 해당하는 장해가 남아 일상생활에 필요한 동작을 하기 위하여 **수시로 다른 사람의 간병이 필요한 사람**

증요양상태등급의 변동이 심해서 그 등급을 판정하기 곤란한 경우에는 과거 6개월간의 중증요양상태를 종합하여 판정하도록 하고 있는 바, 상병보상연금은 장해판정기준(장해급여)과 연관되어 있고, 과거 6개월 동안 간병료를 지급받은 경우에는 간병필요등급(간병료)과도 연관되어 있다고 볼 수 있다. 간병급여(상시간병급여 및 수시간병급여)의 기준에서 사용하는 '항상 다른 사람의 간병이 필요한 사람' 또는 '수시로 다른 사람의 간병이 필요한 사람'이라는 용어도 상병보상연금과 장해급여의 등급기준에서 유사하게 사용되거나, 간병료 등급에서 유사하게 사용됨으로써 근로자에게 하나의 보험급여에 대한 등급이 다른 보험급여에도 당연히 적용되게 될 것이라는 기대를 가지게 한다.

간병료와 상병보상연금은 요양기간 중에 지급되기 때문에 그 지급기간이 중복될 수 있고, 장해급여와 간병급여는 요양이 종결되고 치유 후에 지급되기 때문에 그 역시 지급기간이 중복될 수 있다. 이러한 보험급여는 비록 서로 성격이 다른 보험급여라고 하더라도 그 급여액 기준이 상병상태와 같은 등급에 따라 결정되므로 보험급여간 결정내용(상병상태의 기준)에 차이가 발생하여 근로자의 입장에서 그 수인한도를 넘을 경우 문제를 제기할 소지가 매우 크다. 특히, [1-2] 상병상태(등급)와 연관된 보험급여에서 보는 바와 같이 지급기간이 중복되

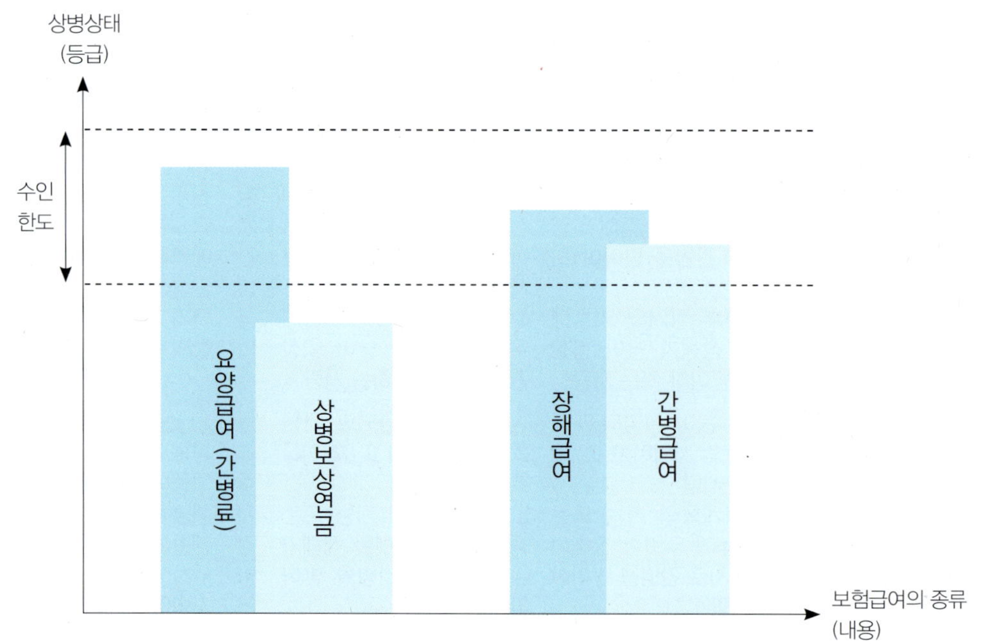

[1-2] 상병상태(등급)와 연관된 보험급여

는 기간에 상병상태(등급) 판단이 다르게 되지 않도록 유의하여야 한다.

이러한 이유 때문에 비록 서로 각각 다른 보험급여의 성격을 가지고 있다고 하더라도 공단은 상병상태(등급)와 관련된 보험급여를 운영함에 있어서는 다른 보험급여와 상병상태(등급) 기준과 관련해서 함께 검토하여야 한다.

평균임금과 연동된 보험급여

산재보험법의 보험급여액이 근로자의 평균임금과 연동되어 있는 보험급여로 휴업급여, 상병보상연금, 장해급여, 유족급여, 장의비가 있다. 다만, 진폐보상연금, 진폐유족연금은 평균임금과 연동이 되지만, 일정요건에 해당하는 자는 평균임금과 상관없이 기초연금액만 받는 경우[13]도 있다. 따라서 근로자의 입장에서는 평균임금이 변동되면 여러 가지 보험급여에 영향을 받게 되므로 높은 평균임금을 인정받기 위해 이를 다투는 사건이 많다.

13 【산재보험법(제10305호, 2010. 5. 20)】 부칙 제2조 ③ 제36조제1항 · 제2항 및 제91조의3의 개정규정은 종전의 규정에 따라 진폐로 인하여 장해보상일시금을 받은 사람(이 법 시행 전에 지급사유가 발생한 사람을 포함한다)에 대하여도 적용하되, 같은 개정규정에 따른 진폐보상연금액중에서 기초연금액만을 지급한다.

Ⅱ 재심사 청구의 형식적 요건

1. 의 의

공단을 거쳐 재심사가 청구되면 산업재해보상보험재심사위원회(이하 "산재재심사위원회"라 한다)에서는 이에 대하여 업무상 재해로 인정할 수 있는지 여부를 검토하기에 앞서 재심사 청구의 형식적 요건을 충족하고 있는지를 우선 확인하게 된다. 이러한 형식적 요건은 ① 산재재심사위원회의 권한으로 다룰 수 있는 재심사 대상인지 여부, ② 제소기간을 도과하였는지 여부, ③ 재청구 금지에 해당하는지 여부, ④ 소멸시효[14] 기간이 도과했는지 여부, ⑤ 보험급여를 다툴 수 있는 법률상 이익이 있는지 여부 등을 확인하게 된다. 이러한 형식적 요건을 갖추지 못한 재심사는 부적법한 청구로 보게 된다.

2. 재심사 대상인지 여부

산재재심사위원회의 재심사 대상은 산재와 관련된 공단의 결정이지만, 공단의 모든 결정을 그 대상으로 하는 것은 아니다. ① 보험급여에 관한 결정, ② 진료비에 관한 결정, ③ 약제비에 관한 결정, ④ 진료계획 변경 조치등, ⑤ 보험급여의 일시지급에 관한 결정, ⑥ 합병증 등 예방관리에 관한 조치, ⑦ 부당이득의 징수에 관한 결정, ⑧ 수급권의 대위에 관한 결정에 대한 공단의 심사청구 결정을 산재재심사위원회의 재심사 대상으로 규정[15]하고 있다. 다만, 업무상질병판정위원회의 심의를 거친 공단[공단의 분사무소의 장(지사장)(이하 "원처분기관"이

---

14 소멸시효 제도는 권리자가 그 권리를 행사할 수 있음에도 불구하고, 일정기간(소멸시효기간)동안 그 권리를 행사하지 않은 경우 그 권리를 소멸시키는 제도

15 【산재보험법】 제103조(심사 청구의 제기) ① 다음 각 호의 어느 하나에 해당하는 공단의 결정 등(이하 "보험급여 결정등"이라 한다)에 불복하는 자는 공단에 심사 청구를 할 수 있다.
1. 제3장 및 제3장의2에 따른 보험급여에 관한 결정
2. 제45조 및 제91조의6제4항에 따른 진료비에 관한 결정
3. 제46조에 따른 약제비에 관한 결정
4. 제47조제2항에 따른 진료계획 변경 조치등
5. 제76조에 따른 보험급여의 일시지급에 관한 결정
5의2. 제77조에 따른 합병증 등 예방관리에 관한 조치
6. 제84조에 따른 부당이득의 징수에 관한 결정
7. 제89조에 따른 수급권의 대위에 관한 결정

라 한다)]의 결정은 심사청구 절차를 거치지 아니한 사항이라고 하더라도 산재재심사위원회의 재심사 대상[16]으로 하고 있다. 재심사 대상이 아닌 공단의 결정은 산재재심사위원회의 권한외의 사항이므로 이러한 청구가 제기된 경우에는 이를 처리할 수 없다.

2019재결 제2152호 요양 불승인 처분 취소

청구인은 원처분기관의 2019. 6. 26. 요양 불승인 처분에 대해 산재보험법 제106조에 규정된 심사 청구에 대한 결정 절차를 거치지 않고 2019. 7. 10. 재심사를 청구한 것으로 확인되며 ----(중략)---- 따라서, 청구인의 재심사 청구를 각하함이 타당하다는 것이 우리 위원회의 판단이다.

또한, 재결사례(2019재결 제1389호)와 같이 요양이 종결되고 치유된 후 장해등급을 다투는 사건에서 요양이 더 필요하다는 것은 재심사 청구대상 보험급여가 아닌 다른 보험급여 내용을 재심사 과정에서 주장하기도 하는데 행정심판법 제47조의 규정[17]에서 보는 바와 같이 그러한 주장은 당해 재심사의 대상의 되는 처분과 관련이 없기 때문에 산재재심사위원회의 재결과정에서 다룰 수 없다.

2019재결 제1389호 장해등급 결정 처분 취소

청구인의 폐기능 증세가 고정되지 않아 적극적인 치료와 요양이 필요한 상태임을 주장하나, 원처분기관의 장해등급 결정은 청구인의 장해급여 청구에 따라 이루어졌으며, 요양이 필요한 상태인지 여부는 이 건 청구와 무관하므로 다루지 아니한다.

✚ 평균임금 정정에 따른 실익을 확인하지 않는 공단의 업무처리

공단은 평균임금 관련 보험급여 사건을 처리함에 있어서 평균임금 자체만을 검토하고, 평균임금이 정정된다면 어떤 보험급여의 지급액에 영향을 주는지 여부를 확인하지 않고 있다. 이러한 업무처리 방식으로 인하여 공단은 평균임금의 정정으로 영향을 받는 보험급여 사건이 산재재심사위원회의 재심사 대상인지 여부, 평균임금과 관련된 보험급여에 대한 소멸시

16 【산재보험법】 제106조(재심사 청구의 제기) ① 제105조제1항에 따른 심사 청구에 대한 결정에 불복하는 자는 제107조에 따른 산업재해보상보험재심사위원회에 재심사 청구를 할 수 있다. 다만, 판정위원회의 심의를 거친 보험급여에 관한 결정에 불복하는 자는 제103조에 따른 심사 청구를 하지 아니하고 재심사 청구를 할 수 있다.

17 【행정심판법】 제47조(재결의 범위) ① 위원회는 심판청구의 대상이 되는 처분 또는 부작위 외의 사항에 대해서는 재결하지 못한다.

효가 이미 완성되었는지 여부 등 기본적인 재심사의 형식적 요건이 충족되었는지 여부를 확인하지 않고 있다. 산재재심사위원회의 재심사 대상 보험급여가 아님에도 불구하고 근로자가 재심사를 청구하는 경우가 종종 발생하기도 하지만, 산재재심사위원회의 재결 권한외의 사항이므로 이를 심리할 수 없다.

2018재결 제1653호 평균임금 정정 불승인 및 보험급여 차액 부지급 처분 취소

청구인은 '진폐의 예방과 진폐근로자의 보호 등에 관한 법률'에 따른 장해위로금을 지급함에 있어 평균임금을 이 건 사업장 퇴직 당시 평균임금 기준으로 정정하여 적용하고 그 위로금 차액을 지급하여야 한다는 주장을 하나, 이는 산재보험법상 '보험급여 결정 등'에 해당되지 않아 재심사 청구 심리대상이 아니므로 판단하지 아니한다.

3. 제소기간 도과여부

산재보험법은 공단의 처분에 대한 심사, 재심사 청구시 보험급여에 관한 결정이 있음을 안 날부터 90일 이내에 제기하도록 그 제소기간에 대한 제한[18]을 두고 있다. 일반적으로 제소기간은 불변기간(不變期間)으로 제소기간이 경과하면 그 사건 내용을 다투지 못하는 불가쟁력(不可爭力)이 발생한다. 또한, 산재보험법 제111조제3항의 규정에 의하면 "심사 청구 및 재심사 청구에 관하여 이 법에서 정하고 있지 아니한 사항에 대해서는 행정심판법에 따른다"라고 되어 있고, 행정심판법 제27조제3항의 규정에 의하면 "행정심판은 처분이 있었던 날부터 180일이 지나면 청구하지 못한다."라고 되어 있는 바, 근로자가 공단의 결정을 알지 못하였다고 하더라도 공단의 결정이 있는 날부터 180이 경과하면 예외적인 경우이외에는 더 이상 다툴 수 없다. 따라서, 제소기간을 도과하여 재심사를 청구하는 경우에는 부적법한 청구로 보아 이를 다루지 아니한다.

18 【산재보험법】 제103조(심사 청구의 제기) ③ 제1항에 따른 심사 청구는 보험급여 결정등이 있음을 안 날부터 90일 이내에 하여야 한다.
제106조(재심사 청구의 제기) ③ 제1항에 따른 재심사 청구는 심사 청구에 대한 결정이 있음을 안 날부터 90일 이내에 제기하여야 한다. 다만, 제1항 단서에 따라 심사 청구를 거치지 아니하고 재심사 청구를 하는 경우에는 보험급여에 관한 결정이 있음을 안 날 부터 90일 이내에 제기하여야 한다.

2019재결 제638호 요양 불승인 처분 취소

원처분기관이 2018. 11. 22. 발송한 등기우편물을 2018. 11. 27.(화) 청구인과 동일 주소지에 거주하는 배우자가 수령한 것이 확인되므로 '처분이 있음을 안 날'은 등기우편물을 수령한 2018. 11. 27.로 봄이 타당한바, 청구인은 원처분이 있음을 안 날로부터 97일이 경과한 2019. 3. 4. 재심사를 청구하여 재심사 청구에 대한 적법한 절차를 충족하지 못한 것으로 판단된다.

4. 재청구에 해당하는지 여부

행정심판법 제51조(행정심판의 재청구의 금지)의 규정에 의하면 "심판 청구에 대한 재결이 있으면, 그 재결 및 같은 처분 및 부작위에 대하여 다시 행정심판을 청구할 수 없다"라고 규정하고 있다. 따라서, 특별한 규정이 없는 경우 행정심판법을 따르도록 한 산재보험법 규정에 의하여 이미 재심사의 재결이 이루어진 후, 동일 사건에 대하여 재청구가 들어오면 이를 부적법한 청구로 본다.

2019재결 제910호 장해등급 결정 처분 취소

청구인은 동 건에 대하여 우리 위원회에 2018. 5. 21. 재심사를 청구하여 2018. 8. 9. 취소 결정(제12급제15호)된 이후, 2019. 3. 27. 재심사를 다시 청구하였는바, 이 사건 재심사 청구는 부적법한 청구로 판단된다. 따라서, 청구인의 재심사 청구를 각하함이 타당하다는 것이 우리 위원회의 판단이다.

✚ 재청구 해당여부를 확인하지 않는 공단의 업무처리 방식

공단은 어떤 사건에 대한 재결이 이미 내려진 후, 동일사건에 대한 청구가 들어오면 재청구 금지대상에 해당하는지 여부를 확인하여야 한다. 그러나 공단은 이러한 확인 절차를 거치지 않고, 이에 대하여 업무상 재해 인정여부에 대한 처분(본안에 대한 처분)을 다시 하고 있다. 또한, 이미 제소기간 도과로 불가쟁력(不可爭力)이 발생하여 더 이상 다툴 수 없음에도 불구하고 동일한 건에 대한 청구가 들어온 경우 재처분을 함으로써 재심사 청구가 가능하도록 업무를 처리하는 경우가 있다. 한편, 사법부인 법원의 판결이 내려지면 그 건에 대해서는 기판력(旣判力)[19]이 발생하여 일사부재리(一事不再理) 원칙에 따라 동일건에 대해서는 이를

19 확정판결을 받은 사항은 다른 법원에 제소하더라도 이와 모순되는 판단을 할 수 없도록 하는 효력을 말한다. 따라서, 확정판결이 내려지면 동일사건에 대해서 다시 제소할 수 없게 된다.

다시 처리하지 않는다. 그러나 공단은 법원에서 판결이 있었음에도 불구하고 이에 대한 청구가 다시 들어오면 법원의 판결여부에 대한 확인없이 다시 처분을 하는 경우(2019재결 제2152호, 2019재결 제2474호)도 있다. 이러한 공단의 업무처리 방식은 기판력(旣判力)에 의한 일사부재리(一事不再理) 원칙에 위배되고, 재청구를 금지한 행정심판법 제51조의 규정을 위반할 소지가 있을 뿐만 아니라 산재보험법에서 규정한 제소기간 조차 무력화할 소지가 있다. 재결사례(2019재결 제2291호)는 이러한 공단의 업무처리 방식을 지적하고 있다.

2019재결 제2152호 요양 불승인 처분 취소

청구인은 이미 동일한 사고경위 및 신청상병으로 4차례 요양 불승인 처분과 재심사청구 기각 결정을 받았고, 이에 대한 법원의 행정소송에서도 패소하였음이 확인되는바 이는 동일 사건에 대한 재청구로 부적합한 청구에 해당한다 할 것이다.

2019재결 제2474호 유족급여 및 장의비 부지급 처분 취소

청구인은 이 건 청구와 관련하여 2017. 8. 21. 근로복지공단을 상대로 행정소송을 제기하였으나, 재해근로자의 업무상 과로나 스트레스가 폐결핵 후유증 등 기존질환을 자연경과 이상으로 급격히 악화시켜 사망에 이르게 하였다고 인정하기 부족하다는 이유로 2018. 6. 7. 청구 기각되었고, 2018. 6. 30. 최종 확정되었으므로 확정 판결의 기판력에 반하는 이 건 청구는 부적법한 것으로 보인다.

2019재결 제2291호 요양 불승인 처분 취소

산재보험법 제103조제3항의 규정에 따르면 "심사청구는 보험급여 결정 등이 있음을 안 날부터 90일이내에 하여야 한다."라고 규정되어 있고, 산재보험법 제97조제1항의 규정에 의하면 "공단은 심사 청구가 법 제103조제3항에 따른 기간이 지나 제기되거나 ----(중 략)---- 각하결정을 하여야 한다."라고 강행규정의 형식으로 규정되어 있으므로 공단은 청구인이 이미 동일 건에 대하여 2018. 6. 29. 불승인 처분을 받은 뒤 심사청구 제기기간이 도과하여 이 건을 다시 신청한 것으로 확인되므로 이에 대한 검토도 필요했던 것으로 보인다.

5. 소멸시효 기간이 도과했는지 여부

가. 요양급여 등 소멸시효 완성

산재보험법은 보험급여와 관련된 권리에 대하여 일정한 기간이 도과하면 소멸시효(消滅時

效)가 완성된 것으로 보아 더 이상 그 권리를 다툴 수 없도록 규정[20]하고 있다. 예를 들어 요양급여를 받을 권리는 3년간 행사하지 아니하면 시효로 말미암아 소멸한다고 규정하고 있다. 이러한 소멸시효의 기산점은 보험급여를 받을 권리를 행사할 수 있는 때이다. 따라서, 요양급여의 경우에는 요양을 받은 날의 다음 날부터 소멸시효의 기산점이 되므로 요양급여를 신청한 때부터 역산하여 3년이 이미 경과한 경우에는 그 요양급여 청구권은 이미 소멸시효가 완성되고 더 이상 다툴 수 없게 된다.

✚ 산재보험법상 요양은 공단의 인정이 필요

요양급여와 관련하여 기술하겠지만 산재보험법에서 '요양'은 단순의 의료기관에 다닌다는 사실뿐만 아니라 공단에서 인정을 받아야 하므로 비록 소멸시효 기간내의 의료기관에 진료내역이 있다고 하더라도 공단이 인정하지 아니하면 산재보험법상 요양으로 인정되지 아니한다. 따라서, 소멸시효기간 내에 의료기관에 진료내역이 있다고 하더라도 공단이 이를 요양으로 인정하지 아니하면 이 부분은 고려할 여지가 없고, 요양으로 인정된 기간만을 고려해 소멸시효 완성여부를 검토하게 된다.

2017재결 제905호 요양 불승인 처분 취소

청구인이 2016. 8. 8. 원처분기관에 요양급여를 신청한 날을 기준으로 역산하여 3년이 도과하였으므로 이 부분에 대한 요양급여청구권은 신청상병과 업무와의 상당인과관계 여부에 관계없이 이미 소멸시효가 완성되었다고 할 것이다.

2019재결 제1604호 요양 불승인 처분 취소

원처분기관이 서ㅇㅇㅇ의원 진료기록지 등에 의하여 확인한 바로는 청구인은 2014. 10. 3. 진단받은 신청상병으로 2016. 10. 10.까지 치료받은 사실이 확인되므로 아직 소멸시효기간이 도과하지 않았으므로 신청상병에 대한 요양인정 여부를 다툴 실익은 있다.

---

20 【산재보험법】 제112조(시효) ① 다음 각 호의 권리는 3년간 행사하지 아니하면 시효로 말미암아 소멸한다. 다만, 제1호의 보험급여 중 장해급여, 유족급여, 장의비, 진폐보상연금 및 진폐유족연금을 받을 권리는 5년간 행사하지 아니하면 시효의 완성으로 소멸한다.

1. 제36조제1항에 따른 보험급여를 받을 권리
2. 제45조에 따른 산재보험 의료기관의 권리
3. 제46조에 따른 약국의 권리
4. 제89조에 따른 보험가입자의 권리
5. 제90조제1항에 따른 국민건강보험공단등의 권리

나. 법률개정에 따른 소멸시효 기간 연장(3년에서 5년으로)

산재보험법의 개정[21]으로 장해급여, 유족급여, 장의비, 진폐보상연금 및 진폐유족연금을 받을 권리는 그 소멸시효 기간이 연장(3년에서 5년으로)되었다. 이 개정 내용은 부칙 제1조에 따라 공표 후 6개월이 경과한 날부터 시행되도록 하였다. 장해급여의 경우 이러한 개정으로 소멸시효기간이 3년에서 5년으로 연장되었고, 이로 인하여 소멸시효 기간이 도래하지 아니하여 다툴 수 있는 실익이 인정된 재결사례(2019재결 제2369호)가 있다.

2019재결 제2369호 평균임금 정정 불승인 및 보험급여 차액 부지급 처분 취소

진폐보상연금은 2015. 9. 30.까지 진폐근로자가 수령하다가 사망하였고, 장의비는 2016. 2. 12. 청구인이 수령하였는 바, 개정 산재보험법 부칙 제1조에 따라 소멸시효 규정은 2018. 12. 12.부터 효력이 발생하므로 그 시점을 기준으로, 진폐보상연금은 구 산재보험법에 따라 이미 3년의 소멸시효가 완성되었으나, 장의비는 소멸시효가 완성되어 있지 않아 개정 산재보험법의 적용을 받아 소멸시효기간이 5년으로 늘어난다고 보아야 할 것이다.

따라서, 청구인이 2019. 2. 13. 이 건 청구를 하였는바, 개정 산재보험법 제112조 제1항에 따라 장의비는 소멸시효(5년) 내에서 평균임금을 정정하여 추가로 보험급여를 지급할 실익이 있으나, 진폐보상연금에 대하여는 구 산재보험법 제112조 제1항에 의거 소멸시효(3년)가 완성되어 확정되었으므로 더 이상 다툴 실익이 없어, 신청 및 청구의 본래 목적이 실현될 수 없다고 할 것이다.

다. 업무상 재해 인정여부에 대한 청구의 소멸시효 중단이 미치는 범위

산재보험법에 규정된 소멸시효(제112조)는 산재보험법 제36조제2항에 따른 청구로 중단되도록 하면서 그 청구가 업무상의 재해 여부의 판단을 필요로 하는 최초의 청구인 경우에는 그 청구로 인한 시효중단의 효력은 다른 보험급여에도 미칠 수 있도록 하고 있다.[22] 즉, 요양급여, 휴업급여, 장해급여 등 각 보험급여는 원칙적으로 수급권자인 근로자의 해당 보험급여 청구로 해당 보험급여에 대한 소멸시효가 중단되는 것이 원칙이지만, "업무상의 재해 여부의 판단을 필요로 하는 최초의 청구"인 경우에는 다른 보험급여 청구권의 소멸시효까지 중단 사유로 인정한 것이다. 산재보험법에서 인정하는 보험급여는 원칙적으로 요양급여부터 시작되

21 【산재보험법】(제15665호, 2018. 6. 12.개정)

22 【산재보험법】 제113조(시효의 중단) 제112조에 따른 소멸시효는 제36조제2항에 따른 청구로 중단된다. 이 경우 청구가 제5조 제1호에 따른 업무상의 재해 여부의 판단을 필요로 하는 최초의 청구인 경우에는 그 청구로 인한 시효중단의 효력은 제36조제1항에서 정한 다른 보험급여에도 미친다.

2017재결 제1326호 장해급여 부지급 처분 취소

"업무상의 재해 여부의 판단을 필요로 하는 최초의 청구"는 2008. 4. 7. 요양을 신청하여 2008. 7. 9. 일부 승인 및 2011. 1. 19. 일부 승소할 당시 확정되었고, 그 이후의 청구 및 소송은 이미 확정된 요양 기간을 연장하여야 한다는 취지라 할 것이다. 즉, 업무상 재해 여부 판단을 위한 최초의 청구가 확정된 이후의 요양비 청구는 다른 보험급여 청구권의 소멸시효의 중단 사유로는 인정되지 않으므로, 청구인의 장해급여 청구 소멸시효는 치유일 2011. 2. 26.의 다음날부터 진행된다고 보아야 한다.

이에 지속적으로 임의 요양(2011. 2. 27.~2013. 9. 26.)한 후에 행한 2013. 10. 22.의 요양비 청구는 업무상 재해 여부를 다투는 최초의 청구가 아니라 요양기간을 다투는 청구이므로 2013. 10. 22.의 청구로 소멸시효 중단의 효력이 장해급여 청구권에까지 미치지는 않는다 할 것이다. 따라서 원처분기관이 2017. 1. 17. 청구인에게 행한 장해급여 부지급 처분은 정당하다는 것이 우리 위원회의 판단이다.

는 것이기 때문에 이러한 규정을 둔 것으로 보인다. 여기서 주의할 점이 있다. 업무상 재해 여부의 판단을 필요로 하는 최초의 청구가 아닌 경우(요양기간 연장)에는 다른 보험급여의 소멸시효가 중단되는 것이 아니라고 판단한 재결사례(2017재결 제1326호)가 있다.

라. 소음성 난청의 소멸시효 기산점

산재보험법시행규칙 [별표 5] 신체부위별 장해등급 판정에 관한 세부기준(제48조 관련)에 의하면 소음성 난청에 대한 검사는 3회 이상 실시하도록 규정되어 있다. 이러한 규정을 근거로 소음성 난청에 대한 검사를 3회 이상 실시하지 않았으므로 아직 소멸시효가 완성되지 않았다고 주장하는 사건이 있었다. 재결사례(2017재결 제1164호)에서는 청구인의 주장을 받아들이지 아니하였다. 그 이유는 ① 소음성 난청의 검사를 3회 이상 실시하는 이유는 단지 청력치의 신뢰성[23]을 확인하기 위한 측정방법일 뿐이고, ② 검사결과가 일정한 요건을 충족하지 아니한 경우에는 재검사를 받도록 규정하는 것도 동일한 이유라며 소음성 난청에 대한 장해급여 청구권은 최초 진단날짜를 기준으로 소멸시효가 진행된다고 판단하였다.

23 현재의 기술상 소음성 난청의 검사는 검사대상자의 협조가 필수적이기 때문에 신뢰성 있는 측정치 확보가 매우 중요

2017재결 제1164호 장해급여 부지급 처분 취소

청구인은 2012. 7. 7.의 검사는 법 시행령 제34조제3항 관련 [별표 3] [7. 눈 또는 귀 질병, 차. 소음성 난청]에 규정된 3회 이상 실시한 것이 아니므로 그 날은 진단일로 볼 수 없다고 주장하므로 살펴보면, 법 시행령 제34조제3항 관련 [별표 3](7. 눈 또는 귀 질병, 차. 소음성 난청)2)에 난청의 측정방법을 제시하고 있고, 나)에 의하면 의사의 판단에 따라 3회 이상 실시하도록 하고 규정하고 있다.

그러나 이것은 측정된 청력치에 따라 장해등급의 인정하는 소음성 난청측정 청력치의 신뢰성을 확보하기 위한 측정방법일 뿐이고, 그것으로 인해 진단일이 바뀌는 것은 아니다. 이는 그 후단에 검사결과가 (1)~(5)이 요건을 모두 충족하지 않는 경우에 재검사를 하도록 하여 그 청력치의 신뢰성을 확보하도록 하는 규정을 둔 것도 동일한 이유라고 보아야 한다.

청구인의 경우 2012. 7. 7. 일정 주파수음에 대한 청력역치를 측정하여 6분법으로 판정한 결과, 우측 50데시벨, 좌측 47데시벨의 청력손실이 확인되고, 같은 날의 진료기록에는 '양쪽 감각신경성 난청'으로 진단된 것으로 확인되므로, 그 날짜를 진단일로 보아야 하고 치유된 시점으로 보아 그 다음날을 소멸시효의 기산점으로 보아야 할 것이다.

마. 등기우편으로 송달한 사실을 입증 못하는 경우

소멸시효는 권리를 행사할 수 있었음에도 불구하고 이를 일정기간 행사하지 않으면 그 권리 자체를 소멸시키는 제도이므로 그 기산점은 엄격히 확인되어야 한다. 공단이 소멸시효를 주장하기 위해서는 이를 다투는 상대방인 근로자에게 처분의 내용을 도달시켰음을 정확히 입증하여야 하므로 공단은 도달여부를 확인할 수 있도록 등기우편으로 문서를 송달시켜야 한다. 재결사례(2016재결 제1317호)에서는 등기우편의 형식으로 문서를 송달시켰음을 입증하지 못하는 공단의 책임을 인정하여 공단이 주장하는 소멸시효 주장을 받아들이지 아니하였다.

2016재결 제1317호 진폐보상연금 등급차액분 일부 부지급 처분 취소

진폐보상연금 등급차액분은 진폐정밀진단 실시결과를 통지받은 때로부터 3년 이내에 청구해야 함을 규정하고 있다. 이에 청구인의 동 연금 등급차액분 청구가 소멸시효를 도과했는지에 대해 살펴보면,

원처분기관은 '2011. 11월 진폐정밀진단 결과'(제11급에서 제7급으로 등급 상향 결정)를 청구인에게 적법하게 도달시켰다는 점에 대해 입증을 하지 못하고 있고, '2013. 6월 진폐정밀진단 결과'를 2013. 7. 11. 등기우편으로 발송하여 적법하게 도달시켰다는 사실만으로 2011. 12. 16. 일반우편으로 보낸 '2011. 11월 진폐정밀진단 결과'를 적법하게 수령하였다고 추정할 수는 없으며,

2015. 9. 24. 원처분기관에서 '2015. 7월 진폐정밀진단 결과'(제7급에서 제3급으로 등급 상향 결

정)를 통보한 문서상에 '2011. 11월 진폐정밀진단 결과'가 포함되어 있어 청구인이 동 사실을 인지하게 되어 2015. 10. 7. 동 연금 등급차액분을 청구한 것으로 보여지는 바, 이를 종합하면 청구인이 '2011. 11월 진폐정밀진단 결과'를 알게 된 것은 '2015. 7월 진폐정밀진단 결과'를 통보 받은 시점인 2015. 9. 30.로 판단되므로 이때부터 동 연금 등급차액분 청구권의 소멸시효를 기산함이 타당하다.

따라서, 원처분기관이 소멸 시효 완성을 이유로 청구인에게 행한 진폐보상연금 등급차액분 일부 부지급 처분은 부당하므로 이를 취소하여야 한다는 것이 우리 위원회의 판단이다.

바. 보조기 지급으로 장해급여 청구권의 소멸시효가 중단되는지 여부

청구인은 장해급여를 지급받은 후, 보조기를 지급받고 재차 장해급여를 청구하면서, 보조기 지급으로 소멸시효가 중단되므로 보조기 지급을 기준(❻)으로 장해급여 청구권의 소멸시효 기간을 기산하여야 한다고 주장한 사건이다.

[청구인의 장해등급 소송 및 보조기 지급과정]

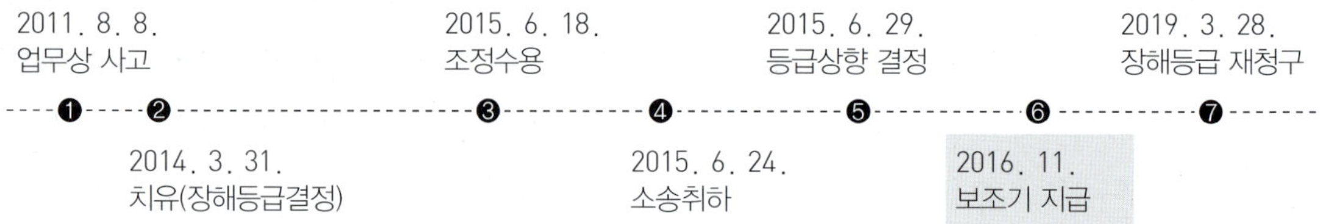

그러나, 보조기는 내구연한에 따라 주기적으로 비용을 청구하여야 하고, 청구인이 요양비(보조기)를 지급받은 후 실제 요양을 한 사실도 확인되지 않으며, 보조기 지급이 장해급여 지급을 위한 사전 절차의 성격을 가졌다고 인정할 수 없는 바, 청구인은 치유일(❷) 또는 장해급여 상향 결정일(❺)을 기준으로 보았을 때 3년이라는 기간이 도과하였으므로 소멸시효가 완성되었다고 보아 이를 인정하지 아니하였다. 다만, 현실적으로 보조기 지급(❻) 자체만을 가지고 산재보험법에서는 인정하는 '요양'이라고 인정하기는 어렵지만, 산재보험법에 의하여 보조기를 지급할 수 있는 보험급여 항목은 요양급여[24] 이외에는 다른 항목이 없고, 형식적 측면으로 보았을 때 보조기 지급은 요양급여라고 볼 수 있으므로 이러한 문제의 소지가 충분히 발생할 수 있는 바, 이에 대하여는 개선이 이루어져야 한다고 지적하였다.

24 【산재보험법】 제40조제4항제2호 및 【산재보험법시행령】 제38조제1항제2호

2019재결 제2689호 장해급여 부지급 처분 취소

청구인은 2011. 8. 8. 사고로 2014. 3. 31.까지 치유 후 장해등급 조정 제8급 결정을 받았으나, 원처분기관이 법원의 조정권고안을 수용하여 2015. 6. 18. 청구인의 장해등급을 조정 제7급으로 상향 결정하자 2015. 6. 24. 소송을 취하하였다. 이후 2019. 3. 28. 누락된 장해가 있다며 장해급여를 청구하였으나, 앞서 살펴본 바와 같이 장해급여는 업무상의 재해로 치유된 후 신체 등에 장해가 있는 경우에 지급하며, 장해급여를 받을 권리는 3년간 행사하지 않으면 시효로 말미암아 소멸하는바, 청구인의 치유일(2014. 3. 31.)이나 장해급여 상향 결정일(2015. 6. 29.)로 볼 때 이 건 장해급여 청구(2019. 3. 28.)는 3년의 기간을 도과하여 장해급여를 받을 권리에 대한 시효가 완성된 것으로 보인다.

한편, 청구인은 2016. 11. 요양비(보조기)를 지급하였으므로 이를 기준으로 시효가 새로이 가산된다고 주장하므로 이를 살펴보면,

우선, 법 제36조제1항의 규정에 의해서 법에서 인정하는 보험급여(진폐관련사항 제외)로는 요양급여, 휴업급여, 장해급여, 간병급여, 유족급여, 상병보상연금, 장의비, 직업재활급여가 있고, 법 제40조제4항제2호 및 법시행령 제38조제1항제2호가목의 규정의 의하면 보조기의 지급은 요양급여의 하나로 규정되어 있는바, 보조기의 지급은 요양급여 항목의 하나이고, 요양기간이 인정되지 않으면 요양급여가 지급될 수 없는 것이므로 청구인의 주장하는 바와 같이 원처분기관이 보조기를 지급한 것은 요양급여를 인정한 것이고, 이는 요양기간을 다시 인정(치유후 인정이므로 법적인 의미로는 재요양)한 것으로 볼 수 있는 소지가 있다.

다만, 보조기는 장해상태의 보완과 기능향상을 위해 사용하는 것으로 그 특성상 보조기의 내구연한에 따라 주기적으로 비용을 청구하여야 하는바, 2016. 11. 요양비(보조기) 승인이 장해등급 판정과 장해급여 지급을 위한 사전 절차의 성격을 가졌다고 보기 어렵고, 청구인이 요양비(보조기)를 지급받은 후 실제 요양을 한 사실도 확인되지 않으므로 2016. 11. 수령한 요양비(보조기)로 장해급여 청구에 대한 시효가 중단된 것이라고 보기 미흡하다.

그러나, 보조기 지급에 대하여 법에서는 요양급여 이외에는 다른 항목이 없으므로 이러한 문제의 소지가 충분히 발생할 수 있으므로 이에 대하여는 개선이 이루어져야 한다고 보여진다.

따라서, 원처분기관이 청구인에게 행한 장해급여 부지급 처분은 부당하지 않다는 것이 우리 위원회의 판단이다.

6. 법률상 이익이 있는지 여부

가. 근로자인지 여부

산재보험법에 의한 보험급여를 지급받기 위해서는 근로자에 해당하여야 한다. 따라서, 근로자가 아닌 자가 보험급여를 청구하는 경우에는 이를 인정할 수 없다. 다만, 산재보험법 제

124조[25]의 규정에 의하면 중 · 소기업사업주의 경우에는 공단의 승인을 받아 산재보험에 가입할 수 있도록 하고 있고, 승인이 인정된 중 · 소기업사업주는 보험급여의 수급권자가 될 수 있다. 재결사례(2018재결 제2228호)에서는 근로자라고 주장하는 자가 사업주와 가족관계라는 이유만으로 이를 부인할 수는 없지만, 가족관계가 아닌 다른 자보다 그 근로자성에 대해서는 보다 엄격하고 명확하게 확인할 필요가 있다고 보고 있다.

2018재결 제2228호 요양 불승인 처분 취소

청구인은 이 건 사업장 사업주의 아들로서, 실질적으로 임금 및 고용상태의 파악이 어렵고 사회통념상 사업주와 생계를 같이하는 관계에 있다고 볼 수 있으므로 원칙적으로 근로자로 보기 어려우나, 예외적으로 같은 사업에 근무하는 일반근로자와 동일하게 사업주의 지휘·감독 하에 상시근로를 제공하고 그 대가로 임금형태의 금품을 지급받은 자 임이 사실관계를 통해 명확하게 확인된 경우에는 근로기준법상 근로자로 인정할 수도 있을 것이다.

제출된 자료를 검토한 결과, 이 건 사업장에서 청구인에게 계좌 이체한 금액(2017. 10. 19. 1,500,000원씩 6회 총 9,000,000원, 2017. 10. 23. 1,500,000원)이 앞서 언급한 조건을 충족할 경우 청구인을 근로기준법상 근로자로 볼 여지가 없지는 않으나, 입사 당시부터 6개월 동안 근로자가 일하는 것을 지켜본 후 제대로 일할 경우에 직원으로 인정해 주기로 하여 급여를 지급하지 않는 경우를 일반적인 사업주와 근로자의 관계라고 볼 수는 없다 할 것이다.

또한, 이 건과 같이 사업주와 생계를 같이 하고 있는 가족을 근로자로 인정하여야 한다고 주장하는 사건의 경우, 근로기준법상 근로자임을 입증할 수 있는 자료가 일반적인 사건보다는 엄격하고 명확하게 확인될 필요가 있는바, 이 건 사업장의 경우 친족으로 구성되어 운영되고 있어 다른 근로자의 근무형태 등을 비교해 볼만한 자료가 없을 뿐만 아니라, 2018. 1. 4. 작성된 사업주 진술서에는 근로계약서를 작성하지 않았다고 기재되어 있는 반면, 원처분기관에 제출된 자료에는 근로계약서가 2017. 4. 10.자로 작성되어 있음이 확인되어, 이러한 자료들을 근거로 사용종속관계를 인정하기는 어렵다고 할 것이다.

덧붙여, 4대 보험 취득 여부를 근로자성 판단의 부수적인 요건으로 보고 있는바, 청구인은 'ㅇㅇ산업', 'ㅇㅇㅇㅇ자재총판'이라는 개인 사업자등록이 확인될 뿐, 이 건 사업장 4대 보험 취득 이력은 확인되지 않는다.

따라서, 청구인을 근로기준법상 근로자로 볼 수 없어 원처분기관이 청구인에게 행한 요양 불승인 처분은 타당하다는 것이 우리 위원회의 판단이다.

25 【산재보험법】 제124조(중 · 소기업 사업주에 대한 특례) ① 대통령령으로 정하는 중 · 소기업 사업주 (근로자를 사용하지 아니하는 자를 포함한다. 이하 이 조에서 같다)는 공단의 승인을 받아 자기 또는 유족을 보험급여를 받을 수 있는 자로 하여 보험에 가입할 수 있다. 이 경우 제5조제2호에도 불구하고 그 사업주는 이 법을 적용할 때 근로자로 본다.

나. 당해 보험급여의 수급권자인지 여부

산재보험법에 의한 보험급여는 수급권자를 기준으로 당사자인 근로자가 수급권자인 보험급여로 요양급여, 휴업급여, 상병보상연금, 장해급여, 간병급여, 직업재활급여, 진폐보상연금이 있고, 근로자의 유족이 수급권자인 보험급여로 유족급여(진폐유족연금) 및 장의비가 있다. 산재보험법에서 보험급여별로 수급권자를 규정한 것은 수급권자에게 당해 보험급여를 청구하여 지급받을 수 있는 권한이 있음을 법률적으로 인정한 것이다. 따라서, 수급권자가 아닌 다른 자가 보험급여를 청구할 경우에는 비록 경제적 이익이 있다고 하더라도 이를 적법한 청구로 볼 수 없을 것이다. 재결사례(2019재결 제645호)에서 진폐근로자의 배우자의 사망으로 유족보상연금의 수급권이 상실되었고, 해당 보험급여의 수급권자가 아닌 자가 수급권자가 지급받은 유족보상연금에 대한 평균임금 정정을 청구하였지만 그 청구자격을 불인정하였다.

2019재결 제645호 평균임금 정정 불승인 및 보험급여 차액 부지급 처분 취소

진폐근로자의 배우자가 2017. 12. 6. 사망하여, 유족보상연금의 수급권을 상실하였는바, 해당 보험급여의 수급권자가 아닌 청구인은 수급권자가 지급받은 유족보상연금에 대한 평균임금 정정을 청구할 자격이 없다 할 것이므로, 청구인의 재심사 청구는 적법하지 아니하다.

따라서, 청구인의 재심사 청구를 각하함이 타당하다는 것이 우리 위원회의 판단이다.

다만, 일정한 경우 미지급 보험급여의 형태로 청구는 가능하다. 재결사례(2019재결 제2242호)에 따르면 공단은 당사자인 근로자가 사망하였음에도 불구하고 다른 자가 청구한 요양급여를 일부 인정한 사례가 있다. 요양급여의 수급권자는 요양을 한 당사자인 근로자이고, 그 외 다른 자는 산재보험법의 요양급여에 대한 법률상 이익이 있는 수급권자라고 할 수 없다. 아마도 공단은 미지급 보험급여 제도가 있으므로 산재보험법에서 규정한 보험급여별로 수급권자의 법률상 이익과 경제적 이익이 있는 다른 자의 청구를 크게 구분하지 않는 것으로 보인다.

2019재결 제2242호 상병 일부 불승인 처분 취소

산업재해보상보험법 제40조제1항에 따르면 "요양급여는 근로자가 업무상의 사유로 부상을 당하거나 질병에 걸린 경우에 그 근로자에게 지급한다."라고 규정되어 있는 바, 요양급여의 수급권자는 당사자인 근로자이나 이 건의 경우 재해근로자의 사망으로 청구인이 요양급여를 신청하였고, 원처분기관이 일부 상병을 이미 승인하였으므로, 청구인이 재해근로자의 요양급여를 신청할 법률상 이익이 있는지 여부에 대한 논의는 별론으로 한다.

따라서, 청구인의 불승인상병은 업무와의 상당인과관계를 인정할 만한 객관적 증거나 의학적 소견이 미흡하므로 산업재해보상보험법 제5조의 규정에 의한 업무상 재해에 해당하지 않는다는 것이 우리 위원회의 판단이다.

✣ 미지급 보험급여 청구의 범위 문제

공단이 지침 개정으로 진폐와 관련된 장해급여를 소급지급하면서 미지급 보험급여를 청구할 수 있는 법률상 이익이 논의된 사례가 있다. 재결사례(2019재결 제2096호)에서는 진폐보상연금에 대한 법률상 이익을 갖는 수급권자는 진폐근로자이고, 진폐근로자가 사망한 경우에는 산재보험법 제58조에 따라 그 수급권 자체가 소멸한다고 규정되어 있는바, 미지급 보험급여를 청구한 청구인은 수급권자였던 진폐근로자의 진폐보상연금에 대한 법률상 이익과 동등한 정도의 법률상 이익을 누릴 수는 없고, 다만, 미지급 보험급여 청구의 범위는 진폐근로자의 사망으로 수급권이 소멸하기 이전에 확정된 보험급여에 한하여 청구할 수 있을 뿐이라는 소수의견이 있었다.

2019재결 제2096호 평균임금 정정 불승인 및 보험급여 차액 부지급 처분 취소

산재보험법 제91조의3제1항의 규정에 의하면 "진폐보상연금은 업무상 질병인 진폐에 걸린 근로자(이하 "진폐근로자"라 한다)에게 지급한다."라고 되어 있고, 산재보험법 제58조제1호에 따르면 '진폐보상연금의 수급권자가 사망한 경우에는 그 수급권이 소멸한다'라고 되어 있는바, 진폐보상연금의 수급권자는 진폐근로자이고, 청구인은 그 수급권자가 아니므로 진폐근로자의 사망으로 산재보험법 제58조제1호에 따라 그 수급권은 이미 소멸하였고, 다만, 청구인은 산재보험법 제81조의 규정에 근거하여 미지급보험급여로서 청구할 수 있으나, 제81조제1항의 규정에 의하면 "그 수급권자에게 지급하여야 할 보험급여로서 아직 지급되지 아니한 보험급여가 있으면"이라고 규정되어 있다.

여기서 "아직 지급되지 아니한 보험급여"는 수급권자가 사망하면 수급권 자체가 소멸하므로 수급권이 소멸하기 이전에 이미 확정된 보험급여라고 해석하여야 하고, 수급권 소멸조항을 고려하여 봤을 때도 합리적인 해석이라고 보아야 하며, 만약, 사망 등으로 수급권이 소멸한 후에도 수급권자가 아닌 자가 추후에 그 내용을 다투어 얻을 수 있는 경제적 이익까지 법률상 이익으로 확대 해석한다면 진폐보상연금에 대하여 수급권자인 진폐근로자와 수급권자가 아닌 청구인의 동일한 법률상 지위를 인정하는 것으로 이는 불합리하고, 그렇다면 굳이 수급권자와 수급권자가 아닌 자를 구분할 이유도 없을 것인바, 청구인에 대해서는 그 법률상 이익을 인정할 수 없다는 소수의견이 있었다.

다. 다툴 수 있는 실익 여부

재심사를 청구하였다고 하더라도 실제 청구의 목적 달성이 불가능할 경우에는 이에 대한 논의 자체가 불필요하다. 해당 보험급여가 평균임금과 연동이 되지 않았음에도 불구하고 평균임금을 다투는 사건의 경우에는 그 청구의 실익을 불인정한 재결사례(2018재결 제2318호)가 있다. 하지만 직업병의 경우 그 진단일에 따라 평균임금이 변동할 가능성이 있으므로 이에 대해서는 다툴 수 있는 실익을 인정하여 재해발생일을 재지정하도록 취소한 재결사례(2018재결 제593호)도 있다.

2018재결 제2318호 평균임금 정정 불승인 및 보험급여 차액 부지급 처분 취소

2010. 5. 20. 개정된 산재보험법 부칙 제2조에는 '제91조의3의 개정규정은 종전의 규정에 따라 진폐로 인하여 장해보상일시금을 받은 사람에 대하여도 적용하되, 같은 개정규정에 따른 진폐보상연금액 중에서 기초연금액만을 지급한다'고 규정하고 있다. 또한, 산재보험법 제91조의4제2항에 의하면 진폐유족연금은 사망당시 진폐근로자에게 지급하던 진폐보상연금과 같은 금액으로 하도록 하고 있다.

이 건에서 진폐근로자는 2005. 3. 10. 장해일시금을 수령하여 진폐보상연금 중 기초연금만 수령하다 사망하였고 청구인은 진폐근로자의 기초연금과 같은 금액으로 진폐유족연금을 수령하고 있는바, 이 건 진폐보상연금과 진폐유족연금은 평균임금이 아닌 최저임금액을 기준으로 산정된 보험급여이므로 평균임금 정정의 실익이 없다 할 것이다.

2018재결 제593호 진폐유족연금 및 장의비 지급 관련 재해발생일 결정처분 취소

판결에 따라 원처분기관은 재해근로자의 재해발생일을 사망일인 2013. 4. 30.이라고 결정하면서 진폐유족연금 및 장의비를 지급하였으나, 청구인은 재해발생일이 진단일인 2009. 12. 11.이라고 주장하는바, 이를 살펴본다.

우선, 재해발생일의 변경으로 산재보험법에서 인정하는 급여에 어떠한 실익도 없는 경우 이를 굳이 다툴 이유는 없을 것이다. 그러나 이 건의 경우 청구인의 주장처럼 재해발생일이 변경될 경우 그에 따라 재해근로자의 평균임금이 변경될 수 있고, 재해일자 변경으로 인한 새로운 급여의 지급여부 및 평균임금과 관련된 급여액의 변경될 여지가 있으므로 이를 다툴 실익이 있다고 인정된다.

---(중 략)---

법원에서 취소 판결하였을 경우 주문뿐만 아니라 그 판단의 근거가 되는 인정사실의 내용도 당사자에게 기속력이 있는 점, 서울행정법원 및 서울고등법원(최종심)에서 재해근로자를 진폐로 사망한 진폐근로자로 인정하면서, 진료기록감정을 통하여 재해근로자가 '2009년경 진폐증 정밀진단시 촬영된 흉부 방사선 영상에서 양측 상폐야에 소결절 음영이 관찰되고 당시 망인의 진폐병형은 1/0임'을 사실로 인정한 점, 이와 관련한 대한영상의학회 진료기록감정 결과에서 정선병원 흉부 방사선 영상 촬영일이 2009. 12. 7.이었고, 정선병원에서 정밀진단 종료일인 2009. 12. 11. 소견서가 발급되었던 점을 비추어 볼 때, 재해발생일을 재결정하여야 할 것이다.

따라서, 원처분기관이 재해근로자의 사망일을 재해발생일로 결정한 처분을 잘못되었으므로 이를 취소하고 재해발생일을 재결정하여야 한다는 것이 우리 위원회의 판단이다.

라. 대체 지급한 경우 이를 다툴 수 있는 자는 대체지급을 한 자

재결사례(2018재결 제689호)에서는 근로자가 산재보험법상 보험급여를 공단에 청구하지 않고, 그에 상당하는 금품을 사업장으로부터 지급받은 후, 사업장은 근로자에게 대체지급한 부분에 대하여 공단에 청구[26]하여 결정을 받자, 사업장이 아닌 근로자가 공단의 결정을 다투는 사건이었다. 비록 근로자가 공단의 결정에 대하여 간접적이거나 사실적, 경제적 이해관계를 가진다고 할지라도 보험급여를 받을 권리를 대위하여 처분을 받은 자는 근로자가 아닌 사업장이므로 근로자의 법률상 이익을 인정하지 아니하였다.

2018재결 제689호 요양비(간병료) 부지급 처분 취소

산업재해보상보험법(이하 "법"이라 한다) 제103조에 따르면 심사청구는 수급권자가 보험급여 결정에 관하여 불복이 있는 경우 행할 수 있는 것이고, 보험가입자가 수급권자에게 보험급여에 상당하는 금품을 미리 대체하여 지급한 경우, 그 수급권자의 보험급여를 받을 권리를 대위하여 처분을 받은 자는 보험가입자에 해당하며, 이 건의 경우 청구인에게 간병료에 상당하는 금품을 미리 대체하여 지급하고, 청구인의 보험급여를 받을 권리를 대위하여 처분을 받은 자는 이 건 사업장이므로, 이 건 원처분에 대해 심사청구 할 수 있는 권리는 이 건 사업장에 있다고 할 것이다.

26 【산재보험법】 제89조(수급권의 대위) 보험가입자(보험료징수법 제2조제5호에 따른 하수급인을 포함한다. 이하 이 조에서 같다)가 소속 근로자의 업무상의 재해에 관하여 이 법에 따른 보험급여의 지급 사유와 동일한 사유로 「민법」이나 그 밖의 법령에 따라 보험급여에 상당하는 금품을 수급권자에게 미리 지급한 경우로서 그 금품이 보험급여에 대체하여 지급한 것으로 인정되는 경우에 보험가입자는 대통령령이 정하는 바에 따라 그 수급권자의 보험급여를 받을 권리를 대위한다.

한편 행정심판법 제13조제1항에 따르면, 취소심판은 처분의 취소 또는 변경을 구할 법률상 이익이 있는 자가 제기할 수 있다고 되어 있는데, 여기서 법률상 이익은 당해 처분의 근거법률에 의하여 보호되는 직접적이고 구체적인 이익이 있는 경우를 말하고, 간접적이거나 사실적, 경제적 이해관계를 가지는데 불과한 경우에는 이에 해당하지 아니한다 할 것인 바,

설사, 상위 등급으로의 간병료 지급 변경이 있다 하더라도, 앞서 살펴본 바와 같이 이 건 사업장은 청구인에게 보험급여에 상당하는 금품 이상을 미리 대체하여 지급한 후, 보험급여를 받을 권리를 대위하여 원처분기관에 간병료를 청구하고 지급받았기에 간병료 차액분을 지급받을 대상은 청구인이 아닌 이 건 사업장이므로, 법률상 이익이 있는 자 역시 이 건 사업장이라 할 것이며, 기타 법에서 정하지 않은 사인간의 합의를 통해 얻을 수 있는 금전적 이익의 경우, 사실상 경제적 이해관계를 갖는데 불과하여 법률적 이익이 있다고 인정하기 어려우므로, 이 건 원처분에 대해 심사청구 할 수 있는 권리는 보험급여대체지급 청구를 한 이 건 사업장에 있다고 보고 청구인의 심사청구 적격을 불인정하여 각하한 심사기관의 결정은 타당하다고 할 것이다.

따라서, 심사기관에서 청구인 적격을 이유로 청구인의 심사청구를 각하한 결정은 정당하므로 재심사 청구는 이유 없다는 것이 우리 위원회의 판단이다.

마. 적용제외에 대하여

산재보험법은 근로자를 사용하는 모든 사업 또는 사업장에 적용하되, 다만, 위험률 · 규모 및 장소 등을 고려하여 대통령령으로 정하는 사업(장)에 대해여는 이 법을 적용하지 아니한다고 규정하고 있다. 이러한 적용제외 사업(장)에 해당할 경우에는 비록 업무상 재해가 발생했다고 하더라도 산재보험법이 적용되지 않는다. 산재보험법시행령 개정전인 구 산재보험법 시행령 제2조제1항제3호에서 주택법에 따른 주택건설사업자 등이 아닌 자가 시공하는 공사로서 '고용보험 및 산업재해보상보험의 보험료징수 등에 관한 법률 시행령 제2조제1항제2호에 따른 총공사금액이 2천만원 미만인 공사' 또는 '연면적이 100㎡ 이하인 건축물의 건축 또는 연면적이 200㎡ 이하인 건축물의 대수선에 관한 공사'에 대해서는 산재보험법을 적용하지 않도록 규정하고 있었다. 재결사례(2017재결 제2900호)에서 공단은 공사중 근로자에게 사고가 발생하였으나, '연면적이 100㎡ 이하인 건축물의 건축'중 사고로 보아 적용제외 사업(장)으로 산재보험법을 적용할 수 없다고 판단하였다. 사고발생 건축물의 건축신고(연면적 84.69㎡, 지상1층 경량철골구조)시 연면적은 100㎡ 이하로, 비록 건축변경허가신청(연면적 269.39㎡, 지하1층/지상2층, 철근콘크리트/일반목구조)을 하였으나, 건축변경허가신청이 사고 발생 이후 시점이라고 보았다. 그러나, 그 공사내용을 보다 자세히 살펴보면, 최초의 건

축물의 건축신고는 행정적 처리를 위해 형식적으로 진행되었고, 공사는 애초부터 최초의 건축신고대로 실시된 것이 아니고, 추후 건축변경허가신청(연면적 100㎡ 초과 건축물)내용에 따른 공사로 판단하여 형식적인 건축신고보다는 실질공사의 내용대로 판단하여 적용제외가 아니라고 판단하여 근로자의 주장을 받아들인 사건이었다.

2017재결 제2900호 요양 불승인 처분 취소

최초건축신고 설계도면(주단면도)	건축변경신청 설계도면(주단면도)
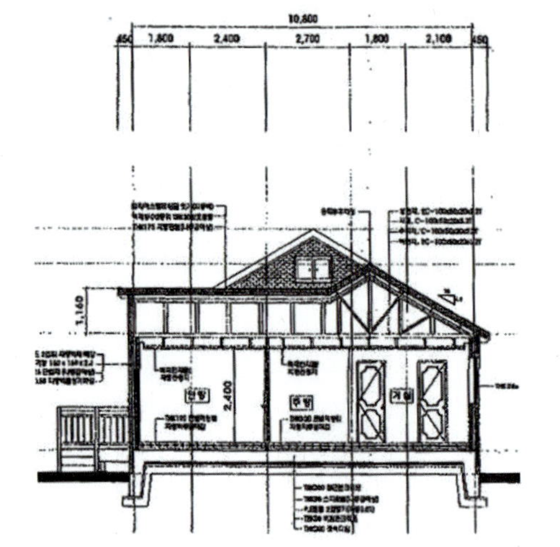	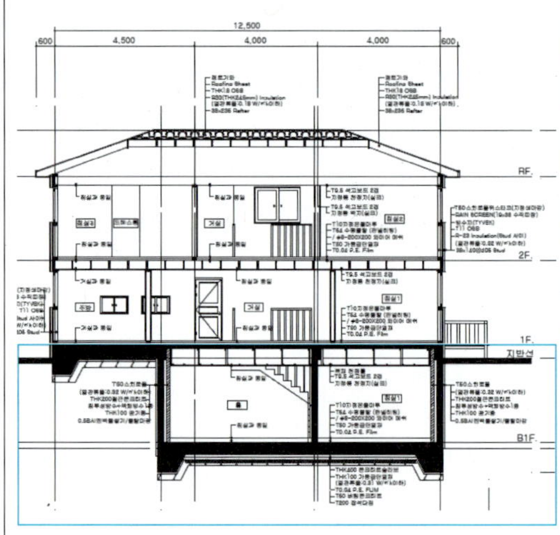
※ 지하 1층 철근콘크리트구조 자체가 없음	※ 철근콘크리트 구조의 지하 1층(□부분)에서 청구인 재해 발생

이 건 주택공사의 진행경과를 살펴보면 주택건축주는 2016. 7. 7. 최초건축신고(지상 1층 경량철골구조, 연면적 84.69㎡)를 아산시장에게 하였고, 2017. 3. 8. 청구인은 이 건 주택공사중 사고를 당하였으며, 주택건축주는 2017. 4. 26. 이 건 주택공사에 대한 건축변경허가신청(지하 1층/지상 2층, 철근콘크리트/일반목구조, 연면적 269.39㎡)을 아산시장에게 하였는 바, 청구인이 이 건 주택공사 과정에서 업무수행 중에 사고로 신청상병의 부상을 입었다는 사실에 대해서는 양당사자 등 사이에 다툼이 없다.

다만, 청구인은 지하 1층 철근콘크리트 거푸집해체 공사를 하던 도중에 사고를 당하였고, 이 건 주택공사의 연면적은 100㎡를 초과한다고 주장하나, 원처분기관 및 심사기관은 주택건축주가 신고한 이 건 주택공사의 최초건축신고상 연면적은 84.69㎡고, 그 신고된 면적에 따라 공사가 진행되다가 청구인의 사고가 발생하였으며, 비록 추후 변경신청으로 인하여 연면적이 269.39㎡로 증가하였으나, 이는 사고발생 이후이므로 사고발생 시점에서 이 건 공사는 연면적이 100㎡ 이하로 적용제외 사업으로 판단하였다.

결국 이 건의 쟁점은 이 건 주택공사의 연면적이 100㎡를 초과하는지 여부라고 할 것이다.

이에 우리위원회에서 확인한 이 건 주택의 최초건축신고 설계도면과 건축변경신청 설계도면 등 아래와 같은 사정을 종합해보면, 청구인은 최초건축신고서상 설계도면에 따라 공사하다가 사고가 발생한 것이 아니라 처음부터 건축변경신청 설계도면(연면적: 269.39㎡)에 따라 지하 1층, 지상 2층 주택을 신축하던 과정에서 사고를 당한 사실이 명백하다고 할 것이다.

첫째, 2016. 7. 7. 아산시장에게 신고된 최초건축신고 설계도면은 지상 1층 경량철골구조이고 연면적은 84.69㎡이나, 2017. 4. 26. 변경된 건축변경신청 설계도면은 지하 1층/지상 2층의 철근콘크리트구조/일반목구조로 연면적 269.39㎡이다.

둘째, 2017. 2. 8. 이 건 주택공사 착공직전에 주택건축주와 시공자인 원도급자가 체결한 '아산 신정리 ㅇㅇ영 주택 골조공사' 도급계약서의 내역서에는 최초건축신고된 1층 경량철골구조 주택과 관련이 없고, 건축변경신청된 지하 1층 철근콘크리트구조 주택 시공에 필요한 자재의 품명 및 규격, 수량 금액(31,500,000원) 등이 기재되어 있다.

셋째, 원도급자 담당이사는 1층(도면상 지하 1층)공사는 철근콘크리트조로 ㅇㅇ갑에게 도급을 주었고, 2층과 3층(도면상 지상 1층과 2층)공사는 목조로 ㈜태광건설에 도급을 주었으며, 이후 마무리 토목공사, 주차장 공사, 조경공사, 울타리 공사 등은 원도급자가 직영으로 할 예정이라고 심사기관 담당자에게 진술한 사실이 있다.

넷째, 2017. 4. 10.경 원처분기관에 제출된 청구인과 원도급자의 재해사실확인서 등에 따르면 청구인이 2017. 3. 18. 10:00경 지하 1층에서 거푸집 해체 작업 중 기둥에서 떨어지는 철근콘크리트 거푸집에 맞아 부상을 당하였다고 기재되어 있고, 최초건축신고된 지상 1층 경량철골구조주택은 설계도면에 지하 1층 철근콘크리트 공사가 없다.

다섯째, 원도급자와 ㈜태광건설은 2017. 3. 25. 이 건 주택공사가 포함된 '써니힐하우스 신축공사' 도급계약(공사기간: 2017. 3. 30~2018. 3. 30)을 체결하였고, 지하 1층 철근콘크리트 공사에 이어서 지상 2층 일반목구조 주택신축 공사를 시행하였다.

여섯째, 원처분기관은 2017. 5. 23.경 이 건 공사현장에서 최초건축신고된 1층 경량철골구조 주택이 아니라 건축변경신청된 지하 1층/지상 2층 철근콘크리트구조/일반목구조 주택이 시공되고 있는 현장을 확인하였다.

그렇다면, 청구인은 최초건축신고와 관계없이 연면적이 269.39㎡인 지하 1층/지상 2층 철근콘크리트구조/일반목구조의 이 건 주택공사 과정에서 지하 1층의 철근콘크리트 거푸집 해체작업을 하다가 떨어지는 거푸집에 부딪쳐 신청상병의 부상을 입었다고 할 것이다.

따라서, 원처분기관이 이 건 사업장을 산재보험 적용제외 사업장으로 판단하여 청구인에게 행한 요양 불승인 처분은 취소함이 타당하다는 것이 우리 위원회의 판단이다.

III 산재보험법상 재해원인 구분

1. 산재보험법의 상당인과관계

산재보험법에서는 부상, 질병, 장해 또는 사망을 재해[27]로 규정하고 있다. 업무를 수행하던 중 재해가 발생했다고 해서 모든 경우에 산재보험법에 의한 보험급여가 지급되는 것은 아니다. 산재보험법상의 보험급여를 지급[28]받기 위해서는 재해와 업무사이에 상당인과관계(相當因果關係)가 있다고 인정된 경우에 한한다. 우선, 근로자에게 재해가 발생하고, 그 재해가 의료기관에서 진단되어야 하며, 진단된 재해가 업무와의 연관이 입증되어야 한다. [업무와 재해와의 상당인과관계]의 〈상당인과관계 영역〉에서 보는 바와 같이 A, B, C 영역의 교집합(음영의(나) 부분)에 속하게 되면 산재보험법상의 업무상 재해로 인정받을 수 있다. 상당인과관계를 판단함에 있어서 그 재해원인에 따라 공단의 처리절차에 차이가 있다. [업무와 재해와의 상당인과관계]의 〈업무처리절차〉에서 보면 재해원인이 사고인 경우에는 공단의 원처분절차, 심사청구 절차를 거치지만, 재해원인이 업무부담(업무환경)인 경우에는 원처분시 업무상질병판정위원회 심의를 거쳐서 원처분을 해야 하는 점에서 차이가 있다. 업무상질병판정위원회 심의를 거친 경우 근로자는 심사청구 절차를 거치지 않고 재심사를 청구할 수도 있다. 이러한 과정을 거쳐 업무상 재해를 인정받게 되면 근로자는 사업주들이 납부한 보험료로 적립된 산재기금에서 보험급여를 지급받을 수 있다.

---

27 【산재보험법】 제5조(정의) 이 법에서 사용하는 용어의 뜻은 다음과 같다.
1. "업무상의 재해"란 업무상의 사유에 따른 근로자의 부상 · 질병 · 장해 또는 사망을 말한다.

28 【산재보험법】 제37조(업무상의 재해의 인정 기준) ① 근로자가 다음 각 호의 어느 하나에 해당하는 사유로 부상 · 질병 또는 장해가 발생하거나 사망하면 업무상의 재해로 본다. 다만, 업무와 재해 사이에 상당인과관계(相當因果關係)가 없는 경우에는 그러하지 아니하다.

[업무와 재해와의 상당인과관계]

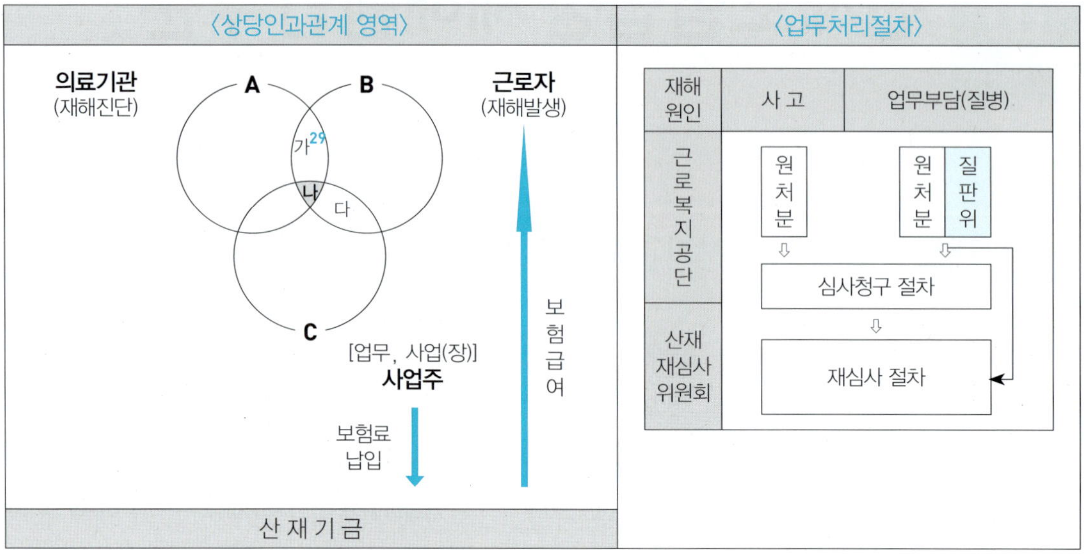

재결사례(2019재결 제512호)에서 산재보험법상의 '상당인과관계'에 대하여 어떠한 상병이 발생할 수 있는 조건만 충족되었다고 이를 인정할 수 있는 것은 아니고, 일반적인 법감정, 객관적인 자료 및 기타 보완자료 등을 통해서 업무와의 관계에서 상병이 발생할 개연성이 충분하다고 인정되는 정도에 이르러야 비로소 상당인과관계를 인정할 수 있다고 보고 있다. 비록 업무수행 중 재해가 발생했다고 하더라도 그 입증이 미흡[30]하거나 재해 원인이 개인적인 사유인 경우에는 상당인과관계를 인정할 수 없으므로 보험급여가 지급되지 아니한다.

2019재결 제512호 요양 불승인 처분 취소

산업재해보상보험법에서 업무상 재해로 인정하는 업무와 상병간의 '상당인과관계'는 업무로 단순히 어떠한 상병이 발생할 수 있는 조건만 충족되었다고 인정되는 것이 아니고, 일반적인 법 감정상 그 상병과 상병이 발생할 수 있는 재해(사고여부, 업무강도·빈도 등 내용, 종사기간 등)의 관계에 대한 타당성 있는 여러 객관적인 사실 및 기타 관련 보완자료를 통하여 상병이 발생할 개연성이 충분하다고 보여지는 관계가 인정되는 정도에 이르러야 비로소 인정되다고 할 것이다.

29 의료기관에서 진단되었다고 하더라도 영역(가)에 속한 재해는 업무관련성이 없음으로 비용이 지급된 경우 건강보험에서 처리하게 된다.

30 법의 일반원칙상 어떠한 사실에 대한 주장은 그 주장을 하는 자가 입증하여야 한다.

상당인과관계에 대한 다양한 시각차이

상당인과관계(相當因果關係)를 개념적으로는 정의한다고 하더라도 실제 사건에서 이를 적용하는데 있어서는 동일한 사실과 주장에 대하여 상당인과관계를 인정할 것인지 여부에 대해서는 많은 시각 차이를 보이고 있다. 상당인과관계를 인정할 것인지 여부는 업무상 재해를 인정할 것인지 여부를 결정하는 것이므로 이는 매우 중요하다. 재결사례(2018재결 제3002호)에서는 한의원에서 근무중 상병(C형간염)이 감염되었다는 주장에 대하여 청구인이 감염을 유발할 수 있는 수술 등의 치료를 받은 이력이 없고, 그 외 다른 경로로 감염되었다고 볼 수 있는 근거도 없으며, 혈액 등에 노출될 수 있는 한의원의 업무환경을 고려할 때 상병(C형간염)이 감염되었을 개연성이 있으므로 상당인과관계를 인정해야 한다는 의견과 한의원에서 사용하는 침은 주사와 달리 그 침습의 정도가 낮고, 청구인이 주장하는 상병(C형간염)의 감염경로를 확인할 수 없어 감염경로 자체가 입증되지 아니하므로 상당인과관계를 인정하기에는 부족하다는 의견의 대립이 있었다.

2018재결 제3002호 요양 불승인 처분 취소

이 건의 경우 신청상병과 업무의 관계를 살펴보면 청구인이 의료기관에 종사했다는 조건만 충족했을 뿐이고, 상병과 재해의 관계를 검토할 수 있는 그 어떤 타당성 있는 객관적인 자료도 없으며, 단지 청구인의 주장만 있을 뿐이다.

설사 청구인의 주장을 받아들인다고 하더라도 신청상병의 감염경로 중 한의원에서 사용하는 침은 일반 병원의 주사침과 달리 날카롭게 침습하는 정도가 약하고 혈액노출의 가능성도 낮으며, 부항치료로 인한 환자의 혈액은 손으로 만질 수는 있으나, 날까로운 도구에 찔리는 등의 상황이 발생하는 것은 아니므로 감염의 위험성이 낮은 등 발병원인이 명확하지 않아 업무와의 관련성을 인정하기 어렵다고 할 것이다.

만약 개연성만을 가지고 이러한 경우까지 상당인과관계가 인정된다면 형평성의 원칙상 건설공사에서 자주 발생하는 상병이 진단될 때 건설공사 현장에서 근무를 했다는 조건을 충족하고 그러한 재해를 주장한다면 다른 자료나 검토없이 상당인과관계를 인정하여야 하는 불합리가 발생하므로 이를 인정할 수 없다는 소수의견이 있었다.

그러나, 우리 위원회에서 청구인의 의무기록지 등 관련자료를 검토한 결과, 청구인의 경우 이 건 사업장 근무 이전에 신청상병을 진단받은 사실이 없는 것으로 확인되고, 신청상병의 감염을 유발할 수 있는 수술 등의 치료를 받은 이력도 확인되지 않는 등 이 건 사업장 외 다른 경로로 감염되었다고 볼 수 있는 근거가 없으며, 청구인의 업무내용 및 업무환경으로 볼 때 환자가 사용한 침에 찔리거나, 부항치료 중 발생한 환자의 혈액 등에 노출되어 신청상병에 감염되었을 개연성이 높아 업무와의 관련성이 있다고 보는 것이 타당하다.

따라서, 청구인의 신청상병은 산업재해보상보험법 제5조 규정에 의한 업무상 재해로 볼 수 있으므로 원처분기관이 청구인에게 행한 요양 불승인 처분은 취소함이 타당하다는 것이 우리 위원회의 판단이다.

재결사례(2019재결 제1170호)에서는 청구인이 근무중 상병(테니스엘보)이 발생했다는 주장과 관련하여 업무 중 팔꿈치를 굽히는 자세 등 작업 중 업무부담 자세가 있으므로 상병과 상당인과관계를 인정하여야 한다는 의견과 업무부담이 있고 상병이 있다는 것은 단순 상관관계에 불과할 뿐으로 이를 상당인과관계라고 인정할 수 없고, 청구인은 계산원으로서 취급한 물품 역시 대부분은 경량 제품이며, 연령도 20대로 그 업무기간도 단지 8개월 밖에 불과하므로 사회통념상 상병과 업무와의 상당인과관계가 있다고 인정하기에는 미흡하고, 이러한 정도를 가지고 상병과 업무와의 상당인과관계가 있다고 인정할 경우 무거운 제품을 취급하는 등 다른 사례와 형평성의 문제가 발생할 수 있다는 의견 대립이 있었다.

2019재결 제1170호 요양 불승인 처분 취소

청구인의 업무 내용과 작업 자세를 살펴보면, 청구인은 이 건 사업장에서 약 8개월간 계산원으로 근무한 것으로 확인되나, '어깨관절의 염좌 및 긴장(좌)'은 중량물 취급이나 상지 거상작업이 많지 않아 이를 인정하기 어려우나, '테니스엘보(좌)'는 팔꿈치를 굽히는 자세 등이 발생하여 이에 대해서는 업무와의 상당인과관계를 인정할 수 있다고 할 것이다.

한편, 이 건 사업장의 특성상 취급하는 물품은 대부분 경량제품으로, 이를 이용하는 소비자도 단지 운반이 가능한 소량의 물품을 구매하는 자가 대부분이며, 비록 청구인에게 물품을 이동하고 진열하는 작업이 있다고 하더라도 청구인의 담당업무는 계산원으로 바코드로 찍어 계산하는 것이 주 작업인 바, 아무리 많은 물품을 취급한다고 하더라도 경량의 소량 물품 취급이 20대인 청구인의 신체에 부담을 주어 상병이 발생하였다고 인정하기 어렵고, 더구나 청구인의 근무기간도 8개월에 불과할 뿐이므로 사회통념상 청구인의 상병과 업무와의 상당인과관계를 인정하기는 어려우며, 만약 이러한 경우를 인정할 경우, 업무로 상병이 발생할 수도 있다는 개연성인 단순 상관관계만을 가지고, 그 업무가 원인이 되어 청구인에게 그 상병이 발생했다는 인과관계(산업재해보상보험법은 더 강한 상당인과관계를 요구하고 있음)까지 확대하는 것은 잘못된 결정일 뿐만 아니라, 근무기간도 길고, 연령도 더 많으며, 보다 무거운 물품을 취급하는 대형마트, 택배 등 근로자의 경우와 비교할 때 형평성에도 문제가 있을 수 있다는 소수의견이 있었다.

2. 재해원인과 상당인과관계

가. 재해원인(사고, 업무부담)의 구분

산재보험법 제37조제1항의 규정에 의하면 재해와 업무와의 상당인과관계가 인정되는 형태로 1. 업무상 사고, 2. 업무상 질병, 3. 출퇴근 재해를 규정하고 있다. 출퇴근 재해는 취업과 관련하여 주거와 취업장소 사이의 이동 또는 한 취업장소에서 다른 취업장소로 이동하면서 발생하는 사고가 대부분이다. 따라서, 산재보험법의 재해원인은 크게 업무상으로 발생하는 사고와 업무상 질병을 발생시키는 업무부담(업무환경 포함)으로 구분할 수 있다. 여기서 '사고'는 순간적인 이벤트(event)로 발생하므로 단속성을 그 특징으로 하는데 반하여 '질병'은 사고와 같이 하나의 이벤트(event)로 일어나기 보다는 상대적으로 보다 장기적인 업무부담(업무환경 포함)의 연속성, 지속성을 그 특징으로 하고 있다.

나. 재해원인에 따른 상당인과관계 판단

재해원인을 사고와 업무부담(업무환경 포함)으로 구분하는 이유는 무엇일까? 이는 재해와 업무와의 상당인과관계를 판정하는데 있어서 매우 중요한 역할을 한다. 앞에서 언급했지만 사고는 단선적인 하나의 이벤트(event)로 발생하는데 비하여 질병은 연속적인 업무부담으로 발생하는 성향이 강하다. 산재 사건의 상당부분은 의료적인 판단이 중요하고, 특히, 객관적인 영상자료(CT, MRI 등)가 재해와 업무와의 상당인과관계를 판단하는데 매우 중요한 근거자료가 된다. 이러한 차이 때문에 사고와 관련된 상병의 주장에서는 영상자료상 급성소견이 확인되는지 여부가 중요하고, 업무부담과 관련된 상병(질병)의 주장에서는 영상자료상 급성소견이 확인되지 않으면서 상병이 자연적인 노화과정으로 발생(그 정도의 변화)한 것이 아니고 그 이상의 상병상태로 인정[31]할 수 있는지가 중요한 판단근거가 된다.

31 단순히 업무부담이 있고, 상병(질병)이 확인된다는 것만을 가지고 상당인관관계를 인정하기 위해서는 상병의 원인이 업무부담 이외에는 없어야 한다는 전제가 성립하여야 한다. 그러나, 질병의 원인은 업무부담뿐만 아니라, 노화, 유전, 식생활, 운동 등 건강관리 여부, 환경 등 수많이 변수가 작용하기 때문에 최소한 상병상태가 청구인의 평균연령대 보다 더 심각해야 하고, 업무내용을 확인했을 경우 업무부담이 충분히 있었을 것으로 인정되는 2가지 요건을 모두 충족하여야 한다.

2019재결 제1746호 요양 불승인 처분 취소

제출된 청구인의 영상자료를 확인한 결과, 좌측 어깨 부위에 신청상병은 관찰되나, 관찰되는 상병의 상태가 해당 연령대에서 관찰되는 일반적인 퇴행성 변화 정도인바, 청구인이 수행한 업무가 신청상병을 유발하였거나, 업무로 인하여 연령증가에 따른 자연경과적 변화가 더욱 빠르게 진행되었다고 보기 어렵다는 의견이다.

따라서, 원처분기관이 청구인에게 행한 요양 불승인 처분은 타당하다는 것이 우리 위원회의 판단이다.

일반적으로 근로자는 자신에게 불리한 내용은 숨기고 싶어하고, 유리한 내용은 주장하기 나름이며, 이 또한 불합리하다고 할 수는 없다. 다만, 근로자의 주장이 모두 사실이라고 단정할 수 없기 때문에 근로자의 주장을 입증할 수 있는 객관적인 자료[32]가 뒷받침될 때, 비로소 사실로 인정될 수 있다. 따라서, 보다 객관적인 영상자료를 확인하여 근로자의 주장을 신뢰할 수 있는지 여부를 판단하게 된다. 예를 들어 업무상 사고를 주장하는데 영상자료 소견에서 사고와 연관된 급성의 소견이 확인되지 않는다면 근로자가 주장하는 재해와 업무와의 상당인과관계를 인정하기는 어렵다. 또한 이와 반대로 업무상 질병을 주장하는데 영상자료 소견에서 급성소견이 확인될 경우 역시 상당인과관계를 인정하기는 어렵다. 따라서 사고와 업무부담(업무환경 포함)으로 재해원인을 구분하는 것은 업무와의 상당인과관계를 파악하는데 있어 매우 중요하다.

2017재결 제1643호 추가상병 불승인 처분 취소

추가신청상병 중 '좌측 슬관절내측반월상연골판 파열'이 외상에 의한 파열인지 여부를 살펴보면, 외상의 의한 파열일 경우에는 영상자료 등에서 수직파열 양상 및 외상과 연관된 혈관절증 및 골타박 등의 소견이 확인되어야 하나, 청구인의 경우에는 수평파열 등 오래된 퇴행성 병변만 확인되므로 의학적으로 '좌측 슬관절내측반월상연골판 파열'은 승인상병의 재해원인이었던 2017. 2. 23. 발생한 업무상 사고에 의해 급작스럽게 발병되었다고 보기 어려운바, 법 제49조제1호의 추가상병 요건인 "업무상 재해로 인하여 이미 발생한 부상이나 질병"에 해당하지 않는다.

2018재결 제839호 상병 일부 불승인 처분 취소

제출된 영상자료에 의하면 불승인상병 중 '우측 슬관절 내측 반월상 연골판 파열'의 경우 MRI 소

32 입증자료가 없는 주장은 주장일 뿐이고 사실로 인정받기가 쉽지 않다.

견상 내측 반월판의 모양과 색깔이 잘 유지된 상태에서 meniscocapsular junction 부위의 파열이 확인되므로 외상으로 인한 급성 파열 소견이라 할 것이고, 관절경 사진에서도 파열로 인해 수술한 것이 확인되므로 이번 사고와의 상당인과관계가 인정된다고 할 것이다.

또한, 경사슬와 인대는 얇으면서 비스듬하게 위치하고 있어 일반적으로 MRI 영상에서 파열 소견을 확인하기 힘든 점이 있으나, 청구인의 MRI 소견상 이 인대가 지나가는 위치에 물이 있는 것으로 보아 파열로 추단되므로 '우측 슬관절 경사슬와 인대 파열'도 이번 사고로 인해 발병하였음이 인정된다.

상병특성에 따른 발생원인과 발생기전

한편, 일정한 상병은 업무와의 상당인과관계를 판단함에 있어서 재해원인(사고, 업무부담)의 구분보다는 당해 상병자체의 특성상 주요원인이 재해와 다른 원인(개인적 소인)이라고 알려져 있거나 근로자가 주장하는 재해원인과 발생기전상 다른 원인으로 발생한 것으로 인정된 경우에는 재해와 업무와의 상당인과관계를 인정하기는 역시 어렵다.

2018재결 제2105호 요양 불승인 처분 취소

청구인은 구술심리에 참석하여 전동그라인더 작업 중 철심이 작업복 바지에 침투하여 음낭에 박히는 사고로 신청상병이 발병하였다고 주장하나, 성인의 비교통성 음낭수종은 고환집 내 액체생성과 흡수의 불균형으로 발생하므로 발병기전 상 외상성으로 발병할 가능성이 매우 낮아 그라인더 철심에 찔리는 사고로 음낭수종이 발생하였다고 보기 어렵고, 사고 2개월 후에 진료를 받은 점, 최초 진료기록상 피부 병변이 없었던 점 등을 종합적으로 고려해보면, 이와 같은 사유로 업무와 상병간의 상당인과관계가 인정되지 않는다는 원처분기관의 결정을 달리 볼만한 객관적인 사실이 확인되지 않는다.

3. 재해원인과 업무상질병판정위원회

가. 업무상 질병에 대한 업무상질병판정위원회의 심의

산재보험법 제38조의 규정에 의하면 공단에 업무상질병판정위원회[33]를 두도록 하고 있고, 재해원인이 질병과 관련된 업무부담(업무환경 포함)인 경우에는 업무상질병판정위원회의 심의를 거치도록 하고 있다. 즉, 재해원인이 사고인 경우에는 업무상질병판정위원회의 심의없

33 【산재보험법】 제38조(업무상질병판정위원회) ① 제37조제1항제2호에 따른 업무상 질병의 인정 여부를 심의하기 위하여 공단 소속 기관에 업무상질병판정위원회(이하 "판정위원회"라 한다)를 둔다.

이 공단이 처분을 할 수 있으나, 근로자가 업무부담에 의한 질병을 업무상 재해라고 주장하는 경우에는 업무상질병판정위원회의 심의를 거치도록 하고 있다. 만약 공단이 업무상질병판정위원회의 심의절차를 거치지 않고 처분을 하는 경우에는 절차상 하자가 있다고 본다. 한편, 근로자는 업무상질병판정위원회의 심의를 거친 공단의 처분에 대해서는 심사 청구를 거치지 않고, 바로 산재재심사위원회에 재심사를 청구할 수도 있다. 따라서 재해원인이 사고인 경우와 업무부담인 경우에 따라 공단의 처리과정이나, 산재재심사위원회에 대한 근로자의 직접 재심사 청구여부에 대한 절차도 달라질 수 있게 된다.

나. 산재재심사과정에서 다른 재해원인이나 상병을 주장

근로자가 업무상 재해를 처리하는 과정 중 공단에서는 사고를 주장하면서 처분을 받은 이후 산재재심사위원회에 재심사를 청구하면서 업무상 부담을 새롭게 주장하거나 때로는 공단 처리 과정에서와 다르게 상병명을 변경하는 경우가 있다. 산재보험법에서는 원칙적으로 업무상 부담으로 인한 질병의 경우 업무상질병판정위원회를 거쳐서 판정하도록 하고 있으므로 산재재심사위원회는 근로자가 공단에서 이를 주장하지 아니하여 이러한 과정을 거치지 않은 경우 재심사 과정에서는 당해 근로자의 새로운 업무부담의 주장과 변경된 상병명에 대해서는 판정하지 아니하고 있다.

2018재결 제2090호 요양 불승인 처분 취소

신청상병이 업무상 질병에 해당한다는 청구인의 새로운 주장에 대해 살펴보면, 청구인이 원처분기관의 이 건 요양급여 결정 이전에 그와 같은 주장을 제기하지 아니하여 요양급여결정서에 기재된 사실관계와 기본적인 동일성이 없고, 또한 산재보험법 제38조 및 산재보험법시행규칙 제8조 규정에 따라 업무상 질병 인정여부는 원처분기관이 업무상질병판정위원회의 심의를 거쳐 결정하여야 하나 이에 대해 법에서 정한 심의절차도 거치지 아니하였으므로, 우리 위원회에서는 신청상병이 업무상 질병에 해당한다는 청구인의 새로운 주장에 대하여는 이를 심리하지 아니한다.

2016재결 제424호 요양 불승인 처분 취소

청구인은 재심사 청구를 제기하면서 상병명을 '조직괴사를 동반한 손목 및 손의 동상'으로 변경하여 주장하나, 재심사 청구는 법 제106조 제1항에 따라 심사 청구에 대한 결정 또는 업무상질병판정위원회의 심의를 거친 결정에 불복할 시 제기하는 것으로 심사 청구나 업무상질병판정위원회의 심의를 거치지 않은 사항은 심리대상에 해당하지 않는다고 하겠다.

이러한 이유는 산재재심사위원회는 공단처럼 능동적으로 처분을 하는 처분청의 성격이 있는 것이 아니고, 단지 공단의 처분이 적법 · 타당한지를 판단하는 수동적인 재결청에 불과하기 때문이다. 근로자의 새로운 주장은 산재보험법에서 인정하는 절차에 따라 공단에서 판단이 이루어진 것이 아니기 때문에 이에 대해서는 재결청으로서 판단할 대상 자체가 없는 것이다. 산재재심사위원회가 판단할 수 있는 능력이 있느냐와 판단할 권한 자체가 있느냐는 다른 문제이다. 이러한 경우 공단의 판단을 추정하여 판단하는 것은 재결청으로서 산재재심사위원회가 권한을 벗어나는 과도한 개입으로 볼 수 있다.

미판단 사항을 심사청구 과정에서 새롭게 주장하는 경우 공단의 처리

공단은 근로자가 원처분기관 처리과정에서 주장하지 않은 사항을 심사청구과정에서 주장하는 경우 산재재심사위원회에서 원처분기관의 판단이 없었기 때문에 이에 대해서는 판단을 하지 않는 것을 따라하고 있다. 그러나, 산재재심사위원회는 공단과 법인격이 완전히 다른 별개의 기관이다. 원처분기관 처리과정이나 심사청구 절차는 공단이라는 동일한 법인격을 가진 기관내에서 처리하는 절차일 뿐이다. 다만 산재보험법[34]에서 원처분기관에 공단을 대표할 수 있는 일정한 권한을 준 것 뿐이지, 공단의 판단에서 독립해서 판단할 수 있는 권한을 준 것은 아니다. 따라서, 근로자가 원처분기관 처리과정에서 주장하지 않은 사항에 대하여 심사 청구과정에서 주장을 했다면 이를 판단하지 아니하는 것을 불합리하고, 필요한 경우 이를 원처분기관으로 회부하여 원처분기관이 다시 판단하도록 하여야 한다는 소수의견이 있는 재결사례(2019재결 제1646호)가 있다.

2019재결 제1646호 상병 일부 불승인 처분 취소

청구인이 심사청구 과정에서 새로이 주장하는 업무상 질병에 대해 살펴보면, 산업재해보상보험법 제29조 및 동법시행령 제18조의 규정에 따라 일정 업무에 대한 대표 권한만 위임되었을 뿐이고, 원처분기관과 심사기관은 법인격이 동일한 근로복지공단인 바, 심사청구 단계에서 청구인이 새로이 업무상 질병을 주장하였다면 심사기관은 원처분기관으로 청구 건을 환부하여 업무상질병판정위원회의 심의를 거치도록 해야 하였으므로 이에 대한 청구인의 주장을 심리하지 않은 근로복지공단의 처분은 위법·부당하므로 취소하여야 한다는 소수의견이 있었다.

34 【산재보험법】 제29조 및 【산재보험법시행령】 제18조

4. 재해원인과 추가상병 제도

가. 추가상병 인정에 있어서 재해원인의 동일성

추후 자세히 기술하겠지만 추가상병을 판단하는데 있어서도 재해원인은 매우 중요한 판단 요소중 하나이다. 추가상병[35]은 업무상 재해를 인정받은 근로자가 요양 중 승인받은 상병이외에 또 다른 상병에 대해서 일정한 요건에 해당할 경우 이를 업무상 재해로 인정받는 제도이다. 산재보험법은 추가상병 인정요건의 하나로서 승인받은 상병과 추가신청한 상병사이에 재해원인의 동일성[36]을 요구하고 있다. 즉 업무상 재해로 인정받은 승인상병의 재해원인이 사고인 경우 추가상병으로 신청한 상병도 그 재해원인이 사고이어야 하고, 승인상병의 재해원인이 업무부담인 경우에는 추가상병으로 신청한 상병도 그 재해원인이 업무부담으로 동일하여야 한다. 만약 승인받은 상병의 재해원인과 추가상병의 재해원인을 서로 다르게 주장하는 경우에는 산재보험법에서 인정하는 추가상병의 인정요건상 이를 인정받을 수 없다.

2019재결 제304호 추가상병 불승인 처분 취소

청구인은 추가상병을 신청하면서 과도한 신체부담 업무에 따른 업무상 질병도 함께 주장하고 있으나, 법 제49조에서 인정하는 추가상병의 요건에 의하면 '그 업무상의 재해로 이미 발생한 부상이나 질병이 추가로 발견되거나 그 업무상의 재해로 발생한 부상이나 질병이 원인이 되어'야 한다고 규정하고 있고, 여기서 "그 업무상의 재해"란 승인상병과 동일한 재해원인이라고 보아야 하므로 청구인이 요양을 인정받은 승인상병과 동일한 재해원인인 2018. 1. 20. 사고와 추가신청상병의 관계를 검토하여야 하므로 그와 다른 업무상 질병을 주장하는 청구인의 주장은 받아들일 수 없다고 할 것이다.

나. 추가상병 인정여부 판정시 업무상질병판정위원회 미경유에 대하여

산재보험법의 규정에 의하면 재해원인이 사고인 경우에는 업무상질병판정위원회의 심의없

---

35 【산재보험법】 제49조(추가상병 요양급여의 신청) 업무상의 재해로 요양 중인 근로자는 다음 각 호의 어느 하나에 해당하는 경우에는 그 부상 또는 질병(이하 "추가상병"이라 한다)에 대한 요양급여를 신청할 수 있다.
1. 그 업무상의 재해로 이미 발생한 부상이나 질병이 추가로 발견되어 요양이 필요한 경우
2. 그 업무상의 재해로 발생한 부상이나 질병이 원인이 되어 새로운 질병이 발생하여 요양이 필요한 경우

36 【산재보험법】 제49조 제1호 요건

이 처분이 가능하나, 업무상 질병에 대하여는 업무상질병판정위원회의 심의[37]를 거치도록 하고 있다. 그러나, 공단은 추가상병 인정여부를 판단함에 있어서는 비록 업무상 질병이라고 하더라도 업무상질병판정위원회의 심의를 생략[38]하고 있다. 공단이 이러한 방식으로 업무를 처리하는 이유는 추가상병의 인정요건상 승인받은 상병(최초 요양으로 청구된 상병)과 재해원인이 동일하여야 하는 바, 이와 관련하여 이미 승인된 상병을 인정함에 있어서 그 재해원인인 업무부담에 대한 재해조사를 실시하고, 업무상질병판정위원회 심의를 거쳤으므로 추가상병의 인정과정에서는 이러한 과정을 다시 거칠 필요가 없다고 판단하는 것으로 보인다. 그러나, 공단이 최초 요양으로 이미 승인한 상병과 상관없이 ① 추가상병도 그 재해원인이 업무상 질병에 대한 것이므로 산재보험법 제38조의 규정에 따라 업무상질병판정위원회의 심의를 거쳐야 하고, ② 산재보험법에서 심의를 생략할 수 있도록 위임하여 규정된 산재보험법시행규칙 제7조제4호에 따르면 심의를 생략할 수 있는 것은 일정 범위의 '질병명'을 규정하도록 위임 범위를 규정하였고, 질병명이 아닌 '어떠한 경우'라는 포괄적 케이스(case)로 위임 범위를 규정한 것이 아니므로 이를 근거로 추가상병에 대한 모든 경우에 심의를 생략하도록 하는 지침은 법령의 위임 범위를 벗어난 것이며, ③ 승인된 상병과 추가상병으로 신청한 상병의 부위가 서로 완전히 다른 부위인 경우에는 기존의 다른 부위의 업무부담에 대한 재해조사만을 가지고 추가상병으로 신청한 부위에 대한 업무부담을 판단하기에는 제한이 있고, 산재보험법령에서도 명확하게 규정되어 있지도 않으므로 이러한 업무부담에 대한 재해조사 없이 근로자의 추가상병을 인정하지 않는다면 근로자의 권익을 침해할 수 있다는 소수의견이 있는 재결사례(2019재결 제1961호)가 있다.

2019재결 제1961호 추가상병 불승인 처분 취소

법 제38조의 규정에 의하면 업무상 질병에 대해서는 업무상질병판정위원회의 심의를 거치도록 규정하고 있으나, 공단은 청구인의 추가신청상병에 대하여 업무상질병판정위원회의 절차를 거치지

37 【산재보험법】 제38조(업무상질병판정위원회) ① 제37조제1항제2호에 따른 업무상 질병의 인정 여부를 심의하기 위하여 공단 소속 기관에 업무상질병판정위원회(이하 "판정위원회"라 한다)를 둔다.

38 【산재보험법시행규칙】 제7조(판정위원회의 심의에서 제외되는 질병) 법 제38조제2항에 따른 판정위원회의 심의에서 제외되는 질병은 다음 각 호의 어느 하나에 해당하는 질병으로 한다.
1. 진폐
2. 이황화탄소 중독증
3. 유해 · 위험요인에 일시적으로 다량 노출되어 나타나는 급성 중독 증상 또는 소견 등의 질병
4. 그 밖에 업무와 그 질병 사이에 상당인과관계가 있는지를 명백히 알 수 있는 경우로서 공단이 정하는 질병

않고, 승인상병에 대한 최초 요양인정 여부를 검토함에 있어서 조사된 업무부담에 대한 자료를 활용하였는바, 공단은 법 시행규칙 제7조제4호에 따라 "그 밖에 업무와 그 질병 사이에 상당인과관계가 있는지를 명백히 알 수 있는 경우로서 공단이 정하는 질병"을 근거로 하여 청구인의 추가신청상병을 업무상질병판정위원회의 심의에서 제외한 것으로 추단된다.

그러나, 법 시행규칙 제7조의 근거규정인 법 제38조제2항을 살펴보더라도 '판정위원회의 심의에서 제외되는 질병'을 정하도록 하고 있고, 법 시행규칙 제7조의 규정을 살펴보더라도 제1호에서 제3호까지 질병을 예시하고 있으며, 제4호에서도 '~ 공단이 정하는 질병'이라고 규정하고 있는바, 심의에서 제외하기 위해서는 해당하는 '질병명'을 우선 규정하여야 하므로, '질병명'이 아니고 '질병이 추가상병으로 신청된 경우' 모든 경우를 심의에서 제외할 수는 없다고 보아야 할 것이다.

한편, 청구인의 승인상병은 팔 부위이고, 추가신청상병은 경추 및 요추 부위로 법령(법 시행규칙 제46조제2항)에서는 이를 서로 다른 부위로 선언하고 있는바, 서로 다른 부위에 대한 업무부담 여부를 판단함에 있어서 동일한 업무부담 자료로 대신할 수 있는지에 대해서도 아직 명확하게 법령에서 규정되어 있지도 않다.

따라서, 최소한 추가상병을 불승인할 경우에는 법에서 규정한 절차를 거쳐야 하고, 이러한 절차를 거치지 않고 불승한 처분은 부당하다는 소수설이 있었다.

Ⅳ 요양급여에 대하여

【산재보험법】

제40조(요양급여) ① 요양급여는 근로자가 업무상의 사유로 부상을 당하거나 질병에 걸린 경우에 그 근로자에게 지급한다.

1. 산재보험법상 요양의 개념

가. 보험급여의 출발점

산재보험법에서 명시적으로 '요양'의 개념을 정의하는 규정은 없다. 다만, 산재보험법 제5조(정의) 제4호 및 제6호[39]에서 각각 규정한 '치유'나 '중증요양상태'라는 개념에서 요양의 개념을 유추해 보면 업무상 재해를 인정받고 치유되기 전까지, 즉 상실된 노동능력을 회복하는 과정을 요양으로 볼 수 있다. 산재보험법에서 요양은 매우 중요한 개념으로 원칙적으로 요양이 인정될 때 비로소 요양급여를 비롯하여 산재보험법에서 인정한 휴업급여 등 다른 보험급여를 받을 수 있는 권리가 순차적으로 발생할 수 있기 때문이다. 산재보험법 제113조의 시효의 중단[40] 규정을 보면 업무상 재해 여부에 대한 최초의 청구(요양급여)로 소멸시효가 중단될 경우 다른 보험급여에도 영향을 미치도록 하고 있는 것은 그러한 이유를 반영한 것으로 보인

39 【산재보험법】 제5조(정의) 이 법에서 사용하는 용어의 뜻은 다음과 같다.
4. "치유"란 부상 또는 질병이 완치되거나 치료의 효과를 더 이상 기대할 수 없고 그 증상이 고정된 상태에 이르게 된 것을 말한다.
6. "중증요양상태"란 업무상의 부상 또는 질병에 따른 정신적 또는 육체적 훼손으로 노동능력이 상실되거나 감소된 상태로서 그 부상 또는 질병이 치유되지 아니한 상태를 말한다.

40 【산재보험법】 제113조(시효의 중단) 제112조에 따른 소멸시효는 제36조제2항에 따른 청구로 중단된다. 이 경우 청구가 제5호 제1호에 따른 업무상의 재해 여부의 판단을 필요로 하는 최초의 청구인 경우에는 그 청구로 인한 시효중단의 효력은 제36조제1항에서 정한 다른 보험급여에도 미친다.

다. 요양을 인정받지 못하면 예외적인 경우[41]를 제외하고는 산재보험법에서 인정하는 다른 보험급여를 받을 권리가 발생할 수 없다. 따라서, 많은 경우 산재사건은 진단받은 상병에 대하여 요양을 인정할 것인가 여부에서 부터 시작된다. 결론적으로 요양은 보험급여의 출발점이라고 할 수 있을 것이다.

나. 근로복지공단의 인정

일반적으로 요양은 의료기관에 다니는 것(입원 또는 통원)을 말한다. 그러나, 산재보험법에서 인정한 '요양'은 바로 보험급여와 관련되기 때문에 근로자가 단순히 의료기관에 다닌다는 사실만을 가지고 그것을 요양이라고 인정할 수는 없다. 왜냐하면 보험급여를 받을 수 있는 권리인 요양을 근로자가 스스로 정한다는 것은 있을 수 없는 일이기 때문이다. 따라서 산재보험법에서 요양이라는 것은 보험급여를 지급하는 공단이 업무상 재해로 인정하는 것을 전제로 한다. 실제로 근로자가 그 부상이나 질병을 가지고 의료기관을 다닌다고 하더라도 공단이 이를 인정하지 않으면 이를 산재보험법상의 요양이라고 할 수는 없다.

[근로자가 주장하는 요양기간]

←-------------------- ❶ --------------------→←-------------- ❷ --------------→

[근로자가 주장하는 요양기간]에서 근로자가 실제 의료기관에 다닌 기간(❶ +❷)이더라도 공단이 인정한 기간이 ❶이라면 산재보험법에서 요양은 ❶일뿐 ❷는 요양이 아니다. 따라서 ❶기간에 대해서만 산재보험법상의 요양급여 등의 효과가 발생하게 되고, ❷기간에 대해서는 그런 효과가 발생하지 아니한다.

2017재결 제2819호 휴업급여 일부 부지급 처분 취소

법에서 사용하는 '요양'이라는 개념은 청구인의 주장처럼 의료기관에 입원 및 통원을 한 모든 것을 의미하는 것이 아니고, 법 제37조에 따라 원처분기관이 재해와 상당인과관계를 인정하면서 승인한 것을 의미하는 것이고, 이는 요양기간을 연장할 필요가 있을 때 법 제47조의 진료계획을 제출하면 공단이 치료기간의 변경 등을 심사하여 승인받은 것을 보더라도 알 수 있다고 할 것이다.

41 소음성 난청의 경우에는 상병의 특성상 진단시점을 치유시점으로 보아 예외적으로 요양없이 바로 장해급여 청구가 가능하고, 유족급여 및 장의비도 반드시 요양을 전제로 하지는 않는다.

✚ 이종요양비

산재보험법에서 사용하는 '요양'이라는 것은 원칙적으로 산재보험법의 절차에 따라 사전에 공단에 승인을 받은 것을 의미한다. 그러나, 근로자가 산재제도를 잘 몰라서 사후적으로 청구하는 경우, 공단과 요양 인정여부에 대하여 다툼이 있거나, 응급한 상황으로 공단의 요양 인정여부를 기다릴 수 없는 경우에는 우선 의료기관에서 요양(아직 법적인 의미의 요양은 아니지만)을 하고 사후적[42]으로 이를 공단으로부터 인정받아 요양이 인정되기도 한다. 이렇게 사후적으로 공단으로부터 인정받으면 그 기간은 법적인 의미의 요양기간이 되고, 요양에 사용된 비용도 사후적으로 지급받을 수 있다. 공단에서는 행정적으로 이런 요양비를 '이종요양비'라는 용어를 사용하여 처리하고 있다. 재결사례(2019재결 제2188호)에서 공단은 상병의 진단일(2015. 7. 30.) 이후 요양기간을 인정하면서 2015. 4. 7.~2015. 5. 2. 기간에는 (이종)요양비를 인정하지 아니하였다. 그러나, 청구인이 요양을 인정받은 상병과 의학적, 시간적 연관성이 있는 검사 및 치료를 받은 사실을 인정하여 (이종)요양비를 인정하였고, 그 만큼 요양기간도 늘어나게 된다.

2019재결 제2188호 요양비 부지급 처분 취소

청구인은 2015. 8. 25. 원처분기관에 최초 요양 신청을 하였으나, 불승인된 후 2018. 8. 16. 행정소송 결과 취소 판결을 받아 2018. 10. 5. 최초 요양 소급 승인된 바 있다.

우선, 법원 취소 판결 내용에서 청구인이 이 사건 재해(2015. 3. 18.) 다음 날 내원하여 '어제 힘든 일을 하고 난 이후 심하게 아프다.'라면서 좌측 팔 등, 이 사건 상병부위의 통증을 호소하였던 바, 비록 당시 승인상병을 진단하지 못하였다는 사정만으로 상병과 이 사건 재해와의 연관성이 단절된다고 보기는 어려운 점 등을 들어, 청구인은 이 사건 재해로 인하여 승인상병 부위에 급격하거나 과도한 충격을 받게 되었고, 이로 인하여 상병이 자연경과적인 진행 속도 이사으로 급격하게 악화되었다고 추단함이 상당하다는 내용이 확인된다.

또한, 근로복지공단의 재해일자 판정 및 요양급여 지급범위에 관한 업무지시에 의하면, 업무상 질병의 재해일자는 진단에 의하여 질병이 발생하였다고 확인된 날을 원칙으로 하면서, 진단서 발급일 이전에 요양승인 질병과 의학적, 시간적 연관성이 인정되는 검사 및 치료가 실시된 경우에는 검사를 위해 요양이 개시된 날을 재해일자로 적용하도록 규정하고 있는 바, 청구인의 2015. 4. 7.부터 2015. 5. 2.까지 기간 진료기록에서 승인상병 부위를 치료받은 사실이 확인되므로 이는 승인상병과 의학적, 시간적 연관성이 인정된다고 할 것이다.

따라서, 원처분기관이 2018. 11. 28. 청구인에게 행한 요양비 부지급 처분은 이를 취소함이 타당하다는 것이 우리 위원회의 판단이다.

42 사후적으로 요양을 인정받는 경우라도 소멸시효(3년)를 벗어난 비용은 공단으로부터 받을 수 없다.

다. 요양기간의 효과

산재보험법에서 요양기간을 연장하는 방법은 ① 진료계획의 제출, ② 추가상병 인정, ③ 재요양 인정이 원칙적인 방법이고, ④ 기타 예외적으로 이종요양비, 휴업급여의 방법이 있을 수 있다. 산재보험법상 다른 요양기간 연장방법과 다르게 진료계획은 그 제출자가 청구인인 근로자가 아니고 산재보험 의료기관이다.

[요양기간의 연장방법]

구 분	제출자	치유여부	상병범위	효과	영향가능성
진료계획	산재보험 의료기관	치유 전 (원칙)	승인상병	요양기간연장	요양급여 휴업급여
추가상병	청구인	요양 중 (치유 전)	승인상병외	요양범위확대 (신규상병) 요양기간 연장	요양급여 휴업급여 장해급여
재요양	청구인	치유 후	승인상병	요양기간 재시작	요양급여 휴업급여 장해등급 변화
이종요양비	청구인	무관	상병	요양기간 인정 및 연장	요양급여 휴업급여 장해급여
휴업급여	청구인	무관	무관	요양기간 인정 및 연장	(원칙적) 요양급여

요양(기간 또는 그 상병관련 내용 등)은 보험급여와 불가분의 관계에 있다. 따라서, 근로자의 입장에서는 요양기간이 늘어나면 보험급여 수령기간이 늘어날 가능성이 크기 때문에 요양기간을 연장할 필요성을 매우 강하게 느끼기 마련[43]이다. [1-3] 요양기간(연장)과 휴업급여 관계에서 보면, 휴업급여(A)는 최초요양(A)의 효과로, 휴업급여(B)는 진료계획(B)의 효과로, 휴업급여(C)는 추가상병(C)의 효과로, 휴업급여(D)는 이종요양비(D)의 효과로 요양기간이 늘어나면서 휴업급여 수령기간에 영향을 미칠 수 있다. 휴업급여는 요양기간을 전제로 하므로 요양기간은 조건, 휴업급여는 결과라고 볼 수도 있다. 다만, 공단은 재가요양(E)에 대해서는 휴업급여(E)를 주기 위해서 실무적으로 입원이나 통원기간이 아닌 기간을 재가요양[44]으로 인정하기도 한다.

43 요양기간은 휴업급여를 지급받을 수 있는 기간과 연동되어 있어 청구인은 요양기간의 연장 필요성을 느끼게 된다.

44 '재가요양'이라는 용어의 사용은 요양기간 연장으로 하여금 휴업급여에 결과적으로 영향을 준 것과 달리 사실상 휴업급여가 요양기간 연장의 결과를 낳을 수 있다는 것을 보여준다.

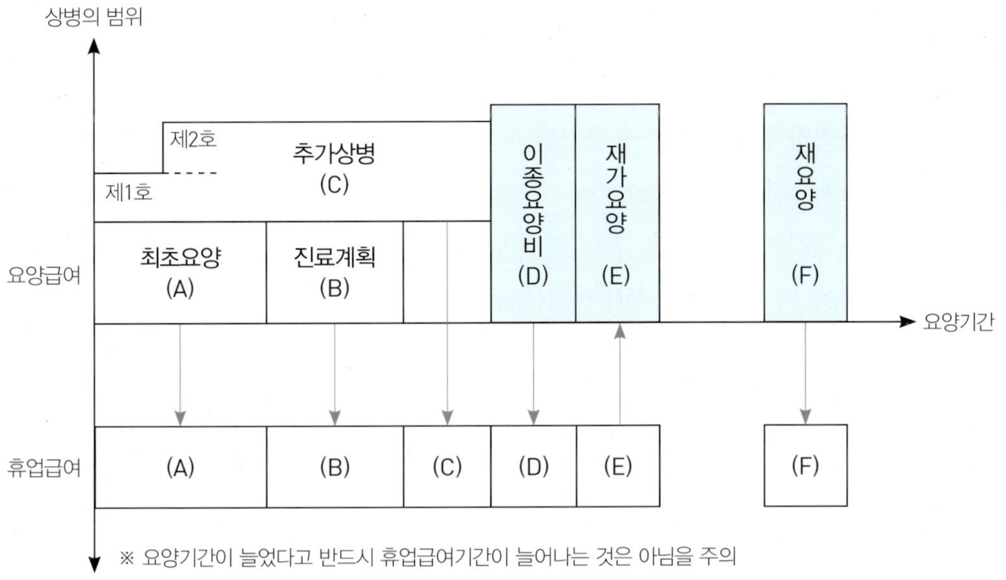

[1-3] 요양기간(연장)과 휴업급여 관계

근로자의 요양기간 연장 요구에 대하여 공단의 입장에서는 요양기간이 연장되면 보험급여 지급기간이 늘어나기 때문에 근로자의 치료경과를 보면서 상병상태상 요양기간 연장의 필요성이 있는지 아니면 이를 종결하고 치유를 선언한 후 장해급여 여부를 판단할 필요가 있는지를 지속적으로 확인하게 된다.

2. 주요한 요양기간 연장제도

가. 진료계획의 제출

【산재보험법】

제47조(진료계획의 제출) ① 산재보험 의료기관은 제41조 또는 제91조의5에 따라 요양급여를 받고 있는 근로자의 요양기간을 연장할 필요가 있는 때에는 그 근로자의 상병경과(傷病經過), 치료예정기간 및 치료방법 등을 적은 진료계획을 대통령령으로 정하는 바에 따라 공단에 제출하여야 한다.

② 공단은 제1항에 따라 제출된 진료계획이 적절한지 심사하여 산재보험 의료기관에 대하여 치료기간의 변경을 명하는 등 대통령령으로 정하는 필요한 조치(이하 "진료계획 변경 조치 등"이라 한다)를 할 수 있다.

1) 의 의

진료계획의 제출은 가장 일반적인 형태의 요양기간 연장 방법이라고 할 수 있다. 비록, 업무상 재해를 인정받아 요양하면서 치료를 한다고 하더라도 현재의 의료과학 기술상 그 치료경과를 사전에 완벽하게 예상하여 요양기간과 치료방법 등을 명확히 확정할 수 없는 경우가 대부분이다. 따라서, 진료계획과 관련된 사건은 공단으로부터 승인된 요양기간이 종료됨에 따라 요양기간을 연장하기 위하여 추후 기간에 대하여 진료계획을 제출하는 것이 대부분이다. 진료계획이 제출되면 공단은 상병경과(傷病經過), 치료예정기간 및 치료방법 등이 적힌 진료계획을 검토하여 요양기간을 연장할 필요가 있는지 아니면 증상이 고정되었으므로 치유를 선언한 후 장해급여로 넘어갈 것인지를 판정하게 된다. 산재보험법에서는 진료계획의 제출자는 근로자가 아니고 산재보험 의료기관이다. 진료계획은 원칙적으로 3개월(일정한 경우는 1년)을 단위로 하여 제출하되, 요양기간이 끝나기 7일 전까지 공단에 제출하도록 하고 있으나, 요양기간이 종료된 후 제출되는 경우도 있다.

2) 진료계획 판단에 있어서 자문의사회의 심의가 필수적 인지여부

산재사건은 많은 부분에서 의료적인 문제와 연관되어 있고, 공단은 의료적인 자문을 위하여 자문의사[45]를 두도록 하고 있다. 의료적인 문제와 연관된 진료계획을 판단함에 있어서 공단에 설치되어 있는 자문의사회의의 심의[46]를 거치지 않고 요양을 종결하는 처분을 하였다는 이유를 들어 다투는 사건이 있다. 그러나 자문의사회의 심의는 반드시 필요한 절차는 아니며 일정한 경우 이를 거치지 않고, 공단이 자문의사 심의만으로 처분[47]을 할 수 있다.

45 【산재보험법시행규칙】 제42조(자문의사) ① 공단은 업무상의 재해에 따른 보험급여 · 진료비 또는 약제비 등의 지급 결정이나 그 밖에 보험사업에 필요한 의학적 자문을 하기 위하여 의사 · 치과의사 또는 한의사(공단의 직원인 의사 · 치과의사 또는 한의사를 포함한다)를 자문의사로 위촉하거나 임명할 수 있다.

46 【산재보험법시행규칙】 제43조(자문의사회의) ③ 자문의사회의는 공단의 자문에 응하여 의학적인 판단이 필요한 사항으로서 다음 각 호에 해당하는 사항을 심의한다.
1. 요양 중인 근로자의 치료종결 여부(주치의와 자문의사의 치료종결에 관한 의학적 소견이 서로 다른 경우에만 해당된다)
2. 법 제48조제1항제4호에 따른 전원 요양 사유의 타당성
3. 제72조에 따른 보험급여의 일시지급 금액의 산정과 관련된 의학적 소견
4. 제118조제4항 단서에 따른 판정 또는 판단과 관련된 의학적 소견
5. 그 밖에 보험급여 · 진료비 및 약제비에 관한 사항으로서 공단 소속 기관의 장이 자문의사회의의 심의가 필요하다고 인정하는 사항

47 【산재보험법시행규칙】 제41조(진료계획의 심사 및 변경 조치) ① 법 제47조제2항에 따라 공단이 진료계획을 심사할 때에는 제42조에 따른 자문의사에게 자문하거나 제43조에 따른 자문의사회의의 심의를 거칠 수 있다.

2018재결 제2959호 요양비 일부 부지급 처분 취소

청구인은 자문의사회의 심의없이 요양 종결 여부를 결정하고 요양비 지급 통지서에 요양 종결을 기재하여 이 건 처분 통지한 것에 대하여 절차상 하자라고 주장하나, 산업재해보상보험법(이하 "법"이라 한다) 시행령 제43조제3항에서 자문의사회의는 요양 중인 근로자의 치료 종결 여부에 관하여 주치의와 자문의사의 치료 종결에 관한 의학적 소견이 서로 다른 경우 공단(근로복지공단) 소속 기관의 장이 자문의사회의의 심의가 필요하다고 인정하는 사항에 대하여 심의한다고 규정하고 있는바, 원처분기관 자문의와 심사기관 및 우리 위원회 위원들의 소견이 일치하여 그 내용에 하자가 있다고 보기 힘들고, 이와 관련한 주치의와 자문의사의 의학적 소견이 서로 다르다고 볼만한 사항은 확인되지 않으므로, 청구인의 주장을 받아들이기 어렵다고 할 것이다.

3) 자문의사회의 심의의견(치료종결)으로 추후 진료계획에 대한 심의생략

진료계획에 대한 자문의사회 심의결과 특정시점에 대한 치료종결 의견이 내려졌다면, 그 이후 제출된 진료계획(치료종결일이 포함)에 대하여 공단은 재심의없이 처분을 하는 경우가 있다. 예를 들어 기제출된 진료계획(2019. 1. 1.~2019. 12. 31.)에 대한 심의 후 일부기간은 요양기간으로 승인(2019. 1. 1.~2019. 6. 30.)하고, 나머지 기간(2019. 7. 1.~2019. 12. 31.)은 불승인하면서 치료 종결을 통보하였으나, 추후 요양이 불승인된 기간을 포함하여 다시 진료계획(2019. 7. 1.~2020. 7. 1.)이 제출될 경우, 공단은 기제출된 진료계획에 대한 자문의사회의 심의로 이미 특정시점에 치료 종결에 대한 자문을 받은 것으로 보고 새로운 진료계획에 대하여 이러한 절차를 밟고 있지 않고 요양을 종결하는 경우[48]가 많다.

4) 승인된 진료계획(내용)을 다른 진료계획 심의시 소급 취소 가능여부

재결사례(2019재결 제1091호)에서는 공단이 2차 진료계획(수술내용 포함)을 승인한 후, 3차 진료계획이 제출되자, 그 처리결과를 근로자에게 통지하면서 2차 진료계획시 수술은 검토가 이루어지지 않았다며 2차 진료계획 내역상 수술은 불승인하면서 2차 진료계획 일부를 소급하여 불승인한 사건이다. 그러나, 비록 의료적으로는 2차 진료계획에 의한 수술이 필요없다고 하더라도 ① 2차 진료계획에 대하여 공단은 이를 그대로 승인(수술여부에 대한 검토여부를

48 진료계획이 제출되면 이전 진료계획 심의 결정으로 갈음하지 않고, 다시 자문의사나 자문의사회의를 심의를 거쳐서 처분하는 것이 바람직하다고 보인다. 왜냐하면 아무리 의료기술이 발전했다고 하더라도 미래를 완전히 예측한다는 것은 불가능하고, 비록 이전 진료계획 심의시 의료적으로 치료 종결을 하는 것이 바람직하다고 보았다고 하더라도 추후 상병의 치료상황이 변화할 가능성은 비록 1%라고 존재할 수 있기 때문이다. 한편, 무분별하게 진료계획을 남발하는 산재보험 의료기관에 대한 억제방안도 함께 고민하여야 할 것이다.

하지 않았다고 하더라도)하였으므로 그 결정의 번복에 대한 책임도 공단이 져야 하고, ② 3차 진료계획에 포함되어 있지 않은 사항(2차 진료계획의 수술내용)을 3차 진료계획 처리결과에서 통보할 수 없다며 신중하지 못한 업무 처리에 대한 공단의 책임을 지적한 사례이다.

2019재결 제1091호 진료계획 일부 불승인 처분 취소

우측 견관절 상완골두에 무혈성 괴사가 있으나 심한 상태가 아니고, 해당 관절은 하중부하 관절이 아니므로 인공관절치환술이 필요한 경우에는 해당되지 않는다는 의학적 소견이다.

그러나, 우측 견관절 인공관절전치환술 시행 예정이라는 진료계획(2회차)에 대하여 원처분기관이 변경 없이 승인하였고 청구인이 승인된 진료계획에 따라 수술을 시행 받은 상태에서, 원처분기관이 3회차 진료계획 처리결과를 통지하면서 이에 대한 내용도 포함되지 아니하였음에도 불구하고 사후에 이를 소급하여 불승인하는 것은 하자있는 처분일 뿐만 아니라 청구인의 신뢰 및 법적안정성을 침해하는 처분으로 비록 의학적으로는 청구인에 대한 인공관절치환술을 인정할 수 없지만 행정의 신뢰성을 고려하여 이를 승인할 수 밖에 없다고 할 것이다.

따라서, 원처분기관이 청구인에게 행한 진료계획 일부 불승인 처분은 부당하므로 취소하여야 한다는 것이 우리 위원회의 판단이다.

5) 진료계획과 관련된 재결사례

재결사례(2018재결 제2387호)에서는 제출된 진료계획에 대하여 영상자료상 골절부분이 완전히 붙지 아니한 상태이고, 일반적인 비골 골절치료 기간을 고려하여 진료계획을 추가로 인정하였으나, 재결사례(2019재결 제156호)에서는 주관적 호소 증상의 변화도 없고, 상병 치료 약물이 거의 변동이 없는 기간에 대해서는 이미 증상이 고정이 되었다고 판단하여 진료계획을 일부 불인정하였으며, 재결사례(2016재결 제410호)는 일반적인 진료계획과 다르게 재요양이 승인된 기간 이전기간에 대하여 사후적으로 이를 요양기간으로 인정받기 위해 진료계획을 다투는 사건으로 재요양과 관련된 수술에 필요한 검사 등 일련의 준비과정임을 인정하여 재요양과 연관된 일부 기간에 대해서 진료계획을 인정하여 요양기간으로 인정한 사건이다.

2018재결 제2387호 진료계획 불승인 처분 취소

청구인의 영상자료 등을 검토한 결과, 청구인의 x-ray상 부러진 골절의 금이 완전하게 붙지 않은 것이 확인되고, 비골 골절의 치료기간이 6개월 정도임을 감안할 때 2018. 4. 1.~2018. 5. 31.까지 기간에 대하여는 진료계획을 추가로 연장함이 타당하다.

2019재결 제156호 진료계획 일부 불승인 처분 취소

제출된 진료기록 등 관련 자료를 검토한 바, 2013년 이후 공황장애 치료에 가장 중요하다고 볼 수 있는 세로토닌 재흡수 억제제의 용량 변동은 거의 없이 스트레스 여부 및 주관적 증상에 따라 항불안제의 가감이 수시로 이루어진 것으로 보이고, 2016년 이후 개인적 증상 호소가 반복되나 이로 인한 렉사프로 등 주된 약물의 변동은 거의 없으며, 주관적 호소 증상의 변화도 없고, 공황장애의 전형적 증상 악화 양상이 관찰되지 않는 점 등을 고려하면 청구인의 증상은 고정된 것으로 판단함이 타당하다는 소견으로 이에 추가적인 치료를 통하여 뚜렷한 증상의 호전을 기대하기는 어려울 것으로 보이는 바, 2018. 12. 31.까지만 진료계획을 인정한 원처분을 달리 볼만한 특이소견은 확인되지 않는다.

2016재결 제410호 진료계획 일부 불승인 처분 취소

청구인의 경우 수핵제거술을 이유로 2015. 11. 25. 재요양이 승인되어 2015. 12. 1. △△병원에서 추간판 제거술 및 후궁절제술을 받았고, 수술 전에 입원했던 2015. 11. 5.~2015. 11. 30. 기간에 대해서 진료계획을 인정해 달라고 주장하나, △△병원의 의무기록 등에 의하면 2015. 11. 5.~2015. 11. 25. 기간은 주사, 물리치료 등 단순 보존적 치료를 받은 것 외 특이사항이 확인되지 않으므로 재요양 대상인 적극적인 치료가 필요한 기간으로 보기는 어렵다. 그러나 재요양 승인 다음날인 2015. 11. 26.~2015. 11. 30.는 단순 보존적 치료 외 수술에 필요한 검사 등과 같은 일련의 준비과정이 진행되었던 시기인 점을 고려할 때, 재요양에 필요한 기간이라고 판단되므로 진료계획을 인정함이 타당하다.

진료계획으로 상병을 추가할 수 있을까? 산재보험법에서는 이런 경우를 대비하여 추가상병이라는 제도를 두고 있기 때문에 진료계획으로 상병을 추가하는 것은 산재보험법에서 예정하고 있는 방법은 아니라고 보여지고, 추가상병 제도를 이용하는 것이 더 바람직한 것으로 보인다.

나. 추가상병 제도

【산재보험법】

제49조(추가상병 요양급여의 신청) 업무상 재해로 요양 중인 근로자는 다음 각 호의 어느 하나에 해당하는 경우에는 그 부상 또는 질병(이하 "추가상병"이라 한다)에 대한 요양급여를 신청할 수 있다.

1. 그 업무상의 재해로 이미 발생한 부상이나 질병이 추가로 발견되어 요양이 필요한 경우
2. 그 업무상의 재해로 발생한 부상이나 질병이 원인이 되어 새로운 질병이 발생하여 요양이 필요한 경우

【산재보험법시행령】

제32조(요양 중의 사고) 업무상 부상 또는 질병으로 요양을 하고 있는 근로자에게 다음 각 호의 어느하나에 해당하는 사고가 발생하면 법 제37조제1항제1호바목에 따른 업무상 사고로 본다.

1. 요양급여와 관련하여 발생한 의료사고
2. 요양 중인 산재보험 의료기관(산재보험 의료기관이 아닌 의료기관에서 응급진료 등 을 받는 경우에는 그 의료기관을 말한다. 이하 이 조에서 같다)내에서 업무상 부상 또는 질병의 요양과 관련하여 발생한 사고
3. 업무상 부상 또는 질병의 치료를 위하여 거주지 또는 근무지에서 요양 중인 산재보험 의료기관으로 통원하는 과정에서 발생한 사고

제45조(추가상병) 제32조에 따른 요양 중의 사고는 요양급여의 신청에 관하여 법 제49조에 따른 추가상병으로 본다.

1) 의 의

업무상 재해를 인정받고 요양을 한다고 하더라도 경황이 없어서 미쳐 발견하지 못한 상병이 있거나, 요양을 인정받은 상병이 원인이 되어 새로운 상병이 다시 발생할 수 있다. 이런 경우를 대비하여 산재보험법에서는 추가상병 제도를 두고 있다. 추가상병이 인정되면 요양이 인정되는 상병의 수나 범위가 늘어나기 때문에 당연히 요양기간이 늘어나게 된다.[49] 또한 상병의 수나 범위가 늘어나기 때문에 치유 후 장해판정 부위가 늘어나면 장해등급(장해급여)에 영향을 줄 수도 있다. 산재보험법에서 추가상병을 인정받으려면 몇가지 요건[50]을 충족하여야 한다. ① 업무상 재해로 요양 중인 근로자에 해당하여야 하고, ② 추가상병이 승인받은 상병과 동일한 재해원인으로 이미 발생하였지만 추가로 발견되거나 ③ 승인받은 상병이 원인이 되어 추가상병이 새롭게 발생하여 요양이 필요한 경우에 해당하여야 한다. 여기에 별도로 산재보험법시행령 제32조의 요양 중의 사고에 해당하는 경우에도 이를 추가상병[51]으로 인정하고 있다.

49 다만 사후적으로 추가상병이 인정된 경우 처음 확정된 요양기간이 늘어나지 않고 그 기간중에 치료받은 내역을 인정받는 경우도 있다.

50 【산재보험법】 제49조

51 【산재보험법시행령】 제32조 및 제45조

2) 업무상의 재해로 요양 중인 근로자

가) '요양 중'의 판단에 대하여

❶ 일반적인 판단

추가상병은 '요양 중'인 근로자가 인정받을 수 있다. 산재보험법 상 '요양'은 근로자가 의료기관에 다닌다는 사실만을 가지고는 부족하고, 공단이 이를 업무상의 재해로 인정하여야 한다. '요양'이 성립하기 위해서는 공단이 업무상의 재해라고 인정하는 결정과 이에 대한 외부적 의사표시가 선행되어야 한다. 이러한 의사표시가 있어야만 근로자가 이를 전제로 휴업급여를 청구하는 등의 행위를 할 수 있기 때문이다. 요양은 공단의 인정으로 시작하고 치유로 종료되기 때문에 '요양 중'이라는 요건을 충족하기 위해서는 요양시점부터 치유시점 전까지의 기간이라고 보아야 한다.

2018재결 제3417호 추가상병 및 재요양 불승인 처분 취소

청구인의 이 건 추가상병 신청이후 좌측 상완골 금속내고정물 제거술을 이유로 재요양(2018. 6. 25.~2018. 7. 12.)을 인정받았으나, "업무상의 재해로 요양 중"을 판단하는 시점은 추가신청상병의 진단(2018. 2. 8. 및 2018. 2. 9. 소견서) 및 추가상병 신청(2018. 1. 25.) 시점을 기준으로 판단하여야 하므로 그 시점에서는 청구인은 이미 승인받은 상병에 대한 요양을 종료한 상태였으므로 업무상의 재해로 요양 중인 근로자에 해당한다고 볼 수 없다고 할 것이다.

❷ 공단의 '요양 중' 판단에 대하여

재결사례(2019재결 제983호)를 보면 청구인이 요양기간 종결(치유) 후 장해판정을 받아 '요양 중'이라는 추가상병 요건에 해당한다고 볼 수가 없음에도 불구하고 공단에서 이를 추가상병을 인정함으로 하여 다시 진료계획까지 다투는 사건이다.

2019재결 제983호 진료계획 불승인 처분 취소

청구인은 2008. 10. 4. 사고로 승인상병 중 '요추 제4-5번간 추간판탈출증(파열성)'을 업무상 재해로 인정받아 2010. 7. 15.(입원 262일, 통원 374일)까지 요양 후 장해등급 준용 제10급을 받고 치유 종결하였다.

또한, 산업재해보상보험법이 인정하는 추가상병의 요건 중 하나인 "요양중인 근로자"가 아님에도 불구하고 승인상병 중'마미총증후군, 요추수술실패증후군, 복합부위통증증후군 1형 하지, 복합부위통증증후군 1형 위팔, 복합부위통증증후군 1형 아래팔'을 추가상병으로 인정받아 다시 약 5년 10개월간[2013. 1. 15.~2018. 11. 28.(입원 107일, 통원 1,960일)] 더 요양하였다.

청구인이 추가상병을 인정받기 위해서는 그 시점에서 '요양 중'이라는 요건을 충족하여야 하므로 추가상병을 진단받은 시점(❸)에서 청구인의 요양기간(❶~❷)이 종료 후 치유되고 장해등급을 받았으므로 요양기간에 해당하지 않는다. 그럼에도 불구하고 청구인은 추가상병을 인정받아 요양(재요양)(❸~❹)하였다.

[청구인의 요양경과]

2008. 10. 4. 업무상 사고	2010. 7. 15. 치유(장해등급)	2013. 1. 15. 추가상병	2018. 11. 28.
❶ ⇦ 요양기간 ⇨ ❷		⇦ 요양기간 아님 ⇨ ❸	⇦ 요양기간(재요양) ⇨ ❹

재결사례(2019재결 제983호)에서 볼 수 있듯이 '요양 중'의 개념에 대하여 공단은 사전적(事前的)으로 외부적 의사표시가 행하여진 것 뿐만 아니라 사후적(事後的)으로 '요양의 필요성'이 인정되면 이를 '요양 중'으로 확대 해석하고 있다. 그러나 산재보험법 제49조의 조문의 표현은 '요양 중'[52]으로 요양의 상태가 계속(~ing)되어야 한다고 되어 있고, 사후적으로 요양이 필요한 경우라고 판단하여야 하는 '요양이 필요한'으로 표시되어 있지 않다. 만약, 공단과 같은 해석으로 업무를 처리한다면 산재보험법의 추가상병 규정(제49조)에서 "업무상의 재해로 요양 중인 근로자~요양급여를 신청할 수 있다."라고 표현할 이유가 없이, 공단이 요양이 필요한지 여부를 판단하기 위하여 "근로자는~요양급여를 신청할 수 있다."라고 표현되어야 할 것이다. 다만, 이렇게 표현을 한다면 추가상병과 최초 요양신청은 전혀 다르지 않다. 산재보험법에서 추가상병 제도를 최초 요양처럼 운영하는 것을 예정하였다면 굳이 별도의 제도를 두지 않았을 것으로 보인다. 그렇다면 요양기간이 종료한 근로자의 경우 추가상병을 인정받으려면 어떻게 하여야 할까? 이러한 근로자는 산재보험법에서 인정한 요양기간 연장방법(진료계획, 재요양 등)을 통하여 우선 요양기간을 연장받아 '요양 중'이라는 요건을 먼저 충족하여야 할 것이다.

52 법의 해석에 있어서는 글자그대로 해석하는 문리해석이 기본 원칙이다.

❸ '요양 중'의 판단기준은?(근로자 또는 재해원인)

한 명의 근로자가 근접한 시점에 서로 별개의 재해를 각각 업무상 재해로 인정받아 요양을 하고 있을 경우에는 '요양 중'을 판단함에 있어서 조금 주의할 점이 있다. 예를 들어 [1-4] 추가상병 요양 중 판단기준에서와 같이 (가) 재해원인으로 인정받은 A상병과 (나) 재해원인으로 인정받은 B상병으로 근접한 시점에서 요양을 하고 있는 근로자(1인)가 있을 경우, 당해 근로자가 B상병과 관련한 b상병을 추가상병으로 신청한 경우 그 시점에서 B상병은 요양기간이 아니고, A상병만이 요양기간일 때 b상병에 대한 추가상병 요건을 판단함에 있어서 당해 근로자는 '요양 중'인지 여부를 무엇을 기준으로 판단하여야 하는지가 문제될 수 있다.

재결사례(2018재결 제2330호)에서 추가상병의 인정요건의 하나로 승인받은 상병과 재해원인의 동일성을 요구하고 있으므로 '요양 중'이라는 개념도 당해 근로자를 기준으로 볼 것이 아니라 재해원인별로 구분하여 판단하여야 한다고 하고 있다. 즉 예시 사례에서 추가상병(b상병)과 동일한 재해원인에 의한 B상병은 이미 요양이 종결되고 치유되었으므로 근로자는 '요양 중'인 근로자라고 볼 수 없다고 판단하였다.

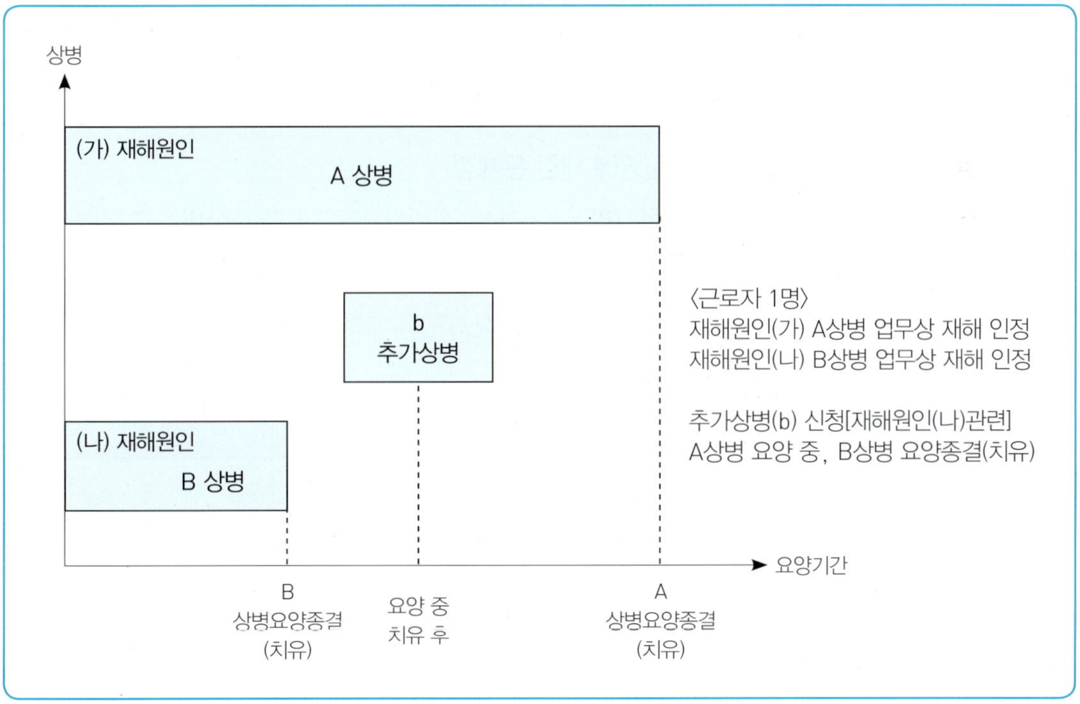

[1-4] 추가상병 요양 중 판단기준

2018재결 제2320호 추가상병 불승인 처분 취소

청구인은 승인상병으로 2015. 5. 31.까지 요양을 하였으므로 승인상병을 기준으로 본다면 청구인을 요양 중인 근로자에 해당하지 않는다고 할 것이나, 청구인은 이 건과 별건의 재해로 진단받은 상병으로 당시 (재)요양 중에 있었으므로 이를 기준으로 본다면 청구인을 요양 중인 근로자에 해당한다고도 볼 수 있을 것이다.

따라서, 요양 중인 근로자를 판단함에 있어서 "업무상의 재해"를 무엇을 기준으로 보아야 할 것인지를 먼저 판단하여야 할 것이다. 법 제49조에서 추가상병을 인정하면서 그 요건으로 "1. 그 업무상의 재해로 이미 발생한 부상이나 질병이 추가로 발견되어 요양이 필요한 경우 또는 2. 그 업무상의 재해로 발생한 부상이나 질병이 원인이 되어 새로운 질병이 발생하여 요양이 필요한 경우"에 해당하여야 한다고 규정하고 있는 바,

추가상병의 요건으로서 "업무상의 재해"란 신청된 추가상병이 승인상병과 동일한 재해원인으로 이미 발생하였거나, 승인상병을 원인으로 발생하여야 함을 규정한 것으로 보아야 하므로, 그 업무상의 재해는 승인상병과 연관하여 판단하여야 한다고 해석하는 것이 추가상병 인정요건에 적합한 해석이라고 할 것이다.

따라서, 청구인이 추가신청상병 진단 및 추가상병 신청 시점 당시 승인상병으로 요양이 종결되었는바, 청구인이 이 건과 별건으로 인정받은 요양기간에 비록 해당한다고 하더라도 그 요양기간은 추가신청상병과 전혀 별개의 건이므로 청구인은 추가상병 요건중 하나인 "업무상의 재해로 요양 중인 근로자"에 해당하지 않는다고 보아야 할 것이다.

❹ 최초 요양신청에 대하여(업무상 질병에 대한 문제점)

요양기간 연장방법을 통해 '요양 중'이라는 요건을 갖추지 못하여 추가상병을 인정받을 수 없다면 어떻게 하여야 하는가? 그렇다면 진단받은 상병에 대하여 소멸시효기간이 도과하기

재해 원인	특 징	재해원인과 재해와의 관계 (상당인과관계)	재해원인별 구 분
사 고	특정시점 event	사고 1 → 재해 1 사고 2 → 재해 2	명 확
업무부담 (업무환경)	일정기간 연속성	업무 1 ···?··· 재해 1 업무 2 ···?··· 재해 2	불명확

[1-5] 재해원인과 재해와의 관계

전에 별도로 최초 요양급여를 신청할 수 있다. 그러나, 추가상병 일부 요건(산재보험법 제48조제1호)과 관련해서 몇가지 생각해 볼 문제가 있다.

✣ 재해원인이 사고인 경우(추가상병의 판단=최초 요양판단)

[1–5] 재해원인과 재해와의 관계에서 볼 수 있듯이 사고(사고1, 사고2)는 사고별로 단선적인 하나의 이벤트(event)로 발생하기 때문에 재해원인별(사고별)로 발생한 재해의 구분이 명확(사고 1→재해 1, 사고 2→재해 2, 사고 1↛재해 2, 사고 2↛재해 1)하다. 재해원인이 사고인 경우, 추가상병을 인정 못받는다는 의미는 동일한 재해원인, 즉 특정된 사고일자와 추가상병이 상당인과관계가 없다는 판단이 이미 내려진 것이므로 다시 그 동일한 재해원인(특정한 사고일자)을 가지고 최초 요양을 신청한다고 하더라도 상당인과관계는 이미 추가상병을 다투면서 확정되었으므로 이를 다시 최초 요양으로 신청할 의미는 없어진다.

✣ 재해원인이 업무부담인 경우(추가상병의 판단=최초 요양판단?)

그러나, 재해원인이 업무부담인 경우에는 업무부담 자체가 연속적이라는 특징이 있기 때문에 상대적으로 그 재해원인별(어떠한 업무부담인지 여부) 구분이 불명확[업무1 → 재해1 발생(?), 업무2 → 재해2 발생(?), 업무1 → 재해2 발생(?), 업무2 → 재해1 발생(?)]할 수 밖에 없다. 따라서, 재해원인이 업무부담일 경우에는 사고를 재해원인으로 한 추가상병과 달리 추가상병으로 인정받지 못한다고 할지라도 상당인과관계를 인정받지 못한 업무부담이 무엇인지 구분자체가 사실상 불가능하기 때문에 이를 별개의 최초 요양으로 다투어 볼 의미(요양인정 여부는 별론)가 있다. 즉, 재해원인에 따라 다툴 수 있는 실질적 기회에 차이가 발생할 수 있으므로 재해원인에 따라 형평성의 문제가 발생할 수 있다고 보이므로 이에 대한 정책적 개선은 필요해 보인다. 실무상에서는 사고를 재해원인으로 상병을 인정받은 후 사고를 재해원인으로 추가상병을 신청하였으나, 이를 인정받지 못하면 인정받지 못한 추가상병의 재해원인을 업무부담으로 변경하여 이를 최초 요양으로 신청하는 경우가 종종 발생한다. 이러한 현상도 업무부담은 그 재해원인별 구분이 불가능하다는데 그 원인이 있는 것으로 보인다.

✣ 진단날짜가 각각 다른 상병을 동일 업무부담으로 인정한 사례

한편, 업무부담이 재해원인인 경우에는 상병의 진단날짜를 중심으로 재해발생일을 구분하는 것이 원칙이다. 재결사례(2018재결 제1084호)에서 청구인은 장해급여를 청구함에 있어서 업무상 재해로 인정받은 상병의 진단날짜가 서로 다르므로 이는 별개의 재해원인으로 인정하여야 하고 장해급여도 별도로 지급하여야 한다고 주장하였다. 그러나, 비록 업무상 재해로 인정받은 상병의 진단날짜가 서로 다르다고 하더라도 청구인의 상병이 근골격계 질병으로 상병상태 및 정도의 차이에 따라 진단날짜를 달리할 뿐이고, 그 업무부담은 동일하므로 이를 동일한 재해원인으로 판단하였다. 이는 업무부담이 재해원인인 경우 그 재해원인별 구분이 불명확하기 때문에 필연적으로 발생할 수 밖에 없는 문제이다.

2018재결 제1084호 장해급여 부지급 처분 취소

공단은 기존상병에 대하여 별도로 장해등급을 판정하고 장해급여를 지급하였으나, 청구인의 기존상병 및 승인상병은 업무로 인한 근골격계 질병으로 상병상태 및 정도의 차이로 인하여 진단일자를 달리하고 있을 뿐 그 업무상의 사유는 청구인이 이 건 사업장에서 20년 이상 수행한 동일한 업무로 인한 것이라고 할 것인바,

장해급여 지급을 위한 장해를 판정함에 있어서는 기존상병과 승인상병이 모두 치유된 2017. 11. 28. 이 청구인이 요양 중인 상태로 벗어나 치유된 후 이므로 이를 장해판정을 위한 치유일로 보아야 하고, 기존상병과 승인상병을 한꺼번에 고려하여 노동능력 상태를 판정하면 3가지 장해부위가 모두 14급인 상태로 조정의 대상이 되지 않으므로 제14급에 해당하는 장해급여 지급이 타당하다고 할 것이다.

✚ 추가상병 인정과 최초 요양인정의 차이점

그럼, 재해원인이 업무부담인 경우 추가상병으로 인정받는 경우와 최초 요양으로 인정받는 경우에 어떠한 차이가 발생할 수 있는가? 추가상병으로 인정받으면 이미 업무상 재해로 승인받은 상병과 동일한 재해원인을 인정받은 것이므로 하나의 재해로 보아 장해를 평가할 때 승인상병과 추가상병을 한꺼번에 고려하여 조정, 준용 등의 방법으로 장해등급이 높아질 가능성이 존재한다. 그러나 최초 요양급여로 인정받은 경우는 별개의 재해원인으로 인정된 것이므로 원칙적으로 승인상병과 관련해서 조정, 준용 등의 방법으로 장해급여가 높게 평가되지는 않는다. 따라서 상병을 추가상병으로 인정받은 경우와 최초 요양으로 인정받은 경우 요양급여에서는 특별한 차이가 없으나, 치유 후 장해급여에서는 상당히 다르게 취급될 수 있다.

나) 판단시점의 문제(진단시점, 신청시점)

추가상병을 인정받기 위해서는 업무상 재해로 '요양 중'인 근로자에 해당하여야 하고, 요

양이 종결되어 치유된 경우에는 이러한 요건에 충족된다고 볼 수 없다. 여기서 '요양 중'이라는 판단 기준시점을 무엇(추가상병의 진단시점으로 볼 것인가 아니면 추가상병 신청시점으로 볼 것인가)으로 하여야 하는가? 예를 들어 추가상병의 진단시점을 기준으로 본다면 요양 중인 근로자에 해당한다고 볼 수 있으나, 추가상병 신청시에는 요양 중인 근로자가 아니라면 산재보험법에서 규정한 추가상병의 '요양 중'이라는 요건을 적용함에 있어서 이를 어떻게 판단하여야 하는가가 문제될 수 있다. 왜냐하면 그 기준시점에 따라 추가상병의 요건 중의 하나인 '요양 중'인 근로자로 적용받을 수 있는가 여부가 달라질 수 있기 때문이다. 재결사례(2019재결 제1600호)에서는 근로자의 권리 보호라는 측면에서 그 기준점을 진단시점으로 보고 있다.

2019재결 제1600호 추가상병 불승인 처분 취소

먼저 청구인이 이에 해당하는지 살펴보면, 추가상병을 신청한 상병의 진단시점을 기준으로 볼 때 추가신청상병1 및 추가신청상병2에 대해서는 요양 중인 근로자로 인정할 수 있으나, 추가신청상병3에 대해서는 승인상병에 대한 요양기간이 이미 종료하였으므로 이 상병에 대해서는 요양 중인 근로자에 해당한다고 할 수 없다.

✣ 요양 종결 후 '요양 중'인 근로자로 인정된 사례

재결사례(2019재결 제1172호)에 의하면 청구인은 추가상병 진단시점이나 추가상병 신청시점에서 이미 요양이 종료되고 치유되어 장해등급까지 받은 상태이므로, 청구인은 산재보험법의 '요양 중'이라는 추가상병 요건에 해당하지 않았다. 그러나, ① 의료제도의 현실상 의료분야 비전문가인 근로자가 상병의 진단부터 치료의 선택까지 일련의 모든 과정을 전문가인 의료인에 전적으로 의존해야 하고, ② 의료인이 진단하지 않거나 진단하지 못하고 넘어간 상병을 근로자 스스로 자신의 의료영상 자료, 의무기록 등을 확인하여 그 상병이 있음을 인지하고, 의료인에게 진단서 발급을 요청하여 이를 제출한다는 것은 거의 불가능한 상황에서, ③ 업무상 재해로 인정받은 상병의 치료과정의 자료(의학영상 자료 등)에서 추가상병을 확인할 수 있고, ④ 추후 공단 자문의의 자문을 통해 이를 의료적으로 인정할 수 있다면, 비록 진단서 등 공식적인 서류만 없을 뿐이고, 추가상병은 실질적으로는 요양 중에 이미 상병이 발생하였다고 인정할 수 있으므로 근로자의 보호라는 측면에서 '요양 중'인 근로자에 해당한 것으로 인정한 사례이다.

2019재결 제1172호 추가상병 및 재요양 불승인 처분 취소

청구인은 추가신청상병 진단 및 그에 대한 추가상병 신청시 승인상병의 요양기간이 종료 치유 후 장해등급까지 받은 상태이므로 법에서 규정하고 있는 추가상병 요건의 하나인 '업무상의 재해로 요양 중인 근로자'에 해당한다고 인정하기 어렵다고 할 것이다.

〈요양 중인 근로자에 실질적으로 해당할 수 있는지 여부에 대하여〉

그러나, 법 제49조제1호를 살펴보면 추가상병의 요건의 하나로 '그 업무상의 재해로 이미 발생한 부상이나 질병이 추가로 발견되어'라고 규정되어 있는 바, 원처분기관 처분의 의료적 근거인 자문의(의료인)의 자문내용을 보다 자세히 살펴보면,

① 자문의의 의료적 자문에서 인정

우선, 자문의 1은 '추가상병은 이전부터(수상시) 존재하는 질병'이라고 하고 있고, 자문의 2는 '영상학적으로 2007년 상태와 현재 우측 슬관절 퇴행성 관절염 소견이 거의 동일한 상태'라고 하고 있으며, 자문의 5는 '영상 소견에서 이전 X-ray와 현재 X-ray 와 큰 변화 없는 상태'라고 하고 있는 바, 만약 청구인의 추가신청상병을 상병으로 인정할 수 있다면 비록 그 진단은 2018. 7. 24.에 이루어졌으나, 추가신청상병은 승인상병 수상시부터 이미 발생하고 있었음을 인정하는 의료적 소견으로 인정할 수 있고,

자문의 3도 '승인상병에 대한 소견 있으나, 2008년 슬관절 사진과 2018년 동일부위 사진 상 퇴행성 슬관절염이 진행된 것으로 판단되지 않고'라고 자문하고 있는 바, 그 내용을 잘 살펴보면 비록 추가신청상병이 악화되지는 않았지만 추가신청상병의 정도가 2008년 사진과 동일한 정도, 즉 이미 발생하고 있었음을 인정하는 의료적 소견으로 추단할 수 있다고 할 것이며,

② 원처분기관 및 심사기관의 주장에서 인정

원처분기관 및 심사기관(이하 "공단"이라 한다)도 『2. 원처분기관 처분 및 심사기관 결정이유』에서 '청구인의 상병상태 상 2007년 우측 무릎관절의 외상성 관절염 정도가 3등급이고, 2018. 7월 재요양 및 추가상병 신청당시 관절염 정도도 3등급으로 동일'함을 인정하고 있다.

③ 요양 중을 추단할 수 있는 근거에 대하여

이러한 점을 고려해 볼 때 공단이 청구인의 추가신청상병을 추가상병으로 인정하지 않은 이유는 단지 청구인이 승인상병으로 요양이 종료되어 치유된 상태이므로 '요양 중인 근로자'에 해당하지 않는다는 이유를 그 근거로 한 것으로 추단된다.

그러나, 의료현실상 의료분야 비전문가인 청구인이 전문적인 의료분야를 이해하기란 거의 불가능하고, 상병의 진단부터 치료의 선택까지 일련의 모든 과정을 전적으로 전문가인 의료인에게 의존해야 하는 상황에서 의료인이 진단하지 않거나 진단하지 못하고 넘어간 상병을 청구인이 자신의 의료영상, 의무기록 등을 확인하여 그 상병이 있음을 인지하고, 의료인에게 진단서 발급을 요청하여 이를 제출한다는 것은 거의 불가능하다.

따라서, 청구인의 경우 진단서 등 공식적인 서류만 없을 뿐이지 비록 사후적인 자문을 통하여 승인상병 수상시와 추가신청상변 진단시 동일한 정도임이 인정되었고, 승인상병으로 요양 중인 기간에 해당(촬영 등)하는 근거자료(의료영상 자료 등)가 존재하는 경우에는 권리자의 보호라는 측면에서 예외적으로 청구인을 '요양 중인 근로자'에 해당한다고 인정할 수 있다고 할 것이다.

3) 업무상의 재해로 이미 발생한 부상이나 질병이 추가로 발견[53]

추가상병 요건으로서 '업무상의 재해'란 이미 요양을 인정받은 상병과 동일한 재해원인을 말한다. 따라서, 그 재해원인이 별개인 경우에는 추가상병 요건에 충족된다고 할 수 없다. 요양을 인정받은 상병의 재해원인이 사고였음에도 불구하고 추가상병을 신청하면서 재해원인을 업무부담으로 주장한다면 이는 재해원인이 동일하지 않으므로 추가상병으로 인정받을 수 없다. 이미 기술하였지만 추가상병이 인정되면 치유 후 장해를 인정함에 있어서 요양을 인정받은 상병과 함께 처리하여야 하는데 장해는 원칙적으로 동일한 재해원인을 기준으로 처리(조정, 준용 등의 방법)하여야 하므로 별개의 재해원인에 대한 상병을 추가상병으로 인정할 수 없기 때문이다. 만약 재해원인이 다름에도 불구하고 이를 추가상병으로 인정(동일한 재해원인으로 간주한다는 의미)한다면 장해급여 제도에 있어서 조정, 준용제도와 가중의 제도가 혼란을 초래할 수 있다. 재결사례(2018재결 제148호)는 재해원인의 성격상 사고라는 측면에서는 같지만, 별개의 사고를 동일한 재해원인이라고 할 수 없어 이를 추가상병으로 인정하지 아니하였고, 상병자체의 발생기전상 사고를 재해원인으로 볼 수 없어 추가상병을 인정하지 않은 재결사례(2018재결 제18호)도 있다.

2018재결 제148호 추가상병 및 재요양 불승인 처분 취소

청구인은 2017. 5. 20. 자택에서 무언가에 걸려 넘어졌다는 재해경위로 이 사건 추가신청상병을 진단받았는데, 이는 1996. 1. 16. 공사현장에서 추락한 재해로 발생한 부상이나 질병이 추가로 발견된 것이 아니고, 2017. 5. 20. 자택에서 무언가에 걸려 넘어졌다는 사적인 사유로 발생한 것으로 확인되며, 1996. 1. 16. 재해로 인한 승인상병 또한 치유되어 1998. 2. 28. 장해로 결정되었고, 이후 '후대뇌동맥 경색' 등 3개 상병 또한 재요양이 종결된 것으로 확인되므로, 추가신청상병은 과거 발생한 부상이나 질병이 원인이 되어 새로운 질병이 발생한 것으로 보기 어렵다고 할 것이다.

2018재결 제18호 추가상병 불승인 처분 취소

청구인은 복숭아뼈 바깥쪽의 점액낭에 염증이 발생하여 물이 차고 붓는 증상이 나타난 것으로 판단되나, 점액낭염은 일반적으로 관절의 점액낭에 반복적으로 마찰이 가해져 염증이 발생하는 질환으로, 일회성 외상에 의해 유발되는 상병이라기보다 관절을 많이 사용할 경우 발병하는 만성적 질환에 해당하는바, 청구인의 추가신청상병은 2017. 4. 22. 발생한 업무상 사고로 인하여 발병하였다고 보기 어려우므로 법 제49조제1호의 요건에 해당하지 않는다.

53 【산재보험법】 제49조제1호

4) 업무상의 재해로 발생한 부상이나 질병이 원인이 되어 새로운 질병이 발생

업무상 재해원인(사고나 업무부담)으로 직접 발생하지는 않았지만 업무상 재해로 인정받은 부상이나 질병(승인상병)이 원인이 되어서 또 다른 새로운 상병이 발생한 경우, 이러한 상병 역시 추가상병으로 인정받아 요양을 할 수 있다. 다만, 이러한 경우에서도 승인상병이 원인이 되어 새로운 추가상병이 발생하였다는 의학적인 인과관계는 입증되어야 한다. 상병부위가 서로 완전히 다르거나, 발생기전이 전혀 다른 경우 등은 이를 인정할 수 없을 것이다.

2018재결 제2495호 추가상병 불승인 처분 취소

의무기록 등 제출 자료를 살펴보면, 청구인은 2003년과 2017. 3월 이후 의무기록에서 좌측 하지 감각저하를 호소한 내용이 확인되고, 청구인에게 발기부전을 유발할 만한 당뇨나 남성호르몬 부족증 등이 확인되지 않음에도 불구하고 청구인의 연령에 비해 배뇨기능이 저하된 점이 확인된다.

또한, 우리 위원회 심리회의에 참석한 청구인을 직접 촉진한 결과, 왼쪽 둔부 감각장애가 있다는 소견이고, 승인상병과 관련하여 복합적인 사유로 제3,4 천수신경의 부분적 손상을 받아 발기부전 및 신경인성 방광 증상이 발병된 것으로 판단된다는 의학적 소견인바, 추가신청상병의 발병은 법 제49조제2호의 "업무상 재해로 발생한 부상이나 질병이 원인이 되어 새로운 질병이 발견되어 요양이 필요한 경우"에 해당한다고 봄이 타당하다.

5) 인정요건에 따른 추가상병의 효력발생 시점차이

산재보험법 제49조의 규정에 의하면 추가상병 요건 중 어느 하나의 요건[54]에만 충족하면 그 상병을 추가상병으로 인정받을 수 있다. 제1호는 '이미 발생한 부상이나 질병'을 추가상병으로 인정한 것이고, 제2호는 '부상이나 질병이 원인이 되어 새로운 질병'을 추가상병으로 인정한 것이다. 즉, 하나는 이미 발생하였으나 나중에 발견된 것(제1호)을, 다른 하나는 나중에 새롭게 발생한 것(제2호)을 추가상병으로 인정한 것이므로 그 인정요건에 따라 요양적용기간에 차이가 발생하게 된다. 추가상병을 인정요건에 따라 구분할 필요는 무엇일까? 보험급여간의 관계에서 이미 설명하였지만 요양기간이 반드시 전제되는 급여로서, 요양급여(간병료), 휴업급여, 상병보상연금이 있다. [1-6] 추가상병 요건에 따른 요양기간 적용차이에서 보면 기존의 승인상병으로는 간병료, 휴업급여, 상병보상연금을 받을 수 없고, 추가상병이

54 【산재보험법】 제49조(추가상병 요양급여의 신청) 업무상의 재해로 요양 중인 근로자는 다음 각 호의 어느 하나에 해당하는 경우에는 그 부상 또는 질병(이하 "추가상병"이라 한다)에 대한 요양급여를 신청할 수 있다.
1. 그 업무상의 재해로 이미 발생한 부상이나 질병이 추가로 발견되어 요양이 필요한 경우
2. 그 업무상의 재해로 발생한 부상이나 질병이 원인이 되어 새로운 질병이 발생하여 요양이 필요한 경우

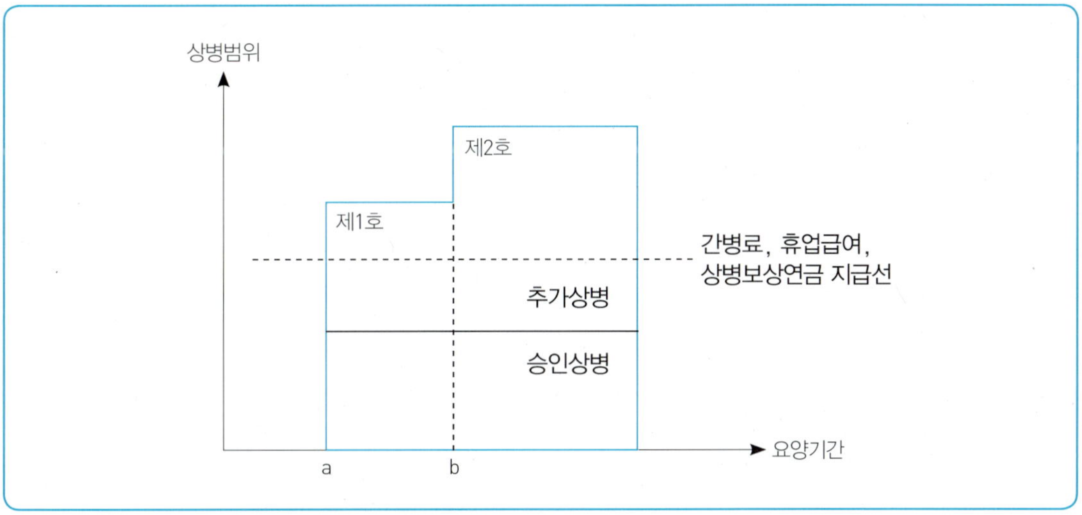

[1–6] 추가상병 요건에 따른 요양기간 적용차이

인정될 때 받을 수 있다고 가정을 해 본다. 제1호의 요건으로 추가상병을 인정받으면 이미 발생된 것이므로 a시점부터, 제2호의 요건으로 추가상병을 인정받으면 승인된 상병이 원인이 되어 발생한 것이므로 b시점부터 그 효과가 발생하므로 보험급여 지급기간에 차이가 발생하게 된다. 따라서 그 효과가 미치는 시점이 달라지기 때문에 이러한 구분은 매우 중요하다. 이와 관련된 재결사례는 추후에 살펴보기로 한다.

6) 기타(산재보험법시행령 제32조에 따른 요양 중의 사고)

앞에서 설명한 일반적인 추가상병 제도와 별도[55]로 산재보험법시행령 제32조에서는 업무상 재해로 요양 중인 근로자가 ① 요양급여와 관련하여 발생한 의료사고, ② 요양 중인 산재보험 의료기관(산재보험 의료기관이 아닌 의료기관에서 응급진료 등을 받는 경우에는 그 의료기관)내에서 업무상 부상 또는 질병의 요양과 관련하여 발생한 사고, ③ 업무상 부상 또는 질병의 치료를 위해 거주지 또는 근무지에서 요양 중인 산재보험 의료기관으로 통원하는 과정에서 발생한 사고의 경우에는 이를 추가상병으로 인정하는 규정[56]을 두고 있다. 재결사례(2019재결 제1988호)에서는 추가상병 진단(2019. 1. 7.)당시 이미 치유(2018. 10. 1.)되었

55 【산재보험법시행령】 제32조(요양 중의 사고)
【산재보험법시행령】 제45조(추가상병) 제32조에 따른 요양 중의 사고는 요양급여의 신청에 관하여 법 제49조에 따른 추가상병으로 본다.

56 산재보험법 제49조의 규정에 의한 일반적인 추가상병의 재해원인 동일성 원칙에 예외를 인정하고, 요양이 인정된 상병의 치료 과정과 밀접하게 연관된 사고로 인한 상병을 추가상병으로 확대하여 인정하고 있다.

으므로 형식적으로는 '요양 중'인 근로자라고는 할 수 없으나, ① 추가상병의 발병원인인 수술이 요양기간 중에 시행되었으므로 '요양 중'인 근로자로 인정할 수 있고, ② 추가상병이 발생할 수 있는 수술내용이 수술기록지에서 확인되며, ③ 주치의도 이를 인정하고 있어 이를 추가상병으로 인정하였다.

2019재결 제1988호 추가상병 및 재요양 불승인 처분 취소

청구인은 승인상병으로 요양 중 시행 받은(2018. 7. 20.) '좌측 쇄골, 좌측 척골 주두 금속핀 제거 및 좌측 주관절 골편절제술'로 인하여 추가신청상병이 발병하였다고 주장한다.

우선, 청구인은 승인상병으로 2018. 10. 1. 치유되었으므로 2019. 1. 7. 추가신청상병 진단시에는 요양 중인 근로자라고 할 수 없으나, 요양 중 위 수술을 시행 받았고, 청구인의 주장대로 그 수술이 원인이 되어 추가신청상병이 발병하였다면 비록 추가신청상병의 진단날짜가 2018. 10. 1. 치유 후 라고 하더라도 그 원인행위로서 수술이 요양 중에 시행되었으므로 청구인은 '업무상의 재해로 요양 중인 근로자'에 해당한다고 해석하여야 할 것이다.

다음으로, 제출된 의무기록 등을 검토한 결과, 근전도검사 결과 추가신청상병이 확인되고, 수술기록지 상 앞쪽 관절의 구축을 위해서 측부로 접근했다는 기록이 확인되며, 주치의의 추가상병소견서(2019. 1. 10.)에서도 치료 과정 중에 발생한 상병을 인정한 것으로 기재되어 있는 것을 볼 때 위 수술 과정에서 추가신청상병이 발생하였을 가능성이 있다고 판단되므로, 법 시행령 제32조에 따른 '요양 중 사고' 및 법 제49조제2호에 따른 '그 업무상의 재해로 발생한 부상이나 질병이 원인이 되어 새로운 질병이 발생하여 요양이 필요한 경우'에 해당한다고 봄이 타당하다고 할 것이다.

재결사례(2018재결 제1028호)에서 청구인은 승인받은 상병관련 진료 목적으로 의료기관으로 이동하다가 자택 대문 앞에서 발생된 사고를 주장하면서, 하지마비 상태로 통증을 느끼지 못해 상병의 발생을 인지하지 못하다가 사고일 후에 무릎이 붓고 비틀어져서 이를 인지했고, 이를 요양 중의 사고라고 주장하며 추가상병을 신청한 사안이다. 그러나 ① 청구인이 주장하는 추가상병의 특성상 탈골이 동반되나, 청구인은 사고 당일 스스로 인지할 수 있는 탈골에 따른 신체적 특성이 없었다고 진술하였고, ② 사고 직후 방문한 의료기관에서는 의료인이 이를 인지할 수 밖에 없었음에도 불구하고 이에 대한 기록이 전혀 없는 것을 고려해 볼 때 청구인의 주장을 인정할 수 없어 산재보험법시행령 제32조의 요양 중 사고에도 해당하지 않는다고 판단하였다.

2018재결 제1028호 추가상병 불승인 처분 취소

제출된 영상자료 및 의무기록, 청구인의 진술을 검토한 결과, 추가신청상병 부위에 외상성 골절이 관찰되고, 청구인이 사고 후 병원진료 당시(2017. 5. 30.)까지 하지마비로 인해 통증은 못 느꼈다고 하더라도 좌측 대퇴골 및 상부 부위의 골절의 특성상 탈골이 동반되고 급성부종이 나타나며 이 동시에는 좌측 다리가 제대로 고정되지 아니하는 병변이므로, 경험칙상 청구인 스스로 신체 이상을 인지할 수 있을 뿐만 아니라 사고 후 당일 도뇨관 교체 등으로 oo병원의 비뇨의학과, 신경통증클리닉, 성형외과에서 진료를 받는 과정에서 의료진도 추가신청상병을 인지할 수 밖에 없다고 할 것이고, 이를 인지하였다면 그 병원에서 진료를 하였을 터인데 진료기록을 찾아볼 수 없으며, 청구인이 주장하는 사고경위에 대한 객관적인 자료도 전혀없어 추가신청상병이 승인상병의 진료과 관련된 사고로 발생하였다고 인정하기는 어렵다고 할 것이다.

다. 재요양 제도

【산재보험법】

제51조(재요양) ① 제40조에 따른 요양급여를 받은 자가 치유 후 요양의 대상이 되었던 업무상의 부상이나 질병이 재발하거나 치유 당시보다 상태가 악화되어 이를 치유하기 위한 적극적인 치료가 필요하다는 의학적 소견이 있으면 다시 제40조에 따른 요양급여(이하 "재요양"이라 한다)를 받을 수 있다.
② 재요양의 요건과 절차 등에 관하여 필요한 사항은 대통령령으로 정한다.

【산재보험법시행령】

제48조(재요양의 요건 및 절차) ① 법 제51조에 따른 재요양(이하 "재요양"이라 한다)은 업무상 부상 또는 질병에 대하여 요양급여(요양급여를 받지 아니하 고 장해급여를 받는 부상 또는 질병의 경우에는 장해급여)를 받은 경우로서 다음 각 호의 요건 모두에 해당하는 경우에 인정한다.
1. 치유된 업무상 부상 또는 질병과 재요양의 대상이 되는 부상 또는 질병 사이에 상당인과관계가 있을 것
2. 재요양의 대상이 되는 부상 또는 질병의 상태가 치유 당시보다 악화된 경우로서 나이나 그 밖에 업무 외의 사유로 악화된 경우가 아닐 것
3. 재요양의 대상이 되는 부상 또는 질병 상태의 호전을 위하여 수술(신체 내 고정물의 제거 수술 또는 의지 장착을 위한 절단 부위의 재수술을 포함한다) 등 적극적인 치료가 필요하다고 인정될 것
4. 재요양의 대상이 되는 부상 또는 질병의 상태가 재요양으로 치료효과를 기대할 수 있다고 인정될 것

② 재요양을 받으려는 사람은 고용노동부령으로 정하는 바에 따라 공단에 재요양을 신청하여야 한다.

1) 의 의

업무상 재해를 인정받아 요양 후 치유되었다고 하더라도 요양의 대상이 되었던 부상 또는 질병이 재발하거나, 치유 당시보다 상태가 악화되어 적극적인 치료가 필요한 경우가 발생할

수 있다. 이러한 경우를 대비하여 산재보험법에서는 재요양 제도를 두고 있다. 재요양이 인정되면 당연히 요양기간은 늘어나게 된다. 재요양을 인정하는데 있어서 최초의 치유시점부터 재발이나 악화가 시작된 시점 사이에 기간의 제한이나, 재요양 횟수의 제한은 전혀 없다. 또한, 재요양은 추가상병과 달리 요양을 인정받은 상병의 재해원인과 재요양을 신청하는 상병간의 재해원인이 반드시 일치할 필요도 없다[57]. 재요양 전에 장해등급을 받은 경우에는 재요양에 따라 장해등급이 변동할 가능성도 있다.

2) 재요양 인정요건

산재보험법 제51조 및 산재보험법시행령 제48조제1항의 규정에 따르면 재요양을 인정받기 위해서는 ① 업무상의 재해로 인정받은 상병이 치유되어야 하고, ② 치유된 기존의 승인상병과 재요양 상병 사이에 상당인과관계가 인정되어야 하며, ③ 재요양 대상이 되는 상병이 치유 당시 보다 악화된 경우로서 나이나 그 밖에 업무 외의 사유로 악화된 경우가 아니고[58], ④ 재요양 대상 상병의 호전을 위하여 수술(신체 내 고정물의 제거 수술 또는 의지 장착을 위한 절단 부위의 재수술을 포함한다) 등 적극적인 치료가 필요하여야 하며, ⑤ 그 치료효과를 기대할 수 있어야 하는 등의 요건을 모두 갖추어야 한다. 추가상병을 인정받기 위해서는 산재보험법 제49조에서 규정한 제1호 또는 제2호의 2가지 요건 중 어느 하나만 충족하면 되지만, 재요양을 인정받기 위해서는 산재보험법시행령 제48조제1항의 규정에 의한 요건을 모두 충족하여야 한다는 점에서 차이가 있다. 따라서, 재요양은 인정요건이 많아서 추가상병에 비하여 상대적으로 인정받기가 쉽지 않다고 볼 수 있다.

3) 재요양 관련 재결사례

재요양 요건을 검토함에 있어서 업무상 재해로 인정받은 상병이 '치유 후'라는 요건은 장해등급여부[59]나 치유일자를 확인하면 다른 요건에 비해 그 충족여부를 쉽게 알 수 있다. 그러나 다른 요건들은 좀 더 깊은 검토가 필요하다. 재결사례(2019재결 제1129호)에서는 승인상병이 치유된 후 재요양 신청전까지 근로한 내역이 전혀 없어 "나이나 그 밖에 업무외의 사유로

57 【산재보험법시행령】 제48조제2항제2호를 보면 재요양은 주로 업무부담이 재해원인이다.

58 재요양을 인정받기 위해서는 최소한 치유시점부터 재요양 신청사이에 업무를 하였음에 확인되어야 하나 공단은 이러한 요건을 잘 확인하지 않는 경향이 많다.

59 장해등급은 치유후에만 결정이 가능하므로 장해등급이 있다면 치유가 된 것으로 해석할 수 있다.

악화된 경우가 아닐 것"이라는 재요양 요건에 미흡하였고, 재결사례(2019재결 제1054호) 승인상병 치유 후 한달도 채 지나지 않은 상태로 승인상병이 악화된 것을 인정하기 어렵고, 치유 후 업무에 종사한 것도 확인되지도 않아 이 역시 "나이나 그 밖에 업무외의 사유로 악화된 경우가 아닐 것"이라는 요건에 미흡하였으며, 재결사례(2019재결 제517호)에서는 물리치료 및 약물치료를 이유로 재요양을 신청하였으나, 이러한 치료는 적극적 치료로 인정할 수 없다며 재요양 요건을 충족하지 못한다고 판단하였다.

2019재결 제1129호 재요양 불승인 처분 취소

청구인의 영상자료 및 의료기록 등 관련 자료를 검토한 결과, 청구인의 상병상태는 치유 당시보다 악화된 소견이 관찰되지 않으므로 수술 등 적극적인 치료가 필요한 상태라고 보기 어려운바, 원처분기관의 처분을 달리 볼 만한 특이 소견은 확인되지 않는다.

더구나, 청구인은 2019. 1. 2. 승인상병이 치유된 후 2019. 1. 14. 재요양 신청 전까지 근로한 내역이 없는 것으로 확인되어 법 시행령 제48조제1항제2호에 따른 "나이나 그 밖에 업무 외의 사유로 악화된 경우가 아닐 것"이라는 요건에 해당된다고 추단하기도 어렵다.

따라서, 청구인의 재요양 신청은 이를 인정할 만한 의학적 소견과 객관적 근거가 미흡하므로 원처분기관이 행한 재요양 불승인 처분은 타당하다는 것이 우리 위원회의 판단이다.

2019재결 제1054호 재요양 불승인 처분 취소

청구인은 2018. 12. 11. 승인상병 치유 후, 장해등급(제14급)을 받고, 2019. 1. 4. 재요양을 신청하였는바, 치유 후 한달도 지나지 않은 기간에 승인상병이 악화되었다고 추단할 만한 특별한 사정도 확인되지 않을 뿐만 아니라 청구인은 치유 후 재요양 신청일까지 업무력도 확인되지 않으므로 법 시행령 제48조제1항제2호의 요건인 '재요양의 대상이 되는 부상 또는 질병의 상태가 치유 당시보다 악화된 경우로서 나이나 그 밖에 업무 외의 사유로 악화된 경우가 아닐 것'이라는 요건을 입증할 자료도 미흡하다.

또한, '요양 종결 당시에 비해 증상이 뚜렷하게 악화된 소견이 관찰되지 않고, 제3수지 종말건재건술 등을 통한 치료효과를 기대하기 어렵다고 판단'한 원처분기관의 판단을 배척할 만한 사항도 확인되지 않는다.

따라서, 청구인의 상병상태는 법 제51조의 규정에 의한 재요양 인정기준에 해당한다는 의학적 근거가 미흡하므로 원처분기관의 재요양 불승인 처분은 타당하다는 것이 우리 위원회의 판단이다.

2019재결 제517호 재요양 불승인 처분 취소

재요양 신청 사유(물리치료 및 약물치료)가 법 시행령 제48조제1항제3호에 따른 '재요양의 대상이 되는 부상 또는 질병 상태의 호전을 위하여 수술(신체 내 고정물의 제거 수술 또는 의지 장착을 위한 절단 부위의 재수술을 포함한다) 등 적극적인 치료가 필요하다고 인정될 것'이라는 요건에 해당된다고 볼 수 없으며, '증상악화 소견이 확인되지 않고, 적극적인 치료가 필요한 경우에 해당하지 않는다'고 판단한 원처분기관의 처분 및 심사기관이 결정을 달리 볼 만한 사실이 확인되지 않는다. 더구나, 청구인은 승인상병이 치유된 후 실질적으로 재요양 신청일까지 근무하지 않은 것으로 확인되어 법 시행령 제48조제1항제2호에 따른 '나이나 그 밖에 업무 외의 사유로 악화되 경우가 아닐 것'이라는 요건에도 해당된다고 추단하기도 어렵다.

따라서, 청구인의 상병상태는 법 제51조의 규정에 의한 재요양 인정기준에 해당한다는 의학적 근거가 미흡하므로 원처분기관의 재요양 불승인 처분은 타당하다는 것이 우리 위원회의 판단이다.

재결사례(2019재결 제855호, 2019재결 제2464호)에서는 공단의 결정과 다르게 우측 슬관절의 상병상태는 외상성 슬관절염으로 인해 관절면의 부조화가 심하고 연골이 많이 닳아 치유당시 보다 상병상태가 악화된 것을 인정하였고, 시행받은 '제2-3-4요추간 후방나사못고정술'로 인한 내고정물은 몸속의 이물질로 불편함이 수반될 수 있어 의학적으로 이를 제거하는 것이 타당하며, 제거술을 통하여 통증 개선 등 치료효과를 기대할 수 있는 등 수술의 필요성을 인정하여 재요양을 인정한 사례이다.

2019재결 제855호 재요양 불승인 처분 취소

청구인의 재요양 신청상병인 '우측 외상성 슬관절염'은 업무상 부상으로 요양 승인되었던 상병 '우측 하지 근위 경골 골절'로 인해 외상성 관절염이 발생한 것으로, 원처분기관은 추가상병 및 재요양을 인정하면서 우측 슬관절 연골 상태가 인공관절치환술이 필요할 정도로 심하지 않다는 소견으로 수술은 불인정한 것으로 확인된다.

그러나 우리 위원회에 구술 참석한 청구인의 상병 상태 및 영상자료 등의 관련 자료를 종합적으로 검토한 결과, 청구인의 우측 슬관절의 상병상태는 외상성 슬관절염으로 인해 관절면의 부조화가 심하고 연골이 많이 닳아 있어 치유 당시보다 악화되어 있는 상태로, 승인상병으로 인해 발생한 상병이 악화되어 적극적인 치료의 방편으로 인공관절치환술이 필요하며, 이로 인하여 통증이 완화되는 등의 치료 효과가 있을 것으로 기대된다는 의학적 소견이다.

따라서, 원처분기관이 청구인에게 행한 재요양 일부 불승인 처분을 취소하여야 한다는 것이 우리 위원회의 판단이다.

2018재결 제2464호 재요양 불승인 처분 취소

청구인은 요추 제2번과 제3번 압박골절로 '제2-3-4요추간 후방나사못고정술'을 시행하였고, 이후 일상생활에서 요추부 통증과 운동 시 불편함을 호소한 바, 의학적으로 내고정물은 몸속 이물질로서 불편함이 수반될 경우 제거를 하는 것이 타당하며, 제거술을 통하여 통증 개선 등 치료효과를 기대할 수 있고, 실제로 청구인이 2018. 4. 10. 제거술 시행 후 통증이 개선되었다고 진술하고 있으므로, 내고정물 제거술을 위한 재요양을 인정하지 않을 이유는 없다고 할 것이다.

따라서 청구인의 재요양 신청은 법 제51조에 의한 재요양 인정기준에 부합하므로 원처분은 취소되어야 한다는 것이 우리 위원회의 판단이다.

4) 재요양을 주장하나 실질적으로는 진료계획을 다투는 사건

이미 설명하였지만 요양기간 연장방법으로는 진료계획 뿐만 아니라 재요양 제도를 활용하는 방안도 있다. 재결사례(2019재결 제2609호)에서는 제출된 진료계획에 대하여 공단이 일부 진료계획을 불승인하자, 청구인은 이에 대해 소송을 제기하였으나 패소한 후, 그 요양기간을 인정받기 위하여 다시 재요양의 형식으로 제출한 사건[60]이다.

[청구인의 사건경과]

2000.12.13.	2016.4.1.	2016.5.31.	2016.6.1.	2016.6.30.	2018.12.31.
❶	❷	❸	❹	❺	❻

- 진료계획(❷~❺)제출 [❷~❸ 승인, ❹~❺ 불승인(청구인 소송패소)]
- 재요양(❹~❻)신청

청구인은 2016. 3. 31.까지 요양(❶~❷)하였고, 청구인에 대한 진료계획(❷~❺, 2016. 4. 1.~2016. 6. 30.)이 제출되자, 공단은 일부기간(❹~❺, 2016. 6. 1.~)을 불승인하였고, 청구인이 진료계획을 다투는 소송을 제기하였으나 패소 확정되었다. 그러자, 청구인은 진료계획외 다른 방법으로 요양기간을 연장받기 위하여 재요양을 신청(❹~❻, 2016. 6. 1.~2018. 12. 31.)하였다. 근로자인 청구인의 입장에서는 요양기간을 연장받기 위해서 진료계획에 의하든, 재요양에 의하든 그 방법을 구별할 이유는 없는 것으로 보인다. 다만, 산재보험법은 요양기간 연장방법에 따라 별도의 인정 요건을 두고 있으므로 청구인이 주장하는 요양방법에 따른 요건을 검토하여 그 인정여부를 판단하여야 한다. 청구인이 주장하는 재요양에 대한 주치의 소견서에 의하면 청구인이 요구하는 재요양 기간이 기존 인정된 요양기간 종결 후 연속된 기간으로 이를 재요양으로 보기 어렵고, 사실상 진료계획으로 보인다. 그러나, 청

60 진료계획에 대한 소송이 확정되자 이를 다시 제기하면 재심사 금지 규정에 위배되어 이를 다툴 수 없으므로 이를 회피하고자 동일내용을 가지고 재요양의 형식으로 다툰 것으로 보인다.

구인은 진료계획에 대해서는 이미 소송을 제기하여 패소 확정되었고, 청구인도 재요양의 형식으로 청구한 이상 산재보험법에서 요구하고 있는 재요양 인정요건[61]에 따라 검토하여야 한다. 재요양의 요건 중 '재요양의 대상이 되는 부상 또는 질병의 상태가 치유 당시보다 악화된 경우로서 나이나 그 밖에 업무 외의 사유로 악화된 경우가 아닐 것'이라는 요건을 확인하기 위해서는 일반적으로 치유 후 업무에 종사하는 등 일정기간이 경과한 후 그 요건의 해당여부를 확인하여야 하는데 청구인이 주장하는 재요양 기간은 승인받은 요양기간과 연속된 기간으로 이러한 재요양 인정요건도 확인할 수 없다고 하면서 이를 인정하지 아니하였다.

2019재결 제2609호 재요양 불승인 처분 취소

청구인의 재요양에 대한 주치의의 재요양 소견서에 의하면 통원 2016. 6. 1.~2018. 12. 31. 통원으로 재요양 기간을 적시하고 있는바, 이는 청구인의 요양종료기간인 2016. 5. 31.이후 연속된 기간으로 사실상 요양기간이 종료된 후 진료계획을 제출한 것과 유사하고, 재요양 인정요건 중 "2. 재요양의 대상이 되는 부상 또는 질병의 상태가 치유 당시보다 악화된 경우로서 나이나 그 밖에 업무 외의 사유로 악화된 경우가 아닐 것"을 확인하려면 일반적으로 치유 후 일정기간이 경과한 후 그 요건에 해당여부를 확인하여 재요양 인정여부를 다투게 되지만, 청구인의 경우는 요양기간 후 바로 재요양을 다투고 있으므로 이러한 재요양 인정요건이 충족되었는지 여부도 확인할 수 없다.

----(중 략)----

따라서, 청구인의 상병상태는 법 제51조의 규정에 의한 재요양 인정기준에 미흡하므로, 원처분기관의 재요양 불승인 처분은 타당하다는 것이 우리 위원회의 판단이다.

라. 추가상병과 재요양 제도의 차이

추가상병은 '요양 중'에 신청되어야 하므로 신청기간에 제한을 받게 되는데 반하여 재요양은 '치유 후'에는 언제라도 신청이 가능하므로 신청기간에 제한을 받지 않는다. 또한, 추가상병[62]은 인정요건 중 어느 하나만 충족하면 인정받을 수 있는데 비해서 재요양[63]은 모든 인정

61 【산재보험법시행령】 제48조(재요양의 요건 및 절차) ① 법 제51조에 따른 재요양(이하 "재요양"이라 한다)은 업무상 부상 또는 질병에 대하여 요양급여(요양급여를 받지 아니하고 장해급여를 받는 부상 또는 질병의 경우에는 장해급여)를 받은 경우로서 다음 각 호의 요건 모두에 해당하는 경우에 인정한다.

1. 치유된 업무상 부상 또는 질병과 재요양의 대상이 되는 부상 또는 질병 사이에 상당인과관계가 있을 것
2. 재요양의 대상이 되는 부상 또는 질병의 상태가 치유 당시보다 악화된 경우로서 나이나 그 밖에 업무외의 사유로 악화된 경우가 아닐 것
3. 재요양의 대상이 되는 부상 또는 질병의 상태가 재요양을 통해 호전되는 등 치료효과를 기대할 수 있을 것

62 【산재보험법】 제49조

63 【산재보험법】 제51조 및 【산재보험법시행령】 제48조

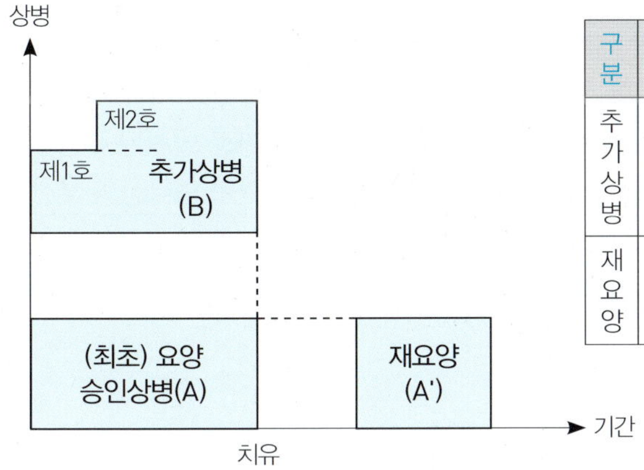

구분	치유 기준	승인상병 관계	인정 요건	재해 원인
추가상병	치유 전 (요양 중)	승인상병외 다른상병	한 개만 (or)	동일 재해
재요양	치유 후	요양의 대상 (승인상병)	모두 (and)	불일치 가능

[1-7] 추가상병(제49조)과 재요양(제51조)의 차이

요건을 충족하여야 하는 차이가 있다. [1-7] 추가상병(제49조)과 재요양(제51조)의 차이에서 볼 수 있는 듯이, 상병의 범위도 다르고, 치유를 중심으로 그 인정기간도 서로 다르므로, 추가상병과 재요양 제도는 서로 다르게 운용되는 제도로써, 산재보험법령에서도 각각 별개로 규정되어 있다.

그럼에도 불구하고 공단은 실무에서 추가상병 여부를 판단함에 있어서 종종 신청한 상병이 추가상병의 요건에 충족했다고 하더라도 요양을 다시 하기 위해서는 다시 재요양 요건도 충족해야 가능하다는 식으로 업무를 처리하고 있다. 공단의 업무처리 방식은 재요양을 산재보험법 제51조에서 규정한 법적 의미로 해석하는 것이 아니라, 글자 그대로 요양을 다시하는 것으로 해석하는 것으로 보인다. 그러나, 산재보험법에서 인정하고 있는 재요양은 상병이 인정되어 요양을 다시 하는 것을 의미하는 것이 아니다. 산재보험법에서 규정한 재요양 제도는 재요양 요건에 해당되어야 인정할 수 있는 것으로 엄연히 추가상병 제도와 다른 제도이다. 따라서, 산재보험법에서 신청한 상병이 추가상병 요건에 해당하면 재요양 요건여부에 상관없이 요양기간이 다시 인정되어야 함에도 불구하고 공단은 전혀 상관이 없는 재요양 요건을 다시 요구하는 것은 근로자의 권리를 침해하는 것이다. 재결사례(2019재결 제971호)에 의하면 추가상병과 재요양은 서로 별개의 제도임을 적시하고, 추가상병 인정으로 재요양 인정요건 없이 요양을 인정한 사례이다.

2019재결 제971호 추가상병 및 재요양 불승인 처분 취소

법 제49조의 규정에 의한 추가상병 및 법 제51조의 규정에 의한 재요양은 서로 완전히 다른 별개의 제도로써 그 신청자격(추가상병의 경우에는 요양중인 근로자, 재요양의 경우에는 치유된 근로자)도 다르고, 그 대상상병(추가상병의 경우에는 애초 승인된 상병외로 추가로 발견된 부상이나 질병 또는 새로운 질병, 재요양의 경우에는 승인상병으로 요양의 대상이 되었던 업무상의 부상 또는 질병)도 각각 다르므로 추가상병이 인정된 경우, 그 대상상병에 대한 법 제51조의 규정에 의한 재요양의 요건을 다시 검토할 이유없이 요양이 인정된 것이므로 그에 대해서는 다시 재요양 인정여부를 검토할 이유는 없다고 할 것이다.

추가상병에 대한 재요양 요건 검토로 인한 평균임금 산정의 착오

재결사례(2017재결 제2356호)에서 공단은 청구인에 대하여 추가상병을 인정했음에도 불구하고, 추가상병으로 요양을 다시 하였다는 재요양을 산재보험법 제51조에서 규정한 재요양(산재보험법상의 법적개념이 아니고 요양을 다시 한다는 의미의 국어적 의미로 해석한 것으로 추정)으로 오인하였다. 이렇게 오인함으로써 공단은 휴업급여를 지급하기 위한 평균임금을 산정함에 있어서 추가상병을 재요양 상병으로 간주하여 재요양 기간 중 청구인이 근무를 하지 않아 보수가 없다며 최저임금으로 평균임금을 산정[64]한 사례이다. 그러나, ① 공단은 승인상병과 다른 상병을 인정하였고, ② 청구인이 장해급여도 청구하지 않았으며, 공단이 청구인에 대한 진료계획 승인, 요양비 지급으로 치유되지 않은 상태임을 공단 스스로 인정하였는 바, 이는 재요양의 요건이 아니고 추가상병의 요건이었다. 따라서 청구인은 요양을 다시 한 것은 사실이나, 그 상병이 산재보험법 제51조의 재요양 요건에 해당한 것이 아니라, 산재보험법 제49조의 추가상병 요건에 해당하는 추가상병이었다. 그러나, 공단은 청구인의 추가상병을 인정하였음에도 불구하고, 단순히 요양을 다시하였다는 사실을 산재보험법 제51조의 재요양으로 오인하여 휴업급여를 적용함에 있어서 최저임금으로 잘못 적용한 처분을 취소한 재결례이다. 이 사례를 보면 추가상병과 재요양을 정확히 구분하는 것이 근로자의 입장에서는 매우 중요함을 알 수 있다.

64 【산재보험법】 제56조(재요양기간 중의 휴업급여) ② 제1항에 따라 산정한 1일당 휴업급여 지급액이 최저임금보다 적거나 재요양 당시 평균임금산정의 대상이 되는 임금이 없으면 최저임금액을 1일당 휴업급여 지급액으로 한다.

2017재결 제2356호 휴업급여(최저임금적용) 결정 처분 취소

결국 이 건의 쟁점은 청구인의 이 건 청구기간의 성격이 법에서 정한 재요양에 해당하는지 여부이고, 원처분기관은 산재관련 업무를 처리함에 있어서 법 제51조의 재요양을 '다시 승인받아 요양을 하는 것'이라고 문구대로 해석하여, 최초요양을 한 후 다시 요양을 하면 재요양에 해당한다고 판단하고 있으므로 법의 관련규정을 살펴본다. -----(중 략)-----

따라서, 법 제51조에서 관련 규정을 두고 있으므로, 재요양에 관한 산재업무를 처리함에 있어서는 이를 근거로 하여 그 '실체적인 전제 조건과 요건의 충족 여부'를 가지고 판단하여야 하고, 청구인이 추가상병을 주장하고 있으므로 법 제49조의 내용과 비교하면서 살펴보기로 한다.

우선, 재요양의 전제 조건은 법 제51조에 따라 1) 요양급여를 받은 자가 완치되거나 증상이 고정된 상태에 해당하여야 하고, 2) 요양의 대상이 되었던 업무상의 부상 또는 질병에 우선 해당하여야 하나,

추가상병의 전제 조건은 법 제49조에 따라 1) 요양 중인 근로자에 해당하여야 하고, 2) 추가로 발견되거나 승인상병이 원인이 되어 새로운 질병이 발생하여야 한다.

즉, 재요양과 추가상병을 비교하면 각각 ① 치유를 전제로 '치유 후'인지 치유 전 '요양 중'인지에 따라 구분되고, ② 상병이 '기존에 요양의 대상이 되었던 상병'인지 '추가로 발견된 상병이거나 새로운 질병'인지에 따라 구분된다고 할 수 있다.

그렇다면 청구인의 휴업급여 청구기간을 인정한 심사기관의 심사결정서(2016-1408호, 6452호, 6453호, 6454호, 6455호)에 의하면 1차 승인상병과는 다른 새로운 2차 승인상병을 인정하고 있는바, 2차 승인상병은 법 제51조의 규정에 의한 재요양의 전제조건인 기존에 '요양의 대상'이 되었던 업무상의 부상 또는 질병에도 해당한다고 보기 어렵고, 1차 승인상병과 다른 '추가로 발견된 상병'에 해당한다고 할 것이다.

또한, 청구인은 2015. 3. 8. 이후에도 2015. 4. 3.까지 1차 승인상병으로 물리치료 등의 치료를 받았고, 2차 승인상병은 2015. 3. 8. 이전에도 어깨관절 부위에 진료 받은 의무기록이 확인되며, 건강보험 수진내역을 살펴보면 최초 요양병원에서 2차 승인상병과 관련이 있는 어깨관절 염좌를 부상병으로 진단받고 퇴원한 이후, 2015. 3. 27.부터 2015. 9. 7. 이○○병원에서 수술을 받을 때까지 일관되게 2차 승인상병과 관련하여 5개 의료기관에서 15회 이상에 걸쳐 진료를 받은 사실이 있고, 심사기관의 심사결정(2016- 6452~6455호, 요양비 부지급 처분 취소)에 따라 2015. 3. 27.부터 2015. 8. 6.까지 2차 승인상병으로 요양비를 수령하였으며, 진료계획승인 등을 통하여 2016. 2. 12.까지 요양을 하였고, 청구인이 치유를 전제로 하여 장해급여를 청구한 적도 없는바, 청구인은 2015. 3. 8. 당시 법에 의한 완치되거나 증상이 고정된 치유의 상태에 있었다고 보기 어렵다고 할 것이다.

이러한 사정을 감안하면, 청구인의 2차 승인상병은 요양 중에 누락되었던 상병이 추가로 발견된 추가상병에 해당하므로, 청구인이 청구한 이 건 청구기간은 재요양 기간에 해당한다고 할 수 없을 것이다.

따라서, 원처분기관이 청구인에게 재요양 평균임금을 적용하여 행한 휴업급여 결정 처분을 취소함이 타당하다는 것이 우리 위원회의 판단이다.

마. 기타(이종요양비, 휴업급여)

이종요양비는 청구인이 의료기관에 사전적으로 비용을 지급하고 추후 이를 인정받는 것이므로 공단으로부터 이종요양비를 인정받으면 당연히 해당하는 기간만큼 요양기간은 늘어나게 된다.[65] 재결사례(2019재결 제2188호)에서는 청구인이 요양비를 청구한 기간이 비록 요양이 개시된 진단일 이전이라고 하더라도 승인받은 상병과 의학적인 연관이 인정되어 요양비를 인정받았고, 그 결과 요양비를 인정받은 기간만큼 요양기간이 늘어나게 된다.

2019재결 제2188호 요양비 부지급 처분 취소

근로복지공단의 재해일자 판정 및 요양급여 지급범위에 관한 업무지시에 의하면, 업무상 질병의 재해일자는 진단에 의하여 질병이 발생하였다고 확인된 날을 원칙으로 하면서, 진단서 발급일 이전에 요양승인 질병과 의학적 시간적 연관성이 인정되는 검사 및 치료가 실시된 경우에는 검사를 위해 요양이 개시된 날을 재해일자로 적용하도록 규정하고 있는 바, 청구인의 2015. 4. 7.부터 2015. 5. 2.까지 기간 진료기록에서 승인상병 부위를 치료받은 사실이 확인되므로 이는 승인상병과 의학적·시간적 연관성이 인정된다고 할 것이다.

따라서, 원처분기관이 2018. 11. 28. 청구인에게 행한 요양비 부지급 처분은 이를 취소함이 타당하다는 것이 우리 위원회의 판단이다.

휴업급여는 요양급여를 전제로 하기 때문에 요양기간을 인정받은 후 그 기간에 대하여 휴업급여를 청구하는 것이 일반적인 경우이므로, 그 반대의 경우로 휴업급여를 인정받아 요양기간이 늘어나는 것은 실제로는 어렵다고 보여진다. 다만, 산재재심사 사건에서 요양기간이 아닌 기간에 대하여 휴업급여를 청구하는 사건(재결사례 2019재결 제844호)이 있었고, 공단은 휴업급여를 지급할 수 없음에도 불구하고 그 기간에 대하여 휴업급여를 지급하였다. 휴업급여가 적법한지는 변론으로 하고, 이런 경우 휴업급여 지급으로 요양기간이 늘어날 수 있다.

2019재결 제844호 휴업급여 일부 부지급 처분 취소

청구인은 척추기구 연장술 등 적극적인 치료가 필요하다는 사유로 재요양을 신청(2017. 12. 14.~2018. 3. 12.)하였고, 심사기관은 재요양을 승인하면서 요양기간을 변경(2018. 5. 31.~2018.

65 한편, 이미 승인받은 상병이 있어서 그 요양기간내 인정받지 못한 이종요양비(예를 들어 다른 상병에 대한 것)만 인정된다면 요양기간은 늘어나지 않고 상병의 범위만 늘어날 수 있다. 이런 경우 이종요양비는 추가상병과 비슷한 효과를 가진다.

7. 7.)하여 인정하였으나, 청구인은 변경승인 받은 요양기간이 아닌 변경승인 이전 기간(2017. 12. 14.~2018. 5. 30.)에 대한 휴업급여를 청구하였다.

법 제52조의 규정에 의하면 휴업급여를 지급하기 위해서는 우선, 승인받은 요양이 전제가 되어야 하나, 청구인이 휴업급여를 청구한 기간은 요양이 인정된 기간이 아니기 때문에 휴업급여를 지급할 수 없는 기간이다.

다만, 재심사 결정은 원처분보다 청구인에게 불리하게 할 수 없으므로 요양이 인정되지 아니한 기간에 휴업급여를 일부 지급한 것은 별론으로 하고, 그 기간에 대한 청구인의 휴업급여 청구는 더 이상 인정할 수 없다고 할 것이다.

따라서, 청구인에게 더 이상의 휴업급여를 인정하지 아니한 원처분기관의 결정은 타당하다는 것이 우리 위원회의 판단이다.

한편, 공단은 요양기간 사이에 요양기간이 연속되지 않아 휴업급여를 지급할 수 없는 경우 휴업급여를 지급하기 하기 위하여 실제 요양(입원이나 통원)이 아니지만 가칭 '재가요양'이라는 용어를 사용하면서 사후적으로 요양기간을 인정하기도 한다. 이러한 '재가요양'이라는 표현은 휴업급여 인정을 위하여 요양기간이 인정될 수도 있다는 것을 보여주는 것이다.

3. 전원요양

【산재보험법】

제48조(전원 요양) ① 공단은 다음 각 호의 어느 하나에 해당하는 사유가 있으면 요양 중인 근로자를 다른 산재보험 의료기관으로 옮겨 요양하게 할 수 있다.

1. 요양 중인 산재보험 의료기관의 인력·시설 등이 그 근로자의 전문적인 치료 또는 재활치료에 맞지 아니하여 다른 산재보험 의료기관으로 옮길 필요가 있는 경우
2. 생활근거지에서 요양하기 위하여 다른 산재보험 의료기관으로 옮길 필요가 있는 경우
3. 제43조제1항제2호에 따른 상급종합병원에서 전문적인 치료 후 다른 산재보험 의료기관으로 옮길 필요가 있는 경우
4. 그 밖에 대통령령으로 정하는 절차를 거쳐 부득이한 사유가 있다고 인정되는 경우

전원요양은 업무상 재해를 인정받아 요양 중인 근로자를 다른 산재보험 의료기관으로 옮겨 요양을 하게 하는 제도이다. 우리나라 의료제도에서는 의료인도 의사, 치과의사, 한의사, 조산사, 간호사로 구분[66]하고, 의료기관도 종별에 따라 의원급 의료기관, 병원급 의료기관(병

66 【의료법】 제2조

원, 종합병원 등)[67]으로 구분한다. 종합병원의 경우 병상 수에 따라 필수진료과목과 전문의에 대한 요건규정[68]이 있고, 이중 상급종합병원은 보다 엄격한 요건규정을 두고 있다. 의사도 전문영역에 따라 내과, 외과, 영상의학과, 재활의학과 등으로 구분된다. 이러한 의료제도의 체계에 따라 업무상 재해를 인정받은 상병과 그 치료경과에 따라 적합한 의료인과 의료기관이 달라질 수 있다. 산재보험법은 요양 중인 근로자가 상병이나 그 치료정도에 따라 보다 적합한 의료기관, 의료인에게 요양을 받게 함으로써 효과적인 치료를 받게 하거나, 생활근거지에서 요양을 할 수 있도록 전원요양 제도를 마련하고 있다.

2018재결 제998호 전원요양 불승인 처분 취소

먼저, 청구인은 승인상병으로 2017. 7. 6.부터 2018. 2. 28.까지 요양 중이었으므로, 2017. 12. 4. 전원요양을 신청하였을 당시 "요양 중인 근로자"라는 요건에 해당된다.

다음으로, 청구인은 요추부 다발성 골절로 지속적인 통증을 해결하기 위해 신경외과의 수술적 치료(요추 2/3번 고정술)가 필요하다는 주치의 소견이 있는데, 이는 위 1호 요건에 해당하므로 다른 산재보험 의료기관으로 옮겨야 한다고 주장한다.

그러나, 청구인의 의학영상자료에서 요추 골절의 양상이 방출성 골절이 아닌 단순 압박골절이며, 압박률 또한 50% 미만으로 압박 변형이 진행되는 소견이 관찰되지 않고, 시상면의 척추정렬도 정상 허용범위 내에 있어 척추기기 고정술이 필요한 상병상태에 해당하지 않는다는 소견이며, 원처분기관의 결정을 배척할만한 의학적 소견이나 객관적 근거는 확인되지 않으므로, 청구인이 전원요양이 필요한 경우에 해당한다고 보기 어렵다고 할 것이다.

따라서, 원처분기관이 청구인에 대하여 행한 전원요양 불승인 처분은 타당하다는 것이 우리 위원회의 판단이다.

2019재결 제995호 전원요양 불승인 처분 취소

우선, 청구인은 진료계획을 추가승인 받고자 전원요양을 신청하였으나, 청구인은 2018. 2. 28.까지 요양을 인정받아 전원요양 신청(2018. 11. 9.)시에는 이미 요양이 종료되었으므로 "요양 중인 근로자"에 해당하지 않고, 법 제48조제1항의 규정에 의하면 진료계획 제출을 전원요양의 요건으로 인정하는 명시적인 규정도 없는 바, 청구인이 진료계획이 필요한 경우 청구인은 진료계획을 규정한 법 제47조에 따라 상병경과(傷病經過), 치료예정기간 및 치료방법 등을 적은 진료계획을 제출하면 될 것으로 보인다.

67 【의료법】 제3조

68 【의료법】 제3조의3, 제3조의4

다만, 청구인의 요양기간이 적절한지 살펴보면, 청구인은 승인상병으로 약 3개월간 요양하여 이미 충분한 기간 요양한 것으로 보이고, 특이할만한 증상의 악화 소견이 관찰되지 않는 등 증세가 이미 고정된 것으로 판단된다.

따라서, 원처분기관이 청구인에게 행한 전원요양 불승인 처분은 타당하다는 것이 우리 위원회의 판단이다.

4. 간병료

【산재보험법】

제40조(요양급여) ① 요양급여는 근로자가 업무상의 사유로 부상을 당하거나 질병에 걸린 경우에 그 근로자에게 지급한다.

② 제1항에 따른 요양급여는 제43조제1항에 따른 산재보험 의료기관에서 요양을 하게 한다. 다만, 부득이한 경우에는 요양을 갈음하여 요양비를 지급할 수 있다.

④ 제1항의 요양급여의 범위는 다음 각 호와 같다.

6. 간호 및 간병

간병료는 요양기간에 지급되나, 재결사례(2019재결 제303호)에서 보는 바와 같이 중환자실이나 회복실에 있는 경우에는 간병료는 지급되지 아니한다. 간병료는 요양기간에 지급된다는 점에서 치유 후 지급되는 간병급여와 다르지만, 상병상태에 따라 지급된다는 점에서는 간병급여와 유사하다. 간병료는 요양기간 중 상병상태에 따라 지급되는 상병보상연금과 기간이 중첩될 때는 특히 그 상병상태를 판단함에 있어서 서로 연관하여 판단하여야 한다. 일반적으로 간병료는 상병상태에 따라 지급되므로 높은 간병료 등급을 요구하는 사례가 많다. 간병료는 실제 이루어진 간병에 대한 지급이므로 재결사례(2018재결제2453호)에서 보는 바와 같이 간병이 이루어지지 않은 미래의 기간에 대한 간병을 예측하여 청구한다고 하더라도 이를 인정할 수는 없다.

2019재결 제303호 요양비(간병료) 일부 부지급 처분 취소

우선, 2018. 7. 9.은 청구인이 중환자실에서 요양하였으므로 별도의 간병 제공 대상에 해당하지 않는다. ----(생 략)----

2018재결 제2453호 요양비(간병료) 부지급 처분 취소

법 시행규칙 제14조제1항은 간병료 청구 방법에 대하여 규정하면서 '산재보험 의료기관에서 간병을 제공하지 않아 근로자가 법 시행규칙 제12조제1항제3호 또는 같은 항 제4호에 따른 사람을 지정하여 간병을 받은 경우에는'이라고 하여 간병을 받은 이후 간병료를 청구하도록 되어 있는바, 이건 청구일은 2018. 3. 8.이고, 간병료 청구기간은 2017. 4. 8.~2018. 3. 31.로 확인되므로, 2018. 3. 7.까지는 청구인의 상병 상태에 따라 부지급하고, 2018. 3. 8.부터 3. 31.까지는 도래하지 않은 기간이라는 이유로 부지급하는 것이 타당하다.

추가상병 인정 요건별 간병료 적용기간의 차이

근로자가 요양 중 간병료를 지급받지 못한 경우, 추가상병이 인정되면 상병의 갯수나 범위가 확대되므로 간병료를 지급받을 수 있는 가능성이 높아진다. 다만, 추가상병 인정요건에 따라 추가상병의 효과가 발생하는 시점이 달라질 수 있기 때문에 간병료도 추가상병의 인정요건에 따라 지급시점에 차이가 발생할 수 있다. 재결사건(2018재결 제3107호)에서는 추가상병이 산재보험법 제49조제1호의 요건으로 인정받은 것이라면 "이미 발생한 부상이나 질병"에 해당한다는 것을 인정한 것이므로 승인상병이 인정된 시점부터 동일하게 효과가 발생하는데 반하여 산재보험법 제49조제2호의 요건으로 인정받은 것이라면 승인상병과 관련된 "새로운 질병이 발생"에 해당한다는 것을 인정한 것이므로 추가상병의 진단날짜 또는 필요한 경우 이와 연관되어 인정할 수 있는 의무기록 등을 고려하여 그 효과를 인정할 수 있는 기간을 판단하여야 함을 적시하고 있다.

2018재결 제3107호 요양비(간병료) 부지급 처분 취소

청구인은 승인상병외에 기질성 정신장애를 추가상병으로 인정받았으므로 이를 고려하면 일상생활동작이 독립적이지 못하여 간병인의 도움이 필요하다는 주장하므로 이를 살펴보면, 원처분기관이 청구인에 대하여 기질성 정신장애를 추가상병으로 인정하였으므로, 그 효과를 언제부터 인정할 것인가에 따라 간병료를 지급함에 있어서 승인상병외에 추가상병까지 고려하여야 할 것인지 여부를 재결정하여야 할 것이다.

추가상병을 규정하고 있는 법 제49조의 규정에 의하면 '1. 그 업무상의 재해로 이미 발생한 부상이나 질병이 추가로 발견되어 요양이 필요한 경우' 또는 '2. 그 업무상의 재해로 발생한 부상이나 질병이 원인이 되어 새로운 질병이 발생하여 요양이 필요한 경우' 어느 하나에 해당하는 경우 이를 인정하도록 하고 있다.

만약, 청구인이 추가상병을 법 제49조제1호의 요건에 해당하여 인정받은 것이라면 그 추가상병은 '이미 발생한 부상이나 질병'에 해당한다는 것을 인정한 것인 바, 추가상병은 승인상병의 요양 인정시점과 동일하게 그 효과를 인정하여야 할 것이고,

법 제49조제2호의 요건에 해당하여 추가상병을 인정받은 것이라면 그 추가상병은 승인상병과 관련된 '새로운 질병이 발생'에 해당한다는 것을 인정한 것인 바, 추가상병 진단날짜 또는 필요한 경우 이와 연관되어 인정할 수 있는 의무기록 등을 고려하여 그 효과를 인정할 수 있는 기간을 판단하여야 할 것이다.

그러나, 원처분기관이 청구인의 추가상병을 인정함에 있어서 법 제49조 제1호 또는 제2호의 어느 요건에 의하여 인정했는지 여부가 정확히 확인되지는 않는다.

다만, 청구인의 추가상병과 관련한 정신과 초진일이 2018. 1. 8.로 확인되고, 정신진단검사일은 2018. 2. 5.로 확인되는 것을 고려하다면 청구인이 인정받은 추가상병의 효과가 이 건 간병료 청구기간 내까지 그 효과가 발생하였다고 보기는 어렵다고 추단된다.

따라서, 원처분기관이 청구인에게 행한 요양비(간병료) 부지급 처분은 정당하다는 것이 우리 위원회의 판단이다.

간병료 등급별 재결사례

간병료는 간병필요등급(제1급~제3급)별로 그 지급액이 달라지므로 근로자의 입장에서는 보다 높은 간병필요등급을 인정받기를 원하고, 가급적 간병료 지급기간도 장기간을 원하기 마련이다. 따라서, 간병료 사건은 간병필요등급과 간병료 지급기간에 대한 다툼이 많다.

◈ 간병료 지급기준(고용노동부 고시 제2017-39호) 상 간병필요등급 예시

1. 간병 1등급: 혼수 · 반혼수 상태, 사지마비 또는 이에 준하는 상태로 항상 다른 사람의 도움이 필요한 사람
2. 간병 2등급: 하반신 마비 등으로 일상생활에 필요한 동작을 하기 위하여 상당부분 다른 사람의 도움이 필요한 사람
3. 간병 3등급: 일상생활에 필요한 동작을 하기 위하여 부분적으로 다른 사람의 도움이 필요한 사람

재결사례(2018재결 제2335호, 2018재결 제1756호, 2018재결 제1436호)에 의하면, 간병 2등급 상태를 하반신 마비 등으로 혼자 힘으로 몸을 뒤척일 수 없는 상태, 하지마비로 독립보행이 불가능하나, 스스로의 힘으로 전동휠체어 조작이 가능한 상태, 하지의 기능적 근력이 없지만, 상지는 어느 정도 유지되는 상태 등으로 보고 있다. 재결사례(2018재결 제2329호, 2019재결 제303호)에 의하면, 간병 3등급 상태를 보행기를 이용한 보행은 가능하지만, 보행기까지 이동하거나 개인위생 등 일상생활에 필요한 동작을 위해 다른 사람의 도움이 필요한

상태, 수술일자를 고려하여 한 다리에 석고붕대 한 팔의 부목상태이지만 간호기록지상 휠체어 거동 중이 확인된 일자까지 상태 등으로 보고 있다.

<간병료 2등급>

2018재결 제2335호 요양비(간병료) 일부 부지급 처분 취소

청구인의 경우, 하반신 마비 등으로 혼자 힘으로 몸을 뒤척일 수 없는 등 일상생활에 필요한 동작을 위해 상당부분 다른 사람의 도움이 필요한 상병상태에는 해당된다고 판단되나, ---(생 략)---

2018재결 제1756호 요양비(간병료) 일부 부지급 처분 취소

의무기록상 2017. 9. 29.에 시행한 검사에서 도수근력이 좌 상지 G2, 우 상지 G3 정도로 호전되고, 부분적인 도움 하에 식사 가능한 상태로 확인되는바, 이는 수술 후 치료 및 간병 등이 잘 이루어진 결과라고 판단된다.

그렇다면, 현재 청구인의 상병상태는 하지 마비로 독립보행은 불가능하나 스스로의 힘으로 전동휠체어 조작은 가능한 상태로 보이고, 간병료 지급기준상 자력에 의한 생명유지 활동을 전혀 할 수 없어 항상 다른 사람의 도움이 필요한 정도(1등급)에는 미치지 못하는 상태로 판단되므로, 청구인의 간병료 청구기간(2017. 10. 21.~2017. 11. 13.)에 대하여 2등급 간병료를 지급하는 것이 타당하다.

2018재결 제1436호 요양비(간병료) 일부 부지급 처분 취소

재해근로자의 경우, 의무기록지상 '상지 G5~G4+, 하지 G0'으로 평가되어 하지는 기능적 근력이 없지만 상지는 근력이 어느 정도 유지되고 욕창 위험도가 13점으로 중간정도의 위험도를 나타내는 상태이므로, 일상생활에 필요한 동작을 위해 상당부분 다른 사람의 도움이 필요한 상병상태에는 해당된다고 판단된다.

<간병료 3등급>

2018재결 제2329호 요양비(간병료) 일부 부지급 처분 취소

대퇴골 전자간부 골절로 수술을 받은 경우 보행기를 이용한 보행이 가능하다 하더라도 보행기까지 이동하거나 개인위생 등 일상생활에 필요한 동작을 하기 위해 통상적으로 3주간은 다른 사람의 도움이 필요할 것으로 판단되고, 수상 당시 청구인이 74세의 고령으로 병상에서 1주만 지나도 근육이 위축되어 초기에는 거동이 어려울 것이라는 소견을 고려할 때, 수술 후 3주가 경과한 2018. 4. 24.까지는 '일상생활의 범위가 주로 병상에 한정되고 일상생활에 필요한 동작을 하기 위하여 부분적으로 다른 사람의 도움이 필요한 사람'인 간병 3등급에 해당하며 ----(생 략)----

2019재결 제303호 요양비(간병료) 일부 부지급 처분 취소

부지급 처분된 2018. 7. 24.이후 기간에 대하여 살펴보면, 청구인은 2018. 7. 13. 우측 팔목 골절수술, 2018. 7. 19. 우측 발목 골절수술을 받았고, 우측 발목은 의학영상 자료 상 개방성 골절 및 탈골 확인되고 골절 상태가 심한 편으로 우측 팔목은 수술 후 최소한 2018. 8. 5.까지는 사용하기 어렵다고 추단되며, 2018. 8. 5.일자 간호기록지 상 우측 다리 석고붕대 및 우측 팔 부목 상태에서 간병인 상주 하에 휠체어로 거동 중임이 확인되므로, 상병상태 및 수술일자 등을 감안하였을 때 2018. 8. 5.까지는 우측 팔과 다리를 사용할 수 없어 '일상생활에 필요한 동작을 하기 위하여 부분적으로 다른 사람의 도움이 필요한 사람'인 간병 3등급에 해당된다고 할 것이다.

따라서, 원처분기관이 2018. 8. 28. 청구인에게 행한 요양비(간병료) 일부 부지급 처분 중 2018. 7. 24.부터 2018. 8. 5.까지의 기간에 대하여는 이를 취소함이 타당하다는 것이 우리 위원회의 판단이다.

재결사례(2018재결 제2453호, 2018재결 제2014호, 2018재결 제1983호, 2017재결 제2390호)에 의하면 ① 상병진단이후 요양을 하면서 안정된 상태로 식사 · 대소변 · 이동이 독립적으로 가능하고, 기본적인 의사소통이 가능하며, 부전마비이지만 독립보행이 가능한 상태, ② 보조기 착용 후 휠체어 보행이 가능한 상태, ③ walker 이용한 보행하는 등 스스로 가능하고, 의사소통의 장애가 없는 상태, ④ 요통 및 하지 방사통을 호소하나 수술적 치료를 받지 않고 보존적 치료 및 안정가료의 상태 등에 대해서는 간병의 필요성이 인정되지 아니하였다.

<간병료 부지급>

2018재결 제2453호 요양비(간병료) 부지급 처분 취소

2015. 4. 22. 뇌경색 진단 이후 2년 이상 요양 중으로 비교적 안정된 상태이고, 2016년 요양비(간병료) 청구 시에도 식사, 대소변, 이동이 독립적으로 가능하므로 간병 기준에 미달하여 부지급된 사실이 있으며, 2017. 8. 17. 심리평가 보고서상 기본적인 의사소통 가능한 것으로 확인되는 점, 2018. 3. 7. 간병요구도 평가 소견서상 부전마비이나 독립보행 가능한 것으로 확인되는 점 등을 볼 때, 뇌손상의 후유증 등으로 의사소통을 할 수 없어 치료에 뚜렷한 지장이 있다거나 업무상 질병으로 신체가 몹시 허약하여 일상생활동작에 부분적으로 다른 사람의 도움이 필요한 상태로 보기는 어려우므로, 간병료 지급대상에는 해당되지 않는다고 할 것이다.

2018재결 제2014호 요양비(간병료) 일부 부지급 처분 취소

2017. 11. 26. 이후부터는 보조기 착용 후 휠체어 보행한 기록 등이 간호기록지에서 확인되므로 간병 필요등급의 기준에는 미치지 않는 것으로 봄이 타당하다 할 것이다.

2018재결 제1983호 요양비(간병료) 일부 부지급 처분 취소

간호일지상 2018. 2. 17. 이후부터는 'walker 이용한 보행, 보호자와 간호사의 도움 꺼려함, 환자 혼자 할 수 있다고 함, 구두 의사소통 장애 없음.' 등의 내용이 확인되는 것으로 보아 뇌손상의 후유증 또는 그 밖에 치료 과정에서 정신·신경계통 장해 등이 동반되어 의사소통을 할 수 없는 등 치료에 뚜렷한 지장이 있는 상태라고 보기는 어려워 간병 필요등급의 기준에 미치지 않는 것으로 봄이 타당하다.

2017재결 제2390호 요양비(간병료) 부지급 처분 취소

청구인은 2016. 9. 26. 발생한 업무상 사고로 인해 요양비 청구기간 동안 신체가 몹시 허약하여 일상생활에 필요한 동작을 혼자 힘으로 할 수 없어 간병인의 도움이 필요한 상태였다는 주장이나, 요양비 청구기간 내 간호기록상 요통 및 하지 방사통을 호소하였을 뿐, 수술적 치료를 받지 않고 보존적 치료 및 안정가료를 시행 받았으며, 재해발생 후 약 20일이 경과한 2016. 10. 15. 퇴원한 것으로 볼 때 승인상병은 경미한 상태였던 것으로 보이고, 보행이나 이동 등이 가능한 것으로 판단되는바, 청구인의 상병상태는 요양비(간병료) 지급대상에 해당되지 않는다 하겠다.

5. 요양급여와 관련된 기타 재결사례

가. 제3자 가해행위[69]에 대한 요양급여 인정문제

제3자의 행위로 재해가 발생한 경우에는 재해를 발생시킨 제3자(가해자)가 그 책임을 지는 것이 법의 일반적인 원칙이다. 그러나, 산재보험법령은 제3자(가해자)의 행위로 사고가 발생하였다고 하더라도 '업무가 사회통념상 제3자의 가해행위를 유발할 수 있는 성질의 업무'라고 인정되면 이를 업무상 재해로 인정할 수 있음을 규정하고 있다. 즉, 업무의 성격 자체가 제3자의 가해행위를 유발할 가능성이 있는 위험한 업무에 근로자를 고용하여 업무를 시킨 사업주에게 그 만큼의 책임을 지우는 것이다. 산재보험법시행령 제33조는 비록 가해를 행한 제3자가 있다고 하더라도 사업주가 책임을 져야 할 범위를 선언한 규정이라고 볼 수 있다. 재결사례

69 【산재보험법시행령】 제33조(제3자의 행위에 따른 사고) 제3자의 행위로 근로자에게 사고가 발생한 경우에 그 근로자가 담당한 업무가 사회통념상 제3자의 가해행위를 유발할 수 있는 성질의 업무라고 인정되면 그 사고는 법 제37조제1항제1호바목에 따른 업무상 사고로 본다.
【산재보험법】 제37조(업무상 재해의 인정기준) ① 근로자가 다음 각 호의 어느 하나에 해당하는 사유로 부상 · 질병 또는 장해가 발생하거나 사망하면 업무상의 재해로 본다. 다만, 업무와 재해 사이에 상당인과관계(相當因果關係)가 없는 경우에는 그러하지 아니하다.
1. 업무상 사고
가. 근로자가 근로계약에 따른 업무나 그에 따르는 행위를 하던 중 발생한 사고
바. 그 밖에 업무와 관련하여 발생한 사고

(2019재결 제1278호)에 의하면 제3자의 가해행위가 있다고 하더라도 사업주가 책임을 져야 할 범위(업무상 재해로 인정)에 대하여 가해행위를 당한 근로자가 담당하고 있는 업무의 성격상 가해행위를 유발(타인의 신체나 재산에 위해 내지는 규제를 가할 수 있는 성격의 업무 등)할 수 있다고 인정되는 경우라고 해석하고 있고, 사고의 개별적인 특성에 따라 그 가해자가 업무관련자인지, 발생장소가 사업장내인지, 발생시간이 업무시간인지 여부를 개별적으로 검토하여 살피는 것이 아니라고 해석하고 있다.

2019재결 제1278호 요양 불승인 처분 취소

법시행령 제33조의 규정에서 업무상 재해로 인정하고 있는 범위는 폭행사고의 개별적인 특성에 따라 그 가해자가 업무관련자인지, 그 폭행사건이 일어나 장소가 사업장인지, 그 폭행사건이 발생한 시간이 업무시간인지 여부를 개별적으로 검토하여 살피는 것이 아니고, 그 근로자가 담당하고 있는 객관적인 업무성격상 사회통념적으로 가해행위를 유발할 수 있는 업무성격만을 의미하는 것으로 해석되는 바, 이러한 성격의 업무는 주로 타인의 의지에 반하는 업무 즉, 타인의 신체나 재산에 위해 내지는 규제를 가할 수 있는 성격의 업무를 의미한다고 보여지나, 청구인의 근무한 이 건 사업장의 강선건조 또는 수리업관련 업무의 성격상 객관적으로 이러한 성질이 있는 업무의 범주에 속하는 업무로 인정하기는 곤란하다고 보여진다.

2018재결 제177호 유족급여 및 장의비 부지급 처분 취소

산재보험법상의 업무상 재해는 업무 수행 중 그 업무에 기인하여 발생한 재해를 말하는 바, 가해자는 재해근로자와 과거 직장 동료에서 연인사이로 지내다가 헤어진 사실이 있고, 사고 이전 재해근로자가 운전하는 버스에 탑승하거나 이 건 사업장에 찾아와 재해근로자를 협박한 사실이 동료 직원 및 가해자를 통해 확인되는 점, 재해근로자가 운전하는 버스가 차고지에 들어오기 전 타고 있던 승객이 모두 내린 후 가해자가 재해근로자를 특정하여 위해를 가한 점, 위 사고의 원인이 재해근로자가 수행하던 업무에 내재하거나 이에 통상 수반하는 위험이 현실화되었다고 볼 수 없는 점 등을 종합하여 볼 때, 이는 가해자와 재해근로자 간의 사적인 관계에 기인하여 발생한 사고로 업무와 상당인과관계가 있다고 볼 수 없다.

나. 전문적인 의료영역에 대한 문제

부상, 질병, 장해 또는 사망과 관련된 산재사건은 필연적으로 의료적인 문제와 연관될 수밖에 없다. 그러나, 의료분야는 매우 전문적인 영역으로 의료인이 아닌 비전문가인 근로자가 그 내용을 정확히 이해하기란 거의 불가능하다. 재결사례(2019재결 제2177호)에서 근로

자는 진단받은 상병에 대하여 요양을 신청하고, 공단이 일부 상병만을 승인하였다. 그 후 근로자는 이에 따라 치료 후 요양비를 신청하였으나, 공단은 승인받지 않은 상병(의료내용)에 대해서는 이를 인정하지 아니하였다. 재결사례에서는 승인되지 않은 상병(의료내용)에 대하여 요양비를 인정하지 않은 공단의 처분은 타당하다고 보았다. 다만, 승인된 상병과 불승인된 상병이 동일부위로 비의료인이 치료, 수술 등에 있어서 어떠한 것이 승인된 상병과 관련이 있고, 어떤 것이 승인되지 않은 상병과 관련되어 있는지 알기가 쉽지 않으므로 이러한 문제를 해결하기 위하여 근로자가 명확하게 이를 인지할 수 있는 방안을 마련하거나 그 위험부담을 전문지식이 있는 산재보험 의료기관이 감수하게 하는 방안 등 정책적 검토가 필요함을 제시하였다.

2019재결 제2177호 요양비 부지급 처분 취소

우선, 청구인의 이 건 사고이후 진단받은 '요추 제3번 압박 골절, 좌측 종골의 골절/폐쇄성, 척추관 협착증/제4-5번 요추부, 제4-5번 요추간판 탈출증'에 대한 요양급여 신청에 대하여 근로복지공단 수원지사장은 승인상병은 업무상 재해로 인정하면서,'척추관 협착증/제4-5번 요추부, 제4-5번 요추간판 탈출증'은 불승인되었음을 청구인에게 통보하였음이 확인된다.

따라서, 청구인도 불승인된 상병을 알 수 있었다고 추단되고, 원처분기관이 상병을 승인한 이후, 청구인 모르게 이를 개인질환으로 변경하여 불승인한 것이라는 청구인의 주장은 받아들이기 어렵다고 할 것이다.

또한, 산업재해보상보험법(이하 "법"이라 한다) 제40조에 요양급여의 산정 기준은 고용노동부령으로 정하도록 규정하고 있고, 법 시행규칙 제10조에 요양급여의 산정 기준은 보건복지가족부장관이 고시하는 건강보험 요양급여기준에 따르도록 규정하고 있으며, 보건복지부 고시에 방출성 척추골절로 인해 후만각 30도 이상 또는 압박률 40% 이상의 변형이 있거나 척추관 침습이 50% 이상인 경우 척추고정술을 인정하고 있다.

이 건 심리회의에 참석한 청구인 및 청구인 대리인의 진술과 영상자료 등을 종합적으로 검토한 결과, 청구인의 영상자료상 요추 제3번 압박률은 25%, 후만각은 15도로 확인되고, 불안정성은 확인되지 않아 보건복지부 고시에 규정하고 있는 척추고정술의 인정 기준에 부합되지 않는다 할 것이다.

다만, 청구인의 승인된 상병과 불승인된 상병이 요추부위로 의료적 전문지식이 없는 일반인이 어떠한 치료, 수술 등이 승인된 상병과 관련된 것이고, 어떠한 것은 불승인된 상병과 관련된 것인지 명확하게 구분한다는 것은 불가능하다고 할 것이므로 이와 관련된 사항을 사전에 청구인이 명확하게 인지할 수 있는 방안을 마련하거나 (불)승인에 따는 급여지급 여부에 대한 위험부담을 전문지식이 있는 산재보험 의료기관이 감수하게 하는 방안 등 정책적 검토는 필요해 보인다.

다. 보험료를 체납한 중 · 소기업사업주[70]에 대한 요양인정 여부

사업주는 산재보험법에 의한 보험급여를 지급받을 수 없으나, 공단의 승인을 받아 보험료를 납부한 중 · 소기업사업주는 업무상 재해가 발생할 경우 산재보험법에 의한 보험급여를 지급받을 수 있다. 다만, 보험료를 체납하는 경우에는 산재보험법에 의한 보호를 받을 수 없게 된다.[71] 재결사례(2018재결 제328호)에서 청구인은 2월분 보험료 납부기한(❶)이 지나도록 보험료를 체납하여 그 체납효과 발생시점(❸)부터는 업무상 재해가 발생한다고 할 지라도 산재보험법에 의한 보험급여를 지급받을 수 없는 상황이 된다. 이러한 체납에도 불구하고 공단은 계속적으로 3월이후 보험료를 부과(❷)하였고, 청구인도 이를 계속 납부하였다.

[중 · 소기업사업주인 청구인의 보험료 체납경과]

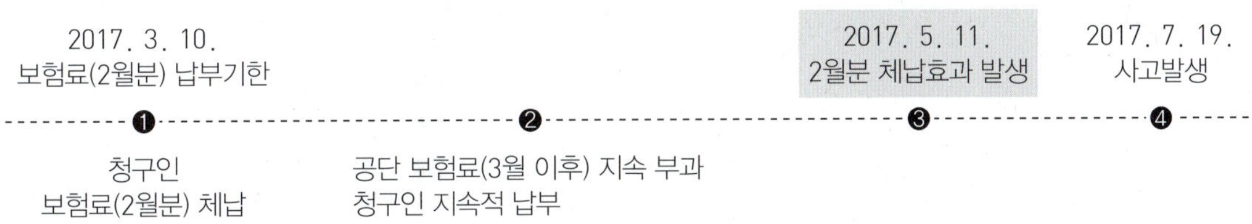

공단의 승인을 받아 산재보험에 가입한 청구인은 중 · 소기업사업주로서 업무상 재해가 발생하였으나, 공단은 보험료 체납을 이유로 청구인에 대한 요양을 인정하지 아니하였다. 그러나, 공단은 보험료 체납으로 산재보험법의 보호를 받을 수 없는 효과가 확정적으로 발생한 이후에는 단독으로 보험관계를 소멸시킬 수 있음에도 불구하고, ① 청구인에 대한 산재보험 관계를 소멸시키는 조치는 하지 않았을 뿐만 아니라, ② 지속적으로 보험료를 부과하였고, ③ 보험료 납부도 그대로 용인함으로써 청구인에게 보험관계를 계속 유지시킨다는 신뢰를 주었으므로 ④ 이러한 경우 변제 충당에 있어서 청구인에게 가장 유리한 방법으로 변제에 충당한다고 보는 것이 합리적이고, 양 당사자의 이익의 균형을 맞춘 합리적인 해석이라고 판단하였다. 그렇지 않다면 체납의 효과가 확정적으로 발생한 이후에는 청구인은 산재보험법

70 【산재보험법】 제124조(중 · 소기업 사업주에 대한 특례) ① 대통령령으로 정하는 중 · 소기업 사업주(근로자를 사용하지 아니하는 자를 포함한다. 이하 이 조에서 같다)는 공단의 승인을 받아 자기 또는 유족을 보험급여를 받을 수 있는 자로 하여 보험에 가입할 수 있다. 이 경우 제5조제2호에도 불구하고 그 사업주는 이 법을 적용할 때 근로자로 본다.

71 【산재보험법시행령】 제124조(중 · 소기업 사업주에 대한 보험급여 지급의 제한) 법 제124조제4항에 따라 중 · 소기업 사업주가 보험료를 체납한 기간 중 발생한 업무상의 재해에 대해서는 법 제36조제1항에 따른 보험급여를 지급하지 않는다. 다만, 체납한 보험료를 보험료 납부기일이 속하는 달의 다음 다음 달 10일까지 납부한 경우에는 그러하지 아니하다.

2018재결 제328호 요양 불승인 처분 취소

〈원처분 경위와 관련 법령에 대하여〉

법 제124조(중·소기업 사업주에 대한 특례)의 규정에 의하면 일정범위에 중·소기업 사업주(근로자를 사용하지 아니하는 자를 포함한다)는 근로복지공단(이하 "공단"이라 한다)의 승인을 받으면 산재보험에 가입할 수 있도록 하고 있으나, 그 업무상의 재해가 보험료의 체납 기간에 발생하면 대통령령으로 정하는 바에 따라 그 재해에 대한 보험급여의 전부 또는 일부를 지급하지 아니할 수 있도록 하고 있으며, 그 보험관계의 소멸 등은 「고용보험 및 산업재해보상보험의 보험료징수 등에 관한 법률」(이하 "보험료징수법"이라 한다)로 정하도록 하고 있다.

원처분기관은 2017. 2월분 보험료가 계속적으로 체납된 상태로 확인되고 청구인의 사고가 2017. 2월분 체납보험료 납부기일이 속하는 달의 다음다음 달 10일이 도과한 이후에 발생하였다는 이유로 요양 불승인 처분을 하였다.

보험료 체납기간에 발생한 업무상 재해에 대하여 법 124조에 따라 위임된 법 시행령 제124조의 규정에 의하면 "중·소기업 사업주가 보험료를 체납한 기간 중 발생한 업무상 재해에 대하여는 법 제36조제1항에 따른 보험급여를 지급하지 아니한다. 다만, 체납한 보험료를 보험료 납부기일이 속하는 달의 다음다음 달 10일까지 납부한 경우에는 그러하지 아니하다."라고 되어 있다.

따라서, 청구인에 대한 2017. 2월분 보험료가 납부기일이 속하는 다음다음 달 10일까지 납부되지 아니하였으므로 공단의 주장이 일응 타당해 보인다.

이에 대하여 청구인은 원처분기관이 2017. 2월 이후 보험료를 지속적으로 부과하였고, 청구인도 그에 따라 성실히 보험료를 납부하였으며, 산재보험료 독촉장과 보험관계 소멸통지예정 우편물을 원처분기관으로부터 수령하지 못하였다며 원처분을 취소하여야 한다고 주장하므로 이를 살펴보도록 한다.

우선, 청구인은 2017. 2월 보험료(금 101,130원)를 납부기한인 2017. 3. 10.까지 납부하지 아니하였고, 사고는 2017. 7. 19.에 발생하였다는 것에는 양당사자간 타툼은 없다.

〈보험관계 소멸 관련 중·소기업 사업주와 공단의 규정에 대하여〉

공단의 승인을 받아 중·소기업 사업주와 공단간에 산재관련 보험관계에 대한 계약이 성립한 후, 한쪽의 사정에 의하여 그 보험관계를 종료시키는 경우, 중·소기업사업주는 보험료징수법 제5조제5항 및 제49조제3항에 따라 보험계약을 해지할 경우 그 보험계약이 성립한 보험연도가 끝난 후에 하여야 할 뿐만 아니라 미리 공단의 승인도 받아야 하며, 그 소멸일도 보험료징수법 제10조제2호에 따라 공단의 승인을 받은 날의 다음날로 하여야 한다고 되어 있다.

그러나, 공단은 보험료징수법 제5조제7항에 따라 사업 실체가 없는 등의 사유로 계속하여 보험관계를 유지할 수 없다고 인정하는 경우 그 보험관계를 소멸시킬 수 있다고 되어 있고, 그 소멸일도 보험료징수법 제10조제3호에 따라 공단이 그 소멸을 결정·통지한 날의 다음날로 되어 있다.

따라서, 보험관계 소멸에 있어서 공단은 중·소기업사업주의 관여없이 단독으로 그 관계를 소멸시킬 수 있으나, 중·소기업사업주는 공단의 관여없이 단독으로 그 관계를 소멸시킬 수 없는 위치에 있다고 할 수 있을 것이다.

〈청구인의 보험료 체납이후 공단의 지속적인 보험료 부과에 대하여〉

공단는 청구인이 2017. 2월분 보험료(납부기한 2017. 3. 10.)를 납부하지 아니하여 그 체납으로 청구인에게 보험급여를 지급하지 않게되는 효과가 확정적으로 발생한 2017. 5. 11.부터는 더 이상 보험료를 부과하지 아니하고, 보험료 체납시 조치 및 보험관계 소멸 등 절차를 진행하는 것이 바람직하였다고 보여진다.

이에 따라 공단도 「적용 및 부과업무 처리 규정」(이하 "공단규정"이라 한다) 제33항의 규정을 마련하여"보험관계를 유지할 수 없다고 판단되는 경우 보험관계를 소멸하고 체납보험료를 감액하여야 한다."는 규정을 마련하고 있다.

만약 그렇게 하지 아니하면 청구인이 그 이후 보험료를 지속적으로 납부한다고 할 지라도 보험료 체납 상태가 지속됨으로써 설사 업무상 재해가 발생한다고 할지라도 청구인은 보험급여를 지급받을 수 없는 불합리한 상황이 발생하게 된다.

그러나, 보험관계 소멸에 있어서 중·소기업사업주의 관여없이 단독으로 그 관계를 소멸시킬 수 있는 위치에 있는 공단은 이러한 문제점이 있음에도 불구하고 보험관계를 소멸시키는 절차를 진행하지 아니하고 그 이후에도 청구인에 대하여 지속적으로 보험료를 부과하였고, 청구인의 보험료 납부도 그대로 용인하였다.

이러한 공단의 행태는 청구인에게 보험관계를 소멸시키지 않고 계속 유지시킨다는 신뢰를 주었을 것으로 추단되고, 이럴 경우는 변제 충당에 있어서 청구인에게 가장 유리한 방법으로 변제에 충당한다고 보는 것이 합리적이기 때문에 지속적으로 보험료를 충당했다고 보는 것이 양 당사자의 이익의 균형을 맞춘 합리적인 해석일 것이다.

따라서, 원처분기관이 중·소기업사업주인 청구인의 재해에 대해 보험료 체납기간 중 발생한 재해라며 요양 불승인한 처분은 가혹하여 부당하므로 취소되어야 한다는 것이 우리 위원회의 판단이다.

에 의한 보호는 받지 못하면서 공단의 보험료 부과로 보험료만 납부하는 불합리한 상황이 발생한다며 공단의 요양 불승인 처분을 취소한 사례이다.

라. 출퇴근 재해

1) 개인 소유 차량으로 출근이 반드시 필요했는지 여부

구 산재보험법시행령에 의하면 출퇴근 중 사고가 발생한 경우 ① 사업주가 출퇴근용으로 제공한 교통수단이나 사업주가 제공한 것으로 볼 수 있는 교통수단을 이용하던 중에 사고가 발생하고, ② 출퇴근용으로 이용한 교통수단의 관리 또는 이용권이 근로자측의 전속적 권한에 속하지 아니할 것이라는 2가지 요건을 모두 충족한 경우 이를 업무상 재해로 볼 수 있다고 규정하였다. 재결사례(2019재결 603호)에서 청구인은 출근 중 사고에 대하여 비록 사업주가 제공한 차량이 아니고 청구인의 소유 차량을 가지고 출퇴근하였으나, 업무를 수행함에 있어서 차량이 불가피하게 필요하였으므로 이를 출퇴근 재해라고 주장하였다. 이에 대하여 ① 사업장이 원격지이고, ② 업무 특성상 외부 출장이 빈번하나 1대뿐인 업무용 차량은 사용빈도가 높아 청구인이 전속적으로 사용하기 어려우며, ③ 보안업무의 특성상 신속한 대응이 요구되는 점을 고려하여 청구인 소유의 차량을 이용하여 출퇴근하는 것 외에 다른 선택이 없다며 업무상 사고를 인정하였다. 그러나, ① 사고는 청구인의 개인적인 안전운전의무 위반(경찰이 교통사고사실확인원)으로 발생하였고, ② 셔틀버스가 운행되고 있어 불편하기는 하나 통상적인 출퇴근에 문제는 크지 않으며, ③ 청구인의 업무(인사, 총무, 보안)와 관련하여 잦은 외근과 사무실간 이동(도보 7분 주장) 등 업무의 필요성 때문에 승용차가 반드시 필요하다고 주장하나 이를 입증할 근거자료 제출도 미흡하고, ④ 사업장내 업무용 차량도 있으며, 도보 7분의 이동을 위해 반드시 차량이 필요했다고 인정하기 어렵고, ⑤ 구 산재보험법 제37조 및 구 산재보험법시행령 제29조의 규정에서 출퇴근과 관련하여 명시한 요건은 '사업주가 책임져야 할 업무상 사고'와 '근로자 개인이 책임져야 할 업무외의 사고'에 대한 경계를 입법적으로 선언한 것이므로 이와 다른 예외적인 적용에 있어서는 입법취지에 맞게 그 해석을 매우 엄격히 하여야 하며, ⑥ 청구인 경우와 같이 개인 차량으로 출퇴근하는 경우 이에 대한 사업주의 지배관리의 책임을 묻기 위해서는 상당한 정도의 업무관련성이 확인되어야 하나, 객관적인 자료 제출도 미흡하여 업무관련성을 인정하기 어려운 상황이고, ⑦ 이러한 상황에서 이를 인정할 경우, 주장은 주장하는 자가 입증하여야 하는 일반적인 법원칙에도 맞지 않으며 주장과 사실을 혼동하여 판단하게 되는 불합리가 발생하고, ⑧ 사업주는 근로자의 출퇴근을 위해 셔틀버스를 운행하고, 업무를 위해 업무용 차량을 비치함에도 불구하고 개별적인 근로자의 불편한 사

2019재결 제603호 요양 불승인 처분 취소

청구인의 사고발생시 운행했던 차량은 청구인 소유의 차량으로 산재보상법 제37조 및 산재보상법 시행령 제29조에서 규정한 출퇴근 사고에 대한 법적인 요건을 충족하지 않고, 교통사고사실확인원(원주경찰서, 2016. 7. 12.)에 의하면 사고는 빗길 내리막에서 청구인의 개인적인 안전운전의무 위반으로 인하여 발생한 것이며, 비록 청구인의 근무지가 대중교통 이용이 불편한 격오지이지만, 셔틀버스가 운행되고 있어 이용에 다소 불편하기는 하나 청구인의 미술관 업무는 일반적으로 급박한 상황이나 환경변화가 적은 업무로 청구인의 업무성격상 통상적인 출퇴근에 문제는 크지 않아 보이고, 청구인의 업무(인사, 총무, 보안)와 관련하여 잦은 외근과 사무실간 이동(도보 7분 주장) 등 업무의 필요성 때문에 승용차가 반드시 필요하다고 주장하고 있으나, 도보 7분의 이동을 위해

반드시 차량이 필요했다고 인정하기 어려울 뿐만 아니라 이미 사업장내 업무용 차량도 있으므로 청구인의 주장을 인정할 수 없다.

더구나, 산재보상법 제37조 및 산재보상법 시행령 제29조의 규정에서 출퇴근과 관련하여 명시한 요건은 '사업주가 책임져야 할 업무상 사고'와 '근로자 개인이 책임져야 할 업무외의 사고'에 대한 경계를 입법적으로 선언한 것이므로 이와 다른 예외적인 적용에 있어서는 입법취지에 맞게 그 해석을 매우 엄격히 하여야 할 것이다.

즉, 청구인 경우와 같이 개인 차량으로 출퇴근하는 경우 이에 대한 사업주의 지배관리의 책임을 묻기 위해서는 상당한 정도의 업무관련성이 확인되어야 하나, 청구인의 경우 주장만 있고 객관적인 자료 제출도 미흡하여 업무관련성을 인정하기 어려운 상황이고, 이러한 상황에서 이를 인정할 경우, 주장은 주장하는 자가 입증하여야 하는 일반적인 법원칙에도 맞지 않으며 주장과 사실을 혼동하여 판단하게 되는 불합리가 발생한다.

또한, 사업주는 근로자의 출퇴근을 위해 셔틀버스를 운행하고, 업무를 위해 업무용 차량을 비치함에도 불구하고 개별적인 근로자의 불편한 사항까지 발생하지 않도록 모두 고려하지 않으면 그 책임을 면할 수 없는 바, 이는 산재보상법 제37조 및 산재보상법 시행령 제29조의 규정에서 선언하고 있는 사업주와 근로자의 책임의 형평성에도 맞지 않으므로 이를 업무상 사고로 볼 수 없다는 소수설이 있었다.

그러나, 이 건 사업장이 원격지에 위치한 특수성이 인정되는 점, 청구인이 수행한 인사, 총무 업무의 특성상 외부 출장이 빈번하나 셔틀버스의 운행간격이 2~4시간으로 길고 1대뿐인 업무용 차량은 사용빈도가 높아 청구인이 전속적으로 사용하기 어려운 점, 보안업무의 특성상 신속한 대응이 요구되나 청구인 소유의 차량을 이용하여 출퇴근하는 것 외에 다른 선택의 여지가 없다고 보이는 점을 종합적으로 고려할 때, 청구인 소유의 차량을 이용하여 출퇴근하여야 하는 사정이 상당하므로 이 건 사고는 사업주의 지배관리하에 발생한 출근 중 사고로 봄이 타당하다 할 것이다.

항까지 발생하지 않도록 모두 고려하지 않으면 그 책임을 면할 수 없는 바, 이는 구 산재보험법 제37조 및 구 산재보험법시행령 제29조의 규정에서 선언하고 있는 사업주와 근로자의 책임의 형평성에도 맞지 않으므로 이를 업무상 사고로 볼 수 없다는 소수의견이 있었다.

2) 현장 숙소의 샤워가 출퇴근 일탈 중단 사유인지

산재보험법 제37조제3항의 규정에 의하면 근로자가 출퇴근 중 발생한 사고를 업무상 재해로 인정하면서 출퇴근 경로 일탈이나 중단 중의 사고나 그 후의 이동 중의 사고에 대해서는 출퇴근 재해로 보지 아니하도록 하였다. 다만, 일탈 또는 중단이 일상생활에 필요한 행위로서 대통령령으로 정하는 사유[72]가 있으면 이를 업무상 재해로 본다고 되어 있다. 재결사례(2019재결 제409호)에서 청구인은 현장업무를 마치고, 숙소에 들러 샤워를 한 후, 현장 지정식당에서 저녁식사를 마치고 숙소로 복귀하던 중 사고가 발생하자 이를 업무상 사고로 주장한 사건이었다. ① 청구인은 건설일용근로자로서 샤워가 필요했음에도 불구하고 ② 시설이 협소하여 부득이하게 현장 숙소에서 씻고 저녁식사를 할 수 밖에 없는 특수상황으로 보아, ③ 샤워를 한 행위를 출퇴근의 일탈중단 사유로 간주하여 저녁식사 후 현장 숙소로 도착한 시점이 퇴근이라고 보아 업무상 재해를 인정하였다. 그러나, 소수의견은 ① 현장숙소는 업무와는 무관한 개인의 사적 영역으로, ② 업무를 마치고 현장 숙소에 도착한 시점이 퇴근이고, 그 이후 시간은 개인의 자유로운 이용이 보장된 시간이므로 이후 시간을 출퇴근으로 볼 수 없고, ③ 현장에 샤워 시설이 전혀 없었던 것도 아니며, ④ 설사 샤워시설이 없었다고 하더라도 법령에 의하여 현장에 부과된 시설기준도 아니므로 이를 설치하지 않거나 협소하다는 이유를 들어 사업주에게 책임을 확대하는 것은 법령이나 규정에도 없는 자의적 해석이라며 업무상 재해를 인정할 수 없다는 소수의견이 있었다.

2019재결 제409호 요양 불승인 처분 취소

청구인은 건설일용근로자로 이 건 현장 작업으로 인해 신체 및 옷이 더러워져 샤워가 필요했고, 이 건 현장 샤워시설이 협소하여 사실상 현장 내에서 씻기 힘든 사정이 확인되며, 청구인은 사고 당일 외지에서 작업을 수행하여 부득이하게 현장 숙소에서 씻고 저녁식사를 위해 다시 나갈 수밖에 없었던 특수한 상황으로 봐야 한다고 할 것이다.

이에, 청구인이 숙소에 들러 샤워를 한 행위는 법 시행령 제35조제2항의 일상생활에 필요한 행위로서 대통령령으로 정하는 사유에 해당하고, 청구인이 현장 지정식당에서 저녁식사 후 다시 현장 숙소로 도착한 시점을 퇴근의 완료로 볼 수 있는바 2018. 2. 10. 청구인이 현장숙소로 이동 중 넘어져 다친 이 건 사고는 법 제37조제1항제3호 및 제3항에 따른 출퇴근재해에 해당한다 할 것이다.

---

72 【산재보험법시행령】 제35조(출퇴근 중의 사고) ② 법 제37조제3항 단서에서 "일상생활에 필요한 행위로서 대통령령이 정하는 사유"란 다음 각 호의 어느 하나에 해당하는 경우를 말한다.
1. 일상생활에 필요한 용품을 구입하는 행위
2. 「고등교육법」 제2조에 따른 학교 또는 「직업교육훈련촉진법」 제2조에 직업교육훈련기관에서 직업능력 개발향상에 기여할 수 있는 교육이나 훈련 등을 받는 행위
3. 선거권이나 국민투표권의 행사
4. 근로자가 사실상 보호하고 있는 아동 또는 장애인을 보육기관 또는 교육기관에 데려주거나 해당 기관으로부터 데려오는 행위
5. 의료기관 또는 보건소에서 질병의 치료나 예방을 목적으로 진료를 받는 행위
6. 근로자의 돌봄이 필요한 가족 중 의료기관 등에서 요양 중인 가족을 돌보는 행위
7. 제1호부터 제6호까지의 규정에 준하는 행위로서 고용노동부장관이 일상생활에 필요한 행위라고 인정하는 행위

따라서, 청구인의 신청상병은 법 제5조 규정에 의한 업무상 재해로 볼 수 있으므로 원처분기관이 청구인에게 행한 요양 불승인 처분은 취소함이 타당하다는 것이 우리 위원회의 판단이다.

한편, 이에 대하여, 현장 숙소는 업무와 무관한 사적 영역으로, 현장 숙소에 도착한 시점을 퇴근으로 봐야하므로 그 이후 시간에 대해서는 개인의 자유로운 이용이 보장된 시간으로 사업주의 지배관리 하에 있다고 볼 수 없어 이를 출퇴근 재해로 인정할 수 없고, 만약 이러한 경우까지 사업주의 지배관리 범위를 확대하여 그 책임을 인정한다면 업무와는 전혀 무관한 근로자의 개인적인 부상이나 질병까지 사업주가 책임져야 하는 아주 불합리한 경우가 발생하며, 더구나 청구인은 최초요양 시 누락되었다며 재해경위 조차 변경하였다.

설사, 이렇게 변경된 재해경위를 인정한다고 하더라도 이 건 현장에 샤워시설이 없었던 것도 아니고, 만약 샤워시설이 없었다고 하더라도 이러한 샤워시설 설치가 근로자를 위해서 바람직할 수 있지만 법령에서 의무로 부과된 사업장의 시설기준도 아님에도 불구하고 이를 설치하지 않거나 협소하다는 이유를 들어 사업주의 책임을 확대하는 것은 법령이나 규정에도 없이 사업주의 책임을 과도하게 확대함으로써 법의 예측가능성을 떨어뜨리는 법의 자의적인 적용해석이라는 소수의견이 있었다.

V 휴업급여 및 상병보상연금 제도에 대하여

【산재보험법】

제52조(휴업급여) 휴업급여는 업무상의 사유로 부상을 당하거나 질병에 걸린 근로자에게 요양으로 취업하지 못한 기간에 대하여 지급하되, 1일당 지급액은 평균임금의 100분의 70에 상당하는 금액으로 한다. 다만, 취업하지 못한 기간이 3일 이내이면 지급하지 아니한다.

제53조(부분휴업급여), 제54조(저소득 근로자의 휴업급여), 제55조(고령자 휴업급여), 제56조(재요양 기간 중의 휴업급여)

제66조(상병보상연금) ① 요양급여를 받는 근로자가 요양을 시작한 지 2년이 지난 날 이후에 다음 각 호의 요건 모두에 해당하는 상태가 계속되면 휴업급여 대신 상병보상연금을 그 근로자에게 지급한다.

1. 그 부상이나 질병이 치유되지 아니한 상태일 것
2. 그 부상이나 질병에 따른 중증요양상태의 정도가 대통령령으로 정하는 중증요양상태등급 기준에 해당할 것
3. 요양으로 인하여 취업하지 못하였을 것

제67조(저소득 근로자의 상병보상연금), 제68조(고령자의 상병보상연금), 제69조(재요양 기간 중의 상병보상연금)

1. 제도의 의의

휴업급여는 근로자가 업무상 사유로 인한 부상 또는 질병으로 요양이 필요하여 취업하지 못한 기간(3일 이내이면 지급하지 아니함)에 대하여 근로자의 평균임금의 100분의 70에 상당하는 금액으로 소득의 일부를 산재기금에서 보험급여로 지원하는 제도이다. 따라서 휴업급여는 반드시 요양을 전제로 하게 된다.

2018재결 제2338호 휴업급여 일부 부지급 처분 취소

산재보험법 제52조의 규정에 의하면 휴업급여는 '요양으로 인해 취업하지 못한 기간'에 지급하는 것이므로 우선 요양이 전제가 되어야 할 것인 바, 요양을 인정받지 못한 기간에는 휴업급여의 전제 조건을 충족하지 못한다고 하여야 할 것이다.

여기에서 말하는 '요양으로 인해 취업하지 못한 기간'이라 함은 근로자가 업무상 부상이나 질병으로 요양을 하느라 근로를 제공할 수 없었기 때문에 임금을 지급받지 못한 기간을 의미한다. '취업'이라 함은 반드시 재해 이전에 종사하고 있던 업무 외에 다른 업무로의 복귀, 다른 사업장에의 취업, 더 나아가서는 자영업 등 생업의 범주를 포함하는 개념으로, 근로자가 입은 부상의 정도, 치유과정이나 그 상태, 요양방법 등에 비추어 취업이 가능한 상태라면 실제로 취업하지 아니하였다고 하더라도 그 기간은 휴업급여 지급대상에 해당되지 않는다것을 주의하여야 한다. 한편, 요양급여를 받은 근로자가 요양을 시작한 지 2년이 지난 날 이후에도 ① 그 부상이나 질병이 치유되지 아니하고, ② 그 부상이나 질병에 따른 중증요양 상태(폐질)등급의 정도가 대통령령으로 정하는 중증요양 상태(폐질) 등급기준[73]에 해당하며, ③ 요양으로 취업하지 못하였다는 요건에 모두 해당되면 휴업급여를 대신하여 상병보상연금을 적용받을 수 있다. 휴업급여나 상병보상연금은 요양을 전제로 하기 때문에 요양이 종결되고 치유되면 지급받을 수 없다.

2. 휴업급여 및 상병보상연금 적용에 있어서 특별 규정

가. 부분휴업급여[74]

부분휴업급여는 취업을 활성화하기 위한 제도라고 할 수 있다. 요양기간 중이라고 하더라도 근로자가 취업을 하면 원칙적으로 휴업급여를 지급받을 수 없다. 이러한 제도적 특징 때문에 근로자가 실제로 취업을 할 수 있는 상태가 되었다고 하더라도 휴업급여를 지급받기 위해서 취업을 하지 않을 수 있다. 따라서, 취업을 활성화하기 위하여 일정한 요건에 해당하면 취업을 했음에도 불구하고 휴업급여를 일부 지원할 수 있는 제도가 부분휴업급여 제도이다. 부분휴업급여를 지급받으려면 ① 요양 중 취업 사업과 종사 업무 및 근로시간이 정해져 있을 것, ② 그 근로자의 부상 · 질병 상태가 취업을 하더라도 치유 시기가 지연되거나 악화되지 아니할 것이라는 의사의 소견이 있을 것, 이라는 2가지 요건에 모두 해당하여야 한다. 여기에 해당하는 자는 비록 요양기간 중이라도 그 취업한 날 또는 취업한 시간에 해당하는 그 근로자의 평균임금에서 그 취업한 날 또는 취업한 시간에 대한 임금을 뺀 금액의 100분의 90에

73 【산재보험법시행령】[별표 8] 중증요양상태등급의 기준(제65조제1항 관련)

74 【산재보험법】 제53조

상당하는 금액을 지급받을 수 있도록 하여 취업에 복귀하도록 유도하고 있다.

나. 저소득 근로자의 휴업급여 및 상병보상연금[75]

【저소득 근로자의 휴업급여】
❶ if 평균임금 × 70/100 ≦ 최저보상기준금액 × 80/100 → 평균임금 × 90/100
❷ If 평균임금 × 90/100 < 시간급최저임금액[76] × 8 → 시간급최저임금액 × 8
❸ if 평균임금 × 90/100 > 최저보상기준금액 × 80/100 → 최저보상기준금액 × 80/100

휴업급여는 원칙적으로 근로자의 평균임금의 100분의 70에 상당하는 금액으로 지급된다. 따라서, 평균임금이 낮은 저소득 근로자에게는 그 금액이 충분치 못할 가능성이 높기 때문에 그 지원기준을 조금 완화해서 적용하고 있다. ❶ 휴업급여를 지급하기 위하여 산정한 결과 1일당 휴업급여 지급액이 최저 보상기준 금액의 100분의 80보다 크지않은 근로자에 대해서는 평균임금의 100분의 90에 상당하는 금액을 1일당 휴업급여 지급액으로 할 수 있도록 하고 있다. ❷ 이 경우 지급액이 최저임금액(시간급최저임금액×8. 이하 같다)보다 적으면 그 최저임금액으로 한다. ❸ 다만, 그 저소득 근로자의 평균임금의 100분의 90에 상당하는 금액이 최저 보상기준 금액의 100분의 80보다 많은 경우에는 최저 보상기준금액의 100분의 80에 상당하는 금액을 1일당 휴업급여 지급액으로 하고 있다.

【저소득 근로자의 상병보상연금】
❶ if 평균임금 × 70/100 < 최저임금액 × 100/70 → 최저임금액 × 100/70
❷ if ❶의 상병보상연금액/365 > 저소득 근로자의 1일당 휴업급여 → 저소득 근로자의 휴업급여

❶ 상병보상연금 산정시 근로자의 평균임금이 최저임금액에 70분의 100을 곱한 금액보다 적을 때에는 최저임금액의 70분의 100에 해당하는 금액을 그 근로자의 평균임금으로 보아 산정한다. ❷ 그러나, 이렇게 산정한 상병보상연금액을 365로 나눈 1일당 상병보상연금액이 산재보험법 제54조에서 규정한 저소득 근로자의 1일당 휴업급여 지급액보다 적으면 저소득

75 【산재보험법】 제54조 및 제67조
76 【최저임금법】 제5조제1항

근로자의 휴업급여액을 상병보상연금 지급액으로 한다.

다. 고령자의 휴업급여 및 상병보상연금[77]

휴업급여를 받는 근로자가 61세가 되면 그 휴업급여의 지급액을 일정기준에 따라 65세까지 차감하여 지급하게 된다. 다만, 61세 이후에 취업 중인 자가 업무상의 재해로 요양을 하거나 61세 전에 업무상 질병(산재보험법 제37조제1항제2호)으로 장해급여를 받은 자가 61세 이후에 그 업무상 질병으로 최초로 요양하는 경우에는 요양을 시작한 날부터 2년까지는 이를 적용하지 않도록 하고 있다. 상병보상연금 역시 근로자가 61세가 되면 그 이후의 상병보상연금도 일정기준에 따라 65세까지 차감하여 지급하게 된다.

라. 재요양 기간 중의 휴업급여 및 상병보상연금[78]

【재요양 기간 중의 휴업급여】

❶ 평균임금×70/100

❷ if 평균임금×70/100＜최저임금액 or 재요양시 산정대상 임금 부존재→최저임금액

❸ if(장해보상연금대상자) 장해보상연금액/365+❶ 또는 ❷＞장해보상연금 적용 평균임금×70/100
→ 초과분 중 휴업급여에 해당하는 금액(❶ 또는 ❷)은 미지급
※ 저소득 근로자의 휴업급여 규정은 미적용

업무상 재해에 대하여 요양(치유) 후 상병의 악화 등으로 ❶ 재요양이 인정된 자에 대해서는 재요양 당시의 임금을 기준으로 산정한 평균임금의 100분의 70에 상당하는 금액을 1일당 휴업급여 지급액으로 지급하도록 하고 있다. ❷ 이렇게 산정한 1일당 휴업급여 지급액이 최저임금액보다 적거나 재요양 당시 평균임금 산정의 대상이 되는 임금이 없으면 최저임금액을 1일당 휴업급여 지급액으로 하도록 하고 있다. ❸ 한편, 장해보상연금을 지급받는 자가 재요양하는 경우에는 1일당 장해보상연금액(산재보험법 장해연금표 제57조제2항관련 별표 2에 따라 산정한 장해보상연금액을 365로 나눈 금액을 말한다.)과 앞에서 언급한 방법으로 산정한 1일당 휴업급여 지급액을 합한 금액이 장해보상연금의 산정에 적용되는 평균임금

77 【산재보험법】 제55조 및 제68조

78 【산재보험법】 제56조 및 제69조

의 100분의 70을 초과하면 그 초과하는 금액 중 휴업급여에 해당하는 금액은 지급하지 아니하도록 하고 있다. 다만, 재요양 기간 중에 휴업급여를 산정할 때는 저소득 근로자의 휴업급여 특별규정은 적용하지 않도록 하고 있다. 장해급여(장해보상연금)는 치유 후에 지급되기 때문에 (재)요양이 다시 시작되면 원칙적으로는 지급이 정지되어야 하나, 산재보험법 규정에 따라 장해보상연금을 지급 정지하지 않기 때문에 장해연금과 한꺼번에 휴업급여를 지급받게 되는 경우가 발생할 수 있다.

【재요양 기간 중의 상병보상연금】

❶ 재요양 기간중의 휴업급여 산정에 적용되는 평균임금을 적용

❷ if ❶의 평균임금 < 최저임금액 × 100/70 or 재요양시 산정대상 임금 부존재 → 최저임금액 × 100/70

❸ if(장해보상연금대상자) 등급별 상병보상연금 지급일수 − 장해등급별 장해보상연금의 지급일수 × ❶ 또는 ❷

if(상병보상연금을 받은 자가 61세) 고령자의 1일당 상병보상연금 지급액 − 재요양 기간중에 휴업급여 산정에 적용되는 평균임금을 기준으로 산정한 1일당 장해보상연금 지급액

if(장해등급 제1급~제3급 자) 상병보상연금을 부지급. 단, 재요양 중 중증요양상태등급이 높아지면 재요양을 시작한지 2년이 경과한 것으로 보아 상병보상연금을 지급

※ 저소득 근로자의 상병보상연금 조항은 미적용

재요양을 시작한 지 2년이 지난 후에 상병상태가 상병보상연금 지급요건(산재보험법 제66조제1항 각 호의 요건 모두)에 해당하는 자에게는 휴업급여 대신 중증요양상태 등급에 따라 상병보상연금을 지급한다. ❶ 이 경우 상병보상연금을 산정할 때에는 재요양 기간 중의 휴업급여 산정에 적용되는 평균임금을 적용하되, ❷ 그 평균임금이 최저임금액에 70분의 100을 곱한 금액보다 적거나 재요양 당시 평균임금 산정의 대상이 되는 임금이 없을 때에는 최저임금액의 70분의 100에 해당하는 금액을 그 근로자의 평균임금으로 보아 산정한다. ❸ 상병보상연금을 받는 근로자가 장해보상연금을 받고 있으면 등급별 상병보상연금의 지급일수[79]에서 장해등급별 장해보상연금의 지급일수[80]를 뺀 일수에 재요양 기간 중의 휴업급여 산정에 적용되는 평균임금(제1항 후단에 따른 평균임금)을 곱하여 산정한 금액을 그 근로자의 상병보상연금으로 한다. 상병보상연금을 받는 근로자가 61세가 된 이후에는 고령자의 1일당 상

79 【산재보험법】 제66조 [별표 4] 상병보상연금표(제66조제2항 관련)

80 【산재보험법】 제57조 [별표 2] 장해급여표(제57조제2항 관련)

병보상연금 지급기준에 따라 산정한 1일당 상병보상연금 지급액[81]에서 재요양 기간중의 휴업급여 산정에 적용되는 평균임금을 기준으로 산정한 1일당 장해보상연금 지급액을 뺀 금액을 1일당 상병보상연금 지급액으로 한다. 노동능력이 완전히 상실되어 장해보상연금을 지급받는 자(장해등급 제1급에서 제3급)자가 재요양을 하는 경우에는 상병보상연금을 지급하지 않는다. 다만, 재요양 중에 중증요양상태 등급이 높아지면 재요양을 시작한 때부터 2년이 경과한 것으로 보아 상병보상연금을 지급한다. 재요양 기간 중 상병보상연금을 산정할 때에는 저소득 근로자의 상병보상연금 조항을 적용하지 아니한다.

3. 휴업급여와 관련된 재결사례

가. 산재보험법 개정에 따른 휴업급여 미적용 문제

산재보험법 개정으로 진폐의 보험급여의 종류에서 휴업급여가 삭제되었음에도 불구하고, 청구인은 산재보험법 개정이전에 진폐를 진단받았으므로 휴업급여를 지급하여야 한다고 주장한다. 원칙적으로는 상병의 진단날짜부터 요양기간이 인정되는 것이 일반적이다. 그러나, 진폐의 경우에는 상병이 진단되면 그 결과에 따라 요양 또는 장해로 구분되게 되어 있다. 따라서, 진폐의 경우에는 상병이 진단되었다고 바로 휴업급여가 지급되는 것은 아니다. 휴업급여는 그 개념상 요양으로 취업하지 못한 기간에 지급되므로, 반드시 요양이 전제가 되어야 하며, 장해의 경우에는 개념상 요양이 종료되고 치유된 것이므로 휴업급여를 지급할 수 없다. 산재보험법 개정이전에 청구인은 진폐로 요양이 아닌 장해를 인정받았으므로 요양이 전제가 되는 휴업급여는 지급받을 수 없다. 또한, 청구인이 진폐로 요양이 인정된 기간에는 산재보험법 개정으로 진폐의 보험급여 종류에서 휴업급여가 삭제되었으므로 이를 적용할 수 없어 청구인의 주장을 받아들이지 아니하였다.

2019재결 제1792호 휴업급여 부지급 처분 취소

2010. 11. 21. 시행된 개정 산재보험법(법률 제10305호) 제36조제1항에서는 진폐에 따른 보험급여의 종류는 요양급여, 간병급여, 장의비, 직업재활급여, 진폐보상연금 및 진폐유족연금으로 한다고 규정하고 있으며, 법 부칙〈제10305호, 2010. 5. 20.〉 제2조제4항에서는 종전의 규정에 따라

81 【산재보험법】 제68조 [별표 5] 고령자의 1일당 상병보상연금 지급기준(제68조 관련)

진폐로 인하여 장해보상일시금을 받은 사람(이 법 시행 전에 지급사유가 발생한 사람을 포함한다) 중 이 법 시행 후에 진폐장해등급이 변경된 사람에 대하여도 적용한다고 규정하고 있다.

청구인은 1996. 6. 20. 최초로 진폐를 진단받아 업무상 질병으로 인정받았으므로 진단 당시 산재보험법을 적용하여 2013. 8. 19.부터 휴업급여를 지급하여야 한다고 주장하므로 이를 살펴보면,

청구인이 진폐를 업무상 질병으로 인정받은 1996. 6. 20.당시 휴업급여를 규정한 구 산재보험법 제41조에 따르면 '휴업급여는 요양으로 인하여 취업하지 못한 기간에 대하여 지급'하도록 규정하고 있는바, 휴업급여의 지급대상이 되기 위해서는 요양상태가 전제되어야 한다.

그러나, 1996. 6. 20. 청구인이 업무상 질병으로 인정받을 당시 청구인의 진폐에 대한 심의결과는 '장해'로 그에 따른 장해등급을 인정받았고, '요양'이 아니었으므로 청구인은 당시에는 휴업급여 지급대상이 아니었다.

비록, 청구인은 진폐정밀진단 심의결과 2013. 8. 18.부터 '요양'을 인정받았으나, 당시 시행중인 산재보험법(법률 제10305호, 2010. 11. 21. 시행)에서는 그 개정으로 진폐에 대해서는 휴업급여 지급규정을 적용하지 않도록 하였으므로 비록 청구인이 요양상태가 되었다고 하더라도 휴업급여을 적용받지 못하도록 한 이상 청구인에게 휴업급여를 지급할 수는 없다고 할 것이다.

한편, 청구인은 휴업급여를 삭제한 개정 산재보험법을 소급 적용하여 휴업급여를 지급하지 않는 것은 법률 불소급의 원칙의 위반이라고 주장하나, 청구인의 경우는 개정된 산재보험법 규정을 과거로 소급하여 적용한 것이 아니고 당시 시행중인 산재보험법 규정을 적용한 것이므로 이에 대한 청구인의 주장도 이유없다고 할 것이다.

나. 추가상병 인정 요건별 휴업급여 적용기간의 차이

휴업급여는 요양기간이 전제가 되므로, 요양기간이 연장(진료계획, 추가상병, 재요양 등)될 경우 이와 연동해서 살펴 봐야한다. 특히, 산재보험법에서 인정하는 추가상병 제도는 다른 요양기간 연장제도와 비교할 때 상병의 갯수나 범위가 확대되는 특징을 가지고 있기 때문에 기존에 승인된 상병으로 휴업급여를 지급받지 못하였다고 하더라도 추가상병으로 상병의 갯수나 범위가 늘어나게 되면 휴업급여를 지급받을 가능성이 있게 된다. 이 경우 추가상병은 인정요건에 따라 휴업급여 적용기간이 달라지기 때문에 인정 요건별로 정확한 검토가 필요하다. 추가상병 인정요건[82]과 관련해서 추가상병의 ① 제1호 요건은 추후 발견된 것으로, 요양기간 시작부터 이미 그 추가상병이 존재하였던 것을 인정한 것이지만 ② 제2호 요건은 새

82 【산재보험법】 제49조(추가상병 요양급여의 신청) 업무상의 재해로 요양 중인 근로자는 다음 각 호의 어느 하나에 해당하는 경우에는 그 부상 또는 질병(이하 "추가상병"이라 한다)에 대한 요양급여를 신청할 수 있다.
1. 그 업무상의 재해로 이미 발생한 부상이나 질병이 추가로 발견되어 요양이 필요한 경우
2. 그 업무상의 재해로 부상이나 질병이 원인이 되어 새로운 질병이 발생하여 요양이 필요한 경우

롭게 발생한 것으로, 요양을 인정받은 상병이 원인이 되어 어느 시점에 추가상병이 발생한 것인 바, 그 입증자료에 따라 추가상병이 존재하였던 시기를 판단하여야 하므로 요건에 따라 그 적용기간에 차이가 발생할 수 있다. 이러한 추가상병 인정요건의 차이로 인하여 휴업급여를 인정함에 있어서 어느 기간부터 그 효과가 발생하는지를 고려하여 판정할 것인가에 대한 차이가 발생한다. 따라서, 일정기간에는 추가상병 인정요건(제1호 또는 제2호)에 따라 같은 추가상병이라고 하더라도 휴업급여 판정에 있어서 고려해야 하는 경우와 고려할 필요가 없는 경우가 발생할 수 있다. 재결사례(2018재결 제2064호)는 추후 추가상병을 인정하여 요양과 관련된 상병이 추가되었음에도 불구하고 이를 고려하지 아니한 휴업급여 결정에 대하여 추가상병을 고려하되, 추가상병 인정요건에 따라 어느 시점부터 인정할 것인지를 고려하여 휴업급여 지급여부를 재처분하여야 한다고 판단하였다.

2018재결 제2064호 휴업급여 일부 부지급 처분 취소

원처분기관에서 청구인의 추가상병을 인정한 이상, 그 효과를 언제부터 인정할 것인가에 따라 휴업급여를 지급함에 있어서 승인상병외에 추가상병까지 고려하여야 할 것인지를 여부는 재결정하여야 할 것이다.

---- (중 략) ----

우선, 법 제49조제1호의 요건에 해당하여 추가상병을 인정한 것이라면 그 추가상병이 '이미 발생한 부상이나 질병'에 해당한다는 것을 인정한 것인 바, 추가상병은 승인상병의 요양 인정시점과 동일하게 그 효과를 인정하여야 할 것이고,

법 제49조제2호의 요건에 해당하여 추가상병을 인정한 것이라면 그 추가상병이 '새로운 질병이 발생'에 해당한다는 것을 인정한 것인 바, 추가상병 진단날짜 또는 필요한 경우 이와 연관되어 인정할 수 있는 의무기록이 있는 날짜부터 그 효과를 인정할 수 있다고 할 수 있을 것이다.

청구인은 2017. 12. 15. 원처분기관에 '우울 에피소드, 과다환기의 심인성 형태'에 대하여 추가상병을 신청하였고, 원처분기관은 2018. 2. 19. 이를 '적응장애'로 변경승인 하였다.

---- (중 략) ----

또한, 원처분기관에서도 이에 대하여 '적응장애'로 추가상병을 승인한 사실을 고려해 볼 때, 청구인이 인정받은 추가상병의 효과는 이 건 휴업급여 청구기간내에서는 그 효과가 발생한다고 보아야 할 것이고, 원처분기관은 법 제52조의 규정에 의한 '요양으로 인하여 취업하지 못한 기간'이라는 휴업급여 지급여부를 판단함에 있어서 승인상병 뿐 아니라 추가상병까지 고려하여 추가 검토가 필요할 것으로 판단된다.

따라서, 원처분기관이 청구인의 휴업급여 청구기간 중 승인상병인 '급성 심근경색' 통원일에 한하여 휴업급여를 지급하고 나머지는 부지급한 휴업급여 일부 부지급 처분은 취소하되, 추가상병인 '적응장애'를 포함하여 취업치료 가능 여부를 다시 검토하여 처분해야 한다는 것이 우리 위원회의 판단이다.

다. 사업자등록증이 있는 이른바 투잡(two-jobs)형태의 근로자

산재보험법은 근로자를 그 보호대상으로 하고 있기 때문에, 사업주는 적용을 받을 수 없는 것이 원칙이다. 다만, 사업자등록증이 있는 사람이라고 하더라도 그 전부터 일용직 근로자로 근무하였던 것이 고용보험 일용 근로내역 등을 통해 확인이 된다면 자영업자인 사업주의 지위와 근로자의 지위를 동시에 가지고 있었던 사람이므로 업무상 재해로 휴업급여 청구시 사업자등록증으로 인한 소득이 있다는 사유만으로 휴업급여를 부지급할 수 없다는 재결사례이다.

2016재결 제2307호 휴업급여 일부 부지급 처분 취소

청구인이 자신의 명의로 사업자등록증을 소유하고 있다는 사유로 휴업급여를 일부 부지급 결정한 원처분이 정당한지 살펴보면, 청구인은 2014년부터 계속하여 일용직 근로자로 근무해 온 사실이 고용보험 일용 근로내역 및 통장 거래내역 등을 통해 확인되고, 재해 이전부터 자영업자와 근로자의 지위를 동시에 가지고 있었던 것으로 확인되는 바, 사업자등록으로 인한 소득이 있다 하더라도 이와 별개로 근로자로서의 업무상 재해로 인한 소득 상실을 보장하는 휴업급여는 지급함이 타당하다.

4. 상병보상연금과 관련된 재결사례

가. 상병보상연금은 간병료 및 장해급여과 연관하여 검토 필요

상병보상연금은 중증요양 상태등급이라는 근로자의 상병상태에 따라 그 지급액이 달라진다. 상병상태(등급)와 연관된 보험급여에서 이미 기술한 바와 같이 근로자의 상병상태에 따라 지급액이 달라지는 보험급여는 상병보상연금뿐만 아니라 간병료, 장해급여, 간병급여 등이 있다. 이런 보험급여는 비록 서로 각각 다른 보험급여의 성격을 가지고 있지만 근로자의 상병상태에 따라 지급액이 달라진다는 점에서는 유사하므로 다른 보험급여의 등급기준과 관련해서 함께 검토할 필요가 있다. 재결사례(2019재결 제1394호)에 의하면 청구인이 상병보상연금 기준의 중증요양 상태(폐질)등급이 제2등급으로 결정되자, 제1등급을 주장한 사건으로, 중증요양 상태(폐질)등급의 결정에 있어서 간병료의 간병필요 등급이나 장해등급과 무관하게 결정한 공단의 결정(2등급)을 인정하여 청구인의 주장을 받아들이지 아니하였다. 그러나, ① 중증요양 상태(폐질)등급은 상병보상연금의 지급기준이고, 간병필요 등급의 간병료 지급기준으로 서로 별개이지만, 청구인의 상병상태를 판단한다는 점에서 동일하므로 중첩되

는 기간에서는 서로 연관하여 검토할 수 밖에 없는 바, 간병료의 1등급 기준을 보면 '다른 사람의 도움 없이는 거동이 전혀 불가능한 사람'이라는 문구는 중증요양 상태(폐질)등급의 1등급 기준인 '항상 간병을 받아야 하는 사람'과 유사한 상병상태이고, ② '중증요양 상태(폐질)등급'과 '장해'는 그 적용기간이 치유를 중심으로 구분될 뿐이고, 산재보험법의 정의규정상 '정신적 또는 육체적 훼손으로 노동능력이 상실되거나 감소된 상태'라는 측면에서 서로 개념상 일치하는 바, 장해등급 1등급 기준을 보면 '항상 간병을 받아야 하는 사람'이라는 문구는 중증요양 상태(폐질)등급의 1등급기준의 문구와 그대로 일치하고, 경험칙상 요양을 하면서 상병상태는 호전되는 것이 일반적이므로 치유 후 청구인의 장해등급(제1급)을 고려해 볼 때 청구인의 주장을 인정하여야 한다는 소수의견이 있었던 사례이다.

2019재결 제1394호 폐질등급 결정 및 상병보상연금 부지급 처분 취소

〈폐질등급을 상향하여야 한다는 소수의견〉

▸ 간병 필요등급을 고려한 폐질등급에 대하여

우선, 청구인이 주장하는 상병보상연금 지급개시점인 2015. 7. 3. 당시 청구인의 상태에 대해 공단(심사기관의 취소로 간병 필요등급이 2급에서 1급으로 변동)은 그 이전기간부터 지속적으로 간병 필요등급이 1등급의 상태였음을 인정하였다.

간병료 지급의 근거규정인 고용노동부 고시에 의하면 구분란 9개 중 간병 필요등급 1등급이 존재하는 것은 5개로서, 청구인의 승인상병을 고려해 보았을 때 구분 2(눈의 실명과 관련) 및 구분 5(화상과 관련)는 해당되지 않는 것으로 보이고, 공단은 청구인의 간병 필요등급을 결정함에 있어서 구분란의 3, 7, 8을 적용한 것으로 보인다.

구분란 3, 7, 8의 간병 필요등급 1등급 내용을 보면 1. 뇌의 손상으로 인한 신경기능 장애로 인하여 의식이 혼수·반혼수 상태 등으로 생명유지를 위한 기도확보를 스스로 할 수 없거나 체위변경 또는 음식물을 삼키는 기능 등을 스스로의 힘으로 할 수 없어 항상 다른 사람의 도움이 필요한 사람(구분 3), 2. 사지마비 또는 이에 준하는 상태로 욕창방지를 위해 체위변경 등을 스스로의 힘으로 할 수 없어 항상 다른 사람의 도움이 필요한 사람(구분 7), 3. 업무상 질병으로 신체가 몹시 허약하여 생명유지를 위한 기도 확보를 스스로 할 수 없거나 욕창방지를 위해 체위변경을 스스로의 힘으로 할 수 없어 항상 다른 사람의 도움이 필요한 사람(구분 8)으로 규정되어 있는 바, 공단도 당시의 청구인의 상태를 간병 필요등급 1에 해당하는 정도로 인정한 것으로 보이고 이러한 상태는 폐질등급 2등급보다 보다 상위에 있는 것으로 보인다.

▸ 장해등급을 고려한 폐질등급에 대하여

한편, 일반적인 경우 요양기간이 진행되면서 비록 상태의 호전과 악화가 반복이 될 수는 있지만 전반적인 경향은 상병상태가 호전되는 것이 일반 경험칙이므로, 공단이 청구인의 장해등급을 제1급제3호(신경계통의 기능 또는 정신기능에 뚜렷한 장해가 남아 항상 간병을 받아야 하는 사람)로 인정하였는바, 청구인 그 이전 상태는 최소한 장해등급에서 인정한 상태보다 더 좋았을 것이라고 추단되지 않는다.

또한, 산업재해보상보험법(이하 “법”이라 한다) 제5조제5호에서 “장해”란 부상 또는 질병이 치유되었으나 정신적 또는 육체적 훼손으로 인하여 노동능력이 상실되거나 감소된 상태를 말하고, 동조제6호에서 “폐질”이란 업무상의 부상 또는 질병에 따른 정신적 또는 육체적 훼손으로 노동능력이 상실되거나 감소된 상태로서 그 부상 또는 질병이 치유되지 아니한 상태를 말한다라고 되어 있는바, 법에서 선언한 장해와 폐질은 치유 후와 치유 전이라는 시기에 차이만 있을 뿐 노동능력이 상실되거나 감소된 상태로 서로 등급간의 연관이 있다고 보이고, 청구인의 장해등급의 기준은 폐질등급을 규정한 법 시행령 [별표 8]의 폐질등급의 기준에서 제1급으로 예시되어 있으므로, 공단이 인정한 청구인의 간병필요등급의 정도, 청구인의 장해등급과 폐질등급과의 관계를 종합할 때 폐질등급을 상향하여야 한다는 소수의견이 있었다.

〈폐질등급을 유지하여야 한다는 다수견해〉

그러나, 법 시행령 [별표 8]의 폐질등급 기준에 따르면 ‘신경계통의 기능 또는 정신기능에 뚜렷한 장해가 있어 수시로 간병을 받아야 하는 사람’을 폐질등급 제2급으로 규정하고 있고, 법 시행규칙 제53조에 따르면 “영 제65조제1항에 따른 폐질등급 기준에 대한 세부기준은 별표 5에 따른 신체부위별 장해등급 판정에 관한 세부기준을 준용한다.”고 되어 있으며, 그에 따른 법 시행규칙 [별표 5] 신체부위별 장해등급 판정에 관한 세부기준에서 “신경계통의 기능 또는 정신기능에 뚜렷한 장해가 있어 수시로 간병을 받아야 하는 사람”이란 고도의 신경계통의 기능 또는 정신기능장해로 생명유지에 필요한 일상생활의 처리동작에 수시로 다른 사람의 간병을 받아야 하거나 치매, 정의의 장해, 환각망상, 발작성 의식장해의 다발 등으로 수시로 다른 사람의 감시가 필요한 사람은 제2급을 인정한다고 규정하고 있는 바, 청구인은 우측 반신마비가 있고 좌측 운동저하가 있는 등 청구인의 상병상태를 고려할 때, 법 시행규칙 [별표 5] 신체부위별 장해등급 판정에 관한 세부기준에서 명시한 “신경계통의 기능 또는 정신기능에 뚜렷한 장해가 남아 항상 간병을 받아야 하는 사람”인 고도의 신경계통의 기능 또는 정신기능장해로 다른 사람의 간병 없이는 혼자 힘으로 일상생활을 전혀 할 수 없거나 고도의 치매, 정의의 황폐 등의 정신증상으로 항상 다른 사람의 감시가 필요한 사람에는 미치지 못한다고 할 것이다.

재결사례(2019재결 제2081호)에서 공단은 근로자의 중증요양 상태(폐질)등급을 제2급으로 결정하였으나, 간병료에 대해서는 간병 필요등급 1등급으로 결정하자, 근로자는 간병 필요등급 1등급과 같이 중증요양 상태(폐질)등급을 제1급으로 주장하였다. 이 사례는 간병료 지급기준인 간병 필요등급과 중증요양 상태(폐질)등급의 연관을 검토하여 근로자의 주장을 인정한 사례이다.

[간병료와 중증요양상태(폐질)등급의 차이]

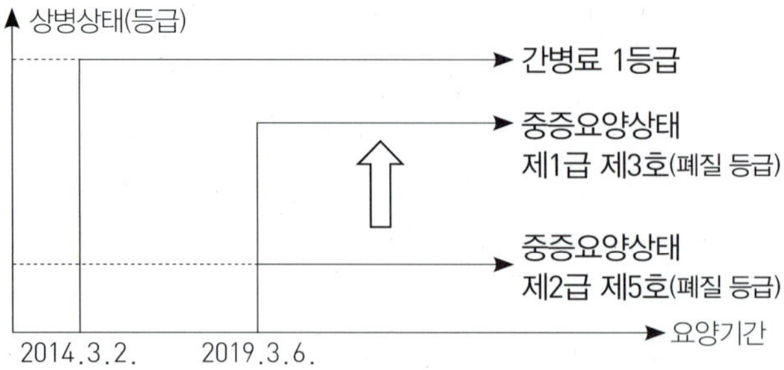

〈중증요양상태(폐질)등급〉

▶ 중증요양상태 제1급 제3호
신경계통의 기능 또는 정신기능에 뚜렷한 장해가 있어 항상 간병을 받아야 하는 사람

▶ 중증요양상태 제2급 제5호
두 팔을 손목관절 이상의 부위에서 잃은 사람

〈간병 필요등급 제1급 간병료 (고용노동부고시) 예시〉

구분 2〉 두 눈의 실명 등으로 급성기 치료를 받고 있어 다른 사람의 도움 없이는 거동이 전혀 불가능한 사람

구분 3〉 뇌의 손상으로 인한 신경기능 장애로 인하여 의식이 혼수 · 반혼수 상태 등으로 생명유지를 위한 기도확보를 스스로 할 수 없거나 체위변경 또는 음식물을 삼키는 기능 등을 스스로의 힘으로 할 수 없어 항상 다른 사람의 도움이 필요한 사람

구분 5〉 화상의 깊이가 심부 2도 이상이고, 화상의 범위는 체표면적 35퍼센트 이상으로 급성기 조직액의 유출로 전신감염이 우려되는 사람

구분 7〉 사지마비 또는 이에 준하는 상태로 욕창방지를 위해 체위변경 등을 스스로의 힘으로 할 수 없어 항상 다른 사람의 도움이 필요한 사람

구분 8〉 업무상 질병으로 신체가 몹시 허약하여 생명유지를 위한 기도 확보를 스스로 할 수 없거나 욕창방지를 위한 체위변경을 스스로의 힘으로 할 수 없어 항상 다른 사람의 도움이 필요한 사람

간병료 지급근거 규정인 고용노동부 고시에 의하면 간병 필요등급 1등급이 규정되어 있는 것은 5개 항목(구분 2, 구분 3, 구분 5, 구분 7, 구분 8)이고, 공단이 인정한 간병 필요등급 1등급의 상태를 근로자의 승인상병을 고려하였을 때 눈의 실명(구분 2)이나 화상(구분 5)은 관련되어 있지 않는다. 고용노동부 고시에 의해 간병 필요등급 1급으로 규정되어 있는 나머지 3개(구분 3, 구분 7, 구분 8)에서는 공통적으로 '항상 다른 사람의 도움이 필요한 사람'이 예시되어 있다. 이러한 관련 규정에 따라 근로자의 승인상병을 고려해 보았을 때 공단은 근로자를 '고도의 신경계통의 기능 또는 정신기능 장해로 다른 사람의 간병 없이는 혼자 힘으로 일상생활을 전혀 할 수 없거나 고도의 치매, 정의의 황폐 등의 정신증상으로 항상 다른 사람의 감시가 필요한 사람'에 해당하는 간병 필요등급 1급 상태로 판단한 것으로 추단할 수 있다. 따라서, 동일한 기간내 근로자의 상태는 판단기준[간병 필요등급, 중증요양 상태(폐질)등급]에 따라 달라지는 것이 아니므로, 공단이 판단한 간병 필요등급을 고려해 보았을 때 공단이 인정한 근로자의 상병상태는 중증요양 상태(폐질)등급 1등급에 해당한다고 보는 것이 타당하다며, 근로자의 주장을 인정하였다.

2019재결 제2081호 폐질등급 결정 및 상병보상연금 부지급 처분 취소

한편 원처분기관의 청구인에 대한 간병료 지급내역을 보면, 2014. 3. 2.부터 이 건 청구인의 폐질등급을 제2급제5호로 결정 처분한 2019. 3. 6. 이후에도 계속하여 1등급 간병료를 지급하고 있는 것으로 확인된다.

간병료 지급의 근거규정인 고용노동부 고시에 의하면 구분란 9개 중 간병 필요등급 1등급이 존재하는 것은 5개로서, 청구인의 승인상병을 고려해 보았을 때 구분 2(눈의 실명과 관련) 및 구분 5(화상과 관련)는 해당되지 않는 것으로 보이고, 청구인의 간병 필요등급을 결정함에 있어서 구분란의 3, 7, 8을 적용한 것으로 보인다.

구분란 3, 7, 8의 간병 필요등급 1등급 내용을 보면 1. 뇌의 손상으로 인한 신경기능 장애로 인하여 의식이 혼수·반혼수 상태 등으로 생명유지를 위한 기도확보를 스스로 할 수 없거나 체위변경 또는 음식물을 삼키는 기능 등을 스스로의 힘으로 할 수 없어 항상 다른 사람의 도움이 필요한 사람(구분 3), 2. 사지마비 또는 이에 준하는 상태로 욕창방지를 위해 체위변경 등을 스스로의 힘으로 할 수 없어 항상 다른 사람의 도움이 필요한 사람(구분 7), 3. 업무상 질병으로 신체가 몹시 허약하여 생명유지를 위한 기도 확보를 스스로 할 수 없거나 욕창방지를 위해 체위변경을 스스로의 힘으로 할 수 없어 항상 다른 사람의 도움이 필요한 사람(구분 8)으로 규정되어 있는 바, 원처분기관 또한 폐질등급 결정 당시 청구인의 상태를 간병 필요등급 1등급에 해당하는 정도로 인정한 것으로 보인다.

이상의 내용을 종합해 볼 때, 청구인의 폐질상태는 법 시행규칙 제48조 [별표 5]에 따른 '고도의 신경계통의 기능 또는 정신기능 장해로 다른 사람의 간병 없이는 혼자 힘으로 일상생활을 전혀 할 수 없거나 고도의 치매, 정의의 황폐 등의 정신증상으로 항상 다른 사람의 감시가 필요한 사람'에 해당하여 법 시행령 제65조제1항 [별표 8]에 따른 '신경계통의 기능 또는 정신기능에 뚜렷한 장해가 남아 항상 간병을 받아야 하는 사람'인 폐질등급 제1급제3호에 해당한다고 할 것이다.

따라서, 원처분기관이 청구인에게 행한 폐질등급 제2급제5호 결정 처분은 이를 취소하고, 폐질등급 제1급제3호로 결정하여야 한다는 것이 우리 위원회의 판단이다.

나. 중증요양상태(폐질)등급의 적용시기에 대하여

재결사례(2019재결 제1394호)에서 공단은 중증요양 상태(폐질)등급 적용시기와 관련하여 근로자가 요양을 시작한지 2년이 경과했음에도 불구하고 의사의 진단서가 발급되지 않았다는 이유로 상병보상연금을 인정하지 않았다. 그러나, ① 산재보험법시행규칙 제52조[83]의 규정에서 공단은 원칙적으로 의사의 진단서가 발급된 날부터 상병보상연금을 지급할 수 있도

83 【산재보험법시행규칙】 제52조(중증요양상태등급의 적용시기) 영 별표8에 따른 중증요양상태등급은 영 제64조제1항 및 같은 조 제3항에 따라 첨부한 의사의 진단서가 발급된 날부터 적용한다. 다만, 중증요양상태가 발생하거나 변동된 날을 명백히 알 수 있는 경우에는 중증요양상태가 발생하거나 변동된 날부터 적용한다.

록 하면서, 중증요양상태(폐질)이 발생한 날을 명백히 알 수 있는 경우에는 발생한 날부터 이를 인정할 수 있도록 규정되어 있고, ② 간병 필요등급과 중증요양상태(폐질)등급은 상병상태를 기준으로 한다는 점에서 서로 연관된 보험급여로 공단이 지속적으로 간병필요 등급 제1급을 인정한 것으로 보아, 근로자의 상병상태를 인지하고 있었다고 보이므로 공단은 중증요양상태(폐질)가 발생한 날을 명백히 알 수 있었다고 추단되며, ③ 산재보험법 제66조제1항[84]의 규정에 의하면 일정한 요건에 해당할 경우 상병보상연금은 요양을 시작한지 2년이 지난 이후에 지급한다라고 명시적으로 규정되어 있다는 점을 들어 근로자의 주장을 인정[85]하였다.

2019재결 제1394호 폐질등급 결정 및 상병보상연금 부지급 처분 취소

폐질등급의 적용시기를 살펴보면 공단은 청구인의 상태를 확정할 수 없으므로 법 시행규칙 제52조의 규정에 따라 의사의 진단서가 발급된 날(2018. 11. 26.)부터 적용하는 것이 타당하다고 주장하나,

공단은 청구인이 주장하는 상병보상연금 지급시점인 2015. 7. 3. 당시 청구인의 상태에 대해 지속적으로 간병 필요등급을 1등급인 상태를 인정하고 있었던 점을 고려해 보았을 때는 폐질이 발생한 청구인의 상병상태를 지속적으로 인지하고 있었다고 추단되고,

공단의 처분에 근거가 된 법 시행규칙 제52조 단서에서 "폐질이 발생하거나 변동된 날을 명백히 알 수 있는 경우에는 폐질이 발생하거나 변동된 날부터 적용한다."라고 규정되어 있는바, 공단이 진단서 발급일 외에 다른 날짜로 폐질등급의 적용시기를 판단할 수 있도록 규정하고 있고,

법 시행령 제64조제2항의 규정에서도 폐질등급의 변동에 대하여 근로자의 청구뿐만 아니라 공단 스스로 직권에 의해서도 그 변동을 판단할 수 있도록 하고 있을 뿐만 아니라 상병보상연금의 근거인 법 제66조제1항의 규정에 의하면 "요양을 시작한 지 2년이 지난 날 이후에 ~(중 략)~ 근로자에게 지급한다."라고 규정되어 있는바, 요건에 해당하면 요양을 시작한 지 2년이후부터 지급할 수 있다고 보아야 할 것이다.

84 【산재보험법】 제66조(상병보상연금) ① 요양급여를 받는 근로자가 요양을 시작한 지 2년이 지난 날 이후에 다음 각 호의 요건 모두에 해당하는 상태가 계속되면 휴업급여 대신 상병보상연금을 그 근로자에게 지급한다.
1. 그 부상이나 질병이 치유되지 아니한 상태일 것
2. 그 부상이나 질병에 따른 중증요양상태의 정도가 대통령령이 정하는 중증요양상태등급 기준에 해당할 것
3. 요양으로 인하여 취업하지 못하였을 것

85 산재보험법에서 요양을 한 지 2년이 경과하면 상병보상연금을 지급하도록 규정되어 있으므로 공단은 모든 근로자에 대해서는 2년이 경과하면 상병보상연금 지급요건에 해당하는 상병상태에 해당하는지 여부를 사전적으로 확인하는 것이 보다 바람직한 업무처리 방식으로 보인다.

VI 장해급여에 대하여

【산재보험법】

제57조(장해급여) ① 장해급여는 근로자가 업무상의 사유로 부상을 당하거나 질병에 걸려 치유된 후 신체 등에 장해가 있는 경우에 그 근로자에게 지급한다.

1. 장해급여 제도의 의의

산재보험법 제5조제5호의 규정에 의하면 '장해'란 부상 또는 질병이 치유되었으나 정신적 또는 육체적 훼손으로 인하여 노동능력이 상실되거나 감소된 상태를 말한다. 부상이나 질병이 발생하여 이를 업무상 재해로 인정받고 요양을 하면서 치료를 했음에도 불구하고 완치되지 않은 경우가 종종 발생하게 된다. 이렇게 완치가 되지 않은 경우 그 근로능력 상실의 정도를 평가하여 장해등급을 결정하고, 그 장해등급의 정도에 따라 보험급여가 지급되는데 이것이 장해급여이다. 따라서, 산재보험법이 인정하는 장해급여를 지급받기 위해서는 우선 장해등급을 결정 받아야 한다. 즉, 장해보상은 장해로 인한 노동능력 상실에 대한 손실보전을 목적으로 하고 있고, 그 노동능력 상실에 대한 정도를 장해등급이라고 이해하면 될 것이다. 장해를 이해하기 위해서는 우선 치유의 개념을 이해하여야 한다. 산재보험법 제5조제4호의 규정에 의하면 '치유'란 부상 또는 질병이 완치되거나 치료의 효과를 더 이상 기대할 수 없고, 그 증상이 고정된 상태에 이르게 된 것을 말한다. 즉, 치유는 완치 또는 증상이 고정된 상태라는 2가지 개념이라고 볼 수 있고, 치유시점으로 요양은 종료하게 된다. 부상이나 질병이 악화나 호전을 반복하는 경우에는 요양을 계속하여야 하므로 그 증상이 고정된 상태인 치유라고 인정할 수 없으므로 장해등급을 결정할 수 없고, 장해급여도 지급할 수 없다.

2018재결 제1665호 장해급여 부지급 처분 취소

청구인은 이 건 장해급여 청구 당시 우측 제4수지 부위에 수술 등 적극적인 치료가 필요하고 수술로 인해 치료 효과를 기대할 수 있었던 상병상태로 증상이 고정된 치유 상태에 이르렀다고 보기 어려우므로, 장해급여 지급대상에 해당하지 않는다.

업무상 재해를 인정받아 요양을 했다고 하더라도 모든 경우에 장해급여가 지급되는 것은 아니다. 즉, 요양의 인정이 바로 장해급여를 인정하는 것은 아니다. 장해의 개념을 보더라도 완치가 되어서 노동능력의 상실 또는 감소가 없는 상태라면 장해에 해당하지 않고, 산재보험 법령이 정한 장해등급 기준에 미달하는 경우 역시 장해에 해당하지 않는다. 따라서, 장해급여를 받기 위해서는 요양이 종료되고 치유 후 산재보험법에서 인정하는 장해등급 기준을 충족하여야 한다.

[1-8] 장해의 개념에서 재해로 인하여 t^1부터 요양이 시작된 경우, 그래프 ①과 같은 경우는 요양이 잘되어 완치(l^1) 된 상태로 치유시점(t^2)에서 장해가 없는 경우이다. 그러나 그래프 ②와 같은 경우는 요양($t^1 \sim t^2$)을 하였음에도 불구하고 완치가 안되고, 어느 시점에서 그 상병상태에 대한 치료효과가 없이 고정되게 된다. 바로 이 시점을 치유시점(t^2)으로 보게 된다. 장해등급은 완치상태의 신체능력(근로능력)과 치유시점의 신체능력과의 차이($l^1 - l^2$, ㉮)라고 볼 수 있을 것이다. 한편, 이렇게 치유된 후 장해등급을 결정받고, 장해급여를 지급받았다고 하

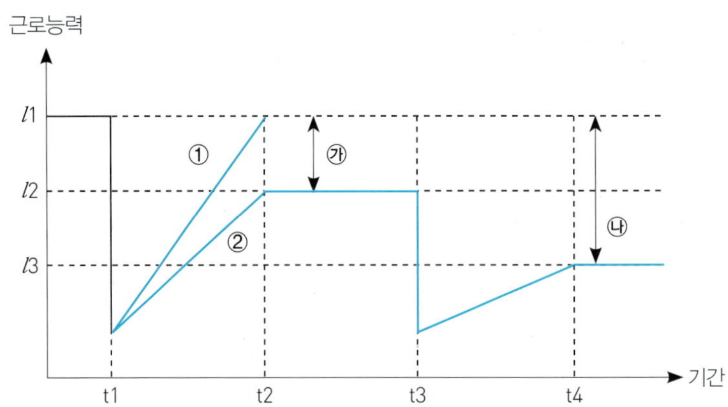

구분	제1차	제2차
요양기간	$t^1 \sim t^2$	$t^3 \sim t^4$
치유	t^2	t^4
장해등급	$l^1 - l^2$, ㉮	$l^1 - l^3$, ㉯
장해급여	㉮	㉯ − ㉮

※ 그래프 ②의 경우

[1-8] 장해의 개념

더라도 요양의 대상이 되었던 업무상 부상 또는 질병이 재발하거나 치유 당시 보다 악화(t^3) 되어 다시 요양이 필요한 경우가 발생하기도 한다. 이런 경우 이용할 수 있는 제도가 재요양[86] 제도이다. 재요양($t^3 \sim t^4$)이 종료되어 다시 치유(t^4)가 되면 동일한 방법으로 장해등급을 다시 결정(l^1-l^3, ㉯)받을 수 있다. 추후 자세히 기술하겠지만 이 경우 등급이 더 악화되었다고 하더라도 기존에 지급받았던 장해급여 만큼은 제외하고 장해급여를 지급(㉯-㉮)하게 된다. 또한, 산재보험법은 재요양을 하지 않았더라도 일정한 장해등급에 대해서는 일정기간이 지나면 다시 장해등급을 결정하는 재판정[87] 제도를 가지고 있다. 업무상 재해를 입은 사람들이 치유 후 장해급여를 지급받게 될 경우, 보다 많은 보상을 받기를 원하는 것이 일반적이기 때문에 장해급여 사건의 대부분은 공단의 장해등급 불인정 결정을 다투거나 결정받은 장해등급보다 상위의 등급을 인정받기 위해 다투는 사건이 대부분이다.

2. 장해급여 청구의 기본전제

산재보험법에서 규정한 장해급여액은 장해등급에 따라 다르게 지급된다. 따라서, 장해급여를 지급받기 위해서는 우선 장해등급을 결정받아야 한다. 장해등급을 받기 위해서는 몇가지 선행 조건이 필요하다. ① 업무상 재해를 인정받아 요양을 하여야 하고, ② 요양한 상병이 모두 치유되어야 한다는 조건을 충족하여야 한다.

가. 요양을 인정받아야 한다.

장해급여를 청구하기 위해서는 우선 원칙적으로 요양을 인정받아야 한다.[88] 요양을 인정받는다는 의미를 자세히 살펴보면 ① 요양을 인정받은 자(者)에 한하여, ② 요양이 인정된 상병(부위)에 한하여, ③ 요양이 인정된 의료행위(인정된 요양비)에 한하여 장해급여가 인정된다는 의미라고 볼 수 있다.

86 【산재보험법】 제51조 제1항

87 【산재보험법】 제59조(장해등급등의 재판정) ① 공단은 장해보상연금 또는 진폐보상연금 수급권자 중 그 장해상태가 호전되거나 악화되어 이미 결정된 장해등급 또는 진폐장해등급(이하 이 조에서 "장해등급등"이라 한다)이 변경될 가능성이 있는 자에 대하여는 그 수급권자의 신청 또는 직권으로 장해등급등을 재판정할 수 있다.

88 소음성 난청과 같이 진단시점을 치유시점으로 보는 일부 상병은 제외한다.

1) 요양을 인정받은 자(인정받은 상병부위)에 한하여

공단에서 요양을 인정받지 않은 자(인정받지 않은 상병부위)는 장해등급을 받을 수 없다. 공단이 업무상 사고 또는 질병에 해당한다고 인정하지 않은 자(인정받지 않은 개인질환 관련 상병)에 대해서 장해등급을 결정하여 보험급여를 지급하여야 할 이유는 전혀 없는 것으로 너무나도 당연한 이야기다.

2016재결 제1868호 장해급여 부지급 처분 취소

2016. 3. 17. 에 21번, 2016. 5. 13. 11번 및 12번 치아를 발치한 것으로 확인되고, 재해로 인하여 상실된 치아는 11번, 12번 총 2개이나, 12번 치아는 재해당시 치주골 흡수량이 상당히 진행된 상태로 이는 재해와 무관한 개인 기존 질환에 의한 발치에 해당한다는 원처분기관의 판단을 배척할 만한 사유도 발견할 수 없어 산재보험법상 장해등급 인정 기준에 해당하지 않는다.

장해등급은 부위(계열)별로 결정하여 이를 종합(조정, 준용 등)하여 최종 장해등급이 결정된다. 요양을 인정받고 치유 후 장해등급 결정시 등급을 받지 못한 부위(예: 장해등급 기준 미달)가 있는 사람에 대해서 재요양이 인정되었다고 하더라도, 재요양 대상 상병부위가 아닌 경우에는 요양이 인정된 상병부위가 아니기 때문에 장해등급을 결정받을 수 없다. 재결사례(2018재결 제1393호)를 살펴보면 요양을 인정받지 못한 상병(인정받지 못한 부위)에 장해등급이 결정되지 않는다는 것을 명확히 알 수 있다.

2018재결 제1393호 장해등급 결정 처분 취소

재요양 후 장해평가에 있어 장해부위가 다른 복수의 장해로 장해급여를 수령한 사람이 특정 부위에 대하여 재요양하는 경우, 재요양 장해에 대하여 다시 판정한 장해등급과 재요양하지 아니한 부위의 기존 장해등급을 조정하여 장해등급을 결정하여야 하는데, 청구인이 주장하는 좌측 슬관절의 후방불안정성에 대하여는 2013년 및 2016년 장해급여 부지급 결정이 있은 뒤 장해등급이 결정된 바 없고, 2009년 좌측 반월판연골절제술 시행 이후 재요양 등 승인 받은 사실이 없어 재요양 부위 장해 대상이라고 볼 수 없다.

2) 요양이 인정된 의료행위(요양비)에 한하여

요양이 인정된 의료행위(요양비)에 한하여 장해등급이 인정된다는 의미[89]에 대해서는 몇가지 생각해 볼 문제가 있다. 상병의 치료를 위한 의료기술은 끝임없이 발전하여 치료방법(의료행위)이 다양화되고 있다. 이러한 이유 때문에 보험급여를 지급함에 있어서 상병의 정도에 따라 어떤 치료방법을 보험급여로 인정할 것인가에 대한 인정기준이 있다. 즉, 동일한 상병이라고 하더라도 상병의 경중에 따라 보험급여가 인정되는 치료방법과 인정되지 않는 치료방법(보험급여 부지급)이 있을 수 있다. 산재보험법에서는 요양급여를 지급함에 있어서 비록 어떠한 방법으로 치료(수술)를 했다고 하더라도 일정한 수준의 상병 상태가 아니라는 이유로 그 치료방법에 대한 요양(비)을 인정하지 않고 있다. 문제는 이러한 이유로 요양(요양비)은 인정되지 않았지만 그러한 치료(수술)로 인하여 신체에 산재보험법령에서 인정한 실제적인 장해가 남는 경우에 이를 어떻게 평가할 것인가라는 문제가 발생할 수 있다. 산재보험법에 의한 장해를 판단함에 있어서 장해는 요양을 그 전제로 하므로 요양(비)이 인정되지 아니한 치료(수술)로 남은 장해에 대해서는 이를 인정하지 않는 것이 원칙이다. 다만, 재결사례(2018재결 제2277호)에서는 ① 전문적인 의료 진료의 속성상 치료 내용이나 방법을 당사자인 근로자가 이해하기는 어렵고, ② 그 치료(수술)내용은 사실상 의료인이 결정하는 것이며, ③ 산재보험법령에서 장해를 결정함에 있어서 과잉진료를 배제한다는 명시적인 규정이 없으므로 비록 요양을 인정받지 못하였다고 하더라도 장해를 결정함에 있어서는 실제적으로 신체에 남은 장해를 기준으로 하여 장해등급을 인정하여야 한다는 소수의견이 있었다.

2018재결 제2277호 장해등급 결정 처분 취소

시행한 유합술이 과잉진료에 해당한다는 것은 별론으로 하더라도 전문적인 의료 진료의 속성상 청구인이 그 결과를 정확히 이해하기 어렵고, 법 제57조의 규정에서도 장해급여를 지급함에 있어서 과잉진료에 따른 결과는 배제한다는 명시적인 규정도 없으므로 법 제57조제1항에 따라 치료가 종결된 후 신체에 남아있는 실제 장해정도에 따라 장해등급을 결정함이 타당하다는 의견도 있다.

---

89 인정받지 않은 의료행위(요양비)에 대한 장해를 인정하지 않는 이유는 ❶ 치료(수술)방법을 결정한 당사자인 근로자에게 책임이 있다는 전제가 깔려 있는 것으로 보인다. 다만, 치료(수술)방법은 형식적으로는 당사자인 근로자가 결정한다고 하더라도 전문적인 의료의 속성상 전문가인 의료인이 결정하는 것이 일반적이기 때문에 실제 남은 장해에 대해서 당사자인 근로자에게 모든 책임을 지게하는 것은 실제를 간과하고 형식논리에 빠져있다는 비판이 있을 수 있다. ❷ 과잉의료에 대한 문제의식이 있는 것으로 보인다. 그 이유는 장해를 높게 받기 위한 당사자인 근로자의 이해와 의료행위로 수가를 받을 수 있는 의료기관의 이해가 서로 동일할 수 있기 때문이다. 만약, 이러한 경우가 발생할 경우 당사자인 근로자와 의료기관이 연대책임을 지게 하여야 할 것이고, 국가자격을 가진 전문적인 의료인의 책임이 무겁다고 볼 수 있을 것이다.

재결사례(2018재결 제2291호)에서는 신체에 남아있는 실제 장해 정도에 따라 장해등급을 결정하여야 한다며 인정받지 못한 의료행위(불인정 요양비)를 인정하여 장해등급을 결정한 사례이다. 장해급여 사건으로 요양급여 사건의 내용이 연동해서 바꿀 수 있음을 보여준 사례로 이러한 경우 근로자는 장해를 인정받음으로써 요양(비)까지 인정받는 이중적 효과를 볼 수도 있다.

2018재결 제2291호 장해등급 결정 처분 취소

원처분기관이 청구인의 수술을 행한 의료기관의 진료비 청구에 대하여 "관혈적 정복 및 내고정술이 타당하다."고 판단하여 진료비를 부지급 하였더라도 이는 별론으로 하고, 치료가 종결된 후 신체에 남아있는 실제 장해정도에 따라 장해등급을 결정함이 타당하다고 판단되고, 우리위원회에 제출된 의학영상에서도 대퇴골의 골절된 양상으로 보아 인공관절 반치환술이 치료에 더 도움이 되는 것으로 판단되므로 청구인의 장해등급은 인공관절 반치환술로 인하여 "한쪽 다리의 3대 관절 중 1개 관절을 제대로 못 쓰게 된 사람"인 제8급제7호로 인정함이 타당하다.

나. 치유가 되어야 한다.

장해를 결정함에 있어서 상병의 상태가 고정되지 않고 호전과 악화를 반복하는 경우에는 결정시점에 따라 장해등급이 변동될 수 있으므로 장해등급을 결정하는 것은 불합리하다. 따라서, 장해등급은 치유 후에 결정되어야 한다.

1) 장해급여 청구권의 소멸시효 기산점

장해(등급)를 받으려면 치유가 되어야 한다. 일반적으로 요양기간이 종료되면 그 시점이 치유일이 되고, 장해급여를 청구할 권리가 발생하므로 치유시점은 동시에 장해급여 청구권의 소멸시효[90]의 기산점과 연관되어 있다. 재결사례(2018재결 제578호)에서는 후유증 예방을 위한 조치만 하고, 앞에서 기술한 요양기간 연장방법에 의한 요양기간을 연장하지 아니하여 장해급여 청구권의 소멸시효가 완성된 사례이다. 산재보험법에서는 후유증을 예방하기 위한 합병증 등 예방관리 조치[91]는 요양이 종료되고 치유된 자 중에서 인정하고 있다. 즉, 합

90 일반적으로 소멸시효 제도는 권리자가 그 권리를 행사하 수 있음에도 불구하고, 일정한 기간(시효기간) 동안 그 권리를 행사하지 않은 상태, 즉 권리 불행사 상태가 계속된 경우에 그 자의 권리를 소멸시켜 버리는 제도이다. 즉, 소멸시효의 시작은 권리를 행사할 수 있는 때로부터 시작한다.

91 【산재보험법】 제77조(합병증 등 예방관리) ① 공단은 업무상의 부상 또는 질병이 치유된 자 중에서 합병증 등 재요양 사유가 발생할 우려가 있는 자에게 산재보험 의료기관에서 그 예방에 필요한 조치를 받도록 할 수 있다.

병증 등 예방관리 조치는 요양기간 연장이 아니므로 장해급여 청구권의 소멸시효를 중단시키지 않음을 주의하여야 한다.

2018재결 제578호 장해급여 부지급 처분 취소

2011. 4. 23.까지 원처분기관으로부터 요양 승인을 받았으며, 그 이후 요양기간을 연장할 필요가 있는 때에 제출하도록 되어 있는 진료계획서가 원처분기관에 제출되지 않았고 당시 요양기간과 관련하여 청구인의 이의 제기가 없었던 점 등을 고려할 때 승인상병이 완치되거나 그 증상이 고정된 상태에 이르게 된 때 즉, 청구인의 치유일은 2011. 4. 23.로 봄이 타당하며, 청구인이 주장하는 5~6년에 한 번씩 감염내과에서 예방 주사를 맞는 것은 승인상병이 치유된 후에 이 상병과 관련하여 발생할 우려가 있는 증상이나 후유증을 예방하려는 것으로 산업재해보상보험법상 요양기간에는 해당되지 않는다고 할 것이다.

그러므로, 청구인에게 승인상병에 대한 장해급여청구권이 성립된 때는 치유일인 2011. 4. 23.이며, 그 다음날인 2011. 4. 24.부터 장해급여청구권을 행사할 수 있었음에도 불구하고 권리를 행사하지 않다가 3년이 경과하여 시효로 말미암아 장해급여청구권이 소멸한 후, 2017. 9. 6. 이 건 장해급여를 청구한바, 청구인은 소멸시효가 완성되어 장해급여 지급대상에 해당되지 않는다.

2) 요양의 종결이 치유인가?

요양을 인정받고 상병에 대한 치료를 하였으나, 치료가 더 필요한 경우에는 진료계획을 제출하여 다시 이를 인정받고 그 요양기간을 연장받아야 한다. 그러나, 인정받은 요양기간이 종료된 후 이러한 조치를 하지 않고 장해급여를 청구하는 경우 이를 치유되었다고 인정할 수 있는지에 대한 문제가 발생할 수 있다. 요양 종결이 곧 치유인가? 일반적으로는 요양 종결시점이 치유시점이 된다. 그러나, 요양을 인정받은 자는 요양기간이 종결되면 ① 요양기간을 연장받기 위하여 진료계획을 다투거나 ② 치유를 주장하면서 장해급여를 청구할 2가지 방안을 가지게 된다. 만약 제출된 진료계획이 인정되면 요양기간은 연장되지만 이를 인정받지 못하면 요양이 종결된다. 치유와 요양 종결은 이러한 관계에 있기 때문에 치유는 요양 종결의 충분조건이지만, 요양 종결은 단지 치유의 필요조건일 뿐이다. 요양의 종결과 치유의 선언은 보험급여인 장해급여 청구권의 발생과 연관되어 있으므로 이를 당사자인 권리자의 주장만으로 확정하는 것은 불합리하다. 따라서, 요양기간이 종결되었다는 사실만으로는 치유가 되었다고 할 수 없다. 요양의 종결과 치유는 공단의 인정이 전제가 되어야 한다.[92] 재결사례(2016

92 일반적으로는 요양종결이 치유이다. 다만, 청구인이 이를 다투는 경우 공단의 인정이 필요하다.

재결 제2454호)에서는 요양기간 종결 후 진료계획을 제출하지 않고, 치유되었다고 주장[93]하며 장해급여를 청구하였으나 치료가 더 필요하다며 치유를 인정하지 아니하였다.

2016재결 제2454호 장해급여 신청서 반려 처분 취소

청구인은 신장을 모두 절제하여 지속적인 혈액투석을 시행하지 않으면 생명유지가 불가능한 상태로 치료가 계속 필요하므로 '치유'상태에 있다고 볼 수 없다고 판단된다. 따라서, 청구인에게 장해급여 신청서를 반려한 원처분기관의 처분은 정당하다는 것이 우리 위원회의 판단이다.

3) 회복불능자의 요양종결(치유) 주장을 인정할 것인가?

업무상 재해를 인정받아 요양(치료)을 했음에도 불구하고 불행하게도 회복이 거의 불가능한 상태가 지속되면서 사망시점에 가까이 갈 수 있다. 이러한 경우 사실상 회복이 불가능하므로 증상의 고정(치유)을 주장하면서 장해급여를 청구하는 근로자(실제로는 가족 등이 대리권을 행사)가 있다. 이러한 경우 사실상 회복이 불가능하므로 치유를 인정하여 장해를 인정할 것인지가 문제될 수 있다. 재결사례(2017재결 제2901호)에서는 이러한 경우라고 하더라도 근로자의 상병상태가 악화와 호전을 반복하는 상황으로 증상이 고정된 상태가 아니라는 이유로 치유를 인정하지 아니하였다.

2017재결 제2901호 장해급여청구서 반려 처분 취소

재해근로자가 장해급여 청구 당시 치유된 상태에 있었는지 여부를 살펴보면, 의무기록 등 관련 자료에서 재해근로자는 뇌출혈로 인한 사지 마비상태, 인지·언어기능 등 신경계통의 현저한 장해상태, 기관지 절개관, 위루 및 유치도뇨관을 유지 중인 상태였고, 또한 각종 감염, 심부정맥혈전증, 폐렴 등 합병증이 악화와 호전을 반복하는 등 제반 증상이 고정되지 않아 계속 치료가 요하는 상태였던 것으로 보이며, 요양을 중단할 경우 오히려 증상이 악화될 수 있는 상병상태로 치유되었다고 볼 수 없다 할 것이다.

그러므로, 재해근로자는 승인상병으로 요양급여를 받으면서 동시에 상병보상연금을 지급받고 있던 자로 요양기간 중에 임의로 상병이 완치되었음을 이유로 요양급여 및 상병보상연금의 수령을 거절하고 대신 장해급여를 청구할 수 없을 뿐만 아니라, 장해급여 청구 당시 치유된 상태에도 이르지 않아 장해급여 지급대상에 해당하지 않는다고 할 것이다.

93 산재보험법시행령 제43조(자문의사회의) 제1항제1호의 규정에 의하면 치료종결 여부에 대하여 주치의와 자문의사의 의학적 소견이 다른 경우 이를 자문의사회의의 심의하도록 하고 있는 것을 보더라도 요양의 종결과 치유는 공단의 인정이 필요하다는 것을 알 수 있다.

4) 사망으로 인한 요양종결을 치유로 주장하며 장해급여 청구를 인정할 것인가?

당사자인 근로자가 사망할 경우 더 이상의 요양은 있을 수 없고, 요양은 종결된다. 그렇다면 사망이라는 사실로 인한 요양 종결을 치유로 볼 수 있는가? 치유는 요양 종결의 충분조건이지만 요양 종결은 치유의 필요조건일 뿐이다. 즉, 요양의 대상자인 근로자의 사망으로 실제적인 요양이 종결된 것은 사실이지만, 그 자체로 공단이 업무상 재해로 인정하였던 근로자의 상병이 고정된 상태, 즉 치유되었다고 할 수는 없는 것이다. 장해는 치유를 전제로 하고 있다. 따라서 치유가 되지 않고 요양 중 사망으로 비록 요양은 종결되었다고 하더라고 장해의 전제조건으로서 치유가 되지 않았기 때문에 장해급여를 지급받을 수 없다. 더구나 장해급여의 수급권자는 요양을 한 당사자이고 그 당사자의 사망으로 수급권은 소멸하기 때문에 원칙적으로 장해급여의 문제가 발생하지 않는다.

5) 재요양 후 장해 등급의 변화가 없다고 주장하는 경우 장해급여 청구권 소멸시효 기산점은?

재요양을 하였으나 장해등급의 변화가 없는 경우 장해급여 청구권의 소멸시효 기산점에 대하여 ① 재요양 전의 치유시점인지 ② 재요양 후의 치유시점으로 봐야 하는지에 대한 재결사건(2018재결 제1137호)이 있다. 이 사건에서 공단은 장해등급이 변하지 않았다고 주장하면서 재요양 전의 치유시점을 장해급여 청구권의 소멸시효 기산점으로 보았다. 그러나, 재요양을 인정한 것은 그 요건상 치유(기존에 요양을 인정)된 상병과의 상당인과관계를 인정한 것인 바, 결국은 요양을 인정받았던 상병과 관련하여 다시 (재)요양을 인정한 것이므로 요양이 연장된 것으로 봐야 한다. 요양기간이 연장되면 당사자는 요양 중인 상태로써, 치유된 것이 아니므로 장해급여를 청구할 수 없다. 따라서, 당사자는 재요양이 종결되고 치유된 시점에 비로소 장해급여를 청구할 수 있은 권리가 발생하므로 장해급여에 대한 소멸시효도 이 시점부터 다시 시작된다고 보아야 한다. 따라서, 공단은 장해급여 청구권 자체가 소멸되었다고 주장하면서, 장해등급의 변동여부도 확인하지 않았으나, 산재재심사위원회는 재요양으로 요양이 연장되고 장해급여를 청구할 수 없는 상태였으므로 소멸시효가 완성되었다고 볼 수 없는 바, 실제적인 장해등급의 변동여부를 재확인하여야 한다고 결정하였다.

2018재결 제1137호 장해급여 부지급 처분 취소

공단은 3차 재요양 종결시(2018. 1. 23.) 청구인의 장해상태가 2차 재요양 종결일(2012. 11. 16.)시 장해상태와 동일하므로 장해급여 청구권 소멸시효의 기산일은 2012. 11. 16.로 보아야 한다고 주장하나, 공단이 청구인에 대하여 2차 재요양 치유상태에서 다시 새로운 사유로 3차 재요양 인정하였으므로 청구인은 다시 요양 중인 상태가 된 것이고, 그 요양 중인 기간에는 치유가 되지 않았으므로 청구인은 법상 장해급여를 청구할 권리를 행사할 수 없고, 3차 재요양 종결 후 치유시점에 이르러 비로소 장해급여를 청구할 권리를 행사할 수 있으므로 그 소멸시효의 기산점은 재요양 종결시점으로 보아야 한다.

다만, 재요양을 시작했다고 하더라도 재요양전에 인정받은 장해등급이 재요양 종료 치유 후 장해상태가 변하지 않았다면 장해등급의 상향은 없을 수도 있다. 공단은 이러한 재요양 종료후 장해등급의 변하지 않다는 판단을 소멸시효의 기산점으로 잘못 적용하였다.

3. 장해등급 판정의 기본원칙

업무상 재해를 인정받은 근로자가 요양이 종결되고 치유되면 장해급여를 청구할 수 있다. 그러나, 치유된 모든 근로자가 장해급여를 받을 수 있는 것은 아니다. 장해급여를 받기 위해서는 산재보험법령에서 규정하고 있는 장해등급 기준에 충족되어야 한다. 즉, 장해급여 지급에 대한 정확한 이해를 위해서는 그 전제로서 장해등급이 어떻게 판정되는지를 정확히 이해하여야 한다. 장해등급을 판정함에 있어서는 첫째, 재해(원인)별로 구분하여 장해등급을 결정하고, 둘째 당해 재해로 요양을 인정받은 모든 상병부위(신체부위)가 치유된 후 한꺼번에 종합하여 그 장해등급을 결정하게 된다.

가. 재해(원인)별로 장해등급을 결정한다.

업무상 재해가 한번만 일어나라는 보장은 없다. 불행하지만 업무상 재해가 여러 번 발생할 수도 있는 것이다. 이러한 경우 업무상 재해(원인)별로 구분하여 장해등급을 결정하는 것이 원칙이다. 즉 업무상 사고의 경우에는 사고별(사고시점, 사고일자 등)로 구분이 가능하기 때문에 사고별로 구분하여 조정, 준용 등의 방법으로 개별 사고별로 장해등급을 결정하게 된다. 그러나, 재해원인이 업무부담인 경우 장해등급을 결정하는데 있어서는 이를 어떻게 재해원인(업무부담)별로 구분하여 장해등급을 결정할 것인지 문제가 될 수 있다. 기술하였지만 재해원인이 사고인 경우에는 사고별(재해원인별)로 구분하여 어떠한 부상이 발생하였고, 그 부상이 치유 후 어떠한 장해가 잔존하는지 개별 사고별(재해원인별)로 구분이 가능하다. 그러나, 업무부담이 재해원인이 되어 발생한 장해는 업무부담의 지속성이라는 특징 때문에 어떠한 업무부담(업무내용, 업무기간 등)에 의해서 어떠한 장해가 발생하였는지를 업무부담별로 구분하기는 사실상 거의 불가능하다. 따라서, 업무부담이 재해원인인 경우에는 상병의 진단일을 기준으로 상병에 대한 장해를 구분하여 장해등급을 결정하는 것이 원칙이다.

업무부담이 재해원인인 경우 별개의 진단일을 동일재해로 인정

재결사례(2018재결 제1084호)에서 근로자인 청구인은 진단일을 각각 별개로 하여 상병을 진단받고, 각각 별개로 치유받은 후, 장해급여를 청구하면서 공단이 별개의 재해원인을 인정[94]한 것이므로 일반적인 장해등급(장해급여) 판정 원칙에 따라 별개로 치유된 상병별로 장해등급을 결정하고 장해급여를 지급하여야 한다고 주장하였다. 그러나, 청구인이 업무상 재해로 인정받은 상병은 근골격계 질병으로 상병상태 및 정도 등의 차이로 진단일자를 달리할 뿐이고, 재해원인(업무부담)은 동일하다며 청구인의 주장을 받아들이지 아니하였다. 산재보험법에서 재해원인을 사고 뿐만 아니라 업무부담도 인정한 이상 이러한 문제는 앞으로도 지속적으로 발생할 것으로 예상된다. 재해원인이 업무부담인 경우에는 그 구분자체가 사실상 거의 불가능하다고 할 수 있다. 따라서, 진단날짜가 서로 다르다고 하더라도 공단의 판단에 따라 동일한 재해원인으로 해석할 수도 있고, 동일한 재해원인이 아니라고 해석할 수 있다. 동일한 재해원인으로 해석한다는 것은 조정, 준용 등의 방법을 적용할 수 있으므로 장해등급이 상향될 가능성이 있다. 그러나, 동일한 재해원인이 아니라고 해석하면 조정, 준용 등의 방법을 적용할 수 없으므로[95] 장해등급이 상향될 수 없다. 이러한 경우에 근로자간 형평성 문제가 발생할 소지가 매우 크다고 할 수 있으므로 정책적인 해결책을 모색할 필요가 있다.

2018재결 제1084호 장해급여 부지급 처분 취소

공단은 기존상병에 대하여 별도로 장해등급을 판정하고 장해급여를 지급하였으나, 청구인의 기존상병 및 승인상병은 업무로 인한 근골격계 질병으로 상병상태 및 정도 등의 차이로 인하여 진단일자를 달리 하고 있을 뿐 그 업무상의 사유는 청구인이 이 건 사업장에서 20년 이상 수행한 동일한 업무

94 공단에서는 이러한 경우가 예상되면 사실상 별개의 요양을 인정할 것이 아니라 추가상병으로 인정하였다면 이러한 문제는 발생하지 아니하였을 것이다.

95 동일한 재해원인이 아닌 경우에는 각각 별개로 취급되고, 경우에 따라 가중의 문제가 발생할 수 있다.

로 인한 것이라고 할 것인바, 장해급여 지급을 위한 장해를 판정함에 있어서는 기존상병과 승인상병이 모두 치유된 2017. 11. 28.이 청구인이 요양 중인 상태를 벗어나 치유된 후 이므로 이를 장해판정을 위한 치유일로 보아야 하고, 기존상병과 승인상병을 한꺼번에 고려하여 노동능력 상태를 판정하면 3가지 장해부위가 모두 14급인 상태로 이는 조정의 대상이 되지 않으므로 제14급에 해당하는 장해급여 지급이 타당하다고 할 것이다.

나. 모든 부위를 한번에 종합(조정, 준용 등)하여 장해등급을 결정한다.

후술하겠지만 산재보험법은 장해등급을 결정하기 위해서 장해부위와 장해계열을 구분하고 있다. 사람의 신체는 다양한 부위로 구분될 수 있다. 산재보험법은 하나의 재해원인으로 재해가 발생하여 여러 부위에 장해가 남은 경우 비록 하나의 부위가 치유되었다고 하더라도 그 것만을 가지고 장해등급을 결정하지 않고, 모든 부위가 치유되었을 때 한꺼번에 종합하여 장해등급을 결정한다. 한꺼번에 종합하여 장해등급을 결정한다는 의미는 재결사례(2019재결 제1762호)에서와 같이 산술적 평균으로 장해등급을 결정한다는 의미가 아니고, 추후 설명할 조정, 준용 등의 방법으로 장해등급을 결정 한다는 것이다. 즉, 하나의 재해원인으로 발생한 재해에 대하여 하나의 장해등급이 결정되는 것이다.

2019재결 제1762호 부당이득 징수결정 처분 취소

청구인은 척주 부분이 차지하는 장해가 전체 장해산정의 1/2부분이고, 그 부분에 대한 금액도 전체의 1/2라고 주장하고 있는 것으로 추단되나, 법 시행령 제53조제2항 규정에 의하면 일정 등급이상의 장해등급에 해당하는 장해가 둘 이상 있는 경우에는 조정된 장해등급으로 결정하도록 규정하고 있는 바, 동일한 재해로 인해 서로 다른 부위에 장해가 남은 경우 장해급여 지급을 위한 장해등급을 판정함에 있어서 모든 상병이 치유된 후, 전체적인 노동능력의 상태를 평가하여 장해등급을 결정하는 것으로, 장해판정은 개별부위의 비율로 판단하는 것이 아니고 법령의 규정에 따라 전체적인 노동능력의 상태를 평가하는 것이기 때문에 ----(생 략)----

2018재결 제1084호 장해급여 부지급 처분 취소

법 제57조제2항의 규정에 의하여 장해등급을 규정한 법 시행령 제53조제2항의 규정에 의하면 일정 등급이상의 장해등급에 해당하는 장해가 둘 이상 있는 경우에는 조정하도록 하고 있다. 결론적으로 업무상의 사유가 동일한 경우 장해급여를 지급하기 위한 장해를 판정함에 있어서 치유된 상병에 따라 남게 된 근로자의 노동 능력의 상태를 상병별로 결정하는 것이 아니라 모든 상병이 치유된 후 이를 종합하여 전체적으로 노동능력의 상태를 평가하여 장해등급을 결정하도록 하고 있다.

산재보험법은 우선, 신체 부위별로 각각의 장해등급 기준에 따라 장해등급을 결정한 후, 모든 장해부위별로 결정된 장해등급을 한꺼번에 고려(조정이나 준용 등)하여 근로자에 대한 최종 장해등급을 결정하도록 하고 있다. 다만, 조정, 준용 등의 방법을 활용하여 장해등급을 결정한다고 할지라도 산재보험법에서 규정하고 있는 장해등급의 서열에 문란이 발생하지 않은 범위내에서만 가능하다.

✚ 일부상병 치유만을 가지고 장해등급을 결정한 공단의 특이한 사례[96]

재결사례(2019재결 제1146호)는 산재보험법령의 장해급여 지급방식과 다르게 일부상병에 대한 치유를 인정하여 공단이 일부상병에 대한 장해등급을 결정한 후, 장해급여를 지급한 아주 예외적인 사례이다. 그러자 근로자는 나머지 상병이 다 치유된 후 또 다시 장해급여를 청구하였다. 결론적으로는 나머지 상병을 고려한다고 하더라도 장해등급의 상향이 없어 더 이상의 장해급여는 지급되지 않은 사례이다.

2019재결 제1146호 장해급여 부지급 처분 취소

산재보상법에서 인정하고 있는 장해급여는 상병이나 부위별로 치유 후 개별적으로 장해급여가 지급되는 것이 아니고, 하나의 업무상의 사유로 요양이 인정된 경우 모든 상병이나 상병부위가 치유 후 전체적으로 장해등급이 결정되어야 하고, 이는 산재보상법 시행령 제53조에서 규정한 조정에 따라 장해등급와 장해급여가 지급되는 것을 보아 알 수 있다고 할 것이다.

그러나, 청구인은 2018. 2. 2. 사고로 인한 승인상병 중 일부인 흉터와 이로 인한 동통으로 장해등급 제14급을 이미 인정받았고, 나머지 승인상병 중 난청으로 인정된 장해등급과 조정하더라도 산재보상법 시행령 제53조제2항에 따라 장해등급은 제14급으로 장해등급의 상향이 없어 추가 지급할 장해급여는 없다고 할 것이다.

4. 장해등급의 결정방법

산재보험법령에서는 14개의 장해등급[97], 165개의 장해유형[98]을 가지고 있고, 신체부위별로

96 이 사례는 당사자의 최초 장해급여 청구에 대하여 모든 상병이 치유된 것이 아니기 때문에 공단이 장해등급을 인정한 것이 잘못된 것으로 보인다.

97 제1급에서 제14급

98 장해등급(제1급에서 제14급)에 따른 신체부위에 따른 장해종류

장해등급 판정에 관한 세부기준[99]을 마련하고 있다. 하지만 산재보험법령에서 규정하고 있는 장해유형만으로는 업무과 관련하여 발생하는 재해의 다양성과 사람 신체구조의 복잡성으로 인하여 현실적으로 나타나는 모든 장해상태를 정확히 반영할 수 없고, 그 유형에 해당하지 않는 둘 이상의 장해유형이 발생할 수도 있다. 또한, 장해등급 결정에 있어서 재해 발생 이전에 해당 부위에 기존장해가 있는 경우에는 그 기존장해를 고려하여 장해등급을 결정하여야 하므로 산재보험법의 장해등급 결정과정을 정확히 이해하기 위해서는 장해결정 요소(장해부위, 장해계열 등)와 그 방법(조정, 준용, 가중 등)에 대한 제도를 이해할 필요가 있다.

가. 장해등급 결정요소

사람의 신체는 여러 부위로 구분할 수 있다. 해부학적으로 신체를 눈으로 보이는 여러 부위(장해부위)로 구분하고, 장해부위를 생리학적으로 장해군으로 구분한 부위(장해계열)로 구분하여 장해를 판정[100]하도록 하고 있다.

1) 장해부위

산재보험법시행규칙[101]에서 신체를 해부학적으로 다음과 같이 22개의 부위로 구분하고 있다.

- 팔 4개: 팔(좌), 팔(우), 손가락(좌), 손가락(우)
- 다리 4개: 다리(좌), 다리(우), 발가락(좌), 발가락(우)
- 눈 3개: 안구(양쪽), 눈꺼플(좌), 눈꺼플(우)
- 귀 3개: 내이등(양쪽), 귓바퀴(좌), 귓바퀴(우)
- 코 2개: 비강(鼻腔), 외부코
- 체간 2개: 척주, 그 밖의 체간골
- 입 1개
- 두부, 안면부, 경부(頸部) 1개
- 신경 · 정신 1개

99 【산재보험법시행규칙】 제48조(신체부위별 장해등급 판정기준) 영 제53조제1항 후단에 따른 신체부위별 장해등급 판정에 관한 세부기준은 별표 5와 같다.

100 【산재보험법시행규칙】 제46조(기본원칙) ① 장해등급은 신체를 해부학적으로 구분한 부위(이하 "장해부위"라 한다) 및 장해부위를 생리학적으로 장해군으로 구분한 부위(이하 "장해계열"이라 한다)별로 판정한다.

101 【산재보험법시행규칙】 제46조제2항

• 흉복부장기(외부 생식기 포함) 1개

원칙적으로 장해부위를 구분함에 있어서 좌, 우는 각각 독립적으로 기능을 수행하는 것으로 보아 좌, 우를 별개의 부위로 취급(눈꺼풀, 귓바퀴, 팔, 손가락, 다리, 발가락)하나, 좌, 우 양기관을 가지고 있다고 하더라도 하나의 기능을 수행하는 안구 및 내이는 하나의 부위로 취급하도록 하여 산재보험법시행규칙에서는 장해부위를 22개로 구분하고 있다. 재결사례(2018재결 제1187호)에서는 손등과 손가락을 손의 구성부분으로 보아 같은 장해부위로 본 사례이다.

2018재결 제1187호 장해급여 일부 부지급 처분 취소

법령 해석상 손등과 손가락은 손을 구성하는 부분들이고, 손등과 손가락은 같은 장해부위에 해당한다고 보아 동일부위 장해로 평가할 수 있으므로 이를 동일부위 장해로 평가할 수 있고 ----(생략)----

2) 장해계열

산재보험법시행규칙[102]의 규정에 따라 장해부위를 생리학적으로 장해군으로 구분한 26개 부위(계열번호)별로 구분하고, 기질장해와 기능장해로 구분하도록 하고 있다.

[별표 3] 장해계열표(제46조제3항 관련)

<table>
<tr><th colspan="2">부 위</th><th>기질장해</th><th>기능장해</th><th>계열 번호</th></tr>
<tr><td rowspan="5">눈</td><td rowspan="4">안구(양쪽)</td><td rowspan="4"></td><td>시력장해</td><td>1</td></tr>
<tr><td>운동장해</td><td>2</td></tr>
<tr><td>조절기능장해</td><td>3</td></tr>
<tr><td>시야장해</td><td>4</td></tr>
<tr><td>눈꺼풀(좌 또는 우)</td><td>결손장해</td><td>운동장해</td><td>5</td></tr>
<tr><td rowspan="2">귀</td><td>내이등(양쪽)</td><td></td><td>청력장해</td><td>6</td></tr>
<tr><td>귓바퀴(좌 또는 우)</td><td>결손장해</td><td></td><td>7</td></tr>
</table>

102 【산재보험법시행규칙】 제46조(기본원칙) ③ 장해계열은 별표 3의 구분에 따른다.

부 위		기질장해	기능장해	계열번호
코	비강(鼻腔)		비호흡(鼻呼吸) 및 후각기능장해	8
	외부 코	결손장해		9
입			씹는 기능장해 및 말하는 기능장해	10
		치아장해		11
두부, 안면부, 경부(頸部)		흉터장해		12
신경·정신		신경장해		13
		정신장해		14
흉복부장기(외부 생식기 포함)		흉복부장기 장해		15
체간	척주	변형장해	기능장해	16
	그 밖의 체간골	변형장해(쇄골, 흉골, 늑골, 견갑골 또는 골반골)		17
팔	팔(좌 또는 우)	결손장해	기능장해	18
		변형장해(상완골 또는 전완골)		19
		흉터장해		20
	손가락(좌 또는 우)	결손장해	기능장해	21
다리	다리(좌 또는 우)	결손장해	기능장해	22
		변형장해(대퇴골 또는 하퇴골)		23
		단축장해		24
		흉터장해		25
	발가락(좌 또는 우)	결손장해	기능장해	26

다만, 장해를 판정함에 있어서 ① 양쪽 안구에 시력장해, 운동장해, 조절기능장해, 시야장해가 각각 남는 경우, ② 팔에 기능장해가 남고 같은 쪽 손가락의 결손 또는 기능장해가 남는 경우, ③ 다리에 기능장해가 남고 같은 쪽 발가락의 결손 또는 기능장해가 남는 경우에는 같은 계열로 운용하고 있다. 같은 계열로 운용한다는 것은 비록 조정의 요건에 해당한다고 하더라도 조정을 하지 않는다는 의미이다.

3) 장해서열

165개 장해상태 및 유형을 노동능력 상실 정도에 따라 제1급부터 제14급까지 분류한 일정한 순위의 상하관계[103]를 말한다. 제1급에 가까울수록 그 노동능력 상실정도가 높고, 제14급

103 【산재보험법시행령】[별표 6] 장해등급의 기준(제53조제1항 관련)

에 가까울수록 그 노동능력 상실정도가 낮다고 본다. 장해서열은 장해등급의 순서를 말하는 것으로, 장해등급에 따라 보험급여 지급액 등이 달라지므로 추후 기술하는 조정 등의 방법으로 장해등급을 상향한다고 하더라도 장해서열이 문란해지지 않은 한도내에서만 가능하다.

2016재결 제2186호 장해등급 결정 처분 취소

청구인은 요추5번-천추간 관혈적 수술을 받은 바 있으며, 근전도검사상 요추 제5번 신경근병증 소견이 확인되나 뚜렷한 근위축이 있다고 볼만한 특이 소견 등이 확인되지 않으므로, 척추 신경근장해는 '척주에 경도의 척추 신경근장해가 남은 사람'인 제12급제16호에 해당된다.

이에 요추5번-천추간 관혈적 수술에 따른 '척주의 수상부위에 기질적 변화가 남은 사람'인 척주 기능장해 제13급제12호와 척추 신경근장해 제12급제16호를 종합하고 장해등급의 서열문란을 고려(장해등급 제11급제7호 '척주에 경미한 기능장해가 남고 동시에 경도의 척추 신경근장해가 남은 사람'에는 미치지 못함)하면, 청구인의 최종 장해등급은 준용 제12급에 해당된다.

나. 장해등급의 조정

1) 조정의 의의 및 방법

장해등급을 결정함에 있어서 신체 여러부위에 장해가 남은 경우 원칙적으로는 가장 중한(높은) 장해등급을 그 사람의 최종 장해등급으로 인정하고 있다. 다만, 산재보험법시행령 제53조제2항에서는 일정한 경우 장해계열(장해부위 포함)이 다른 장해가 2이상(최소한 제13급 이상의 장해가 2개 이상되어야 한다) 있는 경우 중한(높은) 쪽의 등급을 1 내지 3개 등급을 상향하는 조정의 방법으로 장해등급을 결정하고 있다.

▶ 조정의 방법(산재보험법시행령 제53조제2항)
- 장해등급 제5급 이상에 해당하는 장해가 둘 이상 있는 경우 3개 등급을 상향
- 장해등급 제8급 이상에 해당하는 장해가 둘 이상 있는 경우 2개 등급을 상향
- 장해등급 제13급 이상에 해당하는 장해가 둘 이상 있는 경우 1개 등급을 상향

✚ 조정의 한계

다만, 조정에 대해서는 몇가지 한계가 있다. 조정결과 장해등급이 제1등급을 초과할 경우에는 산재보험법령에 제1등급보다 더 높은 장해등급이 없으므로 제1등급으로 장해등급을 결정하고, 조정으로 인한 장해등급의 상향은 장해등급내에서 장해서열 문란이 일어나지 않는

한도내에서만 인정되며, 조정은 오직 1회만 가능하다는 제한이 있다. 또한 조정은 최소한 제13급 이상에 해당하는 장해가 둘 이상인 경우에만 실시할 수 있으므로 장해등급이 여러 개가 있다고 하더라도 모두 제14급이거나 하나만 제13급이면 조정을 하지 못하고, 같은 계열의 장해등급은 조정을 하지 아니한다. 추후 설명하는 준용은 조정의 방법을 활용하므로 조정과 유사하지만 조정은 오직 1회만 가능하지만 준용에는 그러한 제한이 없다[104]는 차이점이 있다.

2016재결 제2409호 장해등급 결정 처분 취소

법에서 정한 눈의 장해와 관련한 내용을 살펴보면, '실명'이란 안구를 망실한 경우 또는 명암을 가리지 못하는 경우로 장해계열표상 안구의 시력장해에 해당하고, '눈꺼풀에 뚜렷한 운동기능장해가 남은 사람'이란 보통으로 눈을 떴을 경우 동공령을 완전히 덮어 버리거나 눈을 감았을 경우 동공령을 완전하게 덮을 수 없는 사람을 말하는 것으로 장해계열표상 눈꺼풀의 운동장해에 해당하며, 시력장해와 눈꺼풀 운동장해는 장해부위 및 장해계열이 다르므로 두 장해를 조정하여 장해등급을 결정하도록 되어 있다.

다음으로, 청구인의 좌측 눈 장해상태를 살펴보면, 좌안은 무안구상태로 '한쪽 눈이 실명된 사람'인 장해등급 제8급제1호에 해당되고, 좌측 눈꺼풀은 눈을 감았을 경우 동공령을 완전하게 덮을 수 없는 상태로 확인되는바 '한쪽 눈의 눈꺼풀에 뚜렷한 운동기능장해가 남은 사람'인 장해등급 제12급제2호에 해당되므로, 시력장해 제8급제1호와 눈꺼풀 운동장해 제12급제2호를 조정하여 최종 장해등급은 조정 제7급으로 결정함이 타당하다.

따라서, 원처분기관이 청구인의 장해등급을 제8급제1호로 결정한 처분은 취소하고, 청구인의 장해등급을 조정 제7급으로 결정함이 정당하다는 것이 우리 위원회의 판단이다.

2) 조정의 원칙에 대한 예외

산재보험법에서 조정을 하려면 장해계열이 서로 각각 달라야 한다. 그러나 이렇게 장해계열이 다르다고 하더라도 일정한 경우에는 조정을 하지 않는 몇가지 예외가 있다.

가) 다른 계열이지만 같은 계열로 보아 조정하지 않는 경우[105]

산재보험법시행규칙 제46조제4항의 규정에 따라 비록 계열은 다르지만, 같은 계열로 보아 조정하지 않는 경우로 다음의 3가지를 나열하고 있다.

① 안구(양쪽)에 시력장해, 조절기능장해, 운동장해 또는 시야장해

104 준용의 이러한 특징 때문에 조정의 방법을 이용하여 준용을 함에 있어서는 엄격한 근거규정이 필요하다.

105 【산재보험법시행규칙】 제46조제4항

② 팔에 기능장해가 남고, 같은 쪽 손가락에 결손 또는 기능장해

③ 다리에 기능장해가 남고, 같은 쪽 발가락에 결손 또는 기능장해

나) 조합등급[106]

산재보험법시행규칙 제46조제5항제1호의 규정에 따라 눈꺼플, 귓바퀴, 팔, 손가락, 다리, 발가락 장해에 있어 산재보험법시행령 별표 6(장해등급기준)에 별도로 장해등급(조합등급)이 정해져 있는 경우에는 조정하지 않고 조합등급으로 결정하도록 다음의 6가지를 나열하고 있다.

[조합등급]

번호	부위	장해분야	해당장해등급
1	두 팔	결손 또는 기능장해	제1급제5호·제6호 및 제2급제3호
2	두 손의 손가락	결손 또는 기능장해	제3급제5호 및 제4급제6호
3	두 다리	결손 또는 기능장해	제1급제7호·제8호, 제2급제4호 및 제4급제7호
4	두 발의 발가락	결손 또는 기능장해	제5급제6호 및 제7급제11호
5	두 눈의 눈꺼플	결손 또는 운동기능장해	제9급제4호, 제11급제2호 및 제11급제3호
6	두 귀의 귓바퀴	결손장해	제11급제6호, 제12급제5호 및 제13급제3호

재결사례(2018재결 제1295호)에 의하면 우측 손가락 제7급의 장해와 좌측 손가락 준용 제7급으로, 조정의 원칙에 따라 조정을 하면 조정 5급에 해당하나 별도로 장해등급이 정하여져 있으므로 조정을 하지 않고 규정된 조합등급에 따라 제4급으로 결정되었다.

2018재결 제1295호 장해등급 결정 처분 취소

청구인은 이 건 사고로 좌측 손가락 제1~4수지 폐용(제7급제7호) 및 제5수지 근위지관절 이상 결손(13급제5호)된 상태이고, 우측 손가락은 제2~5수지 폐용(제8급제4호)된 상태로, 신규 장해상태는 법 시행규칙 제48조 [별표 5] 및 법 시행령 제53조제1항 [별표 6]에 따라, 좌측 손가락은 준용 제7급(장해등급 서열 문란 고려: 준용 제6급에 해당되나, '제6급제8호-한쪽 손의 5개의 손가락 또는 엄지손가락과 둘째손가락을 포함하여 4개의 손가락을 잃은 사람'에는 미치지 못함)에 해당되며, 우측 손가라은 제8급제4호에 해당되므로, 신규장해를 종합하면 법 시행령 제53조제2항에 따라 조정 제5급이다.

106 【산재보험법시행규칙】 제46조제5항제1호

한편, 청구인은 이 건 사고 이전 발생한 업무상 재해로 우측 손가락이 폐용되어 법 시행령 제53조 제1항 [별표 6]의 '한쪽 손의 엄지손가락을 제대로 못 쓰게 된 사람'인 제10급제10호에 해당하는 기존장해가 있는바, 이에 기존장해와 신규장해를 종합하면 우측 손가락 제7급(기존장해 제1수지 폐용, 신규장해 제2~5수지 폐용) 및 좌측 손가락 준용 제7급(신규장해, 전수지 폐용에 준하는 상태)으로, 법 시행규칙 제46조제5항제1호에 따라, 조합등급 제4급제6호(두 손의 손가락을 제대로 못 쓰게 된 사람)에 해당된다.

다) 하나의 장해를 각각 다른 관점에서 평가하는데 지나지 않는 경우[107]

2개이상의 장해등급에 해당한다고 하더라도 사실상 하나의 장해를 다른 관점에서 평가한 것이므로 비록 계열이 다르다고 하더라도 이것은 계열이 다른 장해가 별개로 존재하는 것이 아니고, 하나의 장해를 서로 다른 측면에서 평가한 것에 불과하므로 조정은 하지 않고 평가한 장해등급 중 높은 장해등급만을 인정한다.

라) 하나의 장해에 다른 장해가 파생되는 관계에 있는 경우[108]

이 경우도 비록 장해계열은 다르지만 계열이 다른 장해가 별도로 독립적으로 발생한 것이 아니고 다른 계열의 장해가 원인이 되어 발생하는 것이므로 조정을 하지 않고 높게 평가된 장해등급만을 인정한다.

2019재결 제1004호 장해등급 결정 처분 취소

청구인의 우측 발목 운동범위는 정상 운동범위의 2분의 1이상 4분의 3미만 제한된 것으로 판단되는바, 이는 법 시행규칙 제48조 [별표 5] 신체부위별 장해등급 판정에 관한 세부기준 제10호가목6)항에 따른'관절의 기능에 뚜렷한 장해가 남은 사람'으로 법 시행령 [별표 6] 장해등급 기준에 따라'한쪽 다리의 3대 관절 중 1개 관절의 기능에 뚜렷한 장해가 남은 사람'인 제10급제14호에 해당되며, 우측 발목관절 부위에 일반동통이 잔존한다는 의학적 소견으로 이는 법 시행령 [별표 6] 장해등급 기준에 따라 '국부에 신경증상인 남은 사람'인 제14급제10호에 해당된다. 그러므로 청구인의 우측 발목관절의 장해등급은 기능장해 제10급제14호, 신경장해 제14급제10호가 있으나, 법 시행규칙 제46조제5항제3호에 따라 하나의 장해에 다른 장해가 파생되는 관계에 있으므로 그 중 높은 등급인 제10급제14호에 해당된다.

107 【산재보험법시행규칙】 제46조제5항제2호

108 【산재보험법시행규칙】 제46조제5항제3호

✚ 파생관계이지만 예외적으로 조정

다만, 재결사례(2018재결 제2582호)에서 보는 바와 같이 산재보험법시행규칙 제48조 [별표 5]에 근거하여 장해간에 파생관계가 있다고 하더라도 "종골골절로 족관절에 기능장해(관절을 못 쓰게 조정을 하여 장해등급을 된 경우는 제외한다)가 남고 골절부위에 제12급에 해당하는 통통이 남은 경우에는 조정하여 장해등급을 인정한다"는 규정이 있음을 유의하여야 한다.

2018재결 제2582호 장해등급 결정 처분 취소

법 시행규칙 제46조제5항제3호의 규정에 따라 "하나의 장해에 다른 장해가 파생되는 관계에 있는 경우. 이 경우에는 장해등급 결정에 관하여 제2호 후단을 준용한다."라고 규정하여 조정하지 않고 그 중 높은 장해등급을 그 근로자의 장해등급으로 결정하도록 하고 있다.

다만, 법 시행규칙 제48조에 근거한 [별표 5] 신체부위별 장해등급 판정에 관한 세부기준 10. 다리 및 발가락 장해 마.의 3) 단서에서 "종골골절로 족관절에 기능장해(관절을 못 쓰게 된 경우는 제외한다)가 남고 골절부위에 제12급에 해당하는 동통이 남은 경우에는 조정하여 장해등급을 인정한다."라고 규정하여 조정예외 규정에 해당한다고 하더라도 조정을 할 수 있는 특별 규정을 두고 있는바, 청구인은 이에 해당한다고 할 것이다.

따라서, 청구인의 최종 장해등급은, 이견이 없는 좌측 발목관절의 장해등급 제10급제14호와 '국부에 심한 신경증상이 남은 사람'인 제12급제10호를 조정한 제9급이므로, 원처분기관이 청구인의 장해등급을 제10급제14호로 결정한 처분은 취소하고, 조정 제9급으로 결정함이 타당하다는 것이 우리 위원회의 판단이다.

다. 장해등급의 준용

1) 준용의 의의 및 방법

장해를 발생시킬 수 있는 업무상 재해는 매우 다양하고 복잡하여 이를 사전에 예상하기는 어렵다. 이러한 다양한 사고 또는 원인으로 인한 여러 형태의 부상 또는 질병뿐만 아니라 사람의 신체구조의 복잡성으로 인하여 업무상 재해가 치유 된 후 남을 수 있는 모든 경우의 장해를 빠짐없이 산재보험법령에 규정한다는 것은 불가능하다고 할 것이다. 따라서, 산재보험법령에서는 이러한 경우 준용이라는 방법을 가지고 문제를 해결하고 있다. 장해등급의 조정과 그 방법에 대해서는 산재보험법시행령 제53조제2항의 규정에 명시적으로 규정되어 있다. 그러나, 준용은 이와 달리 산재보험법시행규칙 제48조에 따른 [별표 5] 신체부위별 장해등급 판정에 관한 세부기준(제48조 관련)에 '준용'이라는 명시적인 용어가 처음 나온다. 다만, 산재보험법시행령 제53조제3항의 규정에 의하면 "별표 6에 규정되지 아니한 장해가 있을 때에 같은 표 중 그 장해와 비슷한 장해에 해당하는 장해등급으로 결정한다."라고 규정하고 있어 일부 등급결정에 있어서 준용의 의미를 내포하고 있다고 볼 수 있다.

【산재보험법시행규칙】

[별표 5] 신체부위별 장해등급 판정에 관한 세부기준(제48조 관련)

1. 눈의 장해

 가. 나. (생 략)

 다. 준용등급(영 제53조제3항[109]에 따라 결정된 장해등급을 말한다. 이하 같다) 결정

 1)·2) (생 략)

 3) 외상성 산동(散瞳)

  가)~라) (생 략)

  마) 외상성 산동과 시력장해 또는 조절기능장해가 있는 경우에는 조정의 방법(영 제53조제2항[110]에 따른 장해등급 결정의 방법을 말한다. 이하 같다) 이용하여 준용등급을 결정한다.

산재보험법시행규칙 [별표 5]에서 규정된 준용의 의미를 살펴보면 2가지 의미를 내포하고 있다. ① 등급적용에 있어서 준용[111]과 ② 조정의 방법을 활용한 등급결정 방법에 있어서 준용[112]으로 구분할 수 있다. 다만, 조정의 방법을 활용한 등급결정 방법에 있어서 준용에 있어서, 조정은 1번만 실시한다는 제한이 있으나 준용은 그러한 제한이 없다.[113] 산재보험법시행

109 【산재보험법시행령】 제53조(장해등급의 기준 등) ③ [별표 6]에 규정되지 아니한 장해가 있을 때에는 같은 표 중 그 장해와 비슷한 장해에 해당하는 장해등급으로 결정한다.

110 【산재보험법시행령】 제53조(장해등급의 기준 등) ② 별표 6에 따른 장해등급의 기준에 해당하는 장해가 둘 이상 있는 경우에는 그 중 심한 장해에 해당하는 장해등급을 그 근로자의 장해등급으로 하되, 제13급 이상의 장해가 둘 이상 있는 경우에는 다음 각 호의 구분에 따라 조정된 장해등급을 그 근로자의 장해등급으로 한다. 다만 조정이 결과 산술적으로 제1급을 초과하게 되는 경우에는 제1급을 그 근로자의 장해등급으로 하고, 그 장해의 정도가 조정된 등급에 규정된 다른 장해의 정도에 비하여 명백히 낮다고 인정되는 경우에는 조정된 등급보다 1개 등급 낮은 등급을 그 근로자의 장해등급으로 한다.
1. 제5급 이상에 해당하는 장해가 둘 이상 있는 경우에는 3개 등급 상향 조정
2. 제8급 이상에 해당하는 장해가 둘 이상 있는 경우에는 2개 등급 상향 조정
3. 제13급 이상에 해당하는 장해가 둘 이상 있는 경우에는 1개 등급 상향 조정

111 【산재보험법시행규칙】 [별표 5] 1. 다. 준용등급(영 제53조제3항에 따라 결정된 장해등급을 말한다.)결정

112 【산재보험법시행규칙】 [별표 5] 1. 다. 3) 마) 조정의 방법(영 제53조제2항에 따른 장해등급 결정의 방법을 말한다.)이용하여 준용등급 결정

113 산재보험법시행령에 근거를 두고 있는 조정과 달리 준용은 산재보험법시행규칙에서 명시적인 용어를 두었고, 조정이 안되는 경우에 실시할 수 있도록 하고 있다. 조정이 1회만 실시할 수 있는데 반하여 준용은 그 횟수에 제한이 없다. 이렇듯 제한없이 이루어지는 준용에 대해서는 조정보다 명확한 근거와 명시적인 근거들을 둘 필요가 있다. 따라서, 산재보험법시행규칙 [별표 5]에서 근거를 가지고 있는 준용등급 결정에 나온 경우에 한정적으로 활용할 필요가 있다.

규칙 제48조의 [별표 5]에서 규정한 준용 몇가지를 예시[114]하면 다음과 같다.

[별표 5] 신체부위별 장해등급 판정에 관한 세부기준(제48조 관련)

신체 부위	등급적용에 있어서 준용	등급결정 방법에 있어서 준용
눈	1) 안구에 뚜렷한 운동기능장해가 남은 경우에 해당되지 않거나 정면시(正面視)에서 복시(複視)가 발생하여 두 눈으로 보면 고도의 두통, 현기증 등이 생겨 노동에 뚜렷한 지장을 주는 경우에는 제12급을 인정한다.	마) 외상성 산동과 시력장해 또는 조절기능장해가 있는 경우에는 조정의 방법(영 제53조제2항에 따른 장해등급 결정의 방법을 말한다. 이하 같다) 이용하여 준용등급을 결정한다.
귀	1) 고막의 외상성 천공(穿孔)과 그에 따른 이루(耳漏)는 수술적 처치 후 청력장해가 남으면 그 장해의 정도에 따른 등급을 결정한다. 이 경우 청력장해가 장해등급에 해당되지 않지만 항상 이루가 있는 경우에는 제12급을 인정한다.	4) 내이의 기능장해로 평형기능장해와 청력장해가 남은 경우에는 조정의 방법을 이용하여 준용등급을 결정한다.
입	1) 식도의 협착, 혀의 이상, 인후지배신경의 마비 등으로 생기는 연하(嚥下)장해에 대하여는 그 장해의 정도에 따라 씹는 기능장해에 해당하는 장해등급을 인정한다.	3) 영 별표 6에 조합등급으로 정하여져 있지 않은 씹는 기능과 말하는 기능의 장해에 대하여는 각각의 장해에 해당하는 장해등급에 따라 조정의 방법을 이용하여 준용등급을 결정한다.

2) 등급적용에 있어서 준용 재결사례

등급적용에 있어서 준용은 장해등급에 규정되어 있지 않은 장해가 실제로 발생한 경우 유사한 장해등급을 활용하여 장해등급을 결정하는 것이라고 볼 수 있다. 재결사례(2017재결 제1089호)는 다리의 장해에 있어서 등급적용을 준용한 사례이다. 산재보험법시행규칙 [별표 5] 신체부위별 장해등급 판정에 관한 세부기준(제48조 관련), 10. 다리 및 발가락의 장해, 다. 준용등급 결정 3)에 따른 '같은 다리의 3대 관절에 기능장해(제대로 못쓰게 된 경우를 제외한다)가 남은 경우'에 해당되어 준용등급으로 결정하되, '한쪽 다리의 3대 관절 전부의 기능에 뚜렷한 장해가 남은 경우에는 제8급을, 한쪽 다리의 3대 관절 전부의 기능에 장해가 남은 경우에는 제10급을 인정'하도록 하고 있는 바, 청구인은 제8급과 제10급의 중간에 해당하므로 청구인의 좌측 다리의 장해등급은 준용 9급으로 결정하였다.

114 코 부위에 대해서는 준용의 방법이 기재되어 있지 않다.

2017재결 제1089호 장해등급 결정 처분 취소

이에 우선, 청구인의 좌측 다리의 기능장해 상태를 살펴보면, 청구인의 좌측 무릎관절은 의학영상 자료상 약 10mm의 전후방 동요가 관찰되므로 법 시행규칙 제48조 [별표 5] 신체부위별 장해등급 판정에 관한 세부기준(제48조 관련), 10. 다리 및 발가락의 장해, 가. 다리의 장해 8)에 따른 '노동에 다소의 지장은 있으나 고정장구의 장착을 항상 필요로 하지 않는 사람'으로 법 시행령 제53조제1항 [별표 6] 장해등급의 기준(제53조제1항 관련)에 따른 '한쪽 다리의 3대 관절 중 1개 관절의 기능에 뚜렷한 장해가 남은 사람'인 제10급제14호에 해당되고,

좌측 고관절과 발목관절은 각각 정상 운동범위의 4분의 1 이상에서 2분의 1 미만으로 제한되므로 법 시행규칙 제48조 [별표 5] 신체부위별 장해등급 판정에 관한 세부기준(제48조 관련), 10. 다리 및 발가락의 장해, 가. 다리의 장해 7)에 따른 '관절의 기능에 장해가 남은 사람'으로 법 시행령 제53조제1항 [별표 6] 장해등급의 기준(제53조제1항관련) '한쪽 다리의 3대 관절 중 1개 관절의 기능에 장해가 남은 사람'인 제12급제10호에 해당된다.

그렇다면, 좌측 다리의 3대관절인 고관절, 무릎관절, 발목관절의 기능장해에 해당되므로, 법 시행규칙 제48조 [별표 5] 신체부위별 장해등급 판정에 관한 세부기준(제48조 관련), 10. 다리 및 발가락의 장해, 다. 준용등급 결정 3)에 따른 '같은 다리의 3대 관절에 기능장해(제대로 못쓰게 된 경우를 제외한다)가 남은 경우'에 해당되어 준용등급으로 결정하도록 하고 있고, 그 단서에서, '한쪽 다리의 3대 관절 전부의 기능에 뚜렷한 장해가 남은 경우에는 제8급을, 한쪽 다리의 3대 관절 전부의 기능에 장해가 남은 경우에는 제10급을 인정'하도록 하고 있는 바, 청구인은 제8급과 제10급의 중간에 해당하므로 청구인의 좌측 다리의 장해등급은 준용 9급에 해당된다.

3) 등급결정 방법에 있어서 준용 재결사례

등급결정 방법에 있어서의 준용은 여러부위(계열)에 장해가 남았음에도 불구하고 조정이 안되는 경우, 조정의 방법을 이용하여 준용등급을 결정하는 것이라고 볼 수 있다.[115] 이러한 경우는 조정의 방법을 활용함으로써 장해등급이 상향되는 효과를 볼 수 있다. 기술하였지만 등급결정 방법에 있어서 준용은 조정과 달리 1회라는 횟수의 제한도 없다. 재결사례(2019재결 제1300호)는 척주 등의 장해에 대하여 조정의 방법을 활용한 등급결정 방법에 있어서 준용 사례이다. 산재보험법시행규칙 [별표 5] 신체부위별 장해등급 판정에 관한 세부기준(제48조 관련), 8. 척주 등의 장해, 바. 준용등급 결정, 3)에 따른 '척주의 서로 다른 운동단위에 변형장해가 각각 남은 경우에는 운동단위별[116]로 장해등급을 정한 후 그 운동단위별 장해등급

115 조정이 불가(동일계열 등으로)한 경우라도, 조정을 방법을 활용하여 준용이 가능하므로 계열을 기준으로 구분된 조정 제도에 대한 실익을 반감시키는 효가가 있을 수 있고, 조정과 달리 횟수의 제한도 없으므로 준용에 대해서는 엄격한 근거를 마련할 필요가 있다.

116 【산재보험법시행규칙】 [별표 5] 신체부위별 장해등급 판정에 관한 세부기준(제48조 관련) 8. 척주 등의 장해, 가. 척추의 운동단위 척추의 운동단위에서 "척주의 운동단위는 경추부, 흉추부 및 요추부로 구분된다." 규정되어 있다.

에 대하여 조정의 방법을 이용하여 준용등급을 결정한다'라고 규정되어 있다. 재결사례(2019 재결 제1300호)는 등급결정 방법에 있어서 준용사례로 운동단위별 장해등급(흉추 제11급, 요추 제10급)에 대하여 조정의 방법을 이용하여 준용 제9급으로 등급을 결정하였다.

2019재결 제1300호 장해등급 결정 처분 취소

그러므로 척주 변형장해(흉추 제11급, 요추 제10급)는 법 시행령 제53조제2항 및 법 시행규칙 제48조[별표 5]의 "8. 척주 등의 장해, 바. 준용등급 결정(척주의 서로 다른 운동단위에 변형장해가 각각 남은 경우에는 운동단위별로 장해등급을 정한 후 그 운동단위별 장해등급에 대하여 조정의 방법을 이용하여 준용등급을 결정한다)"에 따라 준용 제9급에 해당되고, 수상부위 일반 동통 잔존에 따른 동통장해는 법 시행령 제53조제1항[별표 6]의 '국부에 신경증상이 남은 사람'인 제14급제10호에 해당되므로, 청구인의 최종 장해등급은 법 시행령 제53조제2항에 따라 준용 제9급이라 할 것이다.

라. 장해등급의 가중

근로자가 업무를 수행하는 과정에서 업무상 재해가 단 한번만 발생하라는 보장은 없다. 불행한 일이지만 업무상 재해가 여러 번 발생할 수 있고, 비록 요양을 하였다고 하더라도 완치가 되지 않아 장해도 여러 번 발생할 수 있다. 이렇게 이미 장해가 있던 사람이 또 다시 업무상 재해를 당하여 같은 부위에 장해가 심해져 장해등급의 기준상 현존하는 장해가 기존장해보다 중하게 된 경우를 가중이라고 말한다. 이미 같은 부위에 장해가 있어 노동능력 손실이 이미 존재하고 있었으므로 노동능력 손실에 대한 장해급여를 지급할 경우에 그 부위 최종 장해상태의 장해급여에서 기존 장해에 따른 보상수준을 공제하고 지급[117]하게 된다.

1) 이미 장해가 있던 사람이란?

이미 있었던 기존장해에 대해서는 이것이 업무상의 사유로 발생한 장해인지 업무외의 사유로 발생한 장해인지를 불문한다. 장해급여의 의의는 업무상의 사유로 입은 장해에 대한 노동

117 【산재보험법시행령】 제53조(장해등급의 기준 등) ④ 이미 장해가 있던 사람이 업무상 부상 또는 질병으로 같은 부위에 장해의 정도가 심해진 경우에 그 사람의 심해진 장해에 대한 장해급여의 금액은 법 별표 2에 따른 장해등급별 장해보상일시금 또는 장해보상연금의 지급일수를 기준으로 하여 다음 각 호의 구분에 따라 산정한 금액으로 한다.

1. 장해보상일시금으로 지급하는 경우: 심해진 장해에 해당하는 장해보상일시금의 지급일수에서 기존의 장해에 해당하는 장해보상일시금의 지급일수를 뺀 일수에 급여 청구사유 발생 당시의 평균임금을 곱하여 산정한 금액
2. 장해보상연금으로 지급하는 경우: 심해진 장해에 해당하는 장해보상연금의 지급일수에서 기존의 장해에 해당하는 장해보상연금의 지급일수(기존의 장해가 제8급부터 제14급까지의 장해 중 어느 하나에 해당하면 그 장해에 해당하는 장해보상일시금의 지급일수에 100분의 22.2을 곱한 일수)을 뺀 일수에 연급지급 당시의 평균임금을 곱하여 산정한 금액

손실을 보상하는 것이므로 기존장해 부분을 공제하고 장해급여를 지급하는 것을 불합리하다고 할 수는 없을 것이다. 재결사례(2019재결 제1484호)에서는 청구인은 기존장해는 업무상 재해에 해당하고 이에 대한 장해보상이 이루어지지 않았으므로 이를 공제하는 것은 불합리하다는 주장[118]이었으나, 기존장해는 업무상 사유인지 업무외의 사유인지를 불문하고, 장해보상 여부와도 상관이 없다며 이러한 주장을 받아들이지 아니하였다.

2019재결 제1484호 장해급여 일부 부지급 처분 취소

청구인은 업무상 재해로 승인받지 못하여 장해보상도 이루어지지 않았으나 2007. 5. 및 2009. 7. 진단된 '돌발성 난청'은 업무상 재해로 봄이 타당하므로 이를 공제하는 것은 부당하다고 주장하나, 법 시행령 제53조제4항에서 '기존 장해'란 업무상 재해로 승인된 장해만을 의미하는 것이 아니라 업무상 재해로 승인되지 않은 장해도 포함하는 개념으로, 기존 장해가 업무상 재해인지 아닌지 여부와 관계없이 기존 장해에 해당하는 장해등급의 일수를 빼고 지급하도록 규정되어 있고, 기존 장해가 업무상 재해인지 여부에 따라 이 건 청구에 따른 장해보상일시금 지급 일수가 달라지지는 않는다.

따라서, 청구인의 경우 심해진 장해에 해당하는 장해보상일시금 지급일수에서 기존 장해에 해당하는 장해보상일시금 지급일수를 뺀 일수로 장해일시금을 지급한 원처분은 타당하다는 것이 우리 위원회의 판단이다.

기존장해의 평가방법

공제하는 부분에 대한 ① 기존 장해상태는 원칙적으로 현행 장해등급 기준에 따라 평가하되, ② 업무상의 재해로 이미 장해보상을 받은 경우에는 지급받은 장해등급을 기존 장해등급으로 보며, ③ 기존 장해상태가 업무상의 사유와 업무외의 사유가 동시에 있는 경우에는 현행 장해등급기준상 평가된 장해등급과 종전에 장해급여를 지급받은 장해등급을 비교하여 그 중 높은 장해등급을 기존장해로 보게된다.

2) 같은 부위에 대한 판단

같은 부위란 원칙적으로 같은 장해계열을 말하지만, 장해계열이 상이하다고 하더라도 전부를 잃은 경우나 전부를 제대로 못 쓰게 된 경우와 같이 가장 상위의 장해등급에 해당하는 경

118 기존장해에 대해서는 당시에 이를 업무상 재해로 인정받아 장해등급을 받아서 처리해야 하고 이를 처리하지 않고 차후 주장하는 것을 인정한다면 장해급여의 소멸시효 규정과 충돌하는 문제가 발생할 수 있다.

우에는 장해부위 개념으로 확대되어 다른 장해계열이라 하더라도 같은 부위로 보게 된다.[119]

장해등급과 기초 사정내역의 관리 및 이에 대한 통보

공단이 업무를 처리함에 있어서 종종 기존 장해에 대한 세부적인 장해사정내역[120]을 기록에 남기지 않아 가중장해 업무를 처리함에 있어서 종종 문제가 발생한다. 재결사례(2017재결 제1008호)에서 공단의 세부적인 장해사정 내역을 자료로 확인할 수 없어 같은 부위를 판단함에 있어서 상병을 추정하여 그 장해사정 내역을 추단할 수 밖에 없었다. 그러나, 산재보험법령에 의하여 가중 장해를 제도적으로 운영하고 있는 공단이 가중 장해 운용에 있어서 쟁점이 될 만한 자료를 성실하게 기록 · 관리하지 않는 것은 문제가 있다. 공단은 장해사정 내역까지 세부적인 기록을 당연히 관리하여야 한다. 또한 업무상 재해를 입고 장해등급을 받은 근로자가 다시 업무상 재해를 당하여 가중 장해를 다툴 수 있는 개연성이 있으므로 공단은 장해를 판정할 때 최종 등급뿐만 아니라 그 최종 등급을 산정하게 된 기초 사정내역도 근로자에게 명확한 형식을 갖추어 통보하는 방식으로 제도 운용의 변경이 필요하다고 보여진다. 이렇게 통보를 해주어야 다시 업무상 재해를 입은 근로자가 장해등급을 결정받음에 있어 가중제도에 해당이 되는지 여부를 확인할 수 있고, 필요한 경우 심사, 재심사, 소송과정에서 그러한 주장에 대한 객관적인 자료를 제시할 수 있도록 해주어야 한다.

2017재결 제1008호 장해등급 결정 처분 취소

청구인의 경우 1994. 6월 재해로 인하여 '우측 슬부 염좌 및 찰과상, 우측 요추부 좌상, 제4-5요추 수핵 탈출증, 우 슬관절부 내장'에 대하여 요양을 인정받아, 장해등급 제12급제12호(국부에 완고한 신경증상이 남은 사람)결정받아 이미 장해가 있던 사람에 해당된다고 할 것이나, 청구인은 그 세부적인 장해사정내역이 확인되지 않아 장해가 요추부위라고 판정한 처분에 대하여 증거가 없다고 주장하므로 이를 살펴보면,

청구인의 과거 산재와 관련된 승인상병 '우측 슬부 염좌 및 찰과상, 우측 요추부 좌상, 제4-5요추간 수핵탈출증, 우 슬관절부 내장'의 상병특성상 '우측 슬부 염좌 및 찰과상, 우 슬관절부 내장'은 슬부에 신경증상이 남을 만한 상병으로 보기 어렵다고 할 것이다. 따라서 장해가 남을 만한 상병은 '제4-5요추간 수핵탈출증'에 의한 척추신경근장해(제12급)뿐인 것으로 추정된다고 할 것이다.

한편, 2016. 4. 17. 발생한 업무상 재해와 관련하여 청구인의 영상자료를 살펴보면, 요추 제2번 압

119 기존에 손가락에 장해가 있었고, 사고로 장해가 있던 손가락 부위를 포함하여 팔부위를 상실한 경우 비록 계열이 다르지만 가중장해를 처리함에 있어서는 같은 부위로 보게 된다.

120 장해는 조정, 준용 등의 제도가 있으므로 최종장해 등급만 기재시 그 기초세부 내역이 알기 어렵다.

박률이 50% 미만으로 "척주에 고도의 변형장해(제11급)가 남은 사람"으로 확인된다.

다음으로, 청구인은 기존장해(신경장해-계열13번)와 신규장해(척주 변형장해-계열16번)는 장해계열이 서로 달라 같은 부위로 볼 수 없으므로 가중장해에 해당하지 않는다"고 주장하나, 척주의 경우 경추, 흉추, 요추를 하나의 장해부위로 보면서 그 부위에서 발생하는 신경근 장해도 같은 부위로 인정하고 있다.

그러므로, 청구인의 장해상태는"이미 척추부위에 장해가 있던 사람이 업무상의 재해로 같은 부위에 장해가 더해져 장해등급기준상 현존하는 장해가 기존장해보다 심하게 된 경우"인'가중 제11급'에 해당한다고 할 것이다.

신경 · 정신장해의 문제(공단의 장해사정 내역 관리 및 통지 미흡)

산재보험법시행규칙 제46조의 [별표 3] 장해계열표(제46조제3항 관련)에서 신경 · 정신부위(신경장해, 계열번호13)는 독립된 부위로 되어 있다. 독립된 부위(계열)로 되어 있다는 것은 장해를 판정함에 있어서 별도의 부위(계열)로 취급한다고 볼 수 있다. 그러나, 공단은 일정한 장해판정 부위(가칭 A부위) 손상으로 그 장해판정 부위로는 장해등급 기준에 미달(예를 들어 A부위의 기능장해 미달)될 경우, 신경장해를 활용하여 동통장해에 대한 장해등급을 결정하는 경우가 있고, 이 경우 비록 별도의 신경 · 정신부위의 장해라고 할지라도 이는 장해등급 기준이 미달된 장해판정 부위(A부위)에 대한 장해판정으로 본다. 그런데 문제는 앞에서 언급한 바와 같이 공단의 자료관리가 미흡하여 어떤 장해판장 부위에 대한 판단인지 확인이 안되는 경우가 있고, 그 당시 근로자에 대한 통지도 미흡하여, 당해 근로자는 장해등급 기준이 미달된 부위(A부위)가 아니고 신경 · 정신부위로 통지되는 경우도 매우 많아 당해 근로자가 추후 업무상 재해가 발생(A부위)할 경우 기존에 인정받은 장해는 신경 · 정신부위(기존 인정받은 장해가 비록 A부위라고 하더라고 동통장해가 인정되었으므로)라고 주장하면서 서로 각각 다른 부위(기존장해 신경 · 정신부위, 현존장해 A부위)이므로 가중을 적용하는 것이 잘못이라고 다툴 경우 문제가 발생할 수 있다. 산재제도 운영의 현실과 법령 규정의 괴리로 정책적인 해결책을 모색할 필요가 있어 보인다.

2019재결 제1367호 장해급여 부지급 처분 취소

한편 산재보험법 시행령 제53조제4항에 의하면 이미 장해가 있던 사람이 업무상 부상 또는 질병으로 같은 부위에 장해의 정도가 심해진 경우에 그 사람의 심해진 장해에 대한 장해급여를 지급하도록 규정하고 있다.

청구인은 우측 발목관절 운동가능범위가 총 60도로 정상운동범위인 110도의 4분의 1인 82.5도 보다 제한된 자에 해당하므로 장해등급 제12급제10호의 새로운 장해가 발생하였다고 주장하나, 제출된 관련 영상자료를 검토한 결과, 우측 발목관절 운동가능범위가 정상운동범위의 4분의 1이상 제한될 만한 특이 소견은 관찰되지 않아 장해등급 결정기준에 미달하고, 수상부위 단순 동통은 항상 잔존할 것으로 사료되어 장해등급 제14급제10호에 해당한다고 할 것이다.

그러나 청구인은 이 건 사고 이전인 2011. 8. 17. 발생한 업무상 재해로 인해 이미 같은 부위에 장해등급 제12급 판정을 받은 사실이 확인되는바, 청구인의 장해상태는 산재보험법 시행령 제53조제4항의 이미 장해가 있던 사람이 업무상 부상 또는 질병으로 같은 부위에 장해의 정도가 심해진 경우에 해당되지 않으므로 장해급여는 부지급함이 타당하다고 할 것이다.

한편, 청구인은 설령 새로운 장해등급이 제14급에 해당한다고 하더라도 장해등급 조정에 관한 지침에 따라 새로운 장해인 제14급에 대한 55일분의 장해급여라도 지급해야 한다고 주장하나, 장해등급의 조정은 장해계열이 다른 장해가 둘 이상 있는 경우에 실시하는 것이고, 국소부위 손상으로 장해등급기준에서 정한 장해기준에 미달되어 신경계통장해를 준용하여 동통장해에 대한 장해등급을 결정하는 경우에는 장해등급 판정단위가 동일한 부위라고 할 것이므로 장해등급의 조정에 관한 지침은 적용되지 아니한다.

3) 장해정도가 심해진 경우의 판단

장해상태가 가중된 것이 아니라 장해등급의 상향을 의미하므로 실제 장해등급 상향이 없는 경우에는 가중에 해당하지 않는다. 장해등급이 상향된 경우에는 원칙적으로 기존의 같은 부위에 해당하는 장해등급을 공제하고 장해급여를 지급하게 된다.

2019재결 제631호 장해등급 결정 처분 취소

법 시행령 제53조제4항에 의하면, 이미 장해가 있던 사람이 업무상 부상 또는 질병으로 같은 부위에 장해의 정도가 심해진 경우 (가중)에는 심해진 장해에 해당하는 보상일수에서 기존의 장해에 해당하는 보상일수를 뺀 보상일수로 산정한 금액을 지급하도록 규정하고 있다.

이에, 청구인의 이 건 장해상태를 살펴보면, 청구인은 2015. 10. 7 흉추 자기공명영상에서 흉추 2, 8번 압박 골절이 확인되나 명백한 척수손상 보이지 않고, 2018. 5. 11. 유발전위검사에서 하지의 감각유발전위의 잠시가 명백히 느려져 있으며 운동유발전위가 관찰되지 않아 척수병증으로 판단하였으며 양하지 부전마비(근력등급 1-2)가 있고, 자가 배뇨 가능하여 '신경계통의 뚜렷한 장애가 남아 평생 노무에 종사할 수 없는 사람'인 장해등급 제3급제3호로 결정한 원처분을 달리 볼만한 특이 소견이 확인되지 않는다.

한편 청구인은 기존 업무상 재해로 좌측 하지에 대하여 장해등급 제9급을 결정 받은 사실이 확인되는바, 청구인의 현 장해상태는 같은 부위에 장해가 가중된 경우에 해당되므로 기존 장해등급 제9급을 공제한 장해등급 가중 제3급제3호에 해당한다 할 것이다.

마. 가중장해와 신규장해 발생시 유리한 장해급여 지급

재결사례(2019재결 제908호)는 근로자가 기존장해에 대하여 장해급여를 받은 이후 다시 장해가 발생한 경우이다. 이 경우 장해급여를 지급함에 있어서 원칙적으로는 심해진 장해에서 기존장해에 해당하는 장해급여를 차감하여 지급[121]하게 되지만, 산재보험법시행규칙 제46조제7항[122]의 규정을 두어 근로자에게 가장 유리한 방법으로 장해급여를 지급하도록 하고 있다.

[공단(원처분기관) 장해급여 산정 내역]

<table>
<tr><th colspan="2">장해
부위</th><th>기존
장해</th><th>신규
장해</th><th>현존
장해</th><th>기
지급</th><th>장해급여
(보상일수 및 등급)</th><th>비 고</th></tr>
<tr><td colspan="2">손가락(좌)</td><td></td><td>7급</td><td>7급</td><td rowspan="5">10급</td><td>319일(7급)</td><td>❶ 신규 계열</td></tr>
<tr><td rowspan="2">팔
(좌)</td><td>어깨</td><td>12급</td><td></td><td rowspan="2">가중7급</td><td rowspan="2">165일(가중 7급)</td><td rowspan="2">❷ 같은 계열
(심해진 경우)</td></tr>
<tr><td>손목</td><td></td><td>8급</td></tr>
<tr><td colspan="2">두부</td><td>9급</td><td></td><td>9급</td><td></td><td></td></tr>
<tr><td colspan="2">등급</td><td>조정 8급</td><td></td><td>조정 5급</td><td>77일(조정 5급)</td><td>❸ 전체(두부포함)</td></tr>
</table>

이 건에서 장해등급 산정 내역에 대해서는 다툼이 없다. 다만, 기존장해, 신규장해, 현존장해와 관련하여 여러개의 장해부위가 관련되어 있으므로 가중장해를 처리함에 있어서 이를 어떻게 평가하여 장해급여액을 지급할 것인지에 대하여 다툼이 있다. 근로자는 기존에 팔(어깨, 12급)과 두부(9급)에 기존장해(조정 8급)를 가지고 있었고, 새로운 업무상 재해로 손가락(7급)과 손목(8급)의 신규장해가 발생하였다. 공단은 근로자의 현존장해를 ❶ 신규계열로 손가락(7급), ❷ 같은계열로 팔(기존장해 어깨 12급과 신규장해 손목 8급, 가중 7급[123]), ❸ 현존장해 조정 5급[124](손가락(좌), 7급, 팔(좌) 가중 7급, 두부 9급)의 각각의 장해급여액을 산정하여 근로자에게 가장 유리한 방법으로 지급하였다.

---

121 【산재보험법시행령】 제53조제4항

122 【산재보험법시행규칙】 제46조(기본원칙) ⑦ 같은 장해계열의 장해의 정도가 심해지고 다른 장해계열에도 새로 장해가 남은 경우에는 같은 장해계열의 심해진 장해에 대한 장해등급과 다른 장해계열의 장해에 대한 장해등급을 각각 정한 후 영 제53조제2항에 따라 조정하여 장해등급을 결정한다. 이 경우 장해급여의 금액은 영 제53조제4항에 따라 산정한 장해급여의 금액이 새로 발생한 다른 장해계열의 장해만 남은 것으로 하는 경우에 지급할 장해급여의 금액보다 적은 경우에는 그 다른 장해계열의 장해만 남은 것으로 인정하여 산정한다.

123 제13급 이상 장해가 2개가 있으므로 조정의 방법으로 7급으로 결정 후, 장해가 심해진 경우이므로 기존장해를 공제하여 가중 7급

124 손가락(좌)과 팔(좌)은 다른 계열이지만 같은 쪽이면 동일계열로 취급하여 조정을 하지 못하고, 두부는 다른 계열이므로 이는 조정이 가능하므로 조정 5급

2019재결 제908호 장해등급 결정 재처분 취소

〈기존장해와 신규장해에 대한 장해급여 방식의 평가에 대하여〉

이에 이 건 청구인의 관련 자료를 살펴보면, 인정되는 사실은 다음과 같고, 이에 대해서는 양당사자 간의 다툼은 없다.

가) 기존장해(2006. 6. 24.): 두부(신경·정신) 제9급, 팔(좌측 어깨) 제12급, [조정 제8급] 나) 신규장해(2016. 11. 23.): 팔(좌측 손목) 제8급제6호, 좌측 제1-5수지 제7급제7호 다) 이 건 장해급여 청구에 대해 2018. 1. 15. 장해등급 제10급 결정(최초처분), 장해급여 297일분 기 지급함.

청구인은 이 건 사고로 신규장해 팔(좌측 손목) 장해등급 제8급제6호에 해당하고, 기존장해로 팔(좌측 어깨) 장해등급 제12급에 해당하여 같은 부위에 같은 계열의 장해 정도가 심해진 경우에 해당하고, 신규장해로 좌측 제1~5수지 장해등급 제7급에 해당하여 다른 계열에도 새로운 장해가 남은 경우에 해당한다.

그러므로 같은 장해계열의 심해진 장해에 대한 장해등급을 산정하면 가중 제7급(좌측 손목 제8급, 좌측 어깨 제12급)이고, 다른 장해계열의 새로운 장해에 대한 장해등급은 제7급(좌측 제1~5수지)이며, 이를 산재보상법시행령 제53조제2항에 따라 조정하면 조정 제5급에 해당하나, 다만 앞서 살펴본 바와 같이 이미 장해가 있던 부위에 장해의 정도가 심해진 경우에 해당하는 바, 산재보상법시행령 제53조제4항에 따라 장해급여를 3가지 방식으로 산정하여 청구인에게 유리한 방식으로 장해급여가 지급되도록 해야한다.

① 현존장해에 대한 등급을 평가하여 기존장해를 차감하여 지급

먼저, 가중 전체에 대한 보상일수를 산정하면 현존장해는 좌측 팔 가중 제7급(좌측 손목 제8급, 좌측 어깨 제12급), 두부(신경·정신) 제9급, 좌측 제1~5수지 제7급으로 최종 조정 제5급에 해당하고, 기존장해는 조정 제8급이므로 장해보상일수를 계산하면 현존장해 조정 5급(869일) - 기존장해 조정 8급(495일) - 이 건 장해, 기지급 제10급 일시금(297일)으로 보상일수는 77일이다.

② 기존장해에서 장해등급이 심해진 계열의 현존장해에 대한 등급을 평가하여 기존장해를 차감하여 지급

다음으로, 심해진 장해계열에 대한 가중 보상일수를 산정하면, 좌측 팔 가중 제7급(좌측 손목 제8급, 좌측 어깨 제12급), 기존장해 좌측 팔(어깨) 제12급이므로 장해보상일수를 계산하면 현존장해 가중 제7급(616일) - 기존장해 제12급(154일) - 이 건 장해, 기지급 제10급 일시금(297일)으로 보상일수는 165일이다.

③ 신규장해 중 새롭게 장해가 발생한 계열만 장해등급으로 평가하여 지급

마지막으로 다른 계열에 남은 새로운 장해에 대한 보상일수를 산정하면 좌측 제1~5수지 제7급(616일) - 이 건 장해, 기지급 제10급 일시금(297일)으로 보상일수는 319일이다.

위에서 살펴본 바와 같이 다른 부위에 남은 새로운 장해(좌측 제1~5수지 제7급) 보상일수가 319일로 가장 크므로 다른 장해계열의 장해만 남은 것으로 인정하여 장해급여를 지급한 원처분이 타당하다는 판단이다.

5. 장해급여와 관련된 재결사례

가. 장해등급 기준의 변화

1) 장해등급 기준 강화에 따른 장해등급 하락

실제적인 장해상태는 변화하지 아니하였음에도 불구하고 산재보험법령의 개정으로 장해등급 기준이 변화하는 경우가 있다. 이런 경우에는 대부분 부칙에서 경과규정을 두어 이를 해결하고 있다. 재결사례(2018재결 제1431호)에서는 산재보험법시행령을 개정하면서 부칙 제11조에서 "이 영 시행 당시 종전의 규정에 따라 장해등급이 결정된 사람이 재요양을 받고 치유된 후 장해의 상태가 종전에 비하여 호전되지 아니하였음에도 불구하고 제53조(장해등급의 기준 등)제1항의 개정규정을 적용하면 장해등급이 낮아지게 되는 경우에 그 장해에 대한 장해등급은 종전의 규정에 따른다"고 정하고 있다.

2018재결 제1431호 장해급여 부지급 처분 취소

청구인은 재요양 종결 이후 현재까지 허리 통증으로 고통을 겪고 있다고 주장하나, 청구인은 재요양 이후 '척주에 중등도의 기능장해가 남은 사람'에 해당하여 장해등급 제10급제8호 결정을 받은 사실이 있다.

한편, 청구인은 재요양 이전 '척주에 현저한 기형이나 현저한 운동장해가 남은 자'에 해당하여 장해등급 제6급제4호 결정을 받은 사실이 있으므로, 재요양을 받고 치유된 후 장해의 상태가 종전에 비하여 호전되지 아니한 경우에 해당한다.

이러한 사정을 살펴볼 때, 청구인의 현재 장해등급 제10급제8호는 개정 법 시행령 부칙 제11조에 따라 종전의 규정에 따르도록 되어 있으므로 구 법 시행령에 따른 장해등급 제6급제4호에 해당하고, 재요양 이전 장해등급과 재요양 이후 현재 장해등급이 동일하여 추가로 지급할 장해급여가 없다고 봄이 타당하다.

2) 상위 장해등급 신설에 따른 장해등급 차이

미지급보험급여 청구사건에서 진폐상태는 비슷함에도 불구하고 진폐장해등급 제1급이 규정되어 있는 기간과 규정되어 있지 않은 기간에 각각 진단받은 사람간에 장해등급을 달리 정하는 것은 부당하므로 흉복부장기의 장해등급을 준용하여 제1급으로 판단하여야 한다고 주장한 사건이었으나, 청구인이 진폐증을 진단받았던 시기에는 진폐장해등급 제1급이 규정되어 있지 않았고, 산재보험법시행령에서 진폐장해등급 제1급을 새로 규정하면서 부칙에서 '진폐판정 및 보험급여 결정을 위한 진단서 또는 소견서가 이 영 시행 후 최초로 발급된 경우부터 적용한다.'고 명시적으로 규정되어 있으므로 청구인의 주장을 인정하지 아니하였다.

2019재결 제1891호 미지급보험급여(장해급여) 차액 부지급 처분 취소

청구인은 2008.7.1.~2010.11.20. 기간에 진폐증을 진단 받은 사람과 그 외 기간에 진폐증을 진단 받은 사람의 장해등급을 달리 정하는 것은 부당한 바, 진폐증 진단 당시 심폐기능의 고도장해에 대한 기준이 없다면 장해등급 제3급을 준용할 게 아니라 흉복부장기의 장해등급기준을 검토하여 진폐근로자의 경우 제1급제4호(흉복부장기의 기능에 뚜렷한 장해가 남아 항상 간병을 받아야 하는 사람)에 준하는 것으로 판단하여 장해등급을 변경하고 미지급보험급여(장해급여) 차액을 지급해야 한다고 주장한다.

그러나, 진폐근로자의 진폐증 진단 당시 법 시행령(대통령령 제20875호, 2008. 7. 1. 시행)에는 청구인이 주장하는 진폐장해등급 제1급은 규정되어 있지도 않았을 뿐만 아니라 2010. 11. 15. 법 시행령 개정(대통령령.제22492호, 2010. 11. 21. 시행)시 진폐장해등급 제1급을 규정하면서 부칙 제3조(진폐판정 및 보험급여 결정 기준에 관한 적용례)에 "제83조의2, 별표 11의2 및 별표 11의3의 개정규정은 진폐판정 및 보험급여 결정을 위한 진단서 또는 소견서가 이 영 시행 후 최초로 발급된 경우부터 적용한다."라고 되어 있고, 기존의 진폐장해등급을 법 시행령 개정 후에 등급을 변경하여 적용할 것인지에 대한 경과규정은 확인되지 않는다.

따라서, 원처분기관이 청구인에게 행한 미지급보험급여(장해급여) 차액 부지급 처분은 부당하다고 할 수 없다는 것이 우리 위원회의 판단이다.

나. 장해급여 선급금 기간변경의 문제

산재보험법 제57조제4항[125] 및 산재보험법시행령 제53조제6항의 규정에 의하면 장해등급 제1급에서 제3급까지의 장해보상연금 수급권자가 신청하면 그 연금의 최초 1년분부터 4년분까지의 2분의 1에 상당하는 금액을 미리 지급할 수 있도록 하는 규정을 두고 있다. 재결사례(2019재결 제695호)에서는 청구인은 최초 장해급여 선급금을 2년으로 선택하였으나, 이를 4년으로 변경하여 줄 것을 요구하였고, 공단은 청구인이 이미 장해급여 선급금을 2년으로 선택한 의사표시를 하였고, 이에 따라 결정을 한 것이므로 변경을 인정할 수 없다고 결정하였다. 그러나, 비록 청구인이 장해급여 선급금을 2년으로 선택한 의사표시를 취소하였지만,

125 【산재보험법】 제57조(장해급여) ④ 장해보상연금은 수급권자가 신청하면 그 연금의 최초 1년분 또는 2년분(제3항 단서에 따른 근로자에게는 그 연금의 최초 1년분부터 4년분까지)의 2분의 1에 상당하는 금액을 미리 지급할 수 있다. 이 경우 미리 지급하는 금액에 대하여는 100분의 5의 비율 범위에서 대통령령으로 정하는 바에 따라 이자를 공제할 수 있다.

이러한 취소로 특별히 제3자의 이익을 침해하지도 않고, 선급금 기간 변경을 금지한다던가 그 선택을 1회로 한정한다는 명시적인 규정이 없으며, 청구인의 편익이 인정되는 등 이익형량의 입장에서도 공단이 이를 배척할 특별한 이유가 없다며 공단의 처분을 취소하고 청구인의 주장을 인정하였다.

2019재결 제695호 장해급여(선급금) 일부 부지급 처분 취소

〈선급기간 선택에 대한 양당사자의 주장〉

산업재해보상보험법(이하 "산재보험법"이라 한다) 관련 규정에 따라 청구인은 장해연금을 지급받는데 있어 『장해급여 일시금·연금 선택 확인서』에서 선급을 선택하면서 그 선급기간 2년으로 하였으나, 선급금 지급 금액을 정확히 이해하지 못하여 4년치의 선급금액이 필요했음에도 불구하고 이를 잘못 이해하여 2년을 선택하였으므로 이를 4년으로 변경할 수 있도록 해달라고 주장하며,

이에 대하여 원처분기관 및 심사기관(이하 "공단"이라 한다)은 청구인에게 장해연금 선급금 지급관련 내용에 대해 충분히 설명을 한 후 청구인 스스로 선급기간을 2년으로 선택하였으므로 이를 변경할 수 없다고 주장한다.

〈선급금 지급 관련규정 및 청구인의 장해등급〉

우선, 선급금과 관련된 산재보험법 제57조제4항 및 산재보험법 시행령 제53조제6항의 규정에 따르면 '장해등급 제1급부터 제3급까지의 장해보상연금은 수급권가 신청하면 그 연금의 최초 1년분부터 4년분까지의 2분의 1에 상당하는 금액을 미리 지급'할 수 있도록 하는 규정을 두고 있다.

청구인은 1996. 9. 9. 사고로 인한 승인상병으로 2018. 7. 31.치유 후, "두 다리를 완전히 사용하지 못하게 된 사람"에 해당하여 제1급제8호로 결정된 것에 대해서는 양당사자의 다툼이 없고, 선급금 관련 산재보험법령 규정에 의하면 청구인의 장해등급은 제1급에 해당하므로 청구인은 원래 최대 4년분까지의 2분의 1에 상당하는 금액을 지급받을 수 있었다.

〈하자있는 의사표시에 대한 처리방안〉

청구인 및 공단의 주장을 의사표시의 원칙에 따라 구분해서 각각 살펴보면, 청구인은 2년으로 선급기간을 선택한 것은 착오에 의한 잘못된 의사표시였으므로 이를 취소하고 4년으로 다시 선택하겠다는 주장이고, 원처분기관은 의사표시의 표시주의 원칙에 따라 표시된 대로 효과를 이미 나타내었으므로 이를 취소할 수 없다고 주장하는 것이다.

우선, 일반적인 법률관계에서는 당사자의 표시된 의사에 따라 법률효과가 발생하고 확정되는 것이 원칙이다. 다만, 표시된 의사표시에 하자가 있는 경우, 즉 강박, 사기, 착오 등으로 의사표시자의 실제 의도와 다른 의사표시를 하게 되었을 경우 이를 어떻게 처리할 것인가하는 입법적인 문제가 남게되고, 산재보험법에서는 이에 대한 명시적인 규정은 확인되지 않는다.

일반적인 법률관계의 경우, 의사를 표시한 자의 이익을 보호하기 위하여 의사표시를 취소할 수 있으나, 의사표시 취소로 제3자의 이익 또는 법률관계의 안정을 해칠 경우에는 그 취소를 제한하고 있다.

〈선급기간 재선택 및 제3자 이익침해 등 이익형량비교〉

산재보험법 관련 규정에 의하면 청구인은 애초부터 4년의 선급기간을 선택할 수 있었고, 산재보험 법령에서도 그 선택을 1회로 한정한다던가 그 선택기간을 변경할 수 없게 금지하는 등의 명시적인 제한 규정은 확인되지 않는다.

비록, 공단의 보상업무처리규정(내부지침)으로 장해보상연금 선급금을 신청한 경우 그 선급기간의 변경 또는 연장을 할 수 없다는 내용을 청구인에게 설명하고 확인서를 제출받도록 하고 있으나, 이러한 내부지침에 대한 뚜렷한 명시적인 위임입법의 근거도 확인되지 않으므로 이러한 내부지침으로 청구인을 귀속할 수 없다고 보아야 하고, 청구인이 작성한『장해급여 일시금·연금 선택 확인서』상 장해등급 제1급으로 선급기간 2년을 선택한 후 이에 대한 변경이 불가하다는 것은 명확히 안내되어 있지도 않다.

또한, 청구인이 2년의 선급기간 선택을 취소하고 다시 4년의 선급기간을 선택을 인정할 경우, 이것이 특별한 제3자의 이익침해나 법률관계의 안정을 해한다고 인정하기도 어렵다.

한편, 청구인의 장해등급은 제1급제8호(두 다리를 완전히 사용하지 못하게 된 사람)로써 산재보험법 제57조제3항단서 및 산재보험법 시행령 제53조제6항에 따라 이를 '노동력을 완전히 상실'한 것으로 인정하고 있는바, 이에 따라 청구인은 주로 집에서 생활해야 하는 상황이고, 하반신 마비로 휠체어를 통해서만 이동이 가능한 상태로 안정적인 주거생활을 위해 주거지 보수공사 등이 필요한 상황으로 보여진다.

〈결 론〉

위 내용을 종합적으로 고려해 볼 때 청구인의 선급기간 2년을 취소하지 못하게 함으로써 얻어지는 제3자의 이익이나 법률관계의 안정은 특별히 확인되지 않은 반면에, 선급기간 2년을 취소하고 4년을 선택함으로써 얻어지는 청구인의 편익이 있다고 인정되므로 이익형량의 원칙입장에서 보았을 경우에도 청구인의 장해연금에 대한 선급기간 2년을 변경할 수 있도록 함에 있어 이를 배척해야 할 만한 타당한 이유를 찾을 수 없다.

따라서, 원처분기관이 2018. 10. 25. 청구인에게 행한 장해급여(선급금) 일부 부지급 처분은 이를 취소함이 타당하다는 것이 우리 위원회의 판단이다.

다. 검사대상자의 협조가 필수적인 검사수치의 신뢰성 문제

1) 폐기능 검사의 신뢰성

일반적인 폐기능 검사는 피검사자의 노력여부에 따라 그 검사수치에 차이가 발생할 개연성이 매우 높다. 따라서, 제출된 검사수치 자료를 그대로 인정하기는 어렵고, 그 검사수치에 대한 신뢰성이 있는지 여부를 다시 확인하여야 한다. 이에 대한 대한결핵 및 호흡기학회 진료지침 등에 따르면, 폐기능 검사는 적합성(피검사자의 인종, 성별, 나이, 키, 몸무게 등을 기준으로 측정된 예측치와 검사과정에서 호기 조기중단, 기침발생 여부, 검사의 시작 및 종료의 정확성 등을 종합적으로 평가)과 재현성(적합성 기준에 충족하는 3차례 호기의 일관성 수치 평가)이 충족되어야 한다고 규정하고 있다. 즉, 폐기능 검사는 적합성과 재현성이 충족될 때 그 검사수치의 신뢰성을 인정할 수 있는 것이다. 재결사례(2018재결 제978호)에서는 ① 청구인의 폐기능 검사에서 일정기간 이후, 매우 급격한 폐활량 감소치를 보이므로 이러한 이유를 의학적으로 설명할 수 있어야 하나, 당시 흉부 X선과 흉부 CT, 그 이후 흉부 X선에서는 특별한 악화 소견이 없어 급격한 폐활량 감소의 이유를 의학적으로 설명할 수 없고, ② 폐기능이 손상되어 고착된 상황이라면 비슷한 정도의 결과가 나와야 하는데 검사마다 그 변화 양상이 다르며, ③ 폐기능 검사는 검사대상자의 노력여부에 따라 검사결과가 달라질 수 있어 대상자의 협조가 필수적임에도 그래프 등 검사결과를 분석한 결과 재현성 및 적합성이 확보되지 않은 검사로 확인되는 점 등을 보아 검사 결과를 신뢰할 수 없다며 청구인의 주장을 받아들이지 아니하였다. 재결사례(2018재결 제1447호)에서도 ① 통상적으로 노력성 폐활량은 정상예측치의 80% 이상임에도 청구인의 모든 노력성 폐활량(FVC)이 예측치의 80% 미만으로 X-ray에 그 원인이 관찰되어야 하나 이를 발견할 수 없어, 검사과정에서 최대한의 흡기와 호기가 정상적으로 이루어지지 않은 것으로 추정되고, ② 2개 의료기관의 폐활량 측정 결과는 검사 결과지에 1차례 측정 기록만 기재되어 있는 등 폐활량 측정의 적합성 또는 재현성이 부족하여 그 수치의 신뢰성을 인정할 수 없다고 판단하였다.

2018재결 제978호 장해등급 결정 처분 취소

청구인이 주장하는 제한성 폐기능장애 정도의 판단 근거인 폐기능 검사의 신뢰도를 확인하기 위하여 우리 위원회에서 추가 확인한 결과, 청구인이 2010. 9. 28.부터 2018. 4. 23.까지 실시한 폐기능 검사 중 2015. 5. 26. 검사부터 매우 급격한 폐활량 감소치를 보이고 이와 같은 양상이 2018. 2. 21. 검사까지 이어지나, 2015년 흉부X선과 흉부 CT, 2017. 5. 18. 흉부 X선에서는 특별한 악화 소견이 없어 폐기능의 급격한 감소를 의학적으로 설명할 수 없으며, 폐기능이 손상되어 고착된 상황이라면 비슷한 정도의 결과가 나와야 하는데 검사마다 변화 양상이 큰 점, 폐기능검사는 검사대상자의 노력여부에 따라 검사결과가 달라질 수 있어 대상자의 협조가 필수적임에도 그래프 등 검사결과를 분석한 결과 재현성 및 적합성이 확보되지 않은 검사로 확인되는 점 등을 보아 검사 결과를 신뢰할 수 없으므로, 폐기능 검사 결과로 청구인의 폐기능장애의 정도를 판단하기 어렵다는 의견이다.

2018재결 제1447호 요양 불승인 처분 취소

청구인이 진단기준을 충족하였다고 주장하는 의료기관의 폐활량 측정 결과는 ① 모두 노력성 폐활량(FVC)이 예측치의 80% 미만이고(통상적으로 노력성 폐활량은 정상예측치의 80% 이상임에도, 청구인의 경우와 같이 1초율이 정상예측치의 70% 이하이고 노력성 폐활량이 정상예측치의 80% 미만인 경우에는 X-ray에 그 원인이 관찰되어야 하나 이를 발견할 수 없어, 검사과정에서 최대한의 흡기와 호기가 정상적으로 이루어지지 않은 것으로 추정됨), ② 2개 의료기관의 폐활량 측정 결과는 검사 결과지에 1차례 측정 기록만 기재되어 있는 등 폐활량 측정의 적합성 또는 재현성이 부족하여 그 측정 결과의 신뢰도가 떨어지므로, 청구인의 주장은 받아들일 수 없다.

2) 소음성 난청 검사의 신뢰성

소음성 난청에 대한 검사 역시 검사대상자의 협조가 절대적이고, 검사대상자의 의도에 따라 그 검사수치의 변동 개연성이 있으므로 단순히 검사수치만을 가지고 판단하는 것이 아니다. 판단을 함에 있어서 검사수치에 대한 신뢰성이 있는지 여부가 매우 중요하다. 검사수치의 신뢰성을 확보하기 위해서 산재보험법시행규칙 [별표 5] 신체부위별 장해등급 판정에 관한 세부기준(제48조 관련)에 의하면 청력을 측정할 경우 3번 이상 청력검사를 하도록 규정하고 있다. 측정된 3번 이상의 검사결과를 가지고 검사 수치간의 변동성 여부, 기존 청력검사 결과치와의 관계, 순음청력검사수치와 뇌간유발반응검사수치의 관계 등을 비교하여 신뢰성이 있는지 여부를 판단하고 있다. 비록, 검사수치가 장해등급 기준에 해당된다고 할지라도 그 검사수치에 대한 신뢰성을 인정할 수 없는 경우에는 이를 위난청으로 판단하여 장해등급을 인정하지 않는다.

2018재결 제1306호 장해급여 부지급 처분 취소

순음청력검사상 최소가청역치에 있어 2015. 12월 이ㅇㅇ인후과의원에서 실시한 검사 결과는 우측 47㏈, 좌측 44㏈이고, 2016. 4~6월에 실시한 1차 특별진찰 결과는 우측 68㏈, 좌측 66㏈이며, 2017. 12월에 실시한 2차 특별진찰 소견에서는 우측 58㏈, 좌측 63㏈로 나타나 청구인의 주장을 받아들이기 어렵고, 특히 1차 특진에서는 4,000Hz에서 기도청력역치와 골도청력역치의 차이가 크게는 35㏈, 작게는 15㏈로 확인되는 등 청구인의 청력상태는 법 시행령 제34조제3항 관련 [별표 3]에서 규정하는 소음성 난청 인정기준에도 부합하지 않는다고 할 것이다.

2018재결 제1981호 장해급여 부지급 처분 취소

청구인은 C5 dip이 없는 하강형의 난청 패턴을 보이고 있고, 2017. 5. 30. 실시한 특수건강진단결과 3분법으로 계산한 청력손실치가 좌측 23dB, 우측 20dB, 2017. 10~11월에 실시한 1차 특별진찰의 순음청력검사결과 좌측 40dB, 우측 40dB로 확인되는바, 5~6개월 사이에 이러한 정도의 청력 악화가 발생하기는 어렵다고 할 것이며, 최대한 동일 조건에서 비교하기 위해 특수건강진단결과를 6분법으로 계산해 본 바, 좌측 28dB, 우측 26dB로 이 또한 특별진찰결과와 상당한 차이가 있다.

2018재결 제1556호 장해급여 부지급 처분 취소

뇌간유발반응검사상 좌측 40dB, 우측 45dB로 일반적으로 성인의 경우 뇌간유발반응검사 결과가 순음청력검사 결과보다 5~10dB 높게 나타나는 점을 감안할 때 1차 특별진찰 결과중 1회차인 순음청력검사상 좌측 31dB, 우측 35dB의 검사결과가 그 중 상대적으로 신뢰성이 있는 수치로 인정할 수 있을 것이다.

한편, 청구인은 뇌간유발반응검사상 가청역치가 좌측 40dB, 우측 45dB이므로 소음성 난청에 해당된다고 주장하나, 법 시행령 제48조 및 [별표 5]의 '신체부위별 장해등급 판정에 관한 세부기준'제2호 가목 1) 청력의 측정에서 '난청의 장해정도 평가는 순음청력검사의 기도청력역치를 기준으로 6분법으로 판정하되, 가장 좋은 역치를 사용한다'고 규정되어 있고, 성인의 경우 뇌간유발반응검사 결과가 순음청력검사 결과보다 5~10dB 높게 나타나는 점을 감안할 때, 뇌간유발반응검사의 수치를 그대로 받아들여야 한다는 청구인의 주장은 받아들일 수 없다.

2019재결 제843호 장해급여 부지급 처분 취소

이 건 사업장 재직 당시 2012년부터 2018년까지 시행된 특수건강진단결과 모두 정상 청력 판정을 받았다가 2018. 6월에 시행한 특별진찰에서 난청 소견이 처음 확인되어 신뢰도가 높다고 보기 어려운 점 등을 종합하면 청구인의 청력상태를 업무로 인한 소음성 난청으로 인정하기 어렵다.

3) 각 관절의 운동가능영역의 측정방법(능동측정과 수동측정)

산재보험법은 운동기능장해에 대하여 그 운동가능영역을 측정하여 장해등급을 판단하고, 장해급여를 지급하고 있다. 운동기능장해를 평가하는데 있어서 신체 각 관절에 대한 평균 운동가능영역의 측정치(정상치)와 장해 근로자의 운동가능영역의 측정치를 비교하여 장해등급을 결정하게 된다. 다만, 장해근로자의 운동가능영역을 측정하는 방법으로 ① 강직, 구축, 신경손상 등 운동기능장해 원인이 명확한 경우에는 근로자의 능동적 운동에 의한 측정방법을, ② 운동기능장해 원인이 명확하지 아니한 경우에는 근로자의 수동적 운동에 의한 측정방법을 사용[126]한다. 운동가능영역을 측정하여 평균 운동가능영역의 측정치(정상치)와 비교하여 차이가 크게 발생할수록 장해등급이 높아지게 되므로, 장해근로자는 높은 장해등급을 받기 위하여 운동가능영역을 측정하는데 있어서 수동적 운동에 의한 측정방법보다는 능동적 운동에 의한 측정방법을 주장하는 사건이 많다. 하지만 운동장해 원인이 명확하지 아니한 경우에

126 【산재보험법시행규칙】제47조(운동기능장해의 측정) 제2항

는 이러한 주장은 받아들이기가 어렵다.

2019재결 제842호 장해등급 결정 처분 취소

신경 손상이나 근육 손상이 확인되지 않아 운동기능 장해의 원인이 명확하지 아니한 경우에 해당되므로 법 시행규칙 제47조제3항에 따라 수동적 운동에 의한 방법으로 관절의 운동가능 영역을 측정하였다.

2019재결 제1609호 장해등급 결정 처분 취소

우측 척골신경 및 정중신경의 불완전손상 소견이 관찰되고 수부의 뚜렷한 근위축 소견 또한 관찰되어 국부에 완고한 신경증상이 남은 상태에 해당한다.

그러나 우측 척골신경 및 정중신경의 불완전손상에 따른 운동기능장해와 임상적 증상이 달라, 청구인이 호소하는 운동기능장해의 원인이 명확하지 않으므로 수동적 운동에 의한 운동가능영역 측정이 타당하고, ----(생 략)----

라. 장해급여 기준일과 관련된 재결사례

1) 재판정 시기 기준일에 대한 다툼

산재보험법상의 일정한 범위의 장해등급[127]에 대해서는 일정한 기간내[128]에 장해등급을 다

127 【산재보험법시행령】 제55조(장해등급등의 재판정 대상자) ① 법 제59조제3항에 따른 장해등급 또는 진폐장해등급(이하 "장해등급등"이라 한다)의 재판정 대상자는 다음 각 호의 어느 하나에 해당하는 장해보상연금 또는 진폐보상연금 수급권자로 한다.

1. 장해보상연금 지급 대상이 되는 장해 중 별표 6에 따른 제1급제3호, 제2급제5호, 제3급제3호, 제5급제8호, 제7급제4호, 제9급제15호 및 제12급제15호에 해당하는 장해가 하나 이상 있는 경우
2. 장해보상연금 지급 대상이 되는 장해 중 별표 6에 따른 제6급제5호, 제7급제14호, 제8급제2호, 제9급제17호, 제10급제8호, 제11급제7호, 제12급제16호에 해당하는 장해(척추 신경근장해에 따라 장해등급이 결정된 경우만 해당한다)가 하나 이상 있는 경우
3. 장해보상연금 지급 대상이 되는 장해 중 별표 6에 따른 제1급제6호 · 제8호, 제4급제6호, 제5급제4호 · 제5호, 제6급제6호 · 제7호, 제7급제7호 · 제11호, 제8급제4호 · 제6호 · 제7호, 제9급제11호 · 제13호, 제10급제10호 · 제13호 · 제14호, 제11급제9호 · 제10호, 제12급제9호 · 제10호 · 제12호 · 제14호, 제13급제8호 · 제11호에 해당하는 장해(신체 관절의 운동기능에 따라 장해등급이 결정된 경우만 해당된다)가 하나 이상 있는 경우
4. 진폐보상연금 지급 대상이 되는 진폐장해 중 별표 11의2 제2호에 따른 제1급부터 제7급까지에 해당하는 진폐장해가 남은 경우
5. 장해보상연금 지급 대상이 되는 장해 중 제53조제3항에 따른 장해가 있는 경우로서 제1호부터 제3호까지의 규정에 해당하는 장해가 하나 이상 포함되어 있는 경우

② 제1항에도 불구하고 장해보상연금 수급권자의 장해 중 제1항 각 호에 따른 장해의 등급이 변경되더라도 그 외의 장해 때문에 최종의 장해등급은 변경되지 아니하는 경우에는 장해등급의 재판정 대상에서 제외한다.

128 【산재보험법시행령】 제56조(장해등급등의 재판정 시기 등) ① 법 제59조에 따른 장해등급등의 재판정은 장해보상연금 또는 진폐보상연금의 지급 결정을 한 날을 기준으로 2년이 지난 날부터 1년 이내에 하여야 한다.

② 제1항에도 불구하고 장해등급등의 재판정 대상자가 재요양을 하는 경우에는 그 재요양 후 치유된 날(장해등급등이 변경된 경우에는 그에 따른 장해보상연금 또는 진폐보상연금의 지급 결정을 한 날)을 기준으로 2년이 지난 날부터 1년 이내에 하여야 한다.

시 받아야 하는 재판정 제도[129]를 운용하고 있다. 그렇기 때문에 재판정을 받아야 하는 자가 재판정으로 장해등급이 낮아질 가능성이 있는 경우에는 이를 회피[130]하고 싶어하는 것은 당연하다고 할 것이다. 재결사례(2018재결 제1309호)에서는 법원의 조정 등으로 장해등급이 결정이 나중에 결정되어 그 효과가 소급적용되자 재판정을 회피하기 위하여 '장해급여 결정일'이 아닌 '장해급여 청구권 발생일'로 소급하여 재판정 기간을 계산하여야 한다고 다투는 사건[131]이었다. 그러나, '장해급여 청구권 발생일'부터 '장해급여 결정일'까지의 기간은 청구인이 결정하는 장해급여 청구시기, 그 청구에 대한 공단의 심사처리 기간 등 절차나 실체에 관한 다툼으로 인하여 그 기간은 매우 유동적이고, 더구나 법원의 소송으로 이어질 경우 그 기간을 확정하기란 거의 불가능하다. 따라서, 재판정 기간을 정함에 있어서는 이러한 유동적인 기간은 당연히 배제되어야 한다. 산재보험법시행령에서 장해급여 결정일을 기준으로 재판정 시기를 기산하도록 명시적으로 규정하여 이러한 불확실성을 배제하도록 하였으므로 청구인의 주장을 받아들이지 아니하였다.

2018재결 제1309호 장해등급 재판정 결정 처분 취소

청구인은 법원의 조정권고로 장해연금이 2012년 12월부터 소급하여 지급되었으므로 장해등급 재판정의 기간도 그로부터 2년이 지난 날부터 1년 이내에 하여야 한다고 주장하나, 법 시행령 제56조는 재판정 시기를 장해보상연금의 지급 결정을 한 날을 기준으로 하도록 명시적으로 규정하고 있다.

또한, 법원의 조정권고 이후 내려진 원처분기관의 장해등급 제6급 결정은 2015년 조정 당시의 청구인 상태를 기준으로 장해등급을 다시 결정한 것이므로 그로부터 재판정 시기를 기산하는 것이 부당하다고 볼 수 없고, 장해등급 결정일은 청구인의 장해급여 청구 시기, 원처분기관의 심사기간, 절차나 실체에 관한 다툼 등으로 인하여 장해급여 청구사유 발생일로부터 얼마든지 달라질 수 있는 것인바,

법에서 지급 결정일을 기준으로 재판정 시기를 기산하도록 규정한 것은 이러한 불확실성이 배제되고 장해등급이 결정된 일자를 기준으로 재판정 시기를 조율하도록 한 것으로 해석되는바, 행정소송 등으로 원처분이 취소된 경우 법 시행령 제56조제1항에서의 '장해보상연금의 지급 결정을 한 날'은 그 처분 변경일자로 보아야 하므로 청구인의 주장은 인정하기 어렵다고 할 것이다.

---

129 【산재보험법】 제59조(장해등급등의 재판정) ① 공단은 장해보상연금 또는 진폐보상연금 수급권자 중 그 장해상태가 호전되거나 악화되어 이미 결정된 장해등급 또는 진폐장해등급(이하 이 조에서 "장해등급등"이라 한다)이 변경될 가능성이 있는 자에 대하여는 그 수급권자의 신청 또는 직권으로 장해등급등을 재판정할 수 있다.

130 장해연금을 받는 자의 경우 장해등급이 낮아지면 그 장해등급에 따라 지급되는 연금금액이 낮아질 가능성이 발생할 수 있다.

131 산재보험법시행령 제56조제1항에 따라 재판정 기간은 그 기간에 제한이 있다. 따라서, 청구인은 그 기간을 계산함에 있어서 장해급여 청구권 발생일을 기산점으로 하여 계산할 경우 청구인에 대한 재판정 기간은 이미 경과하였으므로 재판정을 할 수 없다고 주장한 사건이다.

2) 장해보상연금 지급사유 발생일

장해급여 중 장해보상연금은 장해보상일시금과 달리 그 지급시점에 따라 지급기간이 달라질 경우 당사자가 받는 보험급여액에 차이가 날 수 있으므로 언제부터 지급하여야 하는지가 중요하다. 장해보상연금을 지급하여야 할 시점에 대하여 공단은 비록 청구인이 상병에 대한 장해급여를 청구하였다고 하더라도 이를 인정할지 여부는 특별진찰 절차를 거쳐서 최종 확인이 되므로 특별진찰 종료일이 장해보상연금의 지급사유 발생시점이라고 주장한 사건이다. 그러나, 재결사례(2018재결 제2062호)에서는 산재보험법시행규칙 제46조제10항에 의하면 장해등급의 판정은 요양이 끝난 때에 증상이 고정된 상태에서 한다고 규정하고 있고, 소음성 난청은 상병의 특성상 그 증상을 확진받은 진단일이 그 증상이 고정된 상태라고 할 수 있으므로 진단일을 지급사유가 발생한 날이라고 판단하였다. 공단이 주장하는 특별진찰이라는 것은 단지 진단된 상병에 대한 신뢰성 여부를 확인하는 절차에 불과하므로 특별진찰로 산재보험법 규정[132]에 의한 장해보상연금 지급사유의 발생시점을 변경시킬 수 없고, 특진진찰 종료일은 공단의 보험급여 지급여부 심의과정에서 얼마든지 변동될 수 있으므로 이렇게 불확정적인 날짜를 기준으로 보험급여 지급사유 발생시점을 결정하는 것은 청구인의 권리를 심하게 침해할 수 있다고 보아 공단의 처분을 취소하고 약 14개월분의 장해보상연금을 더 지급하여야 한다고 결정하였다.

2018재결 제1309호 장해등급 재판정 결정 처분 취소

원처분기관 및 심사기관(이하 "공단"이라 한다)은 청구인의 장해급여 청구에 대하여 특진절차를 거쳐 최종적으로 확인이 되므로 특별진찰 종료일을 지급사유가 발생한 시점으로 보아야 한다고 주장한다.

그러나, 특진이라는 절차는 진단된 상병에 대한 신뢰성 여부를 확인하는 공단의 절차일 뿐이고, 특진일은 보험급여 지급여부를 심의하는 과정에서 변동 가능성이 매우 크다고 할 수 있으므로 이렇게 불확정적인 날짜를 기준으로 보험급여 지급시기를 결정한다면 자의적으로 그 지급시점이 변동될 수 있어 보험급여를 지급받을 자에 대한 권리를 심하게 침해 할 수 있는 바, 이를 기준으로 보험급여 지급시점을 결정하는 것은 불합리 하다고 할 것이다.

소음성 난청은 상병의 특성상 그 증상을 확진 받은 진단일이 그 증상이 고정된 상태에 이르렀다고 볼 수 있으므로, 청구인의 경우 장해급여청구상의 진단일인 2015. 11. 16. 장해보상연금의 지급

132 【산재보험법】 제70조(연금의 지급기간 및 지급시기) ① 장해보상연금, 유족보상연금, 진폐보상연금 또는 진폐유족연금의 지급은 지급사유가 발생한 다음 달 초일부터 시작되며, 그 지급받을 권리가 소멸한 달의 말일에 끝난다.

사유가 발생한 것으로 판단되는 바, 진단일의 다음 달 초일인 2015. 12. 1.부터 장해보상연금을 지급하는 것이 타당하다고 할 것이다.

따라서, 원처분기관이 특별진찰일 다음 달 초일인 2017. 2. 1.부터 장해보상연금을 지급한 처분을 취소하고, 2015. 12. 1.부터 장해보상연금 지급을 개시하여 미지급된 2015. 12. 1.~2017. 1. 31. 기간에 대한 장해보상연금을 지급함이 타당하다는 것이 우리 위원회의 판단이다.

마. 재판정(재결정)으로 장해등급 하락과 기지급된 장해급여액의 문제

재결사례(2019재결 제1410호)에서는 공단이 최초 제3급으로 장해등급을 결정한 후, 재판정(재결정)[133]을 통해서 이를 제9급으로 변경하였다. 산재재심사위원회는 공단이 제9급으로 장해등급을 재판정(재결정)한 처분 자체는 인정하였다. 다만, 재판정(재결정) 전후 6등급이나 격차가 발생한 것을 지적하면서, 등급간 격차가 크게 발생하게 된 기존의 등급결정 과정에 대한 책임 소재를 분명히 하여 사전에 이를 방지하여야 할 것을 지적하였다. 장해급여는 장해등급에 따라 그 급여액이 달라지기 때문에 재판정(재결정) 전 높은 등급으로 장해급여액이 지급되었고, 이러한 경우 공단은 장해등급이 하락되면 그 효과를 소급시켜 높은 등급으로 지급된 장해급여를 부당이득으로 보고 이를 다시 환수하는 행정편의적인 방법으로 제도를 운영[134]하여 왔다. 그러나, 일반적인 경우 행정처분은 그 효과를 소급할 수 없으므로 높은 등급으로 결정되는데 있어서 근로자의 잘못이 증명되지 않는다면 이를 부당이득으로 환수하기도 어려운 상황이기 때문에 산재기금에 손실이 발생할 수도 있다. 따라서, 공단이 장해등급간 격차가 심하게 발생하지 않도록 장해등급 결정과정에 보다 더 신중을 기하는 등 산재기금을 관리하는데 있어서 보다 선량한 관리자의 주의의무를 가지고 관리하여야 함을 지적하였다.

2019재결 제1410호 장해등급 재판정 및 재결정 처분 취소

제출된 관련 자료를 검토한 결과, 청구인이 승인상병으로 2016. 1. 31.까지 요양 후 시행한 뇌 MRI(2016. 2. 25.)에서 좌측 기저핵 부위에 국소 뇌연화증이 관찰되고, 우측 편마비로 도수근력검

133 공단이 재판정(재결정)이라고 용어를 사용한 것은 재판정은 그 등급결정의 효과를 소급하지 못하지만 재결정은 그 효과를 소급시킬 수 있고, 과다지급(제3급과 제9급간의 장해급여 차액)된 장해급여액을 부당이득으로 환수하기 위해서 재결정이라는 용어를 쓴 것으로 추단된다. 그러나 원칙적으로 행정처분은 그 효과를 소급하지 못하고 처분이 있는 날부터 미래를 향해 효과를 발생하게 된다.

134 이러한 이유로 공단은 장해등급의 격차가 심하게 발생하더라도 특별한 문제의식(산재기금 손실 등)을 가지지 않는 것으로 추단된다.

사 결과 우측 3~4등급의 근력저하 및 경도의 언어장애가 잔존하는 것으로 판단된다.

또한, 청구인은 원처분기관 조사 시 2016. 1. 31. 치유 당시에도 독립보행이 가능하였고, 배뇨·배변, 목욕 등 일상생활에 필요한 동작을 독립적으로 수행할 수 있었으며, 2003. 6. 1.부터 핸드컨트롤러 등이 부착된 장애인용 차량이 아닌 일반인용 차량을 운전하고 있고, 2017. 12. 18. 자필로 '질병·신체에 관한 신고서' 상 신체장애 및 동등한 기능장애로 인해 치료받은 내역에 '해당 없음'으로 기재하여 1종 보통면허 적성검사에 합격하였다고 진술하였다.

위에서 살펴본 사실관계를 종합해 볼 때, 청구인의 치유 당시의 장해상태는 좌측 국소 뇌연화증으로 경미한 우측 근력저하 및 조음장해만이 잔존하여 독립보행과 일상생활의 독립적 수행이 가능하였을 것으로 판단되는 바, '신경계통의 기능 또는 정신기능에 장해가 남아 노무가 상당한 정도로 제한된 사람'에 해당된다 할 것이다.

한편, 원처분기관 및 심사기관은 2016. 1. 31. 최초 치유당시 청구인의 장해등급을 제3급제3호로 결정하였다가, 재판정 및 재결정을 하면서 이를 번복하고 스스로 동일날짜(2016. 1. 31.)부터 제9급제15호라고 인정하였는바, 등급간의 격차가 단지 1~2등급이 아닌 6등급이나 차이가 나는 결정이 내려졌고, 그로 인해 산재기금에 대한 손실이 발생할 수 있으므로 그 결정과정에 대한 책임 소재를 분명히 하여 사전에 이를 방지하여야 할 것이다.

바. 주치의의 의무기록 수정을 인정한 사례

본 사례는 주치의가 약 1년 6개월 뒤에 주치의 소견서를 통해서 애초의 기록의 내용을 수정한 사건이었다. 다수의견은 애초의 의무기록과 다른 주치의의 의무기록 수정의 효과를 인정하고, 특별진찰 결과를 원용하여 장해등급은 인정하였다. 그러나, 소수의견은 ① 수많은 환자를 진료해야 하는 현재의 의료상황에서 생명이 매우 위독하는 등 예외적인 상황이 아닌 경우 의사가 환자의 상황을 1년 6개월이나 지난 뒤 정확히 기억하기는 매우 어려운 상황으로 추단되고, ② 산재업무를 처리하는 경험측상 이해관계가 없는 처음의 기록이 추후 수정된 기록보다 신뢰성이 높다고 인정되며, ③ 의료적 판단근거에 대한 주치의의 진단 및 소견의 경우 객관적인 진단 및 소견이 아닌 경우가 많아 더욱더 이를 신뢰하기는 매우 어렵고, ④ 더구나, 사람의 생명과 건강을 다룰 수 있도록 특별한 교육과 자격을 거친 사람에게만 부여되는 국가자격증인 의사의 자격을 가진 자가 가장 기본적인 의료정보에 대한 매우 중요한 정보인 의무기록(최초의 기록)을 착오로 기재(추후 주치의기 수정하면서 주장)하였다는 것은 특별한 정황이 없는 한 이를 신뢰하기도 어려우므로 주치의가 의무기록을 수정한 것을 인정할 수 없다고 지적하였다.

2019재결 제425호 장해급여 부지급 처분 취소

우선, 주치의(분○○○병원)의 의무기록(2017. 7. 6.)에 이미 1980년대부터 청력저하가 있었음에 기재되어 있다. 비록 약 1년 6개월 뒤의 주치의 소견서(2018. 12. 24.)에서 "환자와 의사소통이 잘못되어 청력 저하 연도가 잘못 기재됨. 청력 저하 연도 불분명하다고 함."이라고 기재되어 있으나, 일반적으로 수많은 환자를 진료해야 하는 현재의 의료상황에서 의사가 생명이 매우 위독하는 등 특별한 경우가 아닌 환자의 상황을 1년 6개월이나 지난 뒤 정확히 기억하기는 매우 어려운 상황으로 추단되고, 산재업무를 처리하는 경험측상 이해관계가 없는 처음의 기록이 보다 신뢰성이 있는 기록이며, 의료적 판단근거에 대한 주치의의 진단 및 소견의 경우 객관적인 진단 및 소견이 아닌 경우가 많아 더욱더 이를 신뢰하기는 매우 어렵다고 할 것이다.

더구나, 사람의 생명과 건강을 다룰 수 있도록 특별한 교육과 자격을 거친 사람에게만 부여되는 국가자격증인 의사의 자격을 가진 자가 가장 기본적인 의료정보에 대한 매우 중요한 정보인 의무기록을 착오로 기재하였다는 것은 특별한 정황이 없는 한 이를 신뢰하기도 어렵다.

또한, 2007년부터 이명이 있었다는 의무기록과 2016년 건강검진에서는 '정상'이었으나 2년 이내에 급속히 청력이 저하된 점을 고려할 때, 청구인의 청력상태는 기왕증으로 인한 것으로 판단된다는 소수위원의 의견이 있었다.

그러나, 두 번의 특별진찰 결과 '감각신경성 난청'의 패턴을 보이는 점, 2016년의 건강검진은 1000헤르츠에서 평가된 것으로 고음영역에 대한 평가결과가 아닌 점, 연령에 비해 현저한 청력저하를 보이는 점, 다른 질병에 의해 난청이 발생한 경우 나타나는 패턴과 다른 양상을 보이는 점 등을 종합할 때 청구인의 청력상태는 업무로 인한 소음성 난청으로 봄이 상당하다 할 것이다.

이에 청구인의 청력상태에 따른 장해등급을 살펴보면, 제2차 특별진찰 순음청력검사(6분법)상 가장 좋은 청력역치는 우측 62dB, 좌측 60dB로, 법 시행규칙 제48조[별표 5]에 따른 '두 귀의 평균 청력손실치가 각각 60dB 이상인 사람'에 해당되므로, 청구인의 청력장해는 법 시행령 제53조제1항[별표 6]의 '두 귀의 청력이 모두 1미터 이상의 거리에서는 큰 말소리를 알아듣지 못하게 된 사람'인 제9급제7호에 해당된다 할 것이다.

따라서, 원처분기관이 청구인에게 행한 장해급여 부지급 처분은 취소하고, 청구인의 장해등급을 제9급제7호로 결정함이 타당하다는 것이 우리 위원회의 판단이다.

VII 간병급여에 대하여

【산재보험법】

제61조(간병급여) ① 간병급여는 제40조에 따른 요양급여를 받은 자 중 치유 후 의학적으로 상시 또는 수시로 간병이 필요하여 실제로 간병을 받는 자에게 지급한다.

1. 간병급여 제도의 의의

간병급여는 업무상 재해로 요양 후 치유되었다고 하더라도 장해가 남아 일상생활을 하는데 어려움이 있어 간병을 받은 자에게 지급하게 된다. 간병급여는 업무상 재해로 인정받은 모든 상병이 ① 치유된 후 ② 간병이 필요한 상태이고, ③ 실제 간병이 이루어져야 지급받을 수 있다. 따라서, 간병이 필요한 상태라고 하더라고 실제 간병이 이루어지지 않은 미래의 기간을 예상하여 간병급여를 지급받을 수는 없다. 간병급여는 치유 후에 지급되고, 독립적으로 생활하지 못하여 타인의 간병이 필요한 정도, 즉 완치되지 못한 신체 능력 상실을 기본전제로 하므로 장해등급과 필연적으로 관련될 수 밖에 없다. [별표 7] 간병급여의 지급대상(제59조제1항관련)의 구분란의 간병급여의 정도(상시간병급여, 수시간병급여)의 기준을 보면 그와 같은 내용을 잘 알 수 있다. 따라서, 높은 간병급여 등급을 받기 위해서는 높은 장해등급 결정이 선행되어야 한다. 간병급여 사건은 주로 간병급여 등급을 높게 받기 위한 것과 간병급여 기간을 연장받기 위한 것이 대부분이다.

2. 간병급여의 기준

산재보험법 제61조에 따르면 간병급여의 지급기준과 지급방법 등에 관하여 필요한 사항은 대통령령으로 정하도록 하고 있으며, 이에 따라 산재보험법 시행령 제59조제1항 [별표 7] 간병급여의 지급대상에 따르면 간병급여 지급기준을 다음과 같이 정하고 있다.

[별표 7] 간병급여의 지급대상(제59조제1항관련)

구 분	지급 대상
상시 간병급여	1. 신경계통의 기능, 정신기능 또는 흉복부 장기의 기능에 장해등급 제1급에 해당하는 장해가 남아 일상생활에 필요한 동작을 하기 위하여 항상 다른 사람의 간병이 필요한 사람 2. 두 눈, 두 팔 또는 두 다리 중 어느 하나의 부위에 장해등급 제1급에 해당하는 장해가 남고, 다른 부위에 제7급 이상에 해당하는 장해가 남아 일상생활에 필요한 동작을 하기 위하여 항상 다른 사람의 간병이 필요한 사람
수시 간병급여	3. 신경계통의 기능, 정신기능 또는 흉복부 장기의 기능에 장해등급 제2급에 해당하는 장해가 남아 일상생활에 필요한 동작을 하기 위하여 수시로 다른 사람의 간병이 필요한 사람 4. 장해등급 제1급(제53조제2항에 따른 조정의 결과 제1급이 되는 경우를 포함한다)에 해당하는 장해가 남아 일상생활에 필요한 동작을 하기 위하여 수시로 다른 사람의 간병이 필요한 사람

기술하였지만 용어가 비슷한 간병료는 요양기간에 지급하는 것으로 요양기간이 종결되고 지급되는 간병급여와 다르지만, 상병상태에 따라 연관되어 있는 보험급여(간병료, 상병보상연금, 장해등급, 간병급여 등)는 연동하여 살펴봐야 한다.

3. 간병급여와 관련된 재결사례

가. 법률상 이익 문제(간병급여를 목적으로 장해등급을 다툼)

간병급여와 장해급여는 급여의 목적이 서로 다른 보험급여이다. 다만, 간병급여는 치유 후 장해로 인하여 일상생활이 어려운 경우에 지급되게 되므로 장해등급과 관련될 수 밖에 없다. 간병급여와 장해급여는 치유 후에 지급되는 점과 상병상태에 따라 그 급여액이 달라진다는 점에서 서로 관련된 보험급여라고 볼 수 있다. 재결사례(2018재결 제2792호)에서 청구인의 장해등급은 이미 1급에 해당[시력장해(제8급), 신경계통 · 정신기능의 장해(제3급), 조정 제1급]함에도 불구하고 장해등급(신경계통 · 정신기능의 장해(제2급이상 주장)을 다투는 사건이었다. 간병급여가 장해등급과 연관[135]되어 있기 때문에 청구인의 실제 목적은 장해등급 상향이 아닌 간병급여를 지급받기 위함이었다. 그러나, 청구인의 장해등급은 이미 1급으로 더 이상 상위의 장해등급이 없으므로 장해급여를 다툴 실익을 인정받지 못한 사건이었다.

135 【산재보험법시행령】 [별표 7] 간병급여의 지급 대상(제59조제1항 관련) 중 수시 간병급여 지급대상 3.에 해당하기 위해서는 우선, 청구인은 신경계통 · 정신기능의 장해등급이 제2급에 해당하여야 했다.

2018재결 제2792호 장해등급 결정 처분 취소

산재보험법 제111조제3항에 의하면 재심사 청구에 관하여 이 법에서 정하고 있지 아니한 사항에 대하여는 행정심판법에 따른다고 규정하고 있으며, 행정심판법 제13조제1항에 의하면 취소심판은 처분의 취소 또는 변경을 구할 법률상 이익이 있는 자가 청구할 수 있다고 규정하고 있다.

원처분기관은, 청구인의 장해상태가 산재보험법 시행령 제53조제1항 '[별표 6] 장해등급의 기준'에 따라 좌측 눈의 시력장해가 제8급제1호, 신경계통·정신기능의 장해가 제3급제3호에 해당되며, 이는 같은 조 제2항에 따라 제8급 이상의 장해가 둘 이상 있는 경우로 상위 등급에서 2개 등급 상향 조정하여 청구인의 최종 장해등급을 제1급으로 결정하였다.

이에 대해 청구인은 신경계통·정신기능의 장해가 최소 제2급제5호(신경계통의 기능 또는 정신기능에 뚜렷한 장해가 남아 수시로 간병을 받아야 하는 사람)에 해당한다고 주장한다.

그러나, 청구인의 신경계통·정신기능 장해가 제1급제3호(신경계통의 기능 또는 정신기능에 뚜렷한 장해가 남아 항상 간병을 받아야 하는 사람)에 해당한다고 하더라도, 이를 시력장해 제8급과 조정한 결과가 산술적으로 제1급을 초과하게 되며, 이 경우 또한 산재보험법 시행령 제53조제2항에 따라 청구인의 최종 장해등급은 제1급이 되는바, 더 이상 장해등급의 상향은 없고 추가로 청구인이 수령할 수 있는 장해보상연금도 없다.

따라서, 청구인의 재심사 청구는 장해등급 결정 처분의 취소를 구할 법률상 이익이 없으므로 각하함이 타당하다는 것이 우리 위원회의 판단이다.

나. 간병급여 기준(장해등급이 연관되었더라도 직접적인 기준 아님)

간병급여와 장해급여(장해등급)는 서로 연관되어 있다고 하더라도, 간병급여와 장해급여는 각각 다른 목적을 위해서 지급되는 별개의 보험급여라는 점에는 변함이 없다. 따라서, 장해등급을 받았다는 것만으로 간병급여 대상자가 되었다고 할 수는 없다. 비록, 간병급여의 기준(상시간병급여, 수시간병급여)과 장해등급이 연관되어 있기 때문에 어느 정도는 장해등급에 제한을 받는다고 하더라고 간병급여를 판단하는 것은 장해급여의 판단과는 다른 기준을 적용하여야 하고, 당시 시행되는 산재보험법령을 기준으로 판단하여야 한다. 재결사례(2018재결 제598호)에서 청구인은 요양(1991. 7. 2.~1992. 2. 8.)후 장해등급(제2급제3호)을 결정받고, 재요양(❶~❺, 1994. 4. 25.~2010. 2. 28.)후 장해등급은 제2급제3호(❺)로 변동되지 아니하였다. 다만, 청구인은 장해등급을 결정받은 기간내(❶~❺) 수시간병대상(❸)으로 청구인의 장해등급(제2급제3호)에 해당하는 규정이 있었으므로, 청구인은 이미 수시간병급여 대상에 해당했으므로 이에 해당하는 간병급여(❻이후)를 지급하여야 한다고 주장하였다.

[청구인의 간병급여 주장경과]

1994.4.25. 재요양 시작	1999.12.31. 간병급여 제도도입	2003.7.1. 수시간병급여 대상추가	2008.7.1. 수시간병급여 대상삭제	2010.2.28. 장해등급 (제2급제3호)	2010.3.1.~ 간병급여 청구기간
❶	❷	❸	❹	❺	❻

그러나, 간병급여는 치유 후에 지급되므로 비록 재요양 이전 청구인이 받은 장해등급(제2급제3호)에 해당하는 상태를 수시간병급여 대상으로 추가했다고 하더라도 청구인은 (재)요양 중으로 치유 후에 지급될 수 있는 간병급여의 지급대상이 아니고, 간병급여를 청구한 기간(❻이후)의 간병급여 지급대상인지 여부는 장해등급이 아닌 당시 시행중인 산재보험법령의 간병급여 기준에 따라 판단하여야 한다며, 청구인이 주장하는 수시간병급여 대상은 2008. 7. 1.(❹)삭제되어 청구인의 간병급여 청구기간(❻이후)에는 대상규정 자체가 없으므로 청구인의 주장을 받아들이지 아니하였다.

2018재결 제598호 간병급여 부지급 처분 취소

청구인은 1991. 7. 2. 업무상 사고로 1992. 2. 8.까지 요양 후 장해등급 제2급3호(두 팔을 손목관절 이상의 부위에서 잃은 사람) 판정을 받았고, 1994. 4. 25.부터 2010. 2. 28.까지 재요양 치유 후 장해등급의 변동은 없는 상태로 2010. 3. 1.~2017. 8. 22. 기간에 대하여 간병급여를 청구하였다.

청구인은 산재보험법(법률 제6100호, 1999. 12. 31. 일부개정)개정으로 간병급여가 도입되면서, 산재보험법 시행령(대통령령 제17977호, 2003. 5. 7. 일부개정)개정으로 2003. 7. 1.부터 '두 손의 손가락을 모두 잃어 혼자의 힘으로 식사를 할 수 없는 자로서 수시간병을 받아야 하는 자'를 수시간병급여 지급 대상으로 추가되었고, 청구인은 1992. 2. 8. 승인상병으로 요양 후, 수시간병 지급대상에 해당하는 장해등급 제2급3호(두 팔을 손목관절 이상의 부위에서 잃은 사람) 판정을 받았으므로 수시간병 급여를 지급하여야 한다고 주장한다.

그러나, 장해급여와 간병급여는 서로 다른 급여이므로, 장해판정을 받았다는 것만으로 간병급여 대상자가 되었다고 할 수 없고, 간병급여를 청구한 기간에 간병급여 지급대상인자 여부를 당시 시행중인 산재보험법령에 따라 판단하여야 할 것이다. ----(중 략)----

그러나, 청구인의 장해등급(제2급3호)에 해당한다고 주장하는 수시간병 지급대상(두 손의 손가락을 모두 잃어 혼자의 힘으로 식사를 할 수 없는 자로서 수시간병을 받아야 하는 자)은 청구인의 간병급여 청구시점 이전에 이미 산재보험법 시행령(대통령령 20875호, 2008. 6. 25. 전부개정) 개정으로 2008. 7. 1.부터 수시간병급여 지급대상에서 동 내용이 삭제되었으므로 이를 근거로 한 청구인의 주장은 받아들일 수 없고, 청구인은 의학적으로 간병이 필요한 자라고 보기 어렵다고 할 것이다.

다. 간병등급 재결정 효과 소급과 부당이득 징수와의 관계

공단은 간병등급 재결정(상시간병→수시간병으로 변경)하고 간병등급이 낮아졌으므로 그 적용기간을 소급[136]하여 초과 지급된 간병급여(소멸시효기간내)를 부당이득으로 환수하였다. 그러나, ① 최초 상시 간병등급 결정에 있어서 청구인이 거짓이나 그 밖의 부정한 방법으로 받은 사실이 확인[137]되지 아니하고, ② 간병급여를 수령하면서 청구인이 실제 상시적 형태가 아닌 수시적 형태의 간병을 받았는지 여부 또한 객관적으로 확인되지 아니하며, ③ 원처분기관의 상시 간병급여 대상 결정 처분에 기초하여 간병급여를 청구 · 수령한 청구인에게 그간 잘못 지급된 간병급여를 모두 소급하여 징수 결정하는 것은 신뢰보호 원칙에 위배될 뿐만 아니라, 수령한 간병급여를 간병비 등으로 소진하였을 청구인이 입게 될 생활상 불이익 등이 커서 이는 간병등급 재결정(● → ○)하면서 그 효과를 소급(○의 결정을 ❶부터 적용)하여 그 부분을 부당이득으로 징수하는 것은 부당하다고 보았다.

[청구인의 간병등급 재결정 과정]

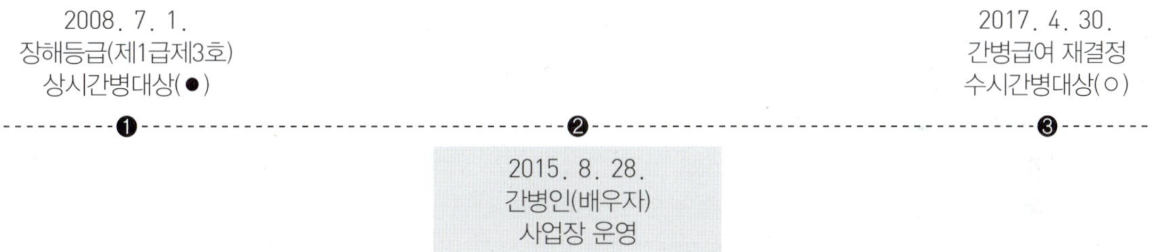

다만, 간병급여는 성질상 실제 받은 간병의 형태(상시간병인지 수시간병인지)에 대하여 지급하는 것이므로, 실제로 수시간병의 형태로 간병을 받았다면 상시 간병급여는 받을 수 없는 것이다. 따라서, 상시간병을 인정받고 있었던 청구인의 간병인은 배우자로서, 간병인(청구인의 배우자)이 2015. 8. 30.부터 화장품 및 타이마사지 사업장을 운영(❷)해 왔으므로 청구인은 그 기간 동안(❷~❸)에는 간병인(청구인의 배우자) 없이 혼자 힘으로 일정부분 일상생활을 해 온 것으로 인정되는 바, 동기간에 대하여 청구인은 상시간병을 받았다고 인정할 수 없고, 청구

136 공단은 재결정으로 등급이 하락하면 그 결정의 효과를 소급시켜 등급하락에 대한 기지급 보험급여 차액분을 부당이득으로 환수하는 행정편의적인 방법으로 제도를 운용해 오고 있으나, 처분의 효과는 원칙적으로 소급할 수 없다.

137 청구인이 거짓이나 부정한 방법으로 등급을 받은 것이 확인되면 받은 보험급여액의 2배에 해당하는 금액을 부당이득으로 환수하게 된다.

인 스스로도 사실과 다르게 상시 간병급여를 청구하여 이를 받고 있다는 사정도 알고 있었을 것으로 추단되는 바, 추후 이러한 사실이 발견되면 부당이득으로 징수 결정 처분 될 가능성도 예상하고 있었을 것이므로, 이러한 경우에까지도 신뢰보호의 이익을 원용할 수는 없다고 보아 그 기간 지급된 간병급여는 부당이득으로 환수하는 것은 정당하다고 판단하였다.

2018재결 제1799호 간병등급 변경 및 부당이득 징수결정 처분 취소

가. 간병등급 재결정 및 부당이득 징수 결정 처분 경위

원처분기관은, 2008. 6. 27.자로 요양이 종결된 청구인에 대하여 주치의와 자문의 소견 등을 토대로 장해등급 제1급제3호 및 상시 간병급여 대상으로 결정하고, 2008. 7. 1.~2017. 4. 30. 기간 동안 상시 간병급여를 지급하였으나, 요양 종결 당시 청구인의 진료기록 분석 및 의학자문 결과 '일상생활의 유지를 위해 부분적으로 다른 사람의 도움이 필요한 상태'로 판단되고, 간병인인 청구인의 배우자가 청구인과 자신의 명의로 사업장을 운영한 사실이 확인되자, 원처분기관 자문의사회 심의를 거쳐 2017. 12. 29. 청구인의 간병등급을 수시 간병급여 대상으로 2008. 7. 1.부터 소급 정정하고, 수시 간병급여를 초과하여 지급된 차액분을 소멸시효 범위 내에서 부당이득 징수 결정 처분 하였다.

나. 간병등급 재결정 처분에 대하여

-----(중 략)-----

다. 부당이득 징수 결정 처분에 대하여

법 제61조제2항에 따르면 간병급여의 지급 기준과 방법 등에 관하여 필요한 사항은 대통령령으로 정한다고 하면서, 법 시행령 제59조에서 간병급여는 간병급여 지급 대상에 해당되는 사람이 실제로 간병을 받은 날에 대하여 지급하며, 간병급여의 청구 방법은 고용노동부령으로 정한다고 규정하고 있다.

이에 법 시행규칙 제50조에서 간병급여는 '간병시설이나 간병을 받은 장소의 명칭 및 주소', '간병을 한 사람의 이름·주민등록번호 및 수급권자와의 관계(간병시설에서 간병을 받지 않은 경우만 해당한다)', '실제 간병을 받은 기간, '간병에 든 비용 및 그 명세'등을 적은 서류를 첨부하여 공단에 청구하여야 한다고 규정하고 있다.

또한, 법 제84조제1항에 의하면 공단은 보험급여를 받은 자가 다음 각 호의 어느 하나에 해당하면 그 급여액에 해당하는 금액(제1호의 경우에는 급여액의 2배에 해당하는 금액)을 징수하여야 한다고 하면서 제3호에 '그 밖에 잘못 지급된 보험급여가 있는 경우'를 규정하고 있다.

한편, 대법원은 법 제84조제1항의 내용과 취지, 사회보장 영역에서의 수익적 행정처분 취소의 특수성 등을 종합하여 보면, 법 제84조제1항제3호에 따라 보험급여를 받은 당사자로부터 잘못 지급된 보험급여에 해당하는 금액을 징수하는 처분을 할 때에는 보험급여 수급에 관하여 당사자에게 고의 또는 중과실의 귀책이 있는지, 잘못 지급된 보험급여에 해당하는 금액을 징수하여야 할 공익상

필요와 그로 말미암아 당사자가 입게 될 기득권과 신뢰의 보호 및 법률생활 안정의 침해 등의 불이익을 비교·교량 하여야 한다고 판시하고 있다.(대법원2014. 4. 10. 선고 2011두31697판결 등 참조)

원처분기관은, 2008. 6. 27. 청구인의 요양이 종결됨에 따라 청구인 주치의와 원처분기관 자문의의 의학적 소견 등 관련 자료를 토대로 청구인에 대하여 장해등급 제1급제3호 및 상시 간병급여 대상자로 결정 하였고, 이후 청구인은 원처분기관에 정기적으로 간병급여를 청구하여 이를 지급 받았으나, 간병등급 결정 및 간병급여 지급 경위를 보면, 청구인이 허위·기타 부정한 방법으로 간병급여를 지급 받은 사실이 확인되지 아니하고, 간병급여를 수령하면서 청구인이 실제 상시가 아닌 수시 간병을 받았는지 여부 또한 객관적으로 확인되지 않는다.

사정이 이러하다면, 앞서 살펴본 바와 같이 요양 종결 당시 청구인의 실제 상태가 상시가 아닌 수시 간병급여 대상이므로 보험급여가 잘못 지급되었다는 사실은 별론으로 하더라도, 원처분기관의 상시 간병급여 대상 결정 처분에 기초하여 간병급여를 청구·수령한 청구인에게 그간 잘못 지급된 간병급여를 모두 소급하여 징수 결정하는 것은 신뢰보호 원칙에 위배될 뿐만 아니라, 수령한 간병급여를 간병비 등으로 소진하였을 청구인이 입게 될 생활상 불이익 등이 커서 이는 부당하다고 할 것이다.

그러나, ① 앞에서 인정한 사실관계에 의하면, 청구인의 간병인(배우자)이 2015. 8. 30.부터 화장품 및 타이마사지 사업장을 운영해 왔고, 청구인은 그 기간 동안 간병인 없이 혼자 힘으로 일정부분 일상생활을 해온 것으로 추단되므로 2015. 8. 30.부터는 실제로 상시 간병을 받았다고 보기 어려운 점, ② 법 제61조 및 법 시행령 제59조에서 간병급여는 의학적으로 간병이 필요하여 간병을 받는 자에게, 실제로 간병을 받은 날에 대하여 지급한다고 규정하고 있고, 법 시행규칙 제50조에 의하면, 간병급여는 간병을 한 사람과 실제 간병을 받은 기간, 간병에 든 비용 등을 기재하여 공단에 청구하여 지급받는 보험급여라는 점에서, 적어도 2015. 8. 30.부터는 청구인 자신이 상시 간병을 받지 않고 있음에도 상시 간병급여를 청구·수령하고 있다는 사정을 인지하고 있었을 것으로 보이는 점, ③ 청구인 스스로 사실과 다르게 간병급여를 청구하여 이를 받고 있다는 사정을 알고 있었다면, 추후 이러한 사실이 발견되어 부당이득으로 징수 결정 처분 될 가능성도 예상하고 있었을 것이므로, 이러한 경우에까지도 신뢰보호의 이익을 원용할 수는 없다고 보이는 점, ④ 법 제84조제1항제3호에서 공단은 잘못 지급된 보험급여가 있는 경우에는 그 급여액에 해당하는 금액을 징수하여야 한다고 규정하고 있을 뿐만 아니라, 산업재해보상보험제도의 적정한 운영과 사업주가 납부하는 보험료와 국고부담 등을 통하여 형성되는 산업재해보상보험의 재정 건전성 확보 등을 위해 부당이득 징수 결정의 공익상 필요성이 있는 점 등을 종합하여 보면, 원처분기관이 청구인에게 행한 부당이득 징수 결정 처분 중 2015. 8. 30. 이후 상시 간병등급과 수시 간병등급 간 보험급여 차액 부분에 대하여는 정당한 것으로 판단된다.

라. 결론

따라서, 원처분기관이 청구인에게 행한 수시 간병등급 재결정 처분은 정당하나, 부당이득 징수 결정 처분 중 2008. 7. 1.부터 2015. 8. 29.까지의 기간에 대하여는 부당하므로 이를 취소하고, 나머지 기간은 기각하는 것이 타당하다는 것이 우리 위원회의 판단이다.

VIII 직업재활급여에 대하여

【산재보험법】

제72조(직업재활급여) ① 직업재활급여의 종류는 다음 각 호와 같다.

1. 장해급여 또는 진폐보상연금을 받은 자나 장해급여를 받을 것이 명백한 자로서 대통령령으로 정하는 자(이하 "장해급여자"라 한다)중 취업을 위하여 직업훈련이 필요한 자(이하 "훈련대상자"라 한다)에 대하여 실시하는 직업훈련에 드는 비용 또는 직업훈련수당
2. 업무상의 재해가 발생할 당시의 사업에 복귀한 장해급여자에 대하여 사업주가 고용을 유지하거나 직장적응훈련 또는 재활운동을 실시하는 경우에 각각 지급하는 직장복귀지원금, 직장적응훈련비 및 재활훈련비

1. 직업재활급여 제도의 의의

직업재활급여[138]로는 직업훈련비용, 직업훈련수당, 직장복귀지원금, 직장적응훈련비, 재활운동비가 있다. 직업훈련비용은 직업훈련기관에게, 직업훈련수당은 훈련대상자[139]에게, 직장복귀지원금, 직장적응훈련비, 재활운동비는 사업주에게 각각 지급한다.

138 【산재보험법】 제72조(직업재활급여)

139 【산재보험법시행령】 제68조(직업재활급여 대상자) ① 법 제72조제1항제1호에 따른 훈련대상자(이하 "훈련대상자"라 한다)는 다음 각 호의 요건을 모두 갖춘 사람으로 한다.

1. 다음 각 목의 어느 하나에 해당할 것
   가. 장해등급등 제1급부터 제12급까지의 어느 하나에 해당할 것
   나. 업무상의 사유로 발생한 부상 또는 질병으로 인하여 요양 중으로서 그 부상 또는 질병의 상태가 치유 후에도 장해등급 제1급부터 제12급까지의 어느 하나에 해당할 것이라는 내용의 의학적 소견이 있을 것
2. 삭제
3. 취업하고 있지 아니한 사람일 것. 이 경우 취업의 범위는 고용노동부령으로 정한다.
4. 다른 직업훈련을 받고 있지 아니할 것
5. 제67조제1항에 따른 직업복귀계획을 수립하였을 것

2. 직업훈련비용

공단과 계약을 체결한 직업훈련기관으로 하여금 훈련대상자에 대한 직업훈련을 실시하도록 하고, 당해 기관에 지급하는 비용이 직업훈련비용이다. 그 지급액은 고용노동부장관이 훈련비용, 훈련기간 및 노동시장의 여건 등을 고려하여 고시하는 금액의 범위에서 실제 드는 비용으로 하되, 그 지급기간은 12개월 이내로 한다. 다만, 직업훈련기관이 다른 법령에 의해서 직업훈련비용에 상당한 비용을 받은 경우(① 「장애인고용촉진 및 직업재활법」 제11조에 따른 직업적응훈련 및 같은 법 제12조에 따른 직업능력개발훈련의 지원을 받은 경우, ② 「고용보험법」 제29조에 따른 직업능력개발훈련의 지원을 받은 경우, ③ 「근로자직업능력 개발법」 제11조의2, 제12조, 제15조 및 제17조에 따른 직업능력개발훈련의 지원을 받은 경우, ④ 훈련대상자를 고용하려는 사업주가 직업훈련비용을 부담한 경우, ⑤ 그 밖의 법 또는 다른 법령에 따라 직업훈련비용에 상당하는 지원을 받은 경우)에는 이를 지급하지 않는다.

3. 직업훈련수당

직업훈련수당은 훈련대상자에 대하여 직업훈련으로 취업하지 못하는 기간에 지급하는 비용으로 1일당 지급액은 최저임금액에 상당하는 금액으로 하고 있다. 다만, 훈련대상자가 휴업급여나 상병보상연금을 받은 경우에는 이를 지급하지 아니하고, 장해보상연금 또는 진폐보상연금을 받는 경우에는 1일당 장해보상연금액 또는 1일당 진폐보상연금액과 1일당 직업훈련수당을 합한 금액이 그 근로자의 장해보상연금 또는 진폐보상연금 산정에 적용되는 평균임금의 100분의 70을 초과하면 그 초과하는 금액 중 직업훈련에 해당하는 금액은 지급하지 아

[직업훈련수당 지급기준]

◈ 다음 요건에 모두 해당하는 경우에는 훈련기간 일수에 대하여 지급
① 1주일 4시간 이상일 것
② 1주 동안 20시간 이상이면서 4일 이상일 것
③ 1개월 동안 80시간 이상일 것

◈ 위의 기준에 미치지 못하는 경우
❶ 4시간 이상 직업훈련을 받은 일수에 대하여 직업훈련수당 지급
❷ 2시간 이상 4시간 미만 직업훈련을 받은 날에 대하여 직업훈련수당의 2분의 1에 해당하는 금액 지급

니한다. 훈련대상자가 직업훈련수당을 지급받기 위해서는 해당 훈련직종 또는 훈련과정에서 출석률이 100분의 80 이상에 해당하여야 하고, 직업훈련수당 지급기준에 따라 지급한다.

정보통신망을 이용한 훈련직종 또는 훈련과정을 수료한 경우에는 직업훈련을 받은 총시간을 8로 나누어 나온 값을 직업훈련을 받은 일수로 보고 그 일수에 해당하는 직업훈련수당을 지급한다. 이 경우 8로 나누어 남은 시간이 4시간 이상이면 1일로 본다. 특정일에 정보통신망을 이용하여 직업훈련을 받은 시간이 8시간을 넘는 경우에는 그 직업훈련을 받은 시간 전부에 대하여 1일분의 직업훈련수당을 지급한다. 직업훈련수당을 받으려면 직업훈련을 시작한 날부터 1개월(직업훈련 기간이 1개월 미만인 경우에는 그 기간)이 지난 후에 월 단위로 공단에 청구하여야 한다. 다만, 정보통신망을 이용하여 직업훈련을 받은 경우에는 해당 훈련직종 또는 훈련과정을 수료한 후에 청구하여야 한다.

4. 직장복귀지원금, 직장적응훈련비, 재활운동비

직장복귀지원금은 장해급여자를 업무상 재해가 발생할 당시 사업에 복귀시켜 고용을 유지한 사업주에게 지급하는 비용이다. 그 지급액은 고용노동부장관이 임금수준 및 노동시장의 여건 등을 고려하여 고시하는 금액의 범위내에서 사업주가 장해급여자에게 지급한 임금액으로 하되, 그 지급기간은 12개월 이내로 한다. 이를 지급받기 위한 사업주는 장해급여자에 대하여 요양종결일 또는 직장복귀일부터 6개월 이상 고용을 유지하고 그에 따른 임금을 지급하여야 한다. 다만, 장해급여자가 6개월이 되기 전에 자발적으로 퇴직한 경우에는 그 퇴직한 날까지의 직장복귀지원금을 지급한다. 직장적응훈련비 및 재활운동비는 사업주가 장해급여자에게 직장적응훈련 및 재활운동을 실시하는 경우 지급하는 비용이다. 그 지급액은 고용노동부장관이 직장적응훈련 또는 재활운동에 드는 비용을 고려하여 고시하는 금액의 범위내에서 실제 드는 비용으로 하되, 그 지급기간은 3개월 이내로 한다. 이를 지급받기 위한 사업주는 요양종결일 또는 직장복귀일부터 6개월 이내에 직장적응훈련이나 재활운동을 시작하여야 하고, 직장적응훈련이나 재활운동이 끝난 다음 날부터 6개월 이상 고용을 유지하여야 한다. 다만, 장해급여자가 6개월이 되기 전에 자발적으로 퇴직한 경우에는 그러하지 아니하다. 다만, 직업훈련기관이 다른 법령에 의해서 직업훈련비용에 상당한 비용을 받은 경우(①「고용보험법」 제23조 · 제27조 · 제32조에 따른 지원을 받은 경우, ②「장애인고용촉진 및 직업재활법」제30조에 따른 고용장려금을 받은 경우, ③「근로자직업능력 개발법」 제20조제1항에 따른 지원을 받은 경우, ④ 그 밖에 법이나 다른 법령에 따라 직장복귀지원금 · 직장적응훈련비 또는 재활운동비에 해당하는 금액을 받은 경우)에는 그 받은 금액을 빼고 지급한다. 또한, 사업주가 의무로서 장애인을 고용하는 경우[❶「장애인고용촉진법 및 직업재활법」 제28조에 따른 고용의무가 있는 장애인을 고용한 경우(직장복귀지원금만 지급하지 아니한다), ❷ 직장복귀지원금을 받을 목적으로 장해급여자가 사업에 복귀하기 3개월 전부터 복귀 후 6개월 이내에 다른 장해급여자 또는「장애인고용촉진법 및 직업재활법」에 따른 장애인을 그 사업에서 퇴직하게 한 경우]에는 직장복귀지원금을 지급하지 아니한다.

IX 유족급여 및 장의비에 대하여

【산재보험법】

제62조(유족급여) ① 유족급여는 근로자가 업무상의 사유로 사망한 경우에 유족에게 지급한다.

제71조(장의비) ① 장의비는 근로자가 업무상의 사유로 사망한 경우에 지급하되, 평균임금의 120일분에 상당하는 금액을 그 장제(葬祭)를 지낸 유족에게 지급한다. 다만, 장제를 지낼 유족이 없거나 그 밖에 부득이한 사유로 유족이 아닌 자가 장제를 지낸 경우에는 평균임금의 120일분에 상당하는 금액의 범위에서 실제 드는 비용을 그 장제를 지낸 자에게 지급한다.

② 제1항에 따른 장의비가 대통령령으로 정하는 바에 따라 고용노동부장관이 고시하는 최고 금액을 초과하거나 최저 금액에 미달하면 그 최고 금액 또는 최저 금액을 각각 장의비로 한다.

1. 의 의

유족급여는 사망한 근로자의 유족에게 지급하는 보험급여이다. 유족이 유족급여를 지급받기 위해서는 근로자의 사망이 업무와 상당인과관계가 인정되어야 한다. 근로자가 사망하였다고 하더라도 업무와의 상당인과관계가 인정되지 아니하면 유족급여는 지급되지 아니한다. 가령, 업무상 재해를 인정받고 요양하던 중, 근로자가 사망하였다고 하더라도 근로자가 업무상 재해를 인정받은 원인과는 다른 원인으로 사망하거나, 근로자가 고령 등 자연경과적으로 사망한 경우라고 인정되는 경우에는 유족급여를 지급받을 수 없다. 유족급여는 근로자가 생전에 부양하고 있던 가족의 생계 위험에 대한 지원을 그 목적으로 하고 있다. 유족급여는 유족보상연금과 유족보상일시금으로 구분되는데 근로자가 사망할 당시 유족보상연금을 받을 수 있는 자격이 있는 자가 없는 경우 유족보상일시금으로 지급한다. 유족보상연금을 받을 수 있는 자격이 있는 자가 원할 경우 유족보상일시금의 100분의 50에 상당하는 금액을 일시금으로 지급하고 유족보상연금은 100분의 50을 감액하여 지급할 수 있다.

[유족보상연금 수급자격자의 요건]

구 분	공 통	요 건
배우자	사망 당시 생계를 같이 하고 있는 유족	사실혼관계에 있는 처 포함
부모·조부모		-60세 이상인 경우 -장애인복지법에 따른 장해등급 제2급 이상(시각장애인의 경우 제3급 이상)
자녀·손자녀		-19세 미만인 경우 -장애인복지법에 따른 장해등급 제2급 이상(시각장애인의 경우 제3급 이상)
형제자매		-19세 미만이거나 60세 이상인 경우 -장애인복지법에 따른 장해등급 제2급 이상(시각장애인의 경우 제3급 이상)

유족보상연금 수급자가 ① 사망한 경우, ② 재혼한 때(사망한 근로자의 배우자만 해당하며, 재혼에는 사실상 혼인관계에 있는 경우를 포함한다), ③ 사망한 근로자와 친족 관계가 끝난 경우, ④ 자녀 · 손자녀 또는 형제자매가 19세가 된 경우, ⑤ 산재보험법 제63조(유족보상연금 수급자격자의 범위)제1항제4호에 따른 장애인이었던 자로서 그 장애 상태가 해소된 경우, ⑥ 근로자가 사망할 당시 대한민국 국민이었던 유족보상연금 수급자격권자가 국적을 상실하고 외국에서 거주하고 있거나 외국에서 거주하기 위하여 출국하는 경우, ⑦ 대한민국 국민이 아닌 유족보상연금 수급자격권자가 외국에서 거주하기 위하여 출국하는 경우에는 그 수급자격을 잃는다. 장의비는 근로자가 업무상의 사유로 사망한 경우에 그 장제(葬祭)를 지낸 유족에게 지급하되, 평균임금의 120일분에 상당하는 금액을 지급한다. 다만, 장제를 지낼 유족이 없거나 그 밖에 부득이한 사유로 유족이 아닌 자가 장제를 지낸 경우에는 평균임금의 120일분에 상당하는 금액의 범위에서 실제 드는 비용을 그 장제를 지낸 자에게 지급한다. 한편, 장의비는 고용노동부장관이 고시하는 최고 금액을 초과하거나 최저 금액에 미달하면 그 최고 금액 또는 최저 금액으로 하도록 하고 있다. 유족급여 사건의 핵심은 근로자의 사망이 업무와 상당인과 관계에 있느냐가 그 핵심이고, ① 재해로 사망한 경우, ② 업무상 재해로 인정받아 요양 중 사망한 경우, ③ 재해로 요양치유 후 일정기간이 지난 후에 사망한 경우 등의 사례가 있다.

2. 유족급여와 관련된 재결사례

가. 과도한 음주를 업무상 재해로 인정한 사례

재결사례(2019재결 제1297호)에서 공단은 워크숍에서 사망한 재해근로자의 업무시간이

장 · 단기과로 기준에 미치지 못하는 등의 사유로 이를 업무상 재해로 인정하지 아니하였다. 그러나, 신입사원인 재해근로자가 워크숍에서 음주를 할 수 밖에 없었던 정황을 고려하여 과도한 음주로 인한 업무상 재해를 인정한 사례이다. 재해근로자의 사망을 업무상 재해로 인정한 이유는 ① 국립과학수사연구원 부검감정서에서 재해근로자가 사망에 이를 만한 질병, 외상 및 중독 소견은 확인되지 않고, 젊은 나이에 건강보험수진내역상에도 특이사항이 없는 것으로 보아 재해근로자는 평소 건강에는 특별한 문제점이 없는 것으로 인정할 수 있으며, ② 재해근로자는 숙취해소 음료와 약을 구매하여 회사와 집에 나누어 보관하고 일부는 항상 지니고 다닐 정도로 술을 못 마시는 체질이였다는 것이 여러 진술에서 확인되고, 사업장에서도 이를 진술한 점 등으로 보아 재해근로자는 술을 못 마시는 체질이었던 것을 고려할 때 ③ 비록 재해근로자에 대한 직접적인 음주의 강제성 또는 고의성이 없었다고 할지라도 다수의 직장 상사가 참석한 워크숍에서 신입사원인 재해근로자의 지위 등을 감안할 때 음주를 할 수 밖에 없었던 정황을 고려하여 과도한 음주를 할 수 밖에 없었고, 이로 인하여 사망한 것을 인정하여 업무상 재해로 인정하였다.

2019재결 제1297호 유족급여 및 장의비 부지급 처분 취소

재해근로자는 이 건 사업장에 입사하여 3개월간의 수습을 마치고, 1박2일 워크숍 참석하여 사망한 채로 발견되었고, 부검 결과 사인은 '원인불명의 내인성 급사(급성심장사, 청장년급사 추정)'로 추정되었으며, 원처분기관 및 청구인이 주장(12주 기준)하는 재해근로자의 업무시간은 장·단기 과로 고용노동부 고시 기준에 미치지 못하는 것으로 확인된다.

그러나 산업재해보상보험법(이하 "법"이라 한다) 시행령 제34조제4항에 의하면, 공단은 근로자의 업무상 질병 또는 업무상 질병에 따른 사망의 인정 여부를 판정할 때에는 그 근로자의 성별, 연령, 건강 정도 및 체질 등을 고려하여야 한다고 규정하고 있고, 내인성 급사(급성심장사, 청장년급사)의 경우 유인(誘因)으로는 과로, 운동, 중노동 등의 육체적인 자극이나 흥분, 슬픔, 분노 등의 정신적인 자극, 음주, 성교, 분만 등 모든 종류의 스트레스가 해당될 수 있으며, 이러한 유인은 일시적으로 심장에 과도한 부담을 주거나 혈압을 상승시켜 심혈관계에 영향을 미칠 수 있고, 사인이 될 만한 병변이 밝혀지지 아니한 경우에도 위 각 유인은 아직 밝혀지지 아니한 그 어떠한 질병을 급속히 유발하였거나 또는 악화시킨 것으로 보아야 할 것이므로 사망 시 있었던 것으로 입증되는 유인과 사망과 사이에 인과관계를 인정함이 상당하다고 할 것이다.

우선, 재해근로자는 비교적 젊은 나이로서 건강보험 요양급여내역(2008. 7.~2017. 11.)상 특이사항이 확인되지 않는 것으로 보아 평소 건강에 특별한 문제가 없었다는 것으로 추단되고 부검감정서(국립과학수사연구원)에서도 사망에 이를 만한 질병, 외상 및 중독 소견은 확인되지 않는다.

다만, 청구인은 재해근로자가 술을 못 마시는 체질이라고 진술하고 있고 재해근로자 다수의 지인 확인서에서도 이에 대한 내용이 확인되며 사업장에서도 재해근로자가 술을 못 마신다고 알고 있었다고 진술한 점 등으로 보아 재해근로자는 술을 못 마시는 체질이었던 것으로 보이며, 재해근로자가 숙취해소 음료와 약을 대량으로 구매하여 일부는 회사와 집에 나누어 보관하고 일부는 항상 지니고 다닐 정도였다는 유족의 진술 등을 고려할 때 술을 못 마시는 체질이었던 재해근로자에게는 소량의 음주도 신체적 부담이었던 것으로 보이는 점, 비록 음주의 강제성 또는 고의성이 없었다고 할지라도 다수의 직장 상사가 참석한 워크숍에서의 신입사원이라는 지위 등을 감안할 때 술을 먹을 수밖에 없었을 것으로 추정되고 술을 못 먹는 재해근로자에게 이 또한 스트레스로 작용하였을 것으로 보이는 점, 등을 종합하여 보면, 술을 못 마시는 체질인 재해근로자에게는 신입사원으로 참석한 워크숍에서의 음주가 내인성 급사의 한 유인으로 작용하여 사망한 것으로 봄이 상당하다 할 것이다.

따라서 재해근로자의 사망은 업무와 상당인과관계가 인정되므로 법 제5조 규정에 의한 업무상 재해로 볼 수 있다는 것이 우리 위원회의 판단이다.

나. 업무시간 산정에 있어서 비공식 노동조합 활동 인정여부

뇌혈관 및 심장 질병 관련사건에 대한 업무상 질병 인정기준[140]에서 업무시간에 대한 요건이 완화되면서 업무시간 포함여부에 다툼이 많아지고 있다. 재결사례(2019재결 제1533호) 사건은 재해근로자의 비공식 노동조합 활동시간을 업무시간에 포함할 것인지 여부에 대한 다툼이 있었던 사례이다. 재해근로자에 대한 업무시간 산정에 있어서 업무시간 산정 시 누락한 비공식 노동조합 활동시간(노조임원 워크숍 참석, 교번 근무표 조정 관련시간 등)을 업무시간으로 추가할 경우 발병 전 1주 동안 업무시간은 일상 업무시간 보다 30% 이상 증가하여 단기과로에 해당된다는 소수의견 있었다. 그러나 다수의견은 사업장과 사전 협의하지 않은 비공식 노동조합 활동시간을 업무시간으로 인정할 수 없고, 더구나, 비공식 노동조합 활동시간은 주장에 불과하고, 이를 추단할 수 있는 구체적이고 객관적인 자료도 부족하다며 이를 인정하지 아니하였다.

2019재결 제1533호 유족급여 및 장의비 부지급 처분 취소

재해근로자의 발병 전 24시간 이내의 업무상황을 살펴보면, 청구인은 재해근로자는 평소보다 촉박하게 도달한 교번 근무표, 조합원 징계문제로 인한 이 건 사업장 측과의 언쟁 및 교번 근무표 조정 업무 보조자로부터 업무를 그만두겠다는 통보를 받는 등의 돌발적이고 예측 곤란한 사건이 발생하

140 고용노동부고시 제2017-117호, 뇌혈관 질병 또는 심장 질병 및 근골격계 질병의 업무상 질병 인정 여부 결정에 필요한 사항

였다고 주장하나, 이러한 상황은 재해근로자의 일상 업무수행 중에 발생할 수 있는 사안으로 볼 수 있어 심장혈관에 병변 등을 그 자연경과를 넘어 급격하고 뚜렷하게 악화시킬 수 있는 업무와 관련된 돌발적이고 예측 곤란한 사건의 발생과 급격한 업무환경의 변화라고 보기는 어렵다.

다음으로, 재해근로자의 단기과로 해당 여부를 살펴보면, 원처분기관에서 재해근로자의 업무시간 산정 시 누락한 비공식 노동조합 활동시간(노조임원 워크숍 참석, 교번 근무표 조정 관련시간 등) 등을 업무시간으로 추가할 경우 발병 전 1주 동안 업무시간은 일상 업무시간 보다 30% 이상 증가하여 단기과로에 해당된다는 소수의견도 있었다.

그러나, 재해근로자의 노동조합 활동시간에 대해 재해근로자가 이 건 사업장에 사전 근무협조를 득하고 노동조합 활동을 한 시간에 대해서는 업무시간으로 산정하였음이 확인되나, 재해근로자가 발병 전 1주일 동안 행한 비공식 노동조합 활동시간에 대해서는 이 건 사업장과 사전 협의한 사실이 확인되지 않고, 청구인이 주장하는 재해근로자의 비공식 노동조합 활동시간을 확인할 구체적이고 객관적인 근거도 부족하여 이를 업무시간으로 인정하기 어려워 재해근로자의 발병 전 1주 동안 업무시간이 일상 업무시간 보다 30% 이상 증가하였다고 보기 어렵다는 의견이 다수의견이다.

또한, 재해근로자의 만성과로 및 업무부담 가중요인 해당 여부에 대하여 살펴보아도 재해근로자의 발병 전 4주 및 12주 동안 1주 평균 업무시간은 각각 46시간 30분, 38시간 48분으로 만성적 과로가 있었다고 보이지 않고, 재해근로자가 수행한 업무가 교대제 근무에 해당한다고 하더라도, 발병 전 12주 동안 업무시간이 52시간에 미치지 못하고 다른 업무부담 가중요인도 인정되지 않아 이러한 업무가중 요인이 업무와 사인과의 관련성을 증가시켰다고 평가하기는 어렵다.

따라서, 재해근로자의 사망은 업무와의 상당인과관계를 인정할 만한 객관적 근거나 의학적 소견이 미흡하므로, 산업재해보상보험법 제5조의 규정에 의한 업무상 재해로 볼 수 없다는 것이 우리 위원회의 판단이다.

다. 도로에서 진입 방지봉을 넘어간 행위로 사망한 경우

재해근로자가 도로에서 오토바이를 운전하던 중 사고현장약도에서 보는 바와 같이 3차선과 4차선사이에 진입 방지봉이 설치되어 있음에도 불구하고 재해근로자가 4차선에서 3차선으로 진입 방지봉을 넘어가다가 3차선에서 같은 방향으로 진행하던 차량과 충돌하는 사고로 사망한 사례이다. 이에 대하여 ① 재해근로자의 진입 방지봉을 넘는 차로 변경 행위가 사고 발생의 고의나 중대한 과실에 해당한다고 보기 어렵고, ② 사고를 발생시킨 차량의 운전자가 전방주시나 방어운전 등의 안전운전 의무를 다하였다고 볼 수 없다는 점에서 ③ 재해근로자의 도로교통법 위반 범죄행위가 오로지 또는 주로 사고의 원인이라고 할 수 없으므로 재해근로자의 사망을 업무상 재해로 인정하여야 한다는 소수의견이 있었다.

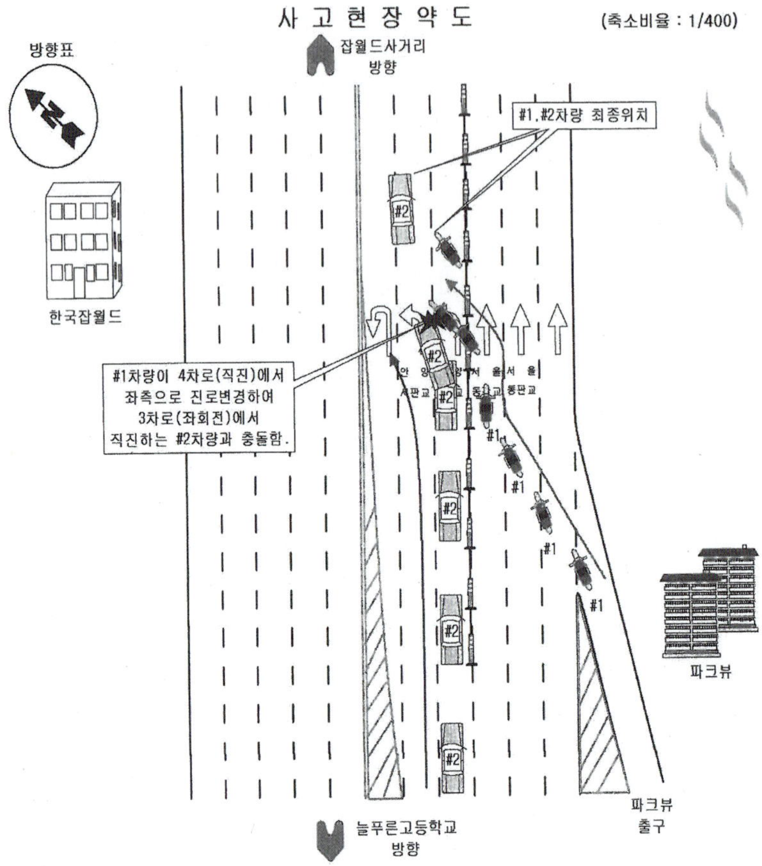

그러나, 다수의견은 ① 경찰서 조사내용에 의하면 사고차량의 운전자는 도로교통법을 위반한 사실이 없는 반면, 재해근로자는 20만원 이하의 벌금이나 구류 또는 과료(科料)에 해당하는 도로교통법상 안전운전 의무를 위반한 것으로 기재되어 있는 바, 산재보험법 제37조제2항에서 범죄행위 또는 그것이 원인이 되어 발생한 사망은 업무상 재해로 보지 않는다고 규정되어 있으므로 이를 업무상 재해로 인정하기 어렵고, ② 더구나, 시각적인 효과가 상당히 큰 진입 방지봉이 설치되어 있음에도 불구하고 이를 넘어 무리하게 진입한 재해근로자의 행위가 가볍다고 보기 어려우며, ③ 일반적으로 진입 방지봉이 설치되어 있는 도로를 주행하는 사람이 진입 방지봉을 넘어 오토바이가 진입할 것이라고 예견할 가능성이 있다고 인정하기는 어려워 재해근로자의 무리한 차선 변경으로 인한 도로교통법 위반 범죄행위가 재해근로자 사망의 주된 원인이라고 판단하여 업무상 재해로 인정하지 아니하였다.

2019재결 제2087호 유족급여 및 장의비 부지급 처분 취소

재해근로자는 2018. 6. 20. 배달 완료 후 편도 6차로에 진입하여 3차선과 4차선 경계에 진입 방지봉이 설치되어 있음에도 불구하고 4차로에서 3차로로 진로 변경하여 같은 방향 3차로에서 직진하는 차량과 충돌하는 사고로 인해 사망한 것으로 확인된다.

이에 대해 재해근로자의 진입 방지봉을 넘는 차로 변경 행위가 고의나 중대한 과실에 해당하지 않으며, 사고차량 2의 운전자가 전방주시나 방어운전 등의 안전운전 의무를 다하였다고 볼 수 없다는 점에서 재해근로자의 도로교통법 위반 범죄행위가 오로지 또는 주로 사고의 원인이라고 할 수 없어 업무상 재해로 인정되어야 한다는 소수의견이 있었다.

산재보험법은 일반적으로 무과실책임주의에 입각하여 운영되고 있고, 무과실책임주의는 책임을 져야 할 의무가 있는 자(산재보험법의 이념상 사업주)의 고의 또는 과실이 없는 경우에도 그 책임을 지는 것을 의미하는 것이나, 이러한 사업주의'무과실책임'이 근로자의 모든 행위로 인한 재해에 대하여 무한적 책임을 져야 한다는 것을 의미하는 것은 아니며, 산재보험법 제37조제2항은 사업주와 근로자가 각각 책임을 져야 할 부분의 경계를 선언한 규정이라고 볼 수 있다.

경찰서 조사 내용에 의하면 사고차량 2의 운전자가 도로교통법을 위반한 사실이 없는 반면, 재해근로자는 도로교통법 제48조 안전운전의무위반을 한 것으로 기재되어 있고, 이 조항을 위반할 경우 도로교통법 제156조(벌칙)에 따르면 "20만원 이하의 벌금이나 구류 또는 과료(科料)에 처한다"라고 규정되어 있어 재해근로자는 도로교통법을 위반한 행위를 한 것으로 확인되며, 산재보험법 제37조 제2항에서는 범죄행위 또는 그것이 원인이 되어 발생한 사망은 업무상 재해로 보지 않는다고 규정되어 있다.

더구나, 재해근로자는 시각적인 효과가 상당히 큰 진입 방지봉이 설치되어 있음에도 불구하고 이를 넘어 무리하게 진입한 재해근로자의 행위가 가볍다고 보기 어려우며, 일반적으로 진입 방지봉이 설치되어 있는 도로를 주행하는 사람이 진입 방지봉을 넘어 오토바이가 진입할 것이라고 예견할 가능성이 있다고 인정하기는 어렵고, 이 건 사고차량 2의 운전자 또한 사고차량 1의 3차로 진입을 전혀 예상할 수 없었다고 하는 점으로 보아 이 건 사고는 재해근로자의 무리한 차선변경의 도로교통법 위반 범죄행위가 재해근로자의 사망의 주된 원인이라고 볼 수 있으므로 업무상 재해로 인정하기 어렵다고 할 것이다.

따라서, 재해근로자의 사고는 산재보험법 제5조의 규정에 의한 업무상 재해로 볼 수 없어 원처분기관이 청구인에게 행한 유족급여 및 장의비 부지급 처분은 타당하다는 것이 우리 위원회의 판단이다.

라. 요양종결 후 상당기간 경과 후 사망한 경우

재해근로자가 사고로 인정받은 상병을 업무상 재해로 인정받아 요양 후 장해등급을 받고 장해보상연금을 수령하던 중 사망하였으나, 재해근로자의 사망을 업무상 재해로 인정하지 아니하였다. 재해근로자의 치유일자와 사망일자 사이에 15년 이상 상당한 기간이 이미 경과하였고, 업무상 재해로 인정받은 상병의 악화로 인한 재요양도 하지 않았으므로 사망과 업무와의 상당인과관계를 인정하기 어렵다고 보았다. 또한, 재해근로자의 사망진단서 상 패혈증으로 인한 심부전으로 사망하였으나, 심부전과 업무상 재해로 인정받은 상병과 인과관계도 인정할만한 의학적 개연성도 충분하지 않다며 업무상 재해로 인정받은 상병과 사망간의 상당인과관계를 인정하지 아니하였다.

2019재결 제2359호 유족급여 및 장의비 부지급 처분 취소

재해근로자의 의무기록 및 수진내역을 살펴보면, 2018. 11. 28. 의무기록지 상 상세불명의 패혈증, 상세불명의 혈관성 치매, 상세불명의 심부전 등을 진단받아 치료를 받아 온 것으로 확인되며, 사망진단서에 따르면 패혈증으로 인한 심부전으로 2019. 1. 10. 사망한 것으로 확인된다.

한편, 재해근로자는 1998. 10. 19. 사고로 진단받은 승인상병으로 2002. 1. 31.까지 요양하였고, 이후 승인상병과 관련하여 재요양한 사실은 확인되지 않으며, 요양 종결 후 15년 이상의 상당한 시간이 경과하여 심부전으로 사망한 것으로 보이는 바, 심부전과 승인상병 간 상당인과관계를 인정할 만한 의학적 개연성이 충분하지 않다는 소견이다.

따라서, 재해근로자의 사망은 업무와의 상당인과관계를 인정할만한 객관적 근거나 의학적 소견이 미흡하므로 산재보험법 제5조의 규정에 의한 업무상 재해로 볼 수 없다는 것이 우리 위원회의 판단이다.

마. 개인질환 등 다른 원인으로 사망한 경우

근로자가 사망했다고 하더라도 모든 경우에 유족급여를 지급받은 것은 아니다. 근로자가 개인질환, 고령 등 업무와 상당인과관계를 인정할 수 없는 원인으로 사망한 경우에는 유족급여를 지급받을 수 없다. 이러한 자료는 건강검진결과, 건강보험 수진내역, 최근의 의무기록 및 영상자료, 사체검안서, 부검결과 등을 활용하여 확인하게 된다.

2017재결 제2567호 유족급여 및 장의비 부지급 처분 취소

재해근로자의 작업환경상 소음에 노출되고, 미량의 유기용제에 노출된 사실은 확인되나 심장질환 악화를 초래할 정도라고 보기 어렵다는 것이 의학적 소견이다.

한편, 조회 가능한 최근 10년 동안의 건강보험 수진자료상 재해근로자는 2007. 2월부터 2017. 2월까지 '심실조기탈분극'으로 진료 받은 사실이 있고, 의무기록 등을 확인한 결과 부정맥으로 약 20년 전 부정맥 진단을 받았으나, 약 3년 전(2013년)부터는 약의 부작용으로 투약을 중지하였으

며, 사망 당시 의식 소실의 양상이 전격적이고, 심초음파 검사상 구혈률 15% 정도의 심한 좌심실 기능 부전 현상이 있으므로, 재해근로자는 심부전에 동반된 부정맥으로 사망한 것으로 보인다고 할 것이다.

이상의 사실관계와 의학적 소견을 종합적으로 고려하여 볼 때, 재해근로자는 발병 당시 업무상 뚜렷한 과로나 유해한 작업환경에 노출되었다고 인정할만한 근거가 부족하여 개인적 질환이 자연경과적으로 악화하여 사망에 이른 것으로 판단되므로 사망과 업무와의 관련성을 인정하기 어렵다.

2017재결 제3022호 유족급여 및 장의비 부지급 처분 취소

재해근로자는 2016. 7. 5. 이 건 사업장에서 정상 근무 후 귀가하여 자택에서 음주 이후 21:20경 몸에 이상증상이 발생하여 병원으로 후송되어 치료를 받던 중 2016. 7. 8. 사망하였고, 사망진단서상 사망원인은 '뇌경색'으로 확인된다.

-----(중 략)-----

한편, 영상자료 및 의무기록 등 관련 자료에서 재해근로자의 경우 좌측 중대뇌동맥 영역에 혈전폐색이 발생하면서 급성중증뇌경색이 발생하였는데, 이러한 대뇌동맥의 혈전폐색의 주요 원인은 업무로 인한 과로나 스트레스라기보다는 판막질환, 혈액질환 등에 의한 것이라는 의학적 소견이 있고, 건강검진 결과에서 혈액관리가 필요하다는 소견이 있었으나 건강보험수진내역에서 이와 관련된 진료내역은 확인되지 않는 점, 의무기록지상 발병 직전까지 지속적인 음주력이 있었던 것으로 볼 때, 재해근로자의 사망원인인 '뇌경색'은 재해근로자의 업무보다는 개인적 소인에 의한 것으로 보인다.

2018재결 제72호 유족급여 및 장의비 부지급 처분 취소

청구인은 재해근로자의 부검 결과 다발성 골절상이 있었다며 추락과 사망이 상당인과관계가 있다고 주장하나, 재해근로자의 사망을 확인한 ㅇㅇ병원에서 '좌측 늑골 2, 3, 4, 5, 6th rib의 crack(+)(이것이 사망의 원인은 아닌 듯함.)'이라는 의무기록이 있고, 사체검안서상 사인은 '미상'이라 하였으며, 국립과학수사연구원의 부검 결과, 사인은 '확장성 심장근육병증에 의한 급성 심장사'인 것을 볼 때, 재해근로자의 골절상이 사망에 영향을 미쳤다고 보기 어렵다.

X 평균임금 사건에 대하여

【산재보험법】

제5조(정의) 이 법에서 사용하는 용어의 뜻은 다음과 같다.

2. "근로자"·"임금"·"평균임금"·"통상임금"이란 각각 「근로기준법」에 따른 "근로자"·"임금"·"평균임금"·"통상임금"을 말한다. 다만 「근로기준법」에 따라 "임금" 또는 "평균임금"을 결정하기 어렵다고 인정되면 고용노동부장관이 정하여 고시하는 금액을 해당 "임금" 또는 "평균임금"으로 한다.

1. 의 의

산재보험법의 일부 보험급여는 그 급여액이 근로자의 평균임금과 연동되어 있다. 이러한 보험급여는 휴업급여, 상병보상연금, 장해급여, 유족급여, 진폐보상연금, 진폐유족연금, 장의비가 있다. 다만, 진폐보상연금, 진폐유족연금의 경우에는 일정요건에 해당하는 자는 평균임금과 상관없는 기초연금 부분만 받는 경우[141]도 있다. 근로자는 보다 많은 액수의 보험급여 수령을 원하기 때문에 가급적 높은 평균임금을 인정받기를 원한다. 그렇기 때문에 산재보험법은 이러한 평균임금에 대한 여러 가지 원칙들을 두고 있다. 산재보험법상 보험급여의 산정기준이 되는 평균임금은 근로기준법에 의한 평균임금을 말하는 것으로서(산재보험법 제5조제2호), 평균임금은 이를 산정할 사유가 발생한 날을 기준시점으로 하여 그 금액을 산정(근로기준법 제2조제1항제6호)하고, 그 이후 보험급여를 산정하는 경우 해당 근로자의 평균임금을 산정하여야 할 사유가 발생한 날부터 1년이 지난 이후에는 매년 전체 근로자의 임금 평균액의 증감률에 따라 평균임금을 증감하도록 하고 있다(산재보험법 제36조제3항). 다만, 재

141 【산재보험법】(법률 제10305호, 2010. 5. 20. 일부개정, 시행 2010. 11. 21.) 부칙 제2조(진폐에 따른 진폐보상연금의 지급에 관한 적용례) ③ 제36조제1항 · 제2항 및 제91조의3의 개정규정은 종전의 규정에 따라 진폐로 인하여 장해보상일시금을 받은 사람(이 법 시행 전에 지급사유가 발생한 사람을 포함한다)에 대하여도 적용하되, 같은 개정규정에 따른 진폐보상연금액 중에서 기초연금액만을 지급한다.

요양 기간 중의 휴업급여(또는 상병보상연금)는 재요양 당시의 임금을 기준으로 평균임금 산정하여 적용하도록 규정되어 있다(산재보험법 제56조 및 제69조). 그러나, 재요양 중 사망한 경우 유족급여를 산정할 때 적용하는 평균임금에 대하여는 산재보험법에 명시적으로 규정하고 있지는 않다. 한편, 근로자의 근로형태가 특이하여 평균임금을 적용하는 것이 적당하지 아니한 일정한 경우에는 다른 방법으로 평균임금을 산정하도록 하고 있다(산재보험법 제35조제5항 및 산재보험법시행령 제23조 및 제24조).

2. 산재특례임금 적용에 대한 문제

공단은 근로자의 평균임금을 산정함에 있어서, 근로자의 실 임금을 확인할 수 있는 직접적 자료나 간접적으로 확인할 수 있는 임금관련 자료가 없는 경우, 근로기준법상의 평균임금을 산정하는 절차를 거치지 않고, 산재보험법상의 특례임금을 바로 적용하여 근로자의 평균임금을 결정하여 보험급여를 지급하여 왔다. 이에 대하여 산재재심사위원회에서는 산재보험법상 보험급여액은 원칙적으로 근로기준법에 따른 평균임금을 토대로 산정하도록 하고 있고, 그 적용이 어렵다고 인정되는 경우에 한하여 고용노동부장관이 정하여 고시하는 금액을 해당 '임금' 또는 '평균임금'으로 한다고 규정되어 있으므로 우선 근로기준법상의 평균임금을 산정하는 절차를 거쳐야 한다고 보고 있다. 산재재심사위원회는 산재특례임금을 적용함에 있어서 우선 근로기준법상의 근로자의 평균임금 결정을 위한 절차를 거쳤는지 여부를 확인한다. 산재특례임금을 적용함에 있어서 우선적으로 근로기준법상 평균임금을 산정하는 절차를 거친 공단의 처분(2017재결 제2719호)은 타당하다고 인정하는 반면에 그러한 절차를 거치지 않은 경우에는 절차를 거치지 않았음을 이유로 이를 취소(2019재결 제1657호)하면서 우선, 근로기준법상의 근로자의 평균임금을 결정하기 위한 절차를 거치도록 하였다. 그럼에도 불구하고 공단은 지속적으로 그러한 절차없이 산재보험법상의 특례임금을 바로 적용하고 있어 문제가 되고 있다.

2017재결 제2719호 평균임금 정정 불승인 및 보험급여 차액 부지급 처분 취소

먼저, 청구인의 산재보험 특례임금은 진단일(2015. 6. 26.) 기준 82,790원18전으로 다툼이 없고, 근로기준법에 따른 청구인의 평균임금을 살펴보면, 청구인의 2006년 퇴직 당시 실제 임금자료는 없고, 근로기준법 특례고시와 관련하여 2006년 이 건 사업장에서 신고한 국세청 근로소득액

3,021,935원과 국민연금 기준소득월액 1,130,000원이 확인되는바, 이를 퇴직 당시의 평균임금을 산정하여 진단일(2015. 6. 26.)까지 증감한 평균임금은 각각 25,437원70전, 49,496원00전이며, 그 밖에 이 건 사업장이 있는 지역의 업종과 규모가 동일하거나 유사한 사업장에서 청구인과 동일한 직종에 종사한 근로자의 임금 자료가 확인되지 않고, 청구인이 이 건 사업장의 근로제공기간 중에 받은 금품에 대한 기록도 없으므로 이를 감안하여 청구인의 근로기준법상 평균임금은 49,496원00전으로 결정하는 것이 특별히 불합리하다고 할 수 없을 것이다.

또한, 사업장 폐업이나 근로자 퇴사 후 상당기간이 경과한 시점에서 근로자의 임금자료와 그 사업장과 같은 지역의 업종 및 규모가 동일하거나 유사한 사업장에서 근무하였던 동일 직종 근로자의 임금 또한 확인하기 어렵고, 국가기관이나 공공기관에 신고한 자료는 공식적인 자료로 신뢰성이 높다고 보아야 하므로 그 근로자의 실제 임금에 가장 가깝고 적정한 금액으로 볼 수 있다 할 것이다.

결국, 보험급여 산정의 기초가 되는 청구인의 평균임금은, 근로기준법상 평균임금과 산재보험법 특례임금 중 높은 금액인 산재보험법 특례임금 82,790원18전으로 보아야 할 것이다.

따라서, 원처분기관이 청구인에게 행한 평균임금 정정 불승인 처분 및 보험급여 차액 부지급 처분은 타당하다는 것이 우리 위원회의 판단이다.

2019재결 제1657호 평균임금 정정 불승인 및 보험급여 차액 부지급 처분 취소

진폐근로자의 실제 임금을 확인할 수 있는 자료 등이 없어서 임금총액의 전부가 명확하지 않은 경우에는 근로기준법 평균임금산정 특례 고시 제5조제1호 당해 사업장 소재 지역의 임금수준 및 물가사정에 관한 사항과 제3호에서 정한 비교 임금, 제5호에서 정한 노동통계에 관한 사항 등을 감안하여 적정하다고 결정한 금액을 평균임금으로 산정한 다음, 산재보험법상 특례임금과 비교하여 더 높은 금액을 평균임금으로 적용하여야 하나, 원처분기관은 이를 누락한 것으로 확인된다.

그러나, 최근에 대법원은 산재특례임금을 적용함에 있어서 산재재심사위원회의 재결처럼 근로기준법상 근로자의 평균임금 결정을 위한 절차를 우선 거치도록 판결[142]하였다.

3. 평균임금을 산정할 사유가 발생한 날에 대한 문제

가. 진단 · 치료와 업무상 재해 상병진단과의 연속성 여부

근로기준법상 평균임금은 이를 산정할 사유가 발생한 날을 기준시점으로 하여 그 금액을

142 평균임금 정정 불승인 및 보험급여 차액 부지급 처분 취소[대법원 2019. 11. 14.선고, 2016두54640판결]

산정하도록 하고 있다. 산재보험법상의 평균임금은 근로기준법에 의한 평균임금[143]을 말한다. 원칙적으로는 업무상 재해가 발생하거나 진단된 날을 평균임금을 산정할 사유가 발생한 날로 본다. 다만, 업무상 재해의 부상 또는 질병에 대한 진단 전의 검사 · 치료가 진단과 시간적 · 의학적 연속성이 있는 경우에는 그 검사 · 치료를 시작한 날을 기준으로 하도록 하고 있다. 이러한 경우에는 진단 전의 검사 · 치료를 시작한 날부터 요양기간도 늘어나게 된다. 그러나, 실제 사례에서는 검사 · 치료가 진단과 연속성이 있는지에 대해서는 그 의료적 견해에 따라 인정할지 여부에 대해서는 시각 차이가 있다.

2019재결 제1580호 평균임금 정정 불승인 및 보험급여 차액 부지급 처분 취소

청구인의 재요양에 따른 평균임금 산정 사유 발생일에 대하여 살펴보면, 청구인이 재요양 의료기관에 2018. 9. 4. 입원을 하여 개인적인 지병으로 인해 재요양에 따른 수술을 바로 하지 못하였으나 재요양의 대상이 되는 상병에 대한 진단 전의 검사·치료가 재요양의 대상이 된다고 인정하는 진단과 시간적·의학적 연속성이 있는 경우에 해당하는바 2018. 9. 4.을 산정 사유 발생일로 보아 입원 전 3개월(2018. 6. 4.~2018. 9. 3.) 근로를 한 내역을 기준으로 평균임금을 산정하여야 한다는 소수 의견도 있었다.

그러나, 청구인의 주치의는 재요양신청서상 금속제거 및 창상 치료를 사유로 2018. 10. 5. 원처분기관에 소견서를 제출하면서 진료기간을 2018. 10. 9.~2018. 12. 17.로 한 것으로 확인되고 청구인이 제출한 입원 기록지를 살펴보더라도 2018. 9. 4. 입원한 것은 상복부 통증에 의한 것으로 재요양의 대상이 되는 부상 또는 질병과는 관련이 없어 시간적·의학적 연속성이 있다고 인정하기는 어렵다고 할 것인 바, 주치의 소견에 따라 재요양이 필요하다고 진단을 받은 날인 2018. 10. 5.을 산정 사유 발생일로 봄이 상당하다고 할 것이다.

나. 재해원인이 업무부담인 경우 적용사업장의 문제

1) 적용사업장 판단에 있어서 사업장 확인 절차를 거쳤는지 여부

산재보험법상 평균임금은 이를 산정할 사유가 발생한 날, 즉 재해원인 시점을 기준으로 하여 그 금액을 산정하도록 하고 있다. 업무상 재해원인을 설명한 부분에서 이미 언급했지만 재해원인이 사고인 경우에는 단선적 이벤트(event)로 일어나기 때문에 그 시점이 명확하여 보험급여와 관련된 평균임금의 산정시점을 비교적 명확하게 확정할 수 있다. 그러나, 재해원인이 업무부담인 경우에는 그 재해원인의 시점을 정하기가 어렵고, 결과적으로 보험급여와

143 【산재보험법】 제5조제2호

관련된 평균임금의 산정시점을 정하기 어렵다는 문제가 발생한다. 따라서, 이러한 경우에는 원칙적으로 상병의 진단일을 기준으로 평균임금을 산정하도록 하면서도, 공단도 지침을 마련하여 업무부담과 관련된 질병의 경우 평균임금 산정의 기준인 사업장을 확정함에 있어서 ① 전문기관 심의의뢰 결과 질병발생과 가장 상당관계가 높은 사업장이 확인된 경우, ② 조사결과 근무기간, 작업환경, 유해요인 노출정도 등을 고려하여 질병발생의 주된 사업장이 명확히 판단되는 경우, ③ 발병일시 또는 증세악화 시점 당시 근무하고 있던 유해(분진 등)사업장으로 하고 만약 위 경우에 해당되지 않아 근무했던 유해사업장 중 하나의 사업장을 질병발생 주된 사업장으로 명확히 판단하기 어려운 경우에는 마지막으로 ④ 유해 요인에 폭로된 사업장을 적용사업장으로 하고 있다. 그러나, 근로자가 여러 사업장에서 근무한 경우 어떠한 사업장의 업무가 상병과 밀접한 관계가 있느냐를 정확히 판단하는 것은 매우 어렵다. 재결사례(2018재결 제3168호)에서는 공단이 스스로 만든 지침에 따른 절차를 거쳐 적용사업장을 선정한 것을 입증하지 못한 공단의 책임을 인정하여 그러한 절차를 거치도록 하였다.

2018재결 제3168호 평균임금 정정 불승인 및 보험급여 차액 부지급 처분 취소

청구인은 원처분기관에서 적용사업장을 정할 때, 근로복지공단의 「요양결정시 적용업무 관련 판단에 관한 처리지침(제2007-31호)」(이하 "관련 지침"이라 한다)을 따르지 않았고, 재해근로자가 OO산업(주)OO광업소에서 근무한 기간은 20년 이상이고, 최종적으로 유해인자에 노출되었던 이 건 사업장에서의 근무기간은 10개월 정도에 불과하므로 인과관계를 입증할 다른 자료가 없는 한 유해인자에 노출되었던 기간을 감안하여 OO산업(주)OO광업소를 적용사업장으로 하여야 한다고 주장한다.

-----(중 략)-----

그러나 원처분기관에서는 주된 사업장을 판단하기 위해 전문기관에 심의의뢰 하거나, 근무기간, 작업환경, 유해요인 노출정도 등을 조사하여 질병 발생의 주된 사업장이 명확히 판단되는지 확인하는 과정을 거치지 않고, 이 건 사업장을 적용사업장으로 정한 것으로 보인다.

따라서, 원처분기관이 적용사업장을 명확히 확인하는 절차를 거치지 않은 채 청구인에게 행한 평균임금 정정 불승인 및 보험급여 차액 부지급 처분은 부당하므로 취소하되, 근로복지공단의 관련 지침에 따라 적용사업장을 판단하는 절차를 거쳐 적용사업장을 판단하고, 그에 따라 평균임금을 재산정하여야 한다는 것이 우리 위원회의 판단이다.

2) 업무상 재해 인정과정에서 적용사업장이 불인정된 사업장

청구인은 소음성 난청에 대한 평균임금 적용사업장을 판단함에 있어서 유해 사업장 중 하나의 사업장을 소음성 난청 발병의 주된 사업장으로 명확히 판단하기 어려운 경우에 해당하므로 이러한 경우 유해 요인에 폭로된 마지막 사업장을 적용사업장으로 하여야 한다고 주장하였다. 일반적으로 적용사업장을 판단함에 있어서 사업장 확인 절차를 거쳤음에도 불구하고 이를 명확히 판단하기 곤란한 경우에는 청구인이 주장하는 바를 인정할 수 있다. 그러나, 청구인이 주장하는 마지막 사업장의 경우에는 청구인의 상병이 소음성 난청임을 고려해 볼 때, 산재보험법령이 규정하고 있는 소음의 정도가 소음성 난청 인정 기준[144]에 의한 85㏈ 이상의 소음정도에 충족되어야 하나, 이러한 기준에 미달하였으므로 주장하는 상병과 상당인과관계가 있다고 인정하기 어렵고, 이러한 사유로 이미 청구인에 대한 장해급여 청구가 기각된 전례를 볼 때 청구인의 주장을 인정할 수 없다고 판단하였다.

2018재결 제3148호 평균임금 정정 불승인 및 보험급여 차액 부지급 처분 취소

적용사업장은 질병발생과 가장 상당인과관계가 높은 사업장이나 근무기간, 작업환경, 유해요인 노출정도 등을 고려하여 명확히 판단되는 질병발생의 주된 사업장, 그리고 발병일시 또는 증악 시점 당시 근무하고 있던 유해 사업장 중에서 판단하여야 할 것이나, 이러한 경우에 해당되지 않아 하나의 사업장을 질병 발생 주된 사업장으로 명확히 판단하기 어려운 경우에는 마지막으로 유해요인에 폭로된 사업장을 적용사업장으로 하여야 할 것인 바,

----(중 략)----

청구인이 근무당시 작업환경측정결과 82.8~84.2㏈ 이상의 소음기준에 미달되는 것이 확인되고, 이와 같은 사유로 관련 장해급여 청구가 부지급 처분된 후, 심사 및 재심사 결정에 있어서도 같은 취지로 기각 결정된 바 있으므로, 작업측정 결과 소음이 85㏈을 넘는 수준에 해당하여 가장 마지막으로 유해요인에 노출된 사업장이라고 할 수 있는 이 건 사업장을 적용사업장으로 보아야 한다는 판단이다.

4. 재요양 중 사망한 경우 유족급여 산정의 평균임금에 대하여

산재보험법에서 휴업급여(또는 상병보상연금)는 재요양 당시의 임금을 기준으로 평균임금 산정하여 적용하도록 규정되어 있다(산재보험법 제56조 및 제69조). 그러나, 재요양 중 사망한 경우 유족급여를 산정할 때 적용하는 평균임금에 대하여는 산재보험법에 명시적으로 규정하고 있지 않다. 재결사례(2018재결 제1535호)에서는 재요양은 요양의 대상이 되었던 업

144 【산재보험법시행령】 [별표 3] 업무상 질병에 대한 구체적인 인정 기준(제34조제3항 관련) 7. 눈 또는 귀 질병, 차. 소음성 난청 85데시벨[dB(A)] 이상의 연속음에 3년 이상 노출되어 한 귀의 청력 손실이 40데시벨 이상으로, ―(생 략)―

무상의 부상 또는 질병이 재발하거나 상태가 악화되는 경우에 인정하도록 규정하고 있는 바, 재요양 상병은 최초 평균임금 산정의 원인이 되었던 상병과 동일 또는 상당인과관계가 있으므로 이는 동일한 업무상의 사유로 보아 최초 평균임금을 산정하고, 일반원칙에 따라 1년이 지난날 이후에는 평균임금을 증감하여 지급하여야 한다고 결정하였다.

2018재결 제1535호 평균임금 정정 불승인 및 보험급여 차액 부지급 처분 취소

유족급여 산정시 최초 평균임금을 증감하여 적용한 원처분이 타당한지 여부를 살펴보면, 산재보험법 제51조의 규정에 의한 재요양은 요양의 대상이 되었던 업무상의 부상 또는 질병이 재발하거나 상태가 악화되는 경우에 인정하도록 규정하고 있는 바, 청구인이 주장하는 진폐근로자의 재요양 상병은 애초 진폐근로자의 최초 평균임금 산정의 원인이 되었던 상병과 동일 또는 상당인과관계가 있다고 보여지므로 이는 동일한 업무상의 사유로 볼 수 있다고 할 것이다.

이러한 동일한 업무상 사유로 보험급여를 지급함에 있어 산재보험법은 원칙적으로 최초 평균임금을 산정하고 그 후 1년이 지난날 이후에는 평균임금을 증감하여 지급하는 것이 원칙이다.

다만, 예외적으로 재요양 기간 중의 휴업급여 등과 같이 법령에 특별한 규정이 있으면 그 규정이 정하는 방법에 따라 지급하고, 이 건처럼 유족급여에 적용할 평균임금에 대한 별도의 규정이 없는 경우에는 일반원칙을 적용하는 것이 타당하다고 판단된다.

따라서, 원처분기관의 평균임금 정정 불승인 및 보험급여 차액 부지급 처분은 정당하다는 것이 우리 위원회의 판단이다.

재결사례(2018재결 제1830호)에서는 재요양 인정요건(산재보험법시행령 제48조제1항제2호)인 "2. 나이나 그 밖에 업무외의 사유로 악화된 경우가 아닐 것"이라는 의미는 문구의 해석상 재요양이 인정되려면 반드시 업무에 종사하여 이러한 업무로 인하여 악화된 경우로 해석이 되고, 업무의 종사한다는 자체는 임금의 변동이 내포된 것이므로 '재요양'은 그 개념에서 이미 임금변동이 내재되어 있는 바, 휴업급여(또는 상병보상연금)는 이를 법령에 명시한 것이므로 유족급여도 휴업급여(또는 상병보상연금)의 규정을 따라야 한다는 소수의견이 있다.

2018재결 제1830호 평균임금 정정 불승인 및 보험급여 차액 부지급 처분 취소

산재보험법 제51조의 규정에 의한 재요양은 요양의 대상이 되었던 업무상의 부상 또는 질병이 재발하거나 상태가 악화되는 경우에 인정하도록 규정하고 있고, 재요양 요건을 구체화한 산재보험법시행령 제48조제1항제2호에 따르면 "2. 나이나 그 밖에 업무외의 사유로 악화된 경우가 아닐 것"이라고 명시적으로 규정하여, 재요양 개념 자체에 업무의 계속성이 이미 전제되어 있고, 업무의 계속은 임금의 변동 가능성을 내포하고 있다.

따라서 산재보험법에서 인정하는 재요양은 이미 임금의 변동이 내재되어 있는 바, 재요양이 이루어지면 평균임금을 재산정하는 것이 원칙이고, 휴업급여 등과 같이 법령에 규정한 것은 이를 명시화한 것에 불과하다는 소수의견이 있었다.

XI 부당이득 징수에 대하여

【산재보험법】

제84조(부당이득의 징수) ① 공단은 보험급여를 받은 자가 다음 각 호의 어느 하나에 해당하면 그 급여액에 해당하는 금액(제1호의 경우에는 그 급여액의 2배에 해당하는 금액)을 징수하여야 한다. 이 경우 공단이 제90조제2항에 따라 국민건강보험공단등에 청구하여 받은 금액은 징수할 금액에서 제외한다.

1. 거짓이나 그 밖의 부정한 방법으로 보험급여를 받은 경우
2. 수급권자 또는 수급권이 있었던 자가 제114조제2항부터 제4항[145]까지의 규정에 따른 신고의무를 이행하지 아니하여 부당하게 보험급여를 지급받은 경우
3. 그 밖에 잘못 지급된 보험급여가 있는 경우

② 제1항제1호의 경우 보험급여의 지급이 보험가입자·산재보험 의료기관 또는 직업훈련기관의 거짓된 신고, 진단 또는 증명으로 인한 것이면 그 보험가입자·산재보험 의료기관 또는 직업훈련기관도 연대하여 책임을 진다.

1. 부당이득 징수제도의 개요

산재보험법의 각종 보험급여 지급요건을 충족하게 되면 당사자의 청구에 의하여 보험급여

145 【산재보험법】 제114조(보고 등) ② 장해보상연금, 유족보상연금, 진폐보상연금 또는 진폐유족연금을 받을 권리가 있는 자는 보험급여 지급에 필요한 사항으로서 대통령령으로 정하는 사항을 공단에 신고하여야 한다.

③ 수급권자 및 수급권이 있었던 자는 수급권의 변동과 관련된 사항으로서 대통령령으로 정하는 사항을 공단에 신고하여야 한다.

④ 수급권자가 사망하면 「가족관계의 등록 등에 관한 법률」 제85조에 따른 신고 의무자는 1개월 이내에 그 사망 사실을 공단에 신고하여야 한다.

【산재보험법시행령】 제114조(수급권의 변동 신고 등) ① 법 제114조제2항에서 "대통령령으로 정하는 사항"이란 다음 각 호의 어느 하나에 해당하는 사항을 말한다.

1. 보험급여 수급권자가 이 법에 따른 보험급여 지급 사유와 같은 사유로 「민법」이나 그 밖의 법령에 따라 보험급여에 상응하는 금품을 받은 경우에는 그 내용
2. 보험급여 수급권자가 제3자로부터 이 법에 따른 보험급여 지급 사유와 같은 사유로 보험급여에 상당하는 손해배상을 받은 경우에는 그 내용
3. 유족보상연금 수급권자가 변동된 경우에는 그 내용
4. 그 밖에 보험급여 수급권자의 이름 · 주민등록번호 · 주소 등이 변경된 경우에는 그 내용

② 법 제114조제3항에서 "대통령령으로 정하는 사항"이란 다음 각 호의 어느 하나에 해당하는 사항을 말한다.

1. 장해보상연금 또는 진폐보상연금 수급권의 소멸사유가 발생한 경우에는 그 내용
2. 유족보상연금 또는 진폐유족연금 수급권의 변동사유가 발생한 경우에는 그 내용

가 지급되게 된다. 그러나, 산재보험법은 보험급여 인정요건에 해당하지 않은 자가 보험급여를 지급받은 경우에는 이를 부당이득으로 징수하도록 하고 있다. 부당이득 징수 요건으로는 ① 거짓이나 그 밖의 부정한 방법으로 보험급여를 받은 경우, ② 수급권자 또는 수급권이 있었던 자가 일정한 신고의무(산재보험법 제114조제2항~제4항)를 이행하지 아니하여 부당하게 보험급여를 지급받은 경우, ③ 그 밖에 잘못 지급된 보험급여가 있는 경우 등 3가지를 두고 있다. 이 중 ①에 해당(적극적인 행위)하는 경우에는 지급받은 급여액의 2배에 해당하는 금액을 환수하도록 하면서 부당한 보험급여를 받을 수 있도록 협조한 경우에는 보험가입자 · 산재보험 의료기관 또는 직업훈련기관도 연대하여 책임을 지도록 하고 있다. 부당이득 징수요건 중 ③의 요건과 관련된 사건이 많다. 그 이유는 ①, ②의 요건은 상대적으로 ③의 요건보다는 그 사실관계가 명확하기 때문이다. 한편, 그동안 공단은 ③의 '그 밖에 잘못 지급된 보험급여가 있는 경우'에 해당하는지 여부를 해석함에 있어서 부당이득 징수대상자가 ①, ②의 요건에 해당하지 않으면 대부분 ③의 요건에 해당하는 것으로 처리해 왔다. 공단은 산재기금의 관리자로서, 선량한 관리자의 주의의무를 가지고 산재기금을 관리하여야 할 의무가 있다. 따라서, 보험급여를 지급함에 있어서 산재보험법의 요건과 절차를 정확히 확인하고 이를 지급하여야 한다. 그러나 일정한 사례의 경우에는 공단이 너무나도 무책임하게 보험급여를 지급한 후, 추후 그것이 잘못 지급된 보험급여인 경우에는 행정편의적으로 잘못 지급하게 된 책임을 무조건 청구인에게 전가시켜 이를 부당이득으로 징수하였다. 그러나, 보험급여가 잘못 지급된 책임이 공단측에 있는 경우까지 부당이득 징수대상자가 책임을 져야 한다면 이는 형평성의 원리에 반한다. 산재재심사위원회는 여러 재결사례에서 공단의 이러한 업무처리 방식의 문제점을 지속적으로 지적하였다. 이러한 산재재심사위원회의 지적 등으로 인하여 공단의 업무를 지휘 · 감독하는 고용노동부에서 부당이득에 대한 새로운 업무처리 지침[146]을 만들어 그 책임에 따라 부당이득 징수요건을 파악하도록 공단에 지시하였다. 다만, 잘못 지급된 보험급여로 인하여 산재기금에 피해가 발생할 수 있으므로 산재기금의 선량한 관리자로서 주의의무를 다하지 못한 공단에 일정한 경우(고의, 중과실 등)에는 책임을 묻는 정책적 개선책도 필요하다고 할 것이다.

146 장해등급 재결정에 따른 부당이득금 징수기준(산재보상정책과-290호, 2019. 1. 18.)

2. 부당이득 징수와 관련된 재결사례

가. 장해등급 재결정 후 기지급된 급여를 잘못 지급된 보험급여로 주장하는 공단

공단이 장해등급 재결정으로 등급(제1급→제4급)이 하락하자, 기존에 상향된 등급으로 지급된 보험급여는 잘못 지급된 보험급여라고 주장하며 이를 부당이득으로 징수한 사건이다.

[공단의 부당이득 징수경과]

❶	❷	❸
2006. 4. 17. 장해등급(조정 제1급)	2014. 9. 1. 소멸시효 기간내	2017. 9. 15. 장해등급 재결정(조정 제4급)
장해급여, 간병급여 지급	부당이득 징수(2014. 9. 1.~) 장해급여 및 간병급여	

공단은 부당이득 징수대상자의 장해등급 재결정(❸)으로 등급이 하락(제1급→제4급)되자 소멸시효기간내(❷~❸) 재결정 전 기존 등급(제1급)으로 지급된 장해급여 및 간병급여는 잘못 지급된 보험급여라고 주장하며 이를 부당이득으로 징수하였다. 그러나, 공단이 부당이득으로 징수한 보험급여가 잘못 지급된 보험급여가 되기 위해서는 공단의 장해등급 재결정 처분의 효과가 소급하여야 하나, ① 장해등급 재결정 처분은 일반적으로 처분이 있었던 날 이후(❸→)로 그 효과가 미치고, 과거로 이를 소급할 수 없는 것이 원칙이고, ② 장해등급 재결정전(←❸)에 부당이득 징수대상자에게 지급되었던 장해급여와 간병급여는 상향된 기존 장해등급(제1급)에 따라 지급되었기 때문에 이를 '잘못 지급된 보험급여'라고 볼 수 없으며, ③ 또한, 기존의 장해등급(제1급)은 여러 자료를 제출받아 자문의, 자문의사회, 업무상질병판정위원회 등 여러 전문가의 자문과 검토를 거쳐 공단 스스로 결정한 것인 바, 이 결정을 번복하는 결정에 대한 책임도 공단이 져야 하므로, 산재보험법 제84조에서 규정된 부당이득 요건에 해당하는 책임이 확인되지 않는 한 이러한 책임을 특별한 원인없이 부당이득 징수대상자에게 전가할 수 없고, ④ 만약, 이를 인정한다면 부당이득 징수대상자는 공단의 자의적인 장해등급 재결정에 따라 소급하여 3년기간에는 지급받은 보험급여를 언제 부당이득으로 징수당할지 모르는 불안한 법률상 지위에 처하므로 이는 심히 부당하다고 결정한 사례이다.

2018재결 제1199호 장해등급 재결정 및 부당이득금 징수결정 처분 취소

1) 장해등급 관련 처분 및 재처분의 경과

원처분기관 및 심사기관(이하 "공단"이라 한다)은 청구인에 대하여 2006. 4. 17. 장해등급(조정 제1급) 결정을 하고, 이에 해당하는 장해급여와 간병급여를 지급하였고, 공단은 청구인에 대하여 2017. 9. 15. 장해등급(조정 제4급) 재결정을 한 후, 소멸시효가 완성된 부분을 제외한 장해급여(2014. 9. 1.~2017. 8. 31.) 및 간병급여(2014. 9. 1.~2016. 6. 30.)에 대하여 부당이득으로 결정 징수하였으며, 이에 대하여 양자간에 다툼은 없다.

2) 장해등급 재결정에 대하여

----(중 략)----

3) 부당이득금 징수결정에 대하여

앞에서 살펴본 바와 같이 공단은 청구인이 지급받은 장해급여 및 간병급여에 대하여 소멸시효가 완성되지 않은 부분에 대하여 법 제84조제1항제3호에 따른 "그 밖에 잘못 지급된 보험급여"에 해당한다며 부당이득금 징수결정을 하였고, 이에 대하여 청구인은 장해등급 결정시 허위· 기타 부정한 방법을 사용한 적이 없다며 이를 취소하여야 한다고 주장한다.

〈보험급여 지급에 있어서 등급 결정의 선행성〉

장해급여 관련 법 제57조제2항의 규정에 의하면 장해등급에 따라 장해보상연금 또는 장해보상일시금을 지급하도록 하고 있고, 〔별표 2〕장해급여표(제57조제2항 관련)에 의하면 장해급여는 장해등급이 결정되면 그에 따라 당해 근로자의 평균임금기준으로 하여 그 금액이 정해지도록 하고 있다.

또한, 간병급여를 규정한 법 제61조의 위임에 따른 법 시행령 제59조제1항의 규정에 의하면 간병급여의 지급 기준 등을 정하면서, 〔별표 7〕간병급여의 지급 대상(제59조제1항 관련)의 지급 대상란에 의하면 장해등급의 기준에 따라 상시 간병급여와 수시 간병급여의 차이가 발생할 수 있도록 규정하고 있다.

즉, 법의 규정에 따르면 장해급여나 간병급여를 지급함에 있어서 우선 장해등급의 결정이 선행되어야 하고 그 결정된 등급에 따라 장해급여 및 간병급여가 지급되도록 하고 있다.

〈처분의 소급 불인정 및 법률관계의 안정성〉

행정법상 공권력의 작용인 처분은 법에 그 근거를 두어야 하고, 특히나 불리한 처분을 함에 있어서는 더욱 엄격하고 명확한 법적 근거를 두도록 하고 있으며, 그 처분의 효과가 소급되지 않도록 하여 상대방이 처분이 행해지는 요건이나 상황, 그 불이익한 처분의 정도나 효과를 예상하고, 결정 및 행동을 하게 함으로써 그 법률관계의 안정성을 유지할 수 있도록 하고 있다.

또한, 불가피하게 법령에 불확정적인 용어가 사용될 경우, 그 해석을 함에 있어서도 법령이 적용되는 양당사자의 이해가 균형을 맞출 수 있도록 해야 하는 바, 당사자가 책임을 져야 할 사유가 없는 한 반대편의 당사자가 두 당사자간의 법률관계를 독단적으로 설정할 수 없도록 해석함으로써 양당사자간 법률관계의 균형과 안정성을 도모하도록 하여야 할 것이다.

〈부당이득 징수 결정의 문제점〉

공단은 청구인의 장해등급을 최초 조정1급(처분일: 2006. 4. 17.)에서 2017. 9. 5. 조정4급으로 재결정 처분을 하면서, 조정 1급에 따라 이미 지급된 급여 중 소멸시효가 완성되지 않은 부분을 "그 밖에 잘못 지급된 보험급여"로 보아 부당이득으로 환수하였다.

우선, 앞에서도 기술한 바와 같이 급여(장해급여 및 간병급여)를 지급함에 있어서는 그에 따른 등급(장해나 간병등급)의 결정이 선행되어야 한다. 즉, 장해등급에 따라 장해급여가 지급되었다면 이를 잘못 지급된 보험급여로 볼 수 없을 것이나, 만약 장해등급에 따르지 않는 장해급여(상위등급이거나 하위등급에 해당하는 급여)가 지급되었다면 이는 잘못 지급된 보험급여에 해당한다고 할 것이다.

공단이 청구인에게 지급했던 장해급여는 장해등급 1급에 따른 급여(장해보상연금 329일분)였고, 재결정 처분이전에는 청구인은 장해등급 1급에 해당하였고, 그 장해등급에 따른 장해급여가 지급된 것이므로 이를 잘못 지급된 보험급여라고 해석할 수 없다고 할 것이고, 간병급여 또한 마찬가지 일 것이다.

한편, 공단은 청구인의 장해등급을 조정 4급으로 재결정 처분을 한 후, 청구인은 장해등급 제4급에 따른 급여(장해보상연금 224일분)만 지급받았어야 하나, 그 동안 청구인이 지급받았던 차액(1급와 4급)분과 그에 따른 간병급여는 그 밖에 잘못 지급된 보험급여에 해당한다고 보았다.

그러나 공단이 행한 재결정은 2017. 9. 5.이 그 처분일이고, 특히, 동 처분은 상대방인 청구인에게 불이익한 효과를 부과하는 것이므로 앞에서 기술한 명확한 법적 근거와 법률관계의 안정을 위하여 처분의 효과를 소급할 수 없다고 보아야 할 것이다.

따라서, 공단이 청구인에 대하여 재결정 처분일 전까지는 청구인의 장해등급은 이미 결정된 제1급이고, 재결정 처분일부터 장래에 향해서 그 장해등급을 4급으로 보아야 할 것이다.

그러므로 2017. 9. 5.전까지 청구인에게 지급된 급여는 이미 결정된 장해등급 제1급에 해당하는 장해급여이므로 이를 그 밖에 잘못 지급된 보험급여라고 볼 수 없다고 해석하여야 할 것이고, 간병급여 또한 마찬가지로 해석하여야 한다.

〈공단의 보험급여 지급을 위한 권한 및 그에 대한 책임에 대하여〉

한편, 업무상 재해를 주장하는 자가 법에서 인정하고 있는 보험급여를 지급받기 위해서 여러 증빙서류를 첨부하여 공단에 청구하면, 공단은 청구된 보험급여 지급 여부 및 그 지급의 정도를 정확하게 판단할 의무와 책임이 있다.

법은 이러한 공단을 위하여 자문의, 자문의사회, 업무상질병판정위원회 등 여러 전문가의 자문과 검토를 거칠 수 있게 할 수 있는 권한을 공단에 부여하고 있고, 그러한 과정을 거쳐 공단이 결정한 행위에 대하여 공단은 책임도 함께 져야 할 것이다.

즉, 공단은 청구인에 대한 보험급여의 결정을 위해서 법령에 의하여 부여된 권한을 행사하여 결정을 한 것이기 때문에 이를 번복할 때에는 그에 대한 명확한 사유가 있어야 하며, 만약 그러한 사유가 없다면 보험급여 결정에 대하여는 공단이 책임을 져야 한다고 해석하는 것이 공정할 것이다.

만약, 이러한 과정을 거친 공단의 결정에 대하여 청구인이 책임져야 할 아무런 사유 없이 공단의 장해등급 재결정의 소급효를 인정하여 장해급여를 부당이득으로 환수할 수 있다고 해석한다면, 공단이 여러 절차를 거쳐서 보험급여 지급을 결정했음에도 불구하고 청구인은 지급받은 급여를 3년(소멸시효 완성전까지)의 기간이 지나기 전까지는 공단의 단독 결정에 따라 언제 다시 부당이득으로 환수당할지 모르는 매우 불안한 법적 지위를 가지게 되는 불합리한 상황에 처하게 된다고 할 것이다.

따라서, 공단이 청구인에게 행한 부당이득 징수결정 처분은 취소되어야 한다는 것이 우리 위원회의 판단이다.

4) 결론

따라서, 원처분기관이 청구인에게 행한 장해등급 재결정(조정 4급) 처분은 타당하나, 부당이득 징수결정 처분은 부당하므로 이를 취소하여야 한다는 것이 우리 위원회의 판단이다.

나. 공단이 음주사실을 제대로 확인하지 않아 잘못 지급된 보험급여

부당이득 징수대상자가 음주상태에서 운전 중 앞선 차량을 후미에서 추돌하는 교통사고를 발생시켰음에도 불구하고 공단이 이러한 교통사고 사실 여부를 경찰에 제대로 확인하지 않고 이를 업무상 재해로 인정하고 보험급여를 잘못 지급한 사례이다. 교통사고의 경우 공단이 당해 사고에 대한 경찰조사를 확인했다면 교통사고의 가해자, 피해자, 사고원인 등 사실관계를 쉽게 확인할 수 있었음에도 불구하고 이를 소홀히 하여 업무상 재해를 인정한 공단의 책임을 인정한 사례이다.

2016재결 제314호 업무상 재해 승인 취소 및 부당이득금 징수 결정 처분 취소

이 사건 '업무상 재해 승인 취소 처분'의 정당성 여부를 살펴보면, 법 제37조제2항의 규정에 따라 근로자의 범죄행위 또는 그것이 원인이 되어 발생한 사망은 업무상 재해로 인정할 수 없는바, 관할 경찰 조사에서 피재자는 사고 당일 0.051%의 음주상태에서 운전을 하던 중 앞서 가던 차량을 후미에서 추돌하였고, 음주 외에 동 사고를 유발할 만한 다른 원인이 확인되지 않으므로, 피재자의 교통사고는 음주가 원인이 되어 발생한 것으로 판단되므로, 이 사건 '업무상 재해 승인 취소 처분'은 정당하다고 볼 것이다.

다음으로, 이 사건 '부당이득금 징수 결정 처분'의 정당성 여부를 살펴보면, 청구인이 유족급여 및 장의비를 청구할 당시 피재자의 음주사실을 고의로 숨겼거나 그 밖에 부정한 방법으로 보험급여를 수령한 증거가 확인되지 않으며, 원처분기관에서 당초에 사고를 조사하는 과정에서 사고 경위 및 음주 여부에 대한 확인을 소홀히 한 점도 일부 인정이 되고, 청구인이 당초의 업무상 재해 승인 처분을 유효한 것으로 신뢰하여 약 5년 동안 보험급여를 받아 온 점 등을 고려하면, 당초 업무상 재해 승인 처분의 하자를 이유로 기 지급된 보험급여를 부당이득금으로 징수 결정 처분함에 따라 얻게 될 공익상 필요가 동 처분으로 입게 될 청구인의 기득권과 신뢰보호 및 법률생활 안정의 침해 등 불이익을 정당화할 만큼 강하지는 않다고 판단되므로, 이 사건 부당이득금 징수 결정 처분은 부당하다고 할 것이다.

다. 공단이 내부적인 확인절차를 소홀히 하여 잘못 지급된 보험급여

공단이 당사자인 청구인에 대한 취업치료[147]를 결정한 공단 내부의 자문의사회의 결정사항을 제대로 확인하지 않아 실통원일외에는 휴업급여를 지급하지 말아야 함에도 불구하고 이를 잘못 지급한 사례이다. 휴업급여가 잘못 지급되는데 있어서 부당이득 징수대상자에게는 책임이 없는 반면에 공단이 쉽게 확인할 수 있는 내부적인 사항을 확인도 하지 않아 보험급여를 잘못 지급한 것이므로 공단의 책임을 인정하였다. 또한 휴업급여를 잘못 지급한데 대한 책임이 전적으로 공단에 있음에도 불구하고 그 책임을 부당이득 징수대장자에게 전가하여 부당이득으로 징수하려하는 공단의 행정편의적인 업무처리 방식을 지적하면서 공단의 내부적인 업무처리 절차를 개선할 필요성을 지적한 사례이다.

2019재결 제2520호 부당이득 징수결정 처분 취소

이에, 이 건 부당이득금 징수 결정 처분의 정당성 여부를 살펴보면, 청구인은 2019. 1. 1.부터는 취업치료 가능하다는 소견으로 통원 요양하지 않은 기간(2019. 1. 1.~2019. 1. 24.)은 휴업급여를 지급받지 않는 것이 원칙적으로 타당하다.

그러나, ① 원처분기관은 2018. 12. 3. 청구인의 진료계획서를 접수받고 2019. 1. 28. 진료계획을 승인하면서 2019. 1. 1.자로 취업치료를 결정한바, 청구인이 휴업급여를 청구할 당시인 2019. 1. 24.에는 이러한 사실, 즉 2019. 1. 1.부터는 취업치료 가능하여 통원 치료한 날에 대해서만 휴업급여가 지급된다는 사실을 알지 못하였으므로 청구인이 휴업급여를 지급받는데 대하여 특별히 고의 또는 중과실의 귀책사유가 있었다고 볼 수 없는 점, ② 원처분기관이 휴업급여 지급 결정시 2019. 1. 23. 자문의사회의 심의 소견(2019. 1. 1. 취업치료 결정)에 따라, 2019. 1. 1.부터는 통원으로 요양하지 않은 날은 휴업급여를 지급하지 않았어야 함에도 불구하고 내부적으로 이를 확인하지 못하고 휴업급여를 지급한 과실이 인정되는 점, ③ 청구인에게 이미 지급되어 소진되었을 것으로 보이는 휴업급여을 귀책사유가 없는 청구인이 혼자 감당하기에는 지나치게 가혹한 점 등을 종합하여 볼 때, 원처분기관이 잘못 지급한 휴업급여를 바로 잡음으로써 얻게 될 공익이 이 건 부당이득 징수결정 처분으로 말미암아 청구인이 입게 된 기득권과 신뢰의 보호 및 법률생활 안정의 침해 등

147 모든 요양기간에 휴업급여를 지급하는 것이 아니고, 취업하면서 치료가 가능한 상태라는 의학적 판단이 있으면 당해 기간은 비록 실제로는 취업을 하지 않았다고 하더라도 휴업급여는 지급되지 아니한다.

의 불이익을 정당화할 만큼 강한 경우에 해당한다고 보기 어렵다.

한편, 원처분기관은 원칙적으로 청구인에게 지급되지 않아야 할 휴업급여가 지급된데 대하여 청구인에게 부당이득이라고 환수하는 행정편의적인 사고방식에서 벗어나야 할 필요가 있다고 보여지는바, 내부적으로 업무처리 절차에 문제점이 없었는지를 확인하여 개선하고, 이러한 문제가 발생한 데 대한 책임의 소재를 명확히 할 필요가 있다고 보여진다.

따라서, 원처분기관이 청구인에게 행한 부당이득금 징수결정 처분은 취소함이 타당하다는 것이 우리 위원회의 판단이다.

라. 악의(惡意)[148]의 부당이득 징수대상자

공단이 휴업급여를 잘못 지급하였지만 이것이 잘못 지급된 보험급여임을 부당이득 징수대상자도 알 수 있었다고 보아 이를 부당이득 징수하는 것은 정당하다고 판단[149]한 사례이다. 당사자간의 다툼으로 인하여 휴업급여를 지급함에 있어서 수강일을 제외하라는 내용이 포함된 재결서가 공단과 부당이득 징수대상자 양당사자에게 이미 통보되어 있는 상태였다. 따라서, 공단이 비록 수강일을 포함하여 휴업급여를 잘못 지급한 책임은 있으나, 수강일이 포함된 휴업급여는 잘못 지급된 보험급여임을 부당이득 징수대상자도 충분히 알 수 있는 상태였으므로 이를 부당이득으로 징수함은 타당하다고 보았다. 선의(善意)[150]의 당사자는 보호를 받아야 하지만 악의(惡意)의 당사자는 보호할 이유가 없다는 법의 기본원칙에 충실한 사례이다.

2019재결 제1838호 부당이득 징수결정 처분 취소

원처분기관이 재심사위원회의 재결에 따라 휴업급여를 지급하며 수강일에 대해 휴업급여를 지급한 것은 명백한 착오에 따른 지급으로 보이는 바, 법 제84조 제1항에 따른 "그 밖에 잘못 지급된 보험급여가 있는 경우"에 해당되며, 청구인 또한 재심사위원회의 재결을 통해 수강일의 경우 휴업급여 지급 대상이 아님을 알고 있었고, 과다지급 사실을 인지한 후 이를 통보하고 부당충당동의서를 작성하였으며, 착오 지급 및 착오 지급 인지 후 부당이득 징수까지의 경과기간 등으로 보아 원처분기관의 결정이 신뢰보호 원칙을 위배하였다고 판단되지 아니하며, 청구인의 신뢰보호 이익과 보험급여가 적법하게 지급되어야 할 공익상 필요를 비교하여 헤아려 보더라도 원처분기관의 결정이 부당하다고 판단되지 않는다.

148 악의는 나쁘다라는 가치판단이 아니고 어떠한 내용을 알고 있는 상태를 말한다.

149 다만, 공단의 이러한 업무처리 방식은 문제가 있으므로 반드시 그 절차를 재확인하여 개선할 필요가 있어 보인다.

150 선의는 착하다라는 가치판단이 아니고 어떠한 내용을 모르고 있는 상태를 말한다.

마. 장해판정을 하면서 지급된 요양비를 부당이득으로 환수

장해판정(인공관절치환술)을 하면서 장해부분을 불인정하고, 그와 관련하여 이미 지급된 요양비를 부당이득으로 환수한 사건이다. 이 사건에서는 요양비를 부당이득으로 환수한 공단의 결정을 인정하였다. 그러나, ① 전문성을 요하는 의료치료의 속성과 의료제도의 현실상 수술방법은 주치의의 판단에 따라 이루어지므로 비록 청구인이 동의했다고 하더라도 이러한 행위를 가지고 청구인이 부당하게 이익을 취하려는 어떠한 고의나 과실이 있다고 인정하기 어렵고, ② 원처분기관도 이미 인공관절 부분 치환술에 대해 검토결과 이에 대한 필요성을 인정하여 이미 요양비를 지급하고 종료되었으며, ③ 요양급여(요양비)와 장해급여는 서로 다른 보험급여로, 장해급여를 판단하는 과정에서 이미 종료된 요양급여(요양비) 내용을 판단할 수 없는 바, 만약 지급된 요양비가 잘못 지급된 것이라고 하더라도 이에 대한 책임은 내용을 검토하여 요양비를 지급한 원처분기관이 져야 하고, 아무런 잘못이 없는 청구인에게 그 책임을 전가하는 것은 형평성의 원칙에 위반된다고 하면서, ④ 다만, 원처분기관은 이로 인한 산재기금의 손실에 대하여는 그 손실이 발생하게 만든 책임 소재[151]를 확인하고 그에 따라 대한 책임을 지우는 것이 바람직하다는 소수의견이 있었다.

2019재결 제2097호 부당이득 징수결정 처분 취소

이 건이 제기된 경과를 살펴보면, 청구인은 2018. 7. 6. 인공관절 부분 치환술을 받고 원처분기관에 요양급여를 신청하여 승인을 받은 후, 인공관절 부분 치환술을 포함한 요양비를 원처분기관에 청구하여 지급 받았고, 원처분기관은 청구인의 장해급여 청구에 따라 자문의사회의에서 청구인의 장해등급을 결정하면서 인공관절 부분 치환술에 대해 적응증에 해당하지 않는다고 판단함에 따라 이에 대해 부당이득 징수결정을 하였음에 대해서는 양당사자간 다툼이 없다.

-----(중 략)-----

통상적으로 전문성을 요하는 의료치료의 속성과 현재 운영되는 우리나라 의료제도의 현실상 청구인이 자신의 상병상태에 대한 적정한 수술방법을 결정할 수 있다고 기대할 수 없고, 주치의의 판단에 따라 인공관절 부분치환술을 받은 것으로 이 과정에 청구인에게 어떠한 고의나 과실이 있다고 인정하기 어려울뿐만 아니라, 원처분기관에서도 인공관절 부분 치환술에 대한 청구인의 요양비 신청에 대하여 그 인정 여부에 대한 검토결과 이를 인정하고 요양비를 지급하였고, 요양급여에 대한 지급 절차가 이미 종료되었다.

그럼에도 불구하고, 원처분기관은 청구인이 장해급여를 청구하자 장해급여를 검토하는 과정에

151 인공관절치환술의 경우 수술로 인하여 장해등급을 높게 받을 수 있어 수술을 할 필요가 없음에도 불구하고, 수술이 시행되는 경우가 종종 있다고 한다. 다만, 의료적 수술의 판단여부는 전문적인 영역으로 그 판단이 쉽지 않다는 문제점이 있다.

서 스스로의 과거 결정(요양비 지급결정)을 번복하고 이를 부당이득으로 회수하였고, 이러한 원처분기관의 차분은 법에서 인정한 부당이득 요건 제81조제1항 제1호 및 제2호에는 해당하지 않는다.

한편, 법 제81조제1항제3호에 '그 밖에 잘못 지급된 보험급여'라고 주장할 수는 있지만, 여기서 '잘못 지급된 보험급여'를 해석함에 있어서 청구인이 악의(惡意)인 경우에는 보호할 필요가 없지만, 선의(善意)의 청구인으로서 책임질 필요가 없는 경우, 즉 원처분기관의 잘못으로 지급된 보험급여 부분까지 청구인에게 책임을 지우는 것은 청구인과 근로복지공단의 책임부담의 형평성에서 과도하게 청구인에게 모든 책임을 지우는 불합리한 해석이라고 보아야 한다.

비록 실체적으로는 청구인의 인공관절 부분 치환술을 인정할 수 없음으로 이에 대한 요양비 지급은 잘못 지급된 보험급여에 해당되었다고 하더라도 청구인에게 책임을 지울 수 있는 사유가 발견되지 않는다면, 원처분기관의 잘못된 결정으로 인한 보험급여 지급에 대한 책임을 청구인에게 전가하여 이를 부당이득으로 회수 할 수 없다고 보아야 하되, 다만, 원처분기관은 이로 인한 산재기금의 손실에 대하여는 그 손실이 발생하게 만든 책임 소재를 확인하고 그에 따라 대한 책임을 지우는 것이 바람직할 것이라는 소수의견이 있었다.

그러나, 제출된 의무기록과 의학영상자료를 검토한 결과, 청구인의 상병상태는 우측 슬관절에 골극이 약간 보이나 뚜렷한 골괴사 소견이 보이지 않고, 골관절염이 Kellgren Lawrence grade Ⅱ에 해당하여 인공관절 부분 치환술 적응증에 해당하지 않는 것으로 확인되고, 잘못 지급된 보험급여가 있는 경우 공단은 이를 부당이득으로 징수하도록 법 제84조제1항제3호에서 규정하고 있으므로 부당이득 징수결정 처분은 타당하다는 것이 다수의견이다.

바. 수급자격 유지를 목적으로 혼인신고를 하지 않은 부당이득 징수대상자

유족보상연금은 사망한 근로자의 배우자에게 지급된다. 그러나, 그 배우자가 재혼을 하거나 사실상 다른 자와 혼인관계를 유지하는 경우에는 그 수급자격이 상실된다. 유족보상연금의 수급자격을 유지하기 위하여 혼인신고를 하지 않고, 혼인여부를 객관적으로 확인하기 곤란한 사실혼 관계를 유지하면서도 지속적으로 유족보상연금을 수급한 부당이득 징수대상자에 대한 환수는 정당하다고 인정하였다.

2016재결 제396호 유족보상연금 수급권 소멸 및 부당이득 징수결정 처분 취소

법 제64조제1항제2호에 따라 유족보상연금은 사망한 근로자의 배우자가 재혼을 하거나 사실상의 혼인관계를 유지할 경우 수급자격이 상실되는바, 청구인은 2008년경부터 현○○과 함께 생활하였고 2011. 1. 13.부터는 주민등록상 주소지를 같이 하고 생활하였으며, 현○○에게 매월 생활비를 지급받은 점, 청구인의 자녀들이 현○○을 아버지라 부르고 현○○이 청구인의 딸 결혼식에서 혼주 역할을 한 점, 청구인이 현○○을 주 피보험자로 하여 보험계약을 체결한 점, 현○○이 청구인의 친정 가족들과 함께 여행을 가고 명절에 방문하는 등 서로 왕래하고 있는 점, 청구인 집에 현ㅇㅇ과 청구인 및 청구인 친정 가족들과 촬영한 사진 등이 걸려있는 점, 청구인이 현ㅇㅇ과 일본 여행을 다녀온 점, 원처분기관의 최초 조사 시 확인된 상기 내용을 번복할만한 객관적인 자료가 확인되지 않는 점 등을 종합하여 고려할 때, 청구인과 현ㅇㅇ은 사실상 혼인관계에 있는 것으로 판단되므로, 주민등록상 주소지를 함께 한 2011. 1. 13.부터 사실혼 관계를 인정하여 2011. 1. 13.자로 수급권을 상실 처리한 원처분은 타당하다고 사료된다.

또한, 청구인은 재혼을 할 경우 유족보상연금 수급권이 상실된다는 사실을 알고 고의로 혼인신고를 하지 않은 채 부정수급 해온 것으로 판단되는바, 법 제84조제1항제1호 거짓이나 그 밖의 부정한 방법으로 보험 급여를 받은 경우로 보아 수급권 소멸일 이후의 보험급여 수급기간 중 소멸시효 기간 내 수령한 유족보상연금액의 배액을 부당이득으로 징수결정한 원처분을 배척할만한 특별한 사정이 확인되지 않는다.

사. 장해 재판정 제도에 따른 부당이득

장해의 개념상 더 이상의 치료효과가 없어 그 증상이 고정된 상태를 전제로 하지만, 장해등급이 결정되었다고 하더라도 현실적으로는 일정한 기간이 경과하면 등급이 변화될 가능성이 있다. 이러한 이유로 산재보험법은 일정한 장해등급에 대해서 재판정 제도를 가지고 있다. 장해등급은 재판정 절차를 거치면서 장해등급이 상향 또는 하향될 수 있다. 장해등급 재판정 과정은 그 절차의 진행 상황에 따라 장해등급이 변경될 경우 그 장해등급의 적용시점에 차이가 있을 수 있으므로 산재보험법시행령[152]에서 '재판정 진찰일이 속한 다음 달'부터 변경된 장해등급을 적용하도록 명시적인 규정을 두었다. 따라서, 장해등급 재판정으로 장해등급이 하향될 경우 그 적용시점 이후에 기존 등급에 따라 지급된 장해연금은 산재보험법령에 따라 적용해야 할 장해등급에 비하여 더 많은 보험급여가 잘못 지급된 보험급여이므로 이를 부당이득으로 징수할 수 있다.

2019재결 제2047호 장해등급 재판정 및 부당이득 징수 결정 처분 취소

장해등급 재판정에 따른 장해급여의 지급은, 법 시행령 제57조제1항에 따라 재판정 진찰일

152 【산재보험법시행령】 제57조(장해등급등의 재판정에 따른 장해급여 또는 진폐보상연금의 지급 방법) ① 법 제59조에 따른 장해등급등의 재판정 결과 장해등급등이 변경되어 장해보상연금 또는 진폐보상연금을 청구한 경우에는 다음 각 호의 구분에 따라 장해보상연금 또는 진폐보상연금을 지급한다.
1. 장해상태가 악화된 경우: 제56조제5항에 따른 재판정 진찰일이 속한 달의 다음달부터 변경된 장해등급등에 해당하는 장해보상연금 또는 진폐보상연금을 지급

(2018. 4. 11.)이 속한 달의 다음 달인 2018. 5.부터 변경된 장해등급 제3급제3호에 해당하는 장해보상연금을 지급하여야 하며, 2018. 5.~2018. 11. 기간에 청구인에게 기 지급된 제2급에 해당하는 장해보상연금의 지급 차액분은 부당이득으로 징수함이 타당하다.

아. 휴업급여 청구기간 중 임금을 지급받은 부당이득 징수대상자

휴업급여는 요양으로 취업하지 못한 기간에 근로자의 소득의 일부를 산재기금에서 보험급여로 지급하는 제도이다. 임금을 받은 경우에는 취업을 한 것으로 볼 수 있고, 취업상태는 휴업급여의 지급 요건에 해당한다고 보기 어렵다. 따라서, 휴업급여 요건에 해당하지 않음에도 불구하고 휴업급여를 지급받은 것이므로 이러한 경우에는 지급받은 휴업급여를 부당이득으로 환수하게 된다.

2019재결 제2002호 부당이득 징수결정 처분 취소

청구인은 휴업급여 지급기간 중인 2016. 11. 27.부터 2016. 11. 30.까지 정상 근무하고 급여를 지급받았고, 2016. 12. 1.자로 해고된 후 이 건 사업장 대표와 합의하에 해고기간(2016. 12. 1.~2017. 1. 11.)에 대한 임금을 지급받기로 하고, 2017. 1. 12. 원직 복직하였으며, 해고기간 동안 실제 근무하지 않았으나 그 기간에 대한 임금(2,793,200원)을 2017. 1. 20. 지급받은 것으로 확인되고, 2017. 1. 12.부터 2017. 1. 30.까지 정상 근무하고 급여를 지급받은 사실이 확인된다.

그렇다면, 청구인은 휴업급여 지급기간(2016. 11. 27.~2017. 1. 30.)에 근무하고 임금을 수령한 사실이 있음에도 휴업급여를 청구하여 휴업급여를 지급 받은 것으로 원처분기관은 청구인이 휴업급여를 1회에 한하여 착오 청구한 것으로 판단하여 부당이득 징수결정 처분하였고, 이는 법 제84조제1항에 따른 '그 밖에 잘못 지급된 보험급여가 있는 경우'에 해당하므로 청구인에게 지급된 휴업급여액(3,346,970원)에 대해서 부당이득으로 징수결정 함이 타당하다고 할 것이다.

한편, 청구인은 2017. 1. 20. 지급받은 2,793,200원은 임금이 아닌 사업주와 합의에 따른 위자료이므로 부당이득 징수결정은 부당하다고 주장하나, 청구인과 이 건 사업장 대표가 2017. 1. 16. 작성한 합의서에는 청구인이 이 건 사업장에 복직할 경우 이 건 사업장 대표가 청구인에게 2016. 12. 1.부터 2017. 1. 11.까지 기간에 대해 위자료가 아닌 임금을 협의 지급하기로 명시적으로 기재되어 있고, 실제 합의된 내용대로 청구인에게 1주일 이내인 2017. 1. 20. 2,793,200원을 지급한 것을 고려할 때, 해고기간(2016. 12. 1.~2017. 1. 11.)동안 청구인이 지급받은 2,793,200원은 임금으로 판단되고, 나아가 위자료 명목이라는 근거는 찾기 어려우므로 청구인의 주장은 받아들일 수 없다.

자. 진폐근로자에 대한 장해급여 소급지급과 부당이득 문제

진폐근로자가 요양 중인 경우나, 요양 중 사망한 경우에는 치유가 되지 않았으므로 공단은 진폐근로자에 대하여 장해급여를 지급하지 아니하였다. 그러나, 진폐에 대해서 장해급여를 지급하지 않은 사건이 법원에서 패소하면서 공단은 지침을 개정하여 진폐근로자에 대한 장해급여를 소급하여 지급하였다. 이렇게 장해급여를 소급하여 지급하면서 이미 지급된 휴업급여액 부분을 공제하자 휴업급여에 대해서는 이미 소멸시효가 완성되었으므로 장해급여에서 이를 공제하는 것은 부당하고, 재요양이 아님에도 불구하고 재요양시 휴업급여를 차감할 수 있는 조항을 준용하는 것도 부당하다고 주장하는 사건이 있다. 그러나, 산재보험법의 기본체계상 '치유'를 중심으로 '요양'과 '장해'는 구분되는 개념이므로 2개의 개념은 동일시점에서 병존할 수 없는 개념이고, 요양과 관련된 급여(요양급여, 휴업급여 등)와 장해와 관련된 급여(장해급여) 역시 원칙적으로 동일시점에서 병존할 수 없는 급여이다. 또한, 산재보험법 제56조[153]의 규정에 의하면 재요양을 하면서 예외적으로 장해보상연금과 휴업급여를 동시에 지급받을 경우 이를 차감하도록 규정하고 있는 바, 대법원에 판결과 공단의 지침이 변경되면서 장해급여가 사후 소급하여 지급된 것이므로 사후적인 처리에 따라 불가피하게 산재보험법 제56조의 규정에 의하여 휴업급여액 만큼을 차감할 수 밖에 없는 상황이라고 판단하였고, 산재보험법 제56조의 규정(재요양시 휴업급여 미지급)을 준용하는 것에 대해서는 산재보험법 제51조제1항의 규정에 따라 요양급여를 받은 자가 치유 후 일정요건이 충족되면 다시 요양을 할 수 있는 재요양 제도를 마련하고 있는바, 산재보험법에서는 치유 후 다시 요양을 하는 것을 재요양으로 보고 있고, 진폐근로자의 경우도 비록 사망으로 사후적으로 장해급여를 받았지만, 그 장해급여를 지급하면서 치유일을 진단날짜로 하였으므로 진폐근로자의 상황도 치유후 요양을 다시 하는 경우라고 보아야 하므로 이는 재요양에 해당하므로 이를 준용하여 처리할 수 있다고 보아 청구인의 주장을 받아들이지 아니하였다.

153 【산재보험법】 제56조(재요양 기간 중의 휴업급여) ③ 장해보상연금을 지급받는 자가 재요양을 하는 경우에는 1일당 장해보상연금액(별표 2에따라 산정한 장해보상연금액을 365로 나눈 금액을 말한다. 이하 같다)과 제1항 또는 제2항에 따라 산정한 1일당 휴업급여 지급액을 합한 금액이 장해보상연금의 산정에 적용되는 평균임금의 100분의 70을 초과하면 그 초과하는 금액 중 휴업급여에 해당하는 금액은 지급하지 아니한다.

2019재결 제808호 부당이득 징수 결정 처분 취소

〈처분경과 및 청구인 주장에 대하여〉

진폐근로자는 2010. 4. 26. 진단받은 진폐로 요양(병형 1형(1/1), 심폐기능 고도장해(F3)) 중 2013. 11. 1. 사망하였고, 청구인이 2018. 4. 17. 원처분기관에 장해급여를 청구하였으며, 원처분기관은 2018. 7. 17. 장해보상일시금(1,155일분)을 지급하였으나, 원처분기관은 진폐근로자가 장해보상연금 지급 대상임에도 불구하고, 착오로 장해보상일시금이 지급된 사실을 확인하고, 장해보상일시금에 대해 산정한 휴업급여액 등 을 부당이득으로 징수 결정한 것에 대해서는 양당사자간 다툼은 없다.

이에 대해 청구인은 원처분기관이 착오계산으로 지급되었다고 하는 장해보상일시금에 대해 산정한 휴업급여는 2010. 4. 26.부터 2013. 11. 1.까지 지급된 것으로 이미 소멸시효 기간을 경과하였고, 장해보상연금과 장해보상연금 차액일시금을 합산하여야 하므로 부당이득 징수가 아닌 추가 지급을 하여야 한다고 주장하므로 이를 살펴보면,

〈부당이득처분과 소멸시효의 문제에 대하여〉

우선, 산업재해보상보험법(이하 "법"이라 한다)에서 명시적으로 요양이라는 법적 개념을 정의하지는 않았지만, 제5조제6호의 규정에 의하면 "6. "중증요양상태"란 업무상의 부상 또는 질병에 따른 정신적 또는 육체적 훼손으로 인하여 노동능력이 상실되거나 감소한 상태로서 그 부상 또는 질병이 치유되지 아니한 상태를 말한다."라고 되어 있고, 법 제47조의 규정에 따라 부상 또는 질병이 치유되지 않아 요양기간을 연장할 필요가 있는 경우 진료계획을 제출하는 제도를 둔 것으로 미루어 볼 때 요양은 '부상 또는 질병이 치유되지 아니한 상태'라고 볼 수 있다.

한편, 법 제5조제4호의 규정에 의하면 "4. "치유"란 부상 또는 질병이 완치되거나 치료의 효과를 더 이상 기대할 수 없고 그 증상이 고정된 상태에 이르게 된 것을 말한다."고 되어 있고, 동조제5호의 규정에 의하면 "5. "장해"란 부상 또는 질병이 치유되었거나 정신적 또는 육체적 훼손으로 인하여 노동능력이 상실되거나 감소한 상태를 말한다."고 되어 있는바, 치유되기 전의 상태가 법상 요양이라는 개념이고, 치유가 된 후 비로소 장해를 결정할 수 있다고 할 것이다.

따라서, 법에서는 요양과 장해는 동일 시점에서 병존할 수 없는 개념으로 정의하고 있고, 요양과 관련된 급여와 장해와 관련된 급여 역시 동일 시점에서 중복하여 지급될 수 없는 것이 법의 기본 원칙이라고 보아야 할 것이다.

다만, 법 제56조의 규정에서 예외적으로 장해연금을 받은 자가 재요양을 하는 경우 한 시점에서 장해급여와 휴업급여를 중복하여 지급할 수 있음을 인정하면서도 장해보상연금의 산정에 적용되는 평균임금의 100분의 70을 초과하면 그 초과하는 금액 중 휴업급여에 해당하는 금액은 지급하지 아니하도록 규정을 하고 있다.앞에서 살펴본 바와 같이 근로복지공단은 진폐근로자가 치유 전 요양 중 사망하였으므로 장해급여를 지급하지 아니하였다.

그러나, 대법원은 진폐증은 그 특성상 더 이상 치료효과를 기대할 수 없어 증상이 고정된 상태로 봄이 상당하므로 진폐의 합병증으로 치료 중임을 이유로 장해등급의 판정을 거부해서는 안된다고

판시(2016. 11. 25. 선고 2016두48485 판결 등 참조)하였고, 그에 따라 근로복지공단의 업무처리 지침을 변경하여 청구인에게 진폐근로자에게 지급하여야 할 장해급여를 지급하게 된 것으로 확인되고, 진폐근로자는 법상 장해보상연금을 지급하여야 할 대상이나 장해보상일시금을 지급되었으므로 이는 법 제84조제1항제3호의 규정에 의한 '그 밖에 잘못 지급된 보험급여'에 해당하므로 이를 부당이득으로 징수할 수 있다고 할 것이다.

또한, 원처분기관이 부당이득을 징수함에 있어서 적용한 법 제56조가 규정하고 있는 것은 진폐근로자가 요양을 하면서 장해보상연금을 받는 경우를 상정하고 있는 것이나, 진폐근로자는 요양 중 이미 사망하였고, 추후 대법원의 판례에 따라 근로복지공단의 업무처리 지침이 변경되면서 소급하여 장해급여가 지급된 것이므로 사후적인 처리에 따라 불가피하게 법의 규정에 따른 장해급여를 지급하면서 휴업급여액 만큼을 장해급여에서 차감할 수 밖에 없는 상황이고, 더구나 이 건 부당이득 징수 결정은 2018. 7. 17. 착오 지급된 장해급여(장해보상일시금)를 징수하는 것으로 기 지급된 휴업급여에 대한 부당이득 징수 결정이 아니므로 청구인의 주장을 받아들일 수 없다고 할 것이다.

〈재요양 기간 중의 휴업급여 조항 준용에 대하여〉

다음으로 진폐근로자는 장해보상급여를 지급함에 있어서 법 제56조의 규정을 준용하는 것이 타당한지를 살펴보면, 법 제51조제1항의 규정에 의하면 요양급여를 받은 자가 치유 후 일정요건이 충족되면 다시 요양을 할 수 있는 재요양 제도를 마련하고 있다. 즉, 법에서는 치유 후 다시 요양을 하는 것을 재요양으로 보고 있고, 진폐근로자의 경우도 비록 사망으로 사후적으로 장해급여를 받았지만, 그 장해급여를 지급하면서 치유일을 진단날짜로 하였으므로 진폐근로자의 상황도 치유후 요양을 다시 하는 경우라고 보아야 하므로 이는 재요양에 해당한다고 할 것인 바, 원처분기관이 장해보상급여를 지급함에 있어서 제56조를 준용하여 처리할 수 있다고 할 것이고, 산업재해보상보험제도의 적정한 운영과 사업주가 납부하는 보험료와 국고부담 등을 통하여 형성되는 산업재해보상보험의 재정 건전성 확보 등을 고려할 때 이 법리를 준용함이 부당하다고 볼 수 없는바, 부당이득 징수 결정한 처분은 정당한 것으로 판단된다.

따라서 원처분기관이 청구인에게 행한 부당이득 징수 결정 처분은 타당하다는 것이 우리 위원회의 판단이다.

XII 뇌혈관 및 심장 질병과 관련된 업무상 질병에 대하여

1. 의 의

산재보험법시행령 [별표 3] 업무상 질병에 대한 구체적 인정 기준(제34조제3항 관련) 중 1. 뇌혈관 질병 또는 심장 질병과 관련하여 그 업무상 질병 인정기준(뇌혈관 질병 또는 심장 질병 및 근골격계 질병의 업무상 질병 인정 여부 결정에 필요한 사항, 고용노동부 고시 제2017-117호, 2017. 12. 29., 일부개정, 2018. 1. 1. 시행)의 개정되면서 뇌혈관 및 심장 질병 관련사건(이하 "뇌심혈관 사건"이라 한다)의 인정 범위가 확대되었다. 그에 따라 업무상 질병의 인정요건으로 규정된 업무시간 인정여부 및 업무부담 가중요인에 대한 다툼이 많다. 한편, 뇌심혈관 질병을 업무상 질병으로 인정받기 위해서는 그 질병이 기초질환 또는 기존질병의 자연발생적인 경우가 아니어야 한다.[154]

154 법령의 상위법 우선의 원칙(上位法 優先의 原則)에 따라 업무시간, 업무부담 가중요인 등의 요건에 충족되었다고 하더라도, 고용노동부 고시보다 상위규정인 산재보험법시행령(대통령령) 제34조제2항의 규정에 따라 기초질환 또는 기존질병이 자연발생적으로 나타난 증상이 아니어야 한다. 즉, 고용노동부 고시에서 인정하는 요건에 모두 충족되었다고 하더라도 그 질병이 기초질환 또는 기존질병의 자연발생적으로 나타난 증상이라면 업무상 질병으로 인정받을 수 없다.

[뇌심혈관 사건 쟁점과 관련된 고용노동부 고시 주요내용]

1. 업무의 양·시간·강도·책임 및 업무 환경의 변화 등으로 발병 전 단기간 동안 업무상 부담이 증가하여 뇌혈관 또는 심장혈관의 정상적인 기능에 뚜렷한 영향을 줄 수 있는 육체적·정신적인 과로를 유발할 경우란 발병 전 1주일 이내의 업무의 양이나 시간이 이전 12주(발병 전 1주일 제외)간에 1주 평균보다 30퍼센트 이상 증가되거나 업무 강도·책임 및 업무 환경 등이 적응하기 어려운 정도로 바뀐 경우를 말한다.
2. 발병 전 12주 동안 업무시간이 1주 평균 60시간(발병 전 4주 동안 1주 평균 64시간)을 초과하는 경우에는 업무와 질병과의 관련성이 강하다고 평가한다.
3. 발병 전 12주 동안 1주 평균 업무시간이 52시간을 초과하는 경우에는 업무시간이 길어질수록 업무와 질병과의 관련성이 증가하는 것으로 평가한다. 특히, 다음 각 호의 어느 하나에 해당하는 업무를 수행하는 경우(업무부담 가중요인)에는 업무와 질병과의 관련성이 강하다고 평가한다.
   ① 근무일정 예측이 어려운 업무
   ② 교대제 업무
   ③ 휴일이 부족한 업무
   ④ 유해한 작업환경(한랭, 온도변화, 소음)에 노출되는 업무
   ⑤ 육체적 강도가 높은 업무
   ⑥ 시차가 큰 출장이 잦은 업무
   ⑦ 정신적 긴장이 큰 업무
4. 발병 전 12주 동안 업무시간이 1주 평균 52시간을 초과하지 않은 경우라도 2항의 업무부담 가중요인에 복합적으로 노출되는 업무의 경우에는 업무와 질병과의 관련성이 증가한다.
5. 오후 10시부터 익일 6시 사이의 야간근무의 경우에는 주간근무의 30%를 가산(휴게시간은 제외)하여 업무시간을 산출한다. 다만, 「근로기준법」 제63조제3호에 따라 감시 또는 단속적으로 근로에 종사하는 자로서 사용자가 고용노동부장관의 승인을 받은 경우와 이와 유사한 업무에 해당하는 경우는 제외한다.

2. 업무시간 산정 기준일과 근거자료의 객관성

고용노동부 고시에 의하면 뇌심혈관 사건에 있어서 상병에 대한 업무상 질병 인정 여부를 결정하는 중요한 요건의 하나로서 근로자의 업무시간을 적시하고 있고, 그 업무시간은 발병일을 기준으로 하여 발병 전 업무시간을 산정하도록 하고 있다. 따라서, 근로자의 입장에서는 가급적 업무시간이 많이 산정될 수 있는 날을 기준(발병)일로 하기를 원한다. 기술한 바와 같이 업무상 질병의 재해원인은 그 날짜를 특정하기가 매우 어려우므로 원칙적으로 진단일을 발병일로 보도록 하고 있다. 또한, 업무시간 양에 대해서도 공단과 근로자인 청구인이 주장하는 업무시간의 양에 차이가 나는 경우가 많다. 이러한 경우에는 청구인이 주장하는 업무시간(양)을 그대로 인정하는 것이 아니라 그 주장을 입증하기 위해 제출된 자료의 객관성 여부를 확인하게 된다.

2018재결 제2979호 요양 불승인 처분 취소

청구인은 노조 부위원장으로서의 업무를 수행하며 과로와 스트레스로 신청상병을 진단받았다고 주장하며, 최초 실신일인 2018. 1. 17.을 상병의 발병일로 보아 만성과로 여부를 판단하여야 한다고 주장한다.

상병 발생일에 대하여 살펴보면, 청구인이 발병일로 주장하는 2018. 1. 17. 의료기관에 방문하였으나, 특이 소견이 없어 귀가한 사실이 확인되고, 2018. 1. 26. 좌반신 마비증상으로 의료기관에 방문하여 검사결과 신청상병을 진단받았으므로, 발병일을 2018. 1. 17.로 볼 객관적인 근거가 없으며, 상병의 발병일은 2018. 1. 26.로 보아 청구인의 과로 여부를 판단하여야 할 것이다. ----(생 략)----

2019재결 제1199호 요양 불승인 처분 취소

청구인은 실제 근무시간이 미반영 되었다며 출근시간 06:30분을 주장하나, 원처분기관에서 인정한 업무시간의 근거는 출퇴근 카드로 기록되는 출근부 및 작업일보로 산정한 사실이 확인되고, 동료확인서의 주장한 근로시간에 대한 객관적인 입증이 불가한 것으로 볼 때, 청구인이 주장하는 근로시간을 인정하기 어렵다고 할 것이다.

2019재결 제1564호 요양 불승인 처분 취소

청구인은 발병 전 12주동안 1주 평균 업무시간이 62시간 55분(발병 전 4주 동안 1주 평균 업무시간 65시간 38분)으로 만성적인 과로 기준에 해당한다고 주장하나, 운송수입금대장의 사납금 납부기록과 LPG 충전기록이 일치하지 않는 등 운행시간에 대한 객관적인 자료가 없고, 업무시간 중 대기시간이 많으며, 대기시간을 자유롭게 이용할 수 있어 업무 강도가 낮아 보이므로 ----(생략)----

3. 노조전임자의 업무시간 산정

노조전임자는 그 업무의 특성상 업무시간을 산정하기가 곤란하다. 노조전임자라는 이유만으로 술자리나 애경사에 참여 시 애로사항을 듣고 의견수렴을 하였다고 하더라도 다른 근로자와 다르게 폭넓게 인정하여 이를 모두 근로시간으로 산정하는 것은 합당하지 않다고 판단하고, 임금협상, 단체교섭 등 노조업무를 수행하였다고 볼만한 사정이 있는 시간은 업무시간으로 인정하되, 원칙적으로 노사합의에 따른 시간을 인정하여야 한다고 판단하였다.

2018재결 제2979호 요양 불승인 처분 취소

다음으로 청구인의 업무 및 과로 여부에 대하여 살펴보면, 청구인은 노조전임자로 노동조합의 부위원장직을 수행하였으며, 사업주로부터 출퇴근에 대한 관리감독을 받고 있지 않아 구체적인 출퇴근 시간은 확인할 수 없고, 청구인과 사업주의 면담을 통하여 사업주가 인정한 근로시간은 발병 전 4주간 1주당 평균 근로시간은 57시간 8분, 발병 전 12주간 1주당 평균 업무시간은 64시간으로 조사되었다.

-----(중 략)-----

노동조합 업무 중 동료근로자의 애로사항을 듣고 의견을 수렴하는 활동에 대한 근로시간 산정은 개인적인 친목도모와 객관적으로 구분짓기는 어려우나, 술자리나 애경사 참석 시 애로사항을 듣고 의견수렴을 하는 시간이 있었다 하더라도 노조전임자라는 이유로 일반 근로자에 의하여 폭넓게 인정하여 모두 근로시간으로 산정하는 것은 합당하지 않다고 판단된다.

이에 따라 발병일로부터 12주간 이내 임금협상, 단체교섭, 안전관리에 대한 참여 및 의견수렴 등 노조전임자의 업무는 인정할 수 있으나, 특별히 노조업무를 수행하였다고 볼 사정이 있지 않는 한 동료근로자의 애로사항을 듣기 위한 근로시간의 인정범위는 사업장에서 노사 합의로 인정된 년 2,000시간의 범위 내에서 매월 평균적으로 수행하였다고 볼 때, 만성과로 또한 해당하지 않는다는 의견이다.

4. 업무시간이 30퍼센트 이상 증가의 판단

고용노동부 고시에 의하면 뇌심혈관 사건 인정요건의 하나로 발병 전 1주간의 업무의 양이나 시간이 이전 12주간의 1주 평균보다 30퍼센트 이상 증가하면 업무상 부담이 증가하여 뇌혈관 또는 심장혈관의 정상적인 기능에 뚜렷한 영향을 줄 수 있는 육체적 · 정신적인 과로를 유발할 수 있는 경우로 보고 있다. 여기서, 30퍼센트 이상 증가함을 비교함에 있어서 발병 전 12주간의 1주 평균 업무시간을 계산함에 있어서는 발병 전 1주일의 기간은 제외하도록 하여 발병 전 1주간의 업무시간이 양쪽으로 계산되지 않도록 고시에 명시[155]하였다. 다만, 발병 전 12주간 평균업무시간은 최소 40시간(1일 8시간 근무) 이상이 될 때 의미가 있다고 보고 있다. 이는 실제 단기간 업무부담이 증가하였다고 인정하기 어려움에도 불구하고 단순히 30퍼센트 이상이라는 수치만으로 이를 판단할 경우 발병 전 12주간 평균업무시간이 매우 적은 경우(휴가 등)에는 발병 전 1주의 업무시간이 조금만 증가하여도 30퍼센트 이상 증가하

155 개정 전에는 그러한 명시적인 규정이 없어 발병 전 1주간의 업무시간이 양쪽으로 모두 계산됨으로써 근로자에게 불리한 측면이 있었다.

는 문제점이 발생하기 때문이다. 재결사례(2018재결 제2923호)에서는 이런 경우 업무시간 및 업무량의 증가가 상병이 발병과 상당인과관계가 있다고 볼만한 의미를 가진다고 인정하기 어렵다고 보았다.

2018재결 제2923호 요양 불승인 처분 취소

청구인이 통근버스의 운전자로서 평소 주 평균 근로시간이 40시간에 미치지 못하였으나 이 건 재해 발생 전인 2018. 4. 2.부터 주간 2시간 30분을 추가 운행하여 업무량이 증가하였고, 재해 이전 12주간을 평균하여 볼 때 월 평균 휴일이 2.6일로 휴일이 부족한 업무에 해당하며, 건강검진 내역 상 별다른 위험인자가 없었던 것으로 보아 신청상병과 업무간의 상당인과관계가 있을 수 있다는 일부 의견이 있었다.

그러나, 청구인의 발병 전 24시간 이내의 근무상황을 살펴보면, 신체에 뚜렷한 생리적 변화를 일으킬 정도의 급격한 업무환경의 변화나 업무와 관련한 돌발적인 특이사항은 객관적으로 확인되지 않는다.

또한, 2018. 4. 2. 이후 대체 운행이 추가되어 발병 전 1주일 이내의 업무시간 및 업무량이 일상 업무보다 30% 이상 증가하였으나, 발병 이전 12주간(발병 전 1주일 제외)의 주당 평균 업무시간이 일반적인 평균업무 시간인 40시간에도 미치지 못하고 있어 업무시간 및 업무량의 증가가 신청상병의 발병과 상당인과관계가 있다고 볼만한 의미를 가진다고 인정하기 어렵고, 청구인이 그 간 수행하였던 업무시간, 업무내용 및 업무량 등에 비추어 볼 때 그 업무량, 강도, 책임 및 환경 등이 적응하기 힘든 정도로까지 바뀐 것이라고 인정하기에도 미흡하다고 할 것이다.

더불어, 1주 평균 업무시간이 통상적인 근로시간 보다 적은 발병 전 12주간의 월 평균 휴일은 다소 부족하지만 대체근무로 인해 업무량이 늘어난 시기가 포함된 재해 발생 전 4주간은 주1회(총 4일)로 2일 이상 휴무하였던 점 등을 종합하여 볼 때, 신청상병에 영향을 줄 수 있는 업무상 과중한 육체적·정신적 부담이 있었다고 볼만한 객관적인 사정도 확인되지 않아 신청상병과 업무와의 상당인과관계를 인정하기 어렵다는 것이 대다수 위원들의 공통된 의견이다.

5. 업무시간에 검찰조사를 받은 시간을 포함해야 하는지 여부

업무시간에 비록 업무를 하지는 않았다고 하더라도 업무와 관련된 범죄행위로 연루되어 검찰조사를 받았으므로 이를 업무시간 산정에 포함해야 한다고 주장하는 사건이었다. 그러나, 근로자의 주장과 달리 검찰의 조사는 업무와 관련되지 아니한 당해 근로자의 개인적인 범죄로 인한 것이므로 업무시간에 검찰조사를 받았다고 하더라도 이 시간은 업무시간 산정에 포함되지 않는다고 판단하였다.

2019재결 제101호 요양 불승인 처분 취소

청구인은 개인만의 범죄행위가 아닌 회사에서 벌어진 형사사건에 연루된 범죄행위에 대하여 검찰조사를 받았으므로 업무시간 산정 및 스트레스를 평가함에 있어서 검찰조사도 고려하여야 한다고 주장한다.

그러나, 청구인이 특정경제범죄가중처벌 등에 관한 법률 위반(사기), 배임 수제로 징역 2년, 집행유예 3년 선고를 받은 사실로 볼 때, 이 건 검찰조사는 청구인의 개인범죄에 대한 조사로 보아야 하므로 이를 업무시간에 포함하거나 심리적 스트레스를 업무부담 가중요인으로 고려하여야 한다는 청구인의 주장은 인정하기 어렵다고 할 것이다.

XIII 산업재해보상보험법관련 지침 (고용노동부)

1.「요양 중 의료사고」에 대한 산재판단 지침 시달

〈산재보상정책과-2519호, 2018. 7. 4.〉

※ "요양 중 의료사고"에 대한 업무상 재해 판단기준에 대한 논란이 있어, 이를 명확히 하고자 「요양 중 의료사고에 대한 산재판단지침」 시달

① 검토배경

○ 업무상 재해로 요양 중 "요양급여와 관련하여 발생한 의료사고"는 업무상 사고로 인정(산재보험법시행령 제32조제1호)

○ 이와 관련하여 재해 상병의 부위에 대한 수술 등과 관련하여 의료사고가 발생한 경우에는 업무상 사고로 인정하는 반면,

- 재해 상병과 다른 부위의 수술 등으로 요양을 하여야 할 경우 "요양급여와 관련하여 발생한 의료사고"에 해당되는지 현장에서 판단에 혼선

② 처리방안

○ (인정기준) 재해 상병부위와 다른 부위의 수술 등으로 요양을 하여야 할 경우도 '요양급여와 관련한 의료사고'에 해당하는 것으로 판단하되,

- 재해자가 부정수급 목적 등으로 개입하거나 묵인한 경우에는 '고의 · 자해행위'에 해당하므로 불승인(법 제37조제2항)

○ (구상 · 공제) 산재승인 된 경우 요양급여와 관련된 의료사고로 인하여 지급된 보험급여에 대해서는 해당 의료기관에 구상권 행사(법 제87조)

- 재해자가 의료기관으로부터 그 의료사고와 관련하여 손해배상을 받은 경우 관련 법령에 따라 공제하고 보험급여 지급(법 제80조)

③ 행정사항: 지침내용과 관련하여 기존에 불승인한 경우라도 이 지침 시행이후 이의제기 등이 있는 경우 이 지침을 적용하여 판단

2. 노조전임활동 중 발생한 재해의 산재인정 기준

〈산재보상정책과-2686호, 2018. 7. 16.〉

※ 노조전임활동(행사 포함) 중 발생한 사고·질병의 '업무상 재해' 인정 여부에 대하여 근로복지공단의 판단이 일관되지 않아(소송 패소사례 발생) 판례를 토대로 명확한 판단기준 시달

① 전임자의 '노동자성' 인정여부: "인정"(산재보험법상 근로자로 인정)

○ 근로계약 유지, 노조전임에 대한 사용자의 승낙 등을 고려해 산재보상 관련 재심사위 · 판례의 입장은 일관되게 노조전임자의 '노동자성'을 인정

〈판례 입장〉

※ 노조전임자가 사용자의 지휘감독을 받지 않는 노조업무만 담당하고 있다 할지라도 ▲종업원 지위 유지 ▲노조업무와 회사노무관리업무 간의 밀접한 관련성 ▲본래 업무 대신 노조업무를 담당토록 사용자가 승낙 등을 종합적으로 고려할 때 근로계약상 본래 업무에 종사하는 일반 노동자와 다름없이 보는 것이 산재보험법의 목적과 취지에 부합(대법 92누14502)

※ (참고) 전임자는 근로계약은 유지하지만 계약상 업무는 하지 않을 수 있어 '휴직 노동자'와 유사한 지위로 판단(노사관계법제과-1718)

② 전임활동의 '업무' 인정여부: "인정"

○ 사업장 노무관리업무와의 밀접한 관련성을 고려해 재심사위 · 판례는 일관되게 '업무'로 인정

* ▲불법 노조활동 ▲사용자 사업과 무관한 활동 ▲쟁의단계 이후 활동에 한하여 불인정

〈판례 입장〉

※ 노조전임업무가 ▲불법적 노조활동 ▲사용자의 사업과 무관한 상부 또는 연합관계에 있는 노동단체와 관련된 활동 ▲사용자와 대립관계로 되는 쟁의단계 이후의 활동 등이 아닌 이상 본래 회사노무관리업무와 밀접한 관련을 가지는 것으로서 사용자가 본래의 업무 대신에 이를 담당하도록 하는 것이어서 그 자체를 바로 회사의 업무로 볼 수 있음(대법 98두14006)

○ '노조주관 행사'의 '업무' 해당여부는 산재보험법 일반원칙*에 따라 판단

* 산재보험법 제37조(업무상의 재해의 인정 기준): 사업주가 주관하거나 사업주의 지시에 따라 참여한 행사나 행사준비 중에 발생한 사고

– 사업운영 · 노무관리상 필요에 따라 사업주가 지시 · 승인한 행사등 사회통념상 사업주 지배관리 하의 행사로 인정되는 행사 중 발생한 재해는 '업무상 재해'로 인정

〈판례 입장〉

※ 원고는 회사의 승낙하에 전임근무기간을 활용하여 민주택시노조가 개최한 행사에 참가하였다가 재해를 입은 것이고, 이 행사는 노조간부들의 휴식과 친목도모 뿐만 아니라 택시업체 노사관계의 중요한 쟁점인 월급제 정착에 관한 토론 등을 목적으로 개최된 것이므로 전임자인 원고가 노조업무를 수행하거나 이에 수반하는 통상적인 활동을 하는 과정에 입은 것으로 업무상 재해에 해당(대법 2005두11418)

○ 단체교섭 · 임금협상 등 정신적 · 신체적 부담이 큰 전임활동 중의 뇌심혈관계질환 발병 등 전임활동 중 발생한 질병에 대해서도 사고와 마찬가지로 업무상 재해로 인정

〈판례 입장〉

※ 전임자인 원고가 단체교섭, 농협법 개정 반대투쟁 등의 진행으로 업무가 과중했다고 보이고 특히 처음 단체교섭을 맡아 진행하면서 순조롭지 않아 정신적 압박이 컸을 것으로 보이며 상병 발생 직전에는 예측하지 못한 사건의 발생에 대응하는 등 업무긴장도가 상당히 증가했을 것으로 보여 원고의 상병은 업무상 질병으로 간주됨(고법 2013누32610)

③ 결론 및 향후 업무처리

○ 판례의 일관된 입장을 토대로, 사업장 노무관리업무와 관련된 노조전임자의 전임활동(행사 포함) 중에 발생한 사고 · 질병은 업무상 재해로 인정

*불법, 사용자 사업과 무관, 쟁의단계 이후 활동은 현행과 같이 불인정

○ 7월 중 동 지침을 근로복지공단 각 지사로 시달 및 교육하여 일관된 판단기준 확립

– 기존 불인정 사례도 이의제기 등이 있는 경우 동 지침의 기준 적용

3. 해외파견(자) 산재보험 적용여부 판단 기준

〈산재보상정책과-3701호, 2018. 8. 14.〉

① 검토 배경

○ 국내에서 채용하여 해외에서 근무하는 경우, 산재보험 적용 여부에 대한 기준 명확화

② 관련 법령

○ 산재보험법 제122조(해외파견자에 대한 특례)

– 해외파견자를 "보험가입자가 대한민국 밖의 지역에서 하는 사업에 근로시키기 위하여 파견하는 자"로 규정

○ 파견법 제2조(정의)

– "근로자파견"의 개념을 "파견사업주가 근로자를 고용한 후 그 고용관계를 유지하면서 근로자파견계약의 내용에 따라 사용사업주의 지휘 · 명령을 받아 사용사업주를 위한 근로에 종사하게 하는 것"으로 규정

▸【채용·임금지급】 파견사업주(국내 사업의 사용자, 이하 '국내사용자'라 함)
▸【지휘·명령】 사용사업주(해외 사업의 사용자, 이하 '해외사용자'라 함)

③ 판단 기준

※(전제) 국내에서 채용하여 해외에서 근무하고, 임금을 국내 본사에서 지급(일부 지급 포함)하는 경우
*해외 현지에서 직접 채용하거나, 해외 사업장에서 임금을 지급하는 경우는 제외
(속지주의 원칙에 따라 해당 국가의 노동법 적용)

○ 지휘 · 명령 주체 판단기준에 따라, "지휘 · 명령 주체 해외 사용자 ⇒ 파견", "지휘 · 명령 주체 국내 사용자 ⇒ 출장"으로 판단

《지휘 · 명령 주체 판단 기준》

○ 지휘 · 명령 주체는 제출된 입증자료를 토대로 다음 기준으로 판단하되, ①을 우선적으로 판단하여 결정하고, ①에 의해 판단이 어려울 경우 ②, ③을 순차적으로 판단

① (업무지시) 해외 업무 수행과정에서 (ㅁ해외 사용자, ㅁ국내 사용자)로부터 구체적이고 직접적인 지시를 받음

*문서, 메일, 전화 등 지시의 방법은 불문하고 주로 누구에게 업무 지시를 받는지에 따라 결정

*업무 지시의 주체를 판단하기 어려운 경우 해외근무자로부터 업무 관련 정기 또는 수시 보고를 받는 사용자가 업무 지시 관련성이 큰 것으로 봄 (문서 보고, 구두 보고 등 보고 형식에 관계 없음)

② (취업규칙) 해외 근무자가 적용받는 취업규칙 등을 (□해외 사용자, □국내 사용자)가 결정 · 시행

-명문화된 취업규칙이 없는 경우 해외사업장 근무 중 출장업무 수행 또는 휴가 사용 시 승인 등 복무관리를 누구에게 받는지에 따라 결정

③ (인사관리) 해외사업장 내에서의 부서 이동 등 인사관리가(□해외 사용자, □국내 사용자)에 의해 이루어짐

〈판례 입장〉

※ 국내본사에서 상당기간 근무하던 중 현지법인에 파견되어 현지공장에서 생산관리, 기술지도 등의 업무를 수행, 국내에서 파견된 총경리를 통하거나 전화로 직접 국내 사업주로부터 업무지시를 받은 점, 파견된 근로자들이 일정한 근무기간이 경과하면 국내근무를 명하는 등의 인사관리를 한 점 등 근무의 실태를 종합하여 볼 때 국내 사업장 사업에 소속하여 그 지휘에 따라 근무하는 경우에 해당(대법 98두18503)

※ 국내본사에서 직접 업무지시를 한 것은 물론 퇴직, 전출, 업무 변경 등 인사관리 업무를 직접 수행하면서, 국내에서 근무하는 소속 직원들과 동일한 방법으로 임금을 지급하는 등 실질적으로 국내의 사업에 소속하여 당해 사업의 사용자의 지휘에 따라 근무하는 경우라고 봄이 타당(대법 2010두23705)

붙임 해외파견 및 출장에 대한 기존 행정해석 및 문제점

① 기존 해석

○ 해외근무자는 모두 "해외파견"에 해당한다는 전제 하에, 일정 기준*에 해당하는 경우에만 예외적으로 "해외출장"으로 해석

* 상담 · 회의 · 시찰 · 업무연락 등의 목적으로 사명에 의해 국외에 나가는 경우, 국외 사업장에 파견되는 경우라도 외국환거래규정에 따른 해외사무소로 설치 인증을 받은 사업장인 경우 등

② 문제점

○ 행정지침과 법원 간의 상충된 해석으로 인하여 소송 패소사례 발생 및 일선 담당자의 실무 혼선 초래

– 국내 · 외 경제사정 및 산업구조가 변화함에 따라 해외 근무의 형태도 다양화되고 있는 점을 반영하여, 판례를 토대로 새로운 판단기준 마련 필요('17년 공단 감사실 종합감사 권고사항)

4. 화물운송(지입)차주 산재보험 적용여부 판단 기준

〈산재보상정책과-3072호, 2018. 8. 14.〉

① 검토 배경

○ 화물운송(지입)차주는 개인사업주 형태로 활동하지만 배송업무를 위탁받아 수행하는 과정에서 근로자성 여부 논란

○ 근로복지공단은 화물운송(지입)차주를 예외 없이 1인 자영업자로 보아 근로자성 불인정(산재 불승인) → 소송 폐소사례 발생

⇒ 최근 판례를 바탕으로 화물운송(지입)차주 근로자성 판단기준 시달

〈판례 입장〉

※ 산업재해보상보험법에서 '근로자'란 근로기준법에 따른 근로자를 의미한다(제5조 제2호 본문). 근로기준법상의 근로자에 해당하는지는 계약의 형식이 고용계약, 도급계약 또는 위임계약인지 여부보다 근로제공 관계의 실질이 근로제공자가 사업 또는 사업장에 임금을 목적으로 종속적인 관계에서 사용자에게 근로를 제공하였는지 여부에 따라 판단하여야 한다.

② 업무 절차

○ 화물운송(지입)차주 산재 신청시, 신청자에게 근로자성 판단기준 안내 및 입증자료 제출 요청

○ 제출된 자료를 바탕으로 판단기준에 따라 종합적으로 판단하되,

* 자료를 제출하지 않거나, 근로자성 자료가 없는 경우 ⇒ 종전과 동일
* 제출자료로 근로자성이 인정되는 경우 ⇒ 산재 승인 절차에 따라 업무 처리
* 제출자료만으로 판단이 모호한 경우 ⇒ 사실관계 추가 조사 후 법률 자문을 통해 판단

③ 화물운송(지입)차주 근로자성 판단 기준

① 업무지시·감독

∨운송업무 외의 업무(물품포장, 창고정리 등)를 수행하는지

∨운송 업무가 없을 때에도 상시 대기하도록 지시를 받거나, 상시 대기할 수밖에 없는 상황인지

*물품 출하시간·장소가 정해져 있는 것은 운송회사와 화주의 운송계약에 의한 것이므로, 이 같은 사정만으로 구체적인 업무지시가 있었다고 보기 어려움

*배송(운행)일지, 출고장 등을 작성하는 것은 원활한 운송업무 및 사고 발생 시 책임소재 파악을 위한 것으로, 이러한 사정만으로 업무수행과정이 지시·감독 하에 있었다고 보기 어려움

② 보수의 성격

∨보수가 운송 건당 지급되고, 결행이 있으면 삭감되는 등 운송량의 변화에 따른 손익의 위험을 화물지입차주 스스로 부담하는지

*기본급(고정급)이 정해져 있는 것과는 무관

③ 전속성 및 대체가능성

∨화물지입차주가 여러 운송회사와 계약을 체결하여 운송업무를 수행하고 있는지 혹은 여러회사의 업무를 수행하는 것이 가능한지

∨화물지입차주가 제3자를 고용하여 업무를 대행케 하고 있는지 혹은 대행케 하는 것이 가능한지

④ 회사 내 일반 근로자와 동일하게 취업규칙·복무규정을 적용받는지

*화물차를 도색하거나 유니폼을 착용하는 것만으로 근로자성이 인정되는 것은 아님

※ (유의사항) 운송계약의 형식과 상관없이 실제 근로제공 관계를 중심으로 판단

*운송회사에서 미리 작성한 계약서에 "고용관계를 부인"하는 내용이 있더라도, 이는 약관법 제6조에 따라 신의성실의 원칙 위반하여 공정성을 잃은 약관이므로 무효

5. 업무수행 중 『실신 등에 따른 상병』에 대한 업무처리 지침

〈산재보상정책과-3437호, 2018. 9. 11.〉

※ 업무수행 중 『실신』에 따른 잦은 업무상 재해 불인정 패소와 명확한 판단기준 부재에 따른 업무의 효율화 제고를 위해 업무처리 지침 마련

① 검토 배경

○『실신 등에 따른 상병』의 산재인정 여부에 대한 명확한 판단기준 부재로 지사간 업무처리절차나 방법 등에서 상이한 처분 결정 사례 다수

○ 또한, 행정소송이 급증하는 상황에서 일부 사건이 패소하는 경향이 있어 명확한 판단기준 마련을 통해 효율적 업무 처리 필요

② 처리방향

○ (원칙) 『실신 등으로 인한 외상상 상병』은 고의 · 자해 또는 범죄행위에 해당되지 않는다면 쓰러진 원인과 관계없이 '업무상 재해'로 인정

– 외상성 상병만 진단받아 요양신청: 쓰러진 원인과 관계없이 업무상 사고 처리 절차에 따라 처리(업무상 재해로 인정)

– 외상성 상병 없이 『실신』 등의 상병만 진단받아 요양신청: 업무상 질병 처리 절차에 따라 처리

* 실신 등의 원인에 대한 조사 및 기존질환 등에 대해 조사 후 업무상질병판정위원회에 심의 의뢰하고 심의 결과에 따라 업무상의 재해 여부 결정

–『실신 등의 상병』과 외상성 상병을 함께 진단받아 요양신청: ①『실신 등의 상병』은 업무 관련성 여부에 대한 판단이 필요하므로 업무상 질병의 처리절차에 따라 처리 ②『실신 등의 상병』이 업무상 질병으로 인정되면 그로 인한 외상은 업무상의 재해로 인정

* 실신 등의 상병이 업무상 질병으로 인정되지 않는 경우에는 그로 인한 외상만 업무상 재해(사고)로 인정(판정위원회 절차 필요 없음)

○ 기타 출장 중 또는 출퇴근 중 발생한 경우에도 위 판단기준에 따라 처리

③ 행정사항: 지침내용은 시행일부터 적용하되, 공단에서는 재해조사 방법, 업무처리절차 · 방법 등 구체적인 시행지침을 마련 · 시행

6. 긴급한 주변환경 변화 발생에 따른 산재인정 기준 지침

〈산재보상정책과-4042호, 2018. 10. 30.〉

※ 업무와 직접 관련은 없으나, 주변 환경의 긴박한 상황변화로 인한 발생 재해의 산재 인정 여부에 대한 통일성 제고

① 검토 배경

○ 사업주 지배 · 관리하에서 재해가 발생하였으나, 업무와 직접 연관성이 없다는 이유로 산재 불인정 사례 다수 발생

- 사업장내 발생 사고는 대부분 산재로 인정하고 있으나, 외부에서 발생한 사고에 대해서는 소극적으로 판단하는 경향

○ 이는 행정소송의 패소로 이어지고 있어 통일된 판단기준을 마련

② 관련 규정

○ (규정) 산재보험법 제37조 및 제80조, 시행령 제27조, 제30조 및 제31조

○ (관계 법률) 의사상자 등 예우 및 지원에 관한 법률 제3조 및 제8조

* 의사상자법 제8조: 국가는 의상자 및 의사자유족에게 보상금을 지급한다. 다만, 다른 법률에 따라 국가 또는 지방자치단체로부터 보상금을 지급받은 때에는 그 금액에 상당한 보상금을 지급하지 아니한다.

③ 적용 기준

○ (기본 원칙) 천재지변이나 긴급 · 돌발적인 상황이 업무와 직접 관련이 없어도 사업주의 지배관리하에서 발생한 재해로 볼 수 있으면 산재로 인정

《개정 내용 비교표》

기존 지침	개정 지침(추가)
① 사업주 지배·관리(下)에 있을 것 ② 업무와 직접 연관성이 있을 것	① 사업주 지배·관리(下)에 있을 것 ② 업무수행 과정에 재해가 발생할 것 ③ 긴급·돌발 상황 발생 시 사회통념상 인정되는 행위 중 발생한 재해일 것 *긴급성·시급성·불가피성(주변 환경요인)·일관성(경로)이 동반되어야 함

○ (구상권) 사고 발생 과정에 사고유발자 및 제3자(또는 당사자 등)와의 인과관계로 인한 과실 유무에 따라 구상권 행사여부 결정 가능

– 다만, 의사상자법에 의한 보상금은 ① 의사상자 유족의 생활안정과 복지향상 등 사회보장적 성격, ② 국가 · 사회공헌의 희생에 대한 국가적 예우에 해당하여 국가배상법상 손해액 공제 불가능(대법원 2000다46894, 2001.2.23)

* [참고] 기타 다른 법률과의 충돌시에는 관련 법령에 따라 수령 상당 금액 공제 가능

④ 판례 및 예시

○ (출장 · 행사 등) 출장이나 회사 주관 행사 등에 참여하는 과정에 주변의 긴급한 상황 발생으로 사고가 일어난 경우

– 동료의 주택을 들러 회사 업무처리 후 회사로 돌아가던 중 도로상의 교통사고를 목격하고 구조행위 과정에서 사고* 발생

* [요건] ① 업무의 연속성(출장) ② 출장 경로 이탈 없음 ③ 운전행위로 인한 사고발생 ④ 사회통념상 사회적 · 도덕적 구조 의무행위[2016구합9800 서울행법]

** [예시] 사업주 주최 야유회 참여 중 주변 강물에 빠진 아이를 구조하던 중 재해

○ (출 · 퇴근) 회사 출퇴근 과정에 주변의 긴급한 돌발상황 발생으로 사고가 일어난 경우

* [요건] 통상적인 경로와 방법으로 출퇴근하는 경우와 동일한 요건이 갖출 것

** [예시] 출 · 퇴근 중 건물화재 발생으로 화재진화에 참여 후 사고 주변 사업장이나 건물 등의 대형화재 · 폭발 장소를 피해 퇴근경로 변경 후 사고 발생 등(적극적 해석)

○ (예외) 긴급 · 돌발상황 발생으로 인한 긴박한 상황이라고 하더라도 시급성이나 불가피성 등을 인정할 수 없는 상황인 경우 불인정

*[예시] 퇴근 중 주변 사업장(또는 건물)의 대형 화재 발생시 소방차량 · 소방관이 이미 진화 중에 있음에도 본인이 자의적 판단으로 구조행위 하던 중 사고 발생

⑤ 행정사항: 시행지침은 시행일부터 적용(지침 시행일 이후 발생한 재해 뿐만 아니라 이의제기 건에 대해서도 적용)

7. 장해등급 재결정에 따른 부당이득금 징수기준

〈산재보상정책과-290호, 2019. 1. 18.〉

※ 최초 장해등급 결정 이후 사정 변경 등으로 직권취소(변경처분)에 따른 장해급여 차액 환수 관련 기준을 제시

① 추진 배경

○ (소송 패소) 부정수급 조사시 최초 장해등급 결정 하자* 등을 이유로 직권취소 후 장해등급 재결정과 등급 차액 부당이득 반환 결정 처분

- 관련하여 장해급여 차액에 대한 소급징수에 대해 과도한 처분이라는 이유로 '부당이득 반환 결정 처분 대부분 패소(증가 추세)

* 내용: 산재 조사시 미발견 또는 업무 미흡, 과다 등급 결정 등

○ (업무개선) 불필요한 부당이득 징수 방지 → 소송 감소 및 행정의 신뢰성 제고

(단위: 건, %)

구분	재결정처분 (원액)	행정소송				패소율
		소계	승소**	일부승소	패소	
합계	140(92)	32	7	13	12	37.5
'16년	41(23)	10	2	5	3	30.0
'17년	56(30)	5	3	1	1	20.0
'18년	43(39)	17	2	7	8	47.1

* (소송쟁점) ① 당사자의 귀책사유(고의 · 중과실) 유무 ② 원상회복의 용이성(당사자의 납부능력 등) ③ 공단의 처분 당시 잘못(과실) 여부 등

* 장해재결정과 장해재결정에 따른 부당이득 배액징수인 경우는 승소, 장해재결정에 따른 부당이득 원액징수(소급분)인 경우에는 전부 패소

② 관련 법령 및 판례

○ 산재보험법 제84조(부당이득의 징수), 제85조(징수금의 징수) 등

○ 부당이득 징수업무 처리규정 제3조 및 제4조(부당이득 징수 등)

○ 부정수급 조사업무 처리규정 제10조(조사결과의 처리 및 보고)

* (부당이득 징수) 거짓 · 부정한 방법의 보험급여 수령은 2배 징수, 부당한 보험급여 수령은 원액 징수

○ (판례) 최초 결정시 고의 · 중과실 등 귀책사유 여부에 따라 결정

법원 판례

승소 사례(서울행정법원 2017구단51597)	패소 사례(서울행정법원 2017구단55889)
최초 장해등급 결정의 하자가 사실은폐의 신청행위 등 원고의 고의·중과실에 의한 귀책사유로 인한 것이므로 직권취소 후 장해재결정 및 부당이득 배액징수처분은 모두 적법	현재 원고의 장해상태가 최초 장해등급 결정 당시보다 호전되었다 하더라도 최초 장해등급 결정 당시의 하자를 인정하기 어려워 장해등급 재결정은 위법하고, 또한 원고의 고의·중과실의 귀책사유 등이 인정되지 않아 부당이득 원액징수처분도 위법

③ 적용 기준

○ (기본 원칙) 판례 취지를 고려하여 최초 장해등급 결정시 당사자의 귀책사유(고의 · 중과실) 여부에 따라 업무처리

- 최초 장해등급 결정시 서류조작 등 귀책사유가 있는 경우에는 최초 장해등급과 재결정된 장해등급의 급여차액을 소급징수(배액)

*부정수급에 따른 부당이득 징수이므로 최초 장해등급 결정에 따라 지급된 보험급여 지급부터 차액에 대한 배액징수(형사고발 등 조치 병행)

- 부정수급 조사결과 최초 장해등급 결정 당시의 하자는 인정되나, 허위 · 부당청구 등 당사자의 귀책사유가 확인되지 않을 경우에는 장해등급 재결정 처분(하향조정)은 유지하되, 부당이득 소급 징수결정은 하지 않음

*부정수급이나 부당이득이 아니므로 소급징수하지 않고, 장해등급 재결정일 이후부터 변경된 장해등급으로 급여 지급

○ 다만, 최조 장해등급 결정할 때에 허위 · 부당청구 등 당사자의 고의 · 중과실에 대한 철저한 확인 필요

④ **행정사항**: 시행일 이후 장해등급 재결정 뿐만 아니라 시행일 현재 동일내용으로 진행(소송 포함)되고 있는 건에 대해서도 적용

*부당이득 원액징수는 하지 않더라도 신고제도 활성화 방안 별도 마련(신고포상금제도 등)

8. 다른 보상 및 배상 관련 보상금 반환시 산재 재청구 여부

〈산재보상정책과-731호, 2019. 2. 20.〉

※ 다른 보상 및 배상과의 관계에서 조정대상 여부 및 보상금 반환에 따른 산재보험급여 재청구 가능 여부에 대한 해석

① **검토 배경**

○ (배경) 다른 보상 및 배상과의 관계(법 제80조제3항)에서 유족이 사업주에게 산재보험급여 상당 금액(이하 "보상금")을 지급받으나,

– 보상금의 반환 · 공탁 등 직 · 간접적인 방법으로 반환할 경우 사정변경에 따른 조정대상 여부 및 산재보상급여 재청구 여부 논란

〈기존 질의〉

▸다른 보상·배상과의 조정시 업무처리요령* 시달('18.8.2)
*최초의 합의서 작성시 손해배상금 일체 지급으로 명기하였으나, 산재처리 과정(처분 전)에 당사자간 합의하였을 경우에만 조정대상에서 제외

② **(관련 법령)** ① 산재보험법 제80조제3항, 시행령 제76조

*수급권자가 보험급여에 상당한 금품을 (사업주에게) 받으면 조정 대상

③ **적용 기준**

○ (원칙) 수급권자인 유족이 사업주로부터 산재보험급여에 상당한 금품(보상금)을 지급받은 경우 조정 대상

– 다만, 당사자간 합의에 의해 합의사항 변경시 당사자 의사 반영

○ (재청구) 유족이 사업주에게 지급받은 보상금을 직 · 간접(반환 · 공탁 등) 방법으로 반환한 경우라면

– 사정변경으로 "보상금을 지급받은 경우"에 해당되지 않으므로 소멸시효 완성전이라면 산재보험급여 다시 청구 가능

*사업주에게 반환, 공탁 등에 의한 보상금 미지급 사실 입증 책임은 수급권자
**공단의 기존 처분(부지급 · 일부 지급)은 유효

④ **행정사항:** 지침 시행일 이후 판단하는 경우부터 적용, 소멸시효가 완성되지 않는 경우 지침 시행일 이후 다시 청구하는 경우에는 동 지침에 따라 적용

9. 재요양시 휴업급여의 평균임금 산정방법 및 적용기준

〈산재보상정책과-2204호, 2019. 5. 7.〉

※ 요양종결 이후 재요양 시점이 인접한 경우 평균임금 산정방법 및 기준과 관련하여 민원 제기되에 그에 대한 기준 제시 필요

① 검토 배경

ㅇ (규정) 재요양시 평균임금 적용시점에 대해(법 제56조제1항) "재요양 당시*의 임금을 기준으로 평균임금 산정"한다고 규정

- 재요양 당시 임금이 없으면 최저임금을 휴업급여로 지급(법 제56조제2항)

*'재요양 당시'란 재요양 대상이 되는 부상 · 질병에 따른 재요양 진단일

ㅇ (실태) 재요양 당시 임금 지급 또는 근로사실 미확인 시 1일당 최저임금액을 휴업급여로 지급함에 따라 상대적 불이익* 발생

*(예시) 무직(~'18.6.30), 7.1~8.3 근무, 8.4~10 무직, 8.11 재요양 => 최저임금 적용

〈기존 업무처리 요령〉

▸재요양시 평균임금 적용시점은 당시의 임금 기준으로 선정(규정): ① 재요양 당시 사업장 소속 근무 중인 경우 한정 ② 재요양 이전 퇴직시 재요양 이전 3개월간 임금이 존재하더라도 최저임금 적용 ③ 일용근로자는 재요양 개시 이전 평균임금 산정기간(3개월)에 신뢰 가능 임금 확인시 통상근로계수 기준 산정

② **(관련 법령)** 산재보험법 제56조, 시행령 제52조

③ **검토의견**: 기존 업무처리요령 개정

ㅇ 재요양 이전 취업 또는 임금지급 사실이 없거나, 임금 지급 사실을 확인할 수 없는 경우에는 최저임금액을 휴업급여로 지급

- 재요양 평균기간 산정기간 내에 근무사실 또는 임금 지급사실이 있는 경우 해당 기간(최종)의 평균임금을 재요양 평균임금으로 적용

ㅇ 다만, 보험급여의 산정기준이 되는 평균임금은 통상의 사실임금을 산정하는 것을 그 기본원리로 하고 있는데,

- 요양종결 후 재요양 시점이 인접한 경우에는 평균임금 산정대상 기간에 요양기간이 있거나 정상적인 소득활동이 어려운 경우이므로

- 업무상 재해로 인한 요양기간 등 정상적인 근무가 어려운 기간* 존재 시 해당기간을 제외한 후 이전 3개월로 평균임금 산정

* 업무상 재해로 인한 요양 기간 또는 후유장애 등으로 인한 치료기간 등

* 재요양에 따른 평균임금 산정 관련 판례(대법원 2011.12.8. 선고 2010두10655)는 치유(치료종결) 후 상당기간이 경과한 후 새로이 요양개시되는 경우에 대한 판례

○ 또한, 재요양 직전 퇴직한 경우 퇴직일로부터 재요양 시작 전까지의 기간을 제외한 잔여기간으로 평균임금을 산정*하되

- 휴업급여 지급액은 법 제56조제1항 및 제2항을 적용하여 지급

* (예시) 무직(~'18.6.30), 7.1~8.3 근무, 8.4~10 무직, 8.11 재요양 => '18.5.11~8.10.중 7.1.~8.3.

④ **행정사항**: 지침 시행일 이전 기존 평균임금 산정에 대한 평균임금 정정신청 경우에도 적용

10. 계약내용과 다른 업무 수행 중 발생한 화물자동차 운전자 사고 처리 지침

〈산재보상정책과-3157호, 2019. 6. 28.〉

※ 화물자동차 운전자가 사실상 종속관계에서 업무 수행 중 계약내용과 다른 업무를 하는 과정에서 발생한 사고의 업무상 재해 인정기준 마련

① 검토 배경

○ 화물자동차 운전자는「화물자동차 운수사업법」상 화물자동차를 이용하여 유상으로 화물을 운송하는 사업을 하는 사람(임의가입 대상)

○ 그러나, 사실상 종속관계에 있는 화물자동차 운전자가 화물 운송과정에서 화물운송 계약내용과 다른 업무*를 수행하던 중 발생한 사고에 대해 업무상 재해 여부 논란

* 상 · 하차 작업, 상품포장 및 분류작업, 지게차 운전 등

② 관련 법령: 산재보험법 제124조, 시행령 제122조제1항제2호나목

③ 업무처리

○ (판단) 사실상 종속관계에 있으며, 계약내용과 다른 업무 수행을 지시받았거나 관행적으로 수행한 경우로 업무 지시자의 업무수행 과정에 발생한 사고에 대해 업무상 재해로 인정

- 화물운송계약과 다른 업무를 수행하는 동안은 당해 사업장(작업 지시자 포함)의 노동자(일용직 또는 단시간 등)로 고용된 것에 해당

○ (보상) 당해 사업장의 유사노동자의 임금을 기준으로 하되, 유사노동자가 없거나, 임금 확인이 불가능할 경우 최저임금액을 기준으로 보상

* 산재보험 임의 가입시: 지입차주가 사고 당시 수행한 업무에 따라 판단

○ (적용) 화물자동차 운전자가 임의가입하지 않았더라도 업무지시를 한 사업자의 소속 노동자로 산재보험을 적용하여 처리

* 화물자동차 운전자를 임의가입 대상이 아닌 임시고용된 노동자로 산재처리

④ 행정사항: 시행일 이후 발생한 사고 뿐만 아니라 시행일 현재 심사 · 재심사가 진행중인 건에 대해서도 적용

* 화물자동차 운전자 뿐만 아니라 다른 특수형태근로종자사 또는 임의가입 대상자가 동일 또는 유사한 형태로 업무를 수행하다 재해를 입은 경우도 위 기준에 따라 판단

참고 **(표준)화물운송 계약서**

화물운송 계약서

"갑" 주 소 :

상 호 :

대표자 :

"을" 주 소 :

상 호 :

대표자 :

"갑"과 "을"은 다음과 같이 운송계약을 체결한다.

제1조【용어의 정의】

1. 본 계약에서 '운송'이라 함은 OO일원으로부터 OO지역으로 수송, 반송 기타 이에 수반되는 제반 부대행위를 말한다.
2. 본 계약서에 '화물'이라 함은 OO을(를) 말한다.

제2조【운송의 위임】

1. "갑"은 "을"에게 별첨양식의 화물운송 지시서에 의하여 화물의 운송을 의뢰하며, 필요한 경우에는 운송에 필요한 부대작업을 의뢰한다.
2. "을"은 "을"이 "갑"으로부터 의뢰 받은 사항을 각 출고분당 도착지를 명시구분하여 배차하여야 한다.

제3조【운송의 책임과 의무】

1. "을"은 "갑" 또는 "갑"이 지정한 자에 의하여 위임받은 일체의 화물에 대하여 선량한 관리자의 주의의무로써 화물의 특성에 맞는 적절한 조치와 아울러 정확 · 안전하게 목적지까지 운송할 책임을 진다.
2. "을"은 "갑" 또는 "갑"이 지정하는 자의 지시없이 화물 적재 운송이나 목적지의 임의 변경 입고 등으로 "갑"에 손해를 끼쳤을 경우 이로 인한 모든 손해를 배상할 책임을 진다.
3. "을"은 "갑"의 사전 서면 동의없이 "갑"으로부터 의뢰받은 사항을 제3자에 재의뢰할 수 없으며, "갑"의 동의하에 재의뢰하는 경우도 이에 관한 일체의 책임을 연대하여 부담한다.
4. "을"은 항시 차량을 정비하여 "갑"의 위임 또는 의뢰가 있을 때 지체없이 운송을 개시하여야 하며, 상차완료 지점으로부터 약정시간 (서울–부산 시간)내에 운송을 완료하여야 한다. 단, 천재지변, 사변, 폭동 등 불가항력의 사유가 발생할 경우에는 예외로 한다.

5. “을”은 우천, 강설 등 기후조건에 관계없이 운송에 임하여야 하며, 유개차 및 여타 시설을 준비하여 화물을 안전하게 상차, 수송하여야 한다. 단, 폭우 등 기상조건에 의한 운송 불가능 여부는 “갑”의 판단에 의한다.
6. “을”은 목적지까지 화물을 운송하여 “갑” 또는 “갑”이 지정한 자에게 화물 인수증과 교환하여 인도하여야 한다.
7. “을”은 각 공장 기타 창고로 적송되는 수종의 화물을 합적하였을 경우 목적지(서울)에서 소형차에 이적, 신속하게 이송하여 업무에 차질이 없도록 최선을 다하여야 한다.
8. “갑”은 1일 출고량이 소량이거나 적재장소가 3개처 이상인 경우 및 22시 이후 상차분은 20시까지 배차 의뢰한다.

제4조【이행의무】

1. “을” 또는 “을”의 사용인은 운송 및 부대작업에 관하여 “갑” 또는 “갑”이 지정한 자의 제반지시와 감독에 순응하여야 한다.
2. “을”은 매일 우송작업의 현황 및 경과보고를 당일 혹은 늦어도 익일까지 “갑”에게 보고하여야 하며, 시급한 사항일 발생시에는 즉시 연락을 취하여 상호협조, 업무에 차질이 없도록 한다.
3. 1 및 2항의 보고, 연락의 결여 및 지체로 인하여 발생되는 일체의 책임은 “을”에게 귀속된다.

제5조【기차운송】

“을”은 1일 출고량이 소량이거나 차량부족 기타 사유로 배차가 불가능한 경우 “갑”의 사전 승인을 받아 기차로 운송할 수 있다. 단, 기차 운송의 경우도 본 별첨 요율표의 범위에 벗어날 수 없다.

제6조【우송료 및 기타 경비】

1. 우송료는 별첨 요율표에 의한다.
2. 상기 1항의 운송료와 사전에 “갑”의 동의를 받은 경비 이외의 기타 경비는 인정하지 않는다.
3. “을”은 계약기간 중 여하한 이율호도 운송료의 인상을 요구할 수 없다.

제7조【부대 경비의 대불】

“을”은 업무 수행상 필요한 경우에는 “갑”을 위하여 제반 경비를 대불하여야 한다. 단, 대불 경비가 고액이 예상될 때에는 “을”은 청구서에 산출근거를 명시하여 청구하고, “갑”은 예상금액의 일부를 선불할 수 있다.

제8조【운송료의 청구 및 지불】

1. “을”은 운송료 및 취급 수수료를 운송완료 후 “갑”이 요구하는 관계증빙서류를 첨부하여 월 2회로 구분 청구한다.
2. “갑”은 “을”이 업무수행상 “갑”을 위하여 대불한 제경비는 “을”의 청구서가 제출될 때에 지체없이 지불한다.

제9조【사고책임 및 손해배상】

“을”은 “을” 또는 “을”의 사용인의 고의, 업무상의 과실 기타 “을” 또는 “을”의 귀책사유에 기인된 화물손상, 화재, 도난, 화물부족 등으로 이해 발생한 손해를 지체없이 “갑”에게 전액 보상하여야 하며, 정당한 사유없이 현금 배상을 지체할 때에는 송료의 지급을 “갑”이 일방적으로 중단할 수 있다. “을”의 “갑”에 대한 운임채권과 상계할 수 있다. 단, 천재지변, 사변, 폭동 등으로 인한 불가항력의 경우에는 예외로 한다.

제10조【계약의 해제 · 해지】

1. 다음 각호 중 하나에 해당하는 사유가 발생할 경우 “갑”은 최고없이 본 계약을 해제 또는 해지할 수 있다.
   (1) “을”이 운송 관리 업무를 태만히 하여 사고가 발생하거나 본 계약상의 의무를 태만했을 경우
   (2) “을”이 발행 · 배서 · 보증한 어음 또는 수표가 부도된 경우
   (3) “을”이 조세체납처분을 받은 경우
   (4) “을”이 가압류 · 가처분 · 압류 · 경매를 당하거나, “을”에 대하여 파산, 회사정리절차 등의 신청이 있는 경우
2. 전항에 의한 계약해제 또는 해지는 “갑”의 “을”에 대한 손해배상 청구권행사에 영향을 미치지 아니한다.

제11조【담보제공】

1. “을”은 본 계약의 불이행과 화물사고, 배차거부행위 기타 “을”의 귀책으로 인하여 발생하는 “갑”의 손해를 배상하기 위하여 백지당좌수표를 “갑”에게 제출하여야 한다. “을”의 채무불이행이 있는 경우 “갑”은 위 배지당좌수표의 백지부분을 임의로 보충 행사할 수 있다.
2. “갑”은 본 계약기간 중이라도 “을”의 본 계약상의 의무불이행으로 이한 손해배상 청구를 전 1항의 수표로 할 수 있다.

제12조【보험부보】

“을”은 화물운송을 의뢰받은 즉시 자기의 비용으로 “갑”을 피보험자로 하여 화물에 손해보험을 부보하고 동 보험증권을 “갑”에게 제공한다.

제13조【권리의 양도 등】

"을"은 본 계약에 관한 권리의 일부 혹은 전부를 "갑"의 사전 승인없이 양도, 저당 또는 질권설정을 할 수 없으며, "을"이 타사에 흡수 합병될 경우 "을"의 본 계약에 관한 일체의 권리는 박탈된다.

제14조【계약기간】

본 계약의 유효기간은 부터 까지로 한다.

단, 계약기간만료 1개월 전 양방의 서면에 의한 해약통지가 없는 경우 동 조건으로 1년간 연장한 것으로 본다.

이후 순차연장의 경우에도 위와 같다.

제15조【해 석】

본 계약의 규정에 이의가 있을 때에는 신의성실의 원칙에 입각한 양당사자간의 협의에 의하며, 그밖의 사항은 대한민국 관계법령 및 일반상관례에 따른다.

제16조【합의 관할】

본 계약과 관련하여 분쟁이 발행하는 경우 "갑"과 "을"은 상호신뢰를 바탕으로 원만히 해결하기로 하되 합의가 이루어지지 아니하여 이 소송을 제기하는 경우에는 "갑"의 주된 사무소 소재지 관할법원에, "을"이 소송을 제기하는 경우에는 "을"의 주된 사무소 소재지 관할법원에 소송을 제기할 수 있기로 한다.

본 계약을 후일에 증명하기 위하여 계약서 2부를 작성하고, "갑"과 "을"이 서명날인한 후 각각 1부씩 보관한다.

년 월 일

"갑" 주 소 :

상 호 :

대표자 :

"을" 주 소 :

상 호 :

대표자 :

11. 특수상병 환자의 통원요양기간 중 휴업급여 지급 기준

〈산재보상정책과–3423호, 2019. 7. 12.〉

※ 특수상병(눈, 코, 귀, 입, 비뇨기 등) 으로 통원요양기간 중인 산재환자에 대한 휴업급여 지급과 이의제기·소송 등 결과를 반영, 지급기준 마련

① 검토 배경

○ 휴업급여(평균임금의 70%)는 "업무상 재해로 인한 요양으로 취업하지 못한 기간에 대하여 지급(산재보험법 제52조)"

○ 특수상병으로 통원요양기간 중에 취업치료가 가능하다는 의학적 소견이 있으면 통원치료일수에 대해서 휴업급여를 지급

– '취업'은 재해 당시 사업장의 해당 업무 또는 다른 업무, 원사업장 폐업 등에 따른 다른 사업장에 취업 또는 자영업까지 포함되는데

– 취업치료 가능 여부는 신체기능 회복 정도, 사업장 상황 등을 종합적으로 판단하여야 하는데, 의학적인 자문소견 위주로 판단하여 심사 · 재심사 등에서 처분이 취소되는 사례 발생

○ 이에, 특수상병*으로 통원 요양 중인 산재환자의 '취업가능 여부'에 대해 판단 및 휴업급여 지급기준을 마련하여 업무의 통일성 제고

*(예시) 눈, 코, 귀, 입, 얼굴, 비뇨기 등

② 관련 법령: 산재보험법 제47조 · 제52조, 시행령 제40조 · 제41조

③ 업무처리기준

○ 최초로 제출된 진료계획서상의 승인기간(통원요양기간 포함)까지는 원칙적으로 휴업급여를 지급하되,

– 취업치료가 가능하다고 판단되는 경우에는 통원치료일에 대해 지급

– 취업치료 가능 여부는 주치의 소견에 따라 결정(자문 생략)하되, 취업은 재해 당시 수행했던 업무 중심으로 우선 판단

*재해 당시 사업장에서 수행했던 업무를 기준으로 취업가능 여부를 판단하되, 그 사업장이 폐업 등으로 소멸된 경우에는 유사한 업무를 토대로 판단

*(사례1) 업무상 재해 당시 사무직이었던 산재환자가 통원요양기간 중 건설현장 또는 편의점 등에서 임시적 · 간헐적으로 취업한 경우 그 사유를 근거로 일률적으로 취업치료 가능으로 판단하지 말고, 취업 경위 · 계약내용 등을 종합적으로 고려

→통원요양기간 중 임시적 · 간헐적으로 취업한 경우에는 취업일수를 제외한 통원요양기간에 대해 휴업급여 지급

→통상적인 취업으로 인정되는 경우에는 통원치료한 일수만 휴업급여 지급

○ 추가로 진료계획서를 제출(통원요양기간 연장)하려는 경우 아래의 판단기준을 고려하여 결정[전제조건: 주치의의 취업치료]

– 재해당시 사업장의 존재 여부(원직장 복귀가능 여부)에 따라 판단

【원직장이 존재할 경우】

■ 재해 당시 사업장이 존재하는 경우 재해 당시 수행했던 업무에 대해 취업치료가 가능하고, 사업주도 취업치료에 동의하는 경우 → 통원치료일수에 대해서 휴업급여 지급

* (사례2) 취업치료 가능하고 사업주도 동의하였는데 산재환자 본인이 거부하는 경우는 "요양으로 취업하지 못한 기간"에 해당하지 않으므로 통원치료일수만 지급

* (사례3) 취업치료 가능하지만 사업주가 취업치료에 동의하지 않는 경우에는 통원요양기간 전체에 대해 휴업급여 지급

■ 장해 등으로 재해 당시 사업장에서 수행했던 업무는 어렵지만 전환직무에 대해서는 취업치료 가능하고, 사업주도 취업치료에 동의하는 경우 → 통원치료일수에 대해서 휴업급여 지급

* 위 내용은 사례2 · 3와 동일하게 적용

【원직장이 존재하지 않을 경우】

■ 재해 당시 사업장이 존재하지 않는 경우에는 재해 당시 수행했던 업무를 기준으로 산재병원에 작업능력평가 특별진찰 실시 → 특별진찰 결과에 따라 휴업급여 지급

* (사례4) 작업능력평가 결과 재해당시 수행했던 업무나 유사한 업무가 불가능하다고 판단되는 경우 → 통원요양기간 전체에 대해 휴업급여 지급

* (사례5) 작업능력평가 결과 재해당시 수행했던 업무나 유사한 업무가 가능하다고 판단되는 경우에는 "요양으로 취업하지 못한 경우"에 해당하지 않으므로 통원치료 일수에 대해 휴업급여 지급

–소속병원에 작업능력평가 특별진찰을 의뢰한 경우 취업치료 가능 여부 판단은 특별진찰 의뢰일이 아닌 통지일을 기준으로 판단

* 작업능력평가 특별진찰 결과 취업치료가 가능하다고 회신된 경우 해당 산재환자에게 통지되기까지는 통원요양기간에 대해 휴업급여 지급

–(통지 의무) 진료계획 처리시 최초로 취업요양 결정하는 경우 반드시 문서로 통지하고 이후는 요양결정통지서에 향후 조치사항 및 내용, 취업사실 등을 기재

○ 진료계획서 승인 후 취업치료 가능여부 조기 결정(7일 이내)

④ **행정사항:** 지침 시행일 이전 휴업급여 처분에 대한 심사 · 재심사(소송 포함) 청구서 제출 사건에도 적용

참고 **특수상병 환자 진료기간 사례(심사·재심사 결정 사례 반영)**

병 명	치료부위	최초 요양 기간	1차 진료 계획기간	통원기간	불승인 기간	총요양 일수
수정체의 탈구	눈	20151224-20160322	20160323-20160622	20160123-20160923		275
상세불명의 각막궤양	눈	20151218-20160510		20160211-20160510		145
각막 찰과상	눈	20160114-20160414	20160415-20160714	20160114-20160714		183
눈 및 안와의 기타 손상	눈	20171218-20180321	20180322-20180614	20171223-20180906		200
안구 및 안와조직의 타박상	눈	20171231-20180331	20180401-20180630	20180107-20180630		183
눈 및 안와의 상세불명 손상	눈	20170912-20180421		20170923-20180421		196
기타결막염	눈	20171223-20180206		20171223-20180206		46
전방출혈	눈	20140606-20140624		20140606-20140624		19
수정체의 탈구	눈	20140620-20141220	20141221-20150321	20140628-20151231		519
귀의 외상성 절단	귀(내·외부)	20171014-20171027		20171014-20171027		14
귀의 이물	귀(내·외부)	20180731-20180807	20180808-20181031	20180801-20190418		274
귀의 표재성 손상, 타박상	귀(내·외부)	20180523-20180629	20180630-20180824	20180609-20190208		262
귀통증	귀(내·외부)	20140513-20140603	20140701-20140930	20140701-20150331		323
만성 점액성 중이염, 한쪽 또는 상세불명	귀(내·외부)	20180221-20181231	20190101-20190331	20180817-20190630		495
머리 및 목의 상세불명 정도의 부식, 귀	귀(내·외부)	20170218-20170502	20170503-20170630	20170630-20180221		369
강내로의 열린 상처가 없는 요도의 손상	비뇨·생식기관	20170914-20171201		20171002-20171201		79

병 명	치료부위	최초 요양 기간	1차 진료 계획기간	통원기간	불승인 기간	총요양 일수
상세불명의 요도 협착	비뇨·생식기관	20151124-20160224	20160225-20160525	20151124-20171130	20171201-20180108	738
외상후 요도 협착	비뇨·생식기관	20171224-20180423	20180424-20181019	20171226-20181019		300
음낭 및 고환의 열린 상처	비뇨·생식기관	20160116-20160227		20160212-20160227		43
음낭 및 고환의 열린 상처	비뇨·생식기관	20180728-20180907		20180808-20180907		42
대변 실금	비뇨·생식기관	20181011-20181219		20181113-20181219		70
요관의 손상	비뇨·생식기관	20160123-20160522	20160523-20160723	20160223-20160930		252
요도의 손상	비뇨·생식기관	20140529-20140611	20140615-20140814	20140728-20140830		94
치아의 아탈구	안면부	20151231-20160331		20151231-20160331		92
치아의 다발성 파절, 폐쇄성	안면부	20180223-20180903		20180309-20180903		180
치아의 함입 또는 탈출	안면부	20180514-20180611	20180612-20180712	20180509-20181231		237
치아의 박리(완전탈구)	안면부	20180322-20180409		20180322-20180409		19
상세불명의 치아의 파절, 개방성	안면부	20180623-20180724	20180711-20180911	20180623-20180911		81
치아의 다발성 파절, 개방성	안면부	20180711-20181111		20180711-20181111		124
치아의 함입 또는 탈출	안면부	20180721-20180818	20180819-20181115	20180721-20181115		118
코의 상세불명 부분의 열린상처	안면부	20151212-20151225		20151212-20151225		14
코 외피의 열린 상처	안면부	20180211-20180411		20180211-20180411		60
코의 중격연골의 탈구	안면부	20160329-20160531		20160501-20160531		64
머리 및 목의 2도 화상, 코(중격)	안면부	20180325-20180702		20180410-20180702		100
코의 표재성 손상, 기타손상	안면부	20180815-20180824		20180818-20180824		10

12. 법령위반으로 발생한 사고의 업무상 재해 인정기준(지침)

〈산재보상정책과-3864호, 2019. 8. 9.〉

※ 출퇴근 및 업무수행 도중 법령위반으로 발생한 사고의 업무상 재해 인정 기준에 대해 판례, 타 사회보험 사례 등을 토대로 업무처리 기준 마련

① 검토 배경

○ 근로자의 고의 · 자해행위나 범죄행위 또는 그것이 원인이 되어 발생한 부상 · 질병 · 장해 · 사망시 업무상 재해 불인정(산재보험법 제37조제2항)

○ 자해행위(시행령 제36조에서 인정기준 규정)와는 달리 어떤 행위가 "범죄행위"에 해당하는지에 대해 별도의 규정이 없어서

– 법령위반으로 발생한 사고에 대한 실무처리 과정에서 "범죄행위"에 해당하는지 대해서 상이하게 판단하는 사례 발생

○ 이에, 효율적인 업무처리를 위해 출퇴근 및 업무수행 도중 "법령*위반으로 발생한 사고에 대한 범죄행위 여부" 판단기준을 마련

* 도로교통법, 폭력행위처벌법, 경범죄처벌법 및 기타 형법 위반 등

② 판례 입장 및 유사사례

○ (판례) 범죄행위는 "중과실에 의한 범죄행위"이고 범죄행위의 원인이 전적으로 재해자 본인에 의한 경우로 해석

– "범죄행위는 과실을 명확하게 규정하고 있지 않지만, 건강보험법 등과의 균형을 고려하여 중과실에 의한 범죄행위"로 규정하고,

* 도로교통법 등으로 인한 "범죄행위"란 중과실에 기한 교통사고 등만을 의미

– "범죄행위가 원인이 되어 발생한 사망"은 오로지 또는 주로 자기의 범죄행위로 인하여 사망한 경우를 말함(대법원 '04.4.27. 선고 2002두13079 판결, '17.4.27 선고 2016두55919 판결, '19.5.30. 선고 2019두33835 판결)

* 근로자의 범죄행위가 사망 등의 직접 원인이 되는 경우를 의미하고, 근로자의 폭행으로 자극을 받은 제3자가 그 근로자를 공격하여 사망 등이 발생한 경우와 같이 간접적 또는 부수적인 원인이 되는 경우까지를 포함된다고 볼 수 없음

* 건강보험법(제53조)에서는 "고의 · 중대한 과실로 인한 범죄행위에 그 원인이 있거나 고의로 사고를 일으킨 경우"를 급여제한 사유로 규정

○ (유사사례) 국민건강보험법, 공무원연금법 등에서도 고의 · 중과실로 인한 범죄행위

에 대해서는 급여를 제한

– 교통사고처리특례법 제3조제3항에 해당하는 12대 수칙 위반행위*에 대해서는 중과실로 규정(건강보험에서는 법과 지침으로 규정)

* 12대 수칙: ① 신호위반, ② 중앙선침범, ③ 제한속도 20km 이상 과속, ④ 앞지르기방법 위반, ⑤ 철길건널목통과방법 위반, ⑥ 횡당보도사고, ⑦ 무면허운전, ⑧ 음주운전, ⑨ 보도침범, ⑩ 승객추락방지의무 위반, ⑪ 어린이보호구역안전운전의무 위반, ⑫ 화물고정조치 위반

* (건강보험) 법 제53조(급여의 제한) ① 공단은 보험급여를 받을 수 있는 사람이 다음 각 호의 어느 하나에 해당하면 보험급여를 하지 아니한다.

1. 고의 또는 중대한 과실로 인한 범죄행위에 그 원인이 있거나 고의로 사고를 일으킨 경우

* (공무원연금) 법 제63조(고의 또는 중과실 등에 의한 급여의 제한) ① ---- 고의로 질병 · 부상 · 장해를 발생하게 한 경우에는 해당 급여를 지급하지 아니한다.

③ 중대한 과실에 의하여 또는 정당한 사유 없이 요양에 관한 지시에 따르지 아니하여 질병 · 부상 · 장해를 발생하게 하거나 --------(급여의 제한)

규칙 제7조(중대한 과실) 다음 각 호의 어느 하나에 해당하는 경우에는 법 제63조제3항제2호에 따른 "중대한 과실"로 본다.

1. 불가피한 사유 없이 「교통사고처리 특례법」 제3조제2항 각 호의 어느 하나에 해당하는 행위로 인하여 사고가 발생한 경우

2. 불가피한 사유 없이 법령위반, 음주 또는 안전수칙의 현저한 위반으로 사고가 발생한 경우

③ 업무처리기준

○ (기본원칙) 법령위반(범죄행위)에 대해 고의 · 중과실과 경과실로 구분하여 판단

– 고의 · 중과실로 인한 법령위반으로 발생한 사고는 원칙적으로 업무상 재해로 불승인하되, 불가피한 사유가 있음을 당사자가 입증한 경우에는 업무상 재해로 승인

* 경찰서 및 보험사 조사자료, 목격내용 등 불가피성을 인정할 수 있는 증거(CCTV, 도로교통 상황, 주변 환경 및 시설, 이동경로 및 과정 등)

– 실수나 경과실로 인한 법령위반으로 발생한 사고는 업무상 재해로 승인 → 실수나 경과실 여부는 법령위반 정도, 사고경위 등을 고려하여 판단

○ 법령위반 행위별 중과실 여부 판단 및 업무처리 방법

① 도로교통법 위반 행위로 인하여 사고가 발생한 경우

–교통사고처리특례법 제3조제2항 각호에 해당하는 행위(12대 수칙)로 인하여 사고가 발생하였으면 "중과실"에 해당하므로 업무상 재해 불승인

–다만, 12대 중과실에 해당하더라도 사고발생 회피 등 불가피한 사정이 있음을 재해자가 증명한 경우에는 업무상 재해 승인

* 반대편 차량이 중앙선 넘어 돌진, 앞차량 급정지 등으로 사고발생이 예상되자 이를 피하기 위해

반대편 차선으로 급선 중 다른 차량과 추돌한 경우 등

* 불가피한 사유 해당 여부는 경찰서 · 보험사 조사자료, CCTV, 차량블랙박스자료 등 객관적 자료를 통해서 확인(필요시 외부전문가 자문을 거쳐 판단)

- 12대 중과실 이외의 행위로 인하여 사고가 발생한 경우에는 사고발생 경위 등을 조사하여 경과실 여부(법률위반이 전적으로 재해자에게 있으면 중과실에 해당)를 판단한 후 업무상 재해 승인여부 판단

→12대 중과실 이외의 행위로 인하여 발생한 사고라 하더라도 그런 사고가 발생할 상황이 아닌 경우에는 중과실 여부에 중점을 두고 조사하되, 고의사고 여부에 대해서도 확인

* 주유소에서 주유 후 도로 진입과정에서 직진 차량과 추돌한 경우 안전운전의무 위반에 해당하지만, 고의 등의 사정이 없는 한 "경과실"로 처리

- 무단횡단 중 사고가 발생한 경우 "중과실 여부"에 대해서는 무단횡단 경위, 도로상황 등을 종합적으로 고려하여 판단

* 왕복 8차선 도로에서 무단횡단 등 통념상 예상할 수 없는 경우는 "중과실"로 판단, 왕복 4차선 이하 도로에서 횡단보도가 없거나 통행차량이 없는 상태에서 무단횡단 중 사고가 발생한 경우는 우선 "경과실"로 보고 재해조사

* 퇴근 후 귀가를 위해 회사앞 도로를 무단횡단 하던 중 음식배달 중인 오토바이와 추돌사고가 발생한 경우 무단횡단 배경 및 도로상황, 과속여부 및 사고회피 노력(전방주지의무) 등을 고려하여 업무상 사고와 출퇴근 재해는 동일하게 판단

② 폭력행위처벌법 위반(폭행) 행위로 인하여 사고가 발생한 경우

- 폭행의 경우 원칙적으로 "고의 또는 중과실"에 해당하는 범죄행위로 처리하되, 업무와 관련되어 발생하였다고 확인되면 업무상 재해 승인

* 출퇴근길 과정에서 상대의 신체 접촉을 이유로 시비가 붙어 쌍방 폭행이 발생한 경우 → 개인적 감정이 격한 상황에서 쌍방 폭행이 발생하였으므로 불승인

- 업무관련성은 ① 회사에서의 업무처리방식과 관련된 다툼인지 여부 ② 폭행발생 원인, ③ 폭행장소(회사 내부), ④ 사적인 원한관계 여부 등을 조사하여 판단하되,

- 형사상 범죄행위 해당(폭력행위), 먼저 폭력행위 등의 사유만으로 바로 업무상 재해에 해당하지 않는다고 판단하지 않음에 유의

* (주)ㅇㅇ공장 소속 직원 A와 B는 야간 근무 중 야식비 사용과 관련하여 언쟁(B→A에게 회식불참자 야식비 미분배는 '갈취' 발언)에서 폭력행위가 시작되었고, 그 과정에 폭력행사(몸싸움)가 이루어졌으며 싸움 도중 기력을 잃은 A가 사망한 사례에서 「① 업무처리방식과 관련(야식비 배분), ② "B"의 갈취라는 발언에서 폭행 시작(통상의 인내수준 초과), ③ 발생장소가 회사내부, ④ 평소 사적인 원한관계 없음」을 근거로 공단 패소(대법원 '17.4.27 선고 2016두55919 판결)

③ 경범죄처벌법 위반 행위로 인하여 발생한 사고

–경범죄를 저지른 과정에서 업무상 사고가 발생한 경우에는 긴급성 등 부득이한 사정이 있는지 여부를 조사하여 산재 인정 여부 결정하되,

–고의 등의 사정이 없으면 "경과실"로 판단

④ "범죄행위가 원인이 되어 발생한 사고"에 대해서

–'범죄행위가 원인이 되어 발생한 사고'는 오로지 또는 주로 자기의 범죄행위로 인하여 발생한 사고를 의미(판례의 일관된 입장)

–즉, 재해자의 범죄행위가 사망 등의 직접 원인이 되는 경우를 의미하고, 재해자의 폭행 등으로 자극받은 제3자가 재해자를 공격하여 사망 등이 발생한 경우와 같이 간적접이거나 부수적인 원인이 되는 경우는 미포함

* 사업주(A)가 주관한 회식에 참석한 후 음주운전한 동료(B)의 차량(사업주 제공 차량)에 동승(C)하여 귀가하던 중 옹벽 추돌한 사례서 사고발생의 직접원인은 음주운전(B, 처벌)이고, 음주운전 방조(C)는 직접 사고발생 원인이 아니므로 C는 업무상 재해로 판결(서울행법 '19.4.19 선고 2018구단70168 판결)

* 쌍방 폭행 과정에서 재해자가 사망한 사례를 보면 재해자의 폭행이 사망의 직접 원인이 되는 경우를 의미하고, 재해자의 폭행으로 자극받은 제3자의 폭행으로 재해자가 사망한 경우는 "간접적이고 부수적인 원인에 해당"한다고 판결(대법원 '17.4.27 선고 2016두55919 판결)

–음주운전 추정 등의 사유만으로 바로 업무상 재해에 해당하지 않는다고 판단하지 않음에 유의(사망원인, 주변환경 등을 종합적으로 고려)

* 사업주 부부가 주관한 회식자리에 참석(맥주 500CC)한 후 사업주 부부는 귀가하고 30분 정도 편의점에서 동료들과 음료수를 마신 뒤 사업주가 제공한 오토바이로 귀가하던 중 자동차 추돌 사고로 사망(출퇴근재해)한 사례에서 사망원인이 "오로지 또는 주로" 음주운전에 의한 사고인지 확인이 되지 않았다면 업무상 재해로 판단(서울고법 2018누53063, 대법원 2019두33835)

* 확인사항: 망인의 상태 현장 교통상황 망인과 상대방 차량 운전자의 시야확보 상태 망인과 상대방 차량 운전자의 차량 속도 등

○ (구상권) 재해자와 제3자간 발생한 사고로 산재보험 급여가 지급된 경우에는 제3자 해당 여부 확인 후 해당시 구상권 행사

④ **행정사항:** 시행일 이후 처리하는 사건에 대해 적용하되, 시행일 이전 소송 · 심사 · 재심사가 진행중인 사건에 대해서도 적용

* 기존에 불승인되었으나 재청구가 된 사건에 대해서도 동 지침의 내용으로 판단(소멸시효 도과여부는 확인)

참고 교통사고처리특례법

□ 교통사고처리특례법(제3조제2항)

○ 차의 교통으로 업무상과실치상죄, 중과실치상죄를 다음의 행위로 범한 경우: 5년 이하 금고, 2천만원 이하 벌금

1. 신호기가 표시하는 신호 또는 교통정리를 하는 경찰공무원 등의 신호를 위반하거나 통행금지 또는 일시정지를 내용으로 하는 안전표지가 표시하는 지시를 위반하여 운전한 경우(신호위반)
2. 중앙선을 침범하거나 고속도로에서 횡단, 유턴 또는 후진한 경우(중앙선침범)
3. 제한속도를 시속 20킬로미터 초과하여 운전한 경우(제한 속도보다 20km 이상 과속)
4. 앞지르기의 방법·금지시기·금지장소 또는 끼어들기의 금지를 위반하거나 고속도로에서의 앞지르기 방법을 위반하여 운전한 경우(앞지르기 방법 위반)
5. 철길건널목 통과방법을 위반하여 운전한 경우(철길건널목 통과 방법 위반)
6. 횡단보도에서의 보행자 보호의무를 위반하여 운전한 경우(횡단보도 사고)
7. 운전면허 또는 건설기계조종사면허를 받지 아니하거나 국제운전면허증을 소지하지 아니하고 운전한 경우(무면허 운전)
8. 술에 취한 상태에서 운전을 하거나 약물의 영향으로 정상적으로 운전하지 못할 우려가 있는 상태에서 운전한 경우(음주운전)
9. 도로의 보도를 침범하거나 보도 횡단방법을 위반하여 운전한 경우(보도횡단방법 위반-침범)
10. 승객의 추락 방지의무를 위반하여 운전한 경우(승객추락방지 의무 위반)
11. 어린이 보호구역에서 어린이의 안전에 유희하면서 운전하여야 할 의무를 위반하여 어린이의 신체를 상해에 이르게 한 경우(어린이보호구역 안전운전 의무위반)
12. 자동차의 화물이 떨어지지 아니하도록 필요한 조치를 하지 아니하였거나, 보도를 침범하거나 보도 횡단방법을 위반하여 운전한 경우(화물고정조치 위반)

참고	건강보험공단 실무편람
보험급여의 제한 (법 제53조 제1항)	공단은 보험급여를 받을 수 있는 사람이 다음 각 호의 어느 하나에 해당하면 보험급여를 지급하지 아니한다.
1. 고의 또는 중대한 과실로 인한 범죄행위에 그 원인이 있거나 고의로 사고를 일으킨 경우 2. 고의 또는 중대한 과실로 공단이나 요양기관의 요양에 관한 지시에 따르지 아니한 경우 3. 고의 또는 중대한 과실로 제55조에 따른 문서와 그 밖의 물건의 제출을 거부하거나 질문 또는 진단을 기피한 경우 4. 업무 또는 공무로 생긴 질병·부상·재해로 다른 법령에 따른 보험급여나 보상(報償) 또는 보상(補償)을 받게 되는 경우	가. 고의 또는 중대한 과실로 인한 범죄행위 – 중대한 과실로 인한 범죄행위 유형 • 무면허, 음주운전 등의 고의 또는 중대한 과실로 인한 도로교통법 위반사고(교통사고처리특례법 제3조 제2항의 11대 사고 및 음주측정 거부행위) • 강도, 절도, 방화, 실화로 인한 사고 • 쌍방폭행에 의한 사고 등 – 유의사항 • 보통의 과실과 중대한 과실의 구분은 통상 전자는 다소간의 주의를 결한 경우이고, 후자는 현저하게 주의를 결한 것 즉, 통상인에게 요구하는 정도의 주의를 하지 않더라도 약간의 주의를 한다면 손쉽게 위법, 유해한 결과를 예견할 수 있는 경우임에도 이를 간과한 경우 등과 같이 거의 고의에 가깝도록 현저하게 주의를 결한 상태를 말한다. (대법원 1982.2.8. 선고 81다428, 1996.10.25. 선고 96다30113 판결) • 보험급여제한의 주체는 요양기관이 아닌 보험자인 공단임 나. 고의의 사고 – 고의사고 유형 • 음독·투신 등 자살기도 행위에 의한 사고 • 자해행위에 의한 사고 • 쌍방폭행 행위에 의한 사고 등 – 유의사항 • 정신질환자가 자살·자해행위를 하였을 때에는 동 행위에 대한 인식능력이 없기 때문에 보험급여를 제한할 수 없다.

참고	법원 판결문

ㅁ 서울고법 2019.1.16. 선고 2018누 53063 판결[대법원 2019.5.30. 선고 2019두33835 판결]

(사건 개요) 「중국집 배달원 김ㅇㅇ을 비롯한 6명은 사업주부부의 초대에 의해 치킨집에서 호프를 한잔(직원 회식) 후 배달용 오토바이로 귀가하던 중 적색신호에 신호위반하여 직진한 과실로 우측에서 녹색 신호에 따라 정상 직진하던 크루즈 승용차를 충격하여 사망한 사건」에 대해 퇴근 후 참석한 회식을 공식적인 행사로 볼 수 없고, 오토바이의 관리·이용권이 망인에게 있으며, 음주로 인한 과속, 신호위반으로 사망하였으므로 유족급여 및 장의비 부지급 처분

(판결내용) ① 근로자가 회사 밖의 행사나 모임에 참가하던 중 재해를 당한 경우 그 행사나 모임의 주최자, 목적, 내용, 참가인원과 그 강제성 여부, 운영방법, 비용부담 등의 사정을 비추어 사회통념상 그 행사나 모임의 전반적인 과정이 사용자의 지배나 관리를 받는 상태에 있고 또한, 근로자가 그와 같은 행사나 모임의 순리적인 경로를 일탈하지 아니한 상태에 있다고 인정되므로 업무상 재해[대법원 1997.8.29. 선고 97누7271 판결, 대법원 2007.11.15. 선고 2007두6717 판결]

② 사업주 부부의 주관으로 직원 7명 중 6명이 참석, 사업주가 비용 지불, 사전 예정된 모임이 아님, 사업주의 권유에 의해 회식에 참석한 점, 사업주 부부가 직원 격려와 위로를 위한 자리인 점 등을 볼 때 '사업주가 주관 행사'로 봄이 타당

③ 치킨집에서 회식을 마친 후 옆에 있는 편의점에 들러 음료수를 마시고 사업주가 제공한 오토바이를 타고 가던 중 사망한 것은 행사 중의 사고로 출퇴근재해에 해당

④ 산재보험법 제37조제2항은 고의나 범죄행위 이외에 '과실'을 명시적으로 규정하지 않고 있으나, 국민건강보험법 제53조제1항제1호가 "국민건강보험공단은 보험급여를 받을 수 있는 자가 고의 또는 중대한 과실로 인한 범죄행위에 그 원인이 있거나, 고의로 사고를 일으킨 경우 보험급여를 지급하지 않는다"는 취지로 규정하고 있는 것과의 균형을 고려할 때 도로교통법 등으로 인한 '범죄행위'란 중과실에 기한 교통사고 등만을 의미한다고 해석함이 타당함. 또한, '범죄행위가 원인이 되어 발생한 사망'은 오로지 또는 주로 자기의 범죄행위로 인하여 사망한 경우를 말한다고 해석함이 타당[대법원 2004.4.27. 선고 2002두13079 판결]

⑤ 망인이 술에 취한 상태에서 오토바이 운정을 했다고 볼만한 자료는 없고 망인이 적색신호에 신호위반하여 직진한 과실로 교통사고가 발생한 것은 사실이나, 사고 당시 망인의 상태, 교통사고 현장의 교통상황, 망인과 상대방 차량 운전자의 시야확보 상태, 망인의 오토바이와 상대방 차량의 속도 등을 알 수 있는 객관적 자료가 없는 상태에서 망인이 고의 또는 중과실의 범죄행위에 의하여 발생한 사고였다거나 통상적인 운전 업무에 내재된 위험성과는 별개로 오로지 또는 주로 망인의 범죄행위로 인하여 사망하였다고 보기 어렵다는 취지의 판결

□ 서울행법 2019.4.19. 선고 2018구단70168 판결

(사건 개요) 「일용근로자 '채○○'이 현장 업무종료 후 회식을 마치고 동료가 운전하던 차량에 동승하여 숙소로 귀가하던 중 발생한 교통사고」에 대해 재해자가 퇴근 후 참석한 회식을 공식적인 회식(행사)로 볼 수 없고, 재해자가 동료의 음주운전을 제지하지 않고 차량에 동승하여 귀가하던 중 발생한 교통사고로 범죄행위에 해당하여 최초요양 불승인 처분(상병명: "외상성 쇼크" 등)

(판결내용) ① 사업주가 회식을 먼저 제안하였고 식당도 직접 예약한 점, 회식에 소요되는 비용을 전부 부담한 점, 직원들 격려 목적으로 회식하였다고 진술한 점, 정기적·관례적인 회식인 점 등을 볼 때 사용자의 지배나 관리를 받는 상태에 있는 업무상 회식으로 봄이 타당하며 통상의 출퇴근의 범주에 해당

② 평소 업체 직원들의 출퇴근을 위하여 이 사건 차량을 제공하여 왔던 점, 원고는 항상 동료 직원이 운전하는 차량을 이용하여 사건 현장까지 출퇴근을 하였던 점 등을 볼 때 사업주가 제공한 교통수단에 해당

③ '근로자의 범죄행위가 원인이 되어 부상 등이 발생한 경우'란 근로자의 범죄행위가 부상 등의 직접 원인이 되는 경우를 의미하는 것이지, 간접적이거나 부수적인 원인이 되는 경우까지 포함된다고 볼 수 없다[대법원 2017.4.27. 선고 2016두55919 판결]

④ 보험급여는 근로자의 생활보장적 성격이 있을 뿐만 아니라 사용자의 과실을 요하지 아니함은 물론 법률에 특별한 규정이 없는 한 근로자의 과실을 이유로 책임을 부정하거나 책임의 범위를 제한하지 못하는 것이 원칙이므로 재해 발생에 근로자의 과실이 경합되어 있음을 이유로 업무와 재해사이의 상당인과관계를 부정하는 경우에는 신중을 기해야 함(대법원 2017.3.30. 선고 2016두31272 판결) 따라서, 술에 취한 이○○이 운전하는 차량에 동승한 과실이 있다는 사정만으로 업무와 이사건 교통사고 사이에 상당인과 관계가 부정된다거나 단절된다고 볼 수 없으며, 설령 도로교통법위반(음주운전)방조죄에 해당할 여지가 있다고 하더라도 그것이 교통사고의 간접적·부수적 원인이 될 수 있음은 별론으로 하고 이 사건 교통사고의 직접적인 원이 될 수 없으며, 직접적인 원인은 이○○의 음주운전 행위이므로 출퇴근재해에 해당한다는 취지의 판결

별첨자료

산업재해보상보험법령, 별표

1 산업재해보상보험재심사위원회 재결과정에서 자주 활용되는 별첨만 선별하여 기재

산업재해보상보험법

[시행 2019. 7. 16] [법률 제16273호, 2019. 1. 15, 일부개정]

제1장 총칙

제1조(목적) 이 법은 산업재해보상보험 사업을 시행하여 근로자의 업무상의 재해를 신속하고 공정하게 보상하며, 재해근로자의 재활 및 사회 복귀를 촉진하기 위하여 이에 필요한 보험시설을 설치·운영하고, 재해 예방과 그 밖에 근로자의 복지 증진을 위한 사업을 시행하여 근로자 보호에 이바지하는 것을 목적으로 한다.

제2조(보험의 관장과 보험연도) ① 이 법에 따른 산업재해보상보험 사업(이하 "보험사업"이라 한다)은 고용노동부장관이 관장한다.

② 이 법에 따른 보험사업의 보험연도는 정부의 회계연도에 따른다.

제3조(국가의 부담 및 지원) ① 국가는 회계연도마다 예산의 범위에서 보험사업의 사무 집행에 드는 비용을 일반회계에서 부담하여야 한다.

② 국가는 회계연도마다 예산의 범위에서 보험사업에 드는 비용의 일부를 지원할 수 있다.

제4조(보험료) 이 법에 따른 보험사업에 드는 비용에 충당하기 위하여 징수하는 보험료나 그 밖의 징수금에 관하여는 「고용보험 및 산업재해보상보험의 보험료징수 등에 관한 법률」(이하 "보험료징수법"이라 한다)에서 정하는 바에 따른다.

제5조(정의) 이 법에서 사용하는 용어의 뜻은 다음과 같다.

1. "업무상의 재해"란 업무상의 사유에 따른 근로자의 부상·질병·장해 또는 사망을 말한다.
2. "근로자"·"임금"·"평균임금"·"통상임금"이란 각각 「근로기준법」에 따른 "근로자"·"임금"·"평균임금"·"통상임금"을 말한다. 다만, 「근로기준법」에 따라 "임금" 또는 "평균임금"을 결정하기 어렵다고 인정되면 고용노동부장관이 정하여 고시하는 금액을 해당 "임금" 또는 "평균임금"으로 한다.
3. "유족"이란 사망한 자의 배우자(사실상 혼인 관계에 있는 자를 포함한다. 이하 같다)·자녀·부모·손자녀·조부모 또는 형제자매를 말한다.
4. "치유"란 부상 또는 질병이 완치되거나 치료의 효과를 더 이상 기대할 수 없고 그 증상이 고정된 상태에 이르게 된 것을 말한다.
5. "장해"란 부상 또는 질병이 치유되었으나 정신적 또는 육체적 훼손으로 인하여 노동능력이 상실되거나 감소된 상태를 말한다.
6. "중증요양상태"란 업무상의 부상 또는 질병에 따른 정신적 또는 육체적 훼손으로 노동능력이 상실되거나 감소된 상태로서 그 부상 또는 질병이 치유되지 아니한 상태를 말한다.
7. "진폐"(塵肺)란 분진을 흡입하여 폐에 생기는 섬유증식성(纖維增殖性) 변화를 주된 증상으로 하는 질병을 말한다.
8. "출퇴근"이란 취업과 관련하여 주거와 취업장소 사이의 이동 또는 한 취업장소에서 다른 취업장소로의 이동을 말한다.

제6조(적용 범위) 이 법은 근로자를 사용하는 모든 사업 또는 사업장(이하 "사업"이라 한다)에 적용한다. 다만, 위험률·규모 및 장소 등을 고려하여 대통령령으로 정하는 사업에 대하여는 이 법을 적용하지 아니한다.

제7조(보험 관계의 성립·소멸) 이 법에 따른 보험 관계의 성립과 소멸에 대하여는 보험료징수법으로 정하는 바에 따른다.

제8조(산업재해보상보험및예방심의위원회) ① 산업재해보상보험 및 예방에 관한 중요 사항을 심의하게 하기 위하여 고용노동부에 산업재해보상보험 및 예방심의위원회(이하 "위원회"라 한다)를 둔다.

② 위원회는 근로자를 대표하는 자, 사용자를 대표하는 자 및 공익을 대표하는 자로 구성하되, 그 수는 각각 같은 수로 한다.

③ 위원회는 그 심의 사항을 검토하고, 위원회의 심의를 보조하게 하기 위하여 위원회에 전문위원회를 둘 수 있다.

④ 위원회 및 전문위원회의 조직 · 기능 및 운영에 필요한 사항은 대통령령으로 정한다.

제9조(보험사업 관련 조사 · 연구) ① 고용노동부장관은 보험사업을 효율적으로 관리 · 운영하기 위하여 조사 · 연구 사업 등을 할 수 있다.

② 고용노동부장관은 필요하다고 인정하면 제1항에 따른 업무의 일부를 대통령령으로 정하는 자에게 대행하게 할 수 있다.

제2장 근로복지공단

제10조(근로복지공단의 설립) 고용노동부장관의 위탁을 받아 제1조의 목적을 달성하기 위한 사업을 효율적으로 수행하기 위하여 근로복지공단(이하 "공단"이라 한다)을 설립한다.

제11조(공단의 사업) ① 공단은 다음 각 호의 사업을 수행한다.

1. 보험가입자와 수급권자에 관한 기록의 관리 · 유지
2. 보험료징수법에 따른 보험료와 그 밖의 징수금의 징수
3. 보험급여의 결정과 지급
4. 보험급여 결정 등에 관한 심사 청구의 심리 · 결정
5. 산업재해보상보험 시설의 설치 · 운영

5의2. 업무상 재해를 입은 근로자 등의 진료 · 요양 및 재활

5의3. 재활보조기구의 연구개발 · 검정 및 보급

5의4. 보험급여 결정 및 지급을 위한 업무상 질병 관련 연구

5의5. 근로자 등의 건강을 유지 · 증진하기 위하여 필요한 건강진단 등 예방 사업

6. 근로자의 복지 증진을 위한 사업
7. 그 밖에 정부로부터 위탁받은 사업
8. 제5호 · 제5호의2부터 제5호의5까지 · 제6호 및 제7호에 따른 사업에 딸린 사업

② 공단은 제1항제5호의2부터 제5호의5까지의 사업을 위하여 의료기관, 연구기관 등을 설치 · 운영할 수 있다.

③ 제1항제3호에 따른 사업의 수행에 필요한 자문을 하기 위하여 공단에 관계 전문가 등으로 구성되는 보험급여자문위원회를 둘 수 있다.

④ 제3항에 따른 보험급여자문위원회의 구성과 운영에 필요한 사항은 공단이 정한다.

⑤ 정부는 예산의 범위에서 공단의 사업과 운영에 필요한 비용을 출연할 수 있다.

제12조(법인격) 공단은 법인으로 한다.

제13조(사무소) ① 공단의 주된 사무소 소재지는 정관으로 정한다.

② 공단은 필요하면 정관으로 정하는 바에 따라 분사무소를 둘 수 있다.

제14조(정관) ① 공단의 정관에는 다음 각 호의 사항을 적어야 한다.

1. 목적 2. 명칭 3. 주된 사무소와 분사무소에 관한 사항
4. 임직원에 관한 사항 5. 이사회에 관한 사항 6. 사업에 관한 사항
7. 예산 및 결산에 관한 사항 8. 자산 및 회계에 관한 사항 9. 정관의 변경에 관한 사항

10. 내부규정의 제정 · 개정 및 폐지에 관한 사항 11. 공고에 관한 사항

② 공단의 정관은 고용노동부장관의 인가를 받아야 한다. 이를 변경하려는 때에도 또한 같다.

제15조(설립등기) 공단은 그 주된 사무소의 소재지에서 설립등기를 함으로써 성립한다.

제16조(임원) ① 공단의 임원은 이사장 1명과 상임이사 4명을 포함한 15명 이내의 이사와 감사 1명으로 한다.

② 이사장 · 상임이사 및 감사의 임면(任免)에 관하여는 「공공기관의 운영에 관한 법률」 제26조에 따른다.

③ 비상임이사(제4항에 따라 당연히 비상임이사로 선임되는 사람은 제외한다)는 다음 각 호의 어느 하나에 해당하는 사람 중에서 「공공기관의 운영에 관한 법률」 제26조제3항에 따라 고용노동부장관이 임명한다. 이 경우 제1호와 제2호에 해당하는 비상임이사는 같은 수로 하되, 노사 어느 일방이 추천하지 아니하는 경우에는 그러하지 아니하다.

1. 총연합단체인 노동조합이 추천하는 사람
2. 전국을 대표하는 사용자단체가 추천하는 사람
3. 사회보험 또는 근로복지사업에 관한 학식과 경험이 풍부한 사람으로서 「공공기관의 운영에 관한 법률」 제29조에 따른 임원추천위원회가 추천하는 사람

④ 당연히 비상임이사로 선임되는 사람은 다음 각 호와 같다.

1. 기획재정부에서 공단 예산 업무를 담당하는 3급 공무원 또는 고위공무원단에 속하는 일반직공무원 중에서 기획재정부장관이 지명하는 1명
2. 고용노동부에서 산업재해보상보험 업무를 담당하는 3급 공무원 또는 고위공무원단에 속하는 일반직공무원 중에서 고용노동부장관이 지명하는 1명

⑤ 비상임이사에게는 보수를 지급하지 아니한다. 다만, 직무 수행에 드는 실제 비용은 지급할 수 있다.

제17조(임원의 임기) 이사장의 임기는 3년으로 하고, 이사와 감사의 임기는 2년으로 하되, 각각 1년 단위로 연임할 수 있다.

제18조(임원의 직무) ① 이사장은 공단을 대표하고 공단의 업무를 총괄한다.

② 상임이사는 정관으로 정하는 바에 따라 공단의 업무를 분장하고, 이사장이 사고가 있을 때에는 정관으로 정하는 순서에 따라 그 직무를 대행한다.

③ 감사(監事)는 공단의 업무와 회계를 감사(監査)한다.

제19조(임원의 결격사유와 당연퇴직) 다음 각 호의 어느 하나에 해당하는 사람은 공단의 임원이 될 수 없다.

1. 「국가공무원법」 제33조 각 호의 어느 하나에 해당하는 사람
2. 「공공기관의 운영에 관한 법률」 제34조제1항제2호에 해당하는 사람

제20조(임원의 해임) 임원의 해임에 관하여는 「공공기관의 운영에 관한 법률」 제22조제1항, 제31조제6항, 제35조제2항 · 제3항, 제36조제2항 및 제48조제4항 · 제8항에 따른다.

제21조(임직원의 겸직 제한 등) ① 공단의 상임임원과 직원은 그 직무 외에 영리를 목적으로 하는 업무에 종사하지 못한다.

② 상임임원이 「공공기관의 운영에 관한 법률」 제26조에 따른 임명권자나 제청권자의 허가를 받은 경우와 직원이 이사장의 허가를 받은 경우에는 비영리 목적의 업무를 겸할 수 있다.

③ 공단의 임직원이나 그 직에 있었던 자는 그 직무상 알게 된 비밀을 누설하여서는 아니된다.

제22조(이사회) ① 공단에 「공공기관의 운영에 관한 법률」 제17조제1항 각 호의 사항을 심의 · 의결하기 위하여 이사회를 둔다.

② 이사회는 이사장을 포함한 이사로 구성한다.

③ 이사장은 이사회의 의장이 된다.

④ 이사회의 회의는 이사회 의장이나 재적이사 3분의 1 이상의 요구로 소집하고, 재적이사 과반수의 찬성으로 의결한다.

⑤ 감사는 이사회에 출석하여 의견을 진술할 수 있다.

제23조(직원의 임면 및 대리인의 선임) ① 이사장은 정관으로 정하는 바에 따라 공단의 직원을 임명하거나 해임한다.

② 이사장은 정관으로 정하는 바에 따라 직원 중에서 업무에 관한 재판상 행위 또는 재판 외의 행위를 할 수 있는 권한을 가진 대리인을 선임할 수 있다.

제24조(벌칙 적용에서의 공무원 의제) 공단의 임원과 직원은 「형법」 제129조부터 제132조까지의 규정에 따른 벌칙의 적용에서는 공무원으로 본다.

제25조(업무의 지도 · 감독) ① 공단은 대통령령으로 정하는 바에 따라 회계연도마다 사업 운영계획과 예산에 관하여 고용노동부장관의 승인을 받아야 한다.

② 공단은 회계연도마다 회계연도가 끝난 후 2개월 이내에 사업 실적과 결산을 고용노동부장관에게 보고하여야 한다.

③ 고용노동부장관은 공단에 대하여 그 사업에 관한 보고를 명하거나 사업 또는 재산 상황을 검사할 수 있고, 필요하다고 인정하면 정관을 변경하도록 명하는 등 감독상 필요한 조치를 할 수 있다.

제26조(공단의 회계) ① 공단의 회계연도는 정부의 회계연도에 따른다.

② 공단은 보험사업에 관한 회계를 공단의 다른 회계와 구분하여 회계처리하여야 한다.

③ 공단은 고용노동부장관의 승인을 받아 회계규정을 정하여야 한다.

제26조의2(공단의 수입) 공단의 수입은 다음 각 호와 같다.

1. 정부나 정부 외의 자로부터 받은 출연금 또는 기부금
2. 제11조에 따른 공단의 사업수행으로 발생한 수입 및 부대수입
3. 제27조에 따른 차입금 및 이입충당금
4. 제28조에 따른 잉여금
5. 그 밖의 수입금

제27조(자금의 차입 등) ① 공단은 제11조에 따른 사업을 위하여 필요하면 고용노동부장관의 승인을 받아 자금을 차입(국제기구 · 외국 정부 또는 외국인으로부터의 차입을 포함한다)할 수 있다.

② 공단은 회계연도마다 보험사업과 관련하여 지출이 수입을 초과하게 되면 제99조에 따른 책임준비금의 범위에서 고용노동부장관의 승인을 받아 제95조에 따른 산업재해보상보험 및 예방 기금에서 이입(移入)하여 충당할 수 있다.

제28조(잉여금의 처리) 공단은 회계연도 말에 결산상 잉여금이 있으면 공단의 회계규정으로 정하는 바에 따라 회계별로 구분하여 손실금을 보전(補塡)하고 나머지는 적립하여야 한다.

제29조(권한 또는 업무의 위임 · 위탁) ① 이 법에 따른 공단 이사장의 대표 권한 중 일부를 대통령령으로 정하는 바에 따라 공단의 분사무소(이하 "소속 기관"이라 한다)의 장에게 위임할 수 있다.

② 이 법에 따른 공단의 업무 중 일부를 대통령령으로 정하는 바에 따라 체신관서나 금융기관에 위탁할 수 있다.

제30조(수수료 등의 징수) 공단은 제11조에 따른 사업에 관하여 고용노동부장관의 승인을 받아 공단 시설의 이용료나 업무위탁 수수료 등 그 사업에 필요한 비용을 수익자가 부담하게 할 수 있다.

제31조(자료 제공의 요청) ① 공단은 보험사업을 효율적으로 수행하기 위하여 필요하면 국세청 · 지방자치단체 등 관계 행정기관이나 보험사업과 관련되는 기관 · 단체 등에게 필요한 자료의 제공을 요청할 수 있다.

② 제1항에 따라 자료의 제공을 요청받은 관계 행정기관이나 관련 기관 · 단체 등은 정당한 사유 없이 그 요청을 거부할 수 없다.

③ 제1항에 따라 공단에 제공되는 자료에 대하여는 수수료나 사용료 등을 면제한다.

제32조(출자 등) ① 공단은 공단의 사업을 효율적으로 수행하기 위하여 필요하면 제11조제1항제5호 · 제5호의2부터 제5호의5까지 · 제6호 및 제7호에 따른 사업에 출자하거나 출연할 수 있다.

② 제1항에 따른 출자 · 출연에 필요한 사항은 대통령령으로 정한다.

제33조 삭제

제34조(유사명칭의 사용 금지) 공단이 아닌 자는 근로복지공단 또는 이와 비슷한 명칭을 사용하지 못한다.

제35조(「민법」의 준용) 공단에 관하여는 이 법과 「공공기관의 운영에 관한 법률」에 규정된 것 외에는 「민법」 중 재단법인에 관한 규정을 준용한다.

제3장 보험급여

제36조(보험급여의 종류와 산정 기준 등) ① 보험급여의 종류는 다음 각 호와 같다. 다만, 진폐에 따른 보험급여의 종류는 제1호의 요양급여, 제4호의 간병급여, 제7호의 장의비, 제8호의 직업재활급여, 제91조의3에 따른 진폐보상연금 및 제91조의4에 따른 진폐유족연금으로 한다.

1. 요양급여 2. 휴업급여 3. 장해급여 4. 간병급여 5. 유족급여
6. 상병(傷病)보상연금 7. 장의비(葬儀費) 8. 직업재활급여

② 제1항에 따른 보험급여는 제40조, 제52조부터 제57조까지, 제60조부터 제62조까지, 제66조부터 제69조까지, 제71조, 제72조, 제91조의3 및 제91조의4에 따른 보험급여를 받을 수 있는 자(이하 "수급권자"라 한다)의 청구에 따라 지급한다.

③ 보험급여를 산정하는 경우 해당 근로자의 평균임금을 산정하여야 할 사유가 발생한 날부터 1년이 지난 이후에는 매년 전체 근로자의 임금 평균액의 증감률에 따라 평균임금을 증감하되, 그 근로자의 연령이 60세에 도달한 이후에는 소비자물가변동률에 따라 평균임금을 증감한다. 다만, 제6항에 따라 산정한 금액을 평균임금으로 보는 진폐에 걸린 근로자에 대한 보험급여는 제외한다.

④ 제3항에 따른 전체 근로자의 임금 평균액의 증감률 및 소비자물가변동률의 산정 기준과 방법은 대통령령으로 정한다. 이 경우 산정된 증감률 및 변동률은 매년 고용노동부장관이 고시한다.

⑤ 보험급여(진폐보상연금 및 진폐유족연금은 제외한다)를 산정할 때 해당 근로자의 근로 형태가 특이하여 평균임금을 적용하는 것이 적당하지 아니하다고 인정되는 경우로서 대통령령으로 정하는 경우에는 대통령령으로 정하는 산정 방법에 따라 산정한 금액을 평균임금으로 한다.

⑥ 보험급여를 산정할 때 진폐 등 대통령령으로 정하는 직업병으로 보험급여를 받게 되는 근로자에게 그 평균임금을 적용하는 것이 근로자의 보호에 적당하지 아니하다고 인정되면 대통령령으로 정하는 산정 방법에 따라 산정한 금액을 그 근로자의 평균임금으로 한다.

⑦ 보험급여(장의비는 제외한다)를 산정할 때 그 근로자의 평균임금 또는 제3항부터 제6항까지의 규정에 따라 보험급여의 산정 기준이 되는 평균임금이 「고용정책 기본법」 제17조의 고용구조 및 인력수요 등에 관한 통계에 따른 상용근로자 5명 이상 사업체의 전체 근로자의 임금 평균액의 1.8배(이하 "최고 보상기준 금액"이라 한다)를 초과하거나, 2분의 1(이하 "최저 보상기준 금액"이라 한다)보다 적으면 그 최고 보상기준 금액이나 최저 보상기준 금액을 각각 그 근로자의 평균임금으로 하되, 최저 보상기준 금액이 「최저임금법」 제5조제1항에 따른 시간급 최저임금액에 8을 곱한 금액(이하 "최저임금액"이라 한다)보다 적으면 그 최저임금액을 최저 보상기준 금액으로 한다. 다만, 휴업급여 및 상병보상연금을

산정할 때에는 최저 보상기준 금액을 적용하지 아니한다.

⑧ 최고 보상기준 금액이나 최저 보상기준 금액의 산정방법 및 적용기간은 대통령령으로 정한다. 이 경우 산정된 최고 보상기준 금액 또는 최저 보상기준 금액은 매년 고용노동부장관이 고시한다.

제37조(업무상의 재해의 인정 기준) ① 근로자가 다음 각 호의 어느 하나에 해당하는 사유로 부상 · 질병 또는 장해가 발생하거나 사망하면 업무상의 재해로 본다. 다만, 업무와 재해 사이에 상당인과관계(相當因果關係)가 없는 경우에는 그러하지 아니하다.

1. 업무상 사고
   가. 근로자가 근로계약에 따른 업무나 그에 따르는 행위를 하던 중 발생한 사고
   나. 사업주가 제공한 시설물 등을 이용하던 중 그 시설물 등의 결함이나 관리소홀로 발생한 사고
   다. 삭제
   라. 사업주가 주관하거나 사업주의 지시에 따라 참여한 행사나 행사준비 중에 발생한 사고
   마. 휴게시간 중 사업주의 지배관리하에 있다고 볼 수 있는 행위로 발생한 사고
   바. 그 밖에 업무와 관련하여 발생한 사고
2. 업무상 질병
   가. 업무수행 과정에서 물리적 인자(因子), 화학물질, 분진, 병원체, 신체에 부담을 주는 업무 등 근로자의 건강에 장해를 일으킬 수 있는 요인을 취급하거나 그에 노출되어 발생한 질병
   나. 업무상 부상이 원인이 되어 발생한 질병
   다. 「근로기준법」 제76조의2에 따른 직장 내 괴롭힘, 고객의 폭언 등으로 인한 업무상 정신적 스트레스가 원인이 되어 발생한 질병
   라. 그 밖에 업무와 관련하여 발생한 질병
3. 출퇴근 재해
   가. 사업주가 제공한 교통수단이나 그에 준하는 교통수단을 이용하는 등 사업주의 지배관리하에서 출퇴근하는 중 발생한 사고
   나. 그 밖에 통상적인 경로와 방법으로 출퇴근하는 중 발생한 사고

② 근로자의 고의 · 자해행위나 범죄행위 또는 그것이 원인이 되어 발생한 부상 · 질병 · 장해 또는 사망은 업무상의 재해로 보지 아니한다. 다만, 그 부상 · 질병 · 장해 또는 사망이 정상적인 인식능력 등이 뚜렷하게 저하된 상태에서 한 행위로 발생한 경우로서 대통령령으로 정하는 사유가 있으면 업무상의 재해로 본다.

③ 제1항제3호나목의 사고 중에서 출퇴근 경로 일탈 또는 중단이 있는 경우에는 해당 일탈 또는 중단 중의 사고 및 그 후의 이동 중의 사고에 대하여는 출퇴근 재해로 보지 아니한다. 다만, 일탈 또는 중단이 일상생활에 필요한 행위로서 대통령령으로 정하는 사유가 있는 경우에는 출퇴근 재해로 본다.

④ 출퇴근 경로와 방법이 일정하지 아니한 직종으로 대통령령으로 정하는 경우에는 제1항제3호나목에 따른 출퇴근 재해를 적용하지 아니한다.

⑤ 업무상의 재해의 구체적인 인정 기준은 대통령령으로 정한다.

[2017. 10. 24. 법률 제14933호에 의하여 2016. 9. 29. 헌법재판소에서 헌법불합치 결정된 이 조 제1항 제1호다목을 삭제함.]

제38조(업무상질병판정위원회) ① 제37조제1항제2호에 따른 업무상 질병의 인정 여부를 심의하기 위하여 공단 소속 기관에 업무상질병판정위원회(이하 "판정위원회"라 한다)를 둔다.

② 판정위원회의 심의에서 제외되는 질병과 판정위원회의 심의 절차는 고용노동부령으로 정한다.

③ 판정위원회의 구성과 운영에 필요한 사항은 고용노동부령으로 정한다.

제39조(사망의 추정) ① 사고가 발생한 선박 또는 항공기에 있던 근로자의 생사가 밝혀지지 아니하거나 항행(航行) 중인 선박 또는 항공기에 있던 근로자가 행방불명 또는 그 밖의 사유로 그 생사가 밝혀지지 아니하면 대통령령으로 정하는 바에 따라 사망한 것으로 추정하고, 유족급여와 장의비에 관한 규정을 적용한다.

② 공단은 제1항에 따른 사망의 추정으로 보험급여를 지급한 후에 그 근로자의 생존이 확인되면 그 급여를 받은 자가 선의(善意)인 경우에는 받은 금액을, 악의(惡意)인 경우에는 받은 금액의 2배에 해당하는 금액을 징수하여야 한다.

제40조(요양급여) ① 요양급여는 근로자가 업무상의 사유로 부상을 당하거나 질병에 걸린 경우에 그 근로자에게 지급한다.

② 제1항에 따른 요양급여는 제43조제1항에 따른 산재보험 의료기관에서 요양을 하게 한다. 다만, 부득이한 경우에는 요양을 갈음하여 요양비를 지급할 수 있다.

③ 제1항의 경우에 부상 또는 질병이 3일 이내의 요양으로 치유될 수 있으면 요양급여를 지급하지 아니한다.

④ 제1항의 요양급여의 범위는 다음 각 호와 같다.

1. 진찰 및 검사　2. 약제 또는 진료재료와 의지(義肢) 그 밖의 보조기의 지급
3. 처치, 수술, 그 밖의 치료　4. 재활치료　5. 입원　6. 간호 및 간병
7. 이송　8. 그 밖에 고용노동부령으로 정하는 사항

⑤ 제2항 및 제4항에 따른 요양급여의 범위나 비용 등 요양급여의 산정 기준은 고용노동부령으로 정한다.

⑥ 업무상의 재해를 입은 근로자가 요양할 산재보험 의료기관이 제43조제1항제2호에 따른 상급종합병원인 경우에는 「응급의료에 관한 법률」 제2조제1호에 따른 응급환자이거나 그 밖에 부득이한 사유가 있는 경우를 제외하고는 그 근로자가 상급종합병원에서 요양할 필요가 있다는 의학적 소견이 있어야 한다.

제41조(요양급여의 신청) ① 제40조제1항에 따른 요양급여(진폐에 따른 요양급여는 제외한다. 이하 이 조에서 같다)를 받으려는 자는 소속 사업장, 재해발생 경위, 그 재해에 대한 의학적 소견, 그 밖에 고용노동부령으로 정하는 사항을 적은 서류를 첨부하여 공단에 요양급여의 신청을 하여야 한다. 이 경우 요양급여 신청의 절차와 방법은 고용노동부령으로 정한다.

② 근로자를 진료한 제43조제1항에 따른 산재보험 의료기관은 그 근로자의 재해가 업무상의 재해로 판단되면 그 근로자의 동의를 받아 요양급여의 신청을 대행할 수 있다.

제42조(건강보험의 우선 적용) ① 제41조제1항에 따라 요양급여의 신청을 한 자는 공단이 이 법에 따른 요양급여에 관한 결정을 하기 전에는 「국민건강보험법」 제41조에 따른 요양급여 또는 「의료급여법」 제7조에 따른 의료급여(이하 "건강보험 요양급여등"이라 한다)를 받을 수 있다.

② 제1항에 따라 건강보험 요양급여등을 받은 자가 「국민건강보험법」 제44조 또는 「의료급여법」 제10조에 따른 본인 일부 부담금을 산재보험 의료기관에 납부한 후에 이 법에 따른 요양급여 수급권자로 결정된 경우에는 그 납부한 본인 일부 부담금 중 제40조제5항에 따른 요양급여에 해당하는 금액을 공단에 청구할 수 있다.

제43조(산재보험 의료기관의 지정 및 지정취소 등) ① 업무상의 재해를 입은 근로자의 요양을 담당할 의료기관(이하 "산재보험 의료기관"이라 한다)은 다음 각 호와 같다.

1. 제11조제2항에 따라 공단에 두는 의료기관
2. 「의료법」 제3조의4에 따른 상급종합병원
3. 「의료법」 제3조에 따른 의료기관과 「지역보건법」 제10조에 따른 보건소(「지역보건법」 제12조에 따른

보건의료원을 포함한다. 이하 같다)로서 고용노동부령으로 정하는 인력 · 시설 등의 기준에 해당하는 의료기관 또는 보건소 중 공단이 지정한 의료기관 또는 보건소

② 공단은 제1항제3호에 따라 의료기관이나 보건소를 산재보험 의료기관으로 지정할 때에는 다음 각 호의 요소를 고려하여야 한다.

1. 의료기관이나 보건소의 인력 · 시설 · 장비 및 진료과목
2. 산재보험 의료기관의 지역별 분포

③ 공단은 제1항제2호 및 제3호에 따른 산재보험 의료기관이 다음 각 호의 어느 하나의 사유에 해당하면 그 지정을 취소(제1항제3호의 경우만 해당된다)하거나 12개월의 범위에서 업무상의 재해를 입은 근로자를 진료할 수 없도록 하는 진료제한 조치 또는 개선명령(이하 "진료제한등의 조치"라 한다)을 할 수 있다.

1. 업무상의 재해와 관련된 사항을 거짓이나 그 밖에 부정한 방법으로 진단하거나 증명한 경우
2. 제45조에 따른 진료비를 거짓이나 그 밖에 부정한 방법으로 청구한 경우
3. 제50조에 따른 평가 결과 지정취소나 진료제한등의 조치가 필요한 경우
4. 「의료법」 위반이나 그 밖의 사유로 의료업을 일시적 또는 영구적으로 할 수 없게 되거나, 소속 의사가 의료행위를 일시적 또는 영구적으로 할 수 없게 된 경우
5. 제1항제3호에 따른 인력 · 시설 등의 기준에 미치지 못하게 되는 경우
6. 진료제한등의 조치를 위반하는 경우

④ 제3항에 따라 지정이 취소된 산재보험 의료기관은 지정이 취소된 날부터 1년의 범위에서 고용노동부령으로 정하는 기간 동안은 산재보험 의료기관으로 다시 지정받을 수 없다.

⑤ 공단은 제1항제2호 및 제3호에 따른 산재보험 의료기관이 다음 각 호의 어느 하나의 사유에 해당하면 12개월의 범위에서 진료제한 등의 조치를 할 수 있다.

1. 제40조제5항 및 제91조의9제3항에 따른 요양급여의 산정 기준을 위반하여 제45조에 따른 진료비를 부당하게 청구한 경우
2. 제45조제1항을 위반하여 공단이 아닌 자에게 진료비를 청구한 경우
3. 제47조제1항에 따른 진료계획을 제출하지 아니하는 경우
4. 제118조에 따른 보고, 제출 요구 또는 조사에 응하지 아니하는 경우
5. 산재보험 의료기관의 지정 조건을 위반한 경우

⑥ 공단은 제3항 또는 제5항에 따라 지정을 취소하거나 진료제한 조치를 하려는 경우에는 청문을 실시하여야 한다.

⑦ 제1항제3호에 따른 지정절차, 제3항 및 제5항에 따른 지정취소, 진료제한등의 조치의 기준 및 절차는 고용노동부령으로 정한다.

제44조(산재보험 의료기관에 대한 과징금 등) ① 공단은 제43조제3항제1호 · 제2호 및 같은 조 제5항제1호 중 어느 하나에 해당하는 사유로 진료제한 조치를 하여야 하는 경우로서 그 진료제한 조치가 그 산재보험 의료기관을 이용하는 근로자에게 심한 불편을 주거나 그 밖에 특별한 사유가 있다고 인정되면, 그 진료제한 조치를 갈음하여 거짓이나 부정한 방법으로 지급하게 한 보험급여의 금액 또는 거짓이나 부정 · 부당하게 지급받은 진료비의 5배 이하의 범위에서 과징금을 부과할 수 있다.

② 제1항에 따라 과징금을 부과하는 위반행위의 종류와 위반정도 등에 따른 과징금의 금액 등에 관한 사항은 대통령령으로 정한다.

③ 제1항에 따라 과징금 부과 처분을 받은 자가 과징금을 기한 내에 내지 아니하면 고용노동부장관의 승

인을 받아 국세 체납처분의 예에 따라 징수한다.

제45조(진료비의 청구 등) ① 산재보험 의료기관이 제40조제2항 또는 제91조의9제1항에 따라 요양을 실시하고 그에 드는 비용(이하 "진료비"라 한다)을 받으려면 공단에 청구하여야 한다.

② 제1항에 따라 청구된 진료비에 관한 심사 및 결정, 지급 방법 및 지급 절차는 고용노동부령으로 정한다.

제46조(약제비의 청구 등) ① 공단은 제40조제4항제2호에 따른 약제의 지급을 「약사법」 제20조에 따라 등록한 약국을 통하여 할 수 있다.

② 제1항에 따른 약국이 약제비를 받으려면 공단에 청구하여야 한다.

③ 제2항에 따라 청구된 약제비에 관한 심사 및 결정, 지급 방법 및 지급 절차는 고용노동부령으로 정한다.

제47조(진료계획의 제출) ① 산재보험 의료기관은 제41조 또는 제91조의5에 따라 요양급여를 받고 있는 근로자의 요양기간을 연장할 필요가 있는 때에는 그 근로자의 상병경과(傷病經過), 치료예정기간 및 치료방법 등을 적은 진료계획을 대통령령으로 정하는 바에 따라 공단에 제출하여야 한다.

② 공단은 제1항에 따라 제출된 진료계획이 적절한지를 심사하여 산재보험 의료기관에 대하여 치료기간의 변경을 명하는 등 대통령령으로 정하는 필요한 조치(이하 "진료계획 변경 조치등"이라 한다)를 할 수 있다.

제48조(전원 요양) ① 공단은 다음 각 호의 어느 하나에 해당하는 사유가 있으면 요양 중인 근로자를 다른 산재보험 의료기관으로 옮겨 요양하게 할 수 있다.

1. 요양 중인 산재보험 의료기관의 인력·시설 등이 그 근로자의 전문적인 치료 또는 재활치료에 맞지 아니하여 다른 산재보험 의료기관으로 옮길 필요가 있는 경우
2. 생활근거지에서 요양하기 위하여 다른 산재보험 의료기관으로 옮길 필요가 있는 경우
3. 제43조제1항제2호에 따른 상급종합병원에서 전문적인 치료 후 다른 산재보험 의료기관으로 옮길 필요가 있는 경우
4. 그 밖에 대통령령으로 정하는 절차를 거쳐 부득이한 사유가 있다고 인정되는 경우

② 요양 중인 근로자는 제1항제1호부터 제3호까지의 어느 하나에 해당하는 사유가 있으면 공단에 전원(轉院) 요양을 신청할 수 있다.

제49조(추가상병 요양급여의 신청) 업무상의 재해로 요양 중인 근로자는 다음 각 호의 어느 하나에 해당하는 경우에는 그 부상 또는 질병(이하 "추가상병"이라 한다)에 대한 요양급여를 신청할 수 있다.

1. 그 업무상의 재해로 이미 발생한 부상이나 질병이 추가로 발견되어 요양이 필요한 경우
2. 그 업무상의 재해로 발생한 부상이나 질병이 원인이 되어 새로운 질병이 발생하여 요양이 필요한 경우

제50조(산재보험 의료기관의 평가) ① 공단은 업무상의 재해에 대한 의료의 질 향상을 촉진하기 위하여 제43조제1항제3호의 산재보험 의료기관 중 대통령령으로 정하는 의료기관에 대하여 인력·시설·의료서비스나 그 밖에 요양의 질과 관련된 사항을 평가할 수 있다. 이 경우 평가의 방법 및 기준은 대통령령으로 정한다.

② 공단은 제1항에 따라 평가한 결과를 고려하여 평가한 산재보험 의료기관을 행정적·재정적으로 우대하거나 제43조제3항제3호에 따라 지정취소 또는 진료제한등의 조치를 할 수 있다.

제51조(재요양) ① 제40조에 따른 요양급여를 받은 자가 치유 후 요양의 대상이 되었던 업무상의 부상 또는 질병이 재발하거나 치유 당시보다 상태가 악화되어 이를 치유하기 위한 적극적인 치료가 필요하다는 의학적 소견이 있으면 다시 제40조에 따른 요양급여(이하 "재요양"이라 한다)를 받을 수 있다.

② 재요양의 요건과 절차 등에 관하여 필요한 사항은 대통령령으로 정한다.

제52조(휴업급여) 휴업급여는 업무상 사유로 부상을 당하거나 질병에 걸린 근로자에게 요양으로 취업하지

못한 기간에 대하여 지급하되, 1일당 지급액은 평균임금의 100분의 70에 상당하는 금액으로 한다. 다만, 취업하지 못한 기간이 3일 이내이면 지급하지 아니한다.

제53조(부분휴업급여) ① 요양 또는 재요양을 받고 있는 근로자가 그 요양기간 중 일정기간 또는 단시간 취업을 하는 경우에는 그 취업한 날 또는 취업한 시간에 해당하는 그 근로자의 평균임금에서 그 취업한 날 또는 취업한 시간에 대한 임금을 뺀 금액의 100분의 90에 상당하는 금액을 지급할 수 있다. 다만, 제54조제2항 및 제56조제2항에 따라 최저임금액을 1일당 휴업급여 지급액으로 하는 경우에는 최저임금액(별표 1 제2호에 따라 감액하는 경우에는 그 감액한 금액)에서 취업한 날 또는 취업한 시간에 대한 임금을 뺀 금액을 지급할 수 있다.

② 제1항에 따라 단시간 취업하는 경우 취업하지 못한 시간(8시간에서 취업한 시간을 뺀 시간을 말한다)에 대하여는 제52조 또는 제54조부터 제56조까지의 규정에 따라 산정한 1일당 휴업급여 지급액에 8시간에 대한 취업하지 못한 시간의 비율을 곱한 금액을 지급한다.

③ 제1항에 따른 부분휴업급여의 지급 요건 및 지급 절차는 대통령령으로 정한다.

제54조(저소득 근로자의 휴업급여) ① 제52조에 따라 산정한 1일당 휴업급여 지급액이 최저 보상기준 금액의 100분의 80보다 적거나 같으면 그 근로자에 대하여는 평균임금의 100분의 90에 상당하는 금액을 1일당 휴업급여 지급액으로 한다. 다만, 그 근로자의 평균임금의 100분의 90에 상당하는 금액이 최저 보상기준 금액의 100분의 80보다 많은 경우에는 최저 보상기준 금액의 100분의 80에 상당하는 금액을 1일당 휴업급여 지급액으로 한다.

② 제1항 본문에 따라 산정한 휴업급여 지급액이 최저임금액보다 적으면 그 최저임금액을 그 근로자의 1일당 휴업급여 지급액으로 한다.

제55조(고령자의 휴업급여) 휴업급여를 받는 근로자가 61세가 되면 그 이후의 휴업급여는 별표 1에 따라 산정한 금액을 지급한다. 다만, 61세 이후에 취업 중인 자가 업무상의 재해로 요양하거나 61세 전에 제37조제1항제2호에 따른 업무상 질병으로 장해급여를 받은 자가 61세 이후에 그 업무상 질병으로 최초로 요양하는 경우 대통령령으로 정하는 기간에는 별표 1을 적용하지 아니한다.

제56조(재요양 기간 중의 휴업급여) ① 재요양을 받는 자에 대하여는 재요양 당시의 임금을 기준으로 산정한 평균임금의 100분의 70에 상당하는 금액을 1일당 휴업급여 지급액으로 한다. 이 경우 평균임금 산정사유 발생일은 대통령령으로 정한다.

② 제1항에 따라 산정한 1일당 휴업급여 지급액이 최저임금액보다 적거나 재요양 당시 평균임금 산정의 대상이 되는 임금이 없으면 최저임금액을 1일당 휴업급여 지급액으로 한다.

③ 장해보상연금을 지급받는 자가 재요양하는 경우에는 1일당 장해보상연금액(별표 2에 따라 산정한 장해보상연금액을 365로 나눈 금액을 말한다. 이하 같다)과 제1항 또는 제2항에 따라 산정한 1일당 휴업급여 지급액을 합한 금액이 장해보상연금의 산정에 적용되는 평균임금의 100분의 70을 초과하면 그 초과하는 금액 중 휴업급여에 해당하는 금액은 지급하지 아니한다.

④ 재요양 기간 중의 휴업급여를 산정할 때에는 제54조를 적용하지 아니한다.

제57조(장해급여) ① 장해급여는 근로자가 업무상의 사유로 부상을 당하거나 질병에 걸려 치유된 후 신체 등에 장해가 있는 경우에 그 근로자에게 지급한다.

② 장해급여는 장해등급에 따라 별표 2에 따른 장해보상연금 또는 장해보상일시금으로 하되, 그 장해등급의 기준은 대통령령으로 정한다.

③ 제2항에 따른 장해보상연금 또는 장해보상일시금은 수급권자의 선택에 따라 지급한다. 다만, 대통령령으로 정하는 노동력을 완전히 상실한 장해등급의 근로자에게는 장해보상연금을 지급하고, 장해급

여 청구사유 발생 당시 대한민국 국민이 아닌 자로서 외국에서 거주하고 있는 근로자에게는 장해보상일시금을 지급한다.

④ 장해보상연금은 수급권자가 신청하면 그 연금의 최초 1년분 또는 2년분(제3항 단서에 따른 근로자에게는 그 연금의 최초 1년분부터 4년분까지)의 2분의 1에 상당하는 금액을 미리 지급할 수 있다. 이 경우 미리 지급하는 금액에 대하여는 100분의 5의 비율 범위에서 대통령령으로 정하는 바에 따라 이자를 공제할 수 있다.

⑤ 장해보상연금 수급권자의 수급권이 제58조에 따라 소멸한 경우에 이미 지급한 연금액을 지급 당시의 각각의 평균임금으로 나눈 일수(日數)의 합계가 별표 2에 따른 장해보상일시금의 일수에 못 미치면 그 못 미치는 일수에 수급권 소멸 당시의 평균임금을 곱하여 산정한 금액을 유족 또는 그 근로자에게 일시금으로 지급한다.

제58조(장해보상연금 등의 수급권의 소멸) 장해보상연금 또는 진폐보상연금의 수급권자가 다음 각 호의 어느 하나에 해당하면 그 수급권이 소멸한다.

1. 사망한 경우
2. 대한민국 국민이었던 수급권자가 국적을 상실하고 외국에서 거주하고 있거나 외국에서 거주하기 위하여 출국하는 경우
3. 대한민국 국민이 아닌 수급권자가 외국에서 거주하기 위하여 출국하는 경우
4. 장해등급 또는 진폐장해등급이 변경되어 장해보상연금 또는 진폐보상연금의 지급 대상에서 제외되는 경우

제59조(장해등급등의 재판정) ① 공단은 장해보상연금 또는 진폐보상연금 수급권자 중 그 장해상태가 호전되거나 악화되어 이미 결정된 장해등급 또는 진폐장해등급(이하 이 조에서 "장해등급등"이라 한다)이 변경될 가능성이 있는 자에 대하여는 그 수급권자의 신청 또는 직권으로 장해등급등을 재판정할 수 있다.

② 제1항에 따른 장해등급등의 재판정 결과 장해등급등이 변경되면 그 변경된 장해등급등에 따라 장해급여 또는 진폐보상연금을 지급한다.

③ 제1항과 제2항에 따른 장해등급등 재판정은 1회 실시하되 그 대상자 · 시기 및 재판정 결과에 따른 장해급여 또는 진폐보상연금의 지급 방법은 대통령령으로 정한다.

제60조(재요양에 따른 장해급여) ① 장해보상연금의 수급권자가 재요양을 받는 경우에도 그 연금의 지급을 정지하지 아니한다.

② 재요양을 받고 치유된 후 장해상태가 종전에 비하여 호전되거나 악화된 경우에는 그 호전 또는 악화된 장해상태에 해당하는 장해등급에 따라 장해급여를 지급한다. 이 경우 재요양 후의 장해급여의 산정 및 지급 방법은 대통령령으로 정한다.

제61조(간병급여) ① 간병급여는 제40조에 따른 요양급여를 받은 자 중 치유 후 의학적으로 상시 또는 수시로 간병이 필요하여 실제로 간병을 받는 자에게 지급한다.

② 제1항에 따른 간병급여의 지급 기준과 지급 방법 등에 관하여 필요한 사항은 대통령령으로 정한다.

제62조(유족급여) ① 유족급여는 근로자가 업무상의 사유로 사망한 경우에 유족에게 지급한다.

② 유족급여는 별표 3에 따른 유족보상연금이나 유족보상일시금으로 하되, 유족보상일시금은 근로자가 사망할 당시 제63조제1항에 따른 유족보상연금을 받을 수 있는 자격이 있는 자가 없는 경우에 지급한다.

③ 제2항에 따른 유족보상연금을 받을 수 있는 자격이 있는 자가 원하면 별표 3의 유족보상일시금의 100분의 50에 상당하는 금액을 일시금으로 지급하고 유족보상연금은 100분의 50을 감액하여 지급한다.

④ 유족보상연금을 받던 자가 그 수급자격을 잃은 경우 다른 수급자격자가 없고 이미 지급한 연금액을

지급 당시의 각각의 평균임금으로 나누어 산정한 일수의 합계가 1,300일에 못 미치면 그 못 미치는 일수에 수급자격 상실 당시의 평균임금을 곱하여 산정한 금액을 수급자격 상실 당시의 유족에게 일시금으로 지급한다.

⑤ 제2항에 따른 유족보상연금의 지급 기준 및 방법, 그 밖에 필요한 사항은 대통령령으로 정한다.

제63조(유족보상연금 수급자격자의 범위) ① 유족보상연금을 받을 수 있는 자격이 있는 자(이하 "유족보상연금 수급자격자"라 한다)는 근로자가 사망할 당시 그 근로자와 생계를 같이 하고 있던 유족(그 근로자가 사망할 당시 대한민국 국민이 아닌 자로서 외국에서 거주하고 있던 유족은 제외한다) 중 배우자와 다음 각 호의 어느 하나에 해당하는 자로 한다. 이 경우 근로자와 생계를 같이 하고 있던 유족의 판단 기준은 대통령령으로 정한다.

1. 부모 또는 조부모로서 각각 60세 이상인 자
2. 자녀로서 25세 미만인 자

2의2. 손자녀로서 19세 미만인 자

3. 형제자매로서 19세 미만이거나 60세 이상인 자
4. 제1호부터 제3호까지의 규정 중 어느 하나에 해당하지 아니하는 자녀 · 부모 · 손자녀 · 조부모 또는 형제자매로서 「장애인복지법」 제2조에 따른 장애인 중 고용노동부령으로 정한 장애 정도에 해당하는 자

② 제1항을 적용할 때 근로자가 사망할 당시 태아(胎兒)였던 자녀가 출생한 경우에는 출생한 때부터 장래에 향하여 근로자가 사망할 당시 그 근로자와 생계를 같이 하고 있던 유족으로 본다.

③ 유족보상연금 수급자격자 중 유족보상연금을 받을 권리의 순위는 배우자 · 자녀 · 부모 · 손자녀 · 조부모 및 형제자매의 순서로 한다.

제64조(유족보상연금 수급자격자의 자격 상실과 지급 정지 등) ① 유족보상연금 수급자격자인 유족이 다음 각 호의 어느 하나에 해당하면 그 자격을 잃는다.

1. 사망한 경우
2. 재혼한 때(사망한 근로자의 배우자만 해당하며, 재혼에는 사실상 혼인 관계에 있는 경우를 포함한다)
3. 사망한 근로자와의 친족 관계가 끝난 경우
4. 자녀가 25세가 된 때

4의2. 손자녀 또는 형제자매가 19세가 된 때

5. 제63조제1항제4호에 따른 장애인이었던 자로서 그 장애 상태가 해소된 경우
6. 근로자가 사망할 당시 대한민국 국민이었던 유족보상연금 수급자격자가 국적을 상실하고 외국에서 거주하고 있거나 외국에서 거주하기 위하여 출국하는 경우
7. 대한민국 국민이 아닌 유족보상연금 수급자격자가 외국에서 거주하기 위하여 출국하는 경우

② 유족보상연금을 받을 권리가 있는 유족보상연금 수급자격자(이하 "유족보상연금 수급권자"라 한다)가 그 자격을 잃은 경우에 유족보상연금을 받을 권리는 같은 순위자가 있으면 같은 순위자에게, 같은 순위자가 없으면 다음 순위자에게 이전된다.

③ 유족보상연금 수급권자가 3개월 이상 행방불명이면 대통령령으로 정하는 바에 따라 연금 지급을 정지하고, 같은 순위자가 있으면 같은 순위자에게, 같은 순위자가 없으면 다음 순위자에게 유족보상연금을 지급한다.

제65조(수급권자인 유족의 순위) ① 제57조제5항 · 제62조제2항(유족보상일시금에 한한다) 및 제4항에 따른 유족 간의 수급권의 순위는 다음 각 호의 순서로 하되, 각 호의 자 사이에서는 각각 그 적힌 순서에 따른다. 이 경우 같은 순위의 수급권자가 2명 이상이면 그 유족에게 똑같이 나누어 지급한다.

1. 근로자가 사망할 당시 그 근로자와 생계를 같이 하고 있던 배우자 · 자녀 · 부모 · 손자녀 및 조부모
2. 근로자가 사망할 당시 그 근로자와 생계를 같이 하고 있지 아니하던 배우자 · 자녀 · 부모 · 손자녀 및 조부모 또는 근로자가 사망할 당시 근로자와 생계를 같이 하고 있던 형제자매
3. 형제자매

② 제1항의 경우 부모는 양부모(養父母)를 선순위로, 실부모(實父母)를 후순위로 하고, 조부모는 양부모의 부모를 선순위로, 실부모의 부모를 후순위로, 부모의 양부모를 선순위로, 부모의 실부모를 후순위로 한다.

③ 수급권자인 유족이 사망한 경우 그 보험급여는 같은 순위자가 있으면 같은 순위자에게, 같은 순위자가 없으면 다음 순위자에게 지급한다.

④ 제1항부터 제3항까지의 규정에도 불구하고 근로자가 유언으로 보험급여를 받을 유족을 지정하면 그 지정에 따른다.

第66조(상병보상연금) ① 요양급여를 받는 근로자가 요양을 시작한 지 2년이 지난 날 이후에 다음 각 호의 요건 모두에 해당하는 상태가 계속되면 휴업급여 대신 상병보상연금을 그 근로자에게 지급한다.

1. 그 부상이나 질병이 치유되지 아니한 상태일 것
2. 그 부상이나 질병에 따른 중증요양상태의 정도가 대통령령으로 정하는 중증요양상태등급 기준에 해당할 것
3. 요양으로 인하여 취업하지 못하였을 것

② 상병보상연금은 별표 4에 따른 중증요양상태등급에 따라 지급한다.

第67조(저소득 근로자의 상병보상연금) ① 제66조에 따라 상병보상연금을 산정할 때 그 근로자의 평균임금이 최저임금액에 70분의 100을 곱한 금액보다 적을 때에는 최저임금액의 70분의 100에 해당하는 금액을 그 근로자의 평균임금으로 보아 산정한다.

② 제66조 또는 제1항에서 정한 바에 따라 산정한 상병보상연금액을 365로 나눈 1일당 상병보상연금 지급액이 제54조에서 정한 바에 따라 산정한 1일당 휴업급여 지급액보다 적으면 제54조에서 정한 바에 따라 산정한 금액을 1일당 상병보상연금 지급액으로 한다.

第68조(고령자의 상병보상연금) 상병보상연금을 받는 근로자가 61세가 되면 그 이후의 상병보상연금은 별표 5에 따른 1일당 상병보상연금 지급기준에 따라 산정한 금액을 지급한다.

第69조(재요양 기간 중의 상병보상연금) ① 재요양을 시작한 지 2년이 지난 후에 상병상태가 제66조제1항 각 호의 요건 모두에 해당하는 자에게는 휴업급여 대신 별표 4에 따른 중증요양상태등급에 따라 상병보상연금을 지급한다. 이 경우 상병보상연금을 산정할 때에는 재요양 기간 중의 휴업급여 산정에 적용되는 평균임금을 적용하되, 그 평균임금이 최저임금액에 70분의 100을 곱한 금액보다 적거나 재요양 당시 평균임금 산정의 대상이 되는 임금이 없을 때에는 최저임금액의 70분의 100에 해당하는 금액을 그 근로자의 평균임금으로 보아 산정한다.

② 제1항에 따른 상병보상연금을 받는 근로자가 장해보상연금을 받고 있으면 별표 4에 따른 중증요양상태등급별 상병보상연금의 지급일수에서 별표 2에 따른 장해등급별 장해보상연금의 지급일수를 뺀 일수에 제1항 후단에 따른 평균임금을 곱하여 산정한 금액을 그 근로자의 상병보상연금으로 한다.

③ 제2항에 따른 상병보상연금을 받는 근로자가 61세가 된 이후에는 별표 5에 따라 산정한 1일당 상병보상연금 지급액에서 제1항 후단에 따른 평균임금을 기준으로 산정한 1일당 장해보상연금 지급액을 뺀 금액을 1일당 상병보상연금 지급액으로 한다.

④ 제1항부터 제3항까지의 규정에도 불구하고 제57조제3항 단서에 따른 장해보상연금을 받는 근로자가

재요양하는 경우에는 상병보상연금을 지급하지 아니한다. 다만, 재요양 중에 중증요양상태등급이 높아지면 제1항 전단에도 불구하고 재요양을 시작한 때부터 2년이 경과한 것으로 보아 제2항 및 제3항에 따라 산정한 상병보상연금을 지급한다.

⑤ 재요양 기간 중 상병보상연금을 산정할 때에는 제67조를 적용하지 아니한다.

제70조(연금의 지급기간 및 지급시기) ① 장해보상연금, 유족보상연금, 진폐보상연금 또는 진폐유족연금의 지급은 그 지급사유가 발생한 달의 다음 달 초일부터 시작되며, 그 지급받을 권리가 소멸한 달의 말일에 끝난다.

② 장해보상연금, 유족보상연금, 진폐보상연금 또는 진폐유족연금은 그 지급을 정지할 사유가 발생한 때에는 그 사유가 발생한 달의 다음 달 초일부터 그 사유가 소멸한 달의 말일까지 지급하지 아니한다.

③ 장해보상연금, 유족보상연금, 진폐보상연금 또는 진폐유족연금은 매년 이를 12등분하여 매달 25일에 그 달 치의 금액을 지급하되, 지급일이 토요일이거나 공휴일이면 그 전날에 지급한다.

④ 장해보상연금, 유족보상연금, 진폐보상연금 또는 진폐유족연금을 받을 권리가 소멸한 경우에는 제3항에 따른 지급일 전이라도 지급할 수 있다.

제71조(장의비) ① 장의비는 근로자가 업무상의 사유로 사망한 경우에 지급하되, 평균임금의 120일분에 상당하는 금액을 그 장제(葬祭)를 지낸 유족에게 지급한다. 다만, 장제를 지낼 유족이 없거나 그 밖에 부득이한 사유로 유족이 아닌 자가 장제를 지낸 경우에는 평균임금의 120일분에 상당하는 금액의 범위에서 실제 드는 비용을 그 장제를 지낸 자에게 지급한다.

② 제1항에 따른 장의비가 대통령령으로 정하는 바에 따라 고용노동부장관이 고시하는 최고 금액을 초과하거나 최저 금액에 미달하면 그 최고 금액 또는 최저 금액을 각각 장의비로 한다.

제72조(직업재활급여) ① 직업재활급여의 종류는 다음 각 호와 같다.

1. 장해급여 또는 진폐보상연금을 받은 자나 장해급여를 받을 것이 명백한 자로서 대통령령으로 정하는 자(이하 "장해급여자"라 한다) 중 취업을 위하여 직업훈련이 필요한 자(이하 "훈련대상자"라 한다)에 대하여 실시하는 직업훈련에 드는 비용 및 직업훈련수당
2. 업무상의 재해가 발생할 당시의 사업에 복귀한 장해급여자에 대하여 사업주가 고용을 유지하거나 직장적응훈련 또는 재활운동을 실시하는 경우(직장적응훈련의 경우에는 직장 복귀 전에 실시한 경우도 포함한다)에 각각 지급하는 직장복귀지원금, 직장적응훈련비 및 재활운동비

② 제1항제1호의 훈련대상자 및 같은 항 제2호의 장해급여자는 장해정도 및 연령 등을 고려하여 대통령령으로 정한다.

제73조(직업훈련비용) ① 훈련대상자에 대한 직업훈련은 공단과 계약을 체결한 직업훈련기관(이하 "직업훈련기관"이라 한다)에서 실시하게 한다.

② 제72조제1항제1호에 따른 직업훈련에 드는 비용(이하 "직업훈련비용"이라 한다)은 제1항에 따라 직업훈련을 실시한 직업훈련기관에 지급한다. 다만, 직업훈련기관이 「장애인고용촉진 및 직업재활법」, 「고용보험법」 또는 「근로자직업능력 개발법」이나 그 밖에 다른 법령에 따라 직업훈련비용에 상당한 비용을 받은 경우 등 대통령령으로 정하는 경우에는 지급하지 아니한다.

③ 직업훈련비용의 금액은 고용노동부장관이 훈련비용, 훈련기간 및 노동시장의 여건 등을 고려하여 고시하는 금액의 범위에서 실제 드는 비용으로 하되, 직업훈련비용을 지급하는 훈련기간은 12개월 이내로 한다.

④ 직업훈련비용의 지급 범위 · 기준 · 절차 및 방법, 직업훈련기관과의 계약 및 해지 등에 필요한 사항은 고용노동부령으로 정한다.

제74조(직업훈련수당) ① 제72조제1항제1호에 따른 직업훈련수당은 제73조제1항에 따라 직업훈련을 받는 훈련대상자에게 그 직업훈련으로 인하여 취업하지 못하는 기간에 대하여 지급하되, 1일당 지급액은 최저임금액에 상당하는 금액으로 한다. 다만, 휴업급여나 상병보상연금을 받는 훈련대상자에게는 직업훈련수당을 지급하지 아니한다.

② 제1항에 따른 직업훈련수당을 받는 자가 장해보상연금 또는 진폐보상연금을 받는 경우에는 1일당 장해보상연금액 또는 1일당 진폐보상연금액(제91조의3제2항에 따라 산정한 진폐보상연금액을 365로 나눈 금액을 말한다)과 1일당 직업훈련수당을 합한 금액이 그 근로자의 장해보상연금 또는 진폐보상연금 산정에 적용되는 평균임금의 100분의 70을 초과하면 그 초과하는 금액 중 직업훈련수당에 해당하는 금액은 지급하지 아니한다.

③ 제1항에 따른 직업훈련수당 지급 등에 필요한 사항은 고용노동부령으로 정한다.

제75조(직장복귀지원금 등) ① 제72조제1항제2호에 따른 직장복귀지원금, 직장적응훈련비 및 재활운동비는 장해급여자에 대하여 고용을 유지하거나 직장적응훈련 또는 재활운동을 실시하는 사업주에게 각각 지급한다. 이 경우 직장복귀지원금, 직장적응훈련비 및 재활운동비의 지급요건은 각각 대통령령으로 정한다.

② 제1항에 따른 직장복귀지원금은 고용노동부장관이 임금수준 및 노동시장의 여건 등을 고려하여 고시하는 금액의 범위에서 사업주가 장해급여자에게 지급한 임금액으로 하되, 그 지급기간은 12개월 이내로 한다.

③ 제1항에 따른 직장적응훈련비 및 재활운동비는 고용노동부장관이 직장적응훈련 또는 재활운동에 드는 비용을 고려하여 고시하는 금액의 범위에서 실제 드는 비용으로 하되, 그 지급기간은 3개월 이내로 한다.

④ 장해급여자를 고용하고 있는 사업주가 「고용보험법」 제23조에 따른 지원금, 「장애인고용촉진 및 직업재활법」 제30조에 따른 장애인 고용장려금이나 그 밖에 다른 법령에 따라 직장복귀지원금, 직장적응훈련비 또는 재활운동비(이하 "직장복귀지원금등"이라 한다)에 해당하는 금액을 받은 경우 등 대통령령으로 정하는 경우에는 그 받은 금액을 빼고 직장복귀지원금등을 지급한다.

⑤ 사업주가 「장애인고용촉진 및 직업재활법」 제28조에 따른 의무로써 장애인을 고용한 경우 등 대통령령으로 정하는 경우에는 직장복귀지원금등을 지급하지 아니한다.

제76조(보험급여의 일시지급) ① 대한민국 국민이 아닌 근로자가 업무상의 재해에 따른 부상 또는 질병으로 요양 중 치유되기 전에 출국하기 위하여 보험급여의 일시지급을 신청하는 경우에는 출국하기 위하여 요양을 중단하는 날 이후에 청구 사유가 발생할 것으로 예상되는 보험급여를 한꺼번에 지급할 수 있다.

② 제1항에 따라 한꺼번에 지급할 수 있는 금액은 다음 각 호의 보험급여를 미리 지급하는 기간에 따른 이자 등을 고려하여 대통령령으로 정하는 방법에 따라 각각 환산한 금액을 합한 금액으로 한다. 이 경우 해당 근로자가 제3호 및 제4호에 따른 보험급여의 지급사유 모두에 해당될 것으로 의학적으로 판단되는 경우에는 제4호에 해당하는 보험급여의 금액은 합산하지 아니한다.

1. 출국하기 위하여 요양을 중단하는 날부터 업무상의 재해에 따른 부상 또는 질병이 치유될 것으로 예상되는 날까지의 요양급여
2. 출국하기 위하여 요양을 중단하는 날부터 업무상 부상 또는 질병이 치유되거나 그 상병상태가 취업할 수 있게 될 것으로 예상되는 날(그 예상되는 날이 요양 개시일부터 2년이 넘는 경우에는 요양 개시일부터 2년이 되는 날)까지의 기간에 대한 휴업급여
3. 출국하기 위하여 요양을 중단할 당시 업무상의 재해에 따른 부상 또는 질병이 치유된 후에 남을 것으로 예상되는 장해의 장해등급에 해당하는 장해보상일시금

4. 출국하기 위하여 요양을 중단할 당시 요양 개시일부터 2년이 지난 후에 상병보상연금의 지급대상이 되는 중증요양상태가 지속될 것으로 예상되는 경우에는 그 예상되는 중증요양상태등급(요양 개시일부터 2년이 경과한 후 출국하기 위하여 요양을 중단하는 경우에는 그 당시의 상병상태에 따른 중증요양상태등급)과 같은 장해등급에 해당하는 장해보상일시금에 해당하는 금액
5. 요양 당시 받고 있는 진폐장해등급에 따른 진폐보상연금

③ 제1항에 따른 일시지급의 신청 및 지급 절차는 고용노동부령으로 정한다.

제77조(합병증 등 예방관리) ① 공단은 업무상의 부상 또는 질병이 치유된 자 중에서 합병증 등 재요양 사유가 발생할 우려가 있는 자에게 산재보험 의료기관에서 그 예방에 필요한 조치를 받도록 할 수 있다.

② 제1항에 따른 조치대상, 조치내용 및 조치비용 산정 기준 등 예방관리에 필요한 구체적인 사항은 대통령령으로 정한다.

제78조(장해특별급여) ① 보험가입자의 고의 또는 과실로 발생한 업무상의 재해로 근로자가 대통령령으로 정하는 장해등급 또는 진폐장해등급에 해당하는 장해를 입은 경우에 수급권자가 「민법」에 따른 손해배상청구를 갈음하여 장해특별급여를 청구하면 제57조의 장해급여 또는 제91조의3의 진폐보상연금 외에 대통령령으로 정하는 장해특별급여를 지급할 수 있다. 다만, 근로자와 보험가입자 사이에 장해특별급여에 관하여 합의가 이루어진 경우에 한한다.

② 수급권자가 제1항에 따른 장해특별급여를 받으면 동일한 사유에 대하여 보험가입자에게 「민법」이나 그 밖의 법령에 따른 손해배상을 청구할 수 없다.

③ 공단은 제1항에 따라 장해특별급여를 지급하면 대통령령으로 정하는 바에 따라 그 급여액 모두를 보험가입자로부터 징수한다.

제79조(유족특별급여) ① 보험가입자의 고의 또는 과실로 발생한 업무상의 재해로 근로자가 사망한 경우에 수급권자가 「민법」에 따른 손해배상청구를 갈음하여 유족특별급여를 청구하면 제62조의 유족급여 또는 제91조의4의 진폐유족연금 외에 대통령령으로 정하는 유족특별급여를 지급할 수 있다.

② 유족특별급여에 관하여는 제78조제1항 단서 · 제2항 및 제3항을 준용한다. 이 경우 "장해특별급여"는 "유족특별급여"로 본다.

제80조(다른 보상이나 배상과의 관계) ① 수급권자가 이 법에 따라 보험급여를 받았거나 받을 수 있으면 보험가입자는 동일한 사유에 대하여 「근로기준법」에 따른 재해보상 책임이 면제된다.

② 수급권자가 동일한 사유에 대하여 이 법에 따른 보험급여를 받으면 보험가입자는 그 금액의 한도 안에서 「민법」이나 그 밖의 법령에 따른 손해배상의 책임이 면제된다. 이 경우 장해보상연금 또는 유족보상연금을 받고 있는 자는 장해보상일시금 또는 유족보상일시금을 받은 것으로 본다.

③ 수급권자가 동일한 사유로 「민법」이나 그 밖의 법령에 따라 이 법의 보험급여에 상당한 금품을 받으면 공단은 그 받은 금품을 대통령령으로 정하는 방법에 따라 환산한 금액의 한도 안에서 이 법에 따른 보험급여를 지급하지 아니한다. 다만, 제2항 후단에 따라 수급권자가 지급받은 것으로 보게 되는 장해보상일시금 또는 유족보상일시금에 해당하는 연금액에 대하여는 그러하지 아니하다.

④ 요양급여를 받는 근로자가 요양을 시작한 후 3년이 지난 날 이후에 상병보상연금을 지급받고 있으면 「근로기준법」 제23조제2항 단서를 적용할 때 그 사용자는 그 3년이 지난 날 이후에는 같은 법 제84조에 따른 일시보상을 지급한 것으로 본다.

제81조(미지급의 보험급여) ① 보험급여의 수급권자가 사망한 경우에 그 수급권자에게 지급하여야 할 보험급여로서 아직 지급되지 아니한 보험급여가 있으면 그 수급권자의 유족(유족급여의 경우에는 그 유족급여를 받을 수 있는 다른 유족)의 청구에 따라 그 보험급여를 지급한다.

② 제1항의 경우에 그 수급권자가 사망 전에 보험급여를 청구하지 아니하면 같은 항에 따른 유족의 청구에 따라 그 보험급여를 지급한다.

제82조(보험급여의 지급) ① 보험급여는 지급 결정일부터 14일 이내에 지급하여야 한다.

② 공단은 수급권자의 신청이 있는 경우에는 보험급여를 수급권자 명의의 지정된 계좌(이하 "보험급여수급계좌"라 한다)로 입금하여야 한다. 다만, 정보통신장애나 그 밖에 대통령령으로 정하는 불가피한 사유로 보험급여를 보험급여수급계좌로 이체할 수 없을 때에는 대통령령으로 정하는 바에 따라 보험급여를 지급할 수 있다.

③ 보험급여수급계좌의 해당 금융기관은 이 법에 따른 보험급여만이 보험급여수급계좌에 입금되도록 관리하여야 한다.

④ 제2항에 따른 신청의 방법 · 절차와 제3항에 따른 보험급여수급계좌의 관리에 필요한 사항은 대통령령으로 정한다.

제83조(보험급여 지급의 제한) ① 공단은 근로자가 다음 각 호의 어느 하나에 해당되면 보험급여의 전부 또는 일부를 지급하지 아니할 수 있다.

1. 요양 중인 근로자가 정당한 사유 없이 요양에 관한 지시를 위반하여 부상 · 질병 또는 장해 상태를 악화시키거나 치유를 방해한 경우
2. 장해보상연금 또는 진폐보상연금 수급권자가 제59조에 따른 장해등급 또는 진폐장해등급 재판정 전에 자해(自害) 등 고의로 장해 상태를 악화시킨 경우

② 공단은 제1항에 따라 보험급여를 지급하지 아니하기로 결정하면 지체 없이 이를 관계 보험가입자와 근로자에게 알려야 한다.

③ 제1항에 따른 보험급여 지급 제한의 대상이 되는 보험급여의 종류 및 제한 범위는 대통령령으로 정한다.

제84조(부당이득의 징수) ① 공단은 보험급여를 받은 자가 다음 각 호의 어느 하나에 해당하면 그 급여액에 해당하는 금액(제1호의 경우에는 그 급여액의 2배에 해당하는 금액)을 징수하여야 한다. 이 경우 공단이 제90조제2항에 따라 국민건강보험공단등에 청구하여 받은 금액은 징수할 금액에서 제외한다.

1. 거짓이나 그 밖의 부정한 방법으로 보험급여를 받은 경우
2. 수급권자 또는 수급권이 있었던 자가 제114조제2항부터 제4항까지의 규정에 따른 신고의무를 이행하지 아니하여 부당하게 보험급여를 지급받은 경우
3. 그 밖에 잘못 지급된 보험급여가 있는 경우

② 제1항제1호의 경우 보험급여의 지급이 보험가입자 · 산재보험 의료기관 또는 직업훈련기관의 거짓된 신고, 진단 또는 증명으로 인한 것이면 그 보험가입자 · 산재보험 의료기관 또는 직업훈련기관도 연대하여 책임을 진다.

③ 공단은 산재보험 의료기관이나 제46조제1항에 따른 약국이 다음 각 호의 어느 하나에 해당하면 그 진료비나 약제비에 해당하는 금액을 징수하여야 한다. 다만, 제1호의 경우에는 그 진료비나 약제비의 2배에 해당하는 금액(제44조제1항에 따라 과징금을 부과하는 경우에는 그 진료비에 해당하는 금액)을 징수한다.

1. 거짓이나 그 밖의 부정한 방법으로 진료비나 약제비를 지급받은 경우
2. 제40조제5항 또는 제91조의9제3항에 따른 요양급여의 산정 기준 및 제77조제2항에 따른 조치비용 산정 기준을 위반하여 부당하게 진료비나 약제비를 지급받은 경우
3. 그 밖에 진료비나 약제비를 잘못 지급받은 경우

④ 제1항 및 제3항 단서에도 불구하고 공단은 거짓이나 그 밖의 부정한 방법으로 보험급여, 진료비 또는

약제비를 받은 자(제2항에 따라 연대책임을 지는 자를 포함한다)가 부정수급에 대한 조사가 시작되기 전에 부정수급 사실을 자진 신고한 경우에는 그 보험급여액, 진료비 또는 약제비에 해당하는 금액을 초과하는 부분은 징수를 면제할 수 있다.

제84조의2(부정수급자 명단 공개 등) ① 공단은 제84조제1항제1호 또는 같은 조 제3항제1호에 해당하는 자(이하 "부정수급자"라 한다)로서 매년 직전 연도부터 과거 3년간 다음 각 호의 어느 하나에 해당하는 자의 명단을 공개할 수 있다. 이 경우 같은 조 제2항에 따른 연대책임자의 명단을 함께 공개할 수 있다.

1. 부정수급 횟수가 2회 이상이고 부정수급액의 합계가 1억원 이상인 자
2. 1회의 부정수급액이 2억원 이상인 자

② 부정수급자 또는 연대책임자의 사망으로 명단 공개의 실효성이 없는 경우 등 대통령령으로 정하는 경우에는 제1항에 따른 명단을 공개하지 아니할 수 있다.

③ 공단은 이의신청이나 그 밖의 불복절차가 진행 중인 부당이득징수결정처분에 대해서는 해당 이의신청이나 불복절차가 끝난 후 명단을 공개할 수 있다.

④ 공단은 제1항에 따른 공개대상자에게 고용노동부령으로 정하는 바에 따라 미리 그 사실을 통보하고 소명의 기회를 주어야 한다.

⑤ 그 밖에 명단 공개의 방법 및 절차 등에 필요한 사항은 고용노동부령으로 정한다.

제85조(징수금의 징수) 제39조제2항에 따른 보험급여액의 징수, 제78조에 따른 장해특별급여액의 징수, 제79조에 따른 유족특별급여액의 징수 및 제84조에 따른 부당이득의 징수에 관하여는 보험료징수법 제27조, 제28조, 제29조, 제30조, 제32조, 제39조, 제41조 및 제42조를 준용한다. 이 경우 "건강보험공단"은 "공단"으로 본다.

제86조(보험급여 등의 충당) ① 공단은 제84조제1항 및 제3항에 따라 부당이득을 받은 자, 제84조제2항에 따라 연대책임이 있는 보험가입자 또는 산재보험 의료기관에 지급할 보험급여 · 진료비 또는 약제비가 있으면 이를 제84조에 따라 징수할 금액에 충당할 수 있다.

② 보험급여 · 진료비 및 약제비의 충당 한도 및 충당 절차는 대통령령으로 정한다.

제87조(제3자에 대한 구상권) ① 공단은 제3자의 행위에 따른 재해로 보험급여를 지급한 경우에는 그 급여액의 한도 안에서 급여를 받은 자의 제3자에 대한 손해배상청구권을 대위(代位)한다. 다만, 보험가입자인 2 이상의 사업주가 같은 장소에서 하나의 사업을 분할하여 각각 행하다가 그 중 사업주를 달리하는 근로자의 행위로 재해가 발생하면 그러하지 아니하다.

② 제1항의 경우에 수급권자가 제3자로부터 동일한 사유로 이 법의 보험급여에 상당하는 손해배상을 받으면 공단은 그 배상액을 대통령령으로 정하는 방법에 따라 환산한 금액의 한도 안에서 이 법에 따른 보험급여를 지급하지 아니한다.

③ 수급권자 및 보험가입자는 제3자의 행위로 재해가 발생하면 지체 없이 공단에 신고하여야 한다.

제87조의2(구상금협의조정기구 등) ① 공단은 제87조에 따라 「자동차손해배상 보장법」 제2조제7호가목에 따른 보험회사등(이하 이 조에서 "보험회사등"이라 한다)에게 구상권을 행사하는 경우 그 구상금 청구액을 협의 · 조정하기 위하여 보험회사등과 구상금협의조정기구를 구성하여 운영할 수 있다.

② 공단과 보험회사등은 제1항에 따른 협의 · 조정을 위하여 상대방에게 필요한 자료의 제출을 요구할 수 있다. 이 경우 자료의 제출을 요구받은 상대방은 특별한 사정이 없으면 그 요구에 따라야 한다.

③ 제1항 및 제2항에 따른 구상금협의조정기구의 구성 및 운영 등에 관하여 필요한 사항은 공단이 정한다.

제88조(수급권의 보호) ① 근로자의 보험급여를 받을 권리는 퇴직하여도 소멸되지 아니한다.

② 보험급여를 받을 권리는 양도 또는 압류하거나 담보로 제공할 수 없다.

③ 제82조제2항에 따라 지정된 보험급여수급계좌의 예금 중 대통령령으로 정하는 액수 이하의 금액에 관한 채권은 압류할 수 없다.

제89조(수급권의 대위) 보험가입자(보험료징수법 제2조제5호에 따른 하수급인을 포함한다. 이하 이 조에서 같다)가 소속 근로자의 업무상의 재해에 관하여 이 법에 따른 보험급여의 지급 사유와 동일한 사유로 「민법」이나 그 밖의 법령에 따라 보험급여에 상당하는 금품을 수급권자에게 미리 지급한 경우로서 그 금품이 보험급여에 대체하여 지급한 것으로 인정되는 경우에 보험가입자는 대통령령으로 정하는 바에 따라 그 수급권자의 보험급여를 받을 권리를 대위한다.

제90조(요양급여 비용의 정산) ① 공단은 「국민건강보험법」 제13조에 따른 국민건강보험공단 또는 「의료급여법」 제5조에 따른 시장, 군수 또는 구청장(이하 "국민건강보험공단등"이라 한다)이 제42조제1항에 따라 이 법에 따른 요양급여의 수급권자에게 건강보험 요양급여등을 우선 지급하고 그 비용을 청구하는 경우에는 그 건강보험 요양급여등이 이 법에 따라 지급할 수 있는 요양급여에 상당한 것으로 인정되면 그 요양급여에 해당하는 금액을 지급할 수 있다.

② 공단이 수급권자에게 요양급여를 지급한 후 그 지급결정이 취소된 경우로서 그 지급한 요양급여가 「국민건강보험법」 또는 「의료급여법」에 따라 지급할 수 있는 건강보험 요양급여등에 상당한 것으로 인정되면 공단은 그 건강보험 요양급여등에 해당하는 금액을 국민건강보험공단등에 청구할 수 있다.

제90조의2(국민건강보험 요양급여 비용의 정산) ① 제40조에 따른 요양급여나 재요양을 받은 사람이 요양이 종결된 후 2년 이내에 「국민건강보험법」 제41조에 따른 요양급여를 받은 경우(종결된 요양의 대상이 되었던 업무상의 부상 또는 질병의 증상으로 요양급여를 받은 경우로 한정한다)에는 공단은 그 요양급여 비용 중 국민건강보험공단이 부담한 금액을 지급할 수 있다.

② 제1항에 따른 요양급여 비용의 지급 절차와 그 밖에 필요한 사항은 고용노동부령으로 정한다.

제91조(공과금의 면제) 보험급여로서 지급된 금품에 대하여는 국가나 지방자치단체의 공과금을 부과하지 아니한다.

제3장의2 진폐에 따른 보험급여의 특례

제91조의2(진폐에 대한 업무상의 재해의 인정기준) 근로자가 진폐에 걸릴 우려가 있는 작업으로서 암석, 금속이나 유리섬유 등을 취급하는 작업 등 고용노동부령으로 정하는 분진작업(이하 "분진작업"이라 한다)에 종사하여 진폐에 걸리면 제37조제1항제2호가목에 따른 업무상 질병으로 본다.

제91조의3(진폐보상연금) ① 진폐보상연금은 업무상 질병인 진폐에 걸린 근로자(이하 "진폐근로자"라 한다)에게 지급한다.

② 진폐보상연금은 제5조제2호 및 제36조제6항에 따라 정하는 평균임금을 기준으로 하여 별표 6에 따라 산정하는 진폐장해등급별 진폐장해연금과 기초연금을 합산한 금액으로 한다. 이 경우 기초연금은 최저임금액의 100분의 60에 365를 곱하여 산정한 금액으로 한다.

③ 진폐보상연금을 받던 사람이 그 진폐장해등급이 변경된 경우에는 변경된 날이 속한 달의 다음 달부터 기초연금과 변경된 진폐장해등급에 해당하는 진폐장해연금을 합산한 금액을 지급한다.

제91조의4(진폐유족연금) ① 진폐유족연금은 진폐근로자가 진폐로 사망한 경우에 유족에게 지급한다.

② 진폐유족연금은 사망 당시 진폐근로자에게 지급하고 있거나 지급하기로 결정된 진폐보상연금과 같은 금액으로 한다. 이 경우 진폐유족연금은 제62조제2항 및 별표 3에 따라 산정한 유족보상연금을 초과할 수 없다.

③ 제91조의6에 따른 진폐에 대한 진단을 받지 아니한 근로자가 업무상 질병인 진폐로 사망한 경우에 그

근로자에 대한 진폐유족연금은 제91조의3제2항에 따른 기초연금과 제91조의8제3항에 따라 결정되는 진폐장해등급별로 별표 6에 따라 산정한 진폐장해연금을 합산한 금액으로 한다.

④ 진폐유족연금을 받을 수 있는 유족의 범위 및 순위, 자격 상실과 지급 정지 등에 관하여는 제63조 및 제64조를 준용한다. 이 경우 "유족보상연금"은 "진폐유족연금"으로 본다.

제91조의5(진폐에 대한 요양급여 등의 청구) ① 분진작업에 종사하고 있거나 종사하였던 근로자가 업무상 질병인 진폐로 요양급여 또는 진폐보상연금을 받으려면 고용노동부령으로 정하는 서류를 첨부하여 공단에 청구하여야 한다.

② 제1항에 따라 요양급여 등을 청구한 사람이 제91조의8제2항에 따라 요양급여 등의 지급 또는 부지급 결정을 받은 경우에는 제91조의6에 따른 진단이 종료된 날부터 1년이 지나거나 요양이 종결되는 때에 다시 요양급여 등을 청구할 수 있다. 다만, 제91조의6제1항에 따른 건강진단기관으로부터 합병증[「진폐의 예방과 진폐근로자의 보호 등에 관한 법률」(이하 "진폐근로자보호법"이라 한다) 제2조제2호에 따른 합병증을 말한다. 이하 같다]이나 심폐기능의 고도장해 등으로 응급진단이 필요하다는 의학적 소견이 있으면 1년이 지나지 아니한 경우에도 요양급여 등을 청구할 수 있다.

제91조의6(진폐의 진단) ① 공단은 근로자가 제91조의5에 따라 요양급여 등을 청구하면 진폐근로자보호법 제15조에 따른 건강진단기관(이하 "건강진단기관"이라 한다)에 제91조의8의 진폐판정에 필요한 진단을 의뢰하여야 한다.

② 건강진단기관은 제1항에 따라 진폐에 대한 진단을 의뢰받으면 고용노동부령으로 정하는 바에 따라 진폐에 대한 진단을 실시하고 그 진단결과를 공단에 제출하여야 한다.

③ 근로자가 진폐근로자보호법 제11조부터 제13조까지의 규정에 따른 건강진단을 받은 후에 건강진단기관이 같은 법 제16조제1항 후단 및 같은 조 제3항 후단에 따라 해당 근로자의 흉부 엑스선 사진 등을 고용노동부장관에게 제출한 경우에는 제91조의5제1항 및 이 조 제2항에 따라 요양급여 등을 청구하고 진단결과를 제출한 것으로 본다.

④ 공단은 제2항에 따라 진단을 실시한 건강진단기관에 그 진단에 드는 비용을 지급한다. 이 경우 그 비용의 산정 기준 및 청구 등에 관하여는 제40조제5항 및 제45조를 준용한다.

⑤ 제2항에 따라 진단을 받는 근로자에게는 고용노동부장관이 정하여 고시하는 금액을 진단수당으로 지급할 수 있다. 다만, 장해보상연금 또는 진폐보상연금을 받고 있는 사람에게는 진단수당을 지급하지 아니한다.

⑥ 제1항, 제2항 및 제5항에 따른 진단의뢰, 진단결과의 제출 및 진단수당의 구체적인 지급절차 등에 관한 사항은 고용노동부령으로 정한다.

제91조의7(진폐심사회의) ① 제91조의6에 따른 진단결과에 대하여 진폐병형 및 합병증 등을 심사하기 위하여 공단에 관계 전문가 등으로 구성된 진폐심사회의(이하 "진폐심사회의"라 한다)를 둔다.

② 진폐심사회의의 위원 구성 및 회의 운영이나 그 밖에 필요한 사항은 고용노동부령으로 정한다.

제91조의8(진폐판정 및 보험급여의 결정 등) ① 공단은 제91조의6에 따라 진단결과를 받으면 진폐심사회의의 심사를 거쳐 해당 근로자의 진폐병형, 합병증의 유무 및 종류, 심폐기능의 정도 등을 판정(이하 "진폐판정"이라 한다)하여야 한다. 이 경우 진폐판정에 필요한 기준은 대통령령으로 정한다.

② 공단은 제1항의 진폐판정 결과에 따라 요양급여의 지급 여부, 진폐장해등급과 그에 따른 진폐보상연금의 지급 여부 등을 결정하여야 한다. 이 경우 진폐장해등급 기준 및 합병증 등에 따른 요양대상인정 기준은 대통령령으로 정한다.

③ 공단은 합병증 등으로 심폐기능의 정도를 판정하기 곤란한 진폐근로자에 대하여는 제2항의 진폐장해

등급 기준에도 불구하고 진폐병형을 고려하여 진폐장해등급을 결정한다. 이 경우 진폐장해등급 기준은 대통령령으로 정한다.

④ 공단은 제2항 및 제3항에 따라 보험급여의 지급 여부 등을 결정하면 그 내용을 해당 근로자에게 알려야 한다.

제91조의9(진폐에 따른 요양급여의 지급 절차와 기준 등) ① 공단은 제91조의8제2항에 따라 요양급여를 지급하기로 결정된 진폐근로자에 대하여는 제40조제2항 본문에도 불구하고 산재보험 의료기관 중 진폐근로자의 요양을 담당하는 의료기관(이하 "진폐요양 의료기관"이라 한다)에서 요양을 하게 한다.

② 고용노동부장관은 진폐요양 의료기관이 적정한 요양을 제공하는 데 활용할 수 있도록 전문가의 자문 등을 거쳐 입원과 통원의 처리기준, 표준적인 진료기준 등을 정하여 고시할 수 있다.

③ 공단은 진폐요양 의료기관에 대하여 시설, 인력 및 의료의 질 등을 고려하여 3개 이내의 등급으로 나누어 등급화할 수 있다. 이 경우 그 등급의 구분 기준, 등급별 요양대상 환자 및 등급별 요양급여의 산정 기준은 고용노동부령으로 정한다.

④ 진폐요양 의료기관을 평가하는 업무에 대하여 자문하기 위하여 공단에 진폐요양의료기관평가위원회를 둔다. 이 경우 진폐요양의료기관평가위원회의 구성 · 운영이나 그 밖에 필요한 사항은 고용노동부령으로 정한다.

⑤ 진폐요양 의료기관에 대한 평가에 관하여는 제50조를 준용한다. 이 경우 제50조제1항 중 "제43조제1항 제3호의 산재보험 의료기관 중 대통령령으로 정하는 의료기관"은 "진폐요양 의료기관"으로 본다.

제91조의10(진폐에 따른 사망의 인정 등) 분진작업에 종사하고 있거나 종사하였던 근로자가 진폐, 합병증이나 그 밖에 진폐와 관련된 사유로 사망하였다고 인정되면 업무상의 재해로 본다. 이 경우 진폐에 따른 사망 여부를 판단하는 때에 고려하여야 하는 사항은 대통령령으로 정한다.

제91조의11(진폐에 따른 사망원인의 확인 등) ① 분진작업에 종사하고 있거나 종사하였던 근로자의 사망원인을 알 수 없는 경우에 그 유족은 해당 근로자가 진폐 등으로 사망하였는지 여부에 대하여 확인하기 위하여 병리학 전문의가 있는 산재보험 의료기관 중에서 공단이 지정하는 의료기관에 전신해부에 대한 동의서를 첨부하여 해당 근로자의 시신에 대한 전신해부를 의뢰할 수 있다. 이 경우 그 의료기관은 「시체해부 및 보존에 관한 법률」 제2조에도 불구하고 전신해부를 할 수 있다.

② 공단은 제1항에 따라 전신해부를 실시한 의료기관 또는 유족에게 그 비용의 전부 또는 일부를 지원할 수 있다. 이 경우 비용의 지급기준 및 첨부서류 제출, 그 밖에 비용지원 절차에 관한 사항은 고용노동부령으로 정한다.

제4장 근로복지 사업

제92조(근로복지 사업) ① 고용노동부장관은 근로자의 복지 증진을 위한 다음 각 호의 사업을 한다.

1. 업무상의 재해를 입은 근로자의 원활한 사회 복귀를 촉진하기 위한 다음 각 목의 보험시설의 설치 · 운영
   가. 요양이나 외과 후 처치에 관한 시설
   나. 의료재활이나 직업재활에 관한 시설
2. 장학사업 등 재해근로자와 그 유족의 복지 증진을 위한 사업
3. 그 밖에 근로자의 복지 증진을 위한 시설의 설치 · 운영 사업

② 고용노동부장관은 공단 또는 재해근로자의 복지 증진을 위하여 설립된 법인 중 고용노동부장관의 지정을 받은 법인(이하 "지정법인"이라 한다)에 제1항에 따른 사업을 하게 하거나 같은 항 제1호에 따른

보험시설의 운영을 위탁할 수 있다.

③ 지정법인의 지정 기준에 필요한 사항은 고용노동부령으로 정한다.

④ 고용노동부장관은 예산의 범위에서 지정법인의 사업에 필요한 비용의 일부를 보조할 수 있다.

제93조(국민건강보험 요양급여 비용의 본인 일부 부담금의 대부) ① 공단은 제37조제1항제2호에 따른 업무상 질병에 대하여 요양 신청을 한 경우로서 요양급여의 결정에 걸리는 기간 등을 고려하여 대통령령으로 정하는 자에 대하여 「국민건강보험법」 제44조에 따른 요양급여 비용의 본인 일부 부담금에 대한 대부사업을 할 수 있다.

② 공단은 제1항에 따라 대부를 받은 자에게 지급할 이 법에 따른 요양급여가 있으면 그 요양급여를 대부금의 상환에 충당할 수 있다.

③ 제1항에 따른 대부의 금액 · 조건 및 절차는 고용노동부장관의 승인을 받아 공단이 정한다.

④ 제2항에 따른 요양급여의 충당 한도 및 충당 절차는 대통령령으로 정한다.

제94조(장해급여자의 고용 촉진) 고용노동부장관은 보험가입자에 대하여 장해급여 또는 진폐보상연금을 받은 자를 그 적성에 맞는 업무에 고용하도록 권고할 수 있다.

제5장 산업재해보상보험및예방기금

제95조(산업재해보상보험및예방기금의 설치 및 조성) ① 고용노동부장관은 보험사업, 산업재해 예방 사업에 필요한 재원을 확보하고, 보험급여에 충당하기 위하여 산업재해보상보험및예방기금(이하 "기금"이라 한다)을 설치한다.

② 기금은 보험료, 기금운용 수익금, 적립금, 기금의 결산상 잉여금, 정부 또는 정부 아닌 자의 출연금 및 기부금, 차입금, 그 밖의 수입금을 재원으로 하여 조성한다.

③ 정부는 산업재해 예방 사업을 수행하기 위하여 회계연도마다 기금지출예산 총액의 100분의 3의 범위에서 제2항에 따른 정부의 출연금으로 세출예산에 계상(計上)하여야 한다.

제96조(기금의 용도) ① 기금은 다음 각 호의 용도에 사용한다.

1. 보험급여의 지급 및 반환금의 반환
2. 차입금 및 이자의 상환
3. 공단에의 출연
4. 「산업안전보건법」 제12조에 따른 용도
5. 재해근로자의 복지 증진
6. 「한국산업안전보건공단법」에 따른 한국산업안전보건공단(이하 "한국산업안전보건공단"이라 한다)에 대한 출연
7. 보험료징수법 제4조에 따른 업무를 위탁받은 자에의 출연
8. 그 밖에 보험사업 및 기금의 관리와 운용

② 고용노동부장관은 회계연도마다 제1항 각 호에 해당하는 기금지출예산 총액의 100분의 8 이상을 제1항제4호 및 제6호에 따른 용도로 계상하여야 한다.

③ 제1항제7호에 따라 기금으로부터 「국민건강보험법」 제13조에 따른 국민건강보험공단에 출연하는 금액은 징수업무(고지 · 수납 · 체납 업무를 말한다)가 차지하는 비율 등을 기준으로 산정한다.

제97조(기금의 관리 · 운용) ① 기금은 고용노동부장관이 관리 · 운용한다.

② 고용노동부장관은 다음 각 호의 방법에 따라 기금을 관리 · 운용하여야 한다.

1. 금융기관 또는 체신관서에의 예입(預入) 및 금전신탁
2. 재정자금에의 예탁
3. 투자신탁 등의 수익증권 매입

4. 국가 · 지방자치단체 또는 금융기관이 직접 발행하거나 채무이행을 보증하는 유가증권의 매입
5. 그 밖에 기금 증식을 위하여 대통령령으로 정하는 사업

③ 고용노동부장관은 제2항에 따라 기금을 관리 · 운용할 때에는 그 수익이 대통령령으로 정하는 수준 이상이 되도록 하여야 한다.

④ 기금은 「국가회계법」 제11조에 따라 회계처리를 한다.

⑤ 고용노동부장관은 기금의 관리 · 운용에 관한 업무의 일부를 공단 또는 한국산업안전보건공단에 위탁할 수 있다.

제98조(기금의 운용계획) 고용노동부장관은 회계연도마다 위원회의 심의를 거쳐 기금운용계획을 세워야 한다.

제99조(책임준비금의 적립) ① 고용노동부장관은 보험급여에 충당하기 위하여 책임준비금을 적립하여야 한다.

② 고용노동부장관은 회계연도마다 책임준비금을 산정하여 적립금 보유액이 책임준비금의 금액을 초과하면 그 초과액을 장래의 보험급여 지급 재원으로 사용하고, 부족하면 그 부족액을 보험료 수입에서 적립하여야 한다.

③ 제1항에 따른 책임준비금의 산정 기준 및 적립에 필요한 사항은 대통령령으로 정한다.

제100조(잉여금과 손실금의 처리) ① 기금의 결산상 잉여금이 생기면 이를 적립금으로 적립하여야 한다.

② 기금의 결산상 손실금이 생기면 적립금을 사용할 수 있다.

제101조(차입금) ① 기금에 속하는 경비를 지급하기 위하여 필요하면 기금의 부담으로 차입할 수 있다.

② 기금에서 지급할 현금이 부족하면 기금의 부담으로 일시차입을 할 수 있다.

③ 제2항에 따른 일시차입금은 그 회계연도 안에 상환하여야 한다.

제102조(기금의 출납 등) 기금을 관리 · 운용을 할 때의 출납 절차 등에 관한 사항은 대통령령으로 정한다.

제6장 심사 청구 및 재심사 청구

제103조(심사 청구의 제기) ① 다음 각 호의 어느 하나에 해당하는 공단의 결정 등(이하 "보험급여 결정등"이라 한다)에 불복하는 자는 공단에 심사 청구를 할 수 있다.

1. 제3장 및 제3장의2에 따른 보험급여에 관한 결정
2. 제45조 및 제91조의6제4항에 따른 진료비에 관한 결정
3. 제46조에 따른 약제비에 관한 결정
4. 제47조제2항에 따른 진료계획 변경 조치등
5. 제76조에 따른 보험급여의 일시지급에 관한 결정

5의2. 제77조에 따른 합병증 등 예방관리에 관한 조치

6. 제84조에 따른 부당이득의 징수에 관한 결정
7. 제89조에 따른 수급권의 대위에 관한 결정

② 제1항에 따른 심사 청구는 그 보험급여 결정등을 한 공단의 소속 기관을 거쳐 공단에 제기하여야 한다.

③ 제1항에 따른 심사 청구는 보험급여 결정등이 있음을 안 날부터 90일 이내에 하여야 한다.

④ 제2항에 따라 심사 청구서를 받은 공단의 소속 기관은 5일 이내에 의견서를 첨부하여 공단에 보내야 한다.

⑤ 보험급여 결정등에 대하여는 「행정심판법」에 따른 행정심판을 제기할 수 없다.

제104조(산업재해보상보험심사위원회) ① 제103조에 따른 심사 청구를 심의하기 위하여 공단에 관계 전문가 등으로 구성되는 산업재해보상보험심사위원회(이하 "심사위원회"라 한다)를 둔다.

② 심사위원회 위원의 제척 · 기피 · 회피에 관하여는 제108조를 준용한다.

③ 심사위원회의 구성과 운영에 필요한 사항은 대통령령으로 정한다.

제105조(심사 청구에 대한 심리 · 결정) ① 공단은 제103조제4항에 따라 심사 청구서를 받은 날부터 60일 이내에 심사위원회의 심의를 거쳐 심사 청구에 대한 결정을 하여야 한다. 다만, 부득이한 사유로 그 기간 이내에 결정을 할 수 없으면 1차에 한하여 20일을 넘지 아니하는 범위에서 그 기간을 연장할 수 있다.

② 제1항 본문에도 불구하고 심사 청구 기간이 지난 후에 제기된 심사 청구 등 대통령령으로 정하는 사유에 해당하는 경우에는 심사위원회의 심의를 거치지 아니할 수 있다.

③ 제1항 단서에 따라 결정기간을 연장할 때에는 최초의 결정기간이 끝나기 7일 전까지 심사 청구인 및 보험급여 결정등을 한 공단의 소속 기관에 알려야 한다.

④ 공단은 심사 청구의 심리를 위하여 필요하면 청구인의 신청 또는 직권으로 다음 각 호의 행위를 할 수 있다.

1. 청구인 또는 관계인을 지정 장소에 출석하게 하여 질문하거나 의견을 진술하게 하는 것
2. 청구인 또는 관계인에게 증거가 될 수 있는 문서나 그 밖의 물건을 제출하게 하는 것
3. 전문적인 지식이나 경험을 가진 제3자에게 감정하게 하는 것
4. 소속 직원에게 사건에 관계가 있는 사업장이나 그 밖의 장소에 출입하여 사업주 · 근로자, 그 밖의 관계인에게 질문하게 하거나, 문서나 그 밖의 물건을 검사하게 하는 것
5. 심사 청구와 관계가 있는 근로자에게 공단이 지정하는 의사 · 치과의사 또는 한의사(이하 "의사등"이라 한다)의 진단을 받게 하는 것

⑤ 제4항제4호에 따른 질문이나 검사를 하는 공단의 소속 직원은 그 권한을 표시하는 증표를 지니고 이를 관계인에게 내보여야 한다.

제106조(재심사 청구의 제기) ① 제105조제1항에 따른 심사 청구에 대한 결정에 불복하는 자는 제107조에 따른 산업재해보상보험재심사위원회에 재심사 청구를 할 수 있다. 다만, 판정위원회의 심의를 거친 보험급여에 관한 결정에 불복하는 자는 제103조에 따른 심사 청구를 하지 아니하고 재심사 청구를 할 수 있다.

② 제1항에 따른 재심사 청구는 그 보험급여 결정등을 한 공단의 소속 기관을 거쳐 제107조에 따른 산업재해보상보험재심사위원회에 제기하여야 한다.

③ 제1항에 따른 재심사 청구는 심사 청구에 대한 결정이 있음을 안 날부터 90일 이내에 제기하여야 한다. 다만, 제1항 단서에 따라 심사 청구를 거치지 아니하고 재심사 청구를 하는 경우에는 보험급여에 관한 결정이 있음을 안 날부터 90일 이내에 제기하여야 한다.

④ 재심사 청구에 관하여는 제103조제4항을 준용한다. 이 경우 "심사 청구서"는 "재심사 청구서"로, "공단"은 "산업재해보상보험재심사위원회"로 본다.

제107조(산업재해보상보험재심사위원회) ① 제106조에 따른 재심사 청구를 심리 · 재결하기 위하여 고용노동부에 산업재해보상보험재심사위원회(이하 "재심사위원회"라 한다)를 둔다.

② 재심사위원회는 위원장 1명을 포함한 90명 이내의 위원으로 구성하되, 위원 중 2명은 상임위원으로, 1명은 당연직위원으로 한다.

③ 재심사위원회의 위원 중 5분의 2에 해당하는 위원은 제5항제2호부터 제5호까지에 해당하는 자 중에서 근로자 단체 및 사용자 단체가 각각 추천하는 자로 구성한다. 이 경우 근로자 단체 및 사용자 단체가 추천한 자는 같은 수로 하여야 한다.

④ 제3항에도 불구하고 근로자단체나 사용자단체가 각각 추천하는 사람이 위촉하려는 전체 위원 수의 5분의 1보다 적은 경우에는 제3항 후단을 적용하지 아니하고 근로자단체와 사용자단체가 추천하는 위원 수를 전체 위원 수의 5분의 2 미만으로 할 수 있다.

⑤ 재심사위원회의 위원장 및 위원은 다음 각 호의 어느 하나에 해당하는 자 중에서 고용노동부장관의 제청으로 대통령이 임명한다. 다만, 당연직위원은 고용노동부장관이 소속 3급의 일반직 공무원 또는 고위공무원단에 속하는 일반직 공무원 중에서 지명하는 자로 한다.

1. 3급 이상의 공무원 또는 고위공무원단에 속하는 일반직 공무원으로 재직하고 있거나 재직하였던 자
2. 판사 · 검사 · 변호사 또는 경력 10년 이상의 공인노무사
3. 「고등교육법」 제2조에 따른 학교에서 부교수 이상으로 재직하고 있거나 재직하였던 자
4. 노동 관계 업무 또는 산업재해보상보험 관련 업무에 15년 이상 종사한 자
5. 사회보험이나 산업의학에 관한 학식과 경험이 풍부한 자

⑥ 다음 각 호의 어느 하나에 해당하는 자는 위원에 임명될 수 없다.

1. 피성년후견인 · 피한정후견인 또는 파산선고를 받고 복권되지 아니한 자
2. 금고 이상의 형을 선고받고 그 형의 집행이 종료되거나 집행을 받지 아니하기로 확정된 후 3년이 지나지 아니한 자
3. 심신 상실자 · 심신 박약자

⑦ 재심사위원회 위원(당연직위원은 제외한다)의 임기는 3년으로 하되 연임할 수 있고, 위원장이나 위원의 임기가 끝난 경우 그 후임자가 임명될 때까지 그 직무를 수행한다.

⑧ 재심사위원회의 위원은 다음 각 호의 어느 하나에 해당하는 경우 외에는 그 의사에 반하여 면직되지 아니한다.

1. 금고 이상의 형을 선고받은 경우
2. 오랜 심신 쇠약으로 직무를 수행할 수 없게 된 경우
3. 직무와 관련된 비위사실이 있거나 재심사위원회 위원직을 유지하기에 적합하지 아니하다고 인정되는 비위사실이 있는 경우

⑨ 재심사위원회에 사무국을 둔다

⑩ 재심사위원회의 조직 · 운영 등에 필요한 사항은 대통령령으로 정한다.

제108조(위원의 제척 · 기피 · 회피) ① 재심사위원회의 위원은 다음 각 호의 어느 하나에 해당하는 경우에는 그 사건의 심리(審理) · 재결(裁決)에서 제척(除斥)된다.

1. 위원 또는 그 배우자나 배우자였던 자가 그 사건의 당사자가 되거나 그 사건에 관하여 공동권리자 또는 의무자의 관계에 있는 경우
2. 위원이 그 사건의 당사자와 「민법」 제777조에 따른 친족이거나 친족이었던 경우
3. 위원이 그 사건에 관하여 증언이나 감정을 한 경우
4. 위원이 그 사건에 관하여 당사자의 대리인으로서 관여하거나 관여하였던 경우
5. 위원이 그 사건의 대상이 된 보험급여 결정등에 관여한 경우

② 당사자는 위원에게 심리 · 재결의 공정을 기대하기 어려운 사정이 있는 경우에는 기피신청을 할 수 있다.

③ 위원은 제1항이나 제2항의 사유에 해당하면 스스로 그 사건의 심리 · 재결을 회피할 수 있다.

④ 사건의 심리 · 재결에 관한 사무에 관여하는 위원 아닌 직원에게도 제1항부터 제3항까지의 규정을 준용한다.

제109조(재심사 청구에 대한 심리와 재결) ① 재심사 청구에 대한 심리 · 재결에 관하여는 제105조제1항 및 같은 조 제3항부터 제5항까지를 준용한다. 이 경우 "공단"은 "재심사위원회"로, "심사위원회의 심의를 거쳐 심사 청구"는 "재심사 청구"로, "결정"은 "재결"로, "소속 직원"은 "재심사위원회의 위원"으로 본다.

② 재심사위원회의 재결은 공단을 기속(羈束)한다.

제110조(심사 청구인 및 재심사 청구인의 지위 승계) 심사 청구인 또는 재심사 청구인이 사망한 경우 그 청구인이 보험급여의 수급권자이면 제62조제1항 또는 제81조에 따른 유족이, 그 밖의 자이면 상속인 또는 심사 청구나 재심사 청구의 대상인 보험급여에 관련된 권리·이익을 승계한 자가 각각 청구인의 지위를 승계한다.

제111조(다른 법률과의 관계) ① 제103조 및 제106조에 따른 심사 청구 및 재심사 청구의 제기는 시효의 중단에 관하여 「민법」 제168조에 따른 재판상의 청구로 본다.

② 제106조에 따른 재심사 청구에 대한 재결은「행정소송법」제18조를 적용할 때 행정심판에 대한 재결로 본다.

③ 제103조 및 제106조에 따른 심사 청구 및 재심사 청구에 관하여 이 법에서 정하고 있지 아니한 사항에 대하여는 「행정심판법」에 따른다.

제7장 보칙

제111조의2(불이익 처우의 금지) 사업주는 근로자가 보험급여를 신청한 것을 이유로 근로자를 해고하거나 그 밖에 근로자에게 불이익한 처우를 하여서는 아니 된다.

제112조(시효) ① 다음 각 호의 권리는 3년간 행사하지 아니하면 시효로 말미암아 소멸한다. 다만, 제1호의 보험급여 중 장해급여, 유족급여, 장의비, 진폐보상연금 및 진폐유족연금을 받을 권리는 5년간 행사하지 아니하면 시효의 완성으로 소멸한다.

1. 제36조제1항에 따른 보험급여를 받을 권리
2. 제45조에 따른 산재보험 의료기관의 권리
3. 제46조에 따른 약국의 권리
4. 제89조에 따른 보험가입자의 권리
5. 제90조제1항에 따른 국민건강보험공단등의 권리

② 제1항에 따른 소멸시효에 관하여는 이 법에 규정된 것 외에는 「민법」에 따른다.

제113조(시효의 중단) 제112조에 따른 소멸시효는 제36조제2항에 따른 청구로 중단된다. 이 경우 청구가 제5조제1호에 따른 업무상의 재해 여부의 판단을 필요로 하는 최초의 청구인 경우에는 그 청구로 인한 시효중단의 효력은 제36조제1항에서 정한 다른 보험급여에도 미친다.

제114조(보고 등) ① 공단은 필요하다고 인정하면 대통령령으로 정하는 바에 따라 이 법의 적용을 받는 사업의 사업주 또는 그 사업에 종사하는 근로자 및 보험료징수법 제33조에 따른 보험사무대행기관(이하 "보험사무대행기관"이라 한다)에게 보험사업에 관하여 필요한 보고 또는 관계 서류의 제출을 요구할 수 있다.

② 장해보상연금, 유족보상연금, 진폐보상연금 또는 진폐유족연금을 받을 권리가 있는 자는 보험급여 지급에 필요한 사항으로서 대통령령으로 정하는 사항을 공단에 신고하여야 한다.

③ 수급권자 및 수급권이 있었던 자는 수급권의 변동과 관련된 사항으로서 대통령령으로 정하는 사항을 공단에 신고하여야 한다.

④ 수급권자가 사망하면 「가족관계의 등록 등에 관한 법률」 제85조에 따른 신고 의무자는 1개월 이내에 그 사망 사실을 공단에 신고하여야 한다.

제115조(연금 수급권자등의 출국신고 등) ① 대한민국 국민인 장해보상연금 수급권자, 유족보상연금 수급권자, 진폐보상연금 수급권자, 진폐유족연금 수급권자(이하 이 조에서 "장해보상연금 수급권자등"이라 한다) 또는 유족보상연금·진폐유족연금 수급자격자가 외국에서 거주하기 위하여 출국하는 경우에는 장해보상연금 수급권자등은 이를 공단에 신고하여야 한다.

② 장해보상연금 수급권자등과 유족보상연금 · 진폐유족연금 수급자격자가 외국에서 거주하는 기간에 장해보상연금, 유족보상연금, 진폐보상연금 또는 진폐유족연금을 받는 경우 장해보상연금 수급권자등은 그 수급권 또는 수급자격과 관련된 사항으로서 대통령령으로 정하는 사항을 매년 1회 이상 고용노동부령으로 정하는 바에 따라 공단에 신고하여야 한다.

제116조(사업주의 조력) ① 보험급여를 받을 자가 사고로 보험급여의 청구 등의 절차를 행하기 곤란하면 사업주는 이를 도와야 한다.

② 사업주는 보험급여를 받을 자가 보험급여를 받는 데에 필요한 증명을 요구하면 그 증명을 하여야 한다.

③ 사업주의 행방불명, 그 밖의 부득이한 사유로 제2항에 따른 증명이 불가능하면 그 증명을 생략할 수 있다.

제117조(사업장 등에 대한 조사) ① 공단은 보험급여에 관한 결정, 심사 청구의 심리 · 결정 등을 위하여 확인이 필요하다고 인정하면 소속 직원에게 이 법의 적용을 받는 사업의 사무소 또는 사업장과 보험사무대행기관의 사무소에 출입하여 관계인에게 질문을 하게 하거나 관계 서류를 조사하게 할 수 있다.

② 제1항의 경우에 공단 직원은 그 권한을 표시하는 증표를 지니고 이를 관계인에게 내보여야 한다.

제118조(산재보험 의료기관에 대한 조사 등) ① 공단은 보험급여에 관하여 필요하다고 인정하면 대통령령으로 정하는 바에 따라 보험급여를 받는 근로자를 진료한 산재보험 의료기관(의사를 포함한다. 이하 이 조에서 같다)에 대하여 그 근로자의 진료에 관한 보고 또는 그 진료에 관한 서류나 물건의 제출을 요구하거나 소속 직원으로 하여금 그 관계인에게 질문을 하게 하거나 관계 서류나 물건을 조사하게 할 수 있다.

② 제1항의 조사에 관하여는 제117조제2항을 준용한다.

제119조(진찰 요구) 공단은 보험급여에 관하여 필요하다고 인정하면 대통령령으로 정하는 바에 따라 보험급여를 받은 자 또는 이를 받으려는 자에게 산재보험 의료기관에서 진찰을 받을 것을 요구할 수 있다.

제119조의2(포상금의 지급) 공단은 제84조제1항 및 같은 조 제3항에 따라 보험급여, 진료비 또는 약제비를 부당하게 지급받은 자를 신고한 사람에게 예산의 범위에서 고용노동부령으로 정하는 바에 따라 포상금을 지급할 수 있다.

제120조(보험급여의 일시 중지) ① 공단은 보험급여를 받고자 하는 자가 다음 각 호의 어느 하나에 해당되면 보험급여의 지급을 일시 중지할 수 있다.

1. 요양 중인 근로자가 제48조제1항에 따른 공단의 전원 요양 지시를 정당한 사유 없이 따르지 아니하는 경우
2. 제59조에 따라 공단이 직권으로 실시하는 장해등급 또는 진폐장해등급 재판정 요구에 응하지 아니하는 경우
3. 제114조나 제115조에 따른 보고 · 서류제출 또는 신고를 하지 아니하는 경우
4. 제117조에 따른 질문이나 조사에 응하지 아니하는 경우
5. 제119조에 따른 진찰 요구에 따르지 아니하는 경우

② 제1항에 따른 일시 중지의 대상이 되는 보험급여의 종류, 일시 중지의 기간 및 일시 중지 절차는 대통령령으로 정한다.

제121조(국외의 사업에 대한 특례) ① 국외 근무 기간에 발생한 근로자의 재해를 보상하기 위하여 우리나라가 당사국이 된 사회 보장에 관한 조약이나 협정(이하 "사회보장관련조약"이라 한다)으로 정하는 국가나 지역에서의 사업에 대하여는 고용노동부장관이 금융위원회와 협의하여 지정하는 자(이하 "보험회사"라 한다)에게 이 법에 따른 보험사업을 자기의 계산으로 영위하게 할 수 있다.

② 보험회사는 「보험업법」에 따른 사업 방법에 따라 보험사업을 영위한다. 이 경우 보험회사가 지급하는

보험급여는 이 법에 따른 보험급여보다 근로자에게 불이익하여서는 아니 된다.

③ 제1항에 따라 보험사업을 영위하는 보험회사는 이 법과 근로자를 위한 사회보장관련조약에서 정부가 부담하는 모든 책임을 성실히 이행하여야 한다.

④ 제1항에 따른 국외의 사업과 이를 대상으로 하는 보험사업에 대하여는 제2조, 제3조제1항, 제6조 단서, 제8조, 제82조제1항과 제5장 및 제6장을 적용하지 아니한다.

⑤ 보험회사는 제1항에 따른 보험사업을 영위할 때 이 법에 따른 공단의 권한을 행사할 수 있다.

제122조(해외파견자에 대한 특례) ① 보험료징수법 제5조제3항 및 제4항에 따른 보험가입자가 대한민국 밖의 지역(고용노동부령으로 정하는 지역은 제외한다)에서 하는 사업에 근로시키기 위하여 파견하는 자(이하 "해외파견자"라 한다)에 대하여 공단에 보험 가입 신청을 하여 승인을 받으면 해외파견자를 그 가입자의 대한민국 영역 안의 사업(2개 이상의 사업이 있는 경우에는 주된 사업을 말한다)에 사용하는 근로자로 보아 이 법을 적용할 수 있다.

② 해외파견자의 보험급여의 기초가 되는 임금액은 그 사업에 사용되는 같은 직종 근로자의 임금액 및 그 밖의 사정을 고려하여 고용노동부장관이 정하여 고시하는 금액으로 한다.

③ 해외파견자에 대한 보험급여의 지급 등에 필요한 사항은 고용노동부령으로 정한다.

④ 제1항에 따라 이 법의 적용을 받는 해외파견자의 보험료 산정, 보험 가입의 신청 및 승인, 보험료의 신고 및 납부, 보험 관계의 소멸, 그 밖에 필요한 사항은 보험료징수법으로 정하는 바에 따른다.

제123조(현장실습생에 대한 특례) ① 이 법이 적용되는 사업에서 현장 실습을 하고 있는 학생 및 직업 훈련생(이하 "현장실습생"이라 한다) 중 고용노동부장관이 정하는 현장실습생은 제5조제2호에도 불구하고 이 법을 적용할 때는 그 사업에 사용되는 근로자로 본다.

② 현장실습생이 실습과 관련하여 입은 재해는 업무상의 재해로 보아 제36조제1항에 따른 보험급여를 지급한다.

③ 현장실습생에 대한 보험급여의 기초가 되는 임금액은 현장실습생이 지급받는 훈련수당 등 모든 금품으로 하되, 이를 적용하는 것이 현장실습생의 재해보상에 적절하지 아니하다고 인정되면 고용노동부장관이 정하여 고시하는 금액으로 할 수 있다.

④ 현장실습생에 대한 보험급여의 지급 등에 필요한 사항은 대통령령으로 정한다.

⑤ 현장실습생에 대한 보험료의 산정 · 신고 및 납부 등에 관한 사항은 보험료징수법으로 정하는 바에 따른다.

제124조(중 · 소기업 사업주에 대한 특례) ① 대통령령으로 정하는 중 · 소기업 사업주(근로자를 사용하지 아니하는 자를 포함한다. 이하 이 조에서 같다)는 공단의 승인을 받아 자기 또는 유족을 보험급여를 받을 수 있는 자로 하여 보험에 가입할 수 있다. 이 경우 제5조제2호에도 불구하고 그 사업주는 이 법을 적용할 때 근로자로 본다.

② 제1항에 따른 중 · 소기업 사업주에 대한 보험급여의 지급 사유인 업무상의 재해의 인정 범위는 대통령령으로 정한다.

③ 제1항에 따른 중 · 소기업 사업주에 대한 보험급여의 산정 기준이 되는 평균임금은 고용노동부장관이 정하여 고시하는 금액으로 한다.

④ 제2항에 따른 업무상의 재해가 보험료의 체납 기간에 발생하면 대통령령으로 정하는 바에 따라 그 재해에 대한 보험급여의 전부 또는 일부를 지급하지 아니할 수 있다.

⑤ 중 · 소기업 사업주에 대한 보험급여의 지급 등에 필요한 사항은 고용노동부령으로 정한다.

⑥ 제1항에 따라 이 법의 적용을 받는 중 · 소기업 사업주의 보험료의 산정, 보험 가입의 신청 및 승인, 보

험료의 신고 및 납부, 보험관계의 소멸, 그 밖에 필요한 사항은 보험료징수법으로 정하는 바에 따른다.

제125조(특수형태근로종사자에 대한 특례) ① 계약의 형식에 관계없이 근로자와 유사하게 노무를 제공함에도 「근로기준법」 등이 적용되지 아니하여 업무상의 재해로부터 보호할 필요가 있는 자로서 다음 각 호의 모두에 해당하는 자 중 대통령령으로 정하는 직종에 종사하는 자(이하 이 조에서 "특수형태근로종사자"라 한다)의 노무(勞務)를 제공받는 사업은 제6조에도 불구하고 이 법의 적용을 받는 사업으로 본다.

1. 주로 하나의 사업에 그 운영에 필요한 노무를 상시적으로 제공하고 보수를 받아 생활할 것
2. 노무를 제공함에 있어서 타인을 사용하지 아니할 것

② 특수형태근로종사자는 제5조제2호에도 불구하고 이 법을 적용할 때에는 그 사업의 근로자로 본다. 다만, 특수형태근로종사자가 제4항에 따라 이 법의 적용 제외를 신청한 경우에는 근로자로 보지 아니한다.

③ 사업주는 특수형태근로종사자로부터 노무를 제공받거나 제공받지 아니하게 된 경우에는 이를 대통령령으로 정하는 바에 따라 공단에 신고하여야 한다.

④ 특수형태근로종사자는 이 법의 적용을 원하지 아니하는 경우 보험료징수법으로 정하는 바에 따라 공단에 이 법의 적용 제외를 신청할 수 있다. 다만, 사업주가 보험료를 전액 부담하는 특수형태근로종사자의 경우에는 그러하지 아니하다.

⑤ 제4항에 따라 이 법의 적용 제외를 신청한 경우에는 신청한 날의 다음 날부터 이 법을 적용하지 아니한다. 다만, 처음 이 법의 적용을 받은 날부터 70일 이내에 이 법의 적용 제외를 신청한 경우에는 처음 이 법의 적용을 받은 날로 소급하여 이 법을 적용하지 아니한다.

⑥ 제4항과 제5항에 따라 이 법의 적용을 받지 아니하는 자가 다시 이 법의 적용을 받기 위하여 공단에 신청하는 경우에는 다음 보험연도부터 이 법을 적용한다.

⑦ 제1항에 따라 이 법의 적용을 받는 특수형태근로종사자에 대한 보험관계의 성립 · 소멸 및 변경, 법 적용 제외 및 재적용의 신청, 보험료의 산정 · 신고 · 납부, 보험료나 그 밖의 징수금의 징수에 필요한 사항은 보험료징수법에서 정하는 바에 따른다.

⑧ 특수형태근로종사자에 대한 보험급여의 산정 기준이 되는 평균임금은 고용노동부장관이 고시하는 금액으로 한다.

⑨ 특수형태근로종사자에 대한 보험급여 지급사유인 업무상의 재해의 인정 기준은 대통령령으로 정한다.

⑩ 제9항에 따른 업무상의 재해가 보험료 체납기간 중에 발생한 경우에는 대통령령으로 정하는 바에 따라 그 업무상의 재해에 따른 보험급여의 전부 또는 일부를 지급하지 아니할 수 있다.

⑪ 특수형태근로종사자에 대한 보험급여의 지급 등에 필요한 사항은 고용노동부령으로 정한다.

제126조(「국민기초생활 보장법」상의 수급자에 대한 특례) ① 제5조제2호에 따른 근로자가 아닌 자로서 「국민기초생활 보장법」 제15조에 따른 자활급여 수급자 중 고용노동부장관이 정하여 고시하는 사업에 종사하는 자는 제5조제2호에도 불구하고 이 법의 적용을 받는 근로자로 본다.

② 자활급여 수급자의 보험료 산정 및 보험급여의 기초가 되는 임금액은 자활급여 수급자가 제1항의 사업에 참여하여 받는 자활급여로 한다.

제126조의2(벌칙 적용에서 공무원 의제) 재심사위원회 위원 중 공무원이 아닌 위원은 「형법」 제129조부터 제132조까지의 규정을 적용할 때에는 공무원으로 본다.

제8장 벌칙

제127조(벌칙) ① 산재보험 의료기관이나 제46조제1항에 따른 약국의 종사자로서 거짓이나 그 밖의 부정한

방법으로 진료비나 약제비를 지급받은 자는 3년 이하의 징역 또는 3천만원 이하의 벌금에 처한다.

② 다음 각 호의 어느 하나에 해당하는 자는 2년 이하의 징역 또는 2천만원 이하의 벌금에 처한다.

1. 거짓이나 그 밖의 부정한 방법으로 보험급여를 받은 자
2. 거짓이나 그 밖의 부정한 방법으로 보험급여를 받도록 시키거나 도와준 자
3. 제111조의2를 위반하여 근로자를 해고하거나 그 밖에 근로자에게 불이익한 처우를 한 사업주

③ 제21조제3항을 위반하여 비밀을 누설한 자는 2년 이하의 징역 또는 1천만원 이하의 벌금에 처한다.

제128조(양벌규정) 법인의 대표자나 법인 또는 개인의 대리인, 사용인, 그 밖의 종업원이 그 법인 또는 개인의 업무에 관하여 제127조제1항의 위반행위를 하면 그 행위자를 벌하는 외에 그 법인 또는 개인에게도 해당 조문의 벌금형을 과(科)한다. 다만, 법인 또는 개인이 그 위반행위를 방지하기 위하여 해당 업무에 관하여 상당한 주의와 감독을 게을리하지 아니한 경우에는 그러하지 아니하다.

제129조(과태료) ① 다음 각 호의 어느 하나에 해당하는 자에게는 200만원 이하의 과태료를 부과한다.

1. 제34조를 위반하여 근로복지공단 또는 이와 비슷한 명칭을 사용한 자
2. 제45조제1항을 위반하여 공단이 아닌 자에게 진료비를 청구한 자

② 다음 각 호의 어느 하나에 해당하는 자에게는 100만원 이하의 과태료를 부과한다.

1. 제47조제1항에 따른 진료계획을 정당한 사유 없이 제출하지 아니하는 자
2. 제105조제4항(제109조제1항에서 준용하는 경우를 포함한다)에 따른 질문에 답변하지 아니하거나 거짓된 답변을 하거나 검사를 거부 · 방해 또는 기피한 자
3. 제114조제1항 또는 제118조에 따른 보고를 하지 아니하거나 거짓된 보고를 한 자 또는 서류나 물건의 제출 명령에 따르지 아니한 자
4. 제117조 또는 제118조에 따른 공단의 소속 직원의 질문에 답변을 거부하거나 조사를 거부 · 방해 또는 기피한 자
5. 제125조제3항에 따른 신고를 하지 아니한 자

③ 제1항 또는 제2항에 따른 과태료는 대통령령으로 정하는 바에 따라 고용노동부장관이 부과 · 징수한다.

④ 삭제 ⑤ 삭제 ⑥ 삭제

부칙〈제16273호, 2019. 1. 15.〉

이 법은 공포 후 6개월이 경과한 날부터 시행한다.

산업재해보상보험법 시행령

[시행 2020. 1. 7] [대통령령 제30334호, 2020. 1. 7, 일부개정]

제1장 총칙

제1조(목적) 이 영은 「산업재해보상보험법」에서 위임한 사항과 그 시행에 필요한 사항을 규정함을 목적으로 한다.

제2조(법의 적용 제외 사업) ① 「산업재해보상보험법」(이하 "법"이라 한다) 제6조 단서에서 "대통령령으로 정하는 사업"이란 다음 각 호의 어느 하나에 해당하는 사업 또는 사업장(이하 "사업"이라 한다)을 말한다.

1. 「공무원 재해보상법」 또는 「군인연금법」에 따라 재해보상이 되는 사업. 다만, 「공무원 재해보상법」 제60조에 따라 순직유족급여 또는 위험직무순직유족급여에 관한 규정을 적용받는 경우는 제외한다.

2. 「선원법」, 「어선원 및 어선 재해보상보험법」 또는 「사립학교교직원 연금법」에 따라 재해보상이 되는 사업
3. 삭제 4. 가구내 고용활동 5. 삭제
6. 농업, 임업(벌목업은 제외한다), 어업 및 수렵업 중 법인이 아닌 자의 사업으로서 상시근로자 수가 5명 미만인 사업

② 제1항 각 호의 사업의 범위에 관하여 이 영에 특별한 규정이 없으면 「통계법」에 따라 통계청장이 고시하는 한국표준산업분류표(이하 "한국표준산업분류표"라 한다)에 따른다.

③ 삭제

제2조의2(상시근로자 수의 산정 및 적용 시점) ① 제2조제1항제6호에 따른 상시근로자 수는 사업을 시작한 후 최초로 근로자를 사용한 날부터 그 사업의 가동일수(稼動日數) 14일 동안 사용한 근로자 연인원(延人員)을 14로 나누어 산정한다. 이 경우 상시근로자 수가 5명 미만이면 최초로 근로자를 사용한 날부터 하루씩 순차적으로 미루어 가동기간 14일 동안 사용한 근로자 연인원을 14로 나누어 산정한다.

② 제1항에도 불구하고 최초로 근로자를 사용한 날부터 14일 이내에 사업이 종료되거나 업무상 재해가 발생한 경우에는 그 때까지 사용한 연인원을 그 가동일수로 나누어 산정한다.

③ 제1항 및 제2항에 따라 산정한 상시근로자 수가 5명 이상이 되는 사업은 상시근로자 수가 최초로 5명 이상이 되는 해당 기간의 첫 날에 상시근로자 수가 5명 이상이 되는 사업이 성립한 것으로 본다.

④ 삭제

제3조(산업재해보상보험및예방심의위원회의 기능) 법 제8조제1항에 따른 산업재해보상보험및예방심의위원회(이하 "위원회"라 한다)는 다음 각 호의 사항을 심의한다.

1. 법 제40조제5항에 따른 요양급여의 범위나 비용 등 요양급여의 산정 기준에 관한 사항
2. 「고용보험 및 산업재해보상보험의 보험료징수 등에 관한 법률」(이하 "보험료징수법"이라 한다) 제14조제3항 및 같은 조 제4항에 따른 산재보험료율의 결정에 관한 사항
3. 법 제98조에 따른 산업재해보상보험및예방기금의 운용계획 수립에 관한 사항
4. 「산업안전보건법」 제4조제1항 각 호에 따른 산업안전 · 보건 업무와 관련되는 주요 정책 및 같은 법 제7조에 따른 산업재해 예방에 관한 기본계획
5. 그 밖에 고용노동부장관이 산업재해보상보험 사업(이하 "보험사업"이라 한다) 및 산업안전 · 보건 업무에 관하여 심의에 부치는 사항

제4조(위원회의 구성) 위원회의 위원은 다음 각 호의 구분에 따라 각각 고용노동부장관이 임명하거나 위촉한다.

1. 근로자를 대표하는 위원은 총연합단체인 노동조합이 추천하는 사람 5명
2. 사용자를 대표하는 위원은 전국을 대표하는 사용자 단체가 추천하는 사람 5명
3. 공익을 대표하는 위원은 다음 각 목의 사람 5명
   가. 고용노동부차관
   나. 고용노동부에서 산업재해보상보험 업무를 담당하는 고위공무원 또는 산업재해 예방 업무를 담당하는 고위공무원 중 1명
   다. 시민단체(「비영리민간단체 지원법」 제2조에 따른 비영리민간단체를 말한다)에서 추천한 사람과 사회보험 또는 산업재해 예방에 관한 학식과 경험이 풍부한 사람 중 3명

제5조(위원의 임기 등) ① 위원의 임기는 3년으로 하되, 연임할 수 있다. 다만, 제4조제3호가목 또는 나목에 해당하는 위원의 임기는 그 재직기간으로 한다.

② 보궐위원의 임기는 전임자의 남은 임기로 한다.

③ 고용노동부장관은 제4조에 따른 위원회의 위촉위원이 다음 각 호의 어느 하나에 해당하는 경우에는 해당 위원을 해촉(解囑)할 수 있다.

1. 심신장애로 인하여 직무를 수행할 수 없게 된 경우
2. 직무와 관련된 비위사실이 있는 경우
3. 직무태만, 품위손상이나 그 밖의 사유로 인하여 위원으로 적합하지 아니하다고 인정되는 경우
4. 위원 스스로 직무를 수행하는 것이 곤란하다고 의사를 밝히는 경우

제6조(위원장과 부위원장) ① 위원회에 위원장과 부위원장을 각 1명씩 둔다.

② 위원장은 고용노동부차관이 되고, 부위원장은 공익을 대표하는 위원 중에서 위원회가 선임한다.

③ 위원장은 위원회를 대표하며, 위원회의 사무를 총괄한다.

④ 부위원장은 위원장을 보좌하며 위원장이 부득이한 사유로 직무를 수행할 수 없을 때에는 그 직무를 대행한다.

제7조(위원회의 회의) ① 위원장은 위원회의 회의를 소집하고 그 의장이 된다.

② 위원회의 회의는 고용노동부장관의 요구가 있거나 재적위원 과반수의 요구가 있을 때 소집한다.

③ 위원회의 회의는 재적위원 과반수의 출석으로 개의하고, 출석위원 과반수의 찬성으로 의결한다.

제8조(전문위원회) ① 법 제8조제3항에 따라 위원회에 산업재해보상보험정책전문위원회, 산업재해보상보험요양전문위원회 및 산업안전보건전문위원회를 둔다.

② 제1항에 따른 전문위원회는 위원회 위원장의 명을 받아 다음 각 호의 구분에 따른 사항을 검토하여 위원회에 보고한다.

1. 산업재해보상보험정책전문위원회: 산업재해보상보험의 재정 · 적용 · 징수 · 급여 · 재활 및 복지에 관한 사항
2. 산업재해보상보험요양전문위원회: 요양급여의 범위나 비용 등 요양급여의 기준 및 요양관리에 관한 사항
3. 산업안전보건전문위원회: 산업안전보건에 관한 중요정책 및 제도개선에 관한 사항

③ 각 전문위원회는 25명 이내의 위원으로 구성하되, 비상임으로 한다.

④ 산업재해보상보험정책전문위원회의 위원은 다음 각 호의 어느 하나에 해당하는 사람 중에서 위원장이 위촉한다.

1. 고용노동부에서 산업재해보상보험 업무를 담당하는 4급 이상 일반직 공무원
2. 총연합단체인 노동조합 또는 전국을 대표하는 사용자 단체가 각각 추천하는 사람
3. 사회보험의 재정 · 적용 · 징수 · 급여 등에 관한 학식과 경험이 풍부한 사람

⑤ 산업재해보상보험요양전문위원회의 위원은 다음 각 호의 어느 하나에 해당하는 사람 중에서 위원장이 위촉한다.

1. 고용노동부에서 산업재해보상보험 업무를 담당하는 4급 이상 일반직 공무원
2. 총연합단체인 노동조합 또는 전국을 대표하는 사용자 단체가 각각 추천하는 사람
3. 산업의학 등 전문과목별 의학적 전문지식과 경험이 풍부한 사람

⑥ 산업안전보건전문위원회의 위원은 다음 각 호의 어느 하나에 해당하는 사람 중에서 위원장이 위촉한다.

1. 고용노동부에서 산업안전보건 업무를 담당하는 4급 이상 일반직 공무원
2. 총연합단체인 노동조합 또는 전국을 대표하는 사용자 단체가 각각 추천하는 사람
3. 산업안전보건에 관한 학식과 경험이 풍부한 사람

⑦ 위원장은 제4항부터 제6항까지의 규정에 따라 위촉된 위원이 제5조제3항 각 호의 어느 하나에 해당하

는 경우에는 해당 위원을 해촉할 수 있다.

⑧ 전문위원회의 구성과 운영, 그 밖에 필요한 사항은 위원회의 의결을 거쳐 위원장이 정한다.

제8조의2(조사 · 연구위원) ① 산업재해보상보험과 산업재해 예방에 관한 사항을 조사 · 연구하게 하기 위하여 위원회에 산업재해보상보험 · 산업안전공학 · 기계안전 · 전기안전 · 화공안전 · 건축안전 · 토목안전 · 산업의학 · 산업간호 · 산업위생 · 인간공학 · 유해물질관리 · 안전보건 관련 법령 및 산업재해통계, 그 밖에 필요한 각 분야별로 2명 이내의 조사 · 연구위원을 둘 수 있다.

② 조사 · 연구위원은 해당 분야에 관한 학식과 경험이 풍부한 사람 중에서 고용노동부장관이 임명한다.

제8조의3(관계 행정기관 등의 협조) 위원회 및 제8조에 따른 전문위원회는 안건의 심의를 위하여 필요하다고 인정하는 경우에는 관계 행정기관 또는 단체에 자료 제출을 요청하거나 관계 공무원이나 관계 전문가 등을 출석시켜 의견을 들을 수 있다.

제9조(위원회의 간사) ① 위원회에 그 사무를 처리할 간사 1명을 둔다.

② 간사는 고용노동부장관이 그 소속 공무원 중에서 임명한다.

제10조(위원의 수당) 위원회 및 전문위원회의 회의에 출석한 위원과 전문위원회의 위원에게는 예산의 범위에서 수당을 지급할 수 있다. 다만, 공무원인 위원이 그 소관업무와 직접적으로 관련되어 위원회에 출석하는 경우에는 그러하지 아니하다.

제11조(운영세칙) 이 영에서 규정한 사항 외에 위원회의 운영에 필요한 사항은 위원회의 의결을 거쳐 위원장이 정한다.

제12조(조사 · 연구 사업의 대행) 고용노동부장관은 법 제9조제2항에 따라 보험사업에 관한 조사 · 연구 사업의 일부를 「정부출연연구기관 등의 설립 · 운영 및 육성에 관한 법률」 제8조에 따라 설립된 연구기관에 대행하게 할 수 있다. 이 경우 연구기관을 선정할 때에는 보험사업과 관련된 연구 인력 및 실적 등을 고려하여야 한다.

제2장 근로복지공단

제13조 삭제

제14조(예산 및 사업운영계획의 승인) ① 법 제10조에 따른 근로복지공단(이하 "공단"이라 한다)은 법 제25조제1항에 따라 다음 회계연도의 예산에 관하여 고용노동부장관의 승인을 받으려면 다음 회계연도 개시 전까지 예산요구서와 예산에 따른 사업설명서를 고용노동부장관에게 제출하여야 한다.

② 공단은 법 제25조제1항에 따라 사업운영계획에 관하여 고용노동부장관의 승인을 받으려면 제1항에 따라 승인을 받은 예산이 확정된 후 지체 없이 사업운영계획을 수립하여 고용노동부장관에게 제출하여야 한다.

③ 공단은 제1항 및 제2항에 따라 승인을 받은 예산과 사업운영계획을 변경하려면 그 변경 사유 및 변경 내용을 적은 서류를 고용노동부장관에게 제출하여 승인을 받아야 한다.

제15조(결산서의 제출) 공단은 법 제25조제2항에 따라 결산서를 고용노동부장관에게 제출할 때에는 다음 각 호의 서류를 첨부하여야 한다.

1. 재무제표(공인회계사나 회계법인의 감사의견서를 포함한다)와 그 부속서류
2. 그 밖에 결산의 내용을 명확하게 하기 위하여 필요한 서류

제16조(공단 규정의 승인) 공단은 다음 각 호의 사항에 관한 규정을 제정하거나 개정하려면 고용노동부장관의 승인을 받아야 한다.

1. 공단의 조직 및 정원에 관한 사항

2. 임직원의 인사 및 보수에 관한 사항
3. 공단의 회계에 관한 사항
4. 그 밖에 공단의 운영, 보험사업 및 근로복지사업에 관한 중요 사항

제17조(자금 차입 등의 승인 신청) ① 공단은 법 제27조제1항에 따라 자금의 차입에 관한 승인을 받으려면 다음 각 호의 사항을 적은 승인신청서를 고용노동부장관에게 제출하여야 한다.

1. 차입 사유 2. 차입처(借入處) 3. 차입 금액 4. 차입 조건
5. 차입금의 상환방법 및 상환기간 6. 그 밖에 자금의 차입과 상환에 필요한 사항

② 공단은 법 제27조제2항에 따라 산업재해보상보험및예방기금으로부터의 이입충당(移入充當)에 관한 승인을 받으려면 이입충당의 사유 및 금액 등에 관한 사항을 적은 승인신청서를 고용노동부장관에게 제출하여야 한다.

제18조(공단 이사장의 대표 권한의 위임) ① 법 제29조제1항에 따라 공단 이사장의 대표 권한 중 공단의 분사무소(이하 "소속 기관"이라 한다)의 장에게 대표 권한을 위임하는 공단 업무의 범위는 별표 1과 같다.

② 제1항에 따른 공단 이사장의 대표 권한의 위임에도 불구하고 공단이 당사자가 되는 소송행위, 「행정심판법」에 따른 심판청구 및 「감사원법」에 따른 심사청구에 관한 대표 권한은 공단 이사장에게 있다.

제19조(업무의 위탁) ① 공단이 법 제29조제2항에 따라 위탁할 수 있는 업무의 범위는 다음 각 호와 같다.

1. 보험급여의 지급에 관한 사항 2. 제1호의 사항에 딸린 업무

② 공단이 제1항에 따라 업무를 위탁한 경우에는 그 위탁을 받은 자에게 위탁에 따른 수수료를 지급할 수 있다.

제20조(출자 등) 공단은 법 제32조제1항에 따라 출자 또는 출연을 하려면 다음 각 호의 사항을 적은 신청서를 제출하여 고용노동부장관의 승인을 받아야 한다.

1. 출자 또는 출연의 필요성 2. 출자 또는 출연할 재산의 종류 및 가액(價額)
3. 사업의 개요 4. 그 밖에 출자 또는 출연에 필요한 사항

제3장 보험급여

제1절 보험급여의 기준

제21조(보험급여의 청구, 결정 통지 등) ① 법 제36조제2항에 따라 다음 각 호의 어느 하나에 해당하는 보험급여를 받으려는 사람은 공단에 각각의 보험급여에 대하여 신청하거나 청구하여야 한다.

1. 휴업급여
2. 장해보상일시금 또는 장해보상연금(법 제57조제5항에 따른 일시금을 포함한다)
3. 간병급여
4. 유족보상일시금 또는 유족보상연금(법 제62조제4항에 따른 일시금을 포함한다)
5. 상병보상연금 6. 장의비 7. 직업재활급여
8. 진폐보상연금 9. 진폐유족연금

② 공단은 제1항에 따른 보험급여의 신청 또는 청구를 받으면 보험급여의 지급 여부와 지급 내용 등을 결정하여 청구인에게 알려야 한다.

③ 공단은 장해보상연금, 유족보상연금, 진폐보상연금 또는 진폐유족연금을 지급하기로 결정한 경우에는 그 수급권자에게 연금증서를 내주어야 한다.

제22조(평균임금의 증감) ① 법 제36조제3항 및 제4항에 따른 전체 근로자의 임금 평균액의 증감률 및 소비자물가변동률의 산정 기준과 방법은 별표 2와 같다.

② 법 제36조제3항에 따른 평균임금의 증감은 보험급여 수급권자의 신청을 받아 하거나 공단이 직권으로 할 수 있다.

제23조(근로 형태가 특이한 근로자의 범위) 법 제36조제5항에서 "근로형태가 특이하여 평균임금을 적용하는 것이 적당하지 아니하다고 인정되는 경우로서 대통령령으로 정하는 경우"란 다음 각 호의 어느 하나에 해당하는 경우를 말한다.

1. 1일 단위로 고용되거나 근로일에 따라 일당(미리 정하여진 1일 동안의 근로시간에 대하여 근로하는 대가로 지급되는 임금을 말한다. 이하 같다) 형식의 임금을 지급받는 근로자(이하 "일용근로자"라 한다)에게 평균임금을 적용하는 경우. 다만, 일용근로자가 다음 각 목의 어느 하나에 해당하는 경우에는 일용근로자로 보지 아니한다.
   가. 근로관계가 3개월 이상 계속되는 경우
   나. 그 근로자 및 같은 사업에서 같은 직종에 종사하는 다른 일용근로자의 근로조건, 근로계약의 형식, 구체적인 고용 실태 등을 종합적으로 고려할 때 근로 형태가 상용근로자와 비슷하다고 인정되는 경우
2. 둘 이상의 사업(보험료징수법 제5조제3항 · 제4항 및 제6조제2항 · 제3항에 따른 산재보험의 보험가입자가 운영하는 사업을 말한다)에서 근로하는 「근로기준법」 제2조제8호에 따른 단시간근로자(일용근로자는 제외하며, 이하 "단시간근로자"라 한다)에게 평균임금을 적용하는 경우

제24조(근로 형태가 특이한 근로자의 평균임금 산정 방법) ① 법 제36조제5항에서 "대통령령으로 정하는 산정 방법에 따라 산정한 금액"이란 다음 각 호의 구분에 따라 산정한 금액을 말한다.

1. 제23조제1호에 해당하는 경우: 해당 일용근로자의 일당에 일용근로자의 1개월간 실제 근로일수 등을 고려하여 고용노동부장관이 고시하는 근로계수(이하 "통상근로계수"라 한다)를 곱하여 산정한 금액
2. 제23조제2호에 해당하는 경우: 평균임금 산정기간 동안 해당 단시간근로자가 재해가 발생한 사업에서 지급받은 임금과 같은 기간 동안 해당 사업 외의 사업에서 지급받은 임금을 모두 합산한 금액을 해당 기간의 총일수로 나눈 금액

② 평균임금 산정사유 발생일 당시 1개월 이상 근로한 일용근로자는 제1항제1호에 따른 산정 방법에 따라 산정한 금액을 평균임금으로 하는 것이 실제의 임금 또는 근로일수에 비추어 적절하지 아니한 경우에는 실제의 임금 또는 근로일수를 증명하는 서류를 첨부하여 공단에 제1항제1호에 따른 산정 방법의 적용 제외를 신청할 수 있다.

③ 단시간근로자가 법 제36조제2항에 따라 보험급여를 청구할 때에는 재해가 발생한 사업 외의 사업에 취업한 사실, 근로시간 및 임금을 증명하는 서류를 공단에 제출하여야 한다.

제25조(직업병에 걸린 사람에 대한 평균임금 산정 특례) ① 법 제36조제6항에서 "진폐 등 대통령령으로 정하는 직업병"이란 법 제37조제1항제2호에 따른 업무상 질병(이하 "업무상 질병"이라 한다)으로서 다음 각 호의 어느 하나에 해당하는 질병(이하 이 조에서 "직업병"이라 한다)을 말한다. 이 경우 유해 · 위험요인에 일시적으로 다량 노출되어 급성으로 발병한 질병은 제외한다.

1. 진폐
2. 별표 3 제2호가목 · 나목, 제3호가목부터 사목까지, 같은 호 자목부터 카목까지, 제4호, 제5호, 제6호가목부터 다목까지, 같은 호 마목 · 자목 · 카목, 제7호마목부터 차목까지, 제8호, 제9호, 제10호, 제11호나목부터 사목까지, 같은 호 아목1) · 2) 및 제12호나목부터 라목까지의 질병 중 어느 하나에 해당하는 질병
3. 그 밖에 유해 · 위험요인에 장기간 노출되어 걸렸거나 유해 · 위험요인에 노출된 후 일정기간의 잠복기

가 지난 후에 걸렸음이 의학적으로 인정되는 질병

② 법 제36조제6항에서 "대통령령으로 정하는 산정 방법에 따라 산정한 금액"이란 다음 각 호의 구분에 따라 산정한 금액을 말한다.

1. 제1항제1호에 해당하는 직업병의 경우: 해당 직업병이 확인된 날을 기준으로 제26조제1항에 따른 전체 근로자의 임금 평균액을 고려하여 고용노동부장관이 매년 고시하는 금액
2. 제1항제2호 및 제3호에 해당하는 직업병의 경우: 「통계법」 제3조제2호에 따른 지정통계로서 고용노동부장관이 작성하는 사업체노동력조사(이하 "사업체노동력조사"라 한다)에 따른 근로자의 월평균 임금총액에 관한 조사내용 중 해당 직업병에 걸린 근로자와 성별 · 직종 및 소속한 사업의 업종 · 규모가 비슷한 근로자의 월평균 임금총액을 해당 근로자의 직업병이 확인된 날이 속하는 분기의 전전분기 말일 이전 1년 동안 합하여 산출한 금액을 그 기간의 총 일수로 나눈 금액. 이 경우 성별 · 직종 및 소속한 사업의 업종 · 규모가 비슷한 근로자의 판단기준은 공단이 정한다.

③ 제2항에서 직업병이 확인된 날은 그 직업병이 보험급여의 지급 대상이 된다고 확인될 당시에 발급된 진단서나 소견서의 발급일로 한다. 다만, 그 직업병의 검사 · 치료의 경과 등이 진단서나 소견서의 발급과 시간적 · 의학적 연속성이 있는 경우에는 그 요양을 시작한 날로 한다.

1. 삭제　　　2. 삭제

④ 삭제

⑤ 법 제36조제6항을 적용할 때 그 근로자가 소속된 사업이 휴업 또는 폐업한 후 제1항제2호 및 제3호에 해당하는 직업병이 확인된 경우(휴업 또는 폐업 전에 그 근로자가 퇴직한 경우를 포함한다)에는 그 사업이 휴업 또는 폐업한 날을 기준으로 제2항제2호에 따라 산정한 금액을 제1항제2호 및 제3호에 해당하는 직업병이 확인된 날까지 별표 2 제1호에 따라 증감하여 산정한 금액을 그 근로자의 평균임금으로 본다.

⑥ 법 제36조제6항에 따른 평균임금 산정 방법의 특례는 보험급여 수급권자의 신청이 있는 경우 또는 공단의 직권으로 적용할 수 있다.

제26조(최고 · 최저 보상기준 금액의 산정방법) ① 법 제36조제7항에 따른 최고 보상기준 금액(이하 "최고 보상기준 금액"이라 한다)과 같은 항에 따른 최저 보상기준 금액(이하 "최저 보상기준 금액"이라 한다)의 산정 기준이 되는 임금 평균액은 「고용정책 기본법」 제17조의 고용구조 및 인력수요 등에 관한 통계에 따른 전전 보험연도의 7월 1일부터 직전 보험연도의 6월 30일까지 상용근로자 5명 이상 사업체의 전체 근로자를 대상으로 산정한 근로자 1명당 월별 월평균 임금총액의 합계를 365(산정 기간에 속한 2월이 29일까지 있는 경우에는 366)로 나눈 금액으로 한다.

② 최고 보상기준 금액과 최저 보상기준 금액을 산정하는 경우 1원 미만은 버린다.

③ 최고 보상기준 금액과 최저 보상기준 금액의 적용기간은 해당 보험연도 1월 1일부터 12월 31일까지로 한다.

제2절 업무상의 재해의 인정 기준

제27조(업무수행 중의 사고) ① 근로자가 다음 각 호의 어느 하나에 해당하는 행위를 하던 중에 발생한 사고는 법 제37조제1항제1호가목에 따른 업무상 사고로 본다.

1. 근로계약에 따른 업무수행 행위
2. 업무수행 과정에서 하는 용변 등 생리적 필요 행위
3. 업무를 준비하거나 마무리하는 행위, 그 밖에 업무에 따르는 필요적 부수행위

4. 천재지변 · 화재 등 사업장 내에 발생한 돌발적인 사고에 따른 긴급피난 · 구조행위 등 사회통념상 예견되는 행위

② 근로자가 사업주의 지시를 받아 사업장 밖에서 업무를 수행하던 중에 발생한 사고는 법 제37조제1항제1호가목에 따른 업무상 사고로 본다. 다만, 사업주의 구체적인 지시를 위반한 행위, 근로자의 사적(私的) 행위 또는 정상적인 출장 경로를 벗어났을 때 발생한 사고는 업무상 사고로 보지 않는다.

③ 업무의 성질상 업무수행 장소가 정해져 있지 않은 근로자가 최초로 업무수행 장소에 도착하여 업무를 시작한 때부터 최후로 업무를 완수한 후 퇴근하기 전까지 업무와 관련하여 발생한 사고는 법 제37조제1항제1호가목에 따른 업무상 사고로 본다.

제28조(시설물 등의 결함 등에 따른 사고) ① 사업주가 제공한 시설물, 장비 또는 차량 등(이하 이 조에서 "시설물등"이라 한다)의 결함이나 사업주의 관리 소홀로 발생한 사고는 법 제37조제1항제1호나목에 따른 업무상 사고로 본다.

② 사업주가 제공한 시설물등을 사업주의 구체적인 지시를 위반하여 이용한 행위로 발생한 사고와 그 시설물등의 관리 또는 이용권이 근로자의 전속적 권한에 속하는 경우에 그 관리 또는 이용 중에 발생한 사고는 법 제37조제1항제1호나목에 따른 업무상 사고로 보지 않는다.

제29조 삭제

제30조(행사 중의 사고) 운동경기 · 야유회 · 등산대회 등 각종 행사(이하 "행사"라 한다)에 근로자가 참가하는 것이 사회통념상 노무관리 또는 사업운영상 필요하다고 인정되는 경우로서 다음 각 호의 어느 하나에 해당하는 경우에 근로자가 그 행사에 참가(행사 참가를 위한 준비 · 연습을 포함한다)하여 발생한 사고는 법 제37조제1항제1호라목에 따른 업무상 사고로 본다.

1. 사업주가 행사에 참가한 근로자에 대하여 행사에 참가한 시간을 근무한 시간으로 인정하는 경우
2. 사업주가 그 근로자에게 행사에 참가하도록 지시한 경우
3. 사전에 사업주의 승인을 받아 행사에 참가한 경우
4. 그 밖에 제1호부터 제3호까지의 규정에 준하는 경우로서 사업주가 그 근로자의 행사 참가를 통상적 · 관례적으로 인정한 경우

제31조(특수한 장소에서의 사고) 사회통념상 근로자가 사업장 내에서 할 수 있다고 인정되는 행위를 하던 중 태풍 · 홍수 · 지진 · 눈사태 등의 천재지변이나 돌발적인 사태로 발생한 사고는 근로자의 사적 행위, 업무 이탈 등 업무와 관계없는 행위를 하던 중에 사고가 발생한 것이 명백한 경우를 제외하고는 법 제37조제1항제1호바목에 따른 업무상 사고로 본다.

제32조(요양 중의 사고) 업무상 부상 또는 질병으로 요양을 하고 있는 근로자에게 다음 각 호의 어느 하나에 해당하는 사고가 발생하면 법 제37조제1항제1호바목에 따른 업무상 사고로 본다.

1. 요양급여와 관련하여 발생한 의료사고
2. 요양 중인 산재보험 의료기관(산재보험 의료기관이 아닌 의료기관에서 응급진료 등을 받는 경우에는 그 의료기관을 말한다. 이하 이 조에서 같다) 내에서 업무상 부상 또는 질병의 요양과 관련하여 발생한 사고
3. 업무상 부상 또는 질병의 치료를 위하여 거주지 또는 근무지에서 요양 중인 산재보험 의료기관으로 통원하는 과정에서 발생한 사고

제33조(제3자의 행위에 따른 사고) 제3자의 행위로 근로자에게 사고가 발생한 경우에 그 근로자가 담당한 업무가 사회통념상 제3자의 가해행위를 유발할 수 있는 성질의 업무라고 인정되면 그 사고는 법 제37조제1항제1호바목에 따른 업무상 사고로 본다.

제34조(업무상 질병의 인정기준) ① 근로자가 「근로기준법 시행령」제44조제1항 및 같은 법 시행령 별표 5의 업무상 질병의 범위에 속하는 질병에 걸린 경우(임신 중인 근로자가 유산·사산 또는 조산한 경우를 포함한다. 이하 이 조에서 같다) 다음 각 호의 요건 모두에 해당하면 법 제37조제1항제2호가목에 따른 업무상 질병으로 본다.

1. 근로자가 업무수행 과정에서 유해·위험요인을 취급하거나 유해·위험요인에 노출된 경력이 있을 것
2. 유해·위험요인을 취급하거나 유해·위험요인에 노출되는 업무시간, 그 업무에 종사한 기간 및 업무환경 등에 비추어 볼 때 근로자의 질병을 유발할 수 있다고 인정될 것
3. 근로자가 유해·위험요인에 노출되거나 유해·위험요인을 취급한 것이 원인이 되어 그 질병이 발생하였다고 의학적으로 인정될 것

② 업무상 부상을 입은 근로자에게 발생한 질병이 다음 각 호의 요건 모두에 해당하면 법 제37조제1항제2호나목에 따른 업무상 질병으로 본다.

1. 업무상 부상과 질병 사이의 인과관계가 의학적으로 인정될 것
2. 기초질환 또는 기존 질병이 자연발생적으로 나타난 증상이 아닐 것

③ 제1항 및 제2항에 따른 업무상 질병(진폐증은 제외한다)에 대한 구체적인 인정 기준은 별표 3과 같다.

④ 공단은 근로자의 업무상 질병 또는 업무상 질병에 따른 사망의 인정 여부를 판정할 때에는 그 근로자의 성별, 연령, 건강 정도 및 체질 등을 고려하여야 한다.

제35조(출퇴근 중의 사고) ① 근로자가 출퇴근하던 중에 발생한 사고가 다음 각 호의 요건에 모두 해당하면 법 제37조제1항제3호가목에 따른 출퇴근 재해로 본다.

1. 사업주가 출퇴근용으로 제공한 교통수단이나 사업주가 제공한 것으로 볼 수 있는 교통수단을 이용하던 중에 사고가 발생하였을 것
2. 출퇴근용으로 이용한 교통수단의 관리 또는 이용권이 근로자측의 전속적 권한에 속하지 아니하였을 것

② 법 제37조제3항 단서에서 "일상생활에 필요한 행위로서 대통령령으로 정하는 사유"란 다음 각 호의 어느 하나에 해당하는 경우를 말한다.

1. 일상생활에 필요한 용품을 구입하는 행위
2. 「고등교육법」 제2조에 따른 학교 또는 「직업교육훈련 촉진법」 제2조에 따른 직업교육훈련기관에서 직업능력 개발향상에 기여할 수 있는 교육이나 훈련 등을 받는 행위
3. 선거권이나 국민투표권의 행사
4. 근로자가 사실상 보호하고 있는 아동 또는 장애인을 보육기관 또는 교육기관에 데려주거나 해당 기관으로부터 데려오는 행위
5. 의료기관 또는 보건소에서 질병의 치료나 예방을 목적으로 진료를 받는 행위
6. 근로자의 돌봄이 필요한 가족 중 의료기관 등에서 요양 중인 가족을 돌보는 행위
7. 제1호부터 제6호까지의 규정에 준하는 행위로서 고용노동부장관이 일상생활에 필요한 행위라고 인정하는 행위

제35조의2(출퇴근 재해 적용 제외 직종 등) 법 제37조제4항에서 "출퇴근 경로와 방법이 일정하지 아니한 직종으로 대통령령으로 정하는 경우"란 다음 각 호의 어느 하나에 해당하는 직종에 종사하는 사람(법 제124조에 따라 자기 또는 유족을 보험급여를 받을 수 있는 자로 하여 보험에 가입한 사람으로서 근로자를 사용하지 아니하는 사람을 말한다)이 본인의 주거지에 업무에 사용하는 자동차 등의 차고지를 보유하고 있는 경우를 말한다.

1. 「여객자동차 운수사업법」 제3조제1항제3호에 따른 수요응답형 여객자동차운송사업

2. 「여객자동차 운수사업법 시행령」 제3조제2호라목에 따른 개인택시운송사업
3. 제122조제1항제2호에 해당하는 사람 중 「통계법」 제22조에 따라 통계청장이 고시하는 직업에 관한 표준분류(이하 "한국표준직업분류표"라 한다)의 세분류에 따른 택배원인 사람으로서 다음 각 목의 어느 하나에 해당하는 사람이 수행하는 배송 업무
가. 퀵서비스업자[소화물의 집화(集貨) · 수송 과정 없이 그 배송만을 업무로 하는 사업의 사업주를 말한다. 이하 같다]로부터 업무를 의뢰받아 배송 업무를 하는 사람
나. 퀵서비스업자

제36조(자해행위에 따른 업무상의 재해의 인정 기준) 법 제37조제2항 단서에서 "대통령령으로 정하는 사유"란 다음 각 호의 어느 하나에 해당하는 경우를 말한다.
1. 업무상의 사유로 발생한 정신질환으로 치료를 받았거나 받고 있는 사람이 정신적 이상 상태에서 자해행위를 한 경우
2. 업무상의 재해로 요양 중인 사람이 그 업무상의 재해로 인한 정신적 이상 상태에서 자해행위를 한 경우
3. 그 밖에 업무상의 사유로 인한 정신적 이상 상태에서 자해행위를 하였다는 상당인과관계가 인정되는 경우

제37조(사망의 추정) ① 법 제39조제1항에 따라 사망으로 추정하는 경우는 다음 각 호의 어느 하나에 해당하는 경우로 한다.
1. 선박이 침몰 · 전복 · 멸실 또는 행방불명되거나 항공기가 추락 · 멸실 또는 행방불명되는 사고가 발생한 경우에 그 선박 또는 항공기에 타고 있던 근로자의 생사가 그 사고 발생일부터 3개월간 밝혀지지 아니한 경우
2. 항행 중인 선박 또는 항공기에 타고 있던 근로자가 행방불명되어 그 생사가 행방불명된 날부터 3개월간 밝혀지지 아니한 경우
3. 천재지변, 화재, 구조물 등의 붕괴, 그 밖의 각종 사고의 현장에 있던 근로자의 생사가 사고 발생일부터 3개월간 밝혀지지 아니한 경우

② 제1항에 따라 사망으로 추정되는 사람은 그 사고가 발생한 날 또는 행방불명된 날에 사망한 것으로 추정한다.

③ 제1항 각 호의 사유로 생사가 밝혀지지 아니하였던 사람이 사고가 발생한 날 또는 행방불명된 날부터 3개월 이내에 사망한 것이 확인되었으나 그 사망 시기가 밝혀지지 아니한 경우에도 제2항에 따른 날에 사망한 것으로 추정한다.

④ 보험가입자는 제1항 각 호의 사유가 발생한 때 또는 사망이 확인된 때(제3항에 따라 사망한 것으로 추정하는 때를 포함한다)에는 지체 없이 공단에 근로자 실종 또는 사망확인의 신고를 하여야 한다.

⑤ 법 제39조제1항에 따라 보험급여를 지급한 후에 그 근로자의 생존이 확인되면 보험급여를 받은 사람과 보험가입자는 그 근로자의 생존이 확인된 날부터 15일 이내에 공단에 근로자 생존확인신고를 하여야 한다.

⑥ 공단은 근로자의 생존이 확인된 경우에 보험급여를 받은 사람에게 법 제39조제2항에 따른 금액을 낼 것을 알려야 한다.

⑦ 제6항에 따른 통지를 받은 사람은 그 통지를 받은 날부터 30일 이내에 통지받은 금액을 공단에 내야 한다.

제3절 요양급여 등

제38조(요양비의 청구 등) ① 법 제40조제2항 단서에 따라 수급권자가 받을 수 있는 요양비는 다음 각 호의

비용으로 한다.

1. 법 제43조제1항에 따른 산재보험 의료기관(이하 "산재보험 의료기관"이라 한다)이 아닌 의료기관에서 응급진료 등 긴급하게 요양을 한 경우의 요양비
2. 다음 각 목의 어느 하나에 해당하는 요양급여에 드는 비용(산재보험 의료기관에서 제공되지 아니하는 경우로 한정한다)
   가. 법 제40조제4항제2호 중 의지(義肢)나 그 밖의 보조기의 지급
   나. 법 제40조제4항제6호 중 간병
   다. 법 제40조제4항제7호의 이송
3. 그 밖에 공단이 정당한 사유가 있다고 인정하는 요양비

② 제1항에 따른 요양비를 받으려는 사람은 공단에 청구하여야 한다.

③ 공단은 긴급하거나 그 밖의 부득이한 사유가 있을 때에는 해당 근로자의 청구를 받아 법 제40조제4항 제7호에 따른 이송에 드는 비용을 미리 지급할 수 있다.

제39조(과징금의 부과 · 납부 및 기준) ① 공단이 법 제44조제1항에 따라 과징금을 부과하려는 경우에는 해당 위반행위를 조사 · 확인한 후 위반사실 · 부과금액 · 이의방법 및 이의기간 등을 명시하여 이를 낼 것을 부과대상자에게 알려야 한다.

② 제1항에 따른 통지를 받은 자는 통지를 받은 날부터 20일 이내에 과징금을 공단이 지정하는 수납기관에 내야 한다. 다만, 천재지변이나 그 밖의 부득이한 사유로 그 기간에 과징금을 낼 수 없는 경우에는 그 사유가 없어진 날부터 7일 이내에 내야 한다.

③ 제2항에 따라 과징금을 받은 수납기관은 과징금을 낸 자에게 영수증을 내주어야 한다.

④ 과징금의 수납기관은 제2항에 따라 과징금을 수납하면 지체 없이 그 사실을 공단에 알려야 한다.

⑤ 법 제44조제2항에 따른 위반행위의 종류와 위반정도 등에 따른 과징금의 부과기준은 별표 5와 같다.

제40조(진료계획의 제출) ① 산재보험 의료기관은 법 제47조제1항에 따른 진료계획(이하 "진료계획"이라 한다)에 다음 각 호의 사항을 적어야 한다.

1. 해당 근로자의 업무상의 재해에 따른 부상 또는 질병의 명칭
2. 해당 근로자의 부상 · 질병의 경과, 진료내용 및 현재의 상태
3. 요양기간을 연장할 의학적 필요성
4. 향후 입원 · 통원 또는 취업치료 등 치료방법, 치료내용 및 치료예정기간
5. 그 밖에 해당 근로자의 진료에 필요한 사항

② 산재보험 의료기관은 제1항에 따른 진료계획을 3개월(부상 · 질병의 특성상 1년 이상의 장기 요양이 필요한 경우로서 공단이 정하는 부상 · 질병의 경우에는 1년) 단위로 하여 종전의 요양기간(공단이 제41조제2항제1호에 따른 변경조치를 한 경우에는 변경된 요양기간을 말한다)이 끝나기 7일 전까지 공단에 제출하여야 한다.

제41조(진료계획의 심사 및 변경 조치) ① 법 제47조제2항에 따라 공단이 진료계획을 심사할 때에는 제42조에 따른 자문의사에게 자문하거나 제43조에 따른 자문의사회의의 심의를 거칠 수 있다.

② 법 제47조제2항에서 "대통령령으로 정하는 필요한 조치"란 다음 각 호의 조치를 말한다.

1. 치료의 종결 또는 치료예정기간의 단축
2. 입원 · 통원 등 치료방법의 변경
3. 법 제48조제1항에 따른 전원(轉院)
4. 그 밖의 진료계획 변경

③ 공단은 진료계획에 대하여 제2항 각 호의 조치를 하려면 그 내용을 해당 근로자 및 산재보험 의료기관에 알려야 한다.

제42조(자문의사) ① 공단은 업무상의 재해에 따른 보험급여 · 진료비 또는 약제비 등의 지급 결정이나 그 밖에 보험사업에 필요한 의학적 자문을 하기 위하여 의사 · 치과의사 또는 한의사(공단의 직원인 의사 · 치과의사 또는 한의사를 포함한다)를 자문의사로 위촉하거나 임명할 수 있다.

② 제1항에 따른 자문의사(이하 "자문의사"라 한다)의 자격과 위촉 · 임명 절차 등에 관하여 필요한 사항은 공단이 정한다.

제43조(자문의사회의) ① 공단은 업무상의 재해에 따른 보험급여 · 진료비 또는 약제비 등의 지급 결정이나 그 밖에 보험사업과 관련된 의학적 판단이 필요한 사항에 대하여 체계적으로 자문하기 위하여 공단 소속 기관에 자문의사회의를 둔다.

② 자문의사회의는 자문의사 5명 이상으로 구성한다.

③ 자문의사회의는 공단의 자문에 응하여 의학적인 판단이 필요한 사항으로서 다음 각 호에 해당하는 사항을 심의한다.

1. 요양 중인 근로자의 치료종결 여부(주치의와 자문의사의 치료종결에 관한 의학적 소견이 서로 다른 경우에만 해당된다)
2. 법 제48조제1항제4호에 따른 전원 요양 사유의 타당성
3. 제72조에 따른 보험급여의 일시지급 금액의 산정과 관련된 의학적 소견
4. 제118조제4항 단서에 따른 판정 또는 판단과 관련된 의학적 소견
5. 그 밖에 보험급여 · 진료비 및 약제비에 관한 사항으로서 공단 소속 기관의 장이 자문의사회의의 심의가 필요하다고 인정하는 사항

④ 자문의사회의의 구성 및 운영에 필요한 사항은 공단이 정한다.

제44조(전원 요양) 법 제48조제1항제4호에서 "대통령령으로 정하는 절차"란 자문의사회의의 심의 절차를 말한다.

제45조(추가상병) 제32조에 따른 요양 중의 사고는 요양급여의 신청에 관하여 법 제49조에 따른 추가상병으로 본다.

제46조(평가 대상 산재보험 의료기관) ① 법 제50조제1항 전단에서 "대통령령으로 정하는 의료기관"이란 법 제43조제1항제3호에 따른 산재보험 의료기관으로 한다. 다만, 「의료법」 제58조에 따라 의료기관 인증을 받은 의료기관에 대한 평가는 같은 법에 따른 평가에서 제외되는 평가항목으로서 업무상의 재해에 대한 요양의 질과 관련된 사항만을 대상으로 한다.

② 공단은 제1항에 따른 평가 대상 산재보험 의료기관 중에서 인력, 시설, 규모, 업무상의 재해를 입은 근로자에 대한 진료 실적, 진료비 청구 금액 또는 요양급여 등에 관한 종전의 평가결과 등을 고려하여 평가할 의료기관을 선정할 수 있다.

제47조(산재보험 의료기관의 평가 방법 등) ① 법 제50조에 따른 산재보험 의료기관의 평가 방법은 현지평가 또는 서면평가로 한다. 이 경우 현지평가의 대상으로 선정된 산재보험 의료기관에는 그 사실을 미리 알려야 한다.

② 산재보험 의료기관의 평가 기준은 다음 각 호와 같다.

1. 인력, 시설 및 장비 2. 의료서비스의 내용 및 수준 3. 요양한 근로자의 만족도
4. 업무상의 재해를 입은 근로자에 대한 진료 실적
5. 그 밖에 업무상의 재해를 입은 근로자에 대한 요양의 질에 관한 사항

③ 제2항에 따른 평가에 필요한 세부 사항은 공단이 정한다.

제48조(재요양의 요건 및 절차) ① 법 제51조에 따른 재요양(이하 "재요양"이라 한다)은 업무상 부상 또는 질

병에 대하여 요양급여(요양급여를 받지 아니하고 장해급여를 받는 부상 또는 질병의 경우에는 장해급여)를 받은 경우로서 다음 각 호의 요건 모두에 해당하는 경우에 인정한다.

1. 치유된 업무상 부상 또는 질병과 재요양의 대상이 되는 부상 또는 질병 사이에 상당인과관계가 있을 것
2. 재요양의 대상이 되는 부상 또는 질병의 상태가 치유 당시보다 악화된 경우로서 나이나 그 밖에 업무 외의 사유로 악화된 경우가 아닐 것
3. 재요양의 대상이 되는 부상 또는 질병의 상태가 재요양을 통해 호전되는 등 치료효과를 기대할 수 있을 것

② 재요양을 받으려는 사람은 고용노동부령으로 정하는 바에 따라 공단에 재요양을 신청하여야 한다.

제4절 휴업급여

제49조(부분휴업급여의 지급 요건) 법 제53조에 따른 부분휴업급여를 받으려는 사람은 다음 각 호의 요건 모두를 갖추어야 한다.

1. 요양 중 취업 사업과 종사 업무 및 근로시간이 정해져 있을 것
2. 그 근로자의 부상 · 질병 상태가 취업을 하더라도 치유 시기가 지연되거나 악화되지 아니할 것이라는 의사의 소견이 있을 것

제50조(부분휴업급여의 지급 절차) ① 부분휴업급여를 받으려는 사람은 고용노동부령으로 정하는 서류를 첨부하여 공단에 청구하여야 한다.

② 공단은 제1항에 따른 청구가 있으면 그 근로자의 부상 · 질병 상태, 종사 업무 및 근로시간 등을 고려하여 지급 여부를 결정하고 그 내용을 그 근로자에게 알려야 한다.

제51조(고령자 휴업급여의 감액지급 유예기간) 법 제55조 단서에서 "대통령령으로 정하는 기간"이란 업무상의 재해로 요양을 시작한 날부터 2년을 말한다.

제52조(재요양에 따른 평균임금 산정사유 발생일) 법 제56조제1항 후단에서 "평균임금 산정사유 발생일"이란 다음 각 호의 어느 하나에 해당하는 날을 말한다.

1. 재요양의 대상이 되는 부상 또는 질병에 대하여 재요양이 필요하다고 진단을 받은 날. 다만, 그 재요양의 대상이 되는 부상 또는 질병에 대한 진단 전의 검사 · 치료가 재요양의 대상이 된다고 인정하는 진단과 시간적 · 의학적 연속성이 있는 경우에는 그 검사 · 치료를 시작한 날
2. 해당 질병의 특성으로 재요양 대상에 해당하는지를 고용노동부령으로 정하는 절차에 따라 판정하여야 하는 질병은 그 판정 신청을 할 당시에 발급된 진단서나 소견서의 발급일

제5절 장해급여

제53조(장해등급의 기준 등) ① 법 제57조제2항에 따른 장해등급의 기준은 별표 6에 따른다. 이 경우 신체부위별 장해등급 판정에 관한 세부기준은 고용노동부령으로 정한다.

② 별표 6에 따른 장해등급의 기준에 해당하는 장해가 둘 이상 있는 경우에는 그 중 심한 장해에 해당하는 장해등급을 그 근로자의 장해등급으로 하되, 제13급 이상의 장해가 둘 이상 있는 경우에는 다음 각 호의 구분에 따라 조정된 장해등급을 그 근로자의 장해등급으로 한다. 다만, 조정의 결과 산술적으로 제1급을 초과하게 되는 경우에는 제1급을 그 근로자의 장해등급으로 하고, 그 장해의 정도가 조정된 등급에 규정된 다른 장해의 정도에 비하여 명백히 낮다고 인정되는 경우에는 조정된 등급보다 1개 등급 낮은 등급을 그 근로자의 장해등급으로 한다.

1. 제5급 이상에 해당하는 장해가 둘 이상 있는 경우에는 3개 등급 상향 조정

2. 제8급 이상에 해당하는 장해가 둘 이상 있는 경우에는 2개 등급 상향 조정
3. 제13급 이상에 해당하는 장해가 둘 이상 있는 경우에는 1개 등급 상향 조정

③ 별표 6에 규정되지 아니한 장해가 있을 때에는 같은 표 중 그 장해와 비슷한 장해에 해당하는 장해등급으로 결정한다.

④ 이미 장해가 있던 사람이 업무상 부상 또는 질병으로 같은 부위에 장해의 정도가 심해진 경우에 그 사람의 심해진 장해에 대한 장해급여의 금액은 법 별표 2에 따른 장해등급별 장해보상일시금 또는 장해보상연금의 지급일수를 기준으로 하여 다음 각 호의 구분에 따라 산정한 금액으로 한다.

1. 장해보상일시금으로 지급하는 경우: 심해진 장해에 해당하는 장해보상일시금의 지급일수에서 기존의 장해에 해당하는 장해보상일시금의 지급일수를 뺀 일수에 급여 청구사유 발생 당시의 평균임금을 곱하여 산정한 금액
2. 장해보상연금으로 지급하는 경우: 심해진 장해에 해당하는 장해보상연금의 지급일수에서 기존의 장해에 해당하는 장해보상연금의 지급일수(기존의 장해가 제8급부터 제14급까지의 장해 중 어느 하나에 해당하면 그 장해에 해당하는 장해보상일시금의 지급일수에 100분의 22.2를 곱한 일수)를 뺀 일수에 연금 지급 당시의 평균임금을 곱하여 산정한 금액

⑤ 법 제57조제3항 단서에서 "대통령령으로 정하는 노동력을 완전히 상실한 장해등급"이란 별표 6의 제1급부터 제3급까지의 장해등급을 말한다.

⑥ 법 제57조제5항에 따른 일시금을 지급받으려는 사람은 공단에 청구하여야 한다.

제54조 삭제

제55조(장해등급등의 재판정 대상자) ① 법 제59조제3항에 따른 장해등급 또는 진폐장해등급(이하 "장해등급등"이라 한다)의 재판정 대상자는 다음 각 호의 어느 하나에 해당하는 장해보상연금 또는 진폐보상연금 수급권자로 한다.

1. 장해보상연금 지급 대상이 되는 장해 중 별표 6에 따른 제1급제3호, 제2급제5호, 제3급제3호, 제5급제8호, 제7급제4호, 제9급제15호 및 제12급제15호에 해당하는 장해가 하나 이상 있는 경우
2. 장해보상연금 지급 대상이 되는 장해 중 별표 6에 따른 제6급제5호, 제7급제14호, 제8급제2호, 제9급제17호, 제10급제8호, 제11급제7호, 제12급제16호에 해당하는 장해(척추 신경근장해에 따라 장해등급이 결정된 경우만 해당한다)가 하나 이상 있는 경우
3. 장해보상연금 지급 대상이 되는 장해 중 별표 6에 따른 제1급제6호 · 제8호, 제4급제6호, 제5급제4호 · 제5호, 제6급제6호 · 제7호, 제7급제7호 · 제11호, 제8급제4호 · 제6호 · 제7호, 제9급제11호 · 제13호, 제10급제10호 · 제13호 · 제14호, 제11급제9호 · 제10호, 제12급제9호 · 제10호 · 제12호 · 제14호, 제13급제8호 · 제11호에 해당하는 장해(신체 관절의 운동기능에 따라 장해등급이 결정된 경우만 해당된다)가 하나 이상 있는 경우
4. 진폐보상연금 지급 대상이 되는 진폐장해 중 별표 11의2 제2호에 따른 제1급부터 제7급까지에 해당하는 진폐장해가 남은 경우
5. 장해보상연금 지급 대상이 되는 장해 중 제53조제3항에 따른 장해가 있는 경우로서 제1호부터 제3호까지의 규정에 해당하는 장해가 하나 이상 포함되어 있는 경우

② 제1항에도 불구하고 장해보상연금 수급권자의 장해 중 제1항 각 호에 따른 장해의 등급이 변경되더라도 그 외의 장해 때문에 최종의 장해등급은 변경되지 아니하는 경우에는 장해등급의 재판정 대상에서 제외한다.

제56조(장해등급등의 재판정 시기 등) ① 법 제59조에 따른 장해등급등의 재판정은 장해보상연금 또는 진폐보

상연금의 지급 결정을 한 날을 기준으로 2년이 지난 날부터 1년 이내에 하여야 한다.

② 제1항에도 불구하고 장해등급등의 재판정 대상자가 재요양을 하는 경우에는 그 재요양 후 치유된 날(장해등급등이 변경된 경우에는 그에 따른 장해보상연금 또는 진폐보상연금의 지급 결정을 한 날)을 기준으로 2년이 지난 날부터 1년 이내에 하여야 한다.

③ 공단은 제1항 또는 제2항에 따라 장해등급등의 재판정을 하려면 재판정 대상자에게 제117조제1항제2호에 따른 진찰을 받도록 요구하여야 한다.

④ 법 제59조제1항에 따라 장해등급등의 재판정을 받으려는 사람은 고용노동부령으로 정하는 바에 따라 공단에 신청하여야 한다.

⑤ 공단은 장해등급등의 재판정을 하려는 때에는 장해 정도를 진찰할 산재보험 의료기관(진폐장해등급을 재판정하려는 경우에는 법 제91조의6제1항에 따른 건강진단기관을 말한다), 진찰일이나 그 밖에 재판정에 필요한 사항을 구체적으로 밝혀 진찰일 30일 전까지 해당 근로자에게 알려야 한다.

제57조(장해등급등의 재판정에 따른 장해급여 또는 진폐보상연금의 지급 방법) ① 법 제59조에 따른 장해등급등의 재판정 결과 장해등급등이 변경되어 장해보상연금 또는 진폐보상연금을 청구한 경우에는 다음 각 호의 구분에 따라 장해보상연금 또는 진폐보상연금을 지급한다.

1. 장해상태가 악화된 경우: 제56조제5항에 따른 재판정 진찰일이 속한 달의 다음달부터 변경된 장해등급등에 해당하는 장해보상연금 또는 진폐보상연금을 지급
2. 장해상태가 호전된 경우: 제56조제1항에 따른 재판정 결정일이 속한 달의 다음달부터 변경된 장해등급등에 해당하는 장해보상연금 또는 진폐보상연금을 지급

② 법 제59조에 따른 장해등급의 재판정 결과 장해등급이 변경되어 장해보상일시금을 청구한 경우에는 다음 각 호의 구분에 따라 지급한다.

1. 장해상태가 악화된 경우: 변경된 장해등급에 해당하는 장해보상일시금의 지급일수에서 이미 지급한 장해보상연금액을 지급 당시의 각각의 평균임금으로 나눈 일수의 합계를 뺀 일수에 평균임금을 곱한 금액 지급
2. 장해상태가 호전된 경우(변경된 장해등급이 제8급부터 제14급까지에 해당하는 경우를 포함한다): 변경된 장해등급에 해당하는 장해보상일시금의 지급일수가 이미 지급한 장해보상연금액을 지급 당시의 각각의 평균임금으로 나눈 일수의 합계보다 많은 경우에만 그 일수의 차에 평균임금을 곱한 금액 지급

③ 제1항에 따라 장해보상연금을 지급하는 경우에는 법 제57조제4항을 적용하지 아니한다.

제58조(재요양 후의 장해급여) ① 장해보상연금을 받던 사람이 재요양 후에 장해등급이 변경되어 장해보상연금을 청구한 경우에는 재요양 후 치유된 날이 속하는 달의 다음 달부터 변경된 장해등급에 해당하는 장해보상연금을 지급한다.

② 장해보상연금을 받던 사람이 재요양 후에 장해등급이 변경되어 장해보상일시금을 청구한 경우에는 다음 각 호의 구분에 따라 지급한다.

1. 장해상태가 악화된 경우: 변경된 장해등급에 해당하는 장해보상일시금의 지급일수에서 이미 지급한 장해보상연금액을 지급 당시의 각각의 평균임금으로 나눈 일수의 합계를 뺀 일수에 평균임금을 곱한 금액 지급
2. 장해상태가 호전된 경우(변경된 장해등급이 제8급부터 제14급까지에 해당하는 경우를 포함한다): 변경된 장해등급에 해당하는 장해보상일시금의 지급일수가 이미 지급한 장해보상연금액을 지급 당시의 각각의 평균임금으로 나눈 일수의 합계보다 많은 경우에만 그 일수의 차에 평균임금을 곱한 금액 지급

③ 장해보상일시금을 받은 사람이 재요양을 한 경우 재요양 후의 장해상태가 종전에 비하여 악화되면 다

음 각 호의 방법에 따라 장해급여를 지급한다.

1. 장해보상연금으로 청구한 경우: 재요양 후 치유된 날이 속하는 달의 다음 달부터 변경된 장해등급에 해당하는 장해보상연금을 지급하되, 청구인의 신청에 따라 이미 지급한 장해보상일시금의 지급일수에 해당하는 기간만큼의 장해보상연금을 지급하지 아니하거나 이미 지급한 장해보상일시금 지급일수의 2배에 해당하는 기간만큼 장해보상연금의 2분의 1을 지급한다.
2. 장해보상일시금으로 청구한 경우: 변경된 장해등급에 해당하는 장해보상일시금의 지급일수에서 종전의 장해등급에 해당하는 장해보상일시금의 지급일수를 뺀 일수에 평균임금을 곱한 금액을 지급한다.

④ 재요양 후의 장해급여의 산정에 적용할 평균임금은 종전의 장해급여의 산정에 적용된 평균임금(장해급여를 받지 아니한 경우에는 종전의 요양종결 당시의 평균임금)을 제22조에 따라 증감한 금액으로 한다.

⑤ 재요양 후 장해보상연금을 지급하는 경우에는 법 제57조제4항을 적용하지 아니한다. 다만, 종전에 장해급여의 대상에 해당되지 않았던 사람이 재요양 후에 장해보상연금을 지급받게 되는 경우에는 그러하지 아니하다.

제6절 간병급여

제59조(간병급여의 지급 기준 및 방법) ① 법 제61조제1항에 따른 간병급여의 지급 대상은 별표 7과 같다.

② 간병급여는 제1항에 따른 간병급여의 지급 대상에 해당되는 사람이 실제로 간병을 받은 날에 대하여 지급한다.

③ 간병급여의 지급 기준은 「통계법」 제3조에 따른 지정통계 중 고용노동부장관이 작성하는 고용형태별 근로실태조사의 직종별 월급여총액 등을 기초로 하여 고용노동부장관이 고시하는 금액으로 한다. 이 경우 수시 간병급여의 대상자에게 지급할 간병급여의 금액은 상시 간병급여의 지급 대상자에게 지급할 금액의 3분의 2에 해당하는 금액으로 한다.

④ 제1항에도 불구하고 간병급여의 대상자가 무료요양소 등에 들어가 간병 비용을 지출하지 않았거나, 제3항에 따른 지급 기준보다 적은 금액을 지출한 경우에는 실제 지출한 금액을 지급한다.

⑤ 간병급여 수급권자가 법 제51조에 따라 재요양을 받는 경우 그 재요양 기간 중에는 간병급여를 지급하지 않는다.

⑥ 간병급여의 청구 방법 등은 고용노동부령으로 정한다.

제7절 유족급여

제60조(유족보상연금 청구에 관한 대표자 선임 등) ① 유족보상연금 수급권자가 2명 이상 있을 때에는 그 중 1명을 유족보상연금의 청구와 수령에 관한 대표자로 선임할 수 있다.

② 제1항에 따라 대표자를 선임하거나 그 선임된 대표자를 해임한 경우에는 지체 없이 그 선임 또는 해임을 증명할 수 있는 서류를 첨부하여 공단에 신고하여야 한다.

제61조(생계를 같이 하는 유족의 범위) 법 제63조제1항 각 호 외의 부분 전단에서 "근로자와 생계를 같이 하고 있던 유족"이란 근로자가 사망할 당시에 다음 각 호의 어느 하나에 해당하는 사람을 말한다.

1. 근로자와 「주민등록법」에 따른 주민등록표상의 세대를 같이 하고 동거하던 유족으로서 근로자의 소득으로 생계의 전부 또는 상당 부분을 유지하고 있던 사람
2. 근로자의 소득으로 생계의 전부 또는 상당 부분을 유지하고 있던 유족으로서 학업 · 취업 · 요양, 그 밖에 주거상의 형편 등으로 주민등록을 달리하였거나 동거하지 않았던 사람
3. 제1호 및 제2호에 따른 유족 외의 유족으로서 근로자가 정기적으로 지급하는 금품이나 경제적 지원으

로 생계의 전부 또는 대부분을 유지하고 있던 사람

제62조(유족보상연금의 지급정지 등) ① 법 제64조제2항에 따라 유족보상연금을 받을 권리가 이전된 경우에 유족보상연금을 새로 지급받으려는 사람은 공단에 유족보상연금 수급권자 변경신청을 하여야 한다.

② 법 제64조제3항에 따라 유족보상연금 수급권자가 3개월 이상 행방불명이면 같은 순위자(같은 순위자가 없는 경우에는 다음 순위자)의 신청에 따라 행방불명된 달의 다음 달 분부터 그 행방불명 기간 동안 그 행방불명된 사람에 대한 유족보상연금의 지급을 정지하고, 법 제62조제2항 및 법 별표 3에 따라 산정한 금액을 유족보상연금으로 지급한다. 이 경우 행방불명된 종전의 유족보상연금 수급권자는 법 제62조제2항 및 법 별표 3에 따른 가산금액이 적용되는 유족보상연금 수급자격자로 보지 않는다.

③ 제2항 전단에 따라 유족보상연금의 지급이 정지된 사람은 언제든지 그 지급정지의 해제를 신청할 수 있다.

제63조(유족보상연금액의 조정) 공단은 다음 각 호의 사유가 발생하면 유족보상연금 수급권자의 청구에 의하거나 직권으로 그 사유가 발생한 달의 다음 달 분부터 유족보상연금의 금액을 조정한다.

1. 근로자의 사망 당시 태아였던 자녀가 출생한 경우
2. 제62조제3항에 따라 지급정지가 해제된 경우
3. 유족보상연금 수급자격자가 법 제64조제1항에 따라 자격을 잃은 경우
4. 유족보상연금 수급자격자가 행방불명이 된 경우

제8절 상병보상연금

제64조(상병보상연금의 지급 등) ① 법 제66조부터 제69조까지의 규정에 따른 상병보상연금을 받으려는 사람은 중증요양상태를 증명할 수 있는 의사의 진단서를 첨부하여 공단에 청구하여야 한다.

② 공단은 상병보상연금을 받고 있는 근로자의 중증요양상태등급이 변동되면 수급권자의 청구에 의하여 또는 직권으로 그 변동된 날부터 새로운 중증요양상태등급에 따른 상병보상연금을 지급한다.

③ 상병보상연금을 받고 있는 근로자가 제2항에 따라 중증요양상태등급의 변동에 따른 상병보상연금을 청구할 때에는 변동된 중증요양상태를 증명할 수 있는 의사의 진단서를 첨부하여야 한다.

제65조(중증요양상태등급 기준 등) ① 법 제66조부터 제69조까지의 규정에 따른 상병보상연금을 지급하기 위한 중증요양상태등급 기준은 별표 8과 같다.

② 중증요양상태가 둘 이상 있는 경우의 중증요양상태등급의 조정에 관하여는 제53조제2항을 준용한다. 이 경우 "장해등급"은 "중증요양상태등급"으로 보고, "장해"는 "중증요양상태"로 보며, 별표 6의 제4급부터 제14급까지의 장해등급의 기준은 각각 해당하는 등급의 중증요양상태등급으로 본다.

③ 기존의 중증요양상태가 새로운 업무상 부상 또는 질병으로 정도가 심해진 경우에 심해진 중증요양상태등급에 대한 상병보상연금의 산정은 심해진 중증요양상태등급에 해당하는 상병보상연금의 지급일수에서 기존의 중증요양상태등급에 해당하는 상병보상연금의 지급일수를 뺀 일수에 연금 지급 당시의 평균임금을 곱하여 산정한 금액으로 한다.

제9절 장의비

제66조(장의비 최고 · 최저금액의 산정) ① 법 제71조제2항에 따른 장의비의 최고금액 및 최저금액은 다음 각 호의 구분에 따라 산정한다.

1. 장의비 최고금액: 전년도 장의비 수급권자에게 지급된 1인당 평균 장의비 90일분+법 제36조제7항에 따른 최고 보상기준 금액의 30일분
2. 장의비 최저금액: 전년도 장의비 수급권자에게 지급된 1인당 평균 장의비 90일분+법 제36조제7항에

따른 최저 보상기준 금액의 30일분

② 장의비 최고금액 및 최저금액을 산정할 때 10원 미만은 버린다.

③ 장의비 최고금액 및 최저금액의 적용기간은 다음 연도 1월 1일부터 12월 31일까지로 한다.

제10절 직업재활급여

제67조(직업재활 지원) ① 공단은 업무상의 재해를 입은 사람의 직업재활을 위하여 그 근로자가 요양을 받는 기간이나 요양종결 후에 심리상담, 직업재활에 필요한 정보의 제공, 그 근로자의 직업욕구나 직업능력 등을 고려한 직업평가, 직업복귀계획 수립의 지원이나 그 밖에 필요한 지원을 할 수 있다.

② 공단은 업무상의 재해를 입은 사람에게 제1항에 따른 직업재활의 지원이 필요하면 상담 · 평가 또는 그 밖의 협조를 요청할 수 있다.

제68조(직업재활급여 대상자) ① 법 제72조제1항제1호에 따른 훈련대상자(이하 "훈련대상자"라 한다)는 다음 각 호의 요건을 모두 갖춘 사람으로 한다.

1. 다음 각 목의 어느 하나에 해당할 것
   가. 장해등급등 제1급부터 제12급까지의 어느 하나에 해당할 것
   나. 업무상의 사유로 발생한 부상 또는 질병으로 인하여 요양 중으로서 그 부상 또는 질병의 상태가 치유 후에도 장해등급 제1급부터 제12급까지의 어느 하나에 해당할 것이라는 내용의 의학적 소견이 있을 것
2. 삭제
3. 취업하고 있지 아니한 사람일 것. 이 경우 취업의 범위는 고용노동부령으로 정한다.
4. 다른 직업훈련을 받고 있지 아니할 것
5. 제67조제1항에 따른 직업복귀계획을 수립하였을 것

② 제1항제3호에도 불구하고 직업훈련을 받고 있는 훈련대상자가 직업훈련 기간 중에 취업을 한 경우에는 그 직업훈련 과정이 끝날 때까지 직업훈련을 받게 할 수 있되, 취업한 기간에 대하여는 직업훈련수당을 지급하지 않는다.

③ 제1항에 따른 훈련대상자가 직업훈련 기간에 대하여 「고용보험법」에 따른 구직급여를 받은 경우에는 직업훈련을 받게 할 수 있되, 직업훈련수당은 지급하지 않는다.

④ 법 제72조제1항제2호에 따른 장해급여자(이하 "장해급여자"라 한다)는 해당 사업에 복귀할 때 제1항제1호에 해당하는 사람으로 한다.

제69조(직업훈련비용의 지급 제한) 법 제73조제2항 단서에서 "대통령령으로 정하는 경우"란 직업훈련기관이 해당 훈련대상자의 직업훈련과 관련하여 다음 각 호의 어느 하나에 해당하는 경우를 말한다.

1. 「장애인고용촉진 및 직업재활법」 제11조에 따른 직업적응훈련 및 같은 법 제12조에 따른 직업능력개발훈련의 지원을 받은 경우
2. 「고용보험법」 제29조에 따른 직업능력개발훈련의 지원을 받은 경우
3. 「근로자직업능력 개발법」 제11조의2, 제12조, 제15조 및 제17조에 따른 직업능력개발훈련의 지원을 받은 경우
4. 훈련대상자를 고용하려는 사업주가 직업훈련비용을 부담한 경우
5. 그 밖에 법 또는 다른 법령에 따라 직업훈련비용에 상당하는 지원을 받은 경우

제70조(직장복귀지원금 등의 지급 요건 등) ① 법 제75조제2항에 따른 직장복귀지원금은 사업주가 장해급여자에 대하여 요양종결일 또는 직장복귀일부터 6개월 이상 고용을 유지하고 그에 따른 임금을 지급한 경우

에 지급한다. 다만, 장해급여자가 요양종결일 또는 직장복귀일부터 6개월이 되기 전에 자발적으로 퇴직한 경우에는 그 퇴직한 날까지의 직장복귀지원금을 지급한다.

② 법 제75조제3항에 따른 직장적응훈련비는 사업주가 장해급여자에 대하여 그 직무수행이나 다른 직무로 전환하는 데에 필요한 직장적응훈련을 실시한 경우로서 다음 각 호의 요건 모두에 해당하는 경우에 지급한다.

1. 요양종결일 또는 직장복귀일 직전 3개월부터 요양종결일 또는 직장복귀일 이후 6개월 이내에 직장적응훈련을 시작하였을 것
2. 직장적응훈련이 끝난 날의 다음 날부터 6개월 이상 해당 장해급여자에 대한 고용을 유지하였을 것. 다만, 장해급여자가 직장적응훈련이 끝난 날의 다음 날부터 6개월이 되기 전에 자발적으로 퇴직한 경우에는 그러하지 아니하다.

③ 법 제75조제3항에 따른 재활운동비는 사업주가 장해급여자에 대하여 그 직무수행이나 다른 직무로 전환하는 데 필요한 재활운동을 실시한 경우로서 다음 각 호의 요건 모두에 해당하는 경우에 지급한다.

1. 요양종결일 또는 직장복귀일부터 6개월 이내에 재활운동을 시작하였을 것
2. 재활운동이 끝난 날의 다음 날부터 6개월 이상 해당 장해급여자에 대한 고용을 유지하였을 것. 다만, 장해급여자가 재활운동이 끝난 날의 다음 날부터 6개월이 되기 전에 자발적으로 퇴직한 경우에는 그렇지 않다.

④ 제1항부터 제3항까지의 규정에 따른 요양종결일 또는 직장복귀일을 적용할 때, 장해급여자 중 장해급여를 받은 자는 요양종결일을 적용하고 장해급여를 받을 것이 명백한 자는 직장복귀일을 적용한다.

제71조(직장복귀지원금 등의 지급 제한) ①법 제75조제4항에서 "대통령령으로 정하는 경우"란 장해급여자를 고용한 사업주가 다음 각 호의 어느 하나에 해당하는 경우를 말한다.

1. 「고용보험법」 제23조 · 제27조 · 제32조에 따른 지원을 받은 경우
2. 「장애인고용촉진 및 직업재활법」 제30조에 따른 고용장려금을 받은 경우
3. 「근로자직업능력 개발법」 제20조제1항에 따른 지원을 받은 경우
4. 그 밖에 법이나 다른 법령에 따라 직장복귀지원금 · 직장적응훈련비 또는 재활운동비에 해당하는 금액을 받은 경우
5. 삭제

② 법 제75조제5항에서 "「장애인고용촉진 및 직업재활법」 제28조에 따른 의무로써 장애인을 고용한 경우 등 대통령령으로 정하는 경우"란 장해급여자를 고용한 사업주가 다음 각 호의 어느 하나에 해당하는 경우를 말한다.

1. 「장애인고용촉진 및 직업재활법」 제28조에 따른 고용의무가 있는 장애인을 고용한 경우(직장복귀지원금만을 지급하지 아니한다)
2. 직장복귀지원금을 받을 목적으로 장해급여자가 사업에 복귀하기 3개월 전부터 복귀 후 6개월 이내에 다른 장해급여자 또는 「장애인고용촉진 및 직업재활법」에 따른 장애인을 그 사업에서 퇴직하게 한 경우

제11절 보험급여의 일시지급 등

제72조(보험급여의 일시지급 기준) 법 제76조제2항 각 호 외의 부분 전단에서 "대통령령으로 정하는 방법에 따라 각각 환산한 금액"이란 같은 항 각 호에 따른 보험급여의 금액에서 각각 그 금액의 100분의 2에 해당하는 금액을 뺀 금액을 말한다. 이 경우 상병보상연금은 그 산정 기준이 되는 중증요양상태등급과 같은 장해등급의 장해보상일시금에 해당하는 금액으로 하고, 장해급여 중 장해보상연금은 그 장해등급의 장해

보상일시금으로 한다.

제72조의2(합병증 등 예방관리 조치대상 등) ① 법 제77조제1항에 따른 합병증 등 재요양 사유가 발생할 우려가 있는 자(이하 "합병증등예방관리대상자"라 한다)는 공단이 자문의사의 자문 또는 제43조에 따른 자문의사회의의 심의를 거쳐 합병증 등의 예방관리가 필요하다고 결정한 사람으로 한다.

② 공단은 합병증등예방관리대상자에게 산재보험 의료기관에서 다음 각 호의 어느 하나에 해당하는 조치를 받게 하고 예산의 범위에서 해당 비용을 지원할 수 있다. 이 경우 비용의 산정 기준은 법 제40조제5항에 따른 요양급여의 산정 기준에 따른다.

1. 진찰 및 검사 2. 약제 또는 진료재료의 처방 3. 수술을 제외한 처치, 그 밖의 치료
4. 재활치료 5. 입원

③ 합병증등예방관리대상자의 결정 기준 및 절차, 제2항에 따른 조치비용의 인정 범위, 그 밖에 필요한 사항은 공단이 정한다.

제73조(장해특별급여의 지급기준 등) ① 법 제78조제1항 본문에서 "대통령령으로 정하는 장해등급 또는 진폐장해등급"이란 별표 6에 따른 제1급부터 제3급까지의 장해등급 또는 별표 11의2에 따른 제1급부터 제3급까지의 진폐장해등급을 말한다.

② 법 제78조제1항 본문에서 "대통령령으로 정하는 장해특별급여"란 평균임금의 30일분에 별표 9에 따른 장해등급 및 진폐장해등급별 노동력 상실률과 별표 11에 따른 취업가능기간에 대응하는 라이프니츠 계수를 곱하여 산정한 금액에서 법 제57조에 따른 장해보상일시금(진폐보상연금을 지급받는 경우에는 진폐장해등급과 같은 장해등급에 해당하는 장해보상일시금을 말한다)을 뺀 금액을 말한다.

③ 제2항에서 취업가능기간은 장해등급등이 판정된 날부터 단체협약 또는 취업규칙에서 정하는 취업정년까지로 한다. 이 경우 단체협약 또는 취업규칙에서 취업정년을 정하고 있지 아니하면 60세를 취업정년으로 본다.

제74조(유족특별급여의 지급기준 등) ① 법 제79조제1항에서 "대통령령으로 정하는 유족특별급여"란 평균임금의 30일분에서 사망자 본인의 생활비(평균임금의 30일분에 별표 10에 따른 사망자 본인의 생활비 비율을 곱하여 산정한 금액을 말한다)를 뺀 후 별표 11에 따른 취업가능개월수에 대응하는 라이프니츠 계수를 곱하여 산정한 금액에서 법 제62조에 따른 유족보상일시금을 뺀 금액을 말한다.

② 제1항의 취업가능개월수의 산정에 관하여는 제73조제3항을 준용한다. 이 경우 "장해등급이 판정된 날"은 "사망한 날"으로 본다.

제75조(특별급여액의 징수) ① 보험가입자는 법 제78조제3항 및 법 제79조제2항에 따라 장해특별급여액 또는 유족특별급여액의 납부통지를 받으면 그 금액을 1년에 걸쳐 4회로 분할납부할 수 있다.

② 제1항에 따라 장해특별급여액 또는 유족특별급여액을 분할납부하려는 경우 최초의 납부액은 납부통지를 받은 날이 속하는 분기의 말일까지 납부하고, 그 이후의 납부액은 각각 그 분기의 말일까지 납부하여야 한다.

제76조(다른 보상이나 배상과의 조정 기준) 법 제80조제3항 본문에서 "대통령령으로 정하는 방법에 따라 환산한 금액"이란 수급권자가 지급받은 금품의 가액(이 법에 따라 보험급여를 산정할 당시의 가액을 말한다)을 말하되, 요양서비스를 제공받은 경우에는 그 요양에 드는 비용으로 환산한 금액을 말한다.

제77조(미지급 보험급여 수급권자의 결정 등) 법 제81조에 따른 미지급 보험급여 수급권자의 결정에 관하여는 법 제65조제1항 · 제2항 및 제4항을 준용한다.

제77조의2(보험급여수급계좌) ① 법 제82조제2항 단서에서 "정보통신장애나 그 밖에 대통령령으로 정하는 불가피한 사유"란 다음 각 호의 어느 하나에 해당하는 경우를 말한다.

1. 법 제82조제2항 본문에 따른 보험급여수급계좌(이하 "보험급여수급계좌"라 한다)가 개설된 금융기관이 폐업, 업무정지, 정보통신장애 등으로 정상영업이 불가능하여 보험급여를 보험급여수급계좌로 이체할 수 없는 경우

2. 그 밖에 고용노동부장관이 보험급여를 보험급여 지급 결정일부터 14일 이내에 보험급여수급계좌로 이체하는 것이 불가능하다고 인정하는 경우

② 공단은 법 제82조제2항 단서에 따라 보험급여를 보험급여수급계좌로 이체할 수 없을 때에는 수급권자에게 해당 보험급여를 직접 현금으로 지급할 수 있다.

③ 공단은 수급권자가 법 제82조제2항 본문에 따른 신청을 하면 보험급여를 보험급여수급계좌로 받을 수 있다는 사실을 수급권자에게 안내해야 한다.

제78조(보험급여 지급 제한의 범위 등) ① 공단은 보험급여 수급권자가 법 제83조제1항제1호에 해당하면 보험급여의 지급을 제한하기로 결정한 날 이후에 지급사유가 발생하는 휴업급여 또는 상병보상연금의 20일분(지급사유가 발생한 기간이 20일 미만이면 그 기간 해당분)에 상당하는 금액을 지급하지 않는다.

② 공단은 장해보상연금 또는 진폐보상연금 수급권자가 법 제83조제1항제2호에 해당하면 다음 각 호에 따라 장해급여를 지급한다.

1. 장해상태가 종전의 장해등급등보다 심해진 경우에도 종전의 장해등급등에 해당하는 장해보상연금 또는 진폐보상연금 지급

2. 장해상태가 종전의 장해등급등보다 호전되었음이 의학적 소견 등으로 확인되는 경우로서 재판정 전에 장해상태를 악화시킨 경우에는 그 호전된 장해등급등에 해당하는 장해급여 또는 진폐보상연금 지급

제79조(부당이득의 징수) ① 공단은 법 제84조에 따른 부당이득을 징수하기로 결정하면 지체 없이 납부 책임이 있는 사람에게 그 금액을 낼 것을 알려야 한다.

② 제1항에 따른 통지를 받은 자는 그 통지를 받은 날부터 30일 이내에 그 금액을 내야 한다.

제79조의2(부정수급자 명단 공개 제외 사유) 법 제84조의2제2항에서 "부정수급자 또는 연대책임자의 사망으로 명단 공개의 실효성이 없는 경우 등 대통령령으로 정하는 경우"란 다음 각 호의 어느 하나에 해당하는 경우를 말한다.

1. 법 제84조의2제1항 각 호 외의 부분 전단에 따른 부정수급자 또는 같은 항 각 호 외의 부분 후단에 따른 연대책임자가 사망한 경우

2. 법 제84조의2제1항 각 호 외의 부분 전단에 따른 부정수급자 또는 같은 항 각 호 외의 부분 후단에 따른 연대책임자가 법 제84조제1항에 따라 공단이 징수해야 하는 금액의 100분의 30 이상을 납부한 경우

3. 「채무자 회생 및 파산에 관한 법률」 제243조에 따른 회생계획인가의 결정에 따라 공단이 법 제84조제1항에 따라 징수해야 하는 금액에 대한 징수를 유예받고 그 유예기간 중에 있거나 해당 금액을 회생계획의 납부일정에 따라 납부하고 있는 경우

4. 공단이 법 제84조의2제1항 각 호 외의 부분 전단에 따른 부정수급자의 재산상황, 미성년자 해당 여부 및 그 밖의 사정 등을 고려하여 명단 공개의 실익이 없거나 공개하는 것이 부적절하다고 인정하는 경우

제80조(보험급여 등의 충당 한도 및 절차) ① 공단이 법 제86조에 따라 보험급여 · 진료비 및 약제비를 충당하는 경우의 충당 한도는 다음 각 호와 같다.

1. 법 제84조제1항에 따른 부당이득을 받은 사람에게 지급할 보험급여(법 제75조에 따른 직장복귀지원금 · 직장적응훈련비 또는 재활운동비는 제외한다)가 있으면 그 지급할 보험급여에 10분의 1을 곱한 금액. 다만, 보험급여 수급권자가 고용노동부령으로 정하는 바에 따라 서면으로 10분의 1을 넘는 금액의 충당에 동의하면 그 동의한 금액을 말한다.

2. 법 제84조제1항에 따른 부당이득을 받은 사람 또는 같은 조 제2항에 따른 연대책임이 있는 자가 보험가입자인 경우에는 그 보험가입자에게 지급할 보험급여의 금액(그 보험가입자가 법 제89조에 따라 보험급여를 받을 권리를 대위하는 경우에는 그 대위하는 금액을 포함한다)
3. 법 제84조제2항에 따른 연대책임이 있는 산재보험 의료기관에 지급할 진료비가 있으면 그 지급할 진료비에 해당하는 금액
4. 법 제84조제3항에 따른 부당이득을 받은 산재보험 의료기관이나 약국에 지급할 진료비나 약제비가 있으면 그 지급할 진료비나 약제비에 해당하는 금액

② 공단은 제1항에 따라 충당을 하려면 보험급여 수급권자, 보험가입자, 산재보험 의료기관 또는 약국의 의견을 들어야 하며, 충당을 결정하면 지체 없이 보험급여 수급권자, 보험가입자, 산재보험 의료기관 또는 약국에 그 사실을 알려야 한다.

제81조(제3자로부터 배상받은 사람에 대한 보험급여의 조정) 보험급여 수급권자가 제3자로부터 손해배상을 받은 경우에 그 손해배상금을 법 제87조제2항에 따라 보험급여를 지급하지 않는 금액으로 환산할 때 그 환산방법에 관하여는 제76조를 준용한다.

제81조의2(보험급여에 대한 압류 금지) 법 제88조제3항에서 "대통령령으로 정하는 액수"란 법 제82조제2항 본문에 따라 보험급여수급계좌에 입금된 금액 전액을 말한다.

제82조(수급권의 대위) ① 법 제89조에 따라 보험가입자(보험료징수법 제2조제5호에 따른 하수급인을 포함한다. 이하 이 조에서 같다)가 보험급여 수급권자의 보험급여 수급권을 대위하여 보험급여를 지급받으려는 경우에는 법에 따른 보험급여의 지급 사유와 같은 사유로 보험급여에 상당하는 금품을 수급권자에게 지급한 사실을 증명하는 서류를 첨부하여 공단에 청구하여야 한다.

② 공단은 제1항에 따라 보험가입자가 보험급여 수급권을 대위하여 청구하면 그 보험급여 수급권자가 해당 보험급여에 상당하는 금품을 받았는지를 확인하여야 한다.

③ 보험가입자가 법 제89조에 따라 보험급여 수급권자에게 장해급여 또는 유족급여에 상당하는 금품을 지급한 경우에는 각각 장해보상일시금 또는 유족보상일시금에 상당하는 금품을 지급한 것으로 본다.

제83조(보험급여 원부의 작성) ① 공단은 보험급여를 지급하면 그 보험급여를 받은 근로자별 보험급여 원부를 작성하여야 한다.

② 공단은 보험급여와 관계있는 사람이 신청하면 보험급여 원부를 열람시켜야 하며, 필요한 경우에는 증명서를 발급할 수 있다.

제3장의2 진폐에 따른 보험급여의 특례

제83조의2(진폐판정 및 보험급여 결정 기준) ① 법 제91조의8제1항 및 제2항에 따른 진폐근로자에 대한 진폐판정 및 보험급여의 지급 여부 결정에 필요한 진폐병형 기준, 심폐기능의 정도 판정기준, 진폐장해등급 기준 및 합병증 등에 따른 요양대상인정기준은 별표 11의2와 같다.

② 법 제91조의8제3항에 따른 합병증 등으로 심폐기능의 정도를 판정하기 곤란한 진폐근로자에 대한 진폐장해등급의 결정기준은 별표 11의3과 같다.

제83조의3(진폐에 따른 사망 여부 판단 시 고려사항) 법 제91조의10에 따라 진폐에 따른 사망 여부를 판단하는 때에 고려하여야 하는 사항은 진폐병형, 심폐기능, 합병증, 성별, 연령 등으로 한다.

제4장 근로복지 사업

제84조(국민건강보험 요양급여 비용의 본인 일부 부담금의 대부 대상) 법 제93조제1항에서 "대통령령으로 정

하는 자"란 다음 각 호의 요건 모두에 해당하는 사람을 말한다.

1. 근로자가 법 제41조제1항에 따라 요양급여를 신청한 날부터 30일이 지날 때까지 공단이 요양급여에 관한 결정을 하지 아니하였을 것
2. 그 근로자의 업무와 요양급여의 신청을 한 질병 간에 상당인과관계가 있을 것으로 추정된다는 의학적 소견이 있을 것

제85조(대부금의 충당 한도 및 절차) ① 공단이 법 제93조제2항에 따라 충당할 때 그 충당 한도는 그 대부를 받은 사람에게 지급할 요양급여의 전액으로 한다.

② 공단은 제1항에 따라 충당을 하려면 해당 요양급여 수급권자의 의견을 들어야 하며, 충당 결정을 하면 지체 없이 그 사실을 요양급여 수급권자에게 알려야 한다.

제5장 산업재해보상보험및예방기금

제85조의2(출연금의 산정 기준 등) 고용노동부장관은 법 제96조제1항제7호에 따라 기금으로부터 「국민건강보험법」 제13조에 따른 국민건강보험공단(이하 "건강보험공단"이라 한다)에 출연하는 금액을 산정하기 위하여 그 금액의 규모 · 산정기준 등에 관하여 필요한 사항을 보건복지부장관과 협의하여 정한다.

제85조의3(출연금의 용도 등) ① 공단, 「한국산업안전보건공단법」에 따른 한국산업안전보건공단(이하 "안전보건공단"이라 한다) 및 건강보험공단은 법 제96조제1항제3호 · 제6호 및 제7호에 따른 출연금(이하 "출연금"이라 한다)을 다음 각 호의 구분에 따른 용도로만 사용하여야 한다.

1. 공단: 법 제11조에 따른 사업에 필요한 경비 및 이에 수반되는 경비
2. 안전보건공단: 「한국산업안전보건공단법」 제6조에 따른 사업에 필요한 경비 및 이에 수반되는 경비
3. 건강보험공단: 보험료징수법 제4조에 따른 징수업무를 수행하는 데 필요한 경비 및 이에 수반되는 경비

② 고용노동부장관은 공단, 안전보건공단 및 건강보험공단(이하 "피출연자"라 한다)이 출연금을 제1항의 용도 외로 사용한 경우에는 그에 해당하는 금액을 회수하여야 한다.

③ 피출연자는 출연금을 별도의 계정을 설치하여 관리하여야 하며, 그 계정에서 발생한 이자수입은 고용노동부장관의 승인을 받아 제1항 각 호의 용도로 사용하거나 손실금 보전에 사용할 수 있다.

④ 피출연자는 매 분기(分期)의 다음 달 10일까지 그 분기의 출연금 집행실적을 고용노동부장관에게 보고하여야 한다.

제85조의4(출연금의 추가 출연 및 반납) ① 피출연자는 출연금이 제85조의3제1항 각 호의 비용을 충당하기에 부족한 경우에는 고용노동부장관에게 추가 출연을 요청할 수 있다.

② 고용노동부장관은 피출연자가 제1항에 따라 요청한 내용을 검토하여 타당성이 인정되는 경우에는 추가로 출연할 수 있다.

③ 피출연자는 보험연도 내에 위탁받아 하는 사업(이하 이 항에서 "목적사업"이라 한다)에 사용하고 남은 출연금이 있는 경우에는 이를 고용노동부장관에게 반납하여야 한다. 다만, 고용노동부장관의 승인을 받은 경우에는 다음 연도에 이월하여 목적사업에 사용할 수 있다.

제86조(기금의 운용) ① 법 제97조제2항제5호에서 "대통령령으로 정하는 사업"이란 다음 각 호의 사업을 말한다.

1. 근로자 후생복지 사업을 위한 융자
2. 「자본시장과 금융투자업에 관한 법률」 제4조에 따른 증권의 매입
3. 법 제95조에 따른 산업재해보상보험및예방기금(이하 "기금"이라 한다)의 증식을 위한 부동산의 취득 및 처분

② 법 제97조제3항에서 “대통령령으로 정하는 수준”이란 「은행법」에 따른 금융기관으로서 전국을 영업구역으로 하는 금융기관의 1년 만기 정기예금 이자율을 고려하여 고용노동부장관이 정하는 수익률을 말한다. 이 경우 고용노동부장관은 기획재정부장관과 협의하여 제1항에 따른 근로자 후생복지 사업을 위한 융자의 이자율을 다른 사업의 수익률과 달리 정할 수 있다.

제87조(기금계정의 설치) 고용노동부장관은 한국은행에 기금계정을 설치하여야 한다.

제88조(보험료 등의 기금 납입 등) ① 공단은 징수한 보험료와 그 밖의 징수금을 기금계정에 납입하여야 한다.

② 공단은 징수한 전월분의 보험료와 그 밖의 징수금, 미수금 등의 징수 현황을 매월 말일까지 고용노동부장관에게 문서로 보고하여야 한다.

제89조(기금운용계획) 법 제98조에 따른 기금운용계획에는 다음 각 호의 사항이 포함되어야 한다.

1. 기금의 수입 및 지출에 관한 사항
2. 해당 연도의 사업계획, 지출원인행위계획 및 자금계획에 관한 사항
3. 전년도 이월자금의 처리에 관한 사항
4. 책임준비금에 관한 사항
5. 그 밖에 기금 운용에 필요한 사항

제90조(책임준비금의 산정 기준 등) ① 고용노동부장관은 법 제99조제3항에 따라 매년 12월 31일을 기준으로 전년도 1월 1일부터 12월 31일까지 지급 결정한 보험급여의 총액을 다음 연도의 책임준비금으로 산정하여야 한다.

② 고용노동부장관은 제1항에 따라 산정된 책임준비금을 초과한 적립금 보유액이 있는 경우에는 장래의 보험급여 지급에 사용하기 위하여 적립하여야 한다.

③ 고용노동부장관은 징수한 보험료의 총액과 지급한 보험급여의 총액을 3년마다 분석하여 수입과 지출의 균형을 유지하도록 노력하여야 한다.

제91조(기금의 회계기관 등) ① 고용노동부장관은 기금의 수입과 지출에 관한 사무를 수행하기 위하여 소속 공무원 중에서 기금수입징수관 · 기금재무관 · 기금지출관 및 기금출납공무원을 임명하여야 한다.

② 공단 또는 「한국산업안전보건공단법」에 따른 한국산업안전보건공단의 이사장은 법 제97조제5항에 따라 기금의 관리 · 운용에 관한 업무를 위탁받은 경우에는 상임이사 중에서 기금수입 담당이사 및 기금지출원인행위 담당이사를, 그 직원 중에서 기금지출 직원 및 기금출납 직원을 각각 임명할 수 있으며, 이를 고용노동부장관에게 보고하여야 한다. 이 경우 기금수입 담당이사는 기금수입징수관의 직무를, 기금지출원인행위 담당이사는 기금재무관의 직무를, 기금지출 직원은 기금지출관의 직무를, 기금출납 직원은 기금출납공무원의 직무를 각각 수행한다.

③ 고용노동부장관은 제1항 및 제2항에 따른 기금수입징수관, 기금재무관, 기금지출관, 기금출납공무원, 기금수입 담당이사, 기금지출원인행위 담당이사, 기금지출 직원 및 기금출납 직원의 임명사항을 감사원장 및 한국은행총재에게 각각 알려야 한다.

제92조(기금의 지출원인행위) ① 고용노동부장관은 기금재무관에게 기금의 월별 지출 한도액을 배정하고 이를 기금지출관에게 알려야 한다.

② 기금재무관은 제1항에 따라 배정된 한도액의 범위에서 지출원인행위를 하여야 한다.

제93조(기금의 지출) ① 기금재무관이 기금지출관에게 기금을 지출하게 할 때에는 지출원인행위 관계 서류를 기금지출관에게 보내야 한다.

② 기금지출관은 기금재무관의 지출원인행위에 따라 기금을 지출하려면 한국은행, 「은행법」에 따른 금융기관 또는 체신관서를 지급인으로 하는 수표를 발행하여야 한다.

③ 기금재무관이 지출원인행위를 한 후 불가피한 사유로 그 회계연도 내에 지출하지 못한 금액은 다음

연도에 이월하여 집행할 수 있다.

제94조(현금 취급의 금지) 기금지출관과 기금출납공무원은 현금을 보관하거나 출납할 수 없다. 다만, 「국고금관리법」 제24조에 따른 관서운영경비의 경우에는 현금을 보관하거나 출납할 수 있다.

제95조(기금의 결산보고) 고용노동부장관은 회계연도마다 「국가회계법」 제14조에 따른 결산보고서를 작성하여 다음 회계연도 2월 말까지 기획재정부장관에게 제출하여야 한다.

1. 기금결산의 상황
2. 재정상태표, 재정운용표, 순자산변동표 등 재무제표
3. 기금의 운용계획과 실적의 대비표
4. 수입 및 지출계산서
5. 그 밖에 결산의 내용을 명백히 하기 위하여 필요한 서류

제6장 심사 청구 및 재심사 청구

제96조(심사 청구의 방식) ① 법 제103조에 따른 심사 청구는 다음 각 호의 사항을 적은 문서(이하 "심사 청구서"라 한다)로 하여야 한다.

1. 심사 청구인의 이름 및 주소(심사 청구인이 법인인 경우에는 그 명칭 · 소재지 및 대표자의 이름)
2. 심사 청구의 대상이 되는 법 제103조제1항 각 호의 결정(이하 "보험급여 결정등"이라 한다) 내용
3. 보험급여 결정등이 있음을 안 날
4. 심사 청구의 취지 및 이유
5. 심사 청구에 관한 고지의 유무 및 고지의 내용

② 심사 청구인이 재해를 입은 근로자가 아닌 경우(법 제103조제1항 제2호 및 제3호에 따른 심사 청구의 경우는 제외한다)에는 심사 청구서에 제1항 각 호의 사항 외에 다음 각 호의 사항을 적어야 한다.

1. 재해를 입은 근로자의 이름
2. 재해를 입은 근로자의 재해 당시 소속 사업의 명칭 및 소재지

③ 심사 청구를 선정대표자 또는 대리인이 제기하는 것이면 제1항 및 제2항에 따른 사항 외에 선정대표자 또는 대리인의 이름과 주소를 심사 청구서에 적어야 한다.

④ 심사 청구서에는 심사 청구인 또는 대리인이 서명하거나 날인하여야 한다.

제97조(보정 및 각하) ① 공단은 심사 청구가 법 제103조제3항에 따른 기간이 지나 제기되었거나 법령의 방식을 위반하여 보정(補正)할 수 없는 경우 또는 제2항 본문에 따른 기간에 보정하지 아니한 경우에는 각하결정을 하여야 한다.

② 심사 청구가 법령의 방식을 위반한 것이라도 보정할 수 있는 경우에는 공단은 상당한 기간을 정하여 심사 청구인에게 보정할 것을 요구할 수 있다. 다만, 보정할 사항이 경미한 경우에는 공단이 직권으로 보정할 수 있다.

③ 공단은 제2항 단서에 따라 직권으로 심사 청구를 보정한 경우에는 그 사실을 심사청구인에게 알려야 한다.

제98조(보험급여 결정등의 집행정지) ① 심사 청구는 해당 보험급여 결정등의 집행을 정지시키지 않는다. 다만, 공단은 그 집행으로 발생할 중대한 손실을 피하기 위하여 긴급한 필요가 있다고 인정하면 그 집행을 정지시킬 수 있다.

② 공단은 제1항 단서에 따라 집행을 정지시킨 경우에는 지체 없이 심사 청구인 및 해당 보험급여 결정등을 한 공단의 소속 기관에 문서로 알려야 한다.

③ 제2항에 따른 문서에는 다음 각 호의 사항을 적어야 한다.

1. 심사 청구 사건명
2. 집행정지 대상인 보험급여 결정등 및 집행정지의 내용

3. 심사 청구인의 이름 및 주소　　4. 집행정지의 이유

제99조(산업재해보상보험심사위원회의 구성) ① 법 제104조제1항에 따른 산업재해보상보험심사위원회(이하 "심사위원회"라 한다)는 위원장 1명을 포함하여 150명 이내의 위원으로 구성하되, 위원 중 2명은 상임으로 한다.

② 심사위원회의 위원은 다음 각 호의 어느 하나에 해당하는 사람 중에서 공단 이사장이 위촉하거나 임명한다.

1. 판사 · 검사 · 변호사 또는 경력 5년 이상의 공인노무사
2. 「고등교육법」 제2조에 따른 학교에서 조교수 이상으로 재직하고 있거나 재직하였던 사람
3. 노동 관계 업무 또는 산업재해보상보험 관련 업무에 10년 이상 종사한 사람
4. 사회보험이나 산업의학에 관한 학식과 경험이 풍부한 사람

③ 심사위원회의 위원장은 상임위원 중에서 공단 이사장이 임명한다.

④ 심사위원회의 위원 중 5분의 2에 해당하는 위원은 제2항 각 호의 어느 하나에 해당하는 사람으로서 근로자 단체 및 사용자 단체가 각각 추천하는 사람 중에서 위촉한다. 이 경우 근로자 단체 및 사용자 단체가 추천한 위원은 같은 수로 한다.

⑤ 심사위원회 위원의 임기는 3년으로 하되, 연임할 수 있다. 다만, 임기가 끝난 위원은 그 후임자가 위촉되거나 임명될 때까지 그 직무를 수행할 수 있다.

⑥ 이 영에서 규정한 것 외에 심사위원회의 구성에 필요한 사항은 공단이 정한다.

제100조(심사위원회의 운영) ① 심사위원회의 위원장은 심사위원회의 회의를 소집하고, 그 의장이 된다. 다만, 위원장은 심사위원회의 원활한 운영을 위하여 필요하면 상임위원 또는 그 밖에 위원장이 지명하는 위원이 심사위원회의 회의를 주재하도록 할 수 있다.

② 심사위원회의 회의는 위원장(제1항 단서에 따라 상임위원 또는 위원장이 지명하는 위원이 회의를 주재하는 경우에는 그 위원)과 회의를 개최할 때 마다 위원장이 지정하는 위원 6명으로 구성한다.

③ 심사위원회의 회의는 제2항에 따른 구성원 과반수의 출석으로 개의하고, 출석위원 과반수의 찬성으로 의결한다.

④ 공단은 심사 청구에 대하여 심사위원회의 심의를 거쳐 결정하는 경우에는 그 심리 경과에 관하여 심리조서를 작성하여야 한다.

⑤ 제4항에 따른 심리조서의 작성 · 열람 등에 관하여는 제110조를 준용한다. 이 경우 "재심사위원회"는 "심사위원회"로, "재심사 청구"는 "심사 청구"로 본다.

⑥ 심사위원회의 회의에 출석한 상임위원 및 공단의 임직원인 위원 외의 위원에게는 예산의 범위에서 수당과 여비를 지급할 수 있다.

⑦ 이 영에서 규정한 것 외에 심사위원회의 운영에 필요한 사항은 공단이 정한다.

제101조(심사 청구에 대한 결정의 방법) ① 법 제105조제1항에 따른 심사 청구에 대한 결정은 문서로 하여야 한다.

② 제1항에 따른 결정서에는 다음 각 호의 사항을 적어야 한다.

1. 사건번호 및 사건명
2. 심사 청구인의 이름 및 주소(심사 청구인이 법인인 경우에는 그 명칭 · 소재지 및 대표자의 이름)
3. 선정대표자 또는 대리인의 이름 및 주소(제96조제3항에 따른 심사 청구인 경우만 해당한다)
4. 심사 청구인이 재해를 입은 근로자가 아닌 경우에는 재해를 입은 근로자의 이름 및 주소

5. 주문　　6. 심사 청구의 취지　　7. 이유　　8. 결정연월일

③ 공단은 제1항에 따라 심사 청구에 대한 결정을 하면 심사 청구인에게 심사 결정서 정본을 보내야 한다.

④ 공단이 보험급여 결정등을 하거나 심사 청구에 대한 결정을 할 때에는 그 상대방 또는 심사 청구인에게 그 보험급여 결정등 또는 심사 청구에 대한 결정에 관하여 심사 청구 또는 재심사 청구를 제기할 수 있는지 여부, 제기하는 경우의 절차 및 청구기간을 알려야 한다.

제102조(심사위원회의 심의 제외 대상) ① 법 제105조제2항에서 "대통령령으로 정하는 사유"란 해당 심사 청구가 다음 각 호의 어느 하나에 해당하는 경우를 말한다.

1. 법 제38조에 따른 업무상질병판정위원회의 심의를 거쳐 업무상 질병의 인정 여부가 결정된 경우
2. 진폐인 경우
3. 이황화탄소 중독인 경우
4. 제97조제1항에 따른 각하 결정 사유에 해당하는 경우
5. 삭제
6. 그 밖에 심사 청구의 대상이 되는 보험급여 결정등이 적법한지를 명백히 알 수 있는 경우

② 제1항에도 불구하고 제1항 각 호의 어느 하나에 해당하는 심사 청구 중 공단이 심사위원회의 심의를 거쳐 결정할 필요가 있다고 인정하는 경우에는 심사위원회의 심의를 거쳐 결정할 수 있다.

제103조(심리를 위한 조사) ① 법 제105조제4항에 따른 심사 청구에 대한 심리를 위한 조사 신청은 다음 각 호의 사항을 적은 문서로 하여야 한다.

1. 심사 청구 사건명
2. 신청의 취지 및 이유
3. 출석할 관계인의 이름 및 주소(법 제105조제4항제1호의 경우만 해당한다)
4. 제출할 문서나 그 밖의 물건의 표시 및 그 소유자 또는 보관자의 이름과 주소(법 제105조제4항제2호의 경우만 해당한다)
5. 감정할 사항 및 그 이유(법 제105조제4항제3호의 경우만 해당한다)
6. 출입할 사업장이나 그 밖의 장소의 명칭 · 소재지, 질문할 사업주 · 근로자, 그 밖의 관계인의 이름 · 주소, 검사할 문서나 그 밖의 물건의 표시(법 제105조제4항제4호의 경우만 해당한다)
7. 진단받을 근로자의 이름 및 주소(법 제105조제4항제5호의 경우만 해당한다)

② 공단이 법 제105조제4항에 따라 조사를 한 경우에는 다음 각 호의 사항을 적은 조서를 작성하여야 한다. 이 경우 법 제105조제4항제1호에 따라 심사 청구인 또는 관계인으로부터 진술을 받은 경우에는 진술조서를 작성하여 첨부하여야 한다.

1. 사건번호 및 사건명
2. 조사의 일시 및 장소
3. 조사대상 및 조사방법
4. 조사의 결과

제104조(실비 지급) 법 제105조제4항제1호에 따라 지정된 장소에 출석한 관계인과 같은 항 제3호에 따라 감정을 한 감정인에게는 고용노동부령으로 정하는 바에 따라 실비를 지급한다.

제105조(재심사 청구의 방식) ① 법 제106조에 따른 재심사 청구는 다음 각 호의 사항을 적은 문서로 하여야 한다.

1. 재심사 청구인의 이름 및 주소(재심사 청구인이 법인인 경우에는 그 명칭 · 소재지 및 대표자의 이름)
2. 재심사 청구의 대상이 되는 보험급여 결정등의 내용
3. 심사 청구에 대한 결정(법 제106조제3항 단서에 따라 재심사 청구를 하는 경우에는 보험급여에 관한 결정등)이 있음을 안 날
4. 재심사 청구의 취지 및 이유
5. 재심사 청구에 관한 고지 유무 및 그 내용

② 재심사 청구의 방식에 관하여는 제96조제2항부터 제4항까지의 규정을 준용한다. 이 경우 "심사 청구

인"은 "재심사 청구인"으로, "심사 청구서"는 "재심사 청구서"로, "심사 청구"는 "재심사 청구"로 본다.

제106조(산업재해보상보험재심사위원회의 구성) ① 법 제107조에 따른 산업재해보상보험재심사위원회(이하 "재심사위원회"라 한다)에 위원장과 3명 이내의 부위원장을 둔다.

② 부위원장은 재심사위원회가 위원 중에서 선출한다.

③ 위원장은 재심사위원회를 대표하며, 위원회의 사무를 총괄한다.

④ 부위원장은 위원장을 보좌하며, 위원장이 부득이한 사유로 직무를 수행할 수 없을 때에는 그 직무를 대행한다.

제107조(재심사위원회의 운영) ① 위원장은 재심사위원회의 회의를 소집하고, 그 의장이 된다. 다만, 재심사위원회의 원활한 운영을 위하여 필요하면 위원장의 명을 받아 부위원장이 재심사위원회의 회의를 주재할 수 있다

② 위원장은 재심사위원회의 회의를 소집하려면 회의 개최 5일 전까지 회의의 일시 · 장소 및 안건을 위원들에게 서면으로 알려야 한다. 다만, 긴급하게 회의를 소집하여야 할 때에는 회의 개최 전날까지 구두(口頭), 전화, 그 밖의 방법으로 알릴 수 있다.

③ 재심사위원회의 회의는 위원장 또는 부위원장, 상임위원 및 위원장이 회의를 할 때마다 지정하는 위원을 포함하여 9명으로 구성한다. 이 경우 위원장이 지정하는 위원 중에는 법 제107조제5항제2호의 자격이 있는 위원과 같은 항 제5호의 자격이 있는 위원이 각각 1명 이상 포함되어야 한다.

④ 재심사위원회의 회의는 제3항에 따른 구성원 과반수의 출석과 출석위원 과반수의 찬성으로 의결한다. 이 경우 제3항 후단에 따른 자격이 있는 위원이 각각 1명 이상 출석하여야 한다.

⑤ 재심사위원회의 회의에 출석한 상임위원 및 당연직위원 외의 위원에게는 예산의 범위에서 수당과 여비를 지급할 수 있다.

⑥ 이 영에 규정한 것 외에 재심사위원회의 운영에 필요한 사항은 재심사위원회의 의결을 거쳐 위원장이 정한다.

제108조(재심사 심리기일 및 장소의 통지 등) ① 재심사위원회는 재심사청구서를 접수하면 그 청구에 대한 심리기일 및 장소를 정하여 심리기일 5일 전까지 당사자 및 공단에 각각 문서로 알려야 한다.

② 제1항에 따른 통지는 직접 전달하거나 등기우편으로 하여야 한다.

제109조(심리의 공개) ① 재심사위원회의 심리는 공개하여야 한다. 다만, 재심사 청구인의 신청이 있으면 공개하지 아니할 수 있다.

② 제1항 단서에 따른 신청은 그 취지 및 이유를 적은 문서로 하여야 한다.

제110조(심리조서) ① 재심사위원회는 재심사의 심리 경과에 관하여 다음 각 호의 사항을 적은 심리조서를 작성하여야 한다.

1. 사건번호 및 사건명
2. 심리일시 및 장소
3. 출석한 위원의 이름
4. 출석한 당사자의 이름
5. 심리의 내용
6. 그 밖에 필요한 사항

② 제1항의 심리조서에는 작성 연월일을 적고, 위원장이 서명하거나 날인하여야 한다.

③ 당사자 또는 관계인은 문서로 제1항에 따른 심리조서의 열람을 신청할 수 있다.

④ 재심사위원회는 당사자 또는 관계인이 제3항에 따른 열람을 신청한 경우에는 정당한 사유 없이 거부하지 못한다.

제111조(소위원회의 구성 · 운영) ① 재심사위원회는 재심사 청구의 효율적인 심리를 위하여 필요하다고 인정하는 경우에는 전문 분야별 소위원회(이하 "소위원회"라 한다)를 구성 · 운영할 수 있다.

1.~3. 삭제

② 소위원회는 재심사위원회 위원장이 재심사위원회 위원 중에서 지정한 5명 이내의 위원으로 구성한다.

③ 소위원회 위원장은 소위원회 위원 중에서 재심사위원회 위원장이 지정한다.

④ 소위원회는 위원장이 지정하는 재심사 청구 사건을 검토하여 재심사위원회에 보고하여야 한다.

⑤ 소위원회의 운영에 관하여는 제107조제1항 본문, 같은 조 제2항 · 제4항 및 제5항을 준용한다. 이 경우 "위원장"은 "소위원회 위원장"으로, "재심사위원회"는 "소위원회"로 본다.

제112조(조사연구원의 배치) ① 고용노동부장관은 산업재해보상보험, 산업의학, 산업간호, 유해물질 관리 및 방사선 등 재심사위원회의 재심사 업무에 필요한 전문적인 조사 · 연구를 위하여 5명 이내의 조사연구원을 둘 수 있다.

② 조사연구원의 보수에 관하여 필요한 사항은 고용노동부령으로 정한다.

제113조(준용규정) 재심사 청구의 보정 및 각하, 보험급여 결정등의 집행정지, 재결의 방법, 심리를 위한 조사 및 실비 지급 등에 관하여는 제97조 · 제98조 · 제101조 · 제103조 및 제104조를 준용한다. 이 경우 "심사 청구"는 "재심사 청구"로, "심사 청구인"은 "재심사 청구인"으로, "공단"은 "재심사위원회"로, "공단의 소속기관"은 "공단"으로, "심사 청구에 대한 결정"은 "재심사 청구에 대한 재결"로, "심사 결정서"는 "재결서"로, 제101조제3항 중 "심사 청구인"은 "공단 및 재심사 청구인"으로, 같은 조 제4항 중 "심사 청구 또는 재심사 청구"는 "행정소송"으로 본다.

제7장 보칙

제114조(수급권의 변동 신고 등) ① 공단이 법 제114조제1항에 따라 보고 또는 서류의 제출을 요구할 수 있는 경우는 다음 각 호와 같다.

1. 보험관계의 성립 · 변경 또는 소멸 등 보험관계의 확인이 필요한 경우
2. 근로자 수, 보수총액 및 사업종류 등 보험료 및 보험급여의 산정과 관련된 사항에 대하여 확인이 필요한 경우
3. 「고용보험 및 산업재해보상보험의 보험료징수 등에 관한 법률」 제33조에 따른 보험사무대행기관이 보험사무를 위법 또는 부당하게 처리하거나 그 처리를 게을리하는지 여부에 대한 확인이 필요한 경우
4. 「고용보험 및 산업재해보상보험의 보험료징수 등에 관한 법률」 제37조에 따른 징수비용과 그 밖의 지원금과 관련하여 사실관계의 확인이 필요한 경우

② 법 제114조제2항에서 "대통령령으로 정하는 사항"이란 다음 각 호의 어느 하나에 해당하는 사항을 말한다.

1. 보험급여 수급권자가 이 법에 따른 보험급여 지급 사유와 같은 사유로 「민법」이나 그 밖의 법령에 따라 보험급여에 상당하는 금품을 받은 경우에는 그 내용
2. 보험급여 수급권자가 제3자로부터 이 법에 따른 보험급여 지급 사유와 같은 사유로 보험급여에 상당하는 손해배상을 받은 경우에는 그 내용
3. 유족보상연금 수급자격자가 변동된 경우에는 그 내용
4. 그 밖에 보험급여 수급권자의 이름 · 주민등록번호 · 주소 등이 변경된 경우에는 그 내용

③ 법 제114조제3항에서 "대통령령으로 정하는 사항"이란 다음 각 호의 어느 하나에 해당하는 사항을 말한다.

1. 장해보상연금 또는 진폐보상연금 수급권의 소멸사유가 발생한 경우에는 그 내용
2. 유족보상연금 또는 진폐유족연금 수급권의 변동사유가 발생한 경우에는 그 내용

제115조(외국거주자의 수급권 신고) 법 제115조제2항에서 "대통령령으로 정하는 사항"이란 다음 각 호의 사

항을 말한다. 이 경우 제3호부터 제5호까지의 규정은 유족보상연금 또는 진폐유족연금 수급권자에게만 해당된다.

1. 생존 여부에 관한 사항　　2. 국적(國籍)의 변동에 관한 사항
3. 혼인(사실상의 혼인을 포함한다) 여부에 관한 사항　　4. 친족관계의 변동에 관한 사항
5. 장애상태에 관한 사항(유족보상연금 수급자격자 또는 진폐유족연금 수급권자가 법 제63조제1항제4호에 따른 장애인 중 고용노동부령으로 정한 장애 정도에 해당하는 사람인 경우에만 해당된다)

제116조(보고 · 제출요구) 법 제114조 및 법 제118조에 따른 보고 또는 관계 서류 등의 제출 요구는 문서로 하여야 한다.

제117조(진찰 요구 대상 등) ① 법 제119조에 따라 공단이 진찰을 요구할 수 있는 경우는 다음 각 호와 같다.

1. 업무상의 재해로 요양 중인 근로자에 대한 계속 요양의 필요성을 판단하기 위한 진찰
2. 장해등급 또는 중증요양상태등급의 판정을 위한 진찰
3. 업무상의 재해인지 판단하기 위한 진찰
4. 재요양이 필요한지 판단하기 위한 진찰

② 제1항에 따른 진찰비용은 그 진찰에 드는 실비로 지급한다.

③ 제2항에 따라 지급하는 진찰비용 중 제1항제3호에 따른 진찰비용에는 업무상의 재해로 추정할 수 있는 증상을 가진 사람으로서 그 증세가 위독하거나, 진찰 중 바로 치료하지 않으면 증세가 급속히 악화되어 진찰과 향후 치료에 지장이 있다는 의학적 소견에 따라 치료한 경우 그 치료에 든 비용을 포함할 수 있다.

④ 법 제119조에 따른 진찰 요구는 문서로 하여야 한다.

제118조(특진의료기관) ① 법 제119조에 따른 진찰(이하 이 조에서 "진찰"이라 한다)은 다음 각 호의 어느 하나에 해당하는 산재보험 의료기관(이하 "특진의료기관"이라 한다)에서 한다.

1. 법 제43조제1항제1호에 따른 공단에 두는 의료기관
2. 법 제43조제1항제2호에 따른 상급종합병원
3. 제1호 및 제2호에 해당하지 아니하는 산재보험 의료기관 중 「의료법」 제3조제3항에 따른 종합병원

② 공단은 진찰을 요구할 때에는 진찰 요구의 목적, 진찰을 받을 사람의 거주지, 부상 · 질병 또는 장해상태 등을 고려하여 진찰의 목적 달성에 적정하다고 인정하는 2개의 특진의료기관을 제시하여 진찰을 받을 사람이 그 중 하나를 선택하도록 할 수 있다.

③ 공단은 제117조제1항제2호에 따른 진찰을 할 특진의료기관을 따로 정하여 운영할 수 있다.

④ 공단은 특진의료기관에서 진찰한 결과가 주치의 및 자문의사의 소견과 각각 다른 경우에는 다시 진찰하여 판정하거나 판단할 수 있다. 다만, 그 진찰의 결과로는 제117조제1항 각 호의 어느 하나에 해당하는 진찰 요구의 목적에 따른 판정 또는 판단이 곤란한 경우에는 자문의사회의의 심의를 거쳐 판정하거나 판단할 수 있다.

⑤ 특진의료기관은 제117조제1항제3호에 따른 진찰결과 업무상 질병에 해당된다고 판단되는 경우에는 진찰받은 사람과 같은 장소에서 동일 또는 유사한 유해요인에 노출된 근로자에게 법 제41조에 따른 요양급여 신청에 관한 상담, 안내, 그 밖에 필요한 지원을 할 수 있다.

제119조(보험급여의 일시 중지) ① 공단은 법 제120조제1항에 따라 보험급여의 지급을 일시 중지하기 전에 그 보험급여를 받으려는 사람에게 상당한 기간을 정하여 문서로 의무이행을 촉구하여야 한다.

② 법 제120조에 따라 일시 중지할 수 있는 보험급여는 보험급여를 받으려는 사람이 제1항에 따른 의무를 이행하지 아니하여 그 보험급여를 받으려는 사람에게 지급될 보험급여의 지급결정이 곤란하거나

이에 지장을 주게 되는 모든 보험급여로 하되, 법 제120조제1항제1호의 경우에는 휴업급여 또는 상병보상연금 또는 진폐보상연금으로 한다.

③ 보험급여를 일시 중지할 수 있는 기간은 공단이 제1항에 따라 의무를 이행하도록 지정한 날의 다음 날부터 그 의무를 이행한 날의 전날까지로 한다.

제120조(금융기관의 지정) 법 및 이 영에 따라 보험급여를 받으려는 사람은 공단이 지정하는 금융기관에 계좌를 개설하여야 한다.

제121조(현장실습생에 대한 보험급여 지급 등) 법 제123조에 따른 현장실습생에게 보험급여를 지급하는 경우 등에 관하여는 제21조부터 제85조까지, 제96조부터 제98조까지, 제101조부터 제105조까지 및 제113조부터 제120조까지의 규정을 준용한다.

제122조(중 · 소기업 사업주의 범위) ① 법 제124조제1항 전단에서 "대통령령으로 정하는 중 · 소기업 사업주(근로자를 사용하지 아니하는 자를 포함한다. 이하 이 조에서 같다)"란 다음 각 호의 어느 하나에 해당하는 사람을 말한다.

1. 보험가입자로서 300명 미만의 근로자를 사용하는 사업주
2. 근로자를 사용하지 않는 사람. 다만, 법 제125조제1항 및 이 영 제125조에 따른 특수형태근로종사자에 해당하는 사람은 제외한다.
   가.~타. 삭제

② 제1항제1호에 따라 보험에 가입한 중 · 소기업 사업주가 300명 이상의 근로자를 사용하게 된 경우에도 중 · 소기업 사업주 본인이 보험관계를 유지하려고 하는 경우에는 계속하여 300명 미만의 근로자를 사용하는 사업주로 본다.

③ 제1항제2호에 따라 보험에 가입한 사람이 300명 미만의 근로자를 사용하게 된 경우에는 제1항제1호에 따라 보험에 가입한 것으로 본다.

제123조(중 · 소기업 사업주의 업무상의 재해의 인정 기준) 법 제124조제2항에 따른 중 · 소기업 사업주에 대한 업무상의 재해의 인정 범위에 관하여는 제27조, 제28조, 제30조부터 제35조까지 및 제36조를 준용한다. 이 경우 "근로자" 및 "진폐근로자"는 "중 · 소기업 사업주"로 보고, 제27조 중 "근로계약에 따른 업무수행 행위"는 "해당 사업에 필요한 업무수행 행위"로 본다.

제124조(중 · 소기업 사업주에 대한 보험급여 지급의 제한) 법 제124조제4항에 따라 중 · 소기업 사업주가 보험료를 체납한 기간 중 발생한 업무상의 재해에 대하여는 법 제36조제1항에 따른 보험급여를 지급하지 않는다. 다만, 체납한 보험료를 보험료 납부기일이 속하는 달의 다음다음 달 10일까지 납부한 경우에는 그러하지 아니하다.

제125조(특수형태근로종사자의 범위 등) 법 제125조제1항에서 "대통령령으로 정하는 직종에 종사하는 자"란 다음 각 호의 어느 하나에 해당하는 자를 말한다.

1. 보험을 모집하는 사람으로서 다음 각 목의 어느 하나에 해당하는 자
   가. 「보험업법」 제83조제1항제1호에 따른 보험설계사
   나. 삭제　　다. 삭제
   라. 「우체국 예금 · 보험에 관한 법률」에 따른 우체국보험의 모집을 전업으로 하는 사람
2. 「건설기계관리법」 제3조제1항에 따라 등록된 건설기계를 직접 운전하는 사람
3. 한국표준직업분류표의 세세분류에 따른 학습지 방문강사, 교육 교구 방문강사 등 회원의 가정 등을 직접 방문하여 아동이나 학생 등을 가르치는 사람
4. 「체육시설의 설치 · 이용에 관한 법률」 제7조에 따라 직장체육시설로 설치된 골프장 또는 같은 법 제

19조에 따라 체육시설업의 등록을 한 골프장에서 골프경기를 보조하는 골프장 캐디

5. 한국표준직업분류표의 세분류에 따른 택배원인 사람으로서 택배사업(소화물을 집화 · 수송 과정을 거쳐 배송하는 사업을 말한다)에서 집화 또는 배송 업무를 하는 사람
6. 한국표준직업분류표의 세분류에 따른 택배원인 사람으로서 고용노동부장관이 정하는 기준에 따라 주로 하나의 퀵서비스업자로부터 업무를 의뢰받아 배송 업무를 하는 사람
7. 「대부업 등의 등록 및 금융이용자 보호에 관한 법률」 제3조제1항 단서에 따른 대출모집인
8. 「여신전문금융업법」 제14조의2제1항제2호에 따른 신용카드회원 모집인
9. 고용노동부장관이 정하는 기준에 따라 주로 하나의 대리운전업자(자동차 이용자의 요청에 따라 목적지까지 유상으로 그 자동차를 운전하는 사업의 사업주를 말한다)로부터 업무를 의뢰받아 대리운전 업무를 하는 사람
10. 「방문판매 등에 관한 법률」 제2조제2호에 따른 방문판매원 또는 같은 조 제8호에 따른 후원방문판매원으로서 고용노동부장관이 정하는 기준에 따라 상시적으로 방문판매업무를 하는 사람. 다만, 제3호 및 제11호에 해당하는 사람은 제외한다.
11. 한국표준직업분류표의 세세분류에 따른 대여 제품 방문점검원
12. 한국표준직업분류표의 세분류에 따른 가전제품 설치 및 수리원으로서 가전제품을 배송, 설치 및 시운전하여 작동상태를 확인하는 사람
13. 「화물자동차 운수사업법」 제2조제11호에 따른 화물차주로서 다음 각 목의 어느 하나에 해당하는 사람
    가. 「자동차관리법」 제3조에 따른 특수자동차로 「화물자동차 운수사업법」 제5조의4제2항에 따른 안전운임이 적용되는 수출입 컨테이너를 운송하는 사람
    나. 「자동차관리법」 제3조에 따른 특수자동차로 「화물자동차 운수사업법」 제5조의4제2항에 따른 안전운임이 적용되는 시멘트를 운송하는 사람
    다. 「자동차관리법」 제2조제1호 본문에 따른 피견인자동차 또는 「자동차관리법」 제3조에 따른 일반형 화물자동차로 「화물자동차 운수사업법 시행령」 제4조의7제1항에 따른 안전운송원가가 적용되는 철강재를 운송하는 사람
    라. 「자동차관리법」 제3조에 따른 일반형 화물자동차 또는 특수용도형 화물자동차로 「물류정책기본법」 제29조제1항에 따른 위험물질을 운송하는 사람 [시행일: 2020. 7. 1.] 제125조 제10호 이후

제126조(특수형태근로종사자의 노무 제공 신고 등) ① 법 제125조제3항에 따라 사업주는 특수형태근로종사자로부터 최초로 노무를 제공받거나 제공받지 않게 된 경우에는 그 사유가 발생한 날이 속하는 달의 다음 달 15일까지 다음 각 호의 사항을 공단에 신고하여야 한다.

1. 특수형태근로종사자의 이름 · 주민등록번호 및 주소
2. 특수형태근로종사자에게 최초로 노무를 제공받은 날 및 특수형태근로종사자의 업무 내용
3. 특수형태근로종사자에게 노무를 제공받지 않게 된 날 및 그 사유

② 공단은 제1항에 따른 신고를 받으면 그 내용을 해당 특수형태근로종사자에게 알려야 한다.

③ 사업주가 다음 각 호의 어느 하나에 해당하는 경우에는 해당 서류 및 정보를 교부받거나 입력 또는 제출한 날에 제1항제1호 및 제2호의 사항을 신고한 것으로 본다.

1. 「관세법」 제222조제1항 및 같은 법 시행령 제231조에 따라 세관장에게 보세운송업자 등록신청 서류를 제출하여 등록증을 교부받은 경우
2. 「물류정책기본법」 제29조의2제5항에 따라 위험물질운송차량의 소유자 정보 및 운전자 정보 등을 위험물질운송안전관리시스템에 입력한 경우

3. 「화학물질관리법」제15조제3항에 따라 환경부장관에게 유해화학물질 운반계획서를 제출한 경우

제127조(특수형태근로종사자에 대한 업무상의 재해의 인정 기준) 특수형태근로종사자에 대한 업무상의 재해의 인정 기준에 관하여는 제27조부터 제36조까지의 규정을 준용한다. 이 경우 "근로자"는 "특수형태근로종사자"로 본다.

제127조의2(민감정보 및 고유식별정보의 처리) 고용노동부장관 또는 공단(제19조에 따라 공단의 업무를 위탁받은 자를 포함한다)은 다음 각 호의 사무를 수행하기 위하여 불가피한 경우 「개인정보 보호법」 제23조에 따른 건강에 관한 정보와 같은 법 시행령 제18조제2호에 따른 범죄경력자료, 같은 영 제19조제1호 및 제4호에 따른 주민등록번호 및 외국인등록번호가 포함된 자료를 처리할 수 있다.

1. 법 제31조에 따른 자료 제공의 요청
2. 법 제36조에 따른 보험급여 지급에 관한 사무
3. 법 제39조제2항에 따른 보험급여액의 징수에 관한 사무
4. 법 제77조에 따른 합병증 등 예방관리에 관한 사무
5. 법 제78조에 따른 장해특별급여 지급에 관한 사무
6. 법 제79조에 따른 유족특별급여 지급에 관한 사무
7. 법 제84조에 따른 부당이득의 징수에 관한 사무
8. 법 제87조에 따른 제3자에 대한 구상권에 관한 사무

8의2. 법 제90조의2에 따른 국민건강보험 요양급여 비용의 정산에 관한 사무

9. 법 제92조에 따른 보험시설의 설치 · 운영, 장학사업 등 근로복지 사업에 관한 사무
10. 법 제103조에 따른 심사 청구에 관한 사무
11. 법 제106조에 따른 재심사 청구에 관한 사무
12. 법 제119조의2에 따른 포상금의 지급에 관한 사무

제127조의3(규제의 재검토) ①고용노동부장관은 제34조 및 별표 3에 따른 업무상 질병의 인정기준에 대하여 2014년 1월 1일을 기준으로 3년마다(매 3년이 되는 해의 1월 1일 전까지를 말한다) 그 타당성을 검토하여 개선 등의 조치를 하여야 한다.

② 고용노동부장관은 제125조에 따른 특수형태근로종사자의 범위 등에 대하여 2017년 1월 1일을 기준으로 3년마다(매 3년이 되는 해의 1월 1일 전까지를 말한다) 그 타당성을 검토하여 개선 등의 조치를 하여야 한다.

제8장 벌칙

제128조(과태료의 부과) 위반행위의 종류별 과태료 부과기준은 별표 12와 같다. 다만, 고용노동부장관은 위반행위의 정도, 위반 횟수, 위반행위의 동기와 그 결과 등을 고려하여 해당 금액의 2분의 1의 범위에서 가중하거나 감경할 수 있되, 가중하는 경우에는 법 제129조제1항 및 제2항에 따른 과태료의 상한을 초과할 수 없다.

부칙〈제30334호, 2020. 1. 7.〉

제1조(시행일) 이 영은 공포한 날부터 시행한다. 다만, 제125조의 개정규정은 2020년 7월 1일부터 시행한다.

제2조(장해보상연금 선급금의 이자율에 관한 적용례) 제54조의 개정규정은 이 영 시행 이후 장해보상연금을 선지급하는 분부터 적용한다.

제3조(장해등급등의 재판정에 따른 장해보상연금 또는 진폐보상연금 지급에 관한 적용례) 제57조제1항의 개정

규정은 이 영 시행 이후 제56조제1항에 따른 재판정 결정을 받고 장해등급등이 변경되는 사람부터 적용한다.

제4조(진료비 또는 약제비 불복 심사 청구에 대한 심사위원회의 심의에 관한 적용례) 제102조제1항제5호의 개정 규정은 이 영 시행 이후 진료비 또는 약제비에 관한 불복 심사 청구에 대하여 결정하는 경우부터 적용한다.

제5조(특수형태근로종사자의 노무 제공 신고에 관한 경과조치) 이 영 시행 전에 제126조제3항 각 호의 개정규정에 해당하는 서류 및 정보를 교부받거나 입력 또는 제출한 경우에는 이 영 시행일에 제126조제1항제1호 및 제2호의 사항을 신고한 것으로 본다.

산업재해보상보험법 시행규칙

[시행 2020. 1. 10] [고용노동부령 제279호, 2020. 1. 10, 일부개정]

제1장 총칙

제1조(목적) 이 규칙은 「산업재해보상보험법」 및 같은 법 시행령에서 위임한 사항과 그 시행에 필요한 사항을 규정함을 목적으로 한다.

제2조(정보통신망을 이용한 신청 또는 청구) ① 「산업재해보상보험법」(이하 "법"이라 한다) 및 같은 법 시행령(이하 "영"이라 한다) 또는 이 규칙에 따른 신청 · 청구 · 신고 또는 보고 등(이하 "신청등"이라 한다)은 「고용보험 및 산업재해보상보험의 보험료징수 등에 관한 법률」(이하 "보험료징수법"이라 한다) 제4조의2제1항에 따른 고용 · 산재정보통신망(이하 "고용 · 산재정보통신망"이라 한다)을 이용하여 할 수 있다. 이 경우 신청등에 관한 내용이 고용 · 산재정보통신망에 입력된 때에 그 신청등을 한 것으로 본다.

② 고용 · 산재정보통신망을 이용한 신청등의 방법 · 절차 등에 관하여는 「고용보험 및 산업재해보상보험의 보험료징수 등에 관한 법률 시행규칙」(이하 "보험료징수법 시행규칙"이라 한다) 제2조의2를 준용한다. 이 경우 "신고 또는 신청"이나 "신고 · 신청"은 "신청등"으로 본다.

③ 법 제10조에 따른 근로복지공단(이하 "공단"이라 한다)은 법, 영 또는 이 규칙에 따른 신청등에 대한 결정 내용이나 그 밖의 사항을 신청등을 한 사람에게 알릴 때에는 그 신청등을 한 사람이 지정한 정보통신망(「정보통신망 이용촉진 및 정보보호 등에 관한 법률」 제2조제1항제1호에 따른 정보통신망을 말한다. 이하 같다)을 이용하여 전자문서(「정보통신망 이용촉진 및 정보보호 등에 관한 법률」 제2조제1항제5호에 따른 전자문서를 말한다. 이하 같다)로 알릴 수 있다.

④ 제3항에 따른 전자문서는 신청등을 한 사람이 지정한 정보통신망에 입력된 때에 도달된 것으로 본다.

제2장 보험가입자

제3조 삭제

제4조(생산제품의 설치공사에 대한 적용 특례) 사업주가 상시적으로 고유제품을 생산하여 그 제품 구매자와의 계약에 따라 직접 설치하는 경우 그 설치공사는 그 제품의 제조업에 포함되는 것으로 본다. 다만, 도급단위별로 고유 생산제품의 설치공사 외에 다른 공사가 포함된 경우에는 그 제품의 제조업에 포함되는 것으로 보지 않는다.

제3장 보험급여

제1절 평균임금 산정의 특례

제5조(특례 적용 여부 통지) 공단은 영 제25조제6항에 따라 평균임금 산정특례신청을 받으면 신청을 받은 날

부터 10일 이내에 평균임금 산정 방법의 특례를 적용할지를 결정하여 신청인에게 알려야 한다.

제2절 업무상 질병의 판정

제6조(업무상질병판정위원회의 구성) ① 법 제38조제1항에 따른 업무상질병판정위원회(이하 "판정위원회"라 한다)는 위원장 1명을 포함하여 180명 이내의 위원으로 구성한다. 이 경우 판정위원회의 위원장은 상임으로 하고, 위원장을 제외한 위원은 비상임으로 한다.

② 판정위원회의 위원장 및 위원은 다음 각 호의 어느 하나에 해당하는 사람 중에서 공단 이사장이 위촉하거나 임명한다.

1. 변호사 또는 공인노무사
2. 「고등교육법」 제2조에 따른 학교에서 조교수 이상으로 재직하고 있거나 재직하였던 사람
3. 의사, 치과의사 또는 한의사
4. 산업재해보상보험 관련 업무에 5년 이상 종사한 사람
5. 「국가기술자격법」에 따른 산업위생관리 또는 인간공학 분야 기사 이상의 자격을 취득하고 관련 업무에 5년 이상 종사한 사람

③ 판정위원회의 위원 중 3분의 2에 해당하는 위원은 제2항 각 호의 어느 하나에 해당하는 사람으로서 근로자 단체와 사용자 단체가 각각 추천하는 사람 중에서 위촉한다. 이 경우 근로자 단체와 사용자 단체가 추천하는 위원은 같은 수로 한다.

④ 제3항에도 불구하고 근로자 단체나 사용자 단체가 각각 추천하는 사람이 위촉하려는 전체 위원 수의 3분의 1보다 적은 경우에는 제3항 후단을 적용하지 않고 근로자 단체와 사용자 단체가 추천하는 위원 수를 전체 위원 수의 3분의 2 미만으로 할 수 있다.

⑤ 판정위원회의 위원장과 위원의 임기는 2년으로 하되, 연임할 수 있다.

제7조(판정위원회의 심의에서 제외되는 질병) 법 제38조제2항에 따른 판정위원회의 심의에서 제외되는 질병은 다음 각 호의 어느 하나에 해당하는 질병으로 한다.

1. 진폐
2. 이황화탄소 중독증
3. 유해 · 위험요인에 일시적으로 다량 노출되어 나타나는 급성 중독 증상 또는 소견 등의 질병
4. 그 밖에 업무와 그 질병 사이에 상당인과관계가 있는지를 명백히 알 수 있는 경우로서 공단이 정하는 질병

제8조(판정위원회의 심의 절차) ① 공단의 분사무소(이하 "소속 기관"이라 한다)의 장은 판정위원회의 심의가 필요한 질병에 대하여 보험급여의 신청 또는 청구를 받으면 판정위원회에 업무상 질병으로 인정할지에 대한 심의를 의뢰하여야 한다.

② 판정위원회는 제1항에 따라 심의를 의뢰받은 날부터 20일 이내에 업무상 질병으로 인정되는지를 심의하여 그 결과를 심의를 의뢰한 소속 기관의 장에게 알려야 한다. 다만, 부득이한 사유로 그 기간 내에 심의를 마칠 수 없으면 10일을 넘지 않는 범위에서 한 차례만 그 기간을 연장할 수 있다.

제9조(판정위원회의 운영) ① 판정위원회의 위원장은 회의를 소집하고, 그 의장이 된다. 다만, 판정위원회의 원활한 운영을 위하여 필요하면 위원장이 지명하는 위원이 회의를 주재할 수 있다.

② 판정위원회의 회의는 위원장(제1항 단서에 따라 위원장이 지명하는 위원이 회의를 주재하는 경우에는 그 위원) 및 회의를 개최할 때마다 위원장이 지정하는 위원 6명으로 구성한다. 이 경우 위원장은 제6조제2항제3호에 해당하는 위원 2명 이상을 지정하여야 한다.

③ 판정위원회의 위원장이 회의를 소집하려면 회의 개최 5일 전까지 일시 · 장소 및 안건을 제2항에 따라 위원장이 지정하는 위원에게 서면으로 알려야 한다. 다만, 긴급한 경우에는 회의 개최 전날까지 구두

(口頭), 전화, 그 밖의 방법으로 알릴 수 있다.

④ 판정위원회 위원의 제척 · 기피 · 회피에 관하여는 법 제108조를 준용한다. 이 경우 "재심사위원회"는 "판정위원회"로 본다.

⑤ 판정위원회의 회의는 제2항에 따른 구성원 과반수의 출석과 출석위원 과반수의 찬성으로 의결한다.

⑥ 공단은 판정위원회의 심의 안건 및 심의 결과 등에 관한 사항을 기록 · 유지하여야 한다.

⑦ 그 밖에 판정위원회의 운영에 필요한 사항은 공단이 정한다.

제3절 요양급여의 범위 등

제10조(요양급여의 범위 및 비용) ① 법 제40조제5항에 따른 요양급여의 범위나 비용 등 요양급여의 산정 기준은 「국민건강보험법」 제41조제2항 및 「국민건강보험 요양급여의 기준에 관한 규칙」, 같은 법 제45조제4항, 같은 법 제49조 및 같은 법 시행규칙 제23조제4항에 따라 보건복지가족부장관이 고시하는 요양급여 비용의 기준, 같은 법 제51조제2항 및 같은 법 시행규칙 제26조에 따른 기준(이하 "건강보험 요양급여기준"이라 한다)에 따른다. 다만, 요양급여의 범위나 비용 중 건강보험 요양급여기준에서 정한 사항이 근로자 보호를 위하여 적당하지 않다고 인정되거나 건강보험 요양급여기준에서 정한 사항이 없는 경우 등 고용노동부장관이 법 제8조에 따른 산업재해보상보험및예방심의위원회의 심의를 거쳐 기준을 따로 정하여 고시하는 경우에는 그 기준에 따른다.

② 공단은 법 제11조제2항에 따라 공단에 두는 의료기관에서 하는 요양에 대한 요양급여의 범위 · 비용 등에 대하여는 고용노동부장관의 승인을 받아 제1항의 기준(이하 "산재보험 요양급여기준"이라 한다)을 조정하여 적용할 수 있다.

제11조(간병의 범위) ① 법 제40조제4항제6호에 따른 간병은 요양 중인 근로자의 부상 · 질병 상태 및 간병이 필요한 정도에 따라 구분하여 제공한다. 다만, 요양 중인 근로자가 중환자실이나 회복실에서 요양 중인 경우 그 기간에는 별도의 간병을 제공하지 않는다.

② 간병은 요양 중인 근로자의 부상 · 질병 상태가 의학적으로 다른 사람의 간병이 필요하다고 인정되는 경우로서 다음 각 호의 어느 하나에 해당하는 사람에게 제공한다.

1. 두 손의 손가락을 모두 잃거나 사용하지 못하게 되어 혼자 힘으로 식사를 할 수 없는 사람
2. 두 눈의 실명 등으로 일상생활에 필요한 동작을 혼자 힘으로 할 수 없는 사람
3. 뇌의 손상으로 정신이 혼미하거나 착란을 일으켜 일상생활에 필요한 동작을 혼자 힘으로 할 수 없는 사람
4. 신경계통 또는 정신의 장해로 의사소통을 할 수 없는 등 치료에 뚜렷한 지장이 있는 사람
5. 신체 표면 면적의 35퍼센트 이상에 걸친 화상을 입어 수시로 적절한 조치를 할 필요가 있는 사람
6. 골절로 인한 견인장치 또는 석고붕대 등을 하여 일상생활에 필요한 동작을 혼자 힘으로 할 수 없는 사람
7. 하반신 마비 등으로 배뇨 · 배변을 제대로 하지 못하거나 욕창 방지를 위하여 수시로 체위를 변경시킬 필요가 있는 사람
8. 업무상 질병으로 신체가 몹시 허약하여 일상생활에 필요한 동작을 혼자 힘으로 할 수 없는 사람
9. 수술 등으로 일정 기간 거동이 제한되어 일상생활에 필요한 동작을 혼자 힘으로 할 수 없는 사람
10. 그 밖에 부상 · 질병 상태가 제1호부터 제9호까지의 규정에 준하는 사람

제12조(간병을 할 수 있는 사람의 범위) ① 간병을 할 수 있는 사람은 다음 각 호의 어느 하나에 해당하는 사람으로 한다.

1. 「의료법」에 따른 간호사 또는 간호조무사

2. 「노인복지법」 제39조의2에 따른 요양보호사 등 공단이 인정하는 간병 교육을 받은 사람
3. 해당 근로자의 배우자(사실상 혼인관계에 있는 사람을 포함한다), 부모, 13세 이상의 자녀 또는 형제자매
4. 그 밖에 간병에 필요한 지식이나 자격을 갖춘 사람 중에서 간병을 받을 근로자가 지정하는 사람

② 제1항에도 불구하고 간병의 대상이 되는 근로자의 부상 · 질병 상태 등이 전문적인 간병을 필요로 하는 경우에는 제1항제1호 또는 제2호에 따른 사람만 간병을 하도록 할 수 있다.

제13조(간병료) ① 간병료는 간병이 필요한 정도 등을 고려하여 고용노동부장관이 고시하는 금액으로 한다.

② 고용노동부장관은 제1항에 따른 간병료를 고시할 때 법 제43조제1항에 따른 산재보험 의료기관(이하 "산재보험 의료기관"이라 한다)이 간병을 제공하는 경우에는 간호 인력의 수 등을 고려하여 제1항에 따른 간병료에 일정한 금액 또는 비율에 따른 금액을 가산하여 지급하도록 할 수 있다.

③ 고용노동부장관은 제1항에 따른 간병료를 고시할 때 제12조제1항제3호 또는 같은 항 제4호에 따른 사람이 간병을 하는 경우에 대하여 간병료를 따로 정할 수 있다.

제14조(간병료의 청구 방법) ① 산재보험 의료기관이 제11조에 따른 간병을 제공하고 그에 따른 간병료를 받으려면 제27조에 따른 진료비 청구를 하여야 한다. 다만, 산재보험 의료기관에서 간병을 제공하지 않아 근로자가 제12조제1항제3호 또는 같은 항 제4호에 따른 사람을 지정하여 간병을 받은 경우에는 그 근로자가 영 제38조에 따라 요양비 청구를 할 수 있다.

② 공단은 제1항 단서에 따른 요양비 청구를 받으면 그 청구일부터 10일 이내에 지급 여부를 결정하여 근로자에게 그 결과를 알려야 한다.

제15조(이송의 범위) 법 제40조제4항제7호에 따른 이송의 범위는 다음 각 호와 같다.

1. 재해가 발생한 장소에서 의료기관까지의 이송
2. 법 제48조에 따른 전원(轉院), 법 제119조에 따른 진찰 또는 제62조제2항에 따른 신체감정을 위한 이송
3. 요양 또는 재요양을 위한 통원이나 퇴원의 경우로서 산재보험 의료기관과 그 근로자의 거주지(근무처를 포함한다)까지 그 통원이나 퇴원을 위한 이송
4. 장해등급 판정 및 재판정을 위한 이송
5. 의학적 판단을 위하여 영 제43조에 따른 자문의사회의에 참석하거나 그 밖에 공단이 요청하는 이송

제16조(이송비) ① 이송비는 해당 근로자 및 그와 동행하는 간호인의 이송에 드는 비용으로 한다.

② 제1항에 따른 이송비의 지급 기준은 산재보험 요양급여기준에 따른다.

제17조(동행 간호인) ① 해당 근로자의 부상 · 질병 상태로 보아 이송 시 간호인의 동행이 필요하다고 인정되는 경우에는 간호인 1명이 동행할 수 있다. 다만, 의학적으로 특별히 필요하다고 인정되는 경우에는 2명까지 동행할 수 있다.

② 동행 간호인의 간병료에 관하여는 제13조를 준용한다.

제18조(이송비의 청구 방법) ① 산재보험 의료기관이 제16조에 따른 이송비를 받으려면 그 명세를 첨부하여 공단에 제27조에 따른 진료비 청구를 하여야 한다. 다만, 해당 근로자가 직접 이송에 드는 비용을 지급한 경우에는 영 제38조에 따라 요양비 청구를 할 수 있다.

② 제1항 단서에 따른 요양비의 결정 및 통지에 관하여는 제14조제2항을 준용한다.

제19조(국외에서 발생한 재해에 대한 보험급여의 청구 절차 등) ① 근로자가 국외에서 업무상의 재해를 입어 법 제36조에 따른 보험급여를 청구하거나 신청하는 경우에는 진단서 등 재해발생 경위를 확인할 수 있는 자료를 첨부하여야 한다.

② 제1항에 따른 업무상의 재해를 입은 근로자가 재해일부터 30일까지의 기간 동안 해당 외국 의료기관

에서 받은 요양에 대한 요양비는 해당 외국 의료기관에 지급한 금액으로 한다.

③ 제1항에 따른 업무상의 재해를 입은 근로자가 제2항에 따른 재해일부터 30일까지의 기간을 초과하여 해당 외국에서 요양한 경우 그 초과한 기간에 대한 요양비는 해당 근로자의 부상 · 질병 상태와 비슷한 부상 · 질병 상태에 대하여 직전 보험연도에 지급된 평균진료비에 준하여 산정한다. 다만, 외국 의료기관에 요양을 위하여 지급한 비용이 해당 평균진료비보다 적은 경우에는 그 외국 의료기관에 지급한 비용으로 한다.

④ 제3항 본문에도 불구하고 다음 각 호의 어느 하나에 해당하는 기간의 요양비는 해당 외국 의료기관에 요양을 위하여 지급한 비용으로 한다.

1. 천재 · 지변 등으로 교통수단의 이용이 불가능하여 국내 의료기관으로 전원이 불가능한 기간
2. 상병상태가 위중하거나 그 밖의 부득이한 사유로 국내 의료기관으로 전원을 할 수 없는 기간

⑤ 제2항, 제3항 단서 및 제4항에 따라 요양비를 지급하는 경우에 적용할 환율은 다음 각 호와 같다.

1. 국내에서 외국 의료기관으로 진료비를 송금한 경우에는 국내 금융기관을 통하여 국외로 외환이 송금된 시점의 기준환율
2. 해외지점 · 출장소 · 영업소 등에서 해당 외국 의료기관에 직접 진료비를 지불한 경우에는 그 외국 의료기관이 진료비 수납영수증을 발급한 시점의 기준환율

⑥ 국외에서 업무상의 재해를 입은 근로자가 국외 요양 및 국내 요양을 받는 기간 중의 간병료 및 이송료에 관하여는 제11조부터 제18조까지의 규정을 준용한다.

제4절 요양급여의 신청 절차 등

제20조(요양급여의 신청 등) ① 법 제41조제2항에 따라 산재보험 의료기관이 근로자의 요양급여(진폐에 따른 요양급여는 제외한다. 이하 이 조에서 같다) 신청을 대행하는 경우에는 해당 근로자가 요양급여의 신청 대행에 동의하였음을 확인할 수 있는 서류를 첨부하여야 한다.

② 법 제41조에 따라 요양급여의 신청을 받은 공단은 그 사실을 해당 근로자가 소속된 보험가입자에게 알려야 한다. 이 경우 보험가입자는 통지를 받은 날부터 10일 이내에 공단에 그 요양급여 신청에 대한 의견을 제출할 수 있다.

③ 공단은 제2항 후단에 따라 제출된 보험가입자의 의견이 요양급여의 신청 내용과 다를 때에는 그 내용을 신청인(법 제41조제2항에 따라 산재보험 의료기관이 요양급여의 신청을 대행한 경우에는 산재보험 의료기관을 포함한다)에게 알려야 한다.

제21조(요양급여의 결정 등) ① 공단은 법 제41조에 따른 요양급여의 신청을 받으면 그 신청을 받은 날부터 7일 이내에 요양급여를 지급할지를 결정하여 신청인(법 제41조제2항에 따라 산재보험 의료기관이 요양급여의 신청을 대행한 경우에는 산재보험 의료기관을 포함한다) 및 보험가입자에게 알려야 한다.

② 제1항에 따른 처리기간 7일에는 다음 각 호의 어느 하나에 해당하는 기간은 산입하지 않는다.

1. 판정위원회의 심의에 걸리는 기간
2. 법 제117조 및 법 제118조에 따른 조사에 걸리는 기간
3. 법 제119조에 따른 진찰에 걸리는 기간
4. 제20조에 따른 요양급여 신청과 관련된 서류의 보완에 걸리는 기간
5. 제20조제3항에 따른 보험가입자에 대한 통지 및 의견 제출에 걸리는 기간
6. 업무상 재해의 인정 여부를 판단하기 위한 역학조사나 그 밖에 필요한 조사에 걸리는 기간

③ 공단은 제1항에 따른 요양급여에 관한 결정을 할 때 필요하면 영 제42조제1항에 따른 자문의사(이하

"자문의사"라 한다)에게 자문하거나 영 제43조에 따른 자문의사회의(이하 "자문의사회의"라 한다)의 심의를 거칠 수 있다.

제22조(업무상 질병에 관한 자문) 공단이나 판정위원회는 업무상 질병 여부를 결정할 때 그 질병과 유해 · 위험요인 사이의 인과관계 등에 대한 자문이 필요한 경우 다음 각 호의 기관에 자문할 수 있다.

1. 「한국산업안전공단법」에 따른 한국산업안전공단
2. 그 밖에 업무상 질병 여부를 판단할 수 있는 기관

제5절 산재보험 의료기관

제23조(산재보험 의료기관의 지정 기준) 법 제43조제1항제3호에서 "고용노동부령으로 정하는 인력 · 시설 등의 기준"은 별표 1과 같다.

제24조(산재보험 의료기관의 지정 절차) ① 법 제43조제1항제3호에 따른 산재보험 의료기관으로 지정받으려는 의료기관 또는 보건소는 다음 각 호의 서류를 첨부하여 공단에 신청하여야 한다.

1. 의료기관 개요서
2. 의료기관 개설허가증 또는 신고증명서 사본
3. 진료과목의 전문의 자격증 사본
4. 사업자등록증 사본

② 공단은 제1항에 따른 지정 신청을 받은 경우에는 그 지정 신청을 받은 날부터 15일 이내에 지정 여부를 결정하여 지정 신청을 한 의료기관 또는 보건소에 알려야 한다. 이 경우 산재보험 의료기관으로 지정하기로 결정한 경우에는 공단이 정하는 지정 조건을 명시한 지정서를 내주어야 한다.

제25조(지정취소 및 진료제한등의 조치의 기준) 법 제43조제3항 및 같은 조 제5항에 따른 산재보험 의료기관에 대한 지정취소, 진료제한 조치 또는 개선명령(이하 "진료제한등의 조치"라 한다)의 기준은 별표 2와 같다.

제26조(지정취소 및 진료제한등의 조치의 절차 등) ① 공단은 산재보험 의료기관에 대한 지정취소 또는 진료제한등의 조치를 하기로 결정하면 그 사유와 조치 내용을 해당 산재보험 의료기관에 알리고, 그 산재보험 의료기관에서 요양 중인 근로자를 다른 산재보험 의료기관으로 옮겨 요양하게 하는 등 필요한 조치를 하여야 한다.

② 제24조에 따라 지정된 산재보험 의료기관(이하 "지정 산재보험 의료기관"이라 한다)은 공단에 지정취소를 신청할 수 있다. 이 경우 공단은 그 산재보험 의료기관에 대한 지정을 취소하여야 한다.

③ 공단은 제2항에 따른 지정취소 신청을 한 지정 산재보험 의료기관이 별표 2에 따른 지정취소, 진료제한등의 조치의 기준에 해당하는 사유가 있으면 그 지정취소 신청에도 불구하고 법 제43조제3항 및 같은 조 제5항에 따른 지정취소 또는 진료제한등의 조치를 할 수 있다.

④ 공단은 지정 산재보험 의료기관에 대하여 지정취소를 한 후에도 그 지정기간 중의 진료비나 그 밖에 업무상의 재해를 입은 근로자의 진료에 관하여 법 제118조에 따른 조사 등을 할 수 있다.

제26조의2(지정취소 재지정 금지기간) 법 제43조제3항에 따라 지정이 취소된 산재보험 의료기관은 다음 각 호의 구분에 따른 기간 동안 산재보험 의료기관으로 다시 지정받을 수 없다.

1. 법 제43조제3항제1호에 해당하는 사유로 지정이 취소된 경우: 지정취소일부터 1년
2. 법 제43조제3항제2호부터 제6호까지의 규정에 해당하는 사유로 지정이 취소된 경우: 지정취소일부터 6개월

제27조(진료비의 청구) 산재보험 의료기관이 법 제45조제1항에 따른 진료비(이하 "진료비"라 한다)를 청구하는 경우에는 다음 각 호의 서류를 첨부하여야 한다.

1. 개인별 진료비 명세서
2. 「의료법 시행규칙」 제12조에 따른 처방전(고용 · 산재정보통신망 또는 정보통신망으로 청구하는 경우에는 처방전의 내용을 입력한 것으로 갈음할 수 있다)

제28조(약제비의 청구) 약국이 법 제46조제2항에 따라 약제비를 청구하는 경우에는 다음 각 호의 서류를 첨부하여야 한다.

1. 약국개설등록증 사본 및 사업자등록증 사본(최초로 청구하는 경우만 해당된다)
2. 개인별 약제비 명세서
3. 산재보험 의료기관에서 발급한 제27조제2호에 따른 처방전(고용 · 산재정보통신망 또는 정보통신망으로 청구하는 경우에는 처방전의 내용을 입력한 것으로 갈음할 수 있다)

제29조(진료비 · 약제비의 심사 및 지급결정) ① 공단은 진료비나 약제비의 청구를 받은 경우에는 다음 각 호의 사항을 심사하여 지급 여부 및 지급 금액을 결정하여야 한다.

1. 청구 명세 중 산재보험 요양급여기준을 위반한 사항이 있는지 여부
2. 진찰 · 약제 · 처치 · 수술이나 그 밖의 치료가 업무상의 재해를 입은 근로자의 요양에 필요하고 적정한 것이었는지 여부

② 제1항에 따른 지급결정은 진료비나 약제비의 청구를 받은 날부터 40일 이내에 하여야 한다. 다만, 고용 · 산재정보통신망이나 정보통신망으로 청구한 경우에는 10일 이내에 지급결정을 하여야 한다.

③ 공단은 제2항 단서에 따라 10일 이내에 지급결정을 할 수 없는 경우에는 산재보험 의료기관 또는 약국이 청구한 진료비나 약제비의 100분의 85에 해당하는 금액을 미리 지급한 후 제1항에 따른 심사가 끝나면 그 결과에 따라 정산할 수 있다.

④ 공단은 진료비나 약제비의 지급결정을 한 경우에는 그 내용을 해당 산재보험 의료기관 또는 약국에 알려야 한다.

제30조(진료비의 현지조사) ① 공단은 법 제118조에 따라 산재보험 의료기관이 실시한 진료의 적정성, 해당 기관의 진료비 부정 또는 부당 청구 여부 등을 확인하기 위하여 해당 산재보험 의료기관을 방문하여 보고의 요구, 서류나 물건의 제출 요구, 질문 또는 서류나 물건의 조사(이하 "현지조사"라 한다)를 할 수 있다. 이 경우 「행정조사기본법」 제17조에 따라 해당 산재보험 의료기관에 현지조사의 일시, 조사 내용 및 조사 방법 등을 알려야 한다.

② 현지조사 대상 산재보험 의료기관의 선정 기준, 현지조사의 절차 및 방법은 공단이 정한다.

제31조(재요양의 신청 절차 등) ① 영 제48조제2항에 따라 재요양을 신청하는 경우에는 다음 각 호의 서류를 첨부하여야 한다.

1. 재요양의 대상이 되는 부상 · 질병 상태와 재요양의 필요성에 관한 의사 · 치과의사 또는 한의사의 진단서 또는 소견서
2. 재요양을 신청하기 전에 보험가입자 또는 제3자 등으로부터 보험급여에 상당하는 금품을 받은 경우에는 그 금품의 명세 및 금액을 확인할 수 있는 판결문 · 합의서 등의 서류
3. 재요양을 신청하기 전에 보험가입자 또는 제3자 등으로부터 보험급여에 상당하는 금품을 받지 않은 경우에는 그 사실을 확인하는 본인의 확인서

② 재요양의 결정에 관하여는 제21조를 준용한다. 이 경우 "요양급여"는 "재요양"으로 본다.

제6절 진폐에 대한 요양급여 등의 청구절차

제32조(분진작업의 범위) 법 제91조의2에서 "암석, 금속이나 유리섬유 등을 취급하는 작업 등 고용노동부령으로 정하는 분진작업"은 「산업안전보건기준에 관한 규칙」 제605조제2호에 따른 분진작업과 명백히 진폐에 걸릴 우려가 있다고 인정되는 장소에서의 작업을 말한다.

제33조(진폐에 대한 요양급여 등의 청구 시 필요서류) 법 제91조의5제1항에서 "고용노동부령으로 정하는 서

류”란 다음 각 호의 서류를 말한다.

1. 다음 각 목의 어느 하나에 해당하는 서류(최초로 요양급여 신청을 하는 경우만 해당한다)
   가. 사업주가 증명하는 분진작업 종사경력 확인서
   나. 사업의 휴업이나 폐업 등으로 사업주의 증명을 받을 수 없는 경우에는 공단이 정하는 서류
2. 진폐에 관한 의학적 소견서 또는 진단서(요양급여 신청을 하는 경우만 해당한다)

제34조(진폐진단의 실시 등) ① 공단은 법 제91조의5제1항에 따라 요양급여 등의 청구를 받으면 요양급여 등을 청구한 사람에게 진단일자, 건강진단기관 등을 정하여 알려주어야 한다.

② 건강진단기관은 법 제91조의6제1항에 따라 진폐에 대한 진단을 의뢰받으면「진폐의 예방과 진폐근로자의 보호 등에 관한 법률 시행규칙」제11조제4호 및 제13조제1항제2호에 따른 검사항목에 대하여 검사를 실시하여야 한다.

③ 건강진단기관은 제2항에 따라 검사를 실시한 결과 심폐기능의 정도 등을 정확히 판정하기 곤란하다고 판단될 경우 6개월의 범위에서 진단을 연기할 수 있다.

④ 이 규칙에서 규정한 사항 외에 진폐진단에 필요한 사항은 공단이 정한다.

제35조(진폐진단 결과 제출) ① 건강진단기관은 제34조에 따른 진폐진단이 끝난 날부터 5일 이내에 다음 각 호의 서류를 첨부하여 그 진단결과를 공단에 제출하여야 한다.

1. 진폐건강진단 소견서
2. 흉부 방사선영상 및 심폐기능검사 결과지
3. 그 밖에 공단에서 법 제91조의8제1항에 따른 진폐판정에 필요한 것으로 요구한 자료

② 공단은 법 제91조의8제1항에 따른 진폐판정 등을 위하여 필요한 경우 진폐진단을 담당한 의사에게 의견 제시를 요구할 수 있고, 진폐진단을 담당한 의사는 공단의 요구가 있으면 진폐진단 결과에 대하여 의견을 제시하여야 한다.

제36조(진단수당의 지급) ① 법 제91조의6제5항에 따른 진단수당을 받으려는 사람은 공단에 청구하여야 한다.

② 이 규칙에서 규정한 사항 외에 진단수당의 지급에 관하여 필요한 사항은 공단이 정한다.

제37조 삭제

제38조(진폐심사회의) ① 법 제91조의7에 따른 진폐심사회의는 위원장 1명을 포함하여 15명 이내의 위원으로 구성한다.

② 진폐심사회의의 위원장 및 위원은 다음 각 호의 어느 하나에 해당하는 사람 중 공단 이사장이 위촉한다.

1. 직업환경의학과 전문의로서 3년 이상 근무한 경력이 있는 사람
2. 영상의학과 전문의로서 3년 이상 근무한 경력이 있는 사람
3. 내과 전문의로서 호흡기 분야에 3년 이상 근무한 경력이 있는 사람

③ 진폐심사회의 위원의 임기는 3년으로 한다.

④ 진폐심사회의는 다음 각 호의 사항을 심사한다.

1. 근로자의 상태가 진폐에 해당하는지 여부에 관한 사항
2. 진폐가 요양대상에 해당하는지 여부에 관한 사항
3. 진폐의 장해정도에 관한 사항
4. 그 밖에 진폐의 요양 및 장해 심사 등에 관한 사항

⑤ 이 규칙에서 규정한 사항 외에 진폐심사회의의 운영에 관한 구체적인 사항은 공단이 정한다.

제39조(진폐요양 의료기관의 범위 및 등급기준 등) ① 법 제91조의9제1항에 따른 진폐요양 의료기관(이하 “진폐요양 의료기관”이라 한다)은 종사하는 인력과 운영하는 시설 · 장비에 따라 진폐일반 의료기관과 진폐전문 의료기관으로 등급을 구분하며, 구체적인 등급 기준요건은 별표 2의2와 같다.

② 다음 각 호의 자는 제1항에 따른 진폐일반 의료기관이 된다.

1. 「의료법」 제3조제2항제3호가목에 따른 병원 중 별표 2의2 제1호에 따른 요건을 갖추어 공단으로부터 진폐일반 의료기관으로 지정받은 자
2. 「의료법」 제3조제2항제3호마목에 따른 종합병원(같은 법 제3조의4에 따른 상급종합병원을 포함한다)

③ 「의료법」 제3조제2항제3호가목에 따른 병원 또는 같은 법 제3조제2항제3호마목에 따른 종합병원(같은 법 제3조의4에 따른 상급종합병원을 포함한다)으로서 별표 2의2 제2호에 따른 요건을 갖추어 공단으로부터 진폐전문 의료기관의 지정을 받은 병원은 진폐전문 의료기관이 된다.

④ 제2항제1호 및 제3항에 따른 지정을 받으려는 자는 공단에 지정을 신청하여야 한다.

⑤ 진폐요양 의료기관에 대한 진료비의 지급범위나 방법 등에 관하여는 제10조를 준용한다. 이 경우 제1항에 따른 진폐요양 의료기관의 등급에 따라 진료비의 산정 기준을 다르게 적용할 수 있다.

⑥ 진폐요양 의료기관별 요양대상 환자의 범위는 별표 2의3과 같다.

제40조(진폐요양의료기관평가위원회) ① 법 제91조의9제4항에 따라 공단에 두는 진폐요양의료기관평가위원회(이하 이 조에서 "평가위원회"라 한다)는 위원장 1명을 포함하여 15명 이내의 위원으로 구성한다.

② 평가위원회의 위원장 및 위원은 공단이 정하는 자격을 갖춘 사람 중에서 공단 이사장이 위촉한다.

③ 평가위원회의 위원의 임기는 3년으로 한다.

④ 이 규칙에서 규정한 사항 외에 평가위원회의 운영에 관한 구체적인 사항은 공단이 정한다.

제41조(전신해부에 따른 비용지원 등) ① 법 제91조의11제2항에 따라 전신해부를 실시한 의료기관 또는 유족에게 지급하는 비용은 다음 각 호와 같다.

1. 해부와 관련된 검사비용
2. 해부행위에 따른 비용
3. 해부관련 소견서 발급에 따른 비용
4. 해부를 위한 이송비용
5. 그 밖에 해부에 필요한 비용으로 공단이 인정하는 비용

② 법 제91조의11제2항에 따라 비용을 청구하려는 의료기관 또는 유족은 다음 각 호의 서류를 첨부하여 공단에 청구하여야 한다.

1. 해부관련 검사 내역
2. 전신해부 결과지
3. 이송비용 영수증
4. 공단이 인정하는 해부에 필요한 비용에 관한 영수증

③ 제1항 각 호에 해당하는 비용의 지급범위나 방법 등에 관하여는 제10조를 준용한다.

④ 이 규칙에서 규정한 사항 외에 전신해부와 관련한 비용지원 절차 등에 관하여 필요한 사항은 공단이 정한다.

제42조 삭제

제43조(이황화탄소 중독증의 판정 절차) ① 공단은 이황화탄소 중독증으로 요양을 받으려는 사람이 요양급여의 신청을 하면 그 판정에 필요한 검사를 할 수 있는 산재보험 의료기관에 정밀진단을 의뢰할 수 있다.

② 제1항에 따른 정밀진단을 의뢰받은 산재보험 의료기관은 지체 없이 정밀진단을 한 후 그 결과를 공단에 보내야 한다.

③ 공단은 제2항에 따라 정밀진단 결과를 받으면 이황화탄소 중독증에 관한 전문지식을 갖춘 자문의사 3명 이상의 의견을 들어 이황화탄소 중독증에 해당하는지를 판정하고 그 결과를 신청인에게 알려야 한다.

제7절 휴업급여의 청구 절차

제44조(부분휴업급여의 청구) 영 제50조제1항에서 "고용노동부령으로 정하는 서류"란 다음 각 호의 서류를 말한다.

1. 취업 사업장의 명칭, 취업기간, 종사 업무의 내용, 근로시간 및 임금 등을 적은 서류
2. 취업 가능 여부 및 취업에 따른 부상 · 질병 상태의 악화 여부 등에 대한 의학적 소견서

제45조(재요양에 따른 평균임금 산정사유 발생일) 영 제52조제2호에서 "고용노동부령으로 정하는 절차"란 제33조부터 제43조까지의 규정에 따른 절차를 말한다.

제8절 장해등급의 판정 기준

제46조(기본원칙) ① 장해등급은 신체를 해부학적으로 구분한 부위(이하 "장해부위"라 한다) 및 장해부위를 생리학적으로 장해군으로 구분한 부위(이하 "장해계열"이라 한다)별로 판정한다.

② 장해부위는 다음 각 호와 같이 구분하되, 좌우 양쪽의 기관이 있는 부위는 각각 다른 장해부위로 본다. 다만, 안구와 속귀는 좌우를 같은 장해부위로 본다.

1. 눈은 안구와 눈꺼풀의 좌 또는 우
2. 귀는 속귀 등과 귓바퀴의 좌 또는 우
3. 코
4. 입
5. 신경계통의 기능 또는 정신기능
6. 머리 · 얼굴 · 목
7. 흉복부장기(외부 생식기를 포함한다)
8. 체간은 척주(脊柱)와 그 밖의 체간골(體幹骨)
9. 팔은 팔의 좌 또는 우, 손가락은 손의 좌 또는 우
10. 다리는 다리의 좌 또는 우, 발가락은 발의 좌 또는 우

③ 장해계열은 별표 3의 구분에 따른다.

④ 영 제53조제2항에 따른 장해등급의 조정은 장해계열이 다른 장해가 둘 이상 있는 경우에 실시한다. 다만, 다음 각 호의 어느 하나에 해당하는 경우에는 장해등급을 조정하지 않고 장해계열이 같은 것으로 보아 같은 조 제3항에 따라 장해등급을 결정한다.

1. 양쪽 안구에 시력장해 · 조절기능장해 · 운동장해 또는 시야장해가 각각 남은 경우
2. 팔에 기능장해가 남고 같은 쪽 손가락의 상실 또는 기능장해가 남은 경우
3. 다리에 기능장해가 남고 같은 쪽 발가락에 상실 또는 기능장해가 남은 경우

⑤ 장해계열이 다른 장해가 둘 이상 있더라도 다음 각 호의 어느 하나에 해당하면 장해등급을 조정하지 않고 영 별표 6에 따른 장해등급의 기준(이하 "장해등급기준"이라 한다)에 따라 장해등급을 결정한다.

1. 장해계열이 다른 둘 이상의 장해의 조합에 대하여 장해등급기준에 하나의 장해등급(이하 "조합등급"이라 한다)으로 정하여진 다음 각 목의 어느 하나에 해당하는 장해가 남은 경우
   가. 두 팔의 상실 또는 기능장해로서 장해등급기준에 따른 제1급제5호 · 제6호 및 제2급제3호 중 어느 하나에 해당하는 장해
   나. 두 손의 손가락의 상실 또는 기능장해로서 장해등급기준에 따른 제3급제5호 및 제4급제6호 중 어느 하나에 해당하는 장해
   다. 두 다리의 상실 또는 기능장해로서 장해등급기준에 따른 제1급제7호 · 제8호, 제2급제4호 및 제4급제7호 중 어느 하나에 해당하는 장해
   라. 두 발의 발가락의 상실 또는 기능장해로서 장해등급기준에 따른 제5급제6호 및 제7급제11호 중 어느 하나에 해당하는 장해

마. 두 눈의 눈꺼풀의 상실 또는 운동기능장해로서 장해등급기준에 따른 제9급제4호, 제11급제2호 및 제11급제3호 중 어느 하나에 해당하는 장해

바. 두 귀의 귓바퀴의 상실장해로서 장해등급기준에 따른 제11급제6호, 제12급제5호 및 제13급제3호 중 어느 하나에 해당하는 장해

2. 하나의 장해가 장해등급기준에 정하여진 장해 중 둘 이상의 장해에 해당하더라도 하나의 장해를 각각 다른 관점에서 평가하는데 지나지 않는 경우. 이 경우에는 그 중 높은 장해등급을 그 근로자의 장해등급으로 한다.

3. 하나의 장해에 다른 장해가 파생되는 관계에 있는 경우. 이 경우의 장해등급의 결정에 관하여는 제2호 후단을 준용한다.

⑥ 영 제53조제4항에 따라 장해의 정도가 심해진 경우에 지급할 장해급여의 금액을 산정할 때 기존의 장해에 대하여 장해급여를 지급한 경우에는 그 장해의 정도가 변경된 경우에도 이미 장해급여를 지급한 장해등급을 기존의 장해등급으로 본다.

⑦ 같은 장해계열의 장해의 정도가 심해지고 다른 장해계열에도 새로 장해가 남은 경우에는 같은 장해계열의 심해진 장해에 대한 장해등급과 다른 장해계열의 장해에 대한 장해등급을 각각 정한 후 영 제53조제2항에 따라 조정하여 장해등급을 결정한다. 이 경우 장해급여의 금액은 영 제53조제4항에 따라 산정한 장해급여의 금액이 새로 발생한 다른 장해계열의 장해만 남은 것으로 하는 경우에 지급할 장해급여의 금액보다 적은 경우에는 그 다른 장해계열의 장해만 남은 것으로 인정하여 산정한다.

⑧ 조합등급으로 정해져 있는 장해부위의 어느 한쪽에 장해가 있던 사람이 다른 한쪽에 새로 장해가 발생하여 제5항제1호 각 목의 장해 중 어느 하나에 해당하게 된 경우에는 그 새로 발생한 장해에 대하여 따로 장해등급을 결정하지 않고, 기존의 장해가 심해진 것으로 보아 장해등급을 결정한다. 이 경우 장해급여의 금액은 제7항 후단을 준용하여 산정한다.

⑨ 손가락 · 발가락 · 안구 또는 속귀의 장해 정도가 심해진 경우에 그 심해진 장해에 대한 장해급여의 금액은 영 제53조제4항에 따라 산정한 장해급여의 금액이 새로 발생한 장해만 남은 것으로 하는 경우에 지급할 장해급여의 금액보다 적은 경우에는 그 새로 발생한 장해만 남은 것으로 인정하여 산정한다.

⑩ 장해등급의 판정은 요양이 끝난 때에 증상이 고정된 상태에서 한다. 다만, 요양이 끝난 때에 증상이 고정되지 않은 경우에는 다음 각 호의 구분에 따라 판정한다.

1. 의학적으로 6개월 이내에 증상이 고정될 수 있다고 인정되는 경우에는 그 증상이 고정된 때에 판정한다. 다만, 6개월 이내에 증상이 고정되지 않은 경우에는 6개월이 되는 날에 고정될 것으로 인정하는 증상에 대하여 판정한다.

2. 의학적으로 6개월 이내에 증상이 고정될 수 없다고 인정되는 경우에는 요양이 끝난 때에 장차 고정될 것으로 인정하는 증상에 대하여 판정한다.

제47조(운동기능장해의 측정) ① 비장해인의 신체 각 관절에 대한 평균 운동가능영역은 별표 4와 같다.

② 운동기능장해의 정도는 미국의학협회(AMA, American Medical Association)식 측정 방법 중 공단이 정하는 방법으로 측정한 해당 근로자의 신체 각 관절의 운동가능영역과 별표 4의 평균 운동가능영역을 비교하여 판정한다. 다만, 척주의 운동가능영역은 그러하지 아니하다.

③ 제2항에 따라 해당 근로자의 신체 각 관절의 운동가능영역을 측정할 때에는 다음 각 호의 구분에 따른 방법으로 한다.

1. 강직, 오그라듦, 신경손상 등 운동기능장해의 원인이 명확한 경우: 근로자의 능동적 운동에 의한 측정 방법

2. 운동기능장해의 원인이 명확하지 아니한 경우: 근로자의 수동적 운동에 의한 측정방법

제48조(신체부위별 장해등급 판정 기준) 영 제53조제1항 후단에 따른 신체부위별 장해등급 판정에 관한 세부기준은 별표 5와 같다.

제49조(장해등급등의 재판정 신청) 영 제56조제4항에 따라 장해등급등의 재판정을 받으려는 사람은 같은 조 제1항 및 제2항에 정한 기간 내에 신청하여야 한다.

제9절 간병급여의 청구 방법

제50조(간병급여의 청구 방법) 영 제59조에 따른 간병급여는 다음 각 호의 사항을 적은 서류를 첨부하여 공단에 청구하여야 한다.

1. 간병시설이나 간병을 받은 장소의 명칭 및 주소
2. 간병을 한 사람의 이름 · 주민등록번호 및 수급권자와의 관계(간병시설에서 간병을 받지 않은 경우만 해당한다)
3. 실제 간병을 받은 기간
4. 간병에 든 비용 및 그 명세

제10절 유족보상연금 수급자격자

제51조(유족보상연금 수급자격자의 범위) 법 제63조제1항제4호에서 "고용노동부령으로 정한 장애 정도에 해당하는 자"란 「장애인복지법 시행규칙」 별표 1에 따른 장애의 정도가 심한 장애인을 말한다.

제11절 상병보상연금의 산정 방법

제52조(중증요양상태등급의 적용시기) 영 별표 8에 따른 중증요양상태등급은 영 제64조제1항 및 같은 조 제3항에 따라 첨부한 의사의 진단서가 발급된 날부터 적용한다. 다만, 중증요양상태가 발생하거나 변동된 날을 명백히 알 수 있는 경우에는 중증요양상태가 발생하거나 변동된 날부터 적용한다.

제53조(중증요양상태등급 판정 기준) 영 제65조제1항에 따른 중증요양상태등급 기준에 대한 세부기준은 별표 5에 따른 신체부위별 장해등급 판정에 관한 세부기준을 준용한다. 이 경우 요양을 시작한 지 2년이 지났으나 중증요양상태의 변동이 심하여 제52조에 따른 시기에 중증요양상태등급을 판정하기 곤란한 경우에는 과거 6개월간의 중증요양상태를 종합하여 판정한다.

제12절 직업재활급여

제54조(취업의 범위) 영 제68조제1항제3호에서 "취업"이란 법 제72조제1항제1호에 따른 훈련대상자(이하 "훈련대상자"라 한다)가 다음 각 호의 어느 하나에 해당하는 경우를 말한다.

1. 「고용보험법」 제13조에 따른 피보험자격을 취득한 경우. 다만, 다음 각 목의 경우는 제외한다.
   가. 「고용보험법」 제2조제6호에 따른 일용근로자의 경우에는 1개월 동안의 피보험자격 취득일수가 10일 미만인 경우
   나. 1주 동안의 근로시간이 15시간 미만인 단시간근로자의 경우
2. 「국가공무원법」 또는 「지방공무원법」에 따른 공무원, 「사립학교교원연금법」의 적용을 받는 사람 또는 「별정우체국법」에 따른 별정우체국 직원으로 취업한 경우
3. 「부가가치세법」에 따라 사업자등록을 한 경우. 다만, 부동산임대업 등록을 한 사람이 근로자를 고용하지 않고 사무소를 개설하지 않은 경우 등 실제 사업을 하지 않는 경우는 제외한다.
4. 「고용보험법」 제10조에 따라 같은 법의 적용을 받지 않는 사람이 제1호 각 목의 기준 이상에 해당하는

일수 또는 시간 동안 취업한 경우 등 사회통념상 취업을 하였다고 인정할 수 있는 경우

제55조(직업훈련의 신청 등) ① 훈련대상자가 직업훈련을 받으려면 제46조제10항에 따라 장해등급 또는 법 제91조의8에 따라 진폐장해등급이 판정된 날부터 1년 이내에 직업훈련을 신청하여야 한다.

② 법 제72조제1항제1호에 따른 직업훈련은 제1항에 따른 기간 동안 2회 신청할 수 있다.

③ 공단은 제1항 및 제2항에 따라 훈련대상자가 신청한 직업훈련의 직업훈련기관, 훈련직종 및 훈련기간이 그 훈련대상자의 장해 상태, 직업재활 욕구, 직업재활 계획 및 재취업에 적합한지에 대한 평가(이하 "직업평가"라 한다) 결과 등을 고려하여 직업훈련을 실시할지를 결정하여야 한다.

④ 공단은 직업평가 결과 직업훈련기관 및 훈련직종 등이 그 훈련대상자의 재취업에 적합하지 않다고 인정하면 다른 직업훈련기관이나 훈련 직종을 추천하거나 권고할 수 있다.

⑤ 직업훈련 신청의 절차, 직업훈련기관 · 훈련직종 또는 훈련과정 등 직업훈련 내용의 변경, 직업평가의 방법 · 절차나 그 밖에 필요한 사항은 공단이 정한다.

제56조(직업훈련의 중단) ① 공단은 직업훈련을 받고 있는 사람이 다음 각 호의 어느 하나에 해당하는 경우에는 직업훈련을 중단할 수 있다.

1. 직업훈련기간이 끝나기 전에 직업훈련을 포기한 경우
2. 정당한 사유 없이 직업훈련에 출석한 비율(이하 "출석률"이라 한다)이 100분의 50 미만인 경우. 이 경우 출석률은 직업훈련을 시작한 날부터 1개월(직업훈련기간이 1개월 미만이거나 직업훈련이 끝나는 달의 남은 기간이 1개월 미만인 경우에는 그 기간)을 단위로 하여 직업훈련기관이 그 직업훈련을 실시한 일수에 대한 훈련대상자가 직업훈련에 출석한 일수의 비율로 한다.
3. 정당한 사유 없이 직업훈련 실시일에 계속하여 5회 이상 출석하지 않은 경우
4. 출석률의 조작 등 거짓이나 그 밖에 부정한 방법으로 직업훈련비용이나 직업훈련수당을 받는 경우
5. 직업훈련에 관한 공단의 지시를 정당한 사유 없이 위반한 경우

② 제1항에 따라 훈련대상자의 직업훈련이 중단된 경우에는 제55조제2항을 적용할 때 그 중단된 직업훈련을 받은 것으로 본다.

제57조(직업훈련비용의 지급 범위 등) ① 법 제73조제4항에 따른 직업훈련비용의 범위는 수강료 · 재료비 또는 교재비 등 그 직업훈련을 위하여 필요한 항목으로 한다.

② 직업훈련비용은 법 제73조제3항에 따라 고용노동부장관이 고시하는 금액의 범위에서 훈련시간, 훈련내용, 훈련에 필요한 시설 · 인력, 같은 훈련직종 또는 훈련과정에 대한 시장 가격 등을 고려하여 정하여야 한다.

③ 제1항 및 제2항에 따른 직업훈련비용의 범위 및 직업훈련비용의 세부기준은 고용노동부장관의 승인을 받아 공단이 정한다.

④ 직업훈련비용을 받으려는 직업훈련기관은 다음 각 호의 구분에 따라 공단에 청구하여야 한다.

1. 해당 훈련대상자의 직업훈련기간이 1개월 이상인 경우에는 직업훈련을 시작한 날부터 1개월 이상이 지난 후에 출석률을 확인할 수 있는 서류를 첨부하여 월 단위로 청구할 것
2. 해당 훈련대상자의 직업훈련기간이 1개월 미만인 경우에는 그 직업훈련이 끝난 후에 출석률을 확인할 수 있는 서류를 첨부하여 청구할 것
3. 정보통신망을 이용한 직업훈련을 실시한 경우에는 그 직업훈련기간이 끝난 후에 청구할 것

제58조(훈련직종 및 훈련과정) ① 훈련대상자는 다음 각 호의 어느 하나에 해당하는 훈련직종 또는 훈련과정에 대하여 직업훈련 신청을 할 수 있다. 다만, 별표 6에 따른 직업훈련에서 제외되는 훈련직종 또는 훈련과정은 신청할 수 없다.

1. 「자격기본법」 또는 「국가기술자격법」에 따른 자격과 연계되는 훈련직종 또는 훈련과정
2. 「근로자직업능력 개발법」에 따른 국가기간 · 전략산업직종이나 직업능력개발훈련과정으로 인정받은 훈련직종 또는 훈련과정

② 제1항에도 불구하고 정보통신망을 이용한 직업훈련은 제1항에 따른 훈련직종 또는 훈련과정 중 공단이 인정하는 훈련직종 또는 훈련과정만 신청할 수 있다.

제59조(직업훈련기관의 범위 등) ① 공단이 법 제73조제1항에 따라 직업훈련에 관한 계약을 체결할 수 있는 직업훈련기관은 다음 각 호의 어느 하나에 해당하는 기관으로 한다.

1. 「근로자직업능력 개발법」에 따라 설립 · 운영되는 직업능력개발훈련시설 및 직업능력개발훈련법인
2. 「장애인고용촉진 및 직업재활법」에 따른 한국장애인고용촉진공단
3. 「근로자직업능력 개발법」에 따라 설립된 기능대학
4. 「학원의 설립 · 운영 및 과외교습에 관한 법률」에 따라 설립 · 운영되는 학원
5. 「평생교육법」에 따른 평생교육기관이나 그 밖에 다른 법령에 따라 직업훈련을 실시하는 기관

② 공단은 법 제73조제1항에 따라 직업훈련기관과 계약을 체결하는 경우에는 훈련직종 또는 훈련과정을 명시하여 체결하여야 한다.

③ 공단은 계약을 체결한 직업훈련기관이 계약을 위반하거나 인력 · 시설 등이 직업훈련을 담당할 수 없다고 인정되면 그 계약을 해지할 수 있다. 이 경우 계약의 해지 사유는 계약에 명시하여야 한다.

제60조(직업훈련수당의 지급 기준 등) ① 법 제74조제1항에 따른 직업훈련수당(이하 "직업훈련수당"이라 한다)은 해당 훈련직종 또는 훈련과정에서 훈련대상자의 출석률이 100분의 80 이상인 경우에 다음 각 호의 기준에 따라 지급한다.

1. 해당 훈련직종 또는 훈련과정의 직업훈련기간 또는 시간이 다음 각 목의 요건 모두에 해당하는 경우에 그 훈련기간의 일수에 대하여 지급
   가. 1일 4시간 이상일 것
   나. 1주 동안 20시간 이상이면서 4일 이상일 것
   다. 1개월 동안 80시간 이상일 것
2. 해당 훈련직종 또는 훈련과정의 직업훈련기간 또는 시간이 제1호의 기준에 미치지 못하는 경우에는 다음 각 목의 구분에 따라 지급
   가. 4시간 이상의 직업훈련을 받은 일수에 대하여 직업훈련수당 지급
   나. 2시간 이상 4시간 미만의 직업훈련을 받은 날에 대하여는 직업훈련수당의 2분의 1에 해당하는 금액 지급

② 제1항에도 불구하고 정보통신망을 이용한 훈련직종 또는 훈련 과정을 수료한 경우에는 직업훈련을 받은 총시간을 8로 나누어 나온 값을 직업훈련을 받은 일수로 보고 그 일수에 해당하는 직업훈련수당을 지급한다. 이 경우 8로 나누어 남은 시간이 4시간 이상이면 1일로 본다.

③ 제2항을 적용할 때 특정일에 정보통신망을 이용하여 직업훈련을 받은 시간이 8시간을 넘는 경우에는 그 직업훈련을 받은 시간 전부에 대하여 1일분의 직업훈련수당을 지급한다.

④ 훈련대상자가 직업훈련수당을 받으려면 직업훈련을 시작한 날부터 1개월(직업훈련 기간이 1개월 미만인 경우에는 그 기간)이 지난 후에 월 단위로 공단에 청구하여야 한다. 다만, 정보통신망을 이용하여 직업훈련을 받은 경우에는 해당 훈련직종 또는 훈련과정을 수료한 후에 청구하여야 한다.

제61조(직장복귀지원금등의 청구 시기) 법 제72조제1항제2호에 따른 직장복귀지원금, 직장적응훈련비 또는 재활운동비(이하 "직장복귀지원금등"이라 한다)를 받으려는 사업주는 다음 각 호의 어느 하나에 해당하는

날부터 1개월이 지난 후에 청구하여야 한다.

1. 직장복귀지원금: 법 제72조제1항제2호에 따른 장해급여자(이하 "장해급여자"라 한다)가 업무상의 재해가 발생할 당시의 사업장에 복귀한 날
2. 직장적응훈련비 및 재활운동비: 장해급여자가 직장적응훈련 또는 재활운동을 시작한 날

제13절 보험급여의 일시지급

제62조(보험급여 일시지급의 신청 및 지급 절차) ① 법 제76조에 따라 보험급여를 한꺼번에 받으려는 사람이 출국을 하려는 경우에는 업무상 부상 또는 질병의 치료에 지장이 있는지에 관한 소견서를 첨부하여 공단에 신청하여야 한다. 이 경우 공단은 출국하는 시기를 미루어야 한다는 의학적 소견이 있는 경우에는 보험급여를 한꺼번에 지급하지 않을 수 있다.

② 공단은 제1항에 따른 신청을 받으면 한꺼번에 지급할 보험급여 금액의 산정을 위하여 필요하면 해당 근로자에게 법 제43조제1항제2호에 따른 산재보험 의료기관에서 다음 각 호의 사항에 관한 신체감정을 받도록 할 수 있다. 이 경우 신체감정에 드는 비용은 실비로 지급할 수 있다.

1. 업무상 부상 또는 질병이 치유될 것으로 예상되는 시기
2. 업무상 부상 또는 질병이 치유될 때까지 발생할 것으로 예상되는 치료비나 그 밖의 요양급여에 해당하는 비용
3. 업무상 부상 또는 질병이 치유된 후에 남을 것으로 예상되는 장해상태. 다만, 요양 개시일부터 2년이 지나 치유될 것으로 예상되는 경우에는 그 2년이 지났을 때에 남을 것으로 예상되는 중증요양상태

③ 공단은 제2항에 따른 신체감정의 결과 등을 고려하여 한꺼번에 지급할 보험급여의 금액을 산정하여야 한다. 이 경우 신체감정의 결과의 인용 방법 및 범위 등에 대하여는 자문의사회의의 심의를 거쳐 결정할 수 있다.

제14절 보험급여 지급의 제한 및 충당 등

제63조(보험급여 지급 제한의 절차) ① 공단 또는 산재보험 의료기관은 요양 중인 근로자가 다음 각 호의 어느 하나에 해당하는 행위로 부상 · 질병 또는 장해 상태를 악화시키거나 치유를 방해할 우려가 있다고 인정하여 법 제83조제1항제1호에 따른 보험급여의 지급제한을 하기 전에 서면으로 해당 근로자에게 그 행위의 시정을 요구하여야 한다.

1. 입원 요양 중의 정당한 사유 없는 외출 · 외박
2. 공단 또는 산재보험 의료기관에서 정한 주의사항의 불이행
3. 그 밖에 공단이나 산재보험 의료기관의 요양에 관한 지시 위반

② 공단은 요양 중인 근로자가 정당한 이유 없이 제1항에 따른 시정 요구를 따르지 않는 경우에 영 제78조제1항에 따른 범위에서 보험급여의 지급을 제한할 수 있다.

③ 산재보험 의료기관은 요양 중인 근로자가 제1항에 따른 시정 요구를 정당한 이유 없이 따르지 않는 경우에는 지체 없이 그 사실을 공단에 알려야 한다.

제63조의2(부정수급자 명단 공개 등) ① 공단은 법 제84조의2에 따라 같은 조 제1항 각 호 외의 부분 전단에 따른 부정수급자(이하 "부정수급자"라 한다) 또는 같은 항 각 호 외의 부분 후단에 따른 연대책임자(이하 "연대책임자"라 한다)의 명단을 공개하려는 경우에는 제63조의3제1항에 따른 부정수급자 등 명단공개심의위원회의 심의를 거쳐야 한다.

② 공단은 제1항에 따라 명단을 공개하는 경우에는 부정수급자 및 연대책임자의 성명과 생년월일(부정수

급자 또는 연대책임자가 법인인 경우에는 법인의 명칭, 법인 대표자의 성명 및 생년월일을 말한다)을 공개한다.

③ 공단은 법 제84조의2제4항에 따라 공개대상자에게 명단공개 대상자임을 통보하는 경우에는 부정수급액을 납부하도록 촉구하여야 한다. 이 경우 법 제84조의2제2항에 따른 명단 공개 제외 사유에 해당하면 그 소명자료를 제출할 수 있다는 안내를 하여야 한다.

④ 법 제84조의2에 따른 명단 공개는 관보에 게재하거나 고용 · 산재정보통신망 또는 공단 게시판에 게시하는 방법으로 하되, 고용 · 산재정보통신망 또는 공단 게시판에 공개하는 기간은 공개일부터 3년 이내로 한다.

제63조의3(부정수급자 등 명단공개심의위원회) ① 법 제84조의2에 따른 명단 공개 여부를 심의하기 위하여 공단에 부정수급자 등 명단공개심의위원회(이하 이 조에서 '위원회'라 한다)를 둔다.

② 위원회는 위원장 1명을 포함하여 7명의 위원으로 구성한다.

③ 위원회의 위원장은 공단 임원 중 산업재해보상보험 업무를 담당하는 상임이사가 되고, 위원은 다음 각 호의 사람 중에서 공단 이사장이 임명하거나 위촉한다.

1. 산업재해보상보험 업무를 담당하는 공단 직원
2. 산업재해보상보험 업무를 담당하는 5급 이상 고용노동부 공무원
3. 법률, 회계 또는 사회보험에 관한 학식과 경험이 풍부한 사람

④ 제3항제1호 및 제2호에 따른 위원의 임기는 그 재직기간으로 하고, 같은 항 제3호에 따른 위원의 임기는 2년으로 하되 1회에 한하여 연임할 수 있다.

⑤ 위원회의 회의는 재적위원 과반수의 출석으로 개의하고, 출석위원 과반수의 찬성으로 의결한다.

⑥ 그 밖의 위원회의 구성 및 운영에 필요한 사항은 공단이 정한다.

제64조(충당 동의서의 기재사항) 영 제80조제1항제1호 단서에 따라 보험급여 수급권자가 충당에 동의하는 경우에는 다음 각 호의 사항을 서면으로 적어야 한다.

1. 지급받을 보험급여의 종류, 지급 기간 및 금액
2. 부당이득의 전제가 되는 보험급여의 종류 및 금액
3. 충당에 동의하는 금액 또는 비율

제64조의2(국민건강보험 요양급여 비용의 지급 절차 등) ① 「국민건강보험법」 제13조에 따른 국민건강보험공단(이하 "국민건강보험공단"이라 한다)은 법 제90조의2제1항에 따라 국민건강보험공단이 부담한 요양급여 비용을 지급받으려는 경우에는 부담한 금액 및 내역 등을 증명할 수 있는 서류를 첨부하여 공단에 그 지급을 청구하여야 한다.

② 공단은 제1항에 따른 청구를 받은 경우에는 다음 각 호의 사항을 확인하여 지급 여부 및 금액을 결정하여야 한다.

1. 청구된 요양급여 비용이 법 제40조에 따른 요양급여 또는 법 제51조에 따른 재요양의 대상이 되었던 업무상의 부상 또는 질병(이하 이 조에서 "업무상 부상 · 질병"이라 한다)의 증상에 대한 것인지 여부
2. 청구된 요양급여 비용이 업무상 부상 · 질병에 대한 법에 따른 요양이 종결된 후 2년 이내에 「국민건강보험법」에 따라 실시된 요양급여에 대한 것인지 여부
3. 청구된 요양급여 비용이 「국민건강보험법」 제41조에 따른 요양급여 기준에 맞게 지급되었는지 여부

③ 공단은 제2항에 따른 확인결과 지급하지 아니하기로 결정하였거나 청구한 비용을 감액하여 지급하기로 결정한 경우에는 국민건강보험공단에 그 사유를 알려야 한다. 이 경우 국민건강보험공단은 요양급여 비용의 청구 취지 및 근거 등을 보완하여 공단에 다시 청구할 수 있다.

④ 공단은 제1항 및 제3항 후단의 청구에 따라 국민건강보험공단이 부담한 요양급여 비용을 지급한 후 다음 각 호의 어느 하나에 해당하는 사유가 있는 경우에는 국민건강보험공단에 지급한 요양급여 비용의 반환을 청구할 수 있다.

1. 「국민건강보험법」에 따른 요양급여를 받은 사람이 업무상 부상 · 질병에 대한 요양급여를 받은 사람이 아닌 것으로 확인된 경우
2. 제1항 및 제3항 후단의 청구에 따라 지급한 요양급여 비용이 계산 착오 등의 사유로 잘못 지급된 경우

제4장 근로복지사업

제65조(지정법인의 지정 기준) 법 제92조제2항에 따른 지정법인(이하 "지정법인"이라 한다)의 지정 기준은 다음 각 호와 같다.

1. 의료 · 요양 · 직업재활 또는 근로자의 복지증진 사업을 주된 목적으로 할 것
2. 이사 중에 노동행정에 풍부한 경험이 있는 사람 및 직업환경의학에 관한 학식과 경험이 있는 사람이 각각 1명 이상 있을 것

제66조(지정법인의 지정 신청) ① 지정법인으로 지정을 받으려는 법인은 다음 각 호의 서류를 첨부하여 고용노동부장관에게 신청(전자문서에 의한 신청을 포함한다)하여야 한다.

1. 정관　　　2. 임원의 명단
3. 재산의 종류 · 수량 및 금액을 적은 재산목록(재단법인은 기본재산 · 보통재산 및 운영재산으로 구분하여 적은 목록)
4. 해당 연도 수지예산서 및 사업계획서

② 고용노동부장관은 제1항에 따른 신청을 받으면 「전자정부법」 제36조제1항에 따른 행정정보의 공동이용을 통하여 법인등기부 등본을 확인하여야 한다.

③ 고용노동부장관은 제1항에 따른 신청을 받으면 지체 없이 지정 여부를 결정하여 신청한 법인에 알려야 한다.

제67조(사업계획서 등의 제출) 고용노동부장관은 법 제92조제4항에 따라 사업에 필요한 비용의 일부를 보조하는 지정법인에 대하여 회계연도마다 다음 각 호의 구분에 따라 사업계획 또는 사업실적에 관한 서류를 제출하게 할 수 있다.

1. 사업계획서 및 수지예산서: 해당 회계연도 개시 전까지
2. 사업실적보고서 및 수지결산서: 다음 회계연도 3월 말까지

제68조(지정법인의 지도 감독 등) 고용노동부장관은 필요하다고 인정하면 지정법인에 대하여 그 업무 상황에 관한 보고서를 제출하게 하거나 그 업무를 지도 감독할 수 있다.

제5장 보칙

제69조(기금관리요원) 고용노동부장관은 산업재해보상보험및예방기금(이하 "기금"이라 한다)을 효율적이고 전문적으로 관리하기 위하여 필요하면 영 제91조제1항에 따른 기금의 회계기관을 보조하는 기금관리요원을 둘 수 있다.

제70조 삭제

제71조(실비 지급) ① 법 105조제4항제1호에 따라 지정 장소에 출석한 관계인에게 지급할 실비의 지급 범위 및 기준에 관하여는 제15조부터 제17조까지의 규정을 준용한다.

② 법 105조제4항제3호에 따라 감정을 한 감정인에게 지급할 실비의 지급 기준은 감정 당시의 비용으로

한다. 다만, 감정 비용에 관한 기준이 없는 등 감정 비용을 산정하기 곤란한 경우에는 산재보험 요양급여기준 중에서 감정의 내용과 가장 비슷한 항목의 비용에 따른다.

제72조(조사연구원의 보수) ① 삭제

② 영 제112조제2항에 따른 조사연구원의 보수는 예산의 범위에서 지급하되, 「공무원보수규정」 별표 34에 따른 일반임기제공무원의 연봉등급 5호에 적용되는 기준을 준용한다.

제73조(외국거주자의 수급권 신고) ① 장해보상연금 수급권자, 유족보상연금 수급권자, 진폐보상연금 수급권자, 진폐유족연금 수급권자가 법 제115조제2항에 따라 신고를 하는 경우에는 다음 각 호의 서류를 첨부하여야 한다.

1. 「재외국민등록법」 제7조에 따른 재외국민등록부 등본
2. 「가족관계의 등록 등에 관한 법률」 제9조에 따른 가족관계 등록사항의 변경 내용(변경 사유가 발생한 경우만 해당된다)

② 법 제115조제2항에 따른 신고는 매년 5월 1일부터 6월 30일까지의 기간에 하여야 한다.

제73조의2(포상금의 지급기준) ① 법 제119조의2에 따른 포상금은 신고가 접수된 날까지 부당하게 지급된 보험급여, 진료비 또는 약제비(소멸시효가 완성된 금액은 제외한다. 이하 "보험급여등"이라 한다)를 합산한 금액에 대하여 다음 각 호의 구분에 따라 지급한다.

1. 보험급여등 합산금액(이하 "합산금액"이라 한다)이 5천만원 이상일 경우: 550만원+(5천만원 초과 합산금액 × 5/100)
2. 합산금액이 1천만원 이상 5천만원 미만인 경우: 150만원+(1천만원 초과 합산금액 × 10/100)
3. 합산금액이 1천만원 미만인 경우: 합산금액 × 15/100

② 제1항에도 불구하고 보험급여등을 부당하게 지급받은(이하 "부정수급"이라 한다) 사람에 대한 장해보상연금, 유족보상연금, 진폐보상연금 또는 진폐유족연금의 지급이 중단되거나 지급액이 변경된 경우에는 제1항에서 정한 포상금에 별표 7의 기준에 따라 산정한 포상금을 더하여 지급한다.

③ 제1항 및 제2항에도 불구하고 동일한 부정수급 행위에 대하여 지급되는 포상금은 3천만원을 초과할 수 없으며, 산정된 포상금이 1만원 미만인 경우에는 1만원을 지급한다.

④ 동일한 부정수급 행위에 대하여 2명 이상이 각각 신고한 경우에는 가장 먼저 신고한 사람에게 포상금을 지급하고, 공동으로 신고한 경우에는 포상금을 동일하게 나누어 신고자에게 지급한다.

⑤ 신고자 1명에 대한 포상금 연간 누적 지급액은 3천만원을 초과할 수 없다.

제73조의3(포상금의 지급 제한) 공단은 다음 각 호의 어느 하나에 해당하는 경우에는 포상금을 지급하지 아니할 수 있다.

1. 공무원, 공단의 임직원, 「공공기관의 운영에 관한 법률」에 따른 공공기관이나 그 밖에 공공단체의 임직원이 그 직무와 관련하여 알게 된 내용을 신고한 경우
2. 부정수급한 사람 또는 부정수급을 공모한 사람이 신고한 경우
3. 신고 내용이 언론매체 등을 통해 공개되었거나 이미 조사 또는 수사 중인 경우
4. 성명 · 주소 등이 분명하지 아니하여 신고자를 확인할 수 없는 경우
5. 제73조의4제3항에서 정한 기간 내에 포상금 지급을 신청하지 않은 경우
6. 포상금을 받을 목적으로 사전공모 또는 이와 유사한 방법으로 신고한 경우

제73조의4(포상금의 지급방법 등) ① 공단은 신고내용에 대하여 사실관계를 조사하여야 한다. 다만, 신고내용이 명확하지 않아 부정수급 행위의 확인이 불가능할 것으로 예상되는 경우 조사를 하지 아니할 수 있다.

② 제1항에 따른 조사가 완료된 날(피신고자가 심사청구 등의 이의를 제기한 경우에는 이의 제기에 대한

처분이 확정된 날)부터 7일 이내에 처분 결과를 신고자에게 알려야 한다.

③ 신고자는 제2항에 따른 통지를 받은 날부터 1년 이내에 포상금지급신청서를 제출하여야 한다.

④ 공단은 제3항에 따른 포상금지급신청서를 접수한 날부터 7일 이내에 포상금을 지급하여야 한다.

⑤ 공단은 포상금 지급과 관련하여 알게 된 신고 내용과 신고자의 신상정보 등을 타인에게 제공하거나 누설하여서는 아니 된다.

⑥ 이 규칙에서 규정한 사항 외에 포상금의 신청과 지급방법 등에 관하여 필요한 사항은 공단이 정한다.

제74조(해외파견자의 보험급여의 청구 등) ① 법 제122조제1항에 따라 근로자로 보게 되는 해외파견자(이하 "해외파견자"라 한다)의 보험급여의 신청 · 청구 및 결정 · 통지 등에 관하여는 영 제21조부터 영 제26조까지, 영 제37조, 영 제38조, 영 제44조, 영 제45조 및 영 제48조부터 영 제83조까지, 이 규칙 제2조, 제5조, 제10조부터 제22조까지 및 제31조부터 제64조까지의 규정을 준용한다.

② 해외파견자의 국민건강보험 요양급여 비용의 본인 일부 부담금의 대부 및 충당에 관하여는 영 제84조 및 영 제85조를 준용한다.

제75조(중 · 소기업 사업주의 보험급여의 청구 등) ① 법 제124조제1항에 따라 근로자로 보게 되는 중 · 소기업 사업주(이하 "중 · 소기업 사업주"라 한다)의 보험급여의 신청 · 청구 및 결정 · 통지 등에 관하여는 영 제21조, 영 제37조, 영 제38조, 영 제44조, 영 제45조, 영 제48조부터 영 제69조까지, 영 제76조부터 영 제81조까지 및 영 제83조, 이 규칙 제2조, 제5조, 제10조부터 제22조까지 및 제31조부터 제64조까지의 규정을 준용한다.

② 중 · 소기업 사업주의 업무상의 재해에 따른 보험급여를 산정할 때 법 제124조제3항에 따라 고용노동부장관이 정하여 고시하는 금액이 변경된 경우에는 그 변경된 금액을 보험급여의 산정 기준이 되는 평균임금으로 한다.

③ 중 · 소기업 사업주의 국민건강보험 요양급여 비용의 본인 일부 부담금의 대부 및 충당에 관하여는 영 제84조 및 영 제85조를 준용한다.

제76조(중 · 소기업 사업주의 재요양에 따른 휴업급여 등의 지급 기준) 중 · 소기업 사업주가 재요양 당시 영 제122조제1항제1호 및 제2호에 따른 중 · 소기업 사업주가 아닌 경우에는 법 제56조 및 법 제69조를 적용할 때 평균임금 산정의 대상이 되는 임금이 없는 경우로 보아 휴업급여 및 상병보상연금을 지급한다.

제77조(특수형태근로종사자의 보험급여의 산정 기준 등) ① 특수형태근로종사자의 업무상 재해에 따른 보험급여를 산정할 때 법 제125조제8항에 따라 고용노동부장관이 고시하는 금액이 변경된 경우에는 그 변경된 금액을 보험급여의 산정 기준이 되는 평균임금으로 한다.

② 특수형태근로종사자의 국민건강보험 요양급여 비용의 본인 일부 부담금의 대부 및 충당에 관하여는 영 제84조 및 영 제85조를 준용한다.

제78조(특수형태근로종사자의 재요양에 따른 휴업급여 등의 지급 기준) 특수형태근로종사자가 재요양 당시 업무상의 재해를 입을 당시의 직종에 종사하지 않는 경우에는 법 제56조 및 법 제69조를 적용할 때 평균임금 산정의 대상이 되는 임금이 없는 경우로 보아 휴업급여 및 상병보상연금을 지급한다.

제79조(서식) ① 법, 영 및 이 규칙의 시행에 필요한 신고서 · 신청서 · 청구서 · 통지서 및 납부서 등의 서식은 고용노동부장관의 승인을 받아 공단이 정한다.

② 공단은 제1항에 따라 서식을 정할 때에는 법, 영 및 이 규칙에서 정하는 서류 외의 서류의 첨부를 요구할 수 없다. 다만, 제출된 서식만으로는 그 서식에 적힌 사항의 사실 확인이 곤란한 경우로서 그 확인을 위하여 필요하면 해당 서류의 보완을 요구할 수 있다.

제80조(규제의 재검토) 고용노동부장관은 제39조제1항 · 제2항 및 별표 2의2에 따른 진폐요양 의료기관의

범위 및 등급 기준요건에 대하여 2017년 1월 1일을 기준으로 3년마다(매 3년이 되는 해의 1월 1일 전까지를 말한다) 그 타당성을 검토하여 개선 등의 조치를 하여야 한다.

부칙

이 규칙은 공포한 날부터 시행한다.

산재보험법

[별표 2]

장해급여표(제57조제2항 관련)

(평균임금기준)

장해등급	장해보상연금	장해보상일시금
제1급	329일분	1,474일분
제2급	291일분	1,309일분
제3급	257일분	1,155일분
제4급	224일분	1,012일분
제5급	193일분	869일분
제6급	164일분	737일분
제7급	138일분	616일분
제8급		495일분
제9급		385일분
제10급		297일분
제11급		220일분
제12급		154일분
제13급		99일분
제14급		55일분

[별표 3]

유족급여(제62조제2항 관련)

유족급여의 종류	유족급여의 금액
유족 보상 연금	유족보상연금액은 다음의 기본금액과 가산금액을 합한 금액으로 한다. 1. 기본금액 급여기초연액(평균임금에 365를 곱하여 얻은 금액)의 100분의 47에 상당하는 금액 2. 가산금액 유족보상연금수급권자 및 근로자가 사망할 당시 그 근로자와 생계를 같이 하고 있던 유족보상연금수급자격자 1인당 급여기초연액의 100분의 5에 상당하는 금액의 합산액. 다만, 그 합산금액이 급여기초연액의 100분의 20을 넘을 때에는 급여기초연액의 100분의 20에 상당하는 금액으로 한다.
유족보상 일시금	평균임금의 1,300일분

[별표 4]

상병보상연금표(제66조제2항 관련)

중증요양상태등급	상병보상연금
제1급	평균임금의 329일분
제2급	평균임금의 291일분
제3급	평균임금의 257일분

[별표 6]

진폐장해연금표(제91조의3제2항 관련)

(평균임금기준)

장해등급	진폐장해연금
제1급	132일분
제3급	132일분
제5급	72일분
제7급	72일분
제9급	24일분
제11급	24일분
제13급	24일분

산재보험법시행령

[별표 6]

장해등급의 기준(제53조제1항 관련)

제1급

1. 두 눈이 실명된 사람
2. 말하는 기능과 씹는 기능을 모두 완전히 잃은 사람
3. 신경계통의 기능 또는 정신기능에 뚜렷한 장해가 남아 항상 간병을 받아야 하는 사람
4. 흉복부 장기의 기능에 뚜렷한 장해가 남아 항상 간병을 받아야 하는 사람
5. 두 팔을 팔꿈치관절 이상의 부위에서 잃은 사람
6. 두 팔을 완전히 사용하지 못하게 된 사람
7. 두 다리를 무릎관절 이상의 부위에서 잃은 사람
8. 두 다리를 완전히 사용하지 못하게 된 사람
9. 진폐의 병형이 제1형 이상이면서 동시에 심폐기능에 고도 장해가 남은 사람

제2급

1. 한쪽 눈이 실명되고 다른 쪽 눈의 시력이 0.02 이하로 된 사람
2. 두 눈의 시력이 각각 0.02 이하로 된 사람
3. 두 팔을 손목관절 이상의 부위에서 잃은 사람
4. 두 다리를 발목관절 이상의 부위에서 잃은 사람

5. 신경계통의 기능 또는 정신기능에 뚜렷한 장해가 남아 수시로 간병을 받아야 하는 사람
6. 흉복부 장기의 기능에 뚜렷한 장해가 남아 수시로 간병을 받아야 하는 사람

제3급

1. 한쪽 눈이 실명되고 다른 쪽 눈의 시력이 0.06 이하로 된 사람
2. 말하는 기능 또는 씹는 기능을 완전히 잃은 사람
3. 신경계통의 기능 또는 정신기능에 뚜렷한 장해가 남아 평생 동안 노무에 종사할 수 없는 사람
4. 흉복부 장기의 기능에 뚜렷한 장해가 남아 평생 동안 노무에 종사할 수 없는 사람
5. 두 손의 손가락을 모두 잃은 사람
6. 진폐증의 병형이 제1형 이상이면서 동시에 심폐기능에 중등도 장해가 남은 사람

제4급

1. 두 눈의 시력이 각각 0.06 이하로 된 사람
2. 말하는 기능과 씹는 기능에 뚜렷한 장해가 남은 사람
3. 고막 전부가 상실되거나 그 외의 원인으로 두 귀의 청력을 완전히 잃은 사람
4. 한쪽 팔을 팔꿈치관절 이상의 부위에서 잃은 사람
5. 한쪽 다리를 무릎관절 이상의 부위에서 잃은 사람
6. 두 손의 손가락을 모두 제대로 못 쓰게 된 사람
7. 두 발을 발목발허리관절(족근중족관절) 이상의 부위에서 잃은 사람

제5급

1. 한쪽 눈이 실명되고 다른 쪽 눈의 시력이 0.1 이하로 된 사람
2. 한쪽 팔을 손목관절 이상의 부위에서 잃은 사람
3. 한쪽 다리를 발목관절 이상의 부위에서 잃은 사람
4. 한쪽 팔을 완전히 사용하지 못하게 된 사람
5. 한쪽 다리를 완전히 사용하지 못하게 된 사람
6. 두 발의 발가락을 모두 잃은 사람
7. 흉복부 장기의 기능에 뚜렷한 장해가 남아 특별히 쉬운 일 외에는 할 수 없는 사람
8. 신경계통의 기능 또는 정신기능에 뚜렷한 장해가 남아 특별히 쉬운 일 외에는 할 수 없는 사람
9. 진폐증의 병형이 제4형이면서 동시에 심폐기능에 경도장해가 남은 사람

제6급

1. 두 눈의 시력이 각각 0.1 이하로 된 사람
2. 말하는 기능 또는 씹는 기능에 뚜렷한 장해가 남은 사람
3. 고막 대부분이 상실되거나 그 외의 원인으로 두 귀의 청력이 모두 귀에 대고 말하지 아니하면 큰 말소리를 알아듣지 못하게 된 사람
4. 한쪽 귀가 전혀 들리지 않게 되고 다른 쪽 귀의 청력이 40센티미터 이상의 거리에서는 보통의 말소리를 알아듣지 못하게 된 사람
5. 척주에 극도의 기능장해나 고도의 기능장해가 남고 동시에 극도의 척추 신경근장해가 남은 사람

6. 한쪽 팔의 3대 관절 중 2개 관절을 제대로 못 쓰게 된 사람
7. 한쪽 다리의 3대 관절 중 2개 관절을 제대로 못 쓰게 된 사람
8. 한쪽 손의 5개의 손가락 또는 엄지손가락과 둘째 손가락을 포함하여 4개의 손가락을 잃은 사람

제7급

1. 한쪽 눈이 실명되고 다른 쪽 눈의 시력이 0.6 이하로 된 사람
2. 두 귀의 청력이 모두 40센티미터 이상의 거리에서는 보통의 말소리를 알아듣지 못하게 된 사람
3. 한쪽 귀가 전혀 들리지 않게 되고 다른 쪽 귀의 청력이 1미터 이상의 거리에서는 보통의 말소리를 알아듣지 못하게 된 사람
4. 신경계통의 기능 또는 정신기능에 장해가 남아 쉬운 일 외에는 하지 못하는 사람
5. 흉복부 장기의 기능에 장해가 남아 쉬운 일 외에는 하지 못하는 사람
6. 한쪽 손의 엄지손가락과 둘째 손가락을 잃은 사람 또는 엄지손가락이나 둘째 손가락을 포함하여 3개 이상의 손가락을 잃은 사람
7. 한쪽 손의 5개의 손가락 또는 엄지손가락과 둘째 손가락을 포함하여 4개의 손가락을 제대로 못 쓰게 된 사람
8. 한쪽 발을 발목발허리관절(족근중족관절) 이상의 부위에서 잃은 사람
9. 한쪽 팔에 가관절(假關節, 부러진 뼈가 완전히 아물지 못하여 그 부분이 마치 관절처럼 움직이는 상태)이 남아 뚜렷한 운동기능장해가 남은 사람
10. 한쪽 다리에 가관절이 남아 뚜렷한 운동기능장해가 남은 사람
11. 두 발의 발가락을 모두 제대로 못 쓰게 된 사람
12. 외모에 극도의 흉터가 남은 사람
13. 양쪽의 고환을 잃은 사람
14. 척주에 극도의 기능장해나 고도의 기능장해가 남고 동시에 고도의 척추 신경근장해가 남은 사람 또는 척주에 중등도의 기능장해나 극도의 변형장해가 남고 동시에 극도의 척추 신경근장해가 남은 사람
15. 진폐증의 병형이 제1형 · 제2형 또는 제3형이면서 동시에 심폐기능에 경도 장해가 남은 사람

제8급

1. 한쪽 눈이 실명되거나 한쪽 눈의 시력이 0.02 이하로 된 사람
2. 척주에 극도의 기능장해가 남은 사람, 척주에 고도의 기능장해가 남고 동시에 중등도의 척추신경근 장해가 남은 사람, 척주에 중등도의 기능장해나 극도의 변형장해가 남고 동시에 고도의 척추 신경근장해가 남은 사람 또는 척주에 경미한 기능장해나 중등도의 변형장해가 남고 동시에 극도의 척추 신경근장해가 남은 사람
3. 한쪽 손의 엄지손가락을 포함하여 2개의 손가락을 잃은 사람
4. 한쪽 손의 엄지손가락과 둘째 손가락을 제대로 못 쓰게 된 사람 또는 엄지손가락이나 둘째 손가락을 포함하여 3개 이상의 손가락을 제대로 못 쓰게 된 사람
5. 한쪽 다리가 5센티미터 이상 짧아진 사람
6. 한쪽 팔의 3대 관절 중 1개 관절을 제대로 못 쓰게 된 사람
7. 한쪽 다리의 3대 관절 중 1개 관절을 제대로 못 쓰게 된 사람
8. 한쪽 팔에 가관절이 남은 사람
9. 한쪽 다리에 가관절이 남은 사람

10. 한쪽 발의 5개의 발가락을 모두 잃은 사람
11. 비장 또는 한쪽의 신장을 잃은 사람

제9급

1. 두 눈의 시력이 0.6 이하로 된 사람
2. 한쪽 눈의 시력이 0.06 이하로 된 사람
3. 두 눈에 모두 반맹증 또는 시야협착이 남은 사람
4. 두 눈의 눈꺼풀이 뚜렷하게 상실된 사람
5. 코가 고도로 상실된 사람
6. 말하는 기능과 씹는 기능에 장해가 남은 사람
7. 두 귀의 청력이 모두 1미터 이상의 거리에서는 큰 말소리를 알아듣지 못하게 된 사람
8. 한쪽 귀의 청력이 귀에 대고 말하지 아니하면 큰 말소리를 알아듣지 못하고 다른 귀의 청력이 1미터 이상의 거리에서는 보통의 말소리를 알아듣지 못하게 된 사람
9. 한쪽 귀의 청력을 완전히 잃은 사람
10. 한쪽 손의 엄지손가락을 잃은 사람 또는 둘째 손가락을 포함하여 2개의 손가락을 잃은 사람 또는 엄지손가락과 둘째 손가락 외의 3개의 손가락을 잃은 사람
11. 한쪽 손의 엄지손가락을 포함하여 2개의 손가락을 제대로 못 쓰게 된 사람
12. 한쪽 발의 엄지발가락을 포함하여 2개 이상의 발가락을 잃은 사람
13. 한쪽 발의 발가락을 모두 제대로 못 쓰게 된 사람
14. 생식기에 뚜렷한 장해가 남은 사람
15. 신경계통의 기능 또는 정신기능에 장해가 남아 노무가 상당한 정도로 제한된 사람
16. 흉복부 장기의 기능에 장해가 남아 노무가 상당한 정도로 제한된 사람
17. 척주에 고도의 기능장해가 남은 사람, 척주에 중등도의 기능장해나 극도의 변형장해가 남고 동시에 중등도의 척추 신경근장해가 남은 사람, 척주에 경미한 기능장해나 중등도의 변형장해가 남고 동시에 고도의 척추 신경근장해가 남은 사람 또는 척주에 극도의 척추 신경근장해가 남은 사람
18. 외모에 고도의 흉터가 남은 사람
19. 진폐증의 병형이 제3형 또는 제4형이면서 동시에 심폐기능에 경미한 장해가 남은 사람

제10급

1. 한쪽 눈의 시력이 0.1 이하로 된 사람
2. 한쪽 눈의 눈꺼풀이 뚜렷하게 상실된 사람
3. 코가 중등도로 상실된 사람
4. 말하는 기능 또는 씹는 기능에 장해가 남은 사람
5. 14개 이상의 치아에 치과 보철을 한 사람
6. 한 귀의 청력이 귀에 대고 말하지 않으면 큰 말소리를 알아듣지 못 하게 된 사람
7. 두 귀의 청력이 모두 1미터 이상의 거리에서는 보통의 말소리를 알아듣지 못하게 된 사람
8. 척주에 중등도의 기능장해가 남은 사람, 척주에 극도의 변형장해가 남은 사람, 척주에 경미한 기능장해나 중등도의 변형장해가 남고 동시에 중등도의 척추 신경근장해가 남은 사람 또는 척주에 고도의 척추 신경근장해가 남은 사람

9. 한쪽 손의 둘째 손가락을 잃은 사람 또는 엄지손가락과 둘째 손가락 외의 2개의 손가락을 잃은 사람
10. 한쪽 손의 엄지손가락을 제대로 못 쓰게 된 사람 또는 둘째 손가락을 포함하여 2개의 손가락을 제대로 못 쓰게 된 사람 또는 엄지손가락과 둘째 손가락외의 3개의 손가락을 제대로 못 쓰게 된 사람
11. 한쪽 다리가 3센티미터 이상 짧아진 사람
12. 한쪽 발의 엄지발가락 또는 그 외의 4개의 발가락을 잃은 사람
13. 한쪽 팔의 3대 관절 중 1개 관절의 기능에 뚜렷한 장해가 남은 사람
14. 한쪽 다리의 3대 관절 중 1개 관절의 기능에 뚜렷한 장해가 남은 사람

제11급

1. 두 눈이 모두 안구의 조절기능에 뚜렷한 장해가 남거나 또는 뚜렷한 운동기능 장해가 남은 사람
2. 두 눈의 눈꺼풀에 뚜렷한 운동기능장해가 남은 사람
3. 두 눈의 눈꺼풀의 일부가 상실된 사람
4. 한쪽 귀의 청력이 40센티미터 이상의 거리에서는 보통의 말소리를 알아듣지 못하게 된 사람
5. 두 귀의 청력이 모두 1미터 이상의 거리에서는 작은 말소리를 알아듣지 못하게 된 사람
6. 두 귀의 귓바퀴가 고도로 상실된 사람
7. 척주에 경도의 기능장해가 남은 사람, 척주에 고도의 변형장해가 남은 사람, 척주에 경미한 기능장해나 중등도의 변형장해가 남고 동시에 경도의 척추 신경근장해가 남은 사람 또는 척주에 중등도의 척추 신경근장해가 남은 사람
8. 한쪽 손의 가운데손가락 또는 넷째 손가락을 잃은 사람
9. 한쪽 손의 둘째 손가락을 제대로 못 쓰게 된 사람 또는 엄지손가락과 둘째 손가락 외의 2개의 손가락을 제대로 못 쓰게 된 사람
10. 한쪽 발의 엄지발가락을 포함하여 2개 이상의 발가락을 제대로 못 쓰게 된 사람
11. 흉복부 장기의 기능에 장해가 남은 사람
12. 10개 이상의 치아에 치과 보철을 한 사람
13. 외모에 중등도의 흉터가 남은 사람
14. 두 팔의 노출된 면에 극도의 흉터가 남은 사람
15. 두 다리의 노출된 면에 극도의 흉터가 남은 사람
16. 진폐증의 병형이 제1형 또는 제2형이면서 동시에 심폐기능에 경미한 장해가 남는 사람, 진폐증의 병형이 제2형 · 제3형 또는 제4형인 사람

제12급

1. 한쪽 눈의 안구의 조절기능에 뚜렷한 장해가 남거나 뚜렷한 운동기능장해가 남은 사람
2. 한쪽 눈의 눈꺼풀에 뚜렷한 운동기능장해가 남은 사람
3. 한쪽 눈의 눈꺼풀의 일부가 상실된 사람
4. 7개 이상의 치아에 치과 보철을 한 사람
5. 한쪽 귀의 귓바퀴가 고도로 상실된 사람 또는 두 귀의 귓바퀴가 중등도로 상실된 사람
6. 코가 경도로 상실된 사람
7. 코로 숨쉬기가 곤란하게 된 사람 또는 냄새를 맡지 못하게 된 사람
8. 쇄골(빗장뼈), 흉골(복장뼈), 늑골(갈비뼈), 견갑골(어깨뼈) 또는 골반골(골반뼈)에 뚜렷한 변형이 남은 사람

9. 한쪽 팔의 3대 관절 중 1개 관절의 기능에 장해가 남은 사람
10. 한쪽 다리의 3대 관절 중 1개 관절의 기능에 장해가 남은 사람
11. 장관골에 변형이 남은 사람
12. 한쪽 손의 가운데손가락 또는 넷째 손가락을 제대로 못 쓰게 된 사람
13. 한쪽 발의 둘째 발가락을 잃은 사람 또는 둘째 발가락을 포함하여 2개의 발가락을 잃은 사람 또는 가운데발가락 이하의 3개의 발가락을 잃은 사람
14. 한쪽 발의 엄지발가락 또는 그 외에 4개의 발가락을 제대로 못 쓰게 된 사람
15. 신체 일부에 심한 신경증상이 남은 사람
16. 척주에 경미한 기능장해가 남은 사람, 척주에 중등도의 변형장해가 남은 사람 또는 척주에 경도의 척추신경근장해가 남은 사람
17. 두 팔의 노출된 면에 고도의 흉터가 남은 사람
18. 두 다리의 노출된 면에 고도의 흉터가 남은 사람

제13급

1. 한쪽 눈의 시력이 0.6 이하로 된 사람
2. 한쪽 눈에 반맹증 또는 시야협착이 남은 사람
3. 한쪽 귀의 귓바퀴가 중등도로 상실된 사람 또는 두 귀의 귓바퀴가 경도로 상실된 사람
4. 5개 이상의 치아에 치과 보철을 한 사람
5. 한쪽 손의 새끼손가락을 잃은 사람
6. 한쪽 손의 엄지손가락 뼈의 일부를 잃은 사람
7. 한쪽 손의 둘째 손가락 뼈의 일부를 잃은 사람
8. 한쪽 손의 둘째 손가락 끝관절을 굽혔다 폈다 할 수 없게 된 사람
9. 한쪽 다리가 다른 쪽 다리보다 1센티미터 이상 짧아진 사람
10. 한쪽 발의 가운데발가락 이하의 1개 또는 2개의 발가락을 잃은 사람
11. 한쪽 발의 둘째 발가락을 제대로 못 쓰게 된 사람 또는 둘째 발가락을 포함하여 2개의 발가락을 제대로 못 쓰게 된 사람 또는 가운데발가락 이하의 3개의 발가락을 제대로 못 쓰게 된 사람
12. 척주에 경도의 변형장해가 남은 사람 또는 척주의 수상 부위에 기질적 변화가 남은 사람
13. 외모에 경도의 흉터가 남은 사람
14. 두 팔의 노출된 면에 중등도의 흉터가 남은 사람
15. 두 다리의 노출된 면에 중등도의 흉터가 남은 사람
16. 진폐증의 병형이 제1형인 사람

제14급

1. 한쪽 귀의 청력이 1미터 이상의 거리에서는 작은 말소리를 알아듣지 못하게 된 사람
2. 한쪽 귀의 귓바퀴가 경도로 상실된 사람
3. 3개 이상의 치아에 치과 보철을 한 사람
4. 두 팔의 노출된 면에 경도의 흉터가 남은 사람
5. 두 다리의 노출된 면에 경도의 흉터가 남은 사람
6. 한쪽 손의 새끼손가락을 제대로 못 쓰게 된 사람

7. 한쪽 손의 엄지손가락과 둘째 손가락 외의 손가락 뼈의 일부를 잃은 사람
8. 한쪽 손의 엄지손가락과 둘째 손가락 외의 손가락 끝관절을 굽폈다 폈다 할 수 없게 된 사람
9. 한쪽 발의 가운데발가락 이하의 1개 또는 2개의 발가락을 제대로 못 쓰게 된 사람
10. 신체 일부에 신경증상이 남은 사람
11. 척주에 경미한 변형장해가 남은 사람 또는 척추의 수상 부위에 비기질적 변화가 남은 사람

[별표 7]

간병급여의 지급 대상(제59조제1항 관련)

구 분	지급 대상
상시 간병급여	1. 신경계통의 기능, 정신기능 또는 흉복부 장기의 기능에 장해등급 제1급에 해당하는 장해가 남아 일상생활에 필요한 동작을 하기 위하여 항상 다른 사람의 간병이 필요한 사람 2. 두 눈, 두 팔 또는 두 다리 중 어느 하나의 부위에 장해등급 제1급에 해당하는 장해가 남고, 다른 부위에 제7급 이상에 해당하는 장해가 남아 일상생활에 필요한 동작을 하기 위하여 항상 다른 사람의 간병이 필요한 사람
수시 간병급여	3. 신경계통의 기능, 정신기능 또는 흉복부 장기의 기능에 장해등급 제2급에 해당하는 장해가 남아 일상생활에 필요한 동작을 하기 위하여 수시로 다른 사람의 간병이 필요한 사람 4. 장해등급 제1급(제53조제2항에 따른 조정의 결과 제1급이 되는 경우를 포함한다)에 해당하는 장해가 남아 일상생활에 필요한 동작을 하기 위하여 수시로 다른 사람의 간병이 필요한 사람

[별표 8]

중증요양상태등급의 기준(제65조제1항 관련)

1. 업무상 부상 또는 질병(진폐는 제외한다)으로 요양 중인 근로자의 중증요양상태등급 기준은 다음과 같다.
   가. 제1급
      1) 두 눈이 실명된 사람
      2) 말하는 기능과 씹는 기능을 모두 완전히 잃은 사람
      3) 신경계통의 기능 또는 정신기능에 뚜렷한 장해가 있어 항상 간병을 받아야 하는 사람
      4) 흉복부 장기의 기능에 뚜렷한 장해가 있어 항상 간병을 받아야 하는 사람
      5) 두 팔을 팔꿈치관절 이상의 부위에서 잃은 사람
      6) 두 팔을 영구적으로 완전히 사용하지 못하게 된 사람
      7) 두 다리를 무릎관절 이상의 부위에서 잃은 사람
      8) 두 다리를 완전히 사용하지 못하게 된 사람
   나. 제2급
      1) 한쪽 눈이 실명되고 다른 쪽 눈의 시력이 0.02 이하로 된 사람
      2) 두 눈의 시력이 0.02 이하로 된 사람
      3) 두 팔을 손목관절 이상의 부위에서 잃은 사람
      4) 두 다리를 발목관절 이상의 부위에서 잃은 사람
      5) 신경계통의 기능 또는 정신기능에 뚜렷한 장해가 있어 수시로 간병을 받아야 하는 사람
      6) 흉복부 장기의 기능에 뚜렷한 장해가 있어 수시로 간병을 받아야 하는 사람

다. 제3급

1) 한쪽 눈이 실명되고 다른 쪽 눈의 시력이 0.06 이하로 된 사람
2) 말하는 기능 또는 씹는 기능을 완전히 잃은 사람
3) 신경계통의 기능 또는 정신기능에 뚜렷한 장해가 있어 전혀 노무에 종사하지 못하는 사람
4) 흉복부 장기의 기능에 뚜렷한 장해가 있어 전혀 노무에 종사하지 못하는 사람
5) 두 손의 손가락을 모두 잃은 사람
6) 위의 3)과 4)에 정한 장해 외의 장해로 전혀 노무에 종사하지 못하는 사람

산재보험법시행규칙

[별표 3]

장해계열표(제46조제3항 관련)

<table>
<tr><th colspan="2">부 위</th><th>기질장해</th><th>기능장해</th><th>계열번호</th></tr>
<tr><td rowspan="5">눈</td><td rowspan="4">안구(양쪽)</td><td rowspan="4"></td><td>시력장해</td><td>1</td></tr>
<tr><td>운동장해</td><td>2</td></tr>
<tr><td>조절기능장해</td><td>3</td></tr>
<tr><td>시야장해</td><td>4</td></tr>
<tr><td>눈꺼풀(좌 또는 우)</td><td>결손장해</td><td>운동장해</td><td>5</td></tr>
<tr><td rowspan="2">귀</td><td>내이등(양쪽)</td><td></td><td>청력장해</td><td>6</td></tr>
<tr><td>귓바퀴(좌 또는 우)</td><td>결손장해</td><td></td><td>7</td></tr>
<tr><td rowspan="2">코</td><td>비강(鼻腔)</td><td></td><td>비호흡(鼻呼吸) 및 후각기능장해</td><td>8</td></tr>
<tr><td>외부 코</td><td>결손장해</td><td></td><td>9</td></tr>
<tr><td colspan="2" rowspan="2">입</td><td></td><td>씹는 기능장해 및 말하는 기능장해</td><td>10</td></tr>
<tr><td>치아장해</td><td></td><td>11</td></tr>
<tr><td colspan="2">두부, 안면부, 경부(頸部)</td><td colspan="2">흉터장해</td><td>12</td></tr>
<tr><td colspan="2" rowspan="2">신경·정신</td><td colspan="2">신경장해</td><td>13</td></tr>
<tr><td colspan="2">정신장해</td><td>14</td></tr>
<tr><td colspan="2">흉복부장기(외부 생식기 포함)</td><td colspan="2">흉복부장기 장해</td><td>15</td></tr>
<tr><td rowspan="2">체간</td><td>척주</td><td>변형장해</td><td>기능장해</td><td>16</td></tr>
<tr><td>그 밖의 체간골</td><td>변형장해(쇄골, 흉골, 늑골, 견갑골 또는 골반골)</td><td></td><td>17</td></tr>
<tr><td rowspan="4">팔</td><td rowspan="3">팔(좌 또는 우)</td><td>결손장해</td><td>기능장해</td><td>18</td></tr>
<tr><td>변형장해(상완골 또는 전완골)</td><td></td><td>19</td></tr>
<tr><td>흉터장해</td><td></td><td>20</td></tr>
<tr><td>손가락(좌 또는 우)</td><td>결손장해</td><td>기능장해</td><td>21</td></tr>
</table>

부 위		기질장해	기능장해	계열 번호
다리	다리(좌 또는 우)	결손장해	기능장해	22
		변형장해(대퇴골 또는 하퇴골)		23
		단축장해		24
		흉터장해		25
	발가락(좌 또는 우)	결손장해	기능장해	26

[별표 5]

신체부위별 장해등급 판정에 관한 세부기준(제48조 관련)

1. 눈의 장해

가. 시력의 장해

1) 시력의 측정

가) 시력의 측정은 국내에서 공인된 시력표를 사용한다. 다만 국내에서 공인된 시력표만으로 시력의 측정이 곤란한 경우에는 다른 시력측정 방법을 함께 사용할 수 있다.

나) 굴절 이상이 있는 사람에 대한 시력은 안경(콘택트렌즈는 제외한다)으로 교정한 시력으로 한다. 다만, 상(像)의 크기가 다르게 느껴지는 증상[부등상증(不等像症)]이 생겨 두 눈으로 보기가 곤란하게 되는 것이 의학적으로 인정되는 경우에는 맨눈으로 측정한 시력으로 할 수 있다.

2) 장해의 등급

가) 영 별표 6에서 "실명"이란 안구를 잃은 경우 또는 명암을 가리지 못하는 경우를 말한다.

나) 영 별표 6에서 "안구의 조절기능에 뚜렷한 장해가 남은 사람"이란 안구의 조절력이 통상의 2분의 1 이하로 감소된 사람을 말한다. 다만, 50세 이상인 자는 장해급여의 대상으로 인정하지 않는다.

다) 영 별표 6에서 "안구의 뚜렷한 운동기능장해가 남은 사람"이란 안구의 주시야의 넓이가 2분의 1 이하로 감소된 사람을 말한다. 이 경우 한 눈으로 보는 시각의 정상각도는 약 50°, 두 눈으로 보는 시각의 정상각도는 약 45°를 말한다.

라) 영 별표 6에서 "반맹증 또는 시야협착이 남은 사람"이란 8방향의 시야의 각도의 합계가 정상시야의 각도의 60퍼센트 이하로 된 사람을 말한다. 이 경우 시야는 자동시야계 또는 수동시야계로 측정하며, 절대암점을 채용하고 비교암점을 채용하지 않는다.

나. 눈꺼풀의 장해

1) 영 별표 6에서 "눈꺼풀이 뚜렷하게 상실된 사람"이란 누워서 보통으로 눈을 감았을 때 각막 넓이의 2분의 1 이상이 노출되고 만성 활동성 각막염증이 있는 사람을 말한다.

2) 영 별표 6에서 "눈꺼풀의 일부가 상실된 사람"이란 누워서 보통으로 눈을 감았을 때 각막 넓이의 2분의 1 미만이 노출되고 만성 활동성 각막염증이 있는 사람을 말한다.

3) 1) 및 2)에서 만성 활동성 각막염증은 플루레신 검사 등으로 염증이 계속되고 있음이 객관적으로 확인되는 경우에 인정한다. 이 경우 만성 활동성 각막염증이 인정되지 않으면 외모의 흉터에 해당하는 장해등급을 인정한다.

4) 영 별표 6에서 "눈꺼풀에 뚜렷한 운동기능장해가 남은 사람"이란 보통으로 눈을 떴을 경우 눈동자

를 완전히 덮어 버리거나 눈을 감았을 경우 눈동자를 완전하게 덮을 수 없는 사람을 말한다.

다. 준용등급(영 제53조제3항에 따라 결정된 장해등급을 말한다. 이하 같다) 결정

1) 안구에 뚜렷한 운동기능장해가 남은 경우에 해당되지 않거나 정면시(正面視)에서 겹보임(복시)이 발생하여 두 눈으로 보면 고도의 두통 · 현기증 등이 생겨 노동에 뚜렷한 지장을 주는 경우에는 제12급을 인정한다.

2) 좌시 · 우시 · 상시 · 하시 등에서만 겹보임이 발생하여 노동에 뚜렷한 지장을 주지 않지만 경도의 두통이나 안정(眼精)피로가 있는 경우에는 제14급을 인정한다.

3) 외상성 동공확대[산동(散瞳)]

가) 한쪽 눈 동공의 대광반사(對光反射)기능의 장해에 따른 눈부심으로 노동에 뚜렷한 지장이 있는 경우에는 제12급을 인정한다.

나) 한쪽 눈 동공의 대광반사기능이 불충분하여 눈부심으로 노동에 지장이 있는 경우에는 제14급을 인정한다.

다) 두 눈이 가)에 해당되면 제11급을 인정한다.

라) 두 눈이 나)에 해당되면 제12급을 인정한다.

마) 외상성 동공확대와 시력장해 또는 조절기능장해가 있는 경우에는 조정의 방법(영 제53조제2항에 따른 장해등급 결정의 방법을 말한다. 이하 같다) 이용하여 준용등급을 결정한다.

2. 귀의 장해

가. 청력의 장해

1) 청력의 측정

가) 난청의 장해정도 평가는 영 별표 2 제4호나목에 규정된 측정방법에 따른 순음청력검사의 기도청력역치를 기준으로 6분법(a+2b+2c+d)/6으로 판정하되, 가장 좋은 역치를 사용한다. 이 경우 소수점 이하는 버리고 각 주파수에서 청력역치가 100데시벨(㏈) 이상이거나 0데시벨 이하이면 100데시벨 또는 0데시벨로 본다.

나) 급성으로 생기는 재해성 난청에 대하여는 급성 음향성 청기장해(急性 音響性 聽器障害)로 하여 직업성 난청과 구분한다.

다) 음향성 난청(재해성 난청)에 대한 장해등급의 판정은 요양종결 후 30일의 간격으로 3회 이상 청력검사를 실시하여 유의미한 차이가 없는 경우 그 검사치를 기초로 한다.

라) 삭제 〈2016.3.28.〉

2) 장해등급 판정 기준

영 별표 6에 따른 장해등급의 판정은 아래 기준에 따르되, 청력역치는 ISO(International Standard Organization) 기준으로 한다.

가) 두 귀의 평균 청력손실치가 각각 90데시벨 이상인 사람 또는 두 귀의 평균 청력손실치가 각각 80데시벨 이상이고 최고 명료도가 30퍼센트 이하인 사람은 영 별표 6의 제4급제3호를 인정한다.

나) 두 귀의 평균 청력손실치가 각각 80데시벨 이상인 사람 또는 두 귀의 평균 청력손실치가 각각 50데시벨 이상 80데시벨 미만이고 최고 명료도가 30퍼센트 이하인 사람은 영 별표 6의 제6급제3호를 인정한다.

다) 한쪽 귀의 평균 청력손실치가 90데시벨 이상이고 동시에 다른 한쪽 귀의 평균청력손실치가 70데시벨 이상인 사람은 영 별표 6의 제6급제4호를 인정한다.

라) 두 귀의 평균 청력손실치가 각각 70데시벨 이상인 사람 또는 두 귀의 평균 청력손실치가 각각 50데시벨 이상이고 최고 명료도가 50퍼센트 이하인 사람은 영 별표 6의 제7급제2호를 인정한다.

마) 한쪽 귀의 평균 청력손실치가 90데시벨 이상이고 동시에 다른 한쪽 귀의 평균청력손실치가 60데시벨 이상인 사람은 영 별표 6의 제7급제3호를 인정한다.

바) 두 귀의 평균 청력손실치가 각각 60데시벨 이상인 사람 또는 두 귀의 평균 청력손실치가 각각 50데시벨 이상이고 최고 명료도가 70퍼센트 이하인 사람은 영 별표 6의 제9급제7호를 인정한다.

사) 한쪽 귀의 평균 청력손실치가 80데시벨 이상이고 동시에 다른 한쪽 귀의 평균청력손실치가 50데시벨 이상인 사람은 영 별표 6의 제9급제8호를 인정한다.

아) 한쪽 귀의 평균 청력손실치가 90데시벨 이상인 사람은 영 별표 6의 제9급제9호를 인정한다.

자) 한쪽 귀의 평균 청력손실치가 80데시벨 이상 90데시벨 미만인 사람은 영 별표 6의 제10급제6호를 인정한다.

차) 두 귀의 평균 청력손실치가 각각 50데시벨 이상인 사람 또는 두 귀의 평균 청력손실치가 각각 40데시벨 이상이고 최고 명료도가 70퍼센트 이하인 사람은 영 별표 6의 제10급제7호를 인정한다.

카) 한쪽 귀의 평균 청력손실치가 70데시벨 이상 80데시벨 미만인 사람 또는 한귀의 평균 청력손실치가 50데시벨 이상이고 최고 명료도가 50퍼센트 이하인 사람은 영 별표 6의 제11급제4호를 인정한다.

타) 두 귀의 평균 청력손실치가 각각 40데시벨 이상인 사람은 영 별표 6의 제11급제5호를 인정한다.

파) 한쪽 귀의 평균 청력손실치가 40데시벨 이상 70데시벨 미만인 사람은 영 별표 6의 제14급제1호를 인정한다.

나. 귓바퀴의 장해

1) 영 별표 6에서 "귓바퀴가 고도로 상실된 사람"이란 귓바퀴의 3분의 2 이상을 잃은 사람을 말한다.

2) 영 별표 6에서 "귓바퀴가 중등도로 상실된 사람"이란 귓바퀴의 2분의 1 이상 3분의 2 미만을 잃은 사람을 말한다.

3) 영 별표 6에서 "귓바퀴가 경도로 상실된 사람"이란 귓바퀴의 3분의 1 이상 2분의 1 미만을 잃은 사람을 말한다.

다. 준용등급 결정

1) 고막의 외상성 천공(穿孔)과 그에 따른 이루(耳漏)는 수술적 처치 후 청력장해가 남으면 그 장해의 정도에 따라 등급을 결정한다. 이 경우 청력장해가 장해등급에 해당되지 않지만 항상 이루가 있는 경우에는 제12급을 인정한다.

2) 난청이 있고 뚜렷한 이명(耳鳴)이 항상 있는 경우에는 그 증상이 객관적 검사로 증명되는 경우에 제12급을 인정한다.

3) 내이의 손상으로 발생한 평형기능(平衡機能)장해에 대하여는 신경계통의 기능장해에 준하여 등급을 결정한다.

4) 내이의 기능장해로 평형기능장해와 청력장해가 남은 경우에는 조정의 방법을 이용하여 준용등급을 결정한다.

3. 코의 장해

가. 외부 코의 장해

1) 외부 코는 비골(鼻骨) · 비연골(鼻軟骨)과 이를 덮고 있는 피부 및 피하조직을 말한다.

2) 영 별표 6에서 "코가 고도로 상실된 사람"이란 외부 코의 3분의 2 이상을 잃은 사람을 말한다.
3) 영 별표 6에서 "코가 중등도로 상실된 사람"란 외부 코의 2분의 1 이상 3분의 2 미만을 잃은 사람을 말한다.
4) 영 별표 6에서 "코가 경도로 상실된 사람"이란 외부 코의 3분의 1 이상 2분의 1 미만을 잃은 사람을 말한다.

나. 코의 기능장해

1) 영 별표 6에서 "코로 숨쉬기가 곤란하게 된 사람"이란 일상생활에서 구강호흡의 보조를 받지 않는 상태에서 코로 숨쉬는 것만으로는 정상적인 호흡을 할 수 없다는 것이 코안 통기도검사 등 의학적으로 인정된 검사로 확인되는 사람을 말한다.
2) 영 별표 6에서 "냄새를 맡지 못하게 된 사람"이란 후각인지검사, 후각역치검사 등 의학적으로 인정된 검사로 후각이 완전히 소실된 것으로 확인되는 사람을 말한다.

4. 입의 장해

가. 말하는 기능의 장해

1) 영 별표 6에서 "말하는 기능을 완전히 잃은 사람"이란 구순음 · 치설음 · 구개음 · 후두음 중 3종 이상의 발음을 할 수 없게 된 사람을 말한다.
2) 영 별표 6에서 "말하는 기능에 뚜렷한 장해가 남은 사람"이란 1)에 따른 4종의 어음 중 2종의 어음을 발음할 수 없는 사람 또는 철음(綴音)기능의 장해로 언어만으로는 의사소통을 할 수 없게 된 사람을 말한다.
3) 영 별표 6에서 "말하는 기능에 장해가 남은 사람"이란 1)에 따른 4종의 어음 중 1종의 어음을 발음할 수 없게 된 사람을 말한다.

나. 씹는 기능의 장해

1) 씹는 기능의 장해는 상하교합(咬合)과 배열상태 및 아래턱의 개폐운동 등에 따라 결정한다.
2) 영 별표 6에서 "씹는 기능을 완전히 잃은 사람"이란 유동식(流動食) 외에는 음식물을 섭취할 수 없는 사람을 말한다.
3) 영 별표 6에서 "씹는 기능에 뚜렷한 장해가 남은 사람"이란 미음이나 그에 준하는 정도의 음식물 외에는 섭취할 수 없는 사람을 말한다.
4) 영 별표 6에서 "씹는 기능에 장해가 남은 사람"이란 고형식(固形食)을 섭취할 수 있으나 이에 제한이 있어서 씹는 기능이 충분하지 않게 된 사람을 말한다.

다. 치아의 장해

1) 영 별표 6에서 "치과보철(補綴)을 한 사람"이란 망실 또는 뚜렷하게 상실된 치아에 대한 보철을 한 사람을 말한다.
2) 보조 유지장치가 있는 틀니(유상의치) 또는 고정틀니(가교의치) 등을 보철한 경우의 지대관 또는 구(鉤)를 장착한 치아와 포스트-인레이(Post-Inlay, 심하게 손상된 치아에 기둥을 삽입하여 틀을 만든 후 인공물을 채우는 시술)만을 하게 된 치아는 보철한 치수에 산입하지 않는다.
3) 잃어버린 치아가 크거나 치아와 치아 사이의 간격으로 잃어버린 치아의 수와 틀니 등 보철한 치아의 수가 다른 경우에는 잃어버린 치아의 수에 따라 장해등급을 결정한다.

라. 준용등급 결정

1) 식도의 협착, 혀의 이상, 인후지배신경의 마비 등으로 생기는 삼킴장해에 대하여는 그 장해의 정도

에 따라 씹는 기능장해에 해당하는 장해등급을 인정한다.

2) 미각(味覺)상실

가) 머리 외상, 그 밖에 턱 주위 조직의 손상과 혀의 손상으로 생긴 미각상실에 대하여는 제12급을 인정한다.

나) 미각장해는 테스트페이퍼와 각종 약물검사 결과가 전부 무반응일 경우에만 미각상실로 인정하고, 그 정도에 미달되는 경우에는 장해급여의 대상으로 인정하지 않는다.

다) 미각장해에 대하여는 요양이 끝나고 6개월이 지난 후 등급을 결정한다.

3) 영 별표 6에 조합등급으로 정하여져 있지 않은 씹는 기능과 말하는 기능의 장해에 대하여는 각각의 장해에 해당하는 장해등급에 따라 조정의 방법을 이용하여 준용등급을 결정한다.

4) 성대마비로 뚜렷한 쉰 목소리가 남은 경우에는 제12급을 인정한다.

5. 신경계통의 기능 또는 정신기능이 장해

가. 중추신경계(뇌)의 장해

1) 영 별표 6에서 "신경계통의 기능 또는 정신기능에 뚜렷한 장해가 남아 항상 간병을 받아야 하는 사람"이란 고도의 신경계통의 기능 또는 정신기능장해로 다른 사람의 간병 없이는 혼자 힘으로 일상생활을 전혀 할 수 없거나 고도의 치매, 감정의 황폐 등의 정신증상으로 항상 다른 사람의 감시가 필요한 사람을 말한다.

2) 영 별표 6에서 "신경계통의 기능 또는 정신기능에 뚜렷한 장해가 남아 수시로 간병을 받아야 하는 사람"이란 고도의 신경계통의 기능 또는 정신기능장해로 생명유지에 필요한 일상생활의 처리동작에 수시로 다른 사람의 간병을 받아야 하거나 치매, 정의의 장해, 환각망상, 발작성 의식장해의 다발 등으로 수시로 다른 사람의 감시가 필요한 사람을 말한다.

3) 영 별표 6에서 "신경계통의 기능 또는 정신기능에 뚜렷한 장해가 남아 평생 동안 노무에 종사할 수 없는 사람"이란 2)에 따른 장해 정도에는 미치지 않지만 고도의 신경계통의 기능 또는 정신기능의 장해로 대뇌소증상, 인격변화 또는 기억장해 등이 남아 평생 동안 어떤 노동에도 종사할 수 없는 사람을 말한다.

4) 영 별표 6에서 "신경계통의 기능 또는 정신기능에 뚜렷한 장해가 남아 특별히 쉬운 일 외에는 할 수 없는 사람"이란 신경계통의 기능 또는 정신기능의 뚜렷한 장해로 노동능력이 일반인의 4분의 1 정도만 남아 평생 동안 특별히 쉬운 일 외에는 노동을 할 수 없는 사람을 말한다.

5) 영 별표 6에서 "신경계통의 기능 또는 정신기능에 뚜렷한 장해가 남아 쉬운 일 외에는 하지 못하는 사람"이란 중등도의 신경계통의 기능 또는 정신기능의 장해로 노동능력이 일반인의 2분의 1 정도만 남은 사람을 말한다.

6) 영 별표 6에서"신경계통의 기능 또는 정신기능에 장해가 남아 노무가 상당한 정도로 제한된 사람"이란 노동능력이 어느 정도 남아 있으나 신경계통의 기능 또는 정신기능의 장해로 취업가능한 직종의 범위가 상당한 정도로 제한된 사람으로서 다음의 어느 하나에 해당하는 사람을 말한다.

가) 신체적 능력은 정상이지만 뇌손상에 따른 정신적 상실증상이 인정되는 사람

나) 뇌전증발작과 현기증이 나타날 가능성이 의학적 · 객관적 소견으로 증명되는 사람

다) 경도의 사지의 단(單)마비가 인정되는 사람

7) 노동능력은 있으나 신경계통의 기능 또는 정신기능의 감각장해, 추체로(錐體路)증상과 추체외로(錐體外路)증상을 수반하지 않는 정도의 마비, 뇌위축 및 뇌파 이상 등이 의학적으로 인정되거나

이러한 이상 소견에 해당하는 자각증상이 의학적으로 인정되는 경우에는 제12급을 인정한다.

8) 노동능력은 있으나 신경계통의 기능 또는 정신기능의 장해에 대한 의학적 소견이 인정되는 경우 또는 두통 · 현기증 · 피로감 등의 자각증상이 의학적으로 인정되는 경우에는 제14급을 인정한다.

나. 척수의 장해

1) 생명유지에 필요한 일상생활의 처리동작에 대하여 항상 다른 사람의 간병을 받아야 하는 사람은 제1급을 인정한다.

2) 생명유지에 필요한 일상생활의 처리동작에 대하여 수시로 다른 사람의 간병을 받아야 하는 사람은 제2급을 인정한다.

3) 생명유지에 필요한 일상생활의 처리동작은 가능하나 평생 동안 어떤 노동에도 종사할 수 없는 사람은 제3급을 인정한다.

4) 마비나 그 밖의 뚜렷한 척수증상으로 노동능력이 일반인의 4분의 1 정도만 남은 사람은 제5급을 인정한다.

5) 명백한 척수증상으로 노동능력이 일반인의 2분의 1 정도만 남은 사람은 제7급을 인정한다.

6) 노동능력이 어느 정도 남아 있으나 명백한 척수증상으로 취업가능한 직종의 범위가 상당한 정도로 제한된 사람은 제9급을 인정한다.

7) 노동능력은 있으나 의학적으로 증명할 수 있는 척수증상이 남은 사람은 제12급을 인정한다.

다. 말초신경의 손상에 따른 장해는 손상을 입은 신경이 지배하는 신체 각 부위의 기관에서의 기능장해에 해당하는 등급을 준용한다.

라. 실조(失調: 조화운동못함증) · 현기증 및 평형기능장해

1) 고도의 실조 또는 평형기능장해로 생명유지에 필요한 일상생활의 처리동작 외에는 평생 동안 어떤 노동에도 종사할 수 없는 사람은 제3급을 인정한다.

2) 뚜렷한 실조 또는 평형기능장해로 노동능력이 일반인의 4분의 1 정도만 남은 사람은 제5급을 인정한다.

3) 중등도의 실조 또는 평형기능장해로 노동능력이 명백하게 일반인의 2분의 1 정도만 남은 사람은 제7급을 인정한다.

4) 노동능력이 어느 정도 남아 있으나 현기증의 자각증상이 강하거나 객관적으로 안구진탕증이나 그 밖에 평형기능검사 결과 명백한 이상 소견이 인정되는 사람은 제9급을 인정한다.

5) 노동능력은 있으나 안구진탕증이나 그 밖에 평형기능검사 결과 이상 소견이 인정되는 사람은 제12급을 인정한다.

6) 현기증의 자각증상은 있으나 객관적으로 안구진탕증이나 그 밖에 평형기능검사 결과 이상 소견이 인정되는 경우로서 심인성 반응인 현기증이 아닌 것으로 인정되는 사람은 제14급을 인정한다.

마. 동통 등 감각이상

1) 뇌신경과 척추신경의 외상이나 그 밖의 원인에 따른 신경통의 경우에 쉬운 일 외의 노동에 항상 지장이 있는 정도의 동통이 있는 사람은 제7급을 인정하고, 노동능력이 어느 정도 남아 있으나 동통 때문에 취업가능한 직종의 범위가 상당히 제한된 사람은 제9급을 인정하며, 노동능력은 있으나 때로는 노동에 지장이 있는 정도의 동통이 있는 사람은 제12급을 인정한다.

2) 작열통(灼熱痛: 불에 타는 듯이 따갑고 아픈 통증)에 대하여는 1)의 규정에 준하여 결정한다.

3) 일반적으로 노동능력은 있으나 상처를 입은 부위의 심한 동통 때문에 때로는 노동에 지장이 있는 사람은 제12급을 인정하고, 상처를 입은 부위에 항상 동통이 있거나 신경손상으로 동통 외의 이상

감각 등이 발견되는 사람은 제14급을 인정한다.

바. 외상성 신경증(재해성 신경증)

외상 또는 정신적 외상이라고 할 수 있는 재해에 기인하는 심인반응으로서 정신의학적 요법으로서는 치료되지 않는 경우에는 제14급을 인정한다.

사. 그 밖의 특징적인 장해

외상성 뇌전증의 치유 시기는 치료효과를 기대할 수 없다고 인정되는 때 또는 요양으로 증상이 안정된 때로 하고, 장해등급은 발작 횟수, 발작이 노동능력에 미치는 영향의 정도, 비발작 시의 정신증상 등을 종합적으로 판단하여 다음과 같이 결정한다.

1) 충분한 치료에도 불구하고 매주 1회 이상 발작 또는 고도의 정신기능의 장해로 평생 동안 어떤 노동에도 종사할 수 없는 사람은 제3급을 인정한다.

2) 충분한 치료에도 불구하고 발작의 빈도 또는 발작형의 특징 때문에 노동능력이 일반인의 4분의 1 정도만 남은 사람 또는 뇌전증의 특수성으로 보아 취업가능한 직종이 극도로 제한된 사람은 제5급을 인정한다.

3) 충분한 치료에도 불구하고 1개월에 1회 이상의 의식장해가 수반되는 발작이 있거나 발작형의 특징 때문에 노동능력이 일반인의 2분의 1 정도만 남은 사람 또는 뇌전증의 특수성으로 보아 취업가능한 직종이 뚜렷하게 제한된 사람은 제7급을 인정한다.

4) 지속적인 약물복용을 하여야만 수개월에 1회 정도 또는 완전하게 발작을 억제할 수 있는 사람, 발작이 나타나지는 않지만 뇌파상 명백하게 뇌전증성 극파를 인정할 수 있는 사람 또는 노동능력이 어느 정도 남아 있으나 취업가능한 직종이 상당한 정도로 제한된 사람은 제9급을 인정한다.

아. 준용등급 결정

1) 척추의 골절로 척주에 기능장해 또는 변형장해가 남은 동시에 척수손상으로 다른 부위에 기능장해가 남은 경우에는 조정의 방법을 이용하여 준용등급을 결정한다.

2) 신경마비가 객관적으로 증명되는 경우로서 장해등급기준에 해당 부위의 기능장해에 대한 장해등급이 정하여지지 않은 경우에는 제12급을 인정한다.

6. 흉터의 장해

가. 흉터의 측정

1) 영 별표 6에서 "흉터"란 피부에 뚜렷이 눈에 띄는 정도 이상의 비후(肥厚) 또는 함몰을 동반하는 선상반흔(線像瘢痕), 면상반흔(面像瘢痕) 및 조직함몰(組織陷沒)이 남은 것을 말한다.

2) "선상반흔"이란 폭이 0.5센티미터 이상인 선모양의 흉터를, "면상반흔"이란 폭이 1센티미터 이상인 면적으로 이루어진 흉터를, "조직함몰"이란 연조직(soft tissue) 또는 뼈조직이 상실된 채로 상처가 치유되면서 흉터부위가 0.5센티미터 이상 패인 것을 각각 말한다.

3) 선상반흔의 길이는 그 모양에 따라 실제 길이를 측정하고, 면상반흔 및 조직함몰의 넓이는 흉터 또는 0.5센티미터 이상 패인 부위를 가로와 세로로 구분하여 가로 방향의 길이와 그에 수직하는 세로 방향의 가장 긴 길이를 곱하여 산정한다. 이 경우 수술에 따른 봉합사(縫合絲)의 자국은 흉터로 보지 않는다.

4) 2개 이상의 선상반흔 또는 면상반흔이 인접하여 있거나 모여 있어 하나의 선상반흔 또는 면상반흔처럼 보이는 경우에는 그 길이 또는 면적을 합산하여 장해등급을 결정한다.

5) 하나의 흉터에 선상반흔과 면상반흔이 동시에 있는 경우에는 선상반흔에 해당하는 장해등급과 면

상반흔(선상반흔을 포함하되, 선상반흔의 폭을 1센티미터로 하여 넓이를 산정한다)에 해당하는 장해등급 중 높은 등급을 인정한다.

6) 하나의 흉터에 면상반흔과 조직함몰이 동시에 있는 경우에는 조직함몰에 해당하는 장해등급과 면상반흔(조직함몰 부위를 포함한다)에 해당하는 장해등급 중 높은 등급을 인정한다.

7) 외모 중 머리 · 얼굴 및 목 등의 각 부위에 흉터가 남은 경우에는 각 부위별 흉터에 해당하는 장해등급 중 높은 등급을 인정한다. 이 경우 흉터가 머리 · 얼굴 및 목 중 2개 이상의 부위에 걸쳐 있는 경우에는 머리 또는 목에 있는 흉터의 길이 또는 면적의 2분의 1을 얼굴의 흉터로 보아 산정하거나, 얼굴에 있는 흉터의 2배를 머리 또는 목의 흉터로 보아 산정할 수 있다.

나. 외모의 흉터

1) 영 별표 6에서 "외모"란 머리 · 얼굴(눈꺼풀 · 귓바퀴 · 코를 포함한다) 및 목 등 팔과 다리 외에 일상적으로 노출되는 부분을 말하며, 머리와 얼굴의 경계는 이마에 주름이 지어지는 가장 윗부분으로 한다.

2) 영 별표 6에서 "외모에 극도의 흉터가 남은 사람"이란 얼굴에 100제곱센티미터 이상의 면상반흔 또는 32제곱센티미터 이상의 조직함몰이 있는 사람을 말한다.

3) 영 별표 6에서 "외모에 고도의 흉터가 남은 사람"이란 얼굴에 50제곱센티미터 이상의 면상반흔, 16제곱센티미터 이상의 조직함몰 또는 20센티미터 이상의 선상반흔이 남았거나 머리 또는 목에 100제곱센티미터 이상의 면상반흔, 32제곱센티미터 이상의 조직함몰 또는 40센티미터 이상의 선상반흔이 남은 사람을 말한다.

4) 영 별표 6에서 "외모에 중등도의 흉터가 남은 사람"이란 얼굴에 25제곱센티미터 이상의 면상반흔, 8제곱센티미터 이상의 조직함몰, 10센티미터 이상의 선상반흔이 남았거나 머리 또는 목에 50제곱센티미터 이상의 면상반흔, 16제곱센티미터 이상의 조직함몰 또는 20센티미터 이상의 선상반흔이 남은 사람을 말한다.

5) 영 별표 6에서 "외모에 경도의 흉터가 남은 사람"이란 얼굴에 12제곱센티미터 이상의 면상반흔, 5센티미터 이상의 선상반흔이 남았거나 머리 또는 목에 25제곱센티미터 이상의 면상반흔, 10센티미터 이상의 선상반흔이 있는 남은 사람을 말한다.

6) 외모의 흉터 중 선상반흔 · 면상반흔 또는 조직함몰이 눈썹이나 머리카락 등으로 감추어지거나 흉터가 턱 밑 등에 있어 다른 사람에게 보이지 않는 경우에는 장해급여의 대상에서 제외한다.

7) 머리뼈 일부가 상실된 경우에는 6)에도 불구하고 그 부위에 면상반흔이 남은 것으로 본다. 이 경우 장해등급은 머리뼈의 성형수술 후에 판정한다.

다. 노출된 면의 흉터

1) 영 별표 6에서 "노출된 면"이란 팔의 경우에는 손바닥 및 손등을 포함한 팔꿈치관절 이하, 다리의 경우에는 발등을 포함한 무릎관절 이하를 말한다.

2) 영 별표 6에서 "노출된 면에 극도의 흉터가 남은 사람"이란 두 팔 또는 두 다리의 노출된 면의 90퍼센트 이상의 부위에 면상반흔이 남은 사람을 말한다.

3) 영 별표 6에서 "노출된 면에 고도의 흉터가 남은 사람"이란 두 팔 또는 두 다리의 노출된 면의 75퍼센트 이상의 부위에 면상반흔이 남은 사람을 말한다.

4) 영 별표 6에서 "노출된 면에 중등도의 흉터가 남은 사람"이란 두 팔 또는 두 다리의 노출된 면의 50퍼센트 이상의 부위에 면상반흔이 남은 사람을 말한다.

5) 영 별표 6에서 "노출된 면에 경도의 흉터가 남은 사람"이란 두 팔 또는 두 다리의 노출된 면의 25

퍼센트 이상의 부위에 면상반흔이 남은 사람을 말한다.

라. 조정등급 결정

제46조제4항 본문에도 불구하고 다음의 어느 하나에 해당하는 흉터장해가 남은 경우에는 각각의 장해에 해당하는 장해등급을 조정하여 결정한다.

1) 외모의 흉터장해와 노출된 면의 흉터장해
2) 외모의 흉터장해와 노출된 면 외의 부위(두 팔의 위팔부, 두 다리의 넓적다리, 흉복부, 등 및 엉덩이 부위를 말한다. 이하 같다)의 흉터장해
3) 팔의 노출된 면의 흉터장해와 다리의 노출된 면의 흉터장해
4) 외상 · 화상 등으로 말미암은 안구상실에 따른 눈 주위와 얼굴의 조직함몰 · 흉터 등이 생긴 경우에는 안구상실에 해당하는 장해와 흉터 등의 흉터장해
5) 노출된 면의 흉터장해와 노출된 면 외의 부위의 흉터장해
6) 눈꺼풀 · 귓바퀴 또는 코의 상실장해와 외모, 노출된 면 또는 노출된 면 외의 부위의 흉터장해. 이 경우 장해등급을 조정한 결과 제7급 이상에 해당하면 제7급으로 결정한다.

마. 준용등급 결정

1) 얼굴에 신경마비로 다른 부위의 기능장해가 남은 경우에는 그 기능장해에 해당하는 장해등급을 인정한다. 이 경우 얼굴의 신경마비가 있고 그에 따른 다른 부위의 기능장해가 없는 경우에는 제13급을 인정한다.
2) 노출된 면 외의 부위에 면상반흔이 있는 경우에는 그 면적의 합이 전체 신체 표면 면적의 20퍼센트 이상이면 제12급을, 15퍼센트 이상 20퍼센트 미만이면 제13급을, 5퍼센트 이상 15퍼센트 미만이면 제14급을 인정한다.
3) 전체 신체 표면 면적의 40퍼센트 이상의 부위에 흉터가 남은 경우에는 제9급을 인정한다. 다만, 라목에 따라 장해등급을 결정하면 장해등급이 제9급보다 높은 경우에는 라목에 따라 결정한 장해등급을 인정한다.
4) 피부면에 비후 또는 함몰은 없으나 정상적인 피부색깔에 비하여 색소가 눈에 띄게 짙어지거나 엷어지는 피부변색 또는 탈색이 영구적으로 남게 되는 경우로서 그 넓이가 얼굴, 목, 두 팔 또는 두 다리의 노출면에 각각 중등도의 흉터에 해당하는 면상반흔의 넓이보다 넓은 경우에는 제14급을 인정한다.

7. 흉복부장기 등의 장해

가. 흉부장기의 장해

1) 영 별표 6에서 "흉부장기의 장해"란 심장 · 심장막 · 폐장 · 늑(흉막) · 횡격막 등에 객관적으로 증명될 수 있는 변화가 인정되고 그 기능에도 장해가 증명되는 것을 말한다.
2) 고도의 흉부장기의 장해로 생명유지에 필요한 일상생활의 처리동작에 항상 다른 사람의 간병을 받아야 하는 사람은 제1급을 인정한다.
3) 고도의 흉부장기의 장해로 생명유지에 필요한 일상생활의 처리동작에 수시로 다른 사람의 간병을 받아야 하는 사람은 제2급을 인정한다.
4) 흉부장기의 장해로 생명유지에 필요한 일상생활의 처리동작은 가능하나 평생 동안 어떤 노동에도 종사할 수 없는 사람은 제3급을 인정한다.
5) 흉부장기의 장해로 노동능력이 일반인의 4분의 1 정도만 남은 사람은 제5급을 인정한다.

6) 중등도의 흉부장기의 장해로 노동능력이 일반인의 2분의 1 정도만 남은 사람은 제7급을 인정한다.

7) 노동능력이 어느 정도 남아 있으나 흉부장기의 장해로 취업가능한 직종의 범위가 상당한 정도로 제한된 사람은 제9급을 인정한다.

8) 노동능력이 어느 정도 남아 있으나 흉부장기의 장해로 노동에 지장이 있는 사람은 제11급을 인정한다.

나. 복부장기의 장해

복부장기의 장해등급 기준은 가목을 준용한다.

다. 신장장해

1) 요로(尿路) 변경술 후 신루(腎瘻), 신우루(腎盂瘻), 요관피부연결, 요관장연결을 남긴 채로 치유된 사람은 제7급을 인정한다.

2) 명백히 상처에 따른 만성 신우증(신장염), 물콩팥증(수신증)이 남은 사람은 제7급을 인정한다.

3) 요양의 종결 단계에서 요도루(尿道瘻)·방광샛길(방광누공)과 여러 차례의 수술에도 불구하고 그대로 샛길(누공)이 남아 일정한 기간 후에 다시 수술이 필요하다고 인정되나 그 상태에서 일단 치유된 사람은 제11급을 인정한다.

4) 방광괄약근(膀胱括約筋)의 변화로 인한 것이 명백한 요실금(尿失禁)이 남은 사람은 제11급을 인정한다.

라. 방광장해

1) 방광의 기능이 완전히 없어진 사람은 제3급을 인정한다.

2) 위축방광[용량 50시시(cc) 이하]인 사람은 제7급을 인정한다.

3) 항상 요류를 동반하는 경도의 방광기능부전 또는 방광경련으로 인한 지속성 배뇨통이 남은 사람은 제11급을 인정한다.

마. 요도협착

1) 사상(絲狀) 부지(Bougie, 확장기)를 필요로 하는 사람은 제11급을 인정한다.

2) 요도협착으로 신장기능에 장해가 남은 사람은 신장의 장해로 간주하여 장해등급을 결정한다.

바. 생식기장해

1) 음경의 대부분이 상실된 사람, 흉터로 인한 질구협착 등으로 생식능력에 현저한 제한을 받아 성교불능인 사람은 제9급을 인정한다.

2) 양쪽 고환이 상실된 사람은 제7급을 인정한다.

3) 음위가 다른 장해에 수반되어 생기는 경우에는 그 다른 장해에 해당하는 장해등급을 인정한다.

4) 가벼운 요도협착, 음경의 흉터 또는 경결(硬結: 단단하게 굳음) 등으로 인한 음위가 있는 사람과 명백한 지배신경의 변화가 인정되는 사람은 제14급을 인정한다. 다만, 의학적으로 음위를 입증하는 것이 곤란한 경우는 제외한다.

사. 준용등급 결정

1) 요도협착 장해 중 요도 부지(Bougie) 프렌치 제20번(네라톤 카텔 제11호 상당)이 겨우 통과하고 때때로 확장술을 하여야 할 필요가 있는 사람은 제14급을 인정한다.

2) 한쪽 고환의 상실 또는 이에 준하는 정도의 위축이 있는 사람은 제11급을 인정한다.

8. 척주 등의 장해

가. 척주의 운동단위

척주의 운동단위는 목뼈부, 등뼈부 및 허리뼈부로 구분한다. 이 경우 각각의 운동단위의 범위는 다음과 같다.

1) 목뼈부는 목뼈 제1번부터 목뼈 제7번까지의 척추체 및 후두과(後頭顆: 뒤통수 관절융기)와 목뼈 제1번 사이의 분절부터 목뼈 제7번과 등뼈 제1번 사이의 분절까지로 한다.
2) 등뼈부는 등뼈 제1번부터 등뼈 제12번까지의 척추체 및 등뼈 제1번과 등뼈 제2번 사이의 분절부터 등뼈 제11번과 등뼈 제12번 사이의 분절까지로 한다.
3) 허리뼈부는 허리뼈 제1번부터 제1번 엉치뼈까지의 척추체 및 등뼈 제12번과 허리뼈 제1번 사이의 분절부터 허리뼈 제5번과 엉치뼈 제1번 사이의 분절까지로 한다.

나. 척주의 기능장해

1) 척주의 기능장해는 운동단위별로 별표 4에 따른 표준 운동가능영역에 대한 척추분절의 고정으로 제한된 운동가능영역의 비율, 척추분절의 불안정증 여부, 척추분절에 대한 수술 횟수 및 수술 방법 등에 따라 판정한다. 이 경우 척주의 같은 운동단위에 척추분절의 운동가능영역의 제한에 따른 기능장해와 척추분절의 불안정증, 관혈적 수술, 인공디스크삽입술이나 준고정술에 따른 기능장해가 동시에 남은 경우에는 그 중 가장 심한 장해등급을 인정한다.
2) 척주분절의 운동가능영역의 비율은 골유합술 등으로 고정된 분절은 그 분절의 운동기능을 모두 상실한 것으로 보고, 고정된 분절 외의 분절은 해당 분절의 운동기능을 정상으로 보아 산출한다.
3) 영 별표 6에서 "척주에 극도의 기능장해가 남은 사람"이란 척추분절이 골유합술 등으로 고정되어 운동가능영역이 70퍼센트 이상 제한된 사람을 말한다.
4) 영 별표 6에서 "척주에 고도의 기능장해가 남은 사람"이란 척추분절이 골유합술 등으로 고정되어 운동가능영역이 50퍼센트 이상 70퍼센트 미만 제한된 사람을 말한다.
5) 영 별표 6에서 "척주에 중등도의 기능장해가 남은 사람"이란 척추분절이 골유합술 등으로 고정되어 운동가능영역이 30퍼센트 이상 50퍼센트 미만 제한된 사람 또는 목뼈 제1번과 목뼈 제2번 사이의 분절이 고정된 사람을 말한다.
6) 영 별표 6에서 "척주에 경도의 기능장해가 남은 사람"이란 척추분절이 골유합술 등으로 고정되어 운동가능영역이 10퍼센트 이상 30퍼센트 미만 제한된 사람 또는 척추분절의 불안정증이 남은 사람을 말한다. 이 경우 척추분절의 불안정증은 다음의 어느 하나에 해당하는 경우에 인정한다.
   (가) 해당 척추분절이 어긋난 정도를 펴거나 굽힌 상태에서 각각 측정하였을 때 그 차이가 목뼈는 3.5밀리미터, 등뼈는 2.5밀리미터, 허리뼈는 4.5밀리미터 이상인 경우
   (나) 허리뼈의 경우 해당 척추분절의 위쪽과 아래쪽 척추체의 윗면이 이루는 각도를 펴거나 굽힌 상태에서 각각 측정하였을 때의 측정 각도를 합산한 값이 제1허리뼈와 제2허리뼈 사이의 분절, 제2허리뼈와 제3허리뼈 사이의 분절 및 제3허리뼈와 제4허리뼈 사이의 분절은 각각 15도 이상인 경우, 제4허리뼈와 제5허리뼈 사이의 분절은 20도 이상인 경우, 제5허리뼈와 제1엉치뼈 사이의 분절은 25도 이상인 경우
   (다) 목뼈의 경우 안정상태에서 해당 척추분절의 위쪽과 아래쪽 척추체의 아랫면이 이루는 각도가 해당 척추분절의 위쪽이나 아래쪽 척추분절의 각도보다 11도 이상 큰 경우
7) 영 별표 6에서 "척주에 경미한 기능장해가 남은 사람"이란 척추분절이 골유합술 등으로 고정되어 운동가능영역이 5퍼센트 이상 10퍼센트 미만 제한된 사람, 하나의 척추분절에 2회 이상의 관혈적 수술을 한 사람, 2개 이상의 척추분절에 관혈적 수술을 한 사람 또는 척추분절에 인공디스크 삽입술이나 준고정술을 한 사람을 말한다.

8) 영 별표 6에서 "척주의 수상부위에 기질적 변화가 남은 사람"이란 척추분절에 대하여 의학적으로 공인된 관혈적 수술(현미경 수술 또는 내시경 수술을 포함한다)을 한 사람을 말한다.

9) 영 별표 6에서 "척주의 수상부위에 비기질적 변화가 남은 사람"이란 척추분절에 비관혈적 수술을 한 사람을 말한다.

다. 척주의 변형장해

1) 척추의 변형장해는 척추체의 압박률, 골절의 부위 또는 골절의 형태 등을 기준으로 판정한다. 이 경우 척주의 같은 운동단위에 척추체의 압박률에 따른 변형장해와 척추체의 방출성 골절, 찬스씨 골절 등의 척추관 침범 골절 또는 추체외 골절에 따른 변형장해가 동시에 남은 경우에는 그 중 가장 높은 장해등급을 인정한다.

2) 척추체의 압박률은 변형이 남은 척추체에서 압박률이 가장 큰 쪽을 기준으로 하여 변형이 남은 척추체의 바로 위에 있는 척추체와 바로 아래에 있는 척추체의 길이의 평균값에 대한 압박골절된 척추체의 길이의 비율로 한다.

3) 하나의 운동단위에 변형이 남은 척추체가 2개 이상 있는 경우에는 각각의 압박률을 합산한 비율을 기준으로 판정한다.

4) 영 별표 6에서 "척주에 극도의 변형장해가 남은 사람"이란 같은 운동단위 내의 척추체의 압박률을 합산하여 50퍼센트 이상인 사람을 말한다.

5) 영 별표 6에서 "척주에 고도의 변형장해가 남은 사람"이란 같은 운동단위 내의 척추체의 압박률을 합산하여 30퍼센트 이상 50퍼센트 미만인 사람 또는 방출성 골절, 찬스씨 골절이나 그 밖에 척추관 침범 골절에 대하여 보존적 요법으로 치유된 사람을 말한다.

6) 영 별표 6에서 "척주에 중등도의 변형장해가 남은 사람"이란 같은 운동단위 내의 척추체의 압박률을 합산하여 20퍼센트 이상 30퍼센트 미만인 사람을 말한다.

7) 영 별표 6에서 "척주에 경도의 변형장해가 남은 사람"이란 같은 운동단위 내의 척추체의 압박률을 합산하여 10퍼센트 이상 20퍼센트 미만인 사람, 엉치뼈에 변형이 남은 사람 또는 3개 이상의 척추체의 추체외 골절이 있는 사람을 말한다. 이 경우 추체외 골절은 횡돌기(橫突起: 척추뼈에서 양쪽 옆으로 뻗은 돌기, 가로돌기)나 극돌기(棘突起: 척추뼈고리 정중면에서 뒤쪽으로 뻗은 돌기) 등과 같이 척추체 외부에 부속되어 있는 뼈가 골절된 것을 말한다.

8) 영 별표 6에서 "척주에 경미한 변형장해가 남은 사람"이란 같은 운동단위 내의 척추체의 압박률을 합산하여 5퍼센트 이상 10퍼센트 미만인 사람 또는 2개 이하의 척추체의 횡돌기나 극돌기 등의 추체외의 골절이 남은 사람을 말한다.

라. 척추 신경근의 장해

1) 척추 신경근의 장해는 척추 신경근의 손상(척수 손상은 제외한다)에 따른 후유신경증상의 정도를 기준으로 평가하되, 의학적 임상 증상과 특수검사 소견이 일치하는 경우에 그 증상을 인정한다. 이 경우 특수검사는 자기공명영상촬영(MRI), 전산화단층촬영(CT), 척수조영술, 근전도검사 및 핵의학검사 등을 말한다.

2) 영 별표 6에서 "극도의 척추 신경근장해가 남은 사람"이란 척추의 주된 신경근(목뼈부는 목뼈 제5번부터 목뼈 제8번까지, 허리뼈부는 허리뼈 제4번 및 허리뼈 제5번 신경근을 말한다) 중 1개 이상의 손상으로 뚜렷한 근위축이 있고 중력을 이기지 못하거나 중력을 제거한 상태에서 능동적 운동을 할 수 있는 사람을 말한다.

3) 영 별표 6에서 "고도의 척추 신경근장해가 남은 사람"이란 척추의 주된 신경근 외의 신경근의 손상

으로 뚜렷한 근위축이 있고 중력을 이기지 못하거나 중력을 제거한 상태에서 능동적 운동을 할 수 있는 사람을 말한다.

4) 영 별표 6에서 "중등도의 척추 신경근장해가 남은 사람"이란 척추 신경근의 손상으로 뚜렷한 근위축이 있고 중력 또는 어느 정도의 저항이 있는 상태에서 능동적 운동을 할 수 있는 사람을 말한다.

5) 영 별표 6에서 "경도의 척추 신경근장해가 남은 사람"이란 척추 신경근이 손상되었으나 뚜렷한 근위축은 없고 근전도검사 · 특수검사 등에서 신경증상이 있음이 확인되는 사람을 말한다.

마. 그 밖의 체간골의 장해

1) 영 별표 6에서 "쇄골(빗장뼈), 흉골(복장뼈), 늑골(갈비뼈), 견갑골(어깨뼈) 또는 골반골(골반뼈)에 뚜렷한 변형이 남은 사람"이란 나체가 되었을 때 그 변형(상실을 포함한다)을 명백하게 알 수 있는 사람을 말한다.

2) 늑골의 변형은 그 개수 · 정도 · 부위 등에 관계없이 늑골 전체를 일괄하여 하나의 장해로 인정한다. 늑연골의 경우도 같다.

바. 준용등급 결정

1) 척주의 하나의 운동단위에 기능장해와 변형장해가 각각 따로 남은 경우에는 조정의 방법을 이용하여 준용등급을 결정한다. 이 경우 척주 기능장해 및 변형장해가 남은 동시에 척추 신경근의 장해가 남은 경우에는 기능장해와 변형장해 중 높은 등급에 해당하는 어느 하나의 장해에서 척추 신경근 장해가 발생한 것으로 보아 등급을 결정한 다음 그 장해등급과 척추 신경근 장해가 발생하지 않은 것으로 보게 되는 기능장해 또는 변형장해와 조정의 방법을 이용하여 준용등급을 결정한다.

2) 척추체의 압박골절이 있는 부위에 척추고정술을 한 경우와 같이 같은 척추체 또는 척추분절에 기능장해와 변형장해가 동시에 남은 경우에는 기능장해에 해당하는 등급을 인정한다.

3) 척주의 서로 다른 운동단위에 기능장해 · 변형장해 또는 척추 신경근장해가 각각 남은 경우에는 운동단위별로 장해등급을 정한 후 그 운동단위별 장해등급에 대하여 조정의 방법을 이용하여 준용등급을 결정한다.

4) 척추 신경근의 손상에 따라 나타나는 증상의 원인이 되는 부위를 운동단위별로 구분하기 곤란한 경우에는 운동단위별 기능장해 또는 변형장해 중 가장 높은 등급에 해당하는 장해가 남은 운동단위에서 발생한 것으로 본다.

5) 척주에 기능 또는 변형장해가 남은 동시에 척추 신경근의 손상으로 다른 부위에 기능장해가 남은 경우에는 그 장해에 해당하는 장해등급과 척주의 기능 또는 변형장해와 다른 부위의 기능장해를 조정한 장해등급 중 높은 등급을 인정한다.

6) 미골의 골절은 척추의 변형장해로 취급하지 않는다. 다만, 골절에 따른 신경증상이 남은 경우에는 제14급을 인정한다.

7) 그 밖의 체간골 중 두 개 이상의 뼈에 각각 뚜렷한 변형이 남은 경우에는 조정의 방법을 이용하여 준용등급을 결정한다.

9. 팔 및 손가락의 장해

가. 팔의 장해

1) 영 별표 6에서 "팔을 팔꿈치관절 이상에서 잃은 사람"이란 어깨관절에서 견갑골과 위팔뼈가 서로 떨어져 탈락된 사람, 어깨관절과 팔꿈치관절 사이에서 위팔뼈가 절단된 사람 또는 팔꿈치관절에서 위팔뼈와 요골(橈骨: 노뼈) 및 척골(尺骨: 자뼈)이 서로 떨어져 탈락된 사람을 말한다.

2) 영 별표 6에서 "팔을 손목관절 이상에서 잃은 사람"이란 팔꿈치관절과 손목관절 사이에서 절단된 사람 또는 손목관절에서 요골 및 척골과 수근골(手根骨: 손목뼈)이 서로 떨어져 탈락된 사람을 말한다.

3) 영 별표 6에서 "팔을 완전히 사용하지 못하게 된 사람"이란 팔의 3대 관절(어깨관절 · 팔꿈치관절 · 손목관절)의 완전강직 또는 운동가능영역이 4분의 3 이상 제한되고, 손가락 모두를 제대로 쓸 수 없게 된 사람 또는 상완신경총이 완전히 마비된 사람을 말한다.

4) 영 별표 6에서 "관절을 제대로 못 쓰게 된 사람"이란 관절의 완전강직 또는 운동가능영역이 4분의 3 이상 제한된 사람 또는 인공골두 또는 인공관절을 삽입하여 치환한 사람을 말한다.

5) 영 별표 6에서 "관절의 기능에 뚜렷한 장해가 남은 사람"이란 관절의 운동가능영역이 2분의 1 이상 제한된 사람을 말한다.

6) 영 별표 6에서 "관절의 기능에 장해가 남은 사람"이란 관절의 운동가능영역이 4분의 1 이상 제한된 사람을 말한다.

7) 팔의 관절의 동요는 타동적이거나 자동적이거나의 여부에 불구하고 노동에 지장이 있어 항상 고정장구의 장착이 필요한 사람은 영 별표 6의 "뚜렷한 장해가 남은 사람"으로 인정하고, 노동에 다소의 지장은 있으나 고정장구의 장착을 항상 필요로 하지 않는 사람은 영 별표 6의 "장해가 남은 사람"으로 인정한다.

8) 선천성을 제외한 습관성탈구가 있는 사람은 영 별표 6의 "관절의 기능에 장해가 남은 사람"으로 인정한다.

9) 영 별표 6에서 "한쪽 팔에 가관절(假關節: 부러진 뼈가 완전히 아물지 못하여 그 부분이 마치 관절처럼 움직이는 상태)이 남아 뚜렷한 운동기능장해가 남은 사람"이란 위팔뼈에 가관절이 남은 사람 또는 요골과 척골의 양쪽에 가관절이 남은 사람을 말한다.

10) 영 별표 6에서 "한쪽 팔에 가관절이 남은 사람"이란 요골 또는 척골 중 어느 한쪽에 가관절이 남은 사람을 말한다.

11) 영 별표 6에서 "장관골(팔과 다리의 긴 뼈)에 변형이 남은 사람"이란 위팔뼈의 변형 또는 요골과 척골의 양쪽의 변형으로 외부에서 보아 알 수 있는 정도(15도 이상 활처럼 굽어 부정유합된 것) 이상인 사람을 말하며, 장관골의 골절부가 양방향에 단축(짧아짐) 없이 유착되어 있는 사람은 제외한다. 다만, 요골 또는 척골 중 한쪽만의 변형이라 하더라도 정도가 뚜렷한 경우에는 이에 해당되는 것으로 인정한다.

나. 손가락의 장해

1) 영 별표 6에서 "손가락을 잃은 사람"이란 제1손가락관절 이상을 잃은 사람으로서 손가락이 손허리뼈 또는 첫마디뼈에서 절단된 사람 또는 제1손가락관절에서 첫마디뼈와 중간마디뼈가 서로 떨어져 탈락된 사람을 말한다.

2) 영 별표 6에서 "손가락 뼈의 일부를 잃은 사람"이란 손가락 뼈의 일부를 잃은 것이 엑스선 사진으로 명백한 사람 또는 유리골편(遊離骨片: 따로 떨어진 뼈 조각)이 인정되는 사람을 말한다.

3) 영 별표 6에서 "손가락을 제대로 못쓰게 된 사람"이란 손가락의 끝마디(엄지손가락은 제1손가락관절부터, 그 밖의 손가락은 제2손가락관절부터 말단까지를 말한다)의 2분의 1 이상을 잃은 사람, 손허리손가락관절 또는 제1손가락관절의 운동가능영역이 2분의 1 이상 제한된 사람을 말한다.

4) 영 별표 6에서 "끝마디 관절을 굽히고 펼 수 없게 된 사람"이란 제2손가락관절이 완전히 강직되거나 운동가능영역이 4분의 3 이상 제한된 사람 또는 굽히고 펴는 근육의 손상 등 원인이 명백한 경우로서 자동적으로 굽히고 펼 수 없는 사람을 말한다.

다. 준용등급 결정

1) 같은 팔에 둘 이상의 기질적 장해가 남은 경우

2) 같은 팔에 상실장해와 기능장해가 남은 경우. 다만, 기능장해의 정도에 불구하고 손목관절 이상을 잃은 경우에는 제5급을, 팔꿈치관절 이상을 잃은 경우에는 제4급을 인정한다.

3) 같은 팔의 3대 관절에 기능장해(제대로 못쓰게 된 경우는 제외한다)가 남은 경우. 다만, 한 팔의 3대 관절 전부의 기능에 장해가 남은 경우에는 제10급을 인정한다.

4) 한 팔의 3대 관절에 기능장해와 같은 팔의 손가락에 상실장해 또는 기능장해가 남은 경우

라. 한쪽 팔 또는 한쪽 손가락에 장해가 있던 사람이 새로 다른 쪽 팔 또는 다른 쪽 손가락에 장해가 발생한 경우 또는 한쪽 팔 또는 한쪽 손가락의 장해 정도가 심해지고 다른 쪽 팔 또는 다른 쪽 손가락에도 장해가 발생하여 조합등급에 해당하게 되는 경우에는 제46조제8항에 따라 장해급여의 금액을 산정한다.

마. 위팔뼈 또는 아래팔뼈(요골 및 척골)의 골절로 골절부에 가관절 또는 변형이 남고 그 부위에 제12급 상당의 동통이 있는 경우에는 그 중 높은 장해등급을 인정한다.

10. 다리 및 발가락의 장해

가. 다리의 장해

1) 영 별표 6에서 "다리를 무릎관절 이상에서 잃은 사람"이란 엉덩관절의 경우에는 볼기뼈와 넙다리뼈가 서로 떨어져 탈락된 사람, 엉덩관절과 무릎관절과의 사이(넓적다리)에서 절단된 사람 또는 무릎관절에서 넙다리뼈와 정강이뼈 · 종아리뼈가 서로 떨어져 탈락된 사람을 말한다.

2) 영 별표 6에서 "다리를 발목관절 이상에서 잃은 사람"이란 무릎관절과 발목관절의 사이(정강이)에서 절단된 사람 또는 발목관절에서 정강이뼈 · 종아리뼈와 거골(距骨: 목말뼈)이 서로 떨어져 탈락된 사람을 말한다.

3) 영 별표 6에서 "발목발허리관절(족근중족관절) 이상에서 잃은 사람"이란 족근골[발꿈치뼈 · 거골 · 발배뼈(발목 관절에서 엄지쪽에 위치하는 발목뼈의 하나)와 3개의 설상골(楔狀骨: 쐐기뼈)을 말한다]에서 절단된 사람 또는 중족골과 족근골이 서로 떨어져 탈락된 사람을 말한다.

4) 영 별표 6에서 "다리를 완전히 못쓰게 된 사람"이란 3대 관절(엉덩관절 · 무릎관절 · 발목관절)과 발가락의 전부의 완전강직 또는 운동가능영역이 4분의 3 이상 제한된 사람이나 3대 관절 전부의 완전강직 또는 운동가능영역이 4분의 3 이상 제한된 사람을 말한다.

5) 영 별표 6에서 "관절을 제대로 못쓰게 된 사람"이란 관절의 완전강직 또는 운동가능영역이 4분의 3 이상 제한된 사람 또는 인공골두 또는 인공관절을 삽입하여 치환한 사람을 말하다.

6) 영 별표 6에서 "관절의 기능에 뚜렷한 장해가 남은 사람"이란 관절의 운동가능영역이 2분의 1 이상 제한된 사람을 말한다.

7) 영 별표 6에서 "관절의 기능에 장해가 남은 사람"이란 관절의 운동가능영역이 4분의 1 이상 제한된 사람을 말한다.

8) 다리의 관절의 동요는 타동적이거나 자동적이거나의 여부에 불구하고 노동에 지장이 있어 항상 고정장구의 장착이 절대 필요한 사람은 영 별표 6의 "제대로 못쓰게 된 사람"으로 인정하고, 노동에 다소의 지장은 있으나 고정장구의 장착을 항상 필요로 하지 않는 사람은 영 별표 6의 "기능에 뚜렷한 장해가 남은 사람"으로 인정하며, 통상의 노동에는 고정장구의 장착이 필요하지 않지만 심하게 격렬한 노동을 할 경우에만 필요한 사람은 영 별표 6의 "기능에 장해가 남은 사람"으로 인정한다.

9) 선청성을 제외한 다리의 습관성 탈구가 있는 사람은 영 별표 6의 "관절의 기능장해가 남은 사람"으

로 인정한다.

10) 영 별표 6에서 "한쪽 다리에 가관절이 남아 뚜렷한 운동기능장해가 남은 사람"이란 넙다리뼈에 가관절이 남은 사람 또는 정강이뼈와 종아리뼈의 양쪽에 가관절이 남은 사람을 말한다.

11) 영 별표 6에서 "한쪽 다리에 가관절이 남은 사람"이란 정강이뼈 또는 종아리뼈 중 어느 한 쪽에 가관절이 남은 사람을 말하다.

12) 영 별표 6에서 "장관골에 변형이 남은 사람"이란 팔에서의 경우와 같이 그 변형을 외부에서 보아 알 수 있는 정도(15도 이상 활처럼 굽어 부정유합된 것) 이상으로서 넙다리뼈의 변형 또는 정강이뼈의 변형이 있는 사람을 말하며, 장관골의 골절부위가 정상위로 유착되어 있는 경우는 제외한다.

나. 발가락의 장해

1) 영 별표 6에서 "발가락을 잃은 사람"이란 발가락의 전부를 잃은 사람을 말한다.

2) 영 별표 6에서 "발가락을 제대로 못쓰게 된 사람"이란 엄지발가락은 말절골의 2분의 1 이상을, 그 밖의 발가락은 제2발가락관절(끝마디 관절) 이상을 잃은 사람 또는 엄지발가락과 둘째 발가락은 발허리발가락관절 또는 제1발가락관절의 운동가능영역이 2분의 1 이상 제한된 사람, 가운데발가락, 넷째 발가락 및 새끼발가락은 완전강직된 사람을 말한다.

다. 준용등급 결정

1) 같은 다리에 2개 이상의 기질적 장해가 남은 경우

2) 같은 다리에 상실장해와 기능장해가 남은 경우

3) 같은 다리의 3대 관절에 기능장해(제대로 못쓰게 된 경우를 제외한다)가 남은 경우. 다만, 한쪽 다리의 3대 관절 전부의 기능에 뚜렷한 장해가 남은 경우에는 제8급을, 한쪽 다리의 3대 관절 전부의 기능에 장해가 남은 경우에는 제10급을 인정한다.

4) 한쪽 다리의 3대 관절에 기능장해와 같은 다리의 발가락에 상실장해 또는 기능장해가 남은 경우

5) 한쪽 다리의 연장으로 인하여 정상의 다른 다리의 길이가 3센티미터 이상 짧아진 경우에는 제10급을 인정한다.

6) 발가락을 기부(발가락이 붙어 있는 곳)에서 잃은 사람은 영 별표 6의 "발가락을 잃은 사람"으로 인정한다.

7) 한쪽 발의 발가락에 영 별표 6에 정하여져 있지 않은 상실장해가 남은 경우

8) 한쪽 발의 발가락에 상실장해와 같은 쪽 발의 다른 발가락에 기능장해가 남은 경우

라. 한쪽 다리 또는 한쪽 발가락에 장해가 있던 사람이 새로 다른 쪽 다리 또는 다른 쪽 발가락에 장해가 발생한 경우 또는 한쪽 다리 또는 한쪽 발가락의 장해 정도가 심해지고 다른 쪽 다리 또는 다른 쪽 발가락에도 장해가 발생하여 조합등급에 해당하게 되는 경우에는 제46조제8항에 따라 장해급여의 금액을 산정한다.

마. 다음의 어느 하나에 해당하는 장해가 남은 경우에는 그 중 장해등급이 높은 장해에 따른 장해등급을 인정한다.

1) 골절제가 관절부에서 실시되어 다리의 단축과 관절의 기능장해가 남은 경우

2) 장관골의 골절부위가 부정유합된 결과 장관골의 변형 또는 가관절과 다리의 단축장해가 남은 경우

3) 넙다리뼈 또는 정강이뼈 · 종아리뼈의 골절로 가관절, 장관골의 변형장해 또는 관절의 기능장해가 남고 그 부위에 제12급에 해당하는 동통이 남은 경우. 다만, 발꿈치뼈 골절로 발목관절에 기능장해(관절을 못 쓰게 된 경우는 제외한다)가 남고 골절부위에 제12급에 해당하는 동통이 남은 경우에는 조정하여 장해등급을 인정한다.

【고용노동부 고시 제2017-39호】 간병료 지급기준(산업재해보상보험법 시행규칙 제13조제1항 관련)

간병 필요등급

구 분	간병 1등급	간병 2등급	간병 3등급
1. 두 손의 손가락을 모두 잃거나 사용하지 못하게 되어 혼자 힘으로 식사를 할 수 없는 사람	해당 등급 없음	두 손의 손가락을 모두 잃거나 사용하지 못하게 되어 혼자 힘으로 식사를 전혀 할 수 없어 상당부분 다른 사람의 도움이 필요한 사람	2등급에 미달하는 경우로서 적응기간을 거친 사람으로 혼자 힘으로는 식사를 할 수 없어 부분적으로 다른 사람의 도움이 필요한 사람
2. 두 눈의 실명 등으로 일상생활에 필요한 동작을 혼자 힘으로 할 수 없는 사람	두 눈의 실명 등으로 급성기 치료를 받고 있어 다른 사람의 도움 없이는 거동이 전혀 불가능한 사람	1등급에 미달하는 경우로서 두 눈의 실명 등으로 일상생활에 필요한 동작을 하기 위하여 상당부분 다른 사람의 도움이 필요한 사람	2등급에 미달하는 경우로서 적응기간을 거친 사람으로 일상생활에 필요한 동작을 하기 위하여 부분적으로 다른 사람의 도움이 필요한 사람
3. 뇌의 손상으로 정신이 혼미하거나 착란을 일으켜 일상생활에 필요한 동작을 혼자 힘으로 할 수 없는 사람	뇌의 손상으로 인한 신경기능 장애로 인하여 의식이 혼수·반혼수 상태 등으로 생명유지를 위한 기도확보를 스스로 할 수 없거나 체위변경 또는 음식물을 삼키는 기능 등을 스스로의 힘으로 할 수 없어 항상 다른 사람의 도움이 필요한 사람	1등급에 미달하는 경우로서 뇌의 손상으로 정신이 혼미하거나 착란을 일으켜 일상생활에 필요한 동작을 하기 위하여 상당부분 다른 사람의 도움이 필요한 사람	2등급에 미달하는 경우로서 뇌의 손상으로 일상생활에 필요한 동작을 하기 위하여 부분적으로 다른 사람의 도움이 필요한 사람
4. 신경계통 또는 정신의 장해로 의사소통을 할 수 없는 등 치료에 뚜렷한 지장이 있는 사람	해당 등급 없음	해당 등급 없음	뇌손상의 후유증 또는 그 밖에 치료 과정에서 정신·신경계통 장해 등이 동반되어 의사소통을 할 수 없는 등 치료에 뚜렷한 지장이 있는 사람(다만, 단순한 언어장애를 가진 사람은 제외한다)
5. 체표면적(體表面積)의 35퍼센트 이상에 걸친 화상을 입어 수시로 적절한 조치를 할 필요가 있는 사람	화상의 깊이가 심부 2도 이상이고, 화상의 범위는 체표면적 35퍼센트 이상으로 급성기 조직액의 유출로 전신감염이 우려되는 사람	1등급에 미달하는 경우로서 화상의 깊이가 심부 2도 이상이고, 화상의 범위는 체표면적 35퍼센트 이상으로 급성기 경과이후 일상생활에 필요한 동작을 하기 위하여 상당부분 다른 사람의 도움이 필요한 사람	2등급에 미달하는 경우로서 화상의 범위는 체표면적 35퍼센트 이상으로 일상생활에 필요한 동작을 하기 위하여 부분적으로 다른 사람의 도움이 필요한 사람
6. 골절로 인한 견인장치 또는 석고붕대 등을 하여 일상생활에 필요한 동작을 혼자 힘으로 할 수 없는 사람	해당 등급 없음	골절로 인한 견인장치 또는 석고붕대 등을 하여 양 팔과 양 다리의 사용이 모두 불가능하여 일상생활에 필요한 동작을 하기 위하여 상당부분 다른 사람의 도움이 필요한 사람	2등급에 미달하는 경우로서 골절로 인한 견인장치 또는 석고붕대 등을 하여 일상생활의 범위가 주로 병상에 한정되고 일상생활에 필요한 동작을 하기 위하여 부분적으로 다른 사람의 도움이 필요한 사람

구 분	간병 1등급	간병 2등급	간병 3등급
7. 하반신 마비 등으로 배뇨·배변을 제대로 하지 못하거나 욕창 방지를 위하여 수시로 체위를 변경시킬 필요가 있는 사람	사지마비 또는 이에 준하는 상태로 욕창방지를 위해 체위변경 등을 스스로의 힘으로 할 수 없어 항상 다른 사람의 도움이 필요한 사람	1등급에 미달하는 경우로서 하반신 마비 등으로 혼자 힘으로 몸을 뒤척일 수 없고 휠체어를 탄 상태에서 혼자 힘으로 이동이 불가능하여 일상생활에 필요한 동작을 하기 위하여 상당부분 다른 사람의 도움이 필요한 사람	2등급에 미달하는 경우로서 하반신 마비 등으로 혼자 힘으로 몸을 뒤척이거나 휠체어를 탄 상태에서 이동이 가능하나 일상생활에 필요한 동작을 하기 위하여 부분적으로 다른 사람의 도움이 필요한 사람
8. 업무상 질병으로 신체가 몹시 허약하여 일상생활에 필요한 동작을 혼자 힘으로 할 수 없는 사람	업무상 질병으로 신체가 몹시 허약하여 생명유지를 위한 기도 확보를 스스로 할 수 없거나 욕창방지를 위해 체위변경을 스스로의 힘으로 할 수 없어 항상 다른 사람의 도움이 필요한 사람	1등급에 미달하는 경우로서 업무상 질병으로 신체가 몹시 허약하여 일상생활에 필요한 동작을 하기 위하여 상당부분 다른 사람의 도움이 필요한 사람	2등급에 미달하는 경우로서 업무상 질병으로 신체가 몹시 허약하여 일상생활에 필요한 동작을 하기 위하여 부분적으로 다른 사람의 도움이 필요한 사람
9. 수술 등으로 일정 기간 거동이 제한되어 일상생활에 필요한 동작을 혼자 힘으로 할 수 없는 사람	해당 등급 없음	해당 등급 없음	수술 등으로 일정기간 거동이 제한되어 일상생활의 범위가 주로 병상에 한정되고 일상생활에 필요한 동작을 하기 위하여 부분적으로 다른 사람의 도움이 필요한 사람. 이 경우 수술 등으로 거동이 제한된 일정기간은 수술 후 최대한 7일 이내를 원칙으로 하며 이후 기간에 대한 인정은 상병상태에 따른 의학적 소견에 따라 판정한다.

저자 소개

- 현 국립소록도병원장
- 행정고시 34회
- 산업재해보상보험재심사위원회 위원장
- 사회서비스정책관(의사상자심사위원회 부위원장, 안장대상심의위원회 위원)
- 노인정책관(장기요양재심사위원회 위원장), 장애인정책국장
- 질병관리본부 생명의과학센터장, 인천공항검역소장
- 가족정책과장, 아동복지과장, 한의약정책과장
- 성희롱 및 남녀차별개선실무위원회 조사과장
- 법체처, 국무총리행정심판위원회 사무관

복잡한 산재보험급여 함수의 해결쟁점

–산업재해보상보험재심사위원회의 재결사례를 중심으로–

2020년 10월 13일 초판 발행

저 자 윤 현 덕
발행인 윤 진 영
발행처 도서출판 대학서림
주 소 03076 서울시 종로구 혜화로 2길 8
전 화 02) 763-1220, 744-2811
팩 스 02) 744-1210
등 록 1965. 1. 20
번 호 1-88
정 가 22,000원

ISBN 978-89-6940-242-4 13320
www.daihaks.com